Katharina Uhde, Michael Uhde (Hg.)
Joseph Joachim – Identities/Identitäten

Studien und Materialien
zur Musikwissenschaft
Band 128

Katharina Uhde, Michael Uhde (Hg.)
Joseph Joachim – Identities/Identitäten

Georg Olms Verlag
Hildesheim · Zürich · New York
2023

Katharina Uhde, Michael Uhde (Hg.)

Joseph Joachim

Identities/Identitäten

Georg Olms Verlag
Hildesheim · Zürich · New York
2023

Das Werk ist urheberrechtlich geschützt.
Jede Verwertung außerhalb der engen Grenzen des Urheberrechtsgesetzes
ist ohne Zustimmung des Verlages unzulässig. Das gilt insbesondere
für Vervielfältigungen, Übersetzungen, Mikroverfilmungen und die Einspeicherung
und Verarbeitung in elektronischen Systemen.

Bibliografische Information der Deutschen Nationalbibliothek
Die Deutsche Nationalbibliothek verzeichnet diese Publikation in der
Deutschen Nationalbibliografie; detaillierte bibliografische Daten
sind im Internet über http://dnb.d-nb.de abrufbar.
© Georg Olms Verlag AG, Hildesheim 2023
www.olms.de
Satz: satz&sonders, Dülmen
Druck: Mazowieckie Centrum Poligrafii, Marki
Gedruckt auf säurefreiem und alterungsbeständigem Papier

Printed in Poland
ISBN: 978-3-487-16425-0

Wir widmen diesen Band all denjenigen, die sich, über sprachliche Grenzen hinweg, für interkulturelle, interkontinentale und interdisziplinäre Kommunikation in der Musik(wissenschaft) einsetzen.

We dedicate this volume to all those who are committed to intercultural, intercontinental, and interdisciplinary communication in music(ology), across linguistic borders.

Inhalt

Vorwort: Eine Annäherung an Joseph Joachims Identitäten 11

I Identity and Self-Staging: Materials, Ciphers, and Dedications
   Identität und Selbstinszenierung: Material, Chiffren und Widmungen

Beatrix Borchard
„Bitte bedenken Sie, daß ich eigentlich seit meinem 9ten Jahr immer in der Fremde".
Briefe als Medium der Selbstvergewisserung und der Selbstdarstellung 17

Christine Hoppe
Zwischen Tradition, Ehrerbietung und Abgrenzung.
Joseph Joachim als Virtuose, Interpret und Komponist im Spiegel früher
Widmungskompositionen 35

Henrike Rost
Einblicke in Joseph Joachims Stammbuchpraxis.
Künstlerisches Selbstverständnis und individuelle Kommunikation 57

Tekla Babyak
Between the Cipher and the Idée Fixe.
Joachim, Berlioz, and the Lovestruck Psyche 77

Katharina Uhde and R. Larry Todd
'Clogged, Tormented and Over-Wrought'?
Reconsidering Joseph Joachim's Drei Stücke Op. 2 and the 'École de Weymar' 95

II Joachim's Identities on the European Musical Stage: String Quartet,
    Pedagogy, and Interpretation
    Joachims Identitäten auf der Europäischen Bühne: Streichquartett,
    Pädagogik und Interpretation

Michael Uhde
Ettore Pinelli.
Ein Geiger aus Rom und sein Maestro Joseph Joachim 115

Inhalt

Асатрян Анна Григорьевна [Anna Grigorievna Asatryan]
Ein armenischer Schüler Joachims.
Der Geiger Ioannes Nalbandyan (1871–1942) – zu seinem 150. Geburtstag 149

Johannes Gebauer
Ioannes Nalbandyans Bericht über seinen Aufenthalt in Berlin 1894.
Eine bisher unbekannte Quelle zu Joseph Joachims Violin-, Interpretations-
und Unterrichtspraxis 157

Adèle Commins
'A Large, True Heart'.
The Sounding of Joseph Joachim's Friendship with Charles Villiers Stanford 187

Walter Kurt Kreyszig
'… of this miraculous music by its best interpreter'.
Johann Sebastian Bach's Ciaccona, Joseph Joachim and His Contribution to
the 1908 Edition of Bach's Sei solo a Violino senza Baßo accompagnato,
BWV 1001–1006 205

Joe Davies
Clara Schumann, Joseph Joachim and the Nineteenth-Century Cadenza 239

III Joseph Joachim in England
    Joseph Joachim in England

Natasha Loges
Joseph Joachim and Wilma Neruda.
Constructing Musical Identity in Victorian London 263

Robert Riggs
'Lieber, guter Bruder!' 'My dear Elly!'
Joseph Joachim in Correspondence with Heinrich and Ellen Joachim 279

Malcolm Tozer
'Die Musik, lieber Freund, die Du mit Deinen Jungen machtest, wird mir
noch lange im Innern fortleben'.
Joseph Joachim's Friendship with Paul David and Uppingham School 295

IV Identity and (Inter)national Networks
Identität im Licht (inter)nationaler Netzwerke

Valerie Woodring Goertzen
To Switzerland 'in Good Spirits'.
Joachim's 1883 Tour 325

Anja Bunzel
Joseph Joachim in Prague: 'It was very original and entertaining there,
and they had excellent food and drink' 353

Styra Avins
Joseph Joachim, Herman Grimm, and American Transcendentalism.
Encounter with Ralph Waldo Emerson 373

Robert Whitehouse Eshbach
Joachim in Weimar 1850–1851 387

Verzeichnis der Abkürzungen / List of Abbreviations 409

Verzeichnis der Notenbeispiele / List of Music Examples 412

Verzeichnis der Abbildungen / List of Figures 414

Verzeichnis der Tabellen / List of Tables 417

Danksagung 418

Abstracts 419

Biografien 431

Selected Bibliography 437

Index 463

Vorwort: Eine Annäherung an Joseph Joachims Identitäten

Die Forschung zu Joseph Joachim (1831–1907), ungarischer Geiger, Komponist, Lehrer und Dirigent, hat sich in den letzten Jahren sehr intensiviert; sowohl im deutsch- als auch im englischsprachigen Raum entstanden bedeutende neue Forschungsansätze, welche in dem vorliegenden Band zusammengefasst werden.

Joseph Joachim, dessen berufliche Tätigkeit sich nicht nur in Weimar, Hannover und Berlin, sondern auch durch seine internationale Konzerttätigkeit als Solist und Primarius des Joachim-Quartetts weit darüber hinaus abspielte, beeinflusste auf diese Weise maßgeblich das europäische Musikleben. Neben den nationalen Aspekten spielt Joseph Joachims jüdische Identität eine Schlüsselrolle zum Verständnis seiner komplexen Persönlichkeit.

Ziel des Bandes ist es einerseits, die deutsch- und englischsprachige Joseph-Joachim-Forschung in einem Band zu vereinen, indem Aufsätze von Referent:innen aus beiden Sphären zusammengetragen werden, und andererseits, Joachims vielschichtige Identität näher zu beleuchten und innerhalb eines pluralistischen Spannungsfeldes zu untersuchen, um dadurch zentrale Persönlichkeitsaspekte hervorzuheben.

Die Struktur des Bandes ist vierteilig: (1) Identität und Selbstinszenierung: Material, Chiffren und Widmungen; (2) Joachims Identitäten auf der Europäischen Bühne: Streichquartett, Pädagogik und Interpretation; (3) Joseph Joachim in England; und (4) Identität im Licht (inter)nationaler Netzwerke. Dem Inhaltsverzeichnis ist die bi-linguale Ausrichtung des Bandes zu entnehmen. Er umfasst sechs deutsche und zwölf englischsprachige Beiträge. Bei den Autor:innen handelt es sich um Wissenschaftler:innen, deren Forschungsprofile sich entweder direkt auf Joseph Joachim beziehen oder sich auf den Umkreis Joachims konzentrieren, in welchem Persönlichkeiten wie Clara und Robert Schumann, Felix Mendelssohn Bartholdy, Franz Liszt und Johannes Brahms zu finden waren.

Eine kurze inhaltliche Übersicht: Im ersten Abschnitt wird die Persönlichkeit aus einer Perspektive untersucht, welche Material, Widmungen und Chiffren in Joachims Kompositionen und Briefen als Ausgangspunkt nimmt, um sowohl bereits erforschte als auch wenig- oder unerforschte Facetten seiner Identität gründlicher zu beleuchten, insbesondere hinsichtlich seiner Selbstinszenierung in der Öffentlichkeit. Beatrix Borchard untersucht Briefe als Medium seiner „Selbstvergewisserung und Selbstinszenierung". Christine Hoppe analysiert und interpretiert Joachims Widmungsverhalten in Frühwerken, aus dem vielschichtige Hintergründe, Strategien und Aspekte der Selbstoffenbarung sprechen. Henrike Rost widmet sich Joachims Stammbucheinträgen. Stammbücher stellen faszinierende Objekte dar, welche Einblicke in persönliche Netzwerke, künstlerisches Selbstverständnis, Reiseverhalten und musikalische Praxis eröffnen. Tekla Babyak wählt Joachims Drei Stücke op. 5 als Ausgangspunkt einer Diskussion, die Joachims Motivation und Handhabung von Chiffren nachgeht und diese auf kreative Weise mit Berlioz' idée fixe in Verbindung bringt. Katharina Uhde und R. Larry Todd betrachten Joachims Drei Stücke op. 2 (1849–1852) und diskutieren dieses Werk als Objekt einer an Weimar und Liszt orientierten Identitätssuche des Komponisten. Ein bisher nicht mit diesem Frühwerk in Verbindung gebrachtes Werk eines Weimarer Kollegen – Hans von Bülows Sechs Gedichte op. 1 – wirft neues Licht auf Joachims Komposition.

Im zweiten Abschnitt werden Joachims Identitäten im Bereich Streichquartett, Pädagogik und Interpretation beleuchtet, drei Hauptbereiche seiner künstlerischen Tätigkeit zwischen 1870 und 1907. Diese Beiträge bringen zum Teil bisher völlig unbekannte Quellen zum Vorschein, nämlich Archivdokumente zweier Studenten Joachims, Ettore Pinelli (Michael Uhde, Beitrag 6) und Ioannes Nalbandyan (Anna Asatryan und Johannes Gebauer, Beiträge 7 und 8). Durch diese drei Beiträge zeichnet sich ein nuanciertes Bild des Geigenlehrers Joachim ab, das es erlaubt, die verherrlichenden und violintechnisch unkritischen Betrachtungen des frühen Biographen Andreas Moser neu zu überdenken. Beiträge 7 und 8 bieten wertvolle Quellen im Hinblick auf historische Aufführungspraxis, da sie Rückschlüsse auf Joachims geigerische Spielweise und stilistische Merkmale zulassen. Beitrag 6 untersucht am Beispiel der Beziehung Joachims zu einem jungen italienischen Studenten die innereuropäische Dynamik, welche im mittleren bis späten 19. Jahrhundert in bestimmten musikalischen Kreisen herrschte. Diese Dynamik war bisweilen von Vorurteilen doktrinärer Art sowie von einem starken Sendungsbewusstsein hinsichtlich deutscher Musik geprägt. Das resultierende Bild des Pädagogen Joseph Joachim fördert einen kritischen Blick, der Rückschlüsse auf Joachims eigene multinationale Identität zulässt. Adèle Commins' Beitrag (Beitrag 9) betrachtet Joachims Streichquartett im Spannungsfeld seiner Freundschaft mit dem Komponisten Charles Villiers Stanford. Beiträge 10 (Walter Kreyszig) und 11 (Joe Davies) sind dem Interpreten gewidmet. Ersterer bringt neue Quellen bezüglich Joachims Lieblingswerk, der Chaconne von J. S. Bach, zum Vorschein, während letzterer sich den Kadenzen Joachims zuwendet und diese zu Clara Schumanns Kadenzen in Beziehung setzt. Hierbei eröffnen sich werkspezifische Einsichten, besonders hinsichtlich der persönlichen Zusammenarbeit des Schumann-Joachim-Duos.

Der dritte Abschnitt, Joseph Joachim in England, untersucht Joachims Erfahrungen in England unter Verwendung der im Jahr 2018 neu erschlossenen Datenbank „Teilnachlass Joseph Joachim" (Brahms-Institut Lübeck, Leiter des Digitalisierungsprojekts war Prof. Dr. Wolfgang Sandberger). Natasha Loges (Beitrag 12) stellt soziale, kulturelle und musikalische Aspekte von Joachims Selbstinszenierung in einen viktorianischen Kontext, wobei – mit besonderem Blick auf Gender-Rollen – Karriere, Rezeption, Hürden und Herausforderungen des Frauseins am Beispiel der zeitgenössischen Geigenvirtuosin Wilma Neruda als Kontrast zu Joachim in den Blickpunkt gerückt werden. Robert Riggs (Beitrag 13) untersucht die Korrespondenz Joachims mit dem Ehepaar Heinrich und Ellen Joachim, abermals zurückgreifend auf den erwähnten Teilnachlass in Lübeck, und konzentriert sich unter anderem auf Joachims englische Teilidentität. Malcolm Tozer betrachtet Joachims Rolle als Leitbild einer englischen Internatsschule, Uppingham Boardingschool, wo während Joachims Karriere jahrzehntelang ungewöhnlich intensive musikalische Aktivitäten stattfanden. Diese wurden von Joachim ideell und persönlich beeinflusst, wie

Vorwort: Eine Annäherung an Joseph Joachims Identitäten

sich bei seinen Besuchen in Uppingham zeigte. Der Autor, Malcolm Tozer, unterrichtete von 1966 bis 1989 selbst an der Uppingham School und war 14 Jahre lang „housemaster". Dadurch konnte er sich ein sehr detailliertes Bild machen und bis dato unerschlossene und unbekannte archivalische historische Quellen dieser Institution aus nächster Nähe erschließen, einsehen und auswerten.

Der letzte Abschnitt des Buches wendet sich Joseph Joachims internationaler Tätigkeit und seinen internationalen Netzwerken zu. Valerie Woodring Goertzen (Beitrag 15) zeigt, wie eine Konzerttournee Joachims in der Schweiz im Jahr 1883 organisiert und gemanagt wurde. Basierend auf einer gänzlich unbekannten Quelle, einem handschriftlich geführten Tourneebuch (Standort: The Newberry Library Chicago) von Joachims Agentur, die für diese Tournee verantwortlich war, rekonstruiert Valerie Woodring Goertzen den genauen Ablauf dieser Tournee. Hierbei werden Teilaspekte wie Verkehrsmittel, Reiseplanung, Honorare und Beziehungen mit regionalen Künstlern vor Ort genau untersucht. Dieser Einblick entmystifiziert einen wichtigen Aspekt von Joachims Künstlerleben und verdeutlicht die gewaltige Arbeit hinter den Kulissen jedes Konzerts – normalerweise verborgene Teilaspekte wie geschäftliche Strukturen, aber auch der planmäßige Aufbau eines Images anhand eines sorgfältig ausgewählten Standardrepertoires. Anja Bunzel (Beitrag 16) konzentriert sich auf Joachims bisher unbekannte Konzerttätigkeit in Prag. Sie ergänzt Valerie Woodring Goertzens Porträt, indem Einblicke in Joachims Präferenzen und Vorgehensweisen ermöglicht werden, die abermals auf effiziente, geschäftlich geschickte und pragmatische Entscheidungen deuten und dadurch den Künstler in ein neues Licht rücken. Styra Avins (Beitrag 17) diskutiert einen Aspekt der Freundschaft Joachims mit Herman Grimm, nämlich der Zeit von 1850 bis in die 1860er-Jahre, als letzterer in enger Verbindung mit dem Transzendentalphilosophen Ralph Waldo Emerson stand. Die Ideen Ralph Waldo Emersons scheinen Joachim – und Brahms – eine Zeit lang inspiriert zu haben, wie Avins eindrücklich belegt.

An letzter Stelle wird im Aufsatz von Robert Eshbach (Beitrag 18) Joachims Tätigkeit in Weimar in den Jahren 1850/51 in den Mittelpunkt gestellt. Hierbei entsteht ein nuanciertes Bild dieser für Joachim so wichtigen Jahre. Besonders seine beruflichen Pflichten werden erstmals aus der Nähe beschrieben, dank neu aufgefundener Konzertprogramme, die das damals von ihm täglich gespielte, umfangreiche Konzert- und Opernrepertoire erschließen.

Das Besondere an dem Band Joseph Joachim: Identities/Identitäten sind nicht nur die bilinguale Ausrichtung und die Fokussierung auf teils unbekannte Identitätsfacetten dieser Persönlichkeit, sondern auch der Ansatz, der die Grenzen zwischen den verschiedenen Facetten als durchlässig betrachtet. Dies ist besonders deshalb vorteilhaft, da Joachims musikalische Tätigkeit, familiäre Existenz, Freundschaften und pädagogische Tätigkeit nur durch Kategorie-übergreifende Betrachtungen wirklich verstanden werden können.

I

Identity and Self-Staging: Materials, Ciphers, and Dedications

Identität und Selbstinszenierung: Material, Chiffren und Widmungen

„Bitte bedenken Sie, daß ich eigentlich seit meinem 9ten Jahr immer in der Fremde"

Briefe als Medium der Selbstvergewisserung und der Selbstdarstellung

Beatrix Borchard

Das titelgebende Eingangszitat ist einem Brief Joseph Joachims (1831–1907) an Clara Schumann (1819–1896) entnommen.[1] Offenkundig handelt es sich um den Versuch einer Erklärung für ein Versäumnis, an das sie ihn vier Tage zuvor brieflich erinnert hatte: „Sie haben mir zufällig an meinem Geburtstag geschrieben – ungern misse ich gerade Ihren Gruß nun an dem Tage."[2] Joachim hatte also vergessen, Clara Schumann zum 41. Geburtstag am 13.9.1860 zu gratulieren, folglich ihr auch kein Geschenk geschickt. Anders sein Freund Johannes Brahms, wie Joachim schreibt: „Wie freue ich mich auf die neuen Sachen von Johannes. Ich gönne [Ihnen] von Herzen die schöne Überraschung, die Ihnen zum Geburtstage damit ward. Mein Freund übertrifft mich weit, wie an Talent so an zarter Aufmerksamkeit; aber wenn Sie bedenken, daß ich eigentlich seit meinem 9ten Jahr immer in der Fremde war, weit vom Elternhause, so liegt darin eine kleine Entschuldigung wenn nicht mein Sinn für ähnliche Zartheit und nicht der warme Wille für meine Freunde, aber die Übung solcher Aufmerksamkeit fehlt. Ich hoffe mich aber noch zu bessern. Meine herzlichsten Wünsche zum Geburtstag nachträglich."[3]

Dabei galt gerade Brahms bei vielen Menschen in seinem Verhalten als eher „unzart", während dem schon aus beruflicher Notwendigkeit gleichsam mit allen diplomatischen Wassern gewaschenen Joseph Joachim, Felix Mendelssohn Bartholdy bereits 1844 in Empfehlungsschreiben an Londoner Freunde und Bekannte bescheinigt hatte, ein „well-educated, good-natured fellow"[4] zu sein. Mendelssohn Bartholdy schreibt an seinem Freund Carl Klingemann: „Aber dabei ist er zugleich ein trefflicher, kerngesunder, wohlerzogner, durchaus braver und kluger Junge, voll Verstand und voll rechter Ehrlichkeit."[5] Mangelnde Erziehung kann also nicht als Entschuldigung für das Versäumnis gelten. Im Übrigen

---

[1] Joseph Joachim an Clara Schumann, 24.9.1860, zit. nach: Schumann Briefedition: Briefwechsel mit Joseph Joachim und seiner Familie, hrsg. von Klaus Martin Kopitz, Bd. I, Köln 2020, S. 551.
[2] Clara Schumann an Joseph Joachim, 20.9.1860, Joachim – Clara Schumann, Bd. I, S. 548.
[3] Johannes Brahms hatte Clara Schumann am 11. September 1860 zu ihrem Geburtstag das Thema mit Variationen d-Moll aus dem Streichsextett B-Dur op. 18 in einer Bearbeitung für Klavier solo geschenkt und seine Zwei Motetten op. 29 sowie das Geistliche Lied für Chor und Orgel op. 30 zur Beurteilung beigelegt. Vgl. Joachim – Clara Schumann, Bd. I, Briefkommentar, S. 550.
[4] Felix Mendelssohn Bartholdy an William Sterndale Bennett, 10.3.1844, Felix Mendelssohn Bartholdy: Sämtliche Briefe, Bd. 10, hrsg. von Uta Wald, Kassel 2016, S. 105f.
[5] Felix Mendelssohn Bartholdy an Carl Klingemannn, 10.3.1844, FMB Briefe, Bd. 10, S. 108f.

rühmte Clara Schumann selbst Joachims „zartes Empfinden" und seine hohe Empathiefähigkeit, so in einer Tagebucheintragung vom Juli 1854: „Joachim schafft mir die schönsten Stunden hier, […] ebenso durch seine Kunst wie seine Freundeszusprache. […] Auch ist er mir […] ein ebenso teurer Freund wie Brahms, und auch zu ihm fühle ich das tiefste Vertrauen, sein Gemüt, sein Empfinden ist so zart, daß er mein leisestes, zartestes Empfinden gleich versteht. Diese zwei Freunde, wie sind sie so recht wie für Robert geschaffen – er kennt sie noch nicht wie ich! erst im Unglück lernt man seine Freunde kennen."[6] Da es sich um eine Tagebucheintragung handelt, müssen wir bei der Lektüre keinen Adressaten „mitlesen" außer Clara Schumann selbst. Sie war, wie sie Joachim auch direkt schrieb, ein Leben lang dankbar für die emotionale Unterstützung in der für sie schwersten Zeit ihres Lebens, nämlich während der Jahre zwischen dem Selbstmordversuch Robert Schumanns im Februar 1854 und seinem Tod im Juli 1856.[7] Wenn sie also nicht stillschweigend darüber hinwegsah, dass Joachim ihren Geburtstag vergessen hatte, so war dies nur als Zeichen der engen Verbundenheit gemeint.[8]

Aber zurück zu unserem Eingangszitat und zu der Frage: Was heißt hier „in der Fremde"? Die Antwort, die Joachim selbst in seinem Brief gibt, lautet: „weit vom Elternhaus". Als Joachim den zitierten Brief an Clara Schumann schrieb, lebte er in Hannover, war 29 Jahre alt und hatte sich in der Tat weit vom Elternhaus entfernt, nicht nur topographisch.

„weit vom Elternhaus"

Joseph Joachim verließ früh sein Elternhaus wie zahllose hochbegabte junge Musiker:innen bis heute; nicht familiäre Bindungen, sondern die musikalische Ausbildung, dann Karriereschritte strukturieren ihr Leben; von Kindheit an wird das Musizieren zu einer identitätsstiftenden Handlung.[9] Für Joachim war dieser Weg nicht so selbstverständlich wie für Kinder aus Musikerfamilien. Sein Vater war Wollhändler. Zumindest in späteren Jahren scheint die Familie zur Schicht des begüterten jüdischen Bürgertums in der ungarischen Hauptstadt Pest gehört zu haben. Nachdem seine große Begabung für

---

6 Clara Schumann, Tagebucheintragung vom Juli 1854, zit. nach Berthold Litzmann: Clara Schumann. Ein Künstlerleben nach Tagebüchern und Briefen, 3 Bde., Leipzig 1902–1908, hier Bd. II, Leipzig ⁴1910, S. 321.

7 „Niemand als ich weiß, was ich Euch zu danken, doch, das läßt sich eben auch nicht aussprechen, ich fühle es aber warm und ewig." Clara Schumann an Joseph Joachim, 27.12.1857, Joachim – Clara Schumann, Bd. I, S. 380.

8 „Wegen meines Geburtstages lieber Joachim, brauchten Sie sich nicht zu vertheidigen – ich machte Ihnen ja keinen Vorwurf, sondern sagte Ihnen nur, wie ungern ich Ihren Gruß an solchem Tage vermisse, damit aber recht eigentlich, wie lieb Ihr Gruß, oder vielmehr Sie Selbst, mir sind." Clara Schumann an Joseph Joachim, 27.9.1860, Joachim – Clara Schumann, Bd. I, S. 554.

9 Vgl. Musikwelten – Lebenswelten. Jüdische Identitätssuche in der deutschen Musikkultur (= Jüdische Moderne 9), hrsg. von Beatrix Borchard und Heidy Zimmermann, Köln 2009.

das Violinspiel offen zutage getreten war, wurde er mit acht Jahren nach Wien zu seinen jüdischen Großeltern Figdor geschickt, später wohnte er vermutlich als Privatschüler im Haushalt seines christlichen Lehrers Joseph Böhm (1795–1876).[10] Nach Abschluss seiner wahrscheinlich von der Großfamilie finanzierten Ausbildung brachte ihn seine getaufte Cousine Fanny Wittgenstein (1814–1890) mit 12 Jahren nach Leipzig zu Felix Mendelssohn Bartholdy. Dort wohnte er zunächst im Haushalt seiner Cousine. Deren Mann Hermann (1802–1878) übernahm die Position eines Pflegevaters. Es scheint aber zu Konflikten gekommen zu sein.[11] Schließlich konnte er es durchsetzen, im Alter von kaum 13 Jahren bei ihnen auszuziehen.[12] Von diesem Zeitpunkt an lebte er ohne enge familiäre Einbindung, und zwar bis zu seiner Verheiratung 20 Jahre später.

Zweifelsohne galt er als Hoffnungsträger seiner Familie, die nicht nur Vater, Mutter und acht Kinder umfasste, sondern Teil einer zwischen Städten wie Pest, Paris, London, Koblenz und Wien eng miteinander verflochtenen jüdischen Kaufmannsfamilie war. Zahllose Briefe im Original oder in weitergeschickten Abschriften, handschriftliche Kopien von Konzertrezensionen, Zeitungsausschnitte, Programmzetteleinlagen und Verschiedenes mehr zeugen von dem Familien-Netzwerk, das die Karriere des jungen Joseph Joachim trug. Seine Eltern jedoch sah er aus beruflichen, dann auch politischen Gründen[13] immer seltener.

Als neue Bezugsinstanzen entstanden soziale Familienkonstellationen. Zunächst war es der Leipziger Mendelssohn-Kreis, in den er trotz seiner Jugend sofort aufgenommen wurde. In der Hannoveraner Zeit bildeten das Ehepaar Schumann sowie Freunde wie Johannes Brahms, Julius Otto Grimm, Albert Dietrich, das Ehepaar Luise und Bernhard Scholz sowie Bettine von Arnim, Gisela von Arnim und Herman Grimm seine geistige und emotionale Familie. Während seiner Berliner Jahre und vor allem nach dem Scheitern

---

10 Vgl. Otto Biba: „‚Ihr Sie hochachtender, dankbarer Schüler Peppi‘. Joseph Joachims Jugend im Spiegel unbekannter Briefe an Joseph Böhm", in: Die Tonkunst 3 (2007), S. 200–204.

11 Antwort von Joseph Joachim auf die Vorwürfe: „Mein einziger Grund, weßhalb ich nicht nach Leipzig gehen will, ist der, daß es mir bedeutend so scheint, als ob ich dort vom lieben Herrmann und Fanny nicht gerne gesehen würde; und daß sie mich als einen verlorenen Menschen, der nicht mehr zu bessern ist, ansehen, und (es thut mir sehr wehe, das Wort hinzuschreiben) – verachten. [...]. Wenn ich auch weiß und gerne eingestehe, daß ich die mir eigene Lässigkeit nie mit genug Energie zurückgestoßen habe, und in sofern schuldig bin, so weiß ich auch, daß ich keinesfalls die Härte und Schonungslosigkeit verdiente mit der ich behandelt wurde, da, Gott sei es gedankt! es bei mir nicht der Mangel an gutem Willen ist, der allein zu Härte Anlaß geben dürfte, und unter allen andern Mitteln, dieses das am schlechtesten geeignete ist, mich zu bessern." Joseph Joachim an Heinrich Joachim, o. O., 6. August [1847], Briefe Joseph Joachim an den Bruder Heinrich, nicht ediert. Digitale Ressource Brahms-Institut an der Musikhochschule Lübeck, http://www.brahms-institut.de (im Folgenden: Briefe-Datenbank, D-LÜbi), Joa : B1 : 1.

12 Vgl. Beatrix Borchard, Stimme und Geige: Amalie und Joseph Joachim. Biographie und Interpretationsgeschichte (= Wiener Veröffentlichungen zur Musikgeschichte 5), Wien/Köln/Weimar ²2007, S. 85.

13 In den Auseinandersetzungen zwischen Österreich und Ungarn wollte er nicht zwischen die Fronten geraten. Vgl. Borchard, Stimme und Geige, S. 102 f.

seiner Ehe dienten vor allem Familien mit jüdischem Hintergrund wie die Brüder Robert und Franz von Mendelssohn mit ihren Frauen, dann auch Kindern als seine privaten Bezugspunkte. Zugleich bildete er durch seine Berufungspolitik an der Berliner Musikhochschule einen mit ihm auch persönlich verbundenen Kreis. Von der engen Verbindung mit seinem Schüler und Biographen Andreas Moser (1859–1925) ganz zu schweigen. Kontinuierlich blieb aus seiner Herkunftsfamilie allein Joseph Joachims ältester Bruder Heinrich (ca. 1824–1897) lebenslang ein wichtiger Gesprächspartner.

Stellvertreter der Herkunftsfamilie: Heinrich Joachim

Heinrich (Henry) Joachim war in die Fußstapfen seines Vaters Julius (1791–1865) getreten. Er handelte erfolgreich in London zumindest zu Beginn mit dessen Schafwolle, wie aus Familienbriefen hervorgeht. Die Heirat mit einer auch musikalisch gebildeten Tochter aus angesehenem Haus, Ellen Smart (1844–1925), im Jahr 1863 eröffnete ihm den Aufstieg in die oberen Klassen der englischen Gesellschaft. Mit ihr hatte er sieben Kinder, darunter den Philosophen Harold Joachim (1868–1938), der seine Cousine, die jüngste Tochter von Amalie und Joseph Joachim, Elisabeth (1881–1968), heiratete. Über diese Heirat verbanden sich die Familien von Heinrich und Joseph Joachim eng.

Sieben Jahre älter als Joseph Joachim galt sein Bruder ihm als Vermittler zur Herkunftsfamilie, obwohl oder auch weil dieser ebenfalls „in der Fremde" lebte. Die ersten erhaltenen Briefe an Heinrich Joachim lassen auf innere Konflikte zwischen dem Gefühl kindlicher Gehorsamspflicht und wachsendem künstlerischen Selbstbewusstsein schließen. Zwar konnte Felix Mendelssohn Bartholdy ihn zunächst vor familiären Ansprüchen schützen und für die Joachim fehlende Allgemeinbildung und das Studium von Theorie und Komposition sorgen,[14] aber nach Mendelssohns überraschendem Tod 1847 musste sich der junge Musiker neu orientieren. Dem Bruder gegenüber betont er zwar wiederholt, dass er allein über seinen Weg zu bestimmen habe, aber die Briefe spiegeln den Rechtfertigungsdruck, der auf ihm lastete. Denn Joachims Selbstverständnis als „freier Künstler", das er den Wünschen seiner Eltern wie ein Schutzschild entgegenhielt, widersprach den kindlichen Gehorsamspflichten, an die ihn nicht zuletzt der Bruder immer wieder erinnerte:

> Mein theurer Bruder!
>
> Dieser Brief wird geschrieben einzig und allein unserer geliebten Eltern wegen [...] sie sagen es wären schon 2 Monate, daß sie keine Nachrichten von Dir haben, sie wüßten nicht einmal wo du seyest. Ist es doch sonderbar daß du eine so heilige Pflicht vernachlässigst.
>
> Es gibt doch in der Natur nichts Erhabeneres als die Freude der Eltern über das Glück ihres Kindes, zum Gegensatze nichts in derselben Erniedrigenderes als die Vernachlässigung der

---

14 Vgl. Borchard, Stimme und Geige, insbesondere S. 84–88 sowie R. Larry Todd: „‚Of the highest Good': Joachim's Relationship to Mendelssohn", in: The Creative Worlds of Joseph Joachim, hrsg. von Valerie Woodring Goertzen und Robert Whitehouse Eshbach, Woodbridge 2021, S. 15–35.

Pflichten eines Kindes den Eltern gegenüber. Die gute [...] Mutter sagt in früheren Jahren hätte sie schlaflose Nächte gehabt über dein langes Stillschweigen. [...] Warum quälst du die armen Eltern so?[15]

Joseph Joachim wies die Vorwürfe im konventionellen Ton zurück: „Ich muß dir gestehen, daß mich dein letzter Brief sehr gekränkt hatte, indem ich es mir gar nicht denken konnte, wie ein so guter Bruder mich der Lieblosigkeit gegen meine Eltern und Geschwister zeihen könnte. Gewiß giebt es nichts schrecklicheres als Herzlosigkeit und Undankbarkeit gegen diejenigen, die wir am meisten, und vor allem Übrigen verehren sollten."[16] Auslöser für Streit wurde wiederholt Joachims Weigerung, aus pekunären Gründen Engagements unter in seinen Augen unwürdigen Bedingungen anzunehmen:

> Lieber Heinrich
>
> Das Engagement welches mir Mr. Bowlby antrug kömmt von der Surrey Garden Comp: zu Concerten unter Juliens Direction; ich soll zwar spielen können nach meiner Wahl, aber zwischen Polkas und allen möglichen Dingen die nicht unter meiner Kontrole stehen. Das kann ich ein für allemal nicht! Nicht aus Betrachtungen über die Gesellschaft welche Juliens Concerte besuchen [...] aber weil's mir eben widerstrebt mich mit Jemand zu Kunstzwecken zu verbinden der mir als der krasseste Marktschreier bekannt ist. Ich begreife nicht wie man mir so was zumuthen kann; würdest du dich als Kaufmann mit einem notorischen Schwindler einlassen, der schon die elendsten Geschichten auf der Börse gemacht hat, als sein Partner in einem halbschmutzigen Unternehmen, bloß weil es profitabel ist?
>
> Um nun auf deine Bedenken wegen meiner und der lieben Schwester Zukunft zu antworten möchte ich dir eine kleine Inconsequenz vorwerfen; vor noch nicht langer Zeit hast du mir (in Duesseldorf glaub' ich) gesagt daß es den unsrigen Gottlob gut gienge und daß man Unrecht thue, mich mit Sorgen darin zu beunruhigen, obwohl ich weiß, daß die lieben Eltern in ihrer naiven Urtheilsweise darin ein heilsames Mittel zur Wirkung auf meine Unabhängigkeit erblickten! Aber von den Qualen die mir Ähnliches schon in mehr als einer Beziehung bereitet hat, weiß Niemand was — !
>
> Gott sei Dank erfreut sich Schwager Wilhelm einer guten Gesundheit, seine Praxis trägt ihm über 2000 fl ein, sie wirthschaften mit den lieben Eltern zusammen, leben nicht theuer — kurz um ich kann nicht finden daß der Lebenszweck eines Künstlers ist sich mit Dingen die in Gottes Hand stehen herumzuquälen, und aus der Kunst eine Spekulation zu machen. Schickt der Himmel in seiner unerforschlichen Ordnung ein Unglück so werde ich wissen mit den Meinigen männlich dagegen zu kämpfen.[17]

894 Briefe hat Joseph Joachim an seinen Bruder Heinrich und seine Schwägerin im Laufe seines langen Lebens geschrieben. Sie umfassen den Zeitraum von 1844 bis 1907. Über die Jahre nahm der Anteil von Briefen an die Schwägerin stetig zu, und so verlagerte sich die

---

15 Heinrich Joachim an Joseph Joachim, 14.10.1856, zit. nach Borchard, Stimme und Geige, S. 104.
16 Joseph Joachim an Heinrich Joachim, o. O., 6. August [1847], Briefe-Datenbank, D-LÜbi, Joa : B1 : 1.
17 Joseph Joachim an Heinrich Joachim, o. O., o. D., Briefe-Datenbank, D-LÜbi, Joa : B1 : 56.

Korrespondenz von der deutschen zunehmend in die englische Sprache (340 Briefe). Auch über den Tod des Bruders hinaus hielt Joachim den brieflichen Kontakt mit dessen Witwe aufrecht. Die Briefe wurden aufbewahrt, jedoch nicht an ein Archiv gegeben, sondern innerhalb der Familie weitervererbt. Sie galten, so die Erbin Nina Joachim, Enkelin sowohl von Heinrich als auch von Joseph Joachim, als nur von privatem Interesse.[18] Erst 1991 wurden sie an das Brahms-Institut in Lübeck verkauft, wo sie nun digitalisiert einsehbar sind, jedoch unkommentiert.[19] Die Gegenbriefe sind zwar teilweise ebenfalls erhalten, gehören jedoch nicht dem Brahms-Institut. Es wäre also wünschenswert, jenseits der Frage, was wem gehört, eine Buchausgabe dieses Briefwechsels zu erarbeiten. Denn nur wenige Ausschnitte aus der Korrespondenz zwischen den Brüdern wurden bisher auszugsweise in der von Joseph Joachims ältestem Sohn Johannes (1864–1949) und Andreas Moser verantworteten Ausgabe der Briefe von und an Joseph Joachim in den Jahren 1911–1913 veröffentlicht[20] sowie in meiner 2005 erschienenen Studie Stimme und Geige. Amalie und Joseph Joachim.

Zweifelsohne sind die Briefe an Heinrich das wichtigste Quellenmaterial nicht nur zu seiner beruflichen, sondern auch zu seiner mentalen Entwicklung und zu wechselnden Befindlichkeiten. Aber wie wir wissen, sind Briefe immer auch auf den Adressaten / die Adressatin und dessen / deren Erwartungen zugeschnitten. Diese müssen also mitgelesen werden, zumal wenn es um Versuche der Selbstdarstellung geht.[21] Man sollte bei der deutenden Lektüre zudem nicht vergessen: Briefe wurden in der Regel laut in der Familie vorgelesen und oft an andere Verwandte in Abschriften weitergeschickt. Weitere Aspekte und dementsprechend „mitzulesen": Joachims identitätsstiftendes Mitteilungsmedium im Dialog mit anderen war nicht das Schreiben, auch nicht das Sprechen, sondern das Musizieren und Komponieren. Viele Briefe entstanden zudem unter anstrengenden Reisebedingungen. Rasch hingeworfen, im Schreiben oft durch Störungen unterbrochen, dienten sie in erster Linie der Information über das eigene Tun, über Pläne und – in dieser Korrespondenz im besonderen Maße – über familiäre Ereignisse. Im Rahmen einer Ausstellung zum Thema Brief hat das Brahms-Institut in Lübeck an einem besonders sprechenden Beispiel aus der Korrespondenz Joseph Joachims mit seinem Bruder Heinrich gezeigt, wie sehr der

---

18 Vgl. zur Geschichte der Entdeckung dieses Briefkonvoluts: Borchard, Stimme und Geige, S. 35–46.
19 Bibliothekarische Erschließung und digitale Präsentation des Teilnachlasses von Joseph Joachim in den Beständen des Brahms-Instituts an der Musikhochschule Lübeck, www.brahms-institut.de. Vgl. den Kommentar unter Teilnachlass Joseph Joachim | Projektbericht. Interessante Aspekte der Briefe von Joseph Joachim (https://www.brahmsinstitut.de/index.php?cID=538, abgerufen Januar 2023).
20 Briefe von und an Joseph Joachim, hrsg. von Johannes Joachim und Andreas Moser, 3 Bde, Berlin 1911–1913.
21 Vgl. Beatrix Borchard, Clara Schumann: Musik als Lebensform. Neue Quellen. Andere Schreibweisen, Hildesheim ²2019, besonders S. 23–49.

emotionale Ausdruck beim Schreiben mit der Hand verloren geht, wenn Briefe übertragen und gedruckt werden.[22]

Wie bereits erwähnt, glaubte Joseph Joachim seinem ältesten Bruder als Vertreter der Familie kontinuierlich über die Entwicklung seiner Karriere Rechenschaft ablegen zu müssen. An Heinrich wandte er sich zudem in Geldfragen, in Krisensituationen, bei Krankheiten (auch bei Verdauungsproblemen, Hämorrhoiden, später Rheuma und Gicht). Mit ihm diskutierte er Konflikte mit Vorgesetzten und Kollegen, dann Ehe- und Erziehungsprobleme. Außerdem wurde sein Bruder Kontaktmann nach England: Heinrich Joachim traf Absprachen für ihn mit Konzertveranstaltern und schuf für ihn gemeinsam mit seiner Frau Ellen in seinem Londoner Haus ein Netzwerk aus Musiker:innen und Musikfreund:innen, Basis für Joseph Joachims so erfolgreiche Karriere in Großbritannien. Er verwaltete auch zumindest zeitweise Joachims nicht unerhebliche englische Einnahmen.

Selbstbekenntnisse

Vor allem in seiner Hannoveraner Zeit (1853–1868) reflektierte Joachim insbesondere in Briefen an seine damalige Vertraute, die Schriftstellerin Gisela von Arnim, auch Identitätsfragen.[23] Ihr gegenüber stellte er sich durchaus zeittypisch als „zerrissen" dar, in seinem Falle zwischen erster und zweiter Heimat Ungarn und Deutschland, zwischen Judentum und Christentum, zwischen dem Bedürfnis nach sozialer Sicherheit und dem Verlangen nach künstlerischer Unabhängigkeit, zwischen der Rolle des Interpreten der Werke anderer und dem Bedürfnis, auch als Komponist eigene Ausdrucksmöglichkeiten zu entwickeln, zwischen der ästhetischen Orientierung an Liszt bzw. an Mendelssohn, dann an Robert Schumann. Er arbeitete sich ab an dem Vorbild Beethoven sowie an dem Vergleich mit Johannes Brahms, den er 1853 kennengelernt hatte. Legt man die an Gisela von Arnim adressierten Selbstanalysen, die natürlich nicht zuletzt der Selbstdarstellung gegenüber der umworbenen Frau dienten, neben die Briefe an Heinrich, wird deutlich, wie sehr die Korrespondenz mit dem Bruder auf die Eltern und Geschwister zugeschnitten war, während er Gisela von Arnim gegenüber glaubte bekennen zu müssen oder zu können, dass allein das Gefühl der Verpflichtung ihn noch an sein Elternhaus binde. Er könne nur als „freier Künstler" atmen. Dieses Selbstbild stand im krassen Gegensatz zu seiner beruflichen Existenz: Denn Joachim lebte und arbeitete in den Hannoveraner Jahren durchaus nicht als freier Künstler, sondern in einem abhängigen Dienstverhältnis.

---

22 Vgl. a BRIEF history. Eine Reise in die Kulturgeschichte des Briefes. Katalog zur Ausstellung am Brahms-Institut an der Musikhochschule Lübeck (13. September – 17. Oktober 2020) in Kooperation mit dem Zentrum für Kulturwissenschaftliche Forschung Lübeck, hrsg. vom Brahms-Institut an der Musikhochschule Lübeck und dem Zentrum für Kulturwissenschaftliche Forschung Lübeck, München 2020, S. 38–440.
23 Vgl. Joseph Joachims Briefe an Gisela von Arnim 1852–1859, hrsg. von Johannes Joachim, Göttingen 1911.

Beatrix Borchard

„Die Judenfrage"[24]

Es ist auffällig, wie eng sich der Kontakt Joachims zum Hannoveraner Königshaus gestaltete. Anders als bei Mendelssohn Bartholdy, Liszt, Bettine von Arnim und später bei Schumann und Brahms suchte Joachim in diesem Fall nicht die künstlerische Autorität, sondern die Anerkennung durch Repräsentanten eines hierarchisch-ständischen Systems. Diese wurde ihm als Künstler entgegengebracht, „obwohl er Jude" war. Im Königreich Hannover sollte eigentlich als Folge der 1848er-Revolution „die Ausübung der bürgerlichen und politischen Rechte von dem Religionsbekenntnis unabhängig" sein.[25] Das bedeutete eine weitgehende Gleichstellung. Dennoch konnten Juden nicht königliche Beamte werden. Damit war ihnen die Aussicht auf eine Festanstellung genommen, weshalb 1857 der jüdische Geiger Anton Wallerstein (1813–1892) aus dem Orchester ausschied. Zwei Jahre zuvor hatte sich Joachim selbst bereits von seiner Herkunftsfamilie durch seinen – aus jüdischer Perspektive – Abfall vom Judentum distanziert: Er ließ sich laut Kirchenbucheintrag am 3. Mai 1855 in der Hannoveraner Ägidienkirche lutherisch taufen. An die Stelle der biologischen, jüdischen Eltern traten mit der Taufe die geistigen, christlichen „Eltern", nämlich die Paten: der König und die Königin von Hannover. Ein neuer Vorname war nicht notwendig, da Joseph sowohl als jüdischer denn auch als christlicher Vorname gelten konnte. Aber er bekam zwei Beinamen: Georg und Maria – die Namen des Königspaares. Namenswechsel stehen nicht zuletzt für die Neudefinition von Identität.

Noch stärker als das Christentum verpflichtet das Judentum die Kinder, ihre Eltern zu ehren und ihnen gehorsam zu sein. Ihrerseits sind die Eltern dazu verpflichtet, ihre Kinder in den Traditionen des jüdischen Glaubens zu erziehen. Vor diesem Hintergrund kann man ermessen, welch eine Kränkung er seinen Eltern zufügte, als sie erst aus der Zeitung erfuhren, dass ihr Sohn sich hatte taufen lassen. Joachim versuchte den Affront in einem Brief abzumildern:

> Geliebte Eltern
>
> Mir wird eben anonym aus Pesth eine Zeitung zugeschickt, mit der Nachricht daß ich zur protestantischen Kirche über getreten sei, und außerdem noch – <u>verlobt</u>
>
> mit einer Hannoverschen Hofdame der Tochter der Bettina von Arnim. Die zweite Nachricht ist eine Unwahrheit, und ich weiß nicht wer sich den Spaß gemacht haben kann, sie zu verbreiten – und mit meinem Bekenntnis zur christlichen Kirche in Verbindung zu bringen. Ich denke nicht daran mich zu verheirathen, und eine Hannoversche Hofdame, die Arnim hieße gibt es nicht.
>
> Ueber den Uebertritt zur lutherischen Confession bin ich Ihnen meine theuren Eltern, Manches zu sagen schuldig. Es ward von mir eine Mittheilung darüber bis jetzt verschoben,

---

24 Vgl. zum Folgenden im Kontrast: Styra Avins, „Joachim and His Jewish Dilemma", in: Creative Worlds, S. 36–51.

25 Abraham Löb, Die Rechtsverhältnisse der Juden im ehemaligen Königreiche und jetzigen Provinz Hannover, Frankfurt/Main 1908, S. 49.

weil ich sehnlich gewünscht hatte, Sie Ihnen mündlich einmal in Pesth zu machen, wo ich Sie und die lieben Geschwister im Laufe des Jahres zu sehen hoffen durfte; wie ich denn immer noch das Vorhaben eines Besuches in Pesth gegen den Herbst hin hege.

Daß sie den wichtigen Schritt vorher und auf so unzarte Weise durch öffentliche Blätter erfahren haben, bedauere ich von Herzen; was von mir geschehen konnte, es zu vermeiden, hatte ich gethan – und ich beschwöre Sie nicht dem Mangel an kindlicher Ehrfurcht zuzuschreiben, was fremde Neugier und Mangel an Zartgefühl verbrochen haben mögen.[26]

Joachim argumentiert hier, als ginge es nur um eine Indiskretion, nicht jedoch um die Sache selbst, nämlich seine Loslösung vom Judentum. In einem Brief an seinen Freund Herman Grimm begründete er seinen Schritt mit der Hoffnung auf „Heilung von Schäden durch seine jüdische Erziehung": „Mir ist, als wär ich erst jetzt recht frei von Bitterkeit und kampfberechtigt gegen alles Unschöne des Judenthums, dem ich mich so feindlicher gesinnt fühle, je mehr ich eigne Schäden in mir zu heilen habe, an denen ich früher unbewußt, später bewußt durch jüdische Erziehung zu leiden hatte. Freies Hingeben an den Geist, ein freudiges Martyrthum für ihn scheinen mir die Grundzüge der Christus-Religion [...]."[27] Was meinte er mit diesen Schäden? Materialismus im Gegensatz zu einem zudem als typisch deutsch verstandenen Idealismus? Wir wissen es nicht. Die aggressive Ausgrenzung des Judentums durch das Christentum thematisiert er in diesem Brief jedenfalls nicht und bemühte sich auch Gisela von Arnim gegenüber, seine Taufe nicht funktional als „Entréebillet" (Heinrich Heine) in die christliche Mehrheitsgesellschaft erscheinen zu lassen: „Das dumme Zeitungsgeklatsch über mein Christenthum! Was hat mir das für alberne Briefe zugezogen, von meinen Verwandten, und wie hat es mich überhaupt den Widerspruch von Sein und Schein einmal wieder recht auskosten lernen! Das Geschmeiß, das so etwas nur immer mit Carrière-Sucht in Verbindung setzt. Mir ist's übrigens nicht ganz recht, daß Du liebe Seele, um meine Charakter-Stärke in ein schöner Licht zu setzen, meinen Übertritt als eine Art von Nothwehr gegen Pretensionen von Juden darstellst, denen ich dadurch die Gemeinschaft aufgesagt haben soll. Es liegt innerlicher und tiefer, und ich werde darauf zurückkommen."[28]

Gisela von Arnim gegenüber deutet Joachim sein Gefühl der Zerrissenheit als vielleicht jüdisches Erbe: „Ich muß recht krank gewesen sein am Geist, das fühle ich an meinen häufigen Rückfällen; eine Schwermut beschleicht mich oft zum Erdrücken. [...] Du kennst das nicht, Dir ist's viel zu licht immer, Du kennst überirdischen Trost, Du kannst weinen, Du kennst des Schmerzes Verklärung in Dir; mir ist das nicht gegeben, ich fühle nur, wie alles herb ist, ich glaube was andern sich wehmuthvoll in linden Tau der Seele löst, bei mir ist es wie herbes, grimmes Eis, das mit seinen Zacken nur Wunden stößt. Ich habe mir oft Vorwürfe darüber gemacht, es zu überwinden gesucht, aber es ist wohl zu tief in mir

---

26 Joseph Joachim an seine Eltern, 23.11.1855, zit. nach Borchard, Stimme und Geige, S. 104f., FN 133.
27 Joseph Joachim an Herman Grimm, 26.4.1855, Joachim I, S. 284.
28 Joseph Joachim an Gisela von Arnim, 13.3.1856, Joachim I, S. 326.

gegründet, muß wohl zu meiner Natur gehören, und stammt vielleicht aus dem Orient, daß ich so leicht in so schlimme Stimmung verfalle."²⁹

Joachim hatte den zunächst anonym veröffentlichten Text Das Judenthum in der Musik (1850) gelesen, in dem Richard Wagner wortreich die angeblich rassisch begründete Unfähigkeit von Juden zu eigenschöpferischer Arbeit darlegt. Gemeinsam mit vor allem jüdischen Kollegen des Leipziger Konservatoriums hatte Joachim die Entlassung von Franz Brendel verlangt, der diesen Text veröffentlicht hatte und sich weigerte, den Namen des Autors zu nennen.³⁰ Zum Zeitpunkt der Publikation des Wagner-Pamphlets war Joachim erst 19 Jahre alt. Obwohl er die Zuschreibungen, die mit ihm verbunden waren, mit seiner Unterschrift unter das Protestschreiben öffentlich zurückgewiesen hatte, blieb er nicht unberührt von der These eines hörbaren „Judentums in der Musik". So berichtet es zumindest Richard Wagner in genüsslicher Selbstgerechtigkeit: „Über Joachim, der stets in bescheidener, fast weicher Zurückhaltung geblieben war, sagte mir Bülow zur Erklärung, daß er in einer gewissen wehmütigen Schüchternheit gegen mich befangen sei, und zwar wegen meiner in jenem famosen Titel über das Judentum ausgesprochenen Meinungen. Bei der Vorlegung einer seiner Kompositionen habe er ihn mit einer gewissen Ängstlichkeit gefragt, ob ich dieser Arbeit wohl etwas Jüdisches anmerken können würde. Dieser rührende, ja ergreifende Zug regte mich zu einem besonders teilnahmsvollen Abschiedswort und einer herzlichen Umarmung Joachims an."³¹

Clara Schumann

Joachims künstlerisches Selbstverständnis als Basis seines identitätsstiftenden Handelns als Musiker ist auch Leitmotiv seiner nun weitgehend komplett vorliegenden Korrespondenz mit Clara Schumann.³² Die Pianistin wurde neben seinen Quartettkollegen zu seiner wichtigsten Konzertpartnerin vor allem auch in England.³³ In der ästhetisch-ethischen Orientierung ihrer Arbeit als Interpreten eines klassisch-romantischen Repertoires, das sie gemeinsam im Zuge ihrer Zusammenarbeit im Bereich der Kammermusik schufen, waren sie sich einig. Zuordnungen wie Herkunft, Religion, Geschlecht wurden in ihrer beider Augen durch die Kunstausübung transzendiert. Clara Schumann war zwar nur 12 Jahre älter als er, aber bereits Robert Schumann hatte in Brahms und Joachim so etwas wie

---

29 Joseph Joachim an Gisela von Arnim, 3.-4.12.1853, Joachim – Gisela von Arnim, S. 5.
30 Vgl. Brief Julius Rietz an Pauline Viardot-Garcia vom 15.5.1859, in: Pauline Viardot – Julius Rietz: Der Briefwechsel (= Viardot-Garcia-Studien 1), hrsg. von Beatrix Borchard und Miriam Alexandra Wigbers, Hildesheim 2021, S. 384, sowie Aus Moscheles' Leben: nach Briefen und Tagebüchern, hrsg. von Charlotte Moscheles, Leipzig 1872/73, Bd. II, S. 216f.
31 Richard Wagner, Mein Leben, hrsg. von Martin Gregor-Dellin, München 1963, S. 514.
32 Joachim – Clara Schumann.
33 Vgl. zu der Zusammenarbeit und zur Entwicklung ihrer Freundschaft: Beatrix Borchard, Clara Schumann. Musik als Lebensform, Hildesheim 2019, S. 242–397.

ideale Söhne gesehen, Wahlverwandte im Kampf gegen die sogenannte Zukunftsmusik, gegen Liszt und Wagner, die aus Schumanns Sicht das allgemeine Musikleben immer mehr beherrschen. Joachim suchte als Komponist zunächst einen dritten Weg zwischen Liszts Konzept einer Programmmusik und Schumanns Konzept einer poetischen Musik.[34] Bei dieser Suche ermutigte ihn nicht nur Johannes Brahms,[35] sondern desgleichen Clara Schumann. Nur einer der vielen Briefe sei herausgegriffen, in denen sie vor allem in den Anfangsjahren ihrer Freundschaft den an sich selbst zweifelnden, oft auch verzweifelnden Musiker[36] zu stützen versuchte:

> Nur ein Wort der Freude, einen Händedruck, lieber theuerer Freund, für Ihre schöne Sendung! die Variationen wie wunderherrlich, wie tiefinnig, zart und kräftig zugleich, mächtig ergreifend, und so meisterlich Alles, Note für Note! es macht's Ihnen Keiner so leicht nach, solche Variationen![37]
>
> Johannes mochte Ihnen so gern schreiben, er ist wieder so von Neuem mit Bewunderung für Sie erfüllt, aber er sagt, man kann ja nicht so schreiben, was man fühlt, und wohl hat er Recht – auch ich wollte Ihnen ja nur eben danken. Johannes meint, die Variationen seyen so herrlich, wie er sie sich gedacht. Nun, bald sprechen wir uns, und bald sollen sie, (die Var. und Melodieen) klingen, recht aus tiefster Tiefe! [...]

---

34 Vgl. Beatrix Borchard: Ein später Davidsbund. Zum Scheitern von Joachims Konzept einer psychologischen Musik, in: „Neue Bahnen". Robert Schumann und seine musikalischen Zeitgenossen (= Schumann-Forschungen 7), Kongressbericht über das 6. internationale Schumann Symposion vom 5. bis 6. Juni 1997 in Düsseldorf, hrsg. von Bernhard R. Appel, Mainz 2002, S. 205–218, sowie Katharina Uhde: The Music of Joseph Joachim, Woodbridge 2018, besonders S. 101–140.

35 Brahms an Joachim, 16.2.1855: „Mein Lieber, was soll ich Dir denn schreiben oder später sagen über die herrlichen Variationen? Was denn mehr, als daß sie grade so sind, wie ich mir dachte, wie Deine Ouvertüren versprachen. Es geht mir mit Deinen Werken wie mit Beethovens. Wenn ich eine neue Sinfonie oder Ouvertüre kennen lernte, so erfüllte sie mich lange Zeit ganz und gar. [...] So geht's mir mit Deinen Werken. So ging' mir mit der Hamlet-, Heinrich- und Demetrius-Ouvertüre [...]. Die Variationen sind wohl nicht so ganz Dein Eigen wie die Ouvertüren? Aber so gewaltig hat wohl noch niemand Beethovens Feder geführt. Die hebräischen Gesänge sind aber ganz Joachim, wunderbar ergreifend. [...] Ich bitte Dich, sieh das gewaltige Crescendo von Deinem op. 1 bis jetzt. Wohin soll denn das? Wohl über alle sieben Himmel hinweg! Ich wünschte, Du wüßtest nur halb, wie mich Deine Sachen erfüllen und mit welcher Liebe und mit welchen Hoffnungen ich an Dich denke". Johannes Brahms im Briefwechsel mit Joseph Joachim, Bd. I, hrsg. von Andreas Moser, Berlin ³1908, Reprint Tutzing 1974, S. 88f.

36 Joachim an Gisela von Arnim Mitte Oktober 1854: „Ach, warum soll ich Dir's nicht sagen, meine liebe einzige Freundin, mehr als je fühle ich oft Zweifel, ob ich zum schaffenden Künstler geboren, ob meine ganze Natur nicht eine so schwerfällige sei, die sich begnügen sollte, zu verstehen und in sich aufzunehmen, was andere Köstliches biethen. Alle meine Arbeiten erscheinen mir oft so mühsam, unfrei, kummervoll, peinlich – statt erquickend freudigen Muth auszuströmen. O, ich ahne sie wohl, jene glückliche, beschwingte Gottseligkeit, die ein immer von innerm Leben getragener Mensch empfinden muß, den nicht Unruhe, sondern begeisterte Erkenntnis zur Mittheilung drängt – ich ahne sie die glutvolle Wärme, die auch dem Kleinsten gönnt, in ihrem Schein sich wohl zu fühlen – aber wie weit bin ich davon entfernt!", Joachim – Gisela von Arnim, S. 68.

37 Gemeint sind die Variationen über ein eigenes Thema für Viola und Klavier op. 10.

Sorgen Sie ja, daß wir die Variationen und Melodieen spielen können – ich sehne mich wahrhaft darnach. Eine schöne Viola haben Sie wohl? [...] Eben will ich diesen Brief auf die Post bringen, da kommt mir Ihr heutiger, der mich in seinem Ernste wie seiner Lust erlabte. Gleich, nachdem wir ihn gelesen, gingen wir an die Heinrich-Ouvertüre, Johannes spielte sie wunderbar, und Beide erbaueten wir uns wieder daran, hörten all die herrlichen Klänge, die weichen vollen Melodieen, so warm und kräftig wie sie sind! Sie müssen es Sich nun schon von mir gefallen lassen, daß ich es Ihnen so geradezu sage, wie groß und genial Sie mir in Ihrer Productivität erscheinen, von Ihrem Spiele weiß es eben die ganze Welt, und sagt's Ihnen, aber als schaffenden Künstler können jetzt nur Wenige Ihr tiefinnerstes Seelenleben erkennen, und daß ich zu Denen Wenigen gehören darf, beglückt mich innig, das glauben Sie mir.[38]

Von einem „hörbaren Judentum" ist bei ihr zumindest schriftlich keine Rede, auch nicht bei Brahms.[39] Sie unterschied zwischen Glaubensjuden und Getauften. Ihm gegenüber betonte sie, dass es ihrem Gefühl der engen, auch menschlichen Verbundenheit geschuldet sei, dass sie ebenso wie die Eltern von Brahms[40] auch seine Eltern kennenlernen wollte. Anfang 1856 bot sich die Gelegenheit; sie konzertierte in der ungarischen Hauptstadt.[41] Clara Schumann nahm umgehend Kontakt auf:

Liebster Joachim,

einen herzinnigen Gruß aus Ihrer Vaterstadt muß ich Ihnen doch noch sagen, wo ich <u>so viel</u> an Sie gedacht! – Sie werden jetzt bereits wissen, daß ich die Ihrigen längst bevor Ihren Zeilen kannte! meinen Sie, ich würde mit dem Besuche der Ihrigen gewartet haben, bis Sie sie mir zuführten? können Sie Sich denn durchaus nicht denken, wie nahe Sie meinem Herzen stehen, wie sehr lieb ich Sie habe, und daß meine nächste und schönste Beziehung hier in Pest Ihre Eltern sein müßten? so waren sie denn auch die Ersten, die ich besuchte, leider aber nicht sah. Mein Aufenthalt hier war kurz, und so sehe ich Ihre liebe Peppi denn eigentlich heute beim Abschiedsbesuch zum ersten Male ordentlich. Ihr will ich diese Zeilen bringen.[42]

---

38   14.2.1855, Joachim – Clara Schumann, Bd. I, S. 180f.
39   Vgl. zu Brahms Haltung gegenüber jüdischen Mitbürgern: Jan Brachmann: „Die Bibel als Grundgesetz aller Deutschen. Johannes Brahms' ambivalenter Liberalismus", in: Musikwelten – Lebenswelten, S. 213–226.
40   Sie hatte die Eltern von Brahms bereits im Winter 1854 besucht. Vgl. Max Kalbeck, Johannes Brahms, Bd. I, Wien und Leipzig ²1907, S. 196.
41   Joachim hatte ihr von dort einen Besuch bei seinen Eltern nahegelegt: „Verehrte Freundin / Diese Zeilen erhalten Sie von meiner theuern Namensvetterin und lieben Schwester Josephine (Peppi) welche ich Ihnen vorstelle, und die sich herzlich freut Jemand kennen zu lernen von deren Güte und Freundschaft für mich ich so oft erzählt. Seien Sie meiner Schwester recht aufrichtig und ich glaube sie wird Ihnen bald eine liebe treue Gesellschafterin sein. Auch meine Eltern können Sie durch meine Schwester kennen lernen, wenn Ihre Zeit es erlaubt; gewiß aber werden Sie vorerst nicht zu Besuchen kommen, später aber müssen Sie mir zu lieb es einmal thun, und meinem verehrten Vater und der guten Mama die Freude bereiten Sie zu sehen, von der ich soviel geschrieben", Joseph Joachim an Clara Schumann, 18.2.1856, Joachim – Clara Schumann, Bd. I, S. 249.
42   Clara Schumann an Joseph Joachim, 27.2.1856, Joachim – Clara Schumann, Bd. I, S. 254f.

Die Pianistin war begeistert von der Schönheit der Stadt und trat erfolgreich allein drei Mal im Hôtel de l'Europe auf:

> Pest d. 18 Febr. 1856
>
> Einen Gruß aus Ihrer schönen Vaterstadt muß ich Ihnen doch senden! wie viel, mein lieber Freund, denke ich hier an Sie! mir kam's ordentlich wie ein Unrecht vor, als ich hier allein herein fuhr! wie ist das schön! ⟨hier!⟩ und Sie haben mir nie davon erzählt, das begreife ich gar nicht. Ihre Eltern sah ich gestern aber nur ganz flüchtig, da ich sie früher verfehlt hatte. So viel kann ich Ihnen sagen, daß sie Beide wohl sind. Nächster Tage will ich einmal wieder hin gehen.
>
> Ich habe heute ein brillantes Concert gegeben, mit das Beste auf der ganzen Reise in pecuniärer Hinsicht; und Beifall war's auch genug. Sonnabend soll das Zweite folgen. […]. Ueber die Lage der Stadt kann ich aber gar nicht aufhören entzückt zu sein, dann interressirt mich sehr das Landvolk, die eigenthümlichen Physiognomien, das üppige Haar, schöne, lebendige Augen, so recht kräftige Menschen! der Blick der Leute hat oft etwas träumerisches – ich sehe es vielleicht mehr als es ist, aber wie oft werde ich an Sie erinnert! Sie haben doch ein ganz ungarisches Gesicht; jetzt finde ich es erst recht, nun ich hier im Land. Aber mit Ihrer Musik passen Sie nicht hierher – gestern hörte ich ein philh. Concert, F dur Symph. von B. Sommernachtstraum-Ouvert. das war graulich!⁴³

Joachim indes war seine Heimatstadt⁴⁴ fremd geworden: „Daß Sie meine lieben Verwandten in Pesth besuchten ist gar freundschaftlich von Ihnen, und wird Stoff zu angenehmer Unterhaltung geben wenn wir uns wiedersehen. Ich bin leider mein Lebelang so ⟨oft⟩ fortdauernd vom Haus gewesen daß ich gar nicht ermessen kann wie Leben und Ton dort zu Ihrer Stimmung paßt, und freue mich darüber zu hören. Meine Schwester Josephine wird Sie besucht haben und mir hoffentlich noch über Ihren Aufenthalt in Pesth schreiben."⁴⁵

Clara Schumann glaubte also in seinem Gesicht Ungarisches erkennen zu können, obwohl sie wusste, dass er deutschsprachig in einer jüdischen Familie aufgewachsen war. Wollte sie ihn mit dieser Bemerkung gleichsam entlasten? Aufschlussreich auch, dass sie ihm schreibt, seine Musik passe nicht nach Ungarn. Auch von Joachim selbst sind zahlreiche Äußerungen überliefert, dass er sich als Botschafter spezifisch deutscher Musik verstehe.⁴⁶ Nicht nur vor allem sein Violinkonzert in ungarischer Weise op. 11 verknüpft je-

---

43 Am 17. Februar 1856 fand im Pester Museumssaal das 4. Philharmonische Konzert statt, auf dem Programm standen u.a. Felix Mendelssohn Bartholdys Ouvertüre zu Shakespeares Sommernachtstraum op. 21, Carl Maria von Webers Ouvertüre zu Oberon und Ludwig van Beethovens Sinfonie Nr. 8 F-Dur op. 93. Clara Schumann an Joseph Joachim, 18.2.1856, Joachim – Clara Schumann, Bd. I, S. 250f.
44 Bekanntlich war Pest nicht seine Geburtsstadt, sondern Kittsee im Burgenland unweit von Preßburg. Er war zwei Jahre alt, als die Familie nach Pest zog.
45 Joseph Joachim an Clara Schumann, 27.2.56, Joachim – Clara Schumann, Bd. I, S. 253.
46 Vgl. Beatrix Borchard, „Groß – männlich – deutsch? Zur Rolle Joseph Joachims für das deutsche Musikleben der Wilhelminischen Zeit", in: Die Tonkunst 3 (2007), S. 218–231, sowie dies., „Als Geiger bin ich Deutscher, als Komponist Ungar'. Joseph Joachim: Identitätsfindung über Abspaltung", in:

doch kompositorisch beide Musik- und Musizierkulturen miteinander.[47] Was heißt dann, seine Musik passe nicht nach Ungarn?

Clara Schumann war jedenfalls froh, seine Eltern kennengelernt zu haben,[48] und besuchte sie zwei Jahre später gleich noch einmal: „Die Ihrigen waren Alle wohl. Ihre liebe Mutter sehr betrübt, auch Josephine, Sie nicht zu sehen. Erstere überlegte viel, ob sie Sie nicht im Frühjahr in Hannover besuchen käme. Ich war einen Abend dort, es war die ganze Familie versammelt – ich mußte gehörig Rede stehen, that es aber geduldig, weil ich immer an Sie dachte, und wie gut es Ihre Eltern doch meinten."[49]

Fanny Joachim zog nach dem Tode ihres Mannes (1865) von Pest nach Wien. Dort sah Clara Schumann sie überraschend wieder.[50] Sechs Jahre später erwähnt sie Fanny Joachim ein weiteres Mal, diesmal distanziert, und zwar in einem Brief an Joachims Frau Amalie, die zeitweise die Korrespondenz für ihren Mann übernommen hatte, aber auch selbst im direkten brieflichen Kontakt mit Clara Schumann stand und mit ihr gemeinsam konzertierte.[51]

Liebe Frau Joachim,

[...] Mir ist es auch in Pest recht gut gegangen, ich habe zwei brillante Concerte dort gegeben, bin aber dann so schnell als möglich wieder nach dem lieben Wien zurück. [...] Sagen Sie dem lieben Joachim, daß ich leider seine Schwester Josephine nicht in Pest gesehen – sie lebt jetzt auf dem Lande, und kam nicht herein, was ich so sicher gehofft hatte – es würde mir in Pest heimischer geworden sein, hätte ich sie gehabt. Ich kann es gar nicht begreifen, daß sie nicht kam, und vermuthe fast, es rührt von einer Empfindlichkeit Ihrer Frau Schwiegermutter,[52] die mich durchaus zu einem Familienball und Soupér haben wollte, was ich abgeschlagen habe, weil ich wirklich furchtbar in Anspruch genommen war, und principiell keine Abend-Gesellschaften mehr annehme, da ich sie zu schlecht vertrage.[53]

Joseph Joachim (1831–1907): Europäischer Bürger, Komponist, Virtuose (= Anklänge 2008. Wiener Jahrbuch für Musikwissenschaft 3), hrsg. von Michele Calella und Christian Glanz, Wien 2008, S. 15–46.

47 Vgl. Uhde 2018, besonders S. 297–315.
48 „So viel habe ich Ihnen zu erzählen – wie drängt mein Herz darnach. Wie ist mir's so lieb, daß ich nun auch die Ihrigen kenne! noch den letzten Abend in Pest war ich bei ihnen", Clara Schumann an Joseph Joachim, 12.3.1856, Joachim – Clara Schumann, Bd. I, S. 258.
49 Clara Schumann an Joseph Joachim, 9.12.1858, Joachim – Clara Schumann, Bd. I, 436f.
50 Vgl. Clara Schumann an Joachim, 25.1.1866: „Ihre Mutter will mich morgen besuchen – ich wußte gar nicht daß sie hier lebt." Joachim – Clara Schumann, Bd. II, S. 877.
51 Vgl. Beatrix Borchard, „Frauenliebe und Musikleben – Clara Schumann und Amalie Joachim", in: Schumanniana nova. Festschrift Gerd Nauhaus zum 60. Geburtstag, hrsg. von Bernhard Appel, Ute Bär und Matthias Wendt, Sinzig 2002, S. 127–148.
52 Gemeint ist Fanny Figdor und nicht die längst verstorbene Mutter von Amalie Joachim, wie im Kommentar des Briefwechsels fälschlicherweise angegeben. Vgl. Joachim – Clara Schumann, Bd. II, S. 886, FN 13.
53 Clara Schumann an Amalie Joachim, 23.3.1866, Joachim – Clara Schumann, Bd. II, S. 885.

Sie war also den Einladungen der Mutter zu gesellschaftlichen Veranstaltungen großbürgerlichen Zuschnitts auch auf die Gefahr hin nicht gefolgt, dass diese dies als Zurückweisung deutete.[54]

Aufbau einer eigenen Familie

Nachdem Gisela von Arnim ihren Jugendfreund Herman Grimm geheiratet hatte, hatte sich Joachim 1863 entschieden, auch selbst eine eigene Familie zu gründen:

> Lieber Heinrich
> ‚I am a happy man' etc; ich könnte noch weiter fortfahren in deinem eignen Text von vor einigen Wochen, und dann statt ‚Ellen' bloß den Namen ‚Amalie Schneeweiss' den meiner Braut einfügen! Ja meiner Braut — ich bin verlobt.
> Du weißt wie einem da zu Muth ist. Du erinnerst dich wohl noch der
> liebenswürdigen Oesterreicherin, von der ich gleich nach meiner Hieherkunft schrieb; ihr Bühnenname ist Weis. Dir sie beschreiben kann ich nicht, du wirst sie kennen lernen, und ich sehe im Geist schon, daß sich Ellen und meine Ursi (so nenne ich sie statt des langen Amalie) lieben werden. Sie wird, obwohl sie für ihre Kunst mit Recht begeistert ist und in den schwierigsten Rollen auch andere fortzureißen wußte, mir
> zu Liebe der Bühne entsagen — daraus siehst du, daß sie m[ich] glücklich mac[hen w]ill.
> Ich kann jetz[t n]ichts weiter sagen, als: auf baldig Weiter schreiben. Addio!
> J. J.
> Ach, die göttlich tiefe Stimme, von der muß ich noch Kunde schicken.[55]

Seine Herkunftsfamilie lief Sturm gegen Joachims Partnerwahl. Amalie Schneeweiss war keine höhere Tochter wie die Braut seines Bruders Heinrich, sondern Sängerin und hatte bereits seit ihrem 14. Lebensjahr auf der Bühne gestanden.[56] Aus Joachims Briefen an seinen Bruder Heinrich kann man ableiten, was alles gegen sie vorgebracht wurde. Joachim versuchte zunächst seitenweise die Vorwürfe zu entkräften, um dann zu dem Schluss zu kommen:

> [...] Meine Antwort darauf wird meine Heirath sein.
> Lieber Heinrich, ich bin so gemartert durch die ganzen Vorfälle, erst mit Bernh: dann mit den Eltern, u. jetzt aus Wien, daß ich vor Aufregung kaum Schlaf habe. Und es ist Alles so

---

54 Ein Jahr später starb Fanny Joachim in Wien, und ihr Sohn war bei ihr. Brahms leistete ihm Beistand: „Die Gute hat furchtbar vor ihrem Ende gelitten – und hülflos zusehen, wenn geliebte Menschen Qualen leiden ist wohl das traurigste im Menschenleben! – Brahms war mir ein großer Trost; er war so gut und theil-nehmend [sic!], weihte mir alle Zeit in den Tagen, die ich in Wien zubrachte." Joseph Joachim an Clara Schumann, 17.7.1867, Joachim – Clara Schumann, Bd. II, S. 927f.
55 Joseph Joachim an Heinrich Joachim, o. O., o. D. [Hannover, 15. Februar 1863], Briefe-Datenbank, D-LÜbi, Joa : B1 : 141. 1.
56 Vgl. zum Werdegang von Amalie Joachim: Borchard, Stimme und Geige, S. 145–258.

> unnütz — denn Gerüchte sind unsichtbare Gestalten, die man nicht anfassen und zerstören kann! Meine Ursi habe ich, wo möglich, nur noch lieber gewonnen; denn ich sehe wie unbeschützt und auf mich angewiesen sie in der Welt ist.
> Ich schicke dir ihr Bild; es ist voriges Jahr in Wien gemacht, und besser als die hier genommenen Photographien. — Dein Vorwurf der lieben Eltern wegen, ist ungerecht: ich habe ihnen gleich nach meiner Verlobung geschrieben, auch einen Brief wieder bekommen, über den in seiner Unzartheit zu reden kindliche Pflicht mir verbiethet ——.
> Sie haben sich Gott sei Dank beruhigt; sogar einen recht lieben Brief an meine Braut geschrieben. Möge es dabei bleiben![57]

Amalie Schneeweiss war römisch-katholisch erzogen worden und musste, um Joachim heiraten zu können, zum Protestantismus konvertieren sowie – als Liebesbeweis, wie es im eben zitierten Brief heißt – von der Bühne abtreten. Die Hochzeitsreise führte nach Pest, wo sie die Eltern und einen Teil der Geschwister ihres Mannes kennenlernte. Ihr Stoßseufzer in einem Brief an ihre Freundin, die Pianistin Julie von Asten, ist bezeichnend: „70 Verwandte habe ich kennengelernt, das strengt an."[58] Ihrem frisch angetrauten Mann gegenüber brachte sie offen zum Ausdruck, dass sie sich in seiner Familie nicht willkommen fühlte:

> Ich komme in eine Familie von deren Existenz ich vor unserer Verheirathung kaum was wußte – nur soviel, daß sie anders sind als du - u. daß sie in Aufruhr – weil ich deine Frau wurde. Ich lernte nun – Damen u. Herren mit unsympathischen Gesichtern und schönen Toiletten kennen – welche mir mit jedem Blicke sagten daß ich zu einfach sei – ja beinahe daß sie sich meines Aussehens freuen.
> Joerl, meine Armuth hat mir oft in so weit weh gethan – als ich meiner Mutter u. Schwester nicht das geben konnte – was zur Erleichterung u. Hebung ihrer Leiden gedient hätte – das Gefühl aber daß Armuth eine Schande ist – habe ich bei deiner Familie kennengelernt. […] Dein Bruder hatte die Schöne – reich u. blühend – u. du der du wählen konntest unter den Schönsten Reichsten u. Vornehmsten hattest mich arme unbekannte Opernsängerin.[59]

Sechs Kinder brachte Amalie Joachim zur Welt, als erstes den nach Brahms benannten Sohn Johannes am 12. September 1864, also einen Tag vor dem Geburtstag Clara Schumanns, zugleich der Hochzeitstag des Schumann'schen Ehepaares. Diesmal hatte Joachim den Geburtstag nicht vergessen und gratulierte ihr mit folgenden Zeilen:

---

[57] Joseph Joachim an Heinrich Joachim, o. O., o. D., Briefe-Datenbank, D-LÜbi, Joa : B1 : 144.
[58] Amalie Schneeweiss an Julie von Asten, o. O. [Hannover], 10.7.1864, zit. nach Borchard, Stimme und Geige, S. 247.
[59] Amalie Joachim an Joseph Joachim Hannover, 23.3.1865, zit. nach Borchard, Stimme und Geige, S. 247.

Liebe Frau Schumann.

Heute, am 13ten ist Ihr uns allen roth angestrichener Geburtstag, zu dem ich uns allen gratulire, heute in ganz besonders freudiger Stimmung! denn gestern war auch ein Geburtstag, und es zeugt für den guten Geschmack des kleinen Joachim, daß er sich das Preludium eines so musikreichen, vollstimmigen Tags zu freudigem Eintritt wählt. Es ist ein kräftiger Junge, dem's wohl in seiner Haut zu sein scheint, und der seiner Mutter die 17 bangen Stunden (von Mitternacht bis 5 Uhr Nachmittags!) mit einem Freudenschrei vergessen machte. Ursi[60] ist ganz wohl, ich habe sie eben Milch und Zwieback frühstücken sehen. Wir grüßen beide von Herzen! Ihr Joachim[61]

„Der jroße Judenjeiger Joachim"[62]

Mit seiner Familiengründung, dem Umzug nach Berlin 1868 und der Übernahme der Leitung der neu gegründeten Berliner Musikhochschule, die er bis zu seinem Tod 1907 innehatte, schienen alle Existenz- und Identitätsfragen geklärt. Er galt nun als höchster Repräsentant deutscher Instrumentalmusik, wurde glühender Bismarckanhänger und stand sowohl gegen Österreich als auch gegen Frankreich auf preußischer Seite.[63] Liest man seine diesbezüglichen Briefe an den Bruder Heinrich, könnte man meinen, er sei fraglos in der wilhelminischen Gesellschaft angekommen. Aber Ende der 70er-Jahre zerbrach seine Familie, da er seiner Frau unterstellte, sie habe ihn betrogen.[64] Sein Lebenswerk, die auf seine Person hin zugeschnittene Hochschule, geriet als Antiwagner-Bollwerk in die Kritik. Die sogenannte Antisemitenpetition von 1880 gegen das „Überhandnehmen des Judentums

---

60 Ursi war der Kosename von Amalie Joachim.
61 Joseph Joachim an Clara Schumann, 12.9.1864, Joachim – Clara Schumann, Bd. I, S. 782.
62 Karl Klindworth an Hans von Bülow, 8.10.1884, Postkarte, D-B Mus. ep. Karl Klindworth Nr. 148.
63 Joseph Joachim an Amalie Joachim o. O. [München], 15.[7.1870]: „Du schreibst gar nichts von der herandrohenden Gewitterwolke, welche die leichtsinnig frechen Gallier herauf beschworen. Ich habe kaum für irgend etwas anderes Sinn, und wäret Ihr nicht, ich zöge gewiß mit in den Krieg, der unvermeidlich scheint. Sie legen's zu augenscheinlich darauf an zu beleidigen. Ein Segen, daß ein Mensch wie Bismarck unsre Politik leitet; ich fühle mich als Deutscher, nicht als Österreicher. [...] Vor dem Ende habe ich nicht Angst; das Recht und der Glaube an der Deutschen Mission, ihre Kultur zu verbreiten, halten mich aufrecht." Zit. nach Borchard, Stimme und Geige, S. 346.
64 Brahms über seinen alten Freund in einem persönlichen Schreiben an Amalie Joachim vom Dezember 1880: „Durch das trostlose Hin u Hergrübeln Joachim's wird das Einfachste so aufgebauscht, so weitläufig, daß man nicht weiß anzufangen u fertigzuwerden. Er dreht sich eben so eigensinnig in jedem kleinsten Kreis, wie leider sonst in jenem großen Kreis von Einbildungen und Irrungen, der ihn um all sein Glück bringen kann." Johannes Brahms an Amalie Joachim, Dezember 1880, zit. nach: Arthur Holde, „Brahms und das Ehepaar Joachim. Was die Ausgaben des Briefwechsels verschweigen", in: Die Brücke zur Welt. Sonntagsbeilage der Stuttgarter Zeitung vom 25.7.1959, S. 49 (erweiterte Fassung: Arthur Holde, „Suppressed Passages in the Brahms-Joachim Correspondence published for the first time", in: The Musical Quarterly 45 [1959], S. 312–324). Vgl. auch die Einführung zu Joachim – Clara Schumann, Bd. I, S. 47–50.

in der deutschen Kultur"⁶⁵ machte schließlich überdeutlich, dass die Entscheidung, sich taufen zulassen, nichts daran geändert hatte, dass auch er selbst (oder gerade?) von Kollegen als Jude, damit als „eigentlich" nicht dazugehörig wahrgenommen wurde: „Geschieht uns schon recht, daß zur B.[ach]-Feier ein Jude den Prügel in Deutsch.[land] schwingen muß",⁶⁶ so etwa der mit Wagner verbundene Pianist Karl Klindworth an den ebenfalls judenfeindlich eingestellten Hans von Bülow anlässlich des Eisenacher Bach-Fests von 1884, an dem Joachim das Festkonzert zur Einweihung des Bach-Denkmals von Adolf von Donndorf geleitet hatte. Joachim selbst äußerte sich auf dem Höhepunkt der Antisemiten-Kampagne gegenüber seinem Bruder bezogen auf Zugehörigkeitsfragen ambivalent: „Niemand kann die Fehler unser Stammesgenossen besser erkennen, als unser einer; aber bei der Art der Behandlung ihrer Schwächen rührt sich doch so etwas wie Zusammengehörigkeit im Leid."⁶⁷ Aus diesen wenigen Zeilen ein spätes Bekenntnis zu einem wie auch immer begriffenen Judentum ableiten zu wollen, scheint problematisch und verkennt die Adressiertheit seiner schriftlichen Äußerungen. Deswegen sei abschließend noch einmal darauf verwiesen: Joachims identitätsstiftendes Mitteilungsmedium im Dialog mit anderen war nicht das Schreiben von Briefen, auch nicht das Sprechen, sondern von Kindheit an das Musizieren und Komponieren. In seiner Musik jedoch verbanden sich „Herkunft" im Sinne einer komplexen Identität und eine nicht weniger komplexe „Fremde" produktiv miteinander, wie Katharina Uhde in ihrer Studie eindrucksvoll gezeigt hat.⁶⁸

---

65 Vgl. zu den Hintergründen: Norbert Kampe, „Von der ‚Gründerkrise' zum ‚Berliner Antisemitismusstreit': Die Entstehung des modernen Antisemitismus in Berlin 1875–1881", in: Jüdische Geschichte in Berlin. Essays und Studien, hrsg. von Reinhard Rürup, Berlin 1995, S. 85–100.
66 Karl Klindworth an Hans von Bülow, 4.10.1884, D-B, Mus. ep. Karl Klindworth Nr. 147.
67 Joseph Joachim an Heinrich Joachim, o. O., o. D. [Berlin, 17.11.1880], Briefe-Datenbank, D-LÜbi, Joa : B1 : 347.
68 Uhde 2018.

Zwischen Tradition, Ehrerbietung und Abgrenzung

Joseph Joachim als Virtuose, Interpret und Komponist im Spiegel früher Widmungskompositionen

Christine Hoppe

Das bekannteste Narrativ, das sich um Joseph Joachim gesponnen hat, erzählt vom Solisten, Kammermusiker, Pädagogen, Hochschuldirektor und auch Komponisten Joseph Joachim als Wächter über „deutsche musikalische Werte",[1] als „geistiges Vorbild späterer Geiger",[2] als von allem Äußerlichen unberührten Vater reiner Interpretationshaltung und Priester[3] auf dem Gebiete autonomer Tonkunst. Als ein zentrales sinnstiftendes Moment in dieser prominenten Erzählung funktioniert die frühe Entscheidung Joachims, im Anschluss an seine Ausbildung bei Joseph Böhm in Wien nicht – wie zahlreiche seiner Mitstudenten und Freunde – nach Paris und somit auf die naheliegende und vorgezeichnete virtuose Konzertbühne zu gehen, sondern stattdessen Leipzig anzusteuern. Diese Entscheidung wird schnell als frühe aktive Abkehr von allem Künstlichen, Unwahren in der Musik gedeutet und sucht sich ihren Raum bis in kompendiarische Darstellungen hinein: „[A]nd it may truly be said, that Joachim's character both as a musician and as a man was developed and directed for life during the years which he spent at Leipzig. He already evinced that thorough uprightness, that firmness of character and earnestness of purpose, and that intense dislike of all that is superficial or untrue in art, which have made him not only an artist of the first rank, but, in a sense, a great moral power in the musical life of our days."[4]

Die Wirkung des Narrativs wird noch dadurch verstärkt, dass Personen wie etwa Joachims Freund und Studienkollege Edmund Singer (1831–1912), der im Anschluss an Wien den Weg nach Paris und nicht nach Leipzig gewählt hat, diese Entscheidung in der Rückschau als Fehlentscheidung einschätzen und öffentlich kommunizieren: „So wertvoll für mich die Erinnerungen an meinen fast zweijährigen Aufenthalt in Paris auch immer geblieben sind, so waltet bei mir doch kein Zweifel darüber ob, daß ein Aufenthalt in Deutschland und namentlich in Leipzig besser für meine Zukunft gewesen wäre. Vor al-

---

[1] Clive Brown, „Polarities of Virtuosity in the First Half of the Nineteenth Century", in: Nicolò Paganini Diabolus in Musica, hrsg. von Andrea Barizza und Fulvia Morabito, Turnhout 2010, S. 23–51, hier S. 24.
[2] Ebd, S. 48.
[3] Siehe u. a.: Andreas Moser, Joseph Joachim. Ein Lebensbild, Berlin 1898, S. 30 und S. 37.
[4] Paul David, Art. „Joseph Joachim", in: A Dictionary of Music and Musicians, hrsg. von George Grove, Bd. 2, London 1900, S. 34.

lem hätte ich dann den von mir schwärmerisch verehrten Meister Mendelssohn kennen gelernt, ein Glück, das Joachim zuteil wurde."[5]

Nicht zuletzt Joachim selbst hat an dieser Wahrnehmung seiner Person bekanntermaßen bedeutend mitgeschrieben, indem er in seinem öffentlichen Handeln als Geiger einen Gegenentwurf zu anderen Virtuosen seiner Zeit präsentierte, aber auch als Komponist eine die entsprechenden Werte vertretende Öffentlichkeits- bzw. Bühnen-Persona modellierte. Viel zitierte Äußerungen über Virtuosen-Kollegen,[6] eine klare Trennung seines Repertoires als Geiger im Öffentlichen und Privaten[7] und auch die Tatsache, dass er als Komponist einige frühe, technische und mehr auf die Präsentation auf der Bühne ausgerichtete Kompositionen nicht veröffentlichte, liefern Hinweise, dass Joachim sich bereits früh in seiner Karriere auf die Suche nach seinen Identitäten und Rollen als Geiger und Komponist begeben hat, und dass gerade diese beiden Rollen ein Spannungsfeld generierten, das für ihn nicht zur Deckung zu bringen war.[8] Gisela von Arnim erkennt in Joachims Tätigkeit als Virtuose, auf die er mit seiner Ausbildung ursprünglich hingearbeitet hatte, eine „Zersplitterung",[9] und lokalisiert damit zentrales Konfliktpotenzial.

Katharina Uhde gibt in ihrer Betrachtung einiger früher Kompositionen, der Fantasie über Ungarische Motive (ca. 1850) sowie der Fantasie über Irische [schottische] Motive (ca. 1852), den Anstoß für die Erweiterung des starr teleologisch ausgerichteten Narrativs um einen viel perspektivischeren Blick auf den frühen Joachim als Komponisten und Instrumentalvirtuosen: „The ‚Irish' Fantasia thus betrays Joachim's attraction to unabashed virtuosity. Because Joachim was later widely perceived as a guardian of ‚German musical values' [Brown, „Polarities", S. 24] and as a ‚spiritual model for later violinists' [ebd., S. 48],

---

[5] Edmund Singer, „Aus meiner Künstlerlaufbahn. Biographisches – Anekdotisches – Aphoristisches", in: Neue Musik-Zeitung 13 (1911), S. 8–10, hier S. 9. Die Erinnerungen Singers sind zwischen 1911 und 1912 als mehrteilige Serie erschienen, die 1912 mit einem Nachruf auf den inzwischen verstorbenen Violinisten und Komponisten abgeschlossen wurde.

[6] So schreibt Joachim bereits 1848 an seinen Bruder Heinrich: „Nun wollte ich nicht gerne schon bekannte Sachen spielen und solches Zeug wie Vieuxtemps, Bériot, Ernst, David usw. (entre nous) kann ich nicht mehr spielen ohne Widerwillen", in: Briefe von und an Joseph Joachim, hrsg. von Johannes Joachim und Andreas Moser, 3 Bde, hier Bd. I, Berlin 1911, S. 10.

[7] Amalie Joachim hält in einem Brief den öffentlichen sowie den privaten Geiger Joachim fest: „Unparteiische Richter welche genug von Violine verstünden müßten ihm [Joachim] auch als Techniker die erste Stelle zuweisen. Ich habe oft genug ihn, seine Art einzelne Stellen zu spielen mit der Art Sarasate's u. Anderer vergleichen können und stets gefunden, daß er alles größer, kühner u. feuriger vorträgt – auch ‚Virtuosenstückchen' kühner und eleganter spielt, als die andern, wenn er dies freilich nur für sich allein in seinem Studierzimmer vollbringt – weil er öffentlich sich nur als Priester des Allerschönsten u. Höchsten zeigen will", Brief von Amalie Joachim o. E. [an Adolph Kohut] aus Eberfeld vom 13. Mai 1891, zit. nach Beatrix Borchard, Stimme und Geige: Amalie und Joseph Joachim. Biographie und Interpretationsgeschichte (= Wiener Veröffentlichungen zur Musikgeschichte 5), Wien/Köln/Weimar ²2007, S. 502.

[8] Vgl. hierzu auch den Sammelband Joseph Joachim (1831–1907): Europäischer Bürger, Komponist, Virtuose (= Anklänge 2008. Wiener Jahrbuch für Musikwissenschaft 3), hrsg. von Michele Calella und Christian Glanz, Wien 2008.

[9] Briefautograph o. O., o. D., zitiert nach Borchard, Stimme und Geige, S. 136.

we easily forget that he not only performed virtuoso showpieces in his early career, but composed them. As a corrective, we need to distinguish the established ‚German' mainstream violinist of the later 19th century from the nationally, ethnically, and compositionally peripheral or marginal composer of 1852."¹⁰ So gelesen, präsentiert Leipzig sich nicht als handfester, sauberer Einschnitt und Richtungswechsel, als Stadt und künstlerisches Umfeld mit reinigender Kraft, sondern in Leipzig öffnet und intensiviert sich ein Spannungsfeld, das einen fortwährenden Prozess der Abgrenzung und Identitätsfindung als Violinist und Komponist auslöste: Die „Zersplitterung" des Virtuosen geht einher mit Selbstzweifeln des Komponisten, der den übermächtigen Außenblick als schicksalhaft auf sich spürt. So schreibt er im Frühjahr 1847 an seinen Bruder Heinrich: „Ein Concertstück, das ich für England schrieb, ist mißlungen und nicht zum öffentlichen Spiel brauchbar, obwohl ich mir die größte Mühe damit gegeben habe — auch das hat mich entmuthigt. Es ist fast, als ob ich dazu verdammt wäre in der Musik nichts zu leisten … Und ich meine es doch so gut mit der Kunst; sie ist mein Heiligthum, ich könnte mein Leben mit Freuden für sie hinopfern; aber trotzdem leiste ich nichts in ihr — fast gar nichts; — als ob ein tragisches Fatum, gegen das ich nicht ankämpfen kann, darüber schwebte! Wird es über mein ganzes Leben verhängend hängen?"¹¹ Ist hier gar eine der beiden frühen Fantasien gemeint?

Das eröffnete Spannungsfeld, in dem Joachim sich auch nach seinem Weggang aus Wien immer wieder neu verorten zu müssen glaubte, ist aber nicht nur ein abstrakt-ästhetisches, sondern es äußert sich in seinen frühen persönlichen Bezugspersonen und Beziehungen als ein ganz konkret-persönliches, dem ich in den folgenden Ausführungen nachspüren möchte, denn hier scheint gerade die persönliche Verbundenheit und Dankbarkeit lebenslang anhaltende Spannungsfelder erst generiert zu haben.

Zwei frühe „Orientierungsfiguren",¹² die frühen und nachhaltigen Einfluss auf Joachims Selbstbild vor allem als Virtuose ausgeübt haben, waren Joseph Böhm und Heinrich Wilhelm Ernst – Ersterer als Lehrer und Mentor in Wien, Letzterer als Fürsprecher und väterlicher Freund, aber auch als frühes „Role Model"¹³ auf Joachims Suche nach seiner Identität als Geiger und als Komponist. Beatrix Borchard hat bereits essenzielle Unterschiede und Gemeinsamkeiten zwischen Ernst und Joachim herausgearbeitet und damit

---

10 Katharina Uhde, „Rediscovering Joseph Joachim's Hungarian and Irish fantasias", in: The Musical Times 158 (2017), S. 75–99, hier S. 85.
11 Das Manuskript des Briefs liegt im Brahms-Institut in Lübeck, D-LÜbi, Joa : B1 : 5, S. 3 f. Digital und als Transkription einsehbar unter: https://www.brahmsinstitut.de/index.php?cID=538, 29.4.2021.
12 Beatrix Borchard, „Als Geiger bin ich Deutscher, als Komponist Ungar'. Joseph Joachim: Identitätsfindung über Abspaltung", in: Joseph Joachim: Europäischer Bürger, S. 15–46, hier S. 8.
13 In ihrem Artikel arbeitet Katharina Uhde Ernsts Einflüsse auf Joachims Fantasie über Ungarische Motive heraus: „Most likely Ernst's combined career as virtuoso and composer provided Joachim with a model to emulate", vgl. Uhde 2017, S. 92. Siehe auch: Katharina Uhde, The Music of Joseph Joachim, Woodbridge 2018, hier vor allem S. 43–59 und S. 61–72.

die Grundlage für weitere Untersuchungen gelegt.[14] Um mich der Bedeutung dieser – auch musikalischen – Beziehungen und Bezugnahmen für Joachims spätere Identitätsfragen anzunähern, ziehe ich im Folgenden ausgewählte musikalische Quellen in Form von Kompositionen zurate, in denen die vier Musiker Böhm, Ernst, Joachim und Singer in irgendeiner Form miteinander in Kommunikation treten und lese sie mit den sie umrahmenden Paratexten als musikalische Beziehungsdokumente. Einerseits handelt es sich um ausgewiesene Widmungskompositionen, die die Musiker sich im Laufe ihres Lebens gegenseitig zugeeignet haben oder bei denen eine Widmungsabsicht als wahrscheinlich angenommen wird, andererseits aber auch um Kompositionen, die idiomatisch aufeinander verweisen. Im Begreifen der „Musik als Beziehungskunst"[15] lassen sich diese kommunikativen Akte als Hinweise deuten, die – auch in Abgrenzung und als Gegenentwurf zum jeweils anderen – Rückschlüsse auf Selbstentwurf und -inszenierungen, aber auch auf das Außenbild Joachims als Virtuosen, Interpreten, Komponisten und Pädagogen zulassen. Kompositionen, die dafür in Frage kommen, sind Joachims Andantino und Allegro scherzoso op. 1 sowie seine zu Lebzeiten unveröffentlichte Fantasie über Ungarische Motive ohne Widmungsträger:in, außerdem Ernsts Fantasie Brillante sur la Marche et la Romance d'Otello op. 11[16] sowie die dritte von Ernsts Sechs polyphonen Studien („À Joachim"). Ergänzend soll noch eine frühe Komposition von Joachims fast gleichaltrigem, oben bereits zitiertem Freund Edmund Singer betrachtet werden, der Joachim sein Prélude (Impromptu) pour le violon seul op. 5 widmete.

Anstoß zu den folgenden Überlegungen bildete die Beobachtung, dass das Andantino und Allegro scherzoso op. 1 eben nicht öffentlich Böhm zugeeignet worden ist, die Gründe dafür aber bisher nicht eindeutig geklärt werden können. Ein genauerer Blick auf den möglichen gesamten Widmungsvorgang – eingebettet in die „Systematik und Funktion der Widmung"[17] – kann hier ein Mittel sein, um alternative Narrative hervorzubringen.

Widmungen als kommunikativer Akt und Brückenschlag

Im 19. Jahrhundert wird bei Widmungen musikalischer Werke eine Beziehung zwischen Adressat:in und Komponist:in vorausgesetzt, wobei diese recht vielfältig ausgestaltet sein kann. Die Widmung erscheint als gezielter und zum Großteil nicht (mehr) monetär gesteuerter Akt der öffentlichen Präsentation dieser Beziehung. Werden Widmende:r und Widmungsträger:in beide in der Öffentlichkeit mit ihrem musikalischen Schaffen assozi-

---

14 Beatrix Borchard, „Ernst und Joachim – Virtuose Selbstdarstellung versus sachbezogene Interpretationshaltung?", in: Exploring Virtuosities. Heinrich Wilhelm Ernst, Nineteenth-Century Musical Practices and Beyond, hrsg. von Christine Hoppe u. a., Hildesheim 2018, S. 53–74.
15 Borchard, „Ernst und Joachim", S. 68.
16 In der Folge hier als Otello-Fantasie abgekürzt.
17 Andrea Hammes, Brahms gewidmet. Ein Beitrag zu Systematik und Funktion der Widmung in der zweiten Hälfte des 19. Jahrhunderts, Göttingen 2015.

iert, steuert diese Assoziation zudem auch die Erwartungshaltung der Rezipienten. Es wird eine musikalische Bezugnahme vorausgesetzt, sei es in Form von Besetzung, musikalischer Idiomatik oder ganz konkreter Zitate. Die ideelle Übertragung der Eigentumsrechte an einer konkreten Komposition in Form der Widmung muss als konzeptioneller Bestandteil dieses Werks begriffen werden, der Einfluss auf Werkgestalt und Rezeption hat und für eine Deutung zentral ist. Die Widmung erscheint somit als Teil des Gesamtwerks, als Inszenierung dieses Werks, die den Zugriff lenken soll. Sie ist kommunikativ eingebunden.[18] Der Widmungstext als Paratext tritt in Kommunikation einerseits mit dem gewidmeten Notentext, andererseits aber auch mit dem Rezipienten, der als dritte, jedoch nicht kontrollierbare Konstante mit in den Kommunikationsprozess eintritt.[19]

In der Widmungsbeziehung kann sich somit an zahlreichen Stellen ein Spannungsfeld aus Nähe und Distanz eröffnen, das sich auf musikalischer Ebene etwa durch kompositorisch-stilistische Annäherung, aber auch Abgrenzung äußern kann. Die Widmung bietet hier eine erste stilistische Orientierungshilfe,[20] durch die eine ästhetische Verortung stattfinden kann, der Adressat funktioniert als ein Indikator möglicher intertextueller Bezugnahmen. Nicht nur Subskriptionen, auch Widmungen haben die Funktion „to present their social networks to the public in an obvious and permanent way".[21] Die intertextuellen musikalischen Bezüge sind „unzweifelhaft Teil des Gesamtkunstwerks".[22] und für ein tiefgreifendes Verständnis von Musik als Beziehungskunst zentral. In der Widmung können sich somit eine Vielfalt an Beziehungen spiegeln: Sie kann Ehrerweisung an Lehrer und Mentoren sein, kollegiale Geste oder ästhetisches Bekenntnis, in jedem Falle suggeriert bzw. konstruiert sie soziale Intimität: „[I]n their obvious position on the title page and their history as a symbolic rhetorical space, […] [dedications] were a clear signpost for euphemism, though they remain floating signifiers. Whether they pointed to a sincere intimacy, a mutually beneficial professional relationship, or a vague acquaintance, they ultimately showed that the author, at the very least, knew the rules of polite and codified interaction and, at the most, could boast superior virtue."[23] Um die Widmung als quasi „schwebenden Signifikanten" wirksam deuten zu können, soll über den konkreten Text der Widmung hinaus möglichst der gesamte Widmungsvorgang in den Blick genommen werden: „Was verraten uns [Nicht-]Widmungen mit all ihren Bestandteilen […] und in all ihren Wechselwirkungen im 19. Jahrhundert über den jeweiligen Komponisten des gewidmeten Werks, über seine Intentionen und den Entstehungskontext der Komposition? Was lassen Zueignungen über die biographischen Bezüge hinaus auch über Widmungswerk, den Empfänger der Dedikation und über dessen eigenes Werk erkennen?"[24] Ziel ist,

---

18 Ebd., S. 31.
19 Ebd., S. 88.
20 Ebd., S. 57.
21 Emily H. Green, Dedicating Music 1785–1850, Woodbridge 2019, S. 124.
22 Hammes, Brahms gewidmet, S. 26.
23 Green, Dedicating Music, S. 133.
24 Hammes, Brahms gewidmet, S. 31.

über die Einbindung von Widmungstexten und Widmungsverhalten einzelner Komponist:innen eine neue kommunikative Einbindung zu ermöglichen: „Eine Neubewertung ihrer [der Widmungen] Anbindung an den Kerntext sollte demnach auch zu einer Neubewertung ihrer Rolle im Rezeptionsprozess führen."[25]

Joachims Widmungsverhalten

Um Joachims (Nicht-)Widmung an frühe Orientierungsfiguren genauer verorten zu können, werfe ich zunächst einen kurzen Blick auf sein sonstiges Widmungsverhalten: Es wird deutlich, dass hier die Gönnerwidmungen keinerlei Rolle mehr spielten, sondern dass private Motivationen vorlagen, die den Kompositionsprozess beeinflusst haben – hier seien stellvertretend die zahlreichen Widmungen an Gisela von Arnim sowie ihren späteren Ehemann, den Dichter Herman Grimm, genannt.[26] Außerdem bestand zwischen Joachim und dem/der jeweiligen Widmungsträger:in meist eine konkrete musikalisch zu verortende Beziehung, sodass die Widmungen als kollegiale Geste oder musikalische Ehrerbietung erscheinen, sei es in Form einer Lehrer-Schüler-Beziehung wie im Falle seines Opus 2, das er Moritz Hauptmann widmete, sei es in Form einer musikalischen Ehrerbietung an Freunde und musikalische Weggefährt:innen wie Franz Liszt (op. 3) und Johannes Brahms (op. 11) oder an seine Schülerin Gabriele von Wendheim (op. 12). Die im Erstdruck abgedruckten Widmungen an musikalische Weggefährten lassen auf den ersten Blick vermuten, dass Joachim die Widmungsträger:innen durchaus mit musikalischem Bedacht gewählt hat: Eine „musikalische Passgenauigkeit"[27] ist gegeben, wenn er sein Orchesterwerk op. 4 einem gesamten Ensemble, der Weimarer Hofkapelle, sein 2. Violinkonzert in ungarischer Weise Johannes Brahms und seine Variationen für Violine Pablo de Sarasate zueignet. Eine Ausnahme bildet hier lediglich seine Ouvertüre für Kaiser Wilhelm aus dem Jahr 1896. Auch die gegenseitigen Widmungen im frühen Umfeld Joachims können dementsprechend als bewusster Kommunikationsakt, als eine bewusste Veröffentlichung oder Zurückhaltung von Beziehungen, gelesen werden.

---

25 Ebd., S. 26.
26 Vgl. hierzu: Katharina Uhde, „Of ‚Psychological Music', Ciphers and Daguerreotypes: Joseph Joachim's Abendglocken Op. 5 No. 2 (1853)", in: Nineteenth-Century Music Review 12 (2015), S. 227–252.
27 Birgit Lodes, „Zur musikalischen Passgenauigkeit von Beethovens Kompositionen mit Widmungen an Adlige. ‚An die ferne Geliebte' op. 98 in neuer Deutung", in: Widmungen bei Haydn und Beethoven. Personen – Strategien – Praktiken. Bericht über den Internationalen musikwissenschaftlichen Kongress Bonn, 29. September bis 1. Oktober 2011, hrsg. von Bernhard R. Appel und Armin Raab, Bonn 2015.

Tradition und Ehrerbietung oder aktive Abgrenzung? Das Andantino und Allegro scherzoso op. 1 – Widmungshypothesen

In der einschlägigen Literatur seit Moser[28] gilt das im Jahr 1849 veröffentlichte Andantino und Allegro scherzoso op. 1 als Werk, das Joachim – wenn auch nicht öffentlich im Erstdruck, so doch ganz sicher ideell – seinem Lehrer Böhm gewidmet hat. Einige Hinweise unterstützen die Annahme, dass es Joachims Absicht war, Böhm seine erste mit einer Opus-Zahl versehene und veröffentlichte Komposition für die Violine zuzueignen: Auf der letzten Manuskriptseite findet sich handschriftlich u. a. der Name des Lehrers, mit Unterstreichung (Abbildungen 2.1 und 2.2); sein Opus 2 widmete Joachim – allerdings auch ganz offiziell im Druck – seinem nachfolgenden Lehrer in Leipzig, dem Spohr-Schüler Moritz Hauptmann.

Weder der Druck des Opus 1 noch die Ankündigung der gedruckten Ausgaben in Hofmeisters musikalisch-literarischer Monatsbericht liefern auf textueller Ebene Hinweise auf Böhm als Widmungsträger,[29] auch ist keine Verlagskorrespondenz bekannt, die in die Frage der Widmungsabsicht Klarheit bringen könnte. Böhms Name erscheint lediglich als einer unter mehreren auf der letzten Seite des handschriftlichen Manuskripts, ohne konkrete Formulierung einer Widmungsabsicht.[30] Im Manuskript finden sich neben Böhm noch zwei weitere für Joachim im zeitlichen Umfeld der Entstehung der Komposition bedeutende Namen: Hauptmann und Mendelssohn.

Die Unterstreichung Böhms lässt eine Präferenz Böhms als naheliegend erscheinen. Unterstützt wird diese Annahme durch den brieflichen Austausch, in dem Joachim Böhm seine solistischen sowie seine kompositorischen Tätigkeiten in seiner ersten Zeit in Leipzig schildert. Joachim offenbart in seinem Brief eine tiefe Verehrung und Dankbarkeit seinem Lehrer gegenüber und macht deutlich, dass er sich zu diesem Zeitpunkt auch weiterhin in dem alten Lehrer-Schüler-Verhältnis verortet – dies könnte durchaus als Hinweis für eine Widmungsabsicht der ersten Violinkomposition gedeutet werden, da es zudem als wahrscheinlich gilt, dass Joachim die Arbeit an ihr bereits 1844 begonnen und das Stück in

---

28 Siehe Joachim Lebensbild 1898, S. 66 f. Auch bei Beatrix Borchard findet sich diese Widmungs-Information im auf einer CD-ROM angehängten Werkverzeichnis ihres Buches, vgl. Borchard, Stimme und Geige. Katharina Uhde verweist in der tabellarischen Listung der Werke Joachims auf die Tatsache, dass die Widmung handschriftlich im Manuskript der Komposition festgeschrieben ist, geht aber nicht detaillierter auf diese handschriftliche Nennung Böhms ein, vgl. Uhde 2018, unpaginierter Anhang zum Buch, Tabelle mit Werkverzeichnis [S. 438], FN 9.

29 Joachim, Andantino und scherzoso op. 1, Leipzig: Kistner [1849]. Angekündigt in Hofmeister, Musikalisch-literarische Jahresberichte, Ausgabe Juli 1849, S. 66 (mit Orchester-Begleitung) und S. 67 (mit Pf-Begleitung).

30 Staats- und Universitätsbibliothek Hamburg, Brahms-Archiv, BRA: Ac13, S. 80. Auf die handschriftliche Nennung zumindest Hauptmanns verweist auch Uhde, ohne hier aber den eigentlichen Eintrag genauer unter die Lupe zu nehmen; Uhde 2018, Werkkatalog o. S., FN 9.

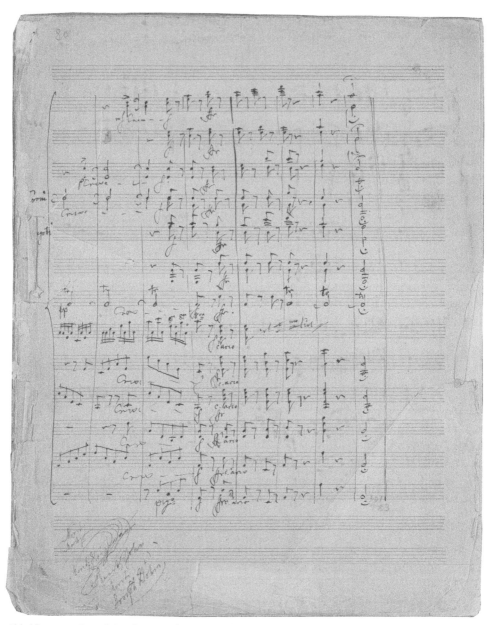

Abbildung 2.1: Joseph Joachim, Andantino und Allegro scherzoso op. 1, letzte Seite des Manuskripts. (D-Hs, Brahms-Archiv, BRA: Ac13, S. 80)

Zwischen Tradition, Ehrerbietung und Abgrenzung

Abbildung 2.2: Joseph Joachim, Andantino und Allegro scherzoso op. 1, letzte Seite des Manuskripts, Vergrößerung der handschriftlichen Namensnennung. (Ebd.)

seiner frühen Entstehungsphase mehrfach öffentlich präsentiert hat.[31] Dennoch ist festzuhalten, dass es neben dieser deutungsoffenen Nennung Böhms keine schriftlich fixierten, die Spekulationen abschließenden Hinweise auf einen eindeutigen Widmungswunsch Joachims gibt, der Briefaustausch der beiden bricht kurz nach Joachims Wechsel nach Leipzig ab.

Auch wenn die derzeitige Quellenlage eine lückenlose Rekonstruktion des konkreten Widmungsvorgangs nicht zulässt, so lesen sich die vorliegenden Quellen in ihrer widmungstheoretischen Rahmung und mit „Schere und Klebstoff"[32] wie folgt:

1. Es kann der Wunsch angenommen werden, dass Joachim sein op. 1 nach üblicher Tradition einem seiner Lehrer bzw. Mentoren zu widmen beabsichtigte, denn nicht dem Kollegen, sondern dem ehemaligen Lehrer die ersten Werke zu widmen, „war ein besonderer Brauch, der über reine Pflichtschuldigkeit hinaus ging".[33]

---

31 Joachim schreibt am 15. Oktober 1844 aus Leipzig an Böhm: „Theuerer Herr Professor! Es war gewiß nicht Vergessenheit, daß ich so lange nicht geschrieben habe, denn so oft ich an die Londoner Reise und den Erfolg derselben denke, erinnere ich mich mit größter Dankbarkeit an Sie, mein verehrter Meister, dem ich ihn doch größtentheils zu verdanken habe. [...] Mein Concert für die Geige wird bald fertig sein, unter Hauptmann componire ich Lieder [...]. Empfehlen Sie mich, theuerer Herr Professor, Ihrer lieben, verehrten Frau Gemahlin und vergessen Sie nicht ganz Ihren Sie innigst liebenden Schüler Joseph Joachim", Joachim I, S. 2 f. Vgl. auch den Hinweis auf die bevorstehende Veröffentlichung des Opus 1 in einem Brief an seinen Bruder Heinrich (Brief o. O., o. D., [Frühjahr, vor April?] [1847]): „Die Composition für Violine die in kurzer Zeit bei Kistner erscheint, und die keine Sonate sondern das Stück ist, welches ich das vorige Mal in London spielte, das aber durch Aenderungen sehr gewonnen hat u. jetzt viel anhörbarer klingt, könte [sic] ich auch spielen und überhaupt würde ich mich mehr ans Quartettspielen halten, da es doch das einzigen ist, was ich ausgenommen die Beethoven'schen, Mendelssohn'schen u. Spohr'schen Solo-Stücken gerne spiele." Briefe-Datenbank, D-LÜbi, Joa: B1 : 5, S. 4. Digital und als Transkription einsehbar unter: https://www.brahmsinstitut.de/index.php?cID=538, 29.4.2021.

32 Beatrix Borchard, „Mit Schere und Klebstoff. Montage als wissenschaftliches Verfahren in der Biographik", in: Musik mit Methode. Neue kulturwissenschaftliche Perspektiven, hrsg. von Corinna Herr und Monika Woitas, Köln u. a. 2006, S. 47–62.

33 Christoph Flamm, „Den Toten und den Lebenden: Widmungen in der russischen Musik des 19. und 20. Jahrhunderts", in: Die Tonkunst 14 (2020), S. 46–55, hier S. 53.

Christine Hoppe

2. Einer der fixierten Namen, Moritz Hauptmann, bekommt in der Folge das op. 2 gewidmet; er kann als Zuschlag-Empfänger auch für das op. 1 folglich ausgeschlossen werden. Zusätzlich unterstützt die Widmung des op. 2 die Vermutung, dass auch das op. 1 einem seiner Lehrer – chronologisch dem vorangehenden? – zugedacht werden sollte.
3. Böhm ist graphisch durch Unterstreichung hervorgehoben. Die zeitliche Nähe der Komposition zu Joachims Ausbildungszeit in Wien erscheint zusammen mit der zu dieser Zeit in Briefen an Böhm geäußerten fortdauernden Dankbarkeit und Verehrung als Indiz dafür, dass Joachim sich noch nicht von Böhm und seiner Schule frei gemacht und abgegrenzt hatte.[34]

Jedoch:

4. Blickt man auf die angenommene musikalische Passgenauigkeit, so fällt auf, dass hier – anders als in vielen anderen Widmungskompositionen für Böhm und auch abweichend vom sonstigen Widmungsverhalten Joachims – keine exklusive musikalische Hommage an seinen Lehrer, keine eindeutige und ausschließliche stilistische Nähe zum potenziellen Widmungsträger komponiert wurde, sondern dass die musikalische Sprache vor allem des Andantino-Teils vielmehr irritiert, da sie musikalisch eher auf den dritten Namen auf dem Manuskript hindeutet.
5. Ist hier also vielleicht doch Mendelssohn gemeint? Dieser war bei Fertigstellung des Manuskripts noch bester Gesundheit, zum Zeitpunkt der Veröffentlichung des Drucks dagegen verstorben – ein möglicher Grund dafür, dass Joachim von einer posthumen Widmung dieses kleinen Stücks abgesehen haben könnte.

Dass es Böhm als Widmungsträger nicht bis in den Druck geschafft hat, könnte also eine Vielzahl an Gründen haben. Ich möchte im Folgenden entlang dieser Szenarien die Bedeutung herausarbeiten, die der Blick auf Widmungsvorgänge für die Interpretation von Beziehungen und für das Ausloten von Motivationen wie Tradition, Ehrerbietung und Abgrenzung haben kann.

Lesarten – Hypothesen zum Widmungsträger-losen Opus 1

Lesart 1: Bewusste Entscheidung Joachims für eine nicht-öffentliche Widmung

Geht man davon aus, dass Joachim selbst die Widmung nicht öffentlich machen wollte, so kann für diese vor allem ideelle, aber eben ausdrücklich nicht öffentliche Widmung seines Opus 1 vor allem Dankbarkeit und Traditionsbewusstsein als treibende Kraft hineingelesen werden. Vergleicht man die Komposition Joachims mit anderen Widmungskomposi-

---

34 Vgl. FN 31.

tionen für den Lehrer Böhm,³⁵ so fällt auf, dass es sich im technischen Schwierigkeits- und Anspruchsgrad um „kein sogenanntes glänzendes Bravourstück für den Virtuosen"³⁶ par excellence handelt, wie der Rezensent der Neuen Berliner Musikzeitung schreibt, oder gar um vornehmlich instruktive Literatur, sondern dass vor allem im auf Sanglichkeit angelegten Andantino-Teil, aber auch in der Anwendung konkreter violinistischer Techniken im Allegro scherzoso-Abschnitt vielmehr deutliche Verweise auf Joachims erste Unterrichtseinheiten bei Mendelssohn erkennbar sind.³⁷ Nach nur kurzer Zeit in Leipzig und damit in der Umgebung Mendelssohns eröffnet sich also in dieser Komposition und ihrem potenziellen Widmungsträger Böhm für Joachim ein Spannungsfeld aus bewusster Nähe und Distanz, aus kompositorisch-stilistischer Annäherung und Abgrenzung zum ehemaligen Lehrer. Die Entscheidung, den Namen Böhm trotz aller Dankbarkeit und allen Traditionsbewusstseins nicht öffentlich zu machen, erscheint in dieser Lesart als bewusster Akt des Mitschreibens am eingangs beschriebenen Narrativ, als Akt der bewussten Abgrenzung und einer neuen Ausrichtung. Dass Böhm nun trotzdem handschriftlich auf dem Manuskript vermerkt und sogar unterstrichen ist und in einem Zuge mit den neuen Leipziger Orientierungsfiguren Hauptmann und Mendelssohn³⁸ erscheint, offenbart gleichzeitig die innere Verwirrung und Zerrissenheit Joachims, die beginnende Identitätskrise als Geiger und Komponist, die Abgrenzung von einstigen Role Models: In dieser Identitätskrise offenbart sich erstmals ein Spannungsfeld aus bewusster Nähe (Motivation Dankbarkeit; persönliche Beziehung) und Distanz (in Form einer kompositorisch-stilistischen Abgrenzung) zum Lehrer. Gleichzeitig konstruiert sich Joachim in dieser Lesart erstmals als ein nicht deckungsgleicher öffentlicher und privater Joachim, wenn er noch kurze Zeit vorher in einem vertraulichen Brief an Böhm schreibt: „Verehrter H[err] Professor! […] Gewiß werde ich es nie vergessen, […] wie viel ich Ihrem Unterrichte des Unterrichts verdanke; jetzt, da ich ihn ganz entbehren muß, sehe ich erst ein, wie werth und theuer er mir immer war. – […] Er [Hauptmann] hat auch noch 3 uns unbekannte Duetten für 2 Violinen geschrieben. Ich wollte, ich könnte sie bei Ihnen kennen lernen od[er] doch wenigstens im Conservatorium."³⁹

---

35 Für einen Überblick über einige andere Widmungskompositionen von Schülern Böhms (etwa Ludwig Minkus', Edmund Singers und Heinrich Wilhelm Ernsts) sowie eine Beschreibung ihrer musikalischen Faktur siehe Hoppe, „Das Spezifische im Allgemeinen", Auf der Suche nach dem Lehrer Joseph Böhm in Techniken, Lehrmethoden, Lehrwerken und Widmungskompositionen seiner Schüler." In: Konservatoriumsausbildung von 1795 bis 1945. Hrsg. von Annkatrin Babbe und Volker Timmermann. Hildesheim: Olms S. 189–208.
36 Neue Berliner Musikzeitung 4 (1850), Ausgabe vom 16. Januar, S. 21.
37 Eine detaillierte Analyse der Komposition liefert Uhde 2018, S. 64f.
38 Das Werk wurde zwar 1849, also nach Mendelssohns Tod, veröffentlicht, aber zwischen 1844 und 1847 komponiert und niedergeschrieben, vgl. die Angaben im Werkverzeichnis in Uhde 2018, o. S.
39 Brief vom 6.10.1843, zitiert nach: Otto Biba, Joachims Jugend im Spiegel bislang unveröffentlichter Briefe, 2007, S. 201 f. Die Originalbriefe befinden sich im Archiv der Gesellschaft der Musikfreunde Wien.

Lesart 2: Nicht-Annahme der Widmung durch den Lehrer

Bisher nicht diskutiert wurde die Möglichkeit, dass nicht Joachim, sondern Böhm der Entscheidungsträger in diesem Widmungsprozess gewesen sein könnte. Die damaligen Gepflogenheiten legen nahe, dass Böhm als potenzieller Widmungsträger vor Veröffentlichung seines Namens um Zustimmung angefragt worden sein müsste, wenn Joachim die öffentliche Nennung in Erwägung gezogen haben sollte.[40] Hat er die gewünschte Widmung eventuell abgelehnt, da er die musikalische Passgenauigkeit nicht erkannte und das Werk also als mindestens unpassend, wenn nicht gar als Affront verstanden hat? Gerade durch die musikalische Nähe zu Mendelssohn und die damit verbundene Veröffentlichung des „Lagerwechsels" ist eine Ablehnung durch Böhm als nicht unwahrscheinlich anzusehen. Anders als etwa Ernsts bereits 1834 komponierte Trois Rondinos Brillants op. 5, die stark lehrwerksartig sind und spezielle, an der Böhm-Schule orientierte technische Fertigkeiten in den Vordergrund stellen und somit das Lehrer-Schüler-Verhältnis auch kompositorisch aufgreifen, konnte Böhm das Werk also nicht als eins interpretieren und annehmen, in dem ein ehemaliger Schüler zeigt, was er bei seinem Lehrer gelernt hat. Die Komposition fokussiert vielmehr auf die sich mittlerweile aufgetan habende Distanz, mit der Böhm sich – so die Hypothese dieser Lesart – nicht assoziiert wissen wollte. Die Annahme, dass, sollte Joachim Böhm vor die Wahl der Annahme der Widmung gestellt haben, er diese abgelehnt haben könnte, wird unterstützt durch andere, durch Böhm legitimierte und in seinen Unterricht übernommene Widmungskompositionen seiner Schüler, die im Widmungstext die Lehrer-Schüler-Beziehung mehr oder weniger transparent machen und auf sie Bezug nehmen. Besonders die weiter unten näher betrachtete spätere der beiden Widmungskompositionen Ernsts, die Otello-Fantasie, kann hier als eine wichtige Quelle interpretiert werden, die das musikalische Beziehungsnetzwerk Böhm–Ernst–Joachim–Singer repräsentiert und verdeutlicht. Jedoch war Böhm seit 1848 von seinem Posten als Violinprofessor am Konservatorium zurückgetreten – was Konsequenzen für die textliche Nennung der Funktion Böhms auf der Titelseite von Joachims Opus 1 und damit auch auf die öffentliche Bezugnahme auf das ehemalige Lehrer-Schüler-Verhältnis gehabt hätte.

Lesart 3: Abgrenzung durch den Verlag

Eine weitere Deutungsmöglichkeit der Tatsache, dass Böhm als Widmungsträger nicht im Druck erschien, stellt die Reaktion des Verlags dar. Aus ähnlichen Gründen wie Böhm könnte auch der Verlag der Drucklegung der Widmung mit Skepsis begegnet sein und der

---

40 Gisela von Arnim wird von Joachim gar konkret gefragt, wie genau sie namentlich in der vorgesehenen Widmung in Erscheinung treten möchte, vgl. den Brief aus Hannover vom 11.1.1854 in: Joachim I, S. 145.

namentlichen Nennung Böhms am Ende die Zustimmung verweigert haben. Nicht nur mit Konzentration auf den Adressaten der Widmung nämlich ist die musikalische Passgenauigkeit wichtig, auch für die Öffentlichkeit muss sie gegeben sein, ist der Adressat/die Adressatin doch eine der Säulen im Kommunikationsprozess des Widmungsakts: „Denn der Komponist konnte darauf spekulieren, dass die Rezipient_innen diese Beziehung zwischen seinem Text und anderen Texten als vom Autor intendiert und als wichtig für das Verständnis seines Textes erkennt."[41] Die Rezipient:innen gingen also von einer intertextuellen Bezugnahme aus, die zwischen dem Notentext und seinem/seiner Widmungsträger:in erfolgte. Mit der potenziellen Enttäuschung dieser Hörer:innen-Erwartung wäre der Verlag die Gefahr eingegangen, dass der versprochene Werbeeffekt, den der Abdruck des bekannteren Namens Böhm auf dem Erstlingswerk eines aufstrebenden Künstlers mit sich gebracht hätte, vor allem als Irritation und Irreführung und eben nicht als stilistische Einordnungshilfe aufgenommen worden wäre. Außerdem kommt – für den Verlag und den kalkulierten Werbeeffekt relevant – hinzu, dass Böhm zur Zeit der Veröffentlichung nicht mehr am Konservatorium lehrte, seine funktionelle Bezeichnung im Druck also hätte dementsprechend angepasst werden müssen.

Welche der drei Lesarten hier auch immer die historisch korrekte sein mag, bleibt aufgrund fehlender Quellen bis auf weiteres ins Reich des Hypothetischen verbannt und kann nur über Annäherungen erfolgen. Der Tatbestand allein jedoch, dass Joachim im Manuskript diese drei zentralen Namen niederschrieb, von denen am Ende dann doch keiner im Druck auftauchte, entfaltet seine symbolische Kraft im Spannungsfeld Ehrerbietung – Tradition – Abgrenzung (von außen). In einem Stammbucheintrag im Album Gustave Vogts aus dem Jahr 1850 schließlich findet sich ein Exzerpt der Komposition: Joachim löst hier die Komposition aus ihrer ursprünglichen Besetzung für Solo-Violine, indem der Solo-Part für Oboe gesetzt ist (Abbildung 2.3).[42] Damit löst er das Werk noch weiter aus einer eventuellen assoziativen Verknüpfung mit Böhm – wenn auch nur im privaten Rahmen, den ein Stammbuch zu stecken vermag:[43]

---

[41] Andrea Hammes, „,Dem das Thema Geist und Herz verwandt ist'. Die Widmung musikalischer Werke als hermeneutischer Schlüssel an der Schwelle zum Notentext", in: Die Tonkunst 14 (2020), S. 27–35, hier S. 28.
[42] Was Joachims Widmungsverhalten bei Stammbüchern betrifft, siehe Henrike Rosts Beitrag in diesem Band.
[43] Quelle: Gustave Vogt, Album of Autographs: Joachim, Joseph: Andantino, S. 172 / Cary 383, Eintrag vom 26.2.1850, US-NYpm http://www.themorgan.org/music/manuscript/115865/180.

Abbildung 2.3: Joseph Joachim, Andantino und Allegro scherzoso op. 1, Eintrag im Album von Gustave Vogt vom 26. Februar 1850.[44]

---

44 US-NYpm, http://www.themorgan.org/music/manuscript/115865/180, abgerufen im Januar 2023.

Role Model und Orientierungsfigur – Heinrich Wilhelm Ernst und Joachims Fantasie über Ungarische Motive

Als Schlüsselwerk für das Beziehungsnetzwerk Böhm – Ernst – Joachim, aber auch für Joachims frühe Identitäten als Geiger, Komponist und Pädagoge kann die Otello-Fantasie op. 11 von Ernst gelten: In ihr werden – auch langfristige – Einflüsse sicht- und hörbar, gleichzeitig wird sie von Joachim in der Öffentlichkeit als Mittel zur Abgrenzung eingesetzt. Böhm selbst als Widmungsträger hat dieses Werk, neben einigen anderen frühen Kompositionen seines Schülers Ernst, nachweislich als Lehrmaterial in seinem Unterricht verwendet und es seine Schüler öffentlich vor Publikum – etwa im Rahmen der Konservatorien-Konzerte – präsentieren lassen. Als kommunikativer Akt kann der Widmungsvorgang hier wie folgt beschrieben und gedeutet werden: Ohne im Widmungstext explizit auf die Schüler-Lehrer-Beziehung hinzuweisen, widmet der Schüler Ernst seinem lokal, institutionell und funktionell als „Professeur au Conservatoire de Vienna" verorteten ehemaligen Lehrer Böhm ein Werk. Böhm autorisiert das Werk durch seinen Einsatz im eigenen Unterricht und wertschätzt es dadurch zusätzlich zur eigentlichen Annahme der Widmung in besonderer Weise auch öffentlich: Er befindet es als zweckmäßig, um seine eigenen Lehrziele zu vermitteln, und tritt damit für die Qualität der Komposition und die in ihr verlangten technischen und interpretatorischen Fähigkeiten ein. Die konkrete musikalische Beziehung zwischen Widmendem und Adressat findet sich im konkreten musikalischen Text wieder.[45]

Joachim nun war einer der ersten Schüler, der die Otello-Fantasie im Unterricht Böhms kennenlernte und sie öffentlich vortrug.[46] Auch wenn Joachim sie nach 1850 kaum noch selbst öffentlich spielte, weil sie seinen musikästhetischen Ansprüchen nicht mehr entsprach,[47] setzte er das Stück dennoch als Professor an der Königlich Akademischen Hochschule für ausübende Tonkunst in Berlin auch später noch als Unterrichtsmaterial ein,[48] was den Wert, den er der Fantasie zumindest für die technische Ausbildung seiner Schüler:innen zu Solist:innen beimaß, unterstreicht.

Darüber hinaus lassen sich aber auch direkte kompositorische Bezüge zwischen der Ernst'schen Otello-Fantasie und Joachims Fantasie über Ungarische Motive (ca. 1846–

---

45 Vgl. dazu ausführlicher Hoppe, „Das Spezifische im Allgemeinen", S. 201.
46 Eine Auflistung der frühesten Aufführungen durch Joachim findet sich bei Uhde 2018, S. 51.
47 In einem Brief aus Hannover an Clara Schumann schreibt Joachim im April 1856: „Während Sie dort musicirten, spielte ich hier, zur selben Stunde vermuthlich, in einem Concerte zu Ehren der Frau Königin (und leider zum Schimpf der Frau Cecilia) eine Ernst'sche Fantasie, da es mir lächerlich vorgekommen wäre, den blasirten, ermüdeten, Galla-beladenen Höflingen zwischen italienischer Musik von Verdi etwas einfach Edles zu biethen, und weil ich die gute Musik zu sehr liebe, um sie als bloße Demonstration zu mißbrauchen." Vgl. Joachim I, S. 331. Es ist wahrscheinlich, dass es sich hier auch 1856 noch um die Otello-Fantasie handelt, wodurch das bisher letzte öffentliche Aufführungsdatum korrigiert werden müsste.
48 Über den Einsatz legt u. a. der Notennachlass, der in D-Budka archiviert wird, Zeugnis ab.

1850) erkennen,⁴⁹ Bezüge, die eine in Joachims Kompositionen einfließende Idiomatik offenbaren, die ihre Grundlage auch in der Violinausbildung bei Böhm zu haben scheint.⁵⁰ Wie Uhde herausarbeitet, spiegelt sich die Otello-Fantasie als Inspirationsquelle auf unterschiedlichen Ebenen in Joachims Fantasie, so in der großformalen Anlage und der Wahl des Tempos und der Tonart, aber auch in der Behandlung der Violine als virtuoses Soloinstrument, also auf der Ebene der ausgewählten Techniken: „Without quoting Ernst verbatim, Joachim's Fantasia reveals subtle and less subtle similarities on multiple levels."⁵¹ Die Entscheidung Joachims, seine Fantasie (1) nicht zu veröffentlichen und somit (2) die eindeutigen Verweise auf Ernst als Orientierungsfigur und Role Model nicht öffentlich zu präsentieren, bildet wiederum die Zerrissenheit Joachims ab. Einerseits findet im kompositorischen Akt und der damit verbundenen geigerischen Ausrichtung eine Annäherung an Ernst und damit auch an Böhm statt, andererseits wird diese Annäherung nicht öffentlich vollzogen, sondern durch seine Entscheidung grenzt Joachim sich als Virtuose und als Komponist in der Öffentlichkeit eindeutig weiter ab. Ernst personifiziert hier quasi die Spannungsfelder – als Role Model des Virtuosen, der sich seine Aufführung auf den Leib komponiert, entspricht er nicht dem Bild, das Joachim von sich als Komponist in der Öffentlichkeit sieht, die Fantasie über Ungarische Motive jedoch präsentiert ihn in der Rolle des Geigers, nicht des Komponisten – beides erscheint für ihn in der Öffentlichkeit unvereinbar.⁵² Dadurch wirkt die Nicht-Veröffentlichung ebenso wie die Nicht-Widmung als Konfliktlösung, als „Identitätsfindung über Abspaltung",⁵³ die ein großflächiges Verstummen des Komponisten Joachim nach sich zieht und auch das Image des Geigers formt: „Joachim's Fantasia subscribes to a virtuosity, which, in its sheer physicality evokes ‚corporeal', ‚sensual', and ‚effect-full' associations. [...] The resulting image – a young virtuoso intrigued by national tunes and virtuosity – stands in radical opposition to that painted later in the century about Joachim as an almost neutral transmitter of the music of Beethoven and Brahms."⁵⁴

Die Skepsis gegenüber bzw. Abwertung des ehemals verehrten Virtuosen und Komponisten Ernst durch Joachim wird spätestens in dem Moment offenbar, in dem Joachim das eigene dichotomisch organisierte Spannungsfeld Virtuose–Künstler auch auf Ernst anwendet, wenn er feststellt: „Erst als ich in den fünfziger Jahren mit Wieniawski und Piatti dem Quartett der Londoner Beethoven Society beitrat, das unter Ernsts Führung stand, lernte ich in letzterem, den ich schon als Virtuosen hoch schätzte, einen Künstler lieben und verehren, der meinen Idealen nicht nur entsprach, sondern sie in vielen Punkten noch übertraf."⁵⁵ Natürlich hat Joachim den deutlich älteren Ernst als Geiger und Kammer-

---

49 Vgl. Uhde 2018, S. 40ff.
50 Vgl. dazu auch Hoppe, „Das Spezifische im Allgemeinen", S. 205f.
51 Uhde 2017, S. 93.
52 Vgl. dazu auch FN 11.
53 Borchard, „Als Geiger bin ich Deutscher", S. 34.
54 Uhde 2017, S. 98.
55 Joachim Lebensbild 1898, S. 516.

musiker erst später kennengelernt – nicht bereits während seiner Ausbildung bei Böhm. Dennoch mutet die Erkenntnis, dass Ernst (auch) kammermusikalisch außergewöhnliche „Künstler"-Fähigkeiten mitbrachte, seltsam an, war doch einer der Schwerpunkte in Böhms Unterricht die auch Joachim vertraute Ausbildung kammermusikalischer Fertigkeiten,[56] wie aus zahlreichen Berichten der Schüler Böhms, auch Joachims, hervorgeht: „Der Sinn seiner [Böhms] Rede ging dahin, daß das Virtuosentum allein nicht den Künstler ausmache, man müsse trachten, sich in der Kammermusik zurecht zu finden und darin tüchtig zu werden. Dies konnte man aber nur durch die Verbindung mit anderen Musikern erreichen".[57]

Beziehungskunst im gespannten Umfeld – Nummer 3 der Sechs polyphonen Studien: „À Joachim"

Auch die dritte der Sechs polyphonen Studien für die Violine von Ernst, „À Joachim", kann als Dokument der Beziehung zwischen Joachim, Ernst und Böhm gelesen werden: Ernst nimmt in ihr nicht nur durch die eindeutige Dedikation im Titel, sondern auch musikalisch in vielfältiger Weise Bezug auf Joachim, aber auch auf Böhm. Borchard erkennt in dem Stücke einen „komponierten Bezug auf Böhm", der das Potenzial von „Musik nicht als Vorführkunst, sondern als Beziehungskunst"[58] offenlegt.[59]

Indem Ernst Joachim – vertreten durch die ihm zugedachte Studie – musikalisch in ein stärker virtuos ausgerichtetes musikalisches Umfeld einbettet, ihn als Nummer 3 gar ins Zentrum dieses Umfelds stellt, nimmt er hier, bewusst oder unbewusst, eine musikalische Porträtierung des Joachim umtreibenden Spannungsfelds vor: Die fünf anderen Studien sind den Virtuosen Ferdinand Laub (1832–1875), Prosper Sainton (1813–1890), Henri Vieuxtemps (1820–1881), Georg Hellmesberger (1830–1852) und Antonio Bazzini (1818–1897) zugeeignet. Der Briefwechsel, der im Zusammenhang mit dem Zueignungsvorhaben Ernsts erhalten ist, zeigt, dass Ernst sich dieses Spannungsfelds äußerst bewusst gewesen ist, wenn er schreibt: „Zwey oder drey [der Studien] werden Dir, wie

---

56 Dass die Bedeutung Böhms auch für die Aufführungs- und Rezeptionsgeschichte des Beethoven'schen Violinkonzerts größer ist, als bisher angenommen, arbeitete kürzlich Johannes Gebauer heraus, siehe Johannes Gebauer, „Zur Entstehung eines Klassikers. Die Aufführung von Beethovens Violinkonzert op. 61 von der Uraufführung bis 1844", in: Bonner Beethoven-Studien, Bd. 12, hrsg. von Joanna Cobb Biermann, Julia Ronge und Christine Siegert, Bonn 2016, S. 9–29. Auf ganz konkrete technische Einflüsse spielt auch Uhde an, wenn sie in Joachims erster erhaltener Kadenz zum Violinkonzert Beethovens Bezüge zur Otello-Fantasie und Ernsts Kompositionsweise allgemein lokalisiert, vgl. Uhde 2017, S. 85.
57 Sigismund Bachrich, Aus verklungenen Zeiten. Erinnerungen eines alten Musikers, Wien 1914, S. 66.
58 Ebd.
59 Eine genauere Analyse des Stücks findet sich auch in Hoppe, Der Schatten Paganinis. Virtuosität in den Kompositionen Heinrich Wilhelm Ernsts (1814–1865): Mit einem Werkverzeichnis, Hildesheim u. a. 2014, S. 286f.

ich glaube, nicht mißfallen – aber sey nur nicht zu strenge für die letzte – bestehend aus Bravour-Variationen über the last rose of summer – sie ist Bazzini – der mir schon vor mehreren Jahren ein Stück zugeeignet – gewidmet; sie sind radical modern und mit Absicht und Hinblick auf den genre der Spielart B. so gehalten. Wenn Du sie mir nicht verzeihen kannst, mache mir wenigstens das Vergnügen, sie zu vergessen. Dafür hoffe ich, wirst Du mit der Dir bestimmten zufriedener seyn."[60] Man kann, wie Borchard dies in ähnlichem Zusammenhang veranschaulicht, Ernsts Art und Weise, auf das potenzielle Spannungsfeld hinzuweisen, als „Verhältnis der Unterordnung"[61] interpretieren. Man kann hier aber gleichzeitig herauslesen, wie stark die ästhetisch-moralischen Werte der dominierenden Musikdiskurse der Zeit das Außenbild Joachims prägten, „[w]eil er öffentlich sich nur als Priester des Allerschönsten u. Höchsten zeigen"[62] wollte. Neben der Tatsache, dass in diesem Brief noch einmal Motivationen, musikalische Bezüge und Widmungsvorgänge deutlich werden, erscheint Ernsts Eingehen auf von ihm antizipierte Befindlichkeiten und musikalische Einwände Joachims als äußeres Mitschreiben am öffentlichen Selbstbild Joachims und somit quasi als Identitätskonstruktions-Schützenhilfe. Die Komposition für Joachim erscheint als musikalisch passgenau.

Gespanntes Nebeneinander – Edmund Singers Prélude op. 5

Abschließend sei noch ein Blick auf eine bisher weniger beachtete Figur aus Joachims frühen Jahren geworfen: Edmund Singer. Beide hatten bereits vor ihrer annähernd zeitgleichen Ausbildung bei Böhm ihren ersten Violinunterricht bei Gustav Ellinger (1811–1898), Konzertmeister am Pester Theater, und teilen neben diesen ausbildungstechnisch relevanten Größen somit auch Herkunft und erste Schritte ihres Werdegangs, nach Wien jedoch trennen sich die Wege vorerst. Singer nun widmete eins seiner Werke, sein Prélude (Impromptu) pour le Violon seul, das im Jahr 1852 erschien, seinem Freund – „À son ami" Joseph Joachim (Abbildungen 2.4 und 2.5), noch bevor er mit seinem op. 9 Caprices pour le violon avec accomp. de piano. À Monsieur le Professeur Joseph Böhm à Vienne auch ihren gemeinsamen Lehrer bedenkt. Vergleicht man diese beiden Werke, so wird in ihnen bereits Anfang der 1850er-Jahre öffentlich deutlich, wie unterschiedlich Singer diese beiden ihm vertrauten Geigen-Persönlichkeiten musikalisch verortet: Während er für seinen Lehrer, bereits im Titel ersichtlich, eine instruktive, auf einzelne, für die Böhm-Schule typische technische Aspekte ausgelegte Komposition vorsieht, die „schon einen sehr fertigen Geiger"[63] erfordert – er widmet sich in den Capricen nacheinander dem Oktavspiel (No 1

---

60 Joachim II, S. 337f. Hervorhebungen original.
61 Borchard, „Ernst und Joachim", S. 66.
62 Vgl. FN 7.
63 Nachruf Edmund Singer, „Singer als Geigenkomponist", in: Neue Musik-Zeitung 13 (1912), S. 202f., hier S. 203.

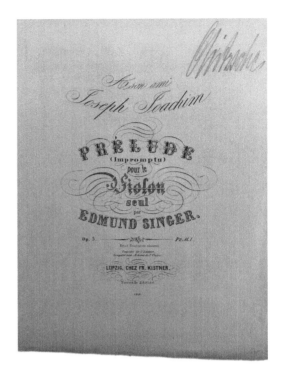

Abbildung 2.4: Edmund Singer, Prélude (Impromptu) pour le Violon seul, op. 5, Titelseite. (D-Gms, Notensammlung „Nitzsche", Mpr III Sing 01)

Les Octaves), dem Spiccato (No 2 Le Spiccato) und schließlich dem Staccatospiel (No 3 Le Staccato) –, sticht sein Prélude für Solovioline durch ein Nebeneinander unterschiedlicher musikalischer und technischer Charaktere hervor. Auf kleinem Raum kontrastiert Singer unterschiedliche typisch-virtuose Techniken (ein Abschnitt mit energisch vorgestellten gebrochenen Drei- und Vierklängen klingt aus mit kontrastierender kantabler Piano-Passage, T. 9–16, gefolgt von in sich abgeschlossenem achttaktigem Arpeggien-Abschnitt): Hierauf folgt ein längerer Abschnitt, der die präsentierten Techniken durch die Fokussierung auf Sanglichkeit und dialogisch im Duett erklingende Zweistimmigkeit kontrastiert. Unterstützt wird die Fokussierung dadurch, dass sich die Dynamik nun am musikalischen Verlauf, nicht an den Techniken orientiert.

Die starken dynamischen Wechsel werden im Rahmen der eingesetzten Techniken durch die Arbeit mit unterschiedlichen Klangfarben unterstützt. Gerade die kantableren Abschnitte in der Komposition erinnern, wenn auch nicht polyphon, sondern vorwiegend homophon dialogisch, in ihrer musikalischen Sprache an die 3. polyphone Studie von Ernst. Während Ernst jedoch – auch im Rahmen der Studien, die sich abgesehen von der 6. Studie jeweils vornehmlich einer technischen Aufgabe widmen – die Spannung und den Konflikt Joachims nach außen verlagert, indem er die Studie in das entsprechende virtuose Umfeld einbettet, trägt Singer die Spannungsfelder Joachims ca. zehn Jahre vor Ernst in die Komposition hinein und präsentiert sie somit als innere Konflikte, die jedoch nicht wirklich miteinander in Verhandlung treten, sondern nebeneinander erscheinen.

Abbildung 2.5: Edmund Singer, Prélude (Impromptu) pour le Violon seul, op. 5, Seite 1. (D-Gms, Notensammlung „Nitzsche", MPr III Sing 01)

Die gegenseitigen Widmungen im frühen Umfeld Joachims können als bewusster Kommunikationsakt, als eine bewusste Veröffentlichung von Beziehungen gelesen werden. Aus ihnen lassen sich, wie gezeigt, in unterschiedlicher Form Rückschlüsse auf die jeweiligen Selbstbilder und -inszenierungen als Virtuosen, Interpreten, Komponisten und Pädagogen – auch in Abgrenzung und Spannungsverhältnis zum jeweils anderen – ziehen, und es lassen sich Hinweise auf innere Identitätskämpfe ableiten, die das allgemein tradierte Narrativ um Joachim ergänzen und eine neue ästhetische Verortung in alternativen Narrativen ermöglichen.

Einblicke in Joseph Joachims Stammbuchpraxis
Künstlerisches Selbstverständnis und individuelle Kommunikation

Henrike Rost

Am 30. Mai 1844 und erneut im August 1871 notierte Joseph Joachim eine „Cadenz" im Stammbuch von Serena Moscheles verh. Rosen (1830–1902), Tochter des Klaviervirtuosen und Komponisten Ignaz Moscheles.[1] Die „Cadenz"-Einträge des 12-jährigen und des 40-jährigen Joachim, die sich auf einer Seite befinden (siehe Abbildung 3.1), sowie ihre Kontexte könnten unterschiedlicher kaum ausfallen – zugleich repräsentieren sie den Musiker in einem konkreten Umfeld zu verschiedenen Zeitpunkten seiner Karriere.

Während der erste Eintrag im Rahmen des Londoner Debüts des jungen Geigers vom 27. Mai 1844 entstand, präsentiert sich Joseph Joachim mit der „Cadenz" von 1871 als gestandener und zudem verheirateter Musiker. Dem Incipit von Beethovens Violinkonzert ist folgender Widmungstext beigefügt: „Beethoven-Fest 1871 / Bonn, beim Rauschen des Rheins in Kyllmanns Haus / Amalie / Joseph Joachim".[2] Mit dem Musiknotat von 1871 eröffnet sich zugleich ein Rückbezug auf das Debüt bei der Philharmonic Society von 1844, bei dem das zuvor selten gespielte Beethoven-Konzert, unter Leitung Felix Mendelssohn Bartholdys, mit großem Erfolg aufgeführt worden war und fortan einen festen Platz im Repertoire einnehmen sollte.[3] Für Joachim selbst wurde Beethovens Opus 61 bekanntlich zu einem Cheval de bataille seiner Bühnenkarriere.

Gegenüber den Zeilen von 1871 spiegelt Joachims Stammbucheintrag von 1844, geschrieben für die zu diesem Zeitpunkt 14-jährige Serena Moscheles in ihrem Londoner Elternhaus („Zum Andenken an Joseph Joachim / 3 Chester Place / Regents Park / am 3ßigs-

---

[1] Für eine umfassende Auseinandersetzung mit musikbezogenen Stammbüchern, auf Grundlage eines Quellenkorpus von über 60 Alben aus dem Zeitraum von circa 1790 bis 1900, vgl. Henrike Rost, Musik-Stammbücher. Erinnerung, Unterhaltung und Kommunikation im Europa des 19. Jahrhunderts (= Musik – Kultur – Gender 17), Wien / Köln / Weimar 2020; zu den Einträgen Joachims für Serena Moscheles vgl. ebd., S. 177 f.

[2] D-DTsta, D 72 Rosen-Klingemann Nr. 114, f. 1 r. Bei „Kyllmanns" handelt es sich um den in Bonn ansässigen Gutsbesitzer, Politiker und Musikmäzen Gottlieb Kyllmann und dessen Frau Henriette (geb. Preyer), in deren Haus Joseph Joachim regelmäßig verkehrte. Zu Kyllmanns musikalischen Aktivitäten vgl. Norbert Schloßmacher, „‚Er gab dem musikalischen Leben in Bonn einen mächtigen Aufschwung …'. Der Bonner Musikmäzen Carl Gottlieb Kyllmann (1803–1878)", in: Johannes Brahms und Bonn, hrsg. von Martella Gutiérrez-Denhoff (= Veröffentlichungen des Beethoven-Hauses: Ausstellungskataloge 3), Bonn 1997, S. 44–61.

[3] Für eine differenzierte Darstellung der Rezeption des Violinkonzerts vor 1844 vgl. Johannes Gebauer, „Zur Entstehung eines Klassikers. Die Aufführungen von Beethovens Violinkonzert op. 61 von der Uraufführung bis 1844", in: Bonner Beethoven-Studien 12, hrsg. von Joanna Cobb Biermann, Julia Ronge und Christine Siegert, Bonn 2016, S. 9–26.

ten Mai 1844"), das kindlich-jugendliche Ich des Geigers. Den spontanen Charakter und spielerischen Impuls des Beitrags verrät nicht nur die Bezeichnung der notierten Musik: „Cadenz in der Stube gespielt / Contrapunct der auf der Gasse soeben gesungen wird".[4] Unter Joachims Namenszug illustriert darüber hinaus ein wohl von ihm selbst gezeichnetes Kopfporträt den Stammbuch-Auftritt des Zwölfjährigen humorvoll auf bildnerischer Ebene.

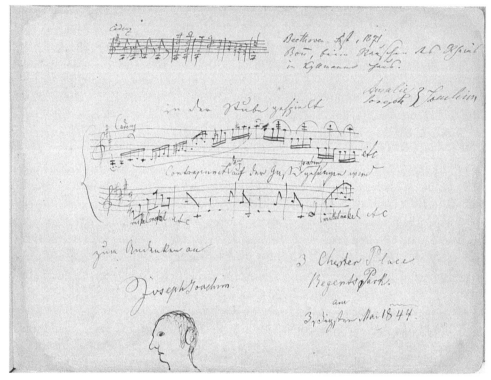

Abbildung 3.1: Von Joseph Joachim gestaltete Seite im Stammbuch von Serena Moscheles (verh. Rosen). (Landesarchiv NRW – Abteilung Ostwestfalen-Lippe, D 72 Rosen-Klingemann Nr. 114, f. 1r)

Anhand dieser und weiterer ausgewählter Stammbuchbeiträge Joseph Joachims aus unterschiedlichen Phasen seines Lebens möchte ich in meinem Kapitel Einblicke in die Charakteristik seiner Stammbuchpraxis geben, die bisher in der Forschung nicht explizit diskutiert wurde. Prägnant sind Joachims verschiedentlich zu beobachtenden Mehrfacheinträge, für die die „Cadenzen" in Serena Moscheles' Album beispielhaft stehen. Diese finden ein Pendant in einem durch Walter Macfarrens Autobiographie überlieferten Albumblatt, auf dem Joseph Joachim ebenfalls zwei Kadenzen zu Beethovens Violinkonzert –

---

4 D-DTsta, D 72 Rosen-Klingemann Nr. 114, f. 1r.

im Juni 1844 und später in gereifter Fassung im Juli 1862 – niederschrieb.⁵ Das Phänomen solcher wiederholten Einträge, im Abstand von Jahren oder gar Jahrzehnten, wird in der Stammbuch-Forschung als Renovatio bezeichnet.⁶ Zudem gestaltete Joseph Joachim mehrfach gemeinsame Beiträge mit seiner Frau Amalie, aber auch mit anderen Personen. Daraus hervorgehend sind Joachims Albumblätter nicht nur Ausdruck einer jeweils individuellen Kommunikationskonstellation zwischen dem oder den Eintragenden und der adressierten Person (in erster Linie der Albumeigner oder die Albumeignerin), sie lassen zudem Rückschlüsse auf Joachims künstlerisches Selbstverständnis zu, das seine Identität maßgeblich mitbestimmte. In der Diskussion der fragmenthaften Quellen, die zumeist unveröffentlicht in Archiven weltweit verstreut liegen (siehe Tabelle), eröffnet sich schließlich eine alternative biographische Perspektive, die sich heroisierenden, narrativ gesteuerten Tendenzen der Musikgeschichtsschreibung entgegenstellt.

Die musikbezogene Stammbuchpraxis im Europa des 19. Jahrhunderts

Joseph Joachims Lebenswelt im Europa des 19. Jahrhunderts war von der zeitgenössischen Leidenschaft für Erinnerungsalben und Autographe nachhaltig geprägt. Vor diesem Hintergrund entstanden im Umfeld der künstlerischen Eliten zahlreiche musikbezogene Stammbücher, in denen signierte oder gewidmete Musikhandschriften, ebenso wie Zeichnungen und Verse, gesammelt wurden.⁷ Zentrales Anliegen der Stammbuchpraxis war es, freundschaftliche und gesellschaftliche Kontakte und Begegnungen zur Erinnerung festzuhalten. Nicht auf eine gebundene Form festgelegt, können Stammbücher auch als Loseblattsammlungen in einem Albumverbund vorliegen. Mit dieser materiellen Disposition korrespondiert der Begriff „Albumblatt" (im Englischen: album leaf, im Französischen: feuille d'album), der im 19. Jahrhundert, in einer weiteren Bedeutungsebene, als Bezeich-

---

5 „He wrote me a little scrap of the cadenza which he composed for that occasion [the concert on May 27th, 1844], and eighteen years later, on the same page in my album, he inscribed a passage from the cadenza he then introduced, which is particularly significant as showing the growth of his musicianship in the interval, and it will interest his admirers (whose name is legion) to contrast the writing and composition of the boy and the man." Walter Macfarren, Memories: An Autobiography, London/New York 1905, S. 37, Abb. auf S. 38. Zu Joachims Kadenzen für das Violinkonzert Beethovens vgl. auch Katharina Uhde, „An Unknown Beethoven Cadenza by Joseph Joachim: ‚Dublin 1852'", in: The Musical Quarterly 103/3–4 (2020), S. 394–424, hier S. 414–416 („Joachim's Cadenza Albumblatt for Walter Macfarren").

6 Vgl. Robert und Richard Keil, Die Deutschen Stammbücher des sechzehnten bis neunzehnten Jahrhunderts. Ernst und Scherz, Weisheit und Schwank in Original-Mittheilungen zur deutschen Kultur-Geschichte, Berlin 1893, S. 43.

7 Zu den Hintergründen des verstärkten Aufkommens von teils gänzlich auf das Sammeln von Notenautographen fokussierten Alben in den 1810er- und 1820er-Jahren vgl. Henrike Rost, „‚gleichsam aus Noten auch meinen Nahmen in dies Stammbuch ein zu schreiben' – The Rise of Musical Autograph Albums in Post-Napoleonic Vienna", in: Beethoven-Geflechte. A Beethoven Tapestry. Networks and Cultures of Memory, hrsg. von Birgit Lodes und Melanie Unseld, Wien [Druck in Vorb.].

nung von kürzeren Charakterstücken für Klavier Verbreitung fand. Kennzeichnend für einen Stammbucheintrag ist in der Regel eine Widmungsformel, die neben dem Namenszug idealtypisch mit Datum und Ortsangabe unterschrieben ist. Mit Blick auf die musikbezogene Stammbuchpraxis des 19. Jahrhunderts erweist sich ein Changieren zwischen dem Sammeln persönlicher Andenken – mit engen Bezügen zur privaten Geselligkeits- und Unterhaltungskultur – und der Repräsentation von gesellschaftlichem Status, von Identität und Vernetzung als besonders charakteristisch.

Joseph Joachim scheint dem Phänomen insgesamt recht zugewandt gewesen zu sein und besaß offenbar auch selbst ein Stammbuch, das bis auf Weiteres als verschollen zu betrachten ist. Auf die Existenz des Albums verweist die von John C. Horsley – anlässlich des erfolgreichen Londoner Debüts – für Joachims Stammbuch gezeichnete Darstellung des jungen Geigers, auf dem Erdball stehend und von Publikum aus allen Kontinenten umjubelt.[8] In der Sammlung Hofmann befinden sich weiterhin ein Stammbuchblatt von George Alexander Macfarren für Joseph Joachim (London, 20. März 1844) sowie ein gemeinsames Blatt von Felix Mendelssohn Bartholdy und Julius Benedict (London, Juni 1844; Noten und Zeichnung des dirigierenden Joachim: Mendelssohn, Text: Benedict), das aus dem Nachlass von Joseph Joachim stammt.[9] Das Faksimile eines weiteren Stammbuchblatts Felix Mendelssohns (Berlin, 11. März 1844) mit einer „Etude für eine Violine, oder Canon für 2 Violinen" ist in der Moser-Biographie überliefert.[10] Auf eine Sammeltätigkeit Joachims in späteren Jahren deutet schließlich ein im style hongrois von Julius Rietz komponiertes Albumblatt vom 28. März 1851.[11]

Während, auf Grundlage dieser wenigen Indizien, Joachims Stammbuchpraxis als Eigner eines Albums hier nicht weiter nachgegangen werden soll, ist umgekehrt davon auszugehen, dass er sich als Einträger den an ihn herangetragenen Wünsche und Anfragen nach autographen Albumblättern kaum entziehen konnte – stellte die Stammbuchpraxis doch eine geradezu unumgängliche Begleiterscheinung einer professionellen Musikerlaufbahn im 19. Jahrhundert dar. Insgesamt verweisen die vielfach überlieferten Stammbucheinträge und Albumblätter aus Joachims Feder darauf, dass er insbesondere in seinem persönlichen Freundschaftsumfeld der Aufgabe durchaus gerne nachkam, wie nicht zuletzt die bereits thematisierten Mehrfacheinträge in einigen Alben nachvollziehen lassen.

---

8 Vgl. Beatrix Borchard, Stimme und Geige. Amalie und Joseph Joachim. Biographie und Interpretationsgeschichte (= Wiener Veröffentlichungen zur Musikgeschichte 5), Wien/Köln/Weimar 2005, S. 59 f. (mit Abbildung).

9 Vgl. http://brahms-hofmann.de/index.php/sammlung/albumblaetter/, 1.5.2022. Seit 1990 gehört die „Sammlung Hofmann" zum Brahms-Institut an der Musikhochschule Lübeck.

10 Andreas Moser, Joseph Joachim. Ein Lebensbild, Berlin ³1904, nach S. 48.

11 Das Albumblatt wird erwähnt in: Katharina Uhde, The Music of Joseph Joachim, Woodbridge 2018, S. 300.

Begegnungen und Wiederbegegnungen: Joseph Joachim im Stammbuch von Sophie Klingemann (1844–1868)

Das Stammbuch von Sophie Klingemann geb. Rosen (1822–1901), Ehefrau des engen Mendelssohn-Freundes Carl Klingemann, bietet eine eindrückliche Bühne für das Phänomen der Renovatio.[12] Wahrscheinlich dem Vorbild Felix Mendelssohn Bartholdys folgend, der mit Einträgen aus den Jahren 1844, 1846 und 1847 im Album präsent ist, erstellte nicht nur Ignaz Moscheles in einem Zeitraum von 24 Jahren, von 1844 bis 1868, fünf Beiträge.[13] Auch Joseph Joachim trug sich im selben Zeitraum fünfmal in das Stammbuch ein, in drei Fällen allerdings gemeinsam mit weiteren Personen. Insgesamt wurden in diesem Zuge vier Seiten im Album beschrieben,[14] die zugleich Joachims Begegnungen und Wiederbegegnungen mit Sophie Klingemann dokumentieren, sodass die Mehrfacheinträge möglicherweise maßgeblich von ihr selbst initiiert worden waren.

Bemerkenswert ist der beträchtliche geographische Radius, der sich aus den Ortsangaben ergibt, die die Beiträge begleiten. Joachims frühester Eintrag entstand, nur knapp zwei Wochen nach dem Beitrag für Serena Moscheles' Stammbuch, am 12. Juni 1844 im Haus der mit Mendelssohn eng befreundeten Familie Horsley in der Londoner Vorortgegend Kensington. Im Mai 1847 schrieb sich der Geiger erneut in das Album ein, diesmal zu Gast bei den Klingemanns am Hobart Place in London.[15] Auffällig in Hinblick auf Joachims musikalisches Selbstverständnis erscheint, dass sich der noch nicht ganz 16-Jährige in diesem Eintrag mit vier Takten einer eigenen Komposition präsentierte. Es handelt sich um sein zu diesem Zeitpunkt noch unveröffentlichtes Opus 1, das Andantino und Allegro scherzoso für Violine und Orchester,[16] dessen Klangsprache deutlich unter dem Einfluss Mendelssohns steht.[17] Der Eintrag lässt eine frühe Orientierung Joachims als Komponist erkennen – eine Identität, die er im Laufe seiner Karriere nur bedingt ausbauen konnte.

Im Rahmen von Konzerttätigkeiten in Detmold datiert ein gemeinsamer Eintrag mit Clara Schumann vom Juni 1855, für den Joachim – sicher auch als Zeichen des Respekts seiner Konzertpartnerin gegenüber – das Incipit des vierten Satzes aus Robert Schumanns Violinsonate Nr. 2 d-Moll wählte.[18] In London wiederum entstand 1859 ein Stammbuch-

---

12 Vgl. Henrike Rost, „Sophie Klingemanns Stammbuch: Innenräume – Erinnerungsräume. (Wieder-)Begegnungen mit Felix Mendelssohn Bartholdy, Joseph Joachim und Ignaz Moscheles", in: Klingende Innenräume. GenderPerspektiven auf eine ästhetische und soziale Praxis im Privaten (= Musik – Kultur – Geschichte 12), hrsg. von Sabine Meine und Henrike Rost, Würzburg 2020, S. 151–166.
13 Zu den von Moscheles gestalteten Albumseiten vgl. auch Rost, Musik-Stammbücher, S. 247–249.
14 Für eine Abbildung der Seiten vgl. Rost, „Sophie Klingemanns Stammbuch", S. 161.
15 D-DTsta, D 72 Rosen-Klingemann Nr. 75, f. 6. Die Einträge von 1844 und 1847 befinden sich auf einer Albumseite.
16 Joachim schrieb die Takte 16 bis 19 der Geigenstimme aus dem Allegro scherzoso. Publiziert wurde Opus 1 erstmals 1849 von Kistner in Leipzig.
17 Hierzu Uhde 2018, S. 64f.
18 D-DTsta, D 72 Rosen-Klingemann Nr. 75, f. 5.

blatt, auf dem sich Joachim gemeinsam mit dem Bariton Julius Stockhausen verewigte:[19] Während Stockhausen ein Mendelssohn-Lied einschrieb, notierte Joachim vier Takte der Romanze aus seinem Konzert in ungarischer Weise op. 11.[20] Das chronologisch späteste, gleich an drei Personen erinnernde Stammbuchblatt datiert vom August 1868 in Hannover, bei den Joachims zuhause in der Hölty-Straße 16.[21] Überwiegend in der Handschrift von Amalie Joachim verfasst, präsentiert das Blatt Mendelssohns Sonntagslied (Text: Carl Klingemann),[22] „der lieben Frau Klingemann zur Erinnerung an Amalie / Joseph Joachim / auch an die Begleiterin Sophy Horsley".[23]

Sophy Horsley (1819–1894), jüngste Tochter des Organisten und Komponisten William Horsley, führte im Übrigen ebenfalls ein Stammbuch. Trotz dessen kuriosen Miniaturformats versammelte sie darin die erstaunliche Anzahl von 137 illustren Namen, überwiegend aus der Musikwelt.[24] In der Erinnerungsliteratur ist überliefert, dass sich Joseph Joachim auch in diesem Buch zweifach verewigte: bei seinem ersten Englandbesuch im Jahr 1844 und wiederholt im Jahr 1858, auf derselben Seite wie Johannes Brahms.[25] Diese sehr wahrscheinlich vom Einträger selbst gewählte stammbuchinterne Zuordnung bezeugt eindrücklich Joachims enge freundschaftliche sowie künstlerische Verbundenheit mit dem zwei Jahre jüngeren Brahms.

Eine Londoner Musikgröße: Joseph Joachim in den Alben von Eliza Wesley

Ebenfalls zwei Einträge, mit einem Abstand von fünf Jahren, schrieb Joseph Joachim in das Stammbuch der Londoner Organistin Eliza Wesley (1819–1895) ein. Bei dem Album der Tochter des Komponisten Samuel Wesley handelt es sich um ein elegantes dunkelbraunes Exemplar mit dezenter Goldrahmung.[26] Eine zentral auf dem Buchdeckel platzierte Leier verweist auf die Bestimmung des Bandes, in dem Eliza Wesley mit 17 Jahren begann,

---

19 Ebd., f. 44. Joachims Widmungszeilen lauten: „Stockhausens Nachbar bittet auch / diesmal um freundliches Gedenken. / Joseph Joachim / London, Juni 1859".
20 Es handelt sich um die Takte 99 bis 102 der Geigenstimme aus dem zweiten Satz in G-Dur (Romanze), Abschnitt „Più moto, poco Allegretto". Das Johannes Brahms gewidmete Konzert wurde 1861 erstveröffentlicht.
21 Vgl. Adreßbuch der Königlichen Residenz-Stadt Hannover für 1868. Mit dem Plane der Stadt, Hannover 1868, S. 299.
22 Vgl. Ralf Wehner, Felix Mendelssohn Bartholdy. Thematisch-systematisches Verzeichnis der musikalischen Werke (MWV). Studien-Ausgabe, Wiesbaden u. a. 2009, S. 159.
23 D-DTsta, D 72 Rosen-Klingemann Nr. 75, f. 45.
24 Zu „Sophy's album" vgl. Anne C. Bromer, Julian I. Edison, Miniature Books: 4000 Years of Tiny Treasures (accompanies an exhibition at the Grolier Club from May 15 through July 28, 2007), New York 2007, S. 30f.
25 Mendelssohn and his Friends in Kensington. Letters from Fanny and Sophy Horsley written 1833–36, hrsg. von Rosamund Brunel Gotch, London 1934, S. 50.
26 GB-Lbl, Add MS 35026.

Notenautographe zu sammeln. Die Laufzeit des fast gänzlich mit Notenpapier ausgestatteten Musik-Stammbuchs erstreckt sich von 1836 bis 1895 und somit über nahezu sechs Jahrzehnte. Der Beitrag von Joseph Joachim, für den er die Anfangstakte der „Chaconne von Joh. Seb. Bach" in d-Moll für Violine solo wählte, datiert in London vom 2. Dezember 1862.[27]

Das zweite Autograph Joachims befindet sich in einem den Musikeinträgen vorangestellten Albumteil mit rosaroten Blankoseiten („For Autographs"), auf denen Eliza Wesley Unterschriften und kürzere Textbeiträge zusammentrug.[28] 1867 verzeichnete sie Einträge der „Monday Popular Performers" und bezog sich dabei auf die Monday Popular Concerts, eine in der Londoner St. James Hall veranstaltete Konzertreihe. Joseph Joachim notierte vor diesem Hintergrund ein kurzes Motiv (a′–c″–f″–f′–b′) über seinem Namenszug und der Datierung in London vom 22. März 1867. Zitiert wird der Beginn des zweiten der Fünf Stücke im Volkston op. 102 von Robert Schumann, das in der Violinfassung wohl in diesem Rahmen aufgeführt worden war. Aufschlussreiche Informationen zur Erlangung des Eintrags sind schließlich einem anderen Album Eliza Wesleys zu entnehmen, denn neben ihrem Musik-Stammbuch stellte Eliza Wesley eine weitere einzigartige Sammlung zusammen. Abgesehen von ihrer großen Sammelleidenschaft scheint dieses gigantische Sammelalbum, das in der Höhe mehr als einen halben Meter misst, nicht zuletzt von ihrer Bewunderung für die einflussreichen Persönlichkeiten des zeitgenössischen Musiklebens und der Musikgeschichte sowie von einem gewissen Bewahrungs- und Dokumentationswillen motiviert worden zu sein. In ihrem „Fan-Album" erstellte Eliza Wesley jeweils Themenseiten zu (männlichen) Komponisten, Musiker:innen und Sänger:innen, die sie mit zahlreichen Abbildungen, Porträts, Fotos, Konzertprogrammen, Zeitungsausschnitten, Nachrufen sowie Briefen und Billets ausstattete.[29] Für die Kontexte zu ihrem Musik-Stammbuch ist besonders aufschlussreich, dass sich im „Fan-Album" mehrere Begleitbriefe zu den Stammbucheinträgen finden, die nachvollziehen lassen, dass Eliza Wesley ihr Album für die Eintragungen versendete bzw. über einige Tage verlieh.

Ein solcher Begleitbrief findet sich auch auf der Joseph Joachim gewidmeten Themenseite, die darüber hinaus mit einer Künstler-Fotografie des Geigers („Elliott & Fry, Baker St. London W.") sowie mit mehreren Zeitungsausschnitten zu seiner Person ausgestattet ist.[30] Bei dem samt Miniatur-Umschlag auf der Seite aufgeklebten Billet Joseph Joachims handelt es sich ganz offensichtlich um die Erwiderung des Geigers auf die erneute Bitte um ein Autograph für Eliza Wesleys Stammbuch:

---

27 Ebd., f. 62v.
28 Ebd., f. 5r–8v. Auf der Seite mit Joachims Zeilen finden sich zudem u. a. Signaturen von Clara Schumann, Louis Ries, Alfred [Alfredo] Piatti, Arabella Goddard, Charles Hallé [Karl Halle] und Jules [Julius] Benedict.
29 GB-Lbl, Add MS 35027.
30 Ebd., f. 87r.

> „45 Leicester Sqr
>
> Herr Joachim presents / his compli.[ments] to Miss Wesley / & begs to tell her / that if she will / send her Book to / St. James Hall one / day when he plays / there, he will be / happy to give her / his autograph. / March 13th"³¹

Durch die Erwähnung der St. James Hall lässt sich der Bezug zu den Monday Popular Concerts, der ja bereits im Stammbuch hinterlegt ist, untermauern. Zudem erscheint es sehr wahrscheinlich, dass der Eintrag vom 22. März 1867 in unmittelbarer zeitlicher Nähe eines Auftritts entstand und Eliza Wesley wahrscheinlich auf diese Weise auch die Erinnerung an das Londoner Konzertereignis selbst festhalten wollte.

Ein weiteres aussagekräftiges Erinnerungsstück im Sammelalbum stellt schließlich ein großformatiger Stich dar mit dem Titel Reception of the Abbé Liszt at the Grosvenor Gallery.³² Die Illustration, die im britischen Wochenmagazin The Graphic vom 17. April 1886 veröffentlicht worden war, fokussiert jedoch keineswegs nur den titelgebenden Abbé. Der Blick wird auf zwei Protagonisten gelenkt: Joseph Joachim begrüßt Franz Liszt per Handschlag in der Londoner Kunstgalerie, umgeben von einer Menschentraube, die weitere prominente Personen umfasst. Umringt wird die Szene von einem Damenchor, der im Halbkreis um einen Dirigenten, einen Pianisten und einen Harfenspieler Aufstellung genommen hat. Abgesehen von der unverkennbaren Physiognomie der Protagonisten werden die dargestellten Personen zusätzlich durch Namensunterschriften kenntlich gemacht. Benannt werden, neben dem „Abbé Liszt" und „Herr[n] Joachim", u. a. die Komponisten Arthur Sullivan und George Macfarren, die Sängerin Antoinette Sterling, der Manager der Monday Popular Concerts Arthur Chappell, dessen Familie den Musikverlag Chappell & Co. betrieb, sowie der Geistliche Reverend Henry White. Inszeniert wird somit eine Momentaufnahme des Who is Who der Londoner Musikwelt, in der Joseph Joachim demnach eine einflussreiche Stellung zukam. Im Verbund mit den Einträgen aus dem Musik-Stammbuch und der ihm gewidmeten Albumseite setzte Eliza Wesley dem Geiger auch auf diese Weise in ihrem „Fan-Album" ein eindrückliches Denkmal.

Ein Künstlerleben lang: Stammbuchblätter von circa 1850 bis 1890

Bereits im Kindesalter als begabter Geiger in das Künstlerleben eingeführt, mag Joseph Joachim nie wirklich Zweifel an seiner Identität als ausübender Musiker verspürt haben. Wie die frühen Londoner Stammbucheinträge von 1844 nahelegen, war Musik nicht nur ein fester Bestandteil seines Alltags von Kindesbeinen an, sondern zugleich ein wichtiges Medium seiner zwischenmenschlichen Kommunikation. Dass Musik auch in seiner

---

31 Der Miniatur-Briefumschlag (4,8 × 12 cm) ist mit einem Poststempel „LONDON W / 2 / MR 13/67 [March 13, 1867]" sowie mit der handschriftlichen Adresse Eliza Wesleys versehen: „Miss Wesley / 4 King Edward Terrace / p. p. / Islington".

32 GB-Lbl, Add MS 35027, f. 79r. Abbildungen des Holzstichs sind online einsehbar.

Stammbuchpraxis eine wichtige Rolle spielte, geht daraus fast zwangsläufig hervor. Eine seinen Namenszug begleitende Notenzeile kann vor diesem Hintergrund als „musikalische Signatur" gelesen werden, die eigenen Kompositionen ebenso wie geschätzten, häufig interpretierten Werken anderer Komponisten entstammen konnte. So zitierte Joachim etwa im Oktober 1853 auf einem Blatt mit Spitzendekor, im Album von Fanny Schorn (1826–1909), den Beginn von Paganinis Caprice op. 1 Nr. 1 (siehe Abbildung 3.2).[33] Zum Album gehört zudem ein loses, von Joachim mit Bleistift beschriebenes Blatt (Düsseldorf, 17. Mai 1853) mit vier Paukennoten („Timpani") – als Reminiszenz an den Beginn von Beethovens Violinkonzert.

Abbildung 3.2: Stammbuchblatt Joseph Joachims im Album von Fanny Schorn (geb. Hauchecorne). (D-BNu, S 2034f, f. 9r, urn:nbn:de:hbz:5:1–284852, Creative Commons)

Zuweilen zielte in einem Stammbuch notierte Musik ausdrücklich darauf, die Erinnerung an ein gemeinsames Musik-Erleben wachzurufen – im Rahmen eines privateren Beisammenseins ebenso wie bei einem öffentlichen Konzert. Beispielhaft steht dafür ein gemeinsames Albumblatt von Joseph Joachim und Clara Schumann mit einem Zitat aus Brahms' Ungarischem Tanz Nr. 3: „Chemnitz, d. 3ten Januar 1876 / Zur freundlichen Erinnerung an einen Concert-Abend".[34] Ebenfalls auf ein Konzert rekurriert ein Stammbucheintrag mit einer Melodie aus Robert Schumanns Fantasie op. 131, die der Geiger am 22. Fe-

---

33 D-BNu, S 2034f, f. 9r.
34 Zit. nach No. 129, „Catalogue of Works", in: Uhde 2018, Appendix [D-LÜbi, Teilnachlass Joseph Joachim / Sammlung Hofmann, Joa: A1 : 4, Inv. Nr. 1993.25].

bruar 1889 im Wiener Musikverein gespielt hatte.³⁵ Adressiert wird der Brahms-Biograph Max Kalbeck (1850–1921), dem Joachim offenbar auch im privaten Rahmen begegnet war: „Zur Erinnerung an viele / schöne Stunden, die ich Ihrer / freundschaftlichen Theilnahme in / Wien verdanke! / Wien, den 23ten Febr 1889".³⁶

Angesichts der an die bekannte Musikerpersönlichkeit Joseph Joachim in großer Zahl herangetragenen Bitten um seine Handschrift liegt auf der Hand, dass die von ihm für ein Stammbuch oder Albumblatt intendierten Notenautographe sehr unterschiedliche Grade der persönlichen Bezugnahme und Nähe sowie der aufgewendeten Mühe aufweisen können. Auf eine eher oberflächliche Bekanntschaft deutet etwa der Eintrag des 18-jährigen Joachim in das Album des wenige Jahre älteren Amerikaners Nathan Richardson (1827–1859) hin, der nach Europa gereist war, um sein Musikstudium zu vertiefen.³⁷ In Leipzig, wo Richardson u. a. von Ignaz Moscheles Klavierunterricht erhielt, trug sich Joachim am 3. November 1849 mit neun Takten eines Klavierstücks ein: „Zur Erinnerung an Joseph Joachim", schrieb er dazu kurz und bündig.³⁸

Mehr Wertschätzung transportiert demgegenüber Joachims Beitrag zum Album des Pariser Oboisten Gustave Vogt (1781–1870).³⁹ Unter Berücksichtigung des Instruments des deutlich älteren und als Musiker renommierten Adressaten komponierte Joachim ein Andantino für Oboe und Klavier, datiert in Paris vom 26. Februar 1850 (siehe Abbildung 2.3 auf S. 48). Bei dem 20-taktigen Stück in a-Moll handelt es sich um eine Variation auf Grundlage der Geigenstimme (ab Takt 12) aus Opus 1, die Joachim als Oboenfassung eigens für Vogt weiterentwickelt und exklusiv für dessen Album – sicher auch mit einem Augenzwinkern – umgeschrieben hatte. In der Widmung ist dazu passend zu lesen: „Sou-

---

35 Zitiert werden die Takte 44 bis 46 der Solo-Geigenstimme (Abschnitt „Das Tempo beschleunigend bis zum Lebhaft"). Die 1853 komponierte Fantasie für Violine und Orchester ist Joseph Joachim zugeeignet und wurde von ihm am 27. Oktober 1853 in Düsseldorf, unter Leitung von Robert Schumann, uraufgeführt. Zum Konzertprogramm vom 22. Februar 1889 vgl. https://www.wienerphilharmoniker.at/en/konzerte/concert-joseph-joachim/1721/, 1.5.2022.

36 Das Stammbuch von Max Kalbeck mit über 80 Einträgen aus dem letzten Viertel des 19. Jahrhunderts, darunter Notenautographe, literarische Beiträge sowie einige Zeichnungen, befindet sich in Privatbesitz. Faksimiles der Albumseiten sind derzeit auf der Website der American Brahms Society (ABS) einsehbar: https://americanbrahmssociety.org/max-kalbecks-album/, 1.5.2022. Vgl. auch Henrike Rost, „‚Into the circle of illustrious spirits, masters of word and music': Max Kalbeck's Stammbuch (1873–1901)", in: The American Brahms Society Newsletter 39/2 (2021), S. 1–8.

37 Zu Nathan Richardson, der nach seiner Rückkehr in Boston eine Musikalienhandlung gründete, vgl. Clemens Kreutzfeldt, Carola Bebermeier, „Musical Crossroads. Europäisch-amerikanischer Kulturaustausch in vorinstitutionellen Räumen Bostons: Die Musikalienhandlung von Nathan Richardson (1827–1859) und der Musiksalon von Clara Kathleen Rogers (1844–1931)", in: Klingende Innenräume, S. 219–231.

38 US-CAh, Nathan Richardson Papers, MS Am 2567 (A10030/195).

39 Zu Vogts Album vgl. auch Bea Friedland, „Gustave Vogt's Souvenir Album of Music Autographs: A Beguiling Glimpse of Musical Paris in the 1840s", in: Notes 31/2 (1974), S. 262–277. Christine Hoppe nimmt in ihrem Beitrag im vorliegenden Band ebenfalls Bezug auf Vogts Album, insbesondere auf Joachims Eintrag im Kontext von Widmungsverhalten und Kompositionen.

venir d'amitié et d'estime offert à M. Vogt par Joseph Joachim" („Zeichen der Freundschaft und der Hochachtung, Herrn Vogt zum Geschenk von Joseph Joachim").[40]

Für eine adelige Adressatin, Marie von Sayn-Wittgenstein (1837–1920), Tochter von Franz Liszts Lebensgefährtin Carolyne von Sayn-Wittgenstein, griff Joseph Joachim ebenfalls auf ein exklusiveres und in Hinblick auf Fragen der nationalen Identität besonders bedeutungsgeladenes Musiknotat zurück.[41] Der 27-jährige Geiger schrieb für die 22-jährige Prinzessin, am 8. April 1859 in Weimar, vier Takte aus der Orchester-Einleitung des Violinkonzerts in ungarischer Weise in d-Moll, „Mit der Bitte später / einmal die Fortsetzung / Prinzessin Marie vorspielen / zu dürfen."[42]

Die Widmungszeilen lassen vermuten, dass Joachim Liszt und seiner Familie in der Altenburg einen Besuch abgestattet hatte,[43] der dem Geiger Gelegenheit zur Selbstdarstellung bot und selbstverständlich von Musik begleitet worden war. Spannend ist nun, dass der Eintrag genau einen Tag vor der Erstaufführung des ersten Satzes des späteren Opus 11 datiert. Das Konzert fand am Weimarer Hof, zur Feier des Geburtstages von Herzogin Sophie, am 9. April 1859 statt. Joachim berichtete darüber seinem Bruder: „[I]n Weimar war ich – hab den ersten Satz von meinem Concert in ungarischem Style gespielt, bei Hof."[44] Mit dem Incipit, das Joachim für die Prinzessin von Sayn-Wittgenstein zur Erinnerung notierte, präsentierte er sich somit der jungen Frau gegenüber als eifrig tätiger Komponist, der ihr – mit persönlicher „Note" – Einblick in sein aktuelles Schaffen gewährte. Der weiter oben erwähnte spätere Eintrag in Sophie Klingemanns Stammbuch vom Juni 1859 in London, für den Joachim eine Geigenmelodie aus der Romanze (2. Satz) des Konzerts in ungarischer Weise notierte,[45] ist demgegenüber als „Stammbuch-Echo" der Premiere des gesamten Werks, am 2. Mai 1859 in der Londoner Philharmonic Society, aufzufassen.[46]

Als Austausch unter Musikerkollegen ist schließlich der gemeinsame Eintrag von Joseph und Amalie Joachim im Stammbuch von Ignaz Moscheles, datiert vom 10. Ja-

---

40 US-NYpm, Cary 348, f. 172.
41 Für eine umfassende Kontextualisierung und Analyse des Violinkonzerts in ungarischer Weise op. 11 – „arguably the most important ‚effect' of Joachim's ‚Hungarianness' on his life as an artist" – vgl. Uhde 2018, S. 297–338, hier S. 300.
42 D-WRgs, GSA 60/Z 170, f. 119 (S. 113).
43 Auffällig ist die Ähnlichkeit der Formulierung gegenüber einem in Wien entstandenen Albumblatt vom 4. März 1861, für das Joachim das Incipit seines Opus 10 notierte: „Zu freundlicher Erinnerung / mit der Bitte der gnädigen Comtesse / einmal die Fortsetzung des Themas spielen zu dürfen." Vgl. Burgenländische Heimatblätter 69/2 (2007) (Katalog zur Ausstellung „Geigen-Spiel-Kunst – Joseph Joachim und der ‚wahre' Fortschritt"), S. 109 (mit Abbildung), https://www.zobodat.at/biografien/Joachim_Joseph_Burgenlaendische-Heimatblaetter_69_0059-0124.pdf, 1.5.2022.
44 Zit. nach Uhde 2018, S. 326 [D-LÜbi, MS 1991.2.59.6; Brief von Joseph Joachim an Heinrich Joachim vom 14. April 1859].
45 Die vier Takte sind betitelt als „Ungarische Romanze". D-DTsta, D 72 Rosen-Klingemann Nr. 75, f. 44.
46 Vgl. Table 9.2 „Performances of Joachim's Hungarian Concerto by Joachim and other violinists up to 1907", in: Uhde 2018, S. 318f.

nuar 1865, zu verstehen. Während Amalie Joachim, als dem Lied verpflichtete Sängerin,[47] für ihren Eintrag im unteren Bereich der Seite das Incipit von Franz Schuberts Lindenbaum wählte, notierte Joseph Joachim 14 Takte einer eigenen Komposition: „Auf der g Saite", „Dem verehrten Meister Moscheles / zur Erinnerung an das 15te Gewandhaus- / Concert im Winter 64–65, und an / seinen alten Schutzbefohlenen / Joseph Joachim".[48] Es handelt sich um den Beginn des Andante aus seinem Violinkonzert Nr. 3 in G-Dur, das er schließlich einen Monat nach dem Eintrag, am 9. Februar 1865, im Leipziger Gewandhaus zur Aufführung brachte.[49] Das Autograph im Stammbuch stellt dabei das früheste bekannte Notenmaterial aus dem Werk dar,[50] mit dessen Fertigstellung Joachims zentrale Wirkungsphase als Komponist endete.[51] Bemerkenswert ist, wie die Ignaz Moscheles adressierenden Widmungszeilen im Stammbuch eine Erinnerungsarbeit widerspiegeln, die konkret die erste Bekanntschaft mit der Familie Moscheles im Zuge des Londoner Debüts von 1844 reflektiert – Umstände, aus denen damals der Eintrag in Serena Moscheles' Album hervorgegangen war.

Ebenfalls an einen Musikerkollegen, den Pianisten und Komponisten Ferdinand Hiller, richtet sich ein später Albumbeitrag, datiert vom 19. August 1883 in Köln. Der 52-jährige Joseph Joachim notierte für den bereits über 70-jährigen Hiller ein „Capriccio für eine Violine" (siehe Abbildung 3.3a und 3.3b). Das äußerst virtuose mehrstimmige Stück in a-Moll („All[egr]o. moderato") wird begleitet von folgenden Widmungszeilen: „Meinem lieben, verehrten / Freunde Hiller für sein / Stammbuch / Cölln, d. 19. August 1883. / Joseph Joachim".[52] Insbesondere in Hinblick auf satztechnische Aspekte ist die kompositorische Reminiszenz an Passagen aus Bachs Partiten und Sonaten für Violine solo, die zum Kernrepertoire Joachims gehörten, unübersehbar.[53] Mit dem Capriccio liegt eine nur in diesem Album enthaltene solistische Original-Komposition vor, die bisher an keiner weiteren Stelle nachweisbar ist.

Im Vergleich der diversen Stammbuchblätter Joachims aus verschiedenen Jahrzehnten lässt sich schließlich eine deutliche Entwicklungstendenz beobachten. So scheint sich Joseph Joachim in jüngeren Jahren bei der Gestaltung seiner Albumbeiträge häufig an der musikalischen Ausrichtung der adressierten Personen orientiert zu haben. Darauf verweisen die Einträge für Nathan Richardson und Gustave Vogt ebenso wie einige frühe Klavierstücke

---

47 Zu Amalie Joachims Rolle als Konzertsängerin vgl. Borchard, Stimme und Geige, S. 63–65, S. 322–326.
48 GB-Lbl, Zweig MS 215, f. 110r (S. 153).
49 Das Konzert war am 27. Juni 1864 in der Londoner Philharmonic Society uraufgeführt worden. Vgl. Table 10.4 „Performances of Joachim's Violin Concerto in G major", in: Uhde 2018, S. 394.
50 Katharina Uhde nimmt anhand der Niederschrift im Stammbuch an, dass sich der Beginn des requiemartigen zweiten Satzes von 1865 bis zur Veröffentlichung 1889 nicht verändert hat und das Autograph somit einen terminus ante quem der Komposition markiert.
51 „After completing the Concerto in G major, he returned to composing almost only for occasional works." Ebd., S. 351.
52 D-KNa, Bestand 1051, A 1, f. 90, f. 91.
53 Für diesen Hinweis geht mein Dank an Joachim Draheim.

Einblicke in Joseph Joachims Stammbuchpraxis

Abbildung 3.3a und 3.3b: Joseph Joachims Beitrag zu Ferdinand Hillers Stammbuch. (D-KNa, Bestand 1051, A 1, f. 90 und f. 91)

und Lieder. Bekannt sind etwa ein heute verschollenes Lied „Mit einem gemalten Band" im Album George Macfarrens (28. Juni 1847) sowie ein loses Albumblatt für die Pianistin und Salonnière Thérèse Wartel (Paris, 4. April 1850) mit einer Klavierbearbeitung von Joachims Lied „Haideröslein".[54] Auf eine heute unbekannte Sonate für Violine und Klavier in F-Dur, die möglicherweise im Salonumfeld zur Aufführung kam, deutet ein Scherzo-Presto hin: „An Fräulein Fanny Russell zum freundlichen Andenken", datiert in London, 30. Juni 1847.[55] Aus derselben Sonate in F-Dur zitierte Joachim auch in Leipzig, am 1. Mai 1848 (siehe Abbildung 3.4); auf der Folgeseite im Album des Amerikaners William Batchelder Bradbury (1816–1868), der vor allem mit seinen Kirchenhymnen Bekanntheit erlangte, schrieb er zudem zwölf Takte eines vierstimmigen Gesangs („When overwhelmed with grief").[56] Als junger Mann scheint Joachim somit seine Stammbucheinträge insge-

Abbildung 3.4: Eintrag Joseph Joachims im Album von William Batchelder Bradbury. (US-Wc, ML31.B7, f. 3r)[57]

---

54 Vgl. No. 3–4, Uhde 2018, „Catalogue of Works". Das Albumblatt für Thérèse Wartel führt Katharina Uhde als Beispiel für eine von Joachim selbst kommunizierte deutsche Identität an: „he left as his carte de visite an album leaf on Goethe's ,Haideröslein', a clear enough German marker." Ebd., S. 300.
55 Vgl. No. 5, Uhde 2018, „Catalogue of Works".
56 US-Wc, ML31.B7, f. 3r, 4r. Der Hymnentext stammt von Isaac Watts (1674–1748).

samt offener und experimentierfreudiger angegangen zu sein. In späteren Jahrzehnten beeinflusste zunehmend Joachims professionelle Identität als „violinist-composer" die Wahl seiner Musiknotate für Stammbuchblätter. Denn er schrieb überwiegend solche Kompositionen nieder, die er zu veröffentlichen plante oder bereits publiziert hatte.

Albumblätter für unbekannt

Gegen Ende des 19. Jahrhunderts geriet die musikbezogene Stammbuchpraxis allmählich aus der Mode. Zunehmend entstanden Albumblätter ohne engeren Bezug und Kontakt zwischen Schreiber:in und Adressat:in. Dies lassen insbesondere die immer unpersönlicher wirkenden Widmungstexte nachvollziehen, die bereits den Trend zum Autogramm-Sammeln ankündigen. Gerade die eher funktional gehaltenen Albumblätter des späten 19. und frühen 20. Jahrhunderts sind häufig als lose Einzelblätter überliefert und kursieren in erheblicher Anzahl im Autographenhandel. Beispiele finden sich zahlreich.

An eine nicht genannte Person richtet sich etwa ein solches loses Albumblatt Joachims, datiert vom 14. Januar 1881 in Berlin, das ein bisher nicht identifiziertes Notenautograph für Violine in d-Moll („All[egr]o risoluto") präsentiert.[58] Der höflich formulierte Widmungstext „Zur freundlichen Erinnerung an Ihren aufrichtig ergebenen Joseph Joachim" legt nahe, dass die adressierte Person dem Schreiber etwas besser bekannt und möglicherweise gesellschaftlich höher gestellt war. Auf eine nähere Bekanntschaft lässt auch der längere Text zum punktierten Motiv des langsamen Satzes aus Beethovens Violinkonzert schließen: „Eine kleine Reminiszenz an die leider schon verklungenen Pfingsttage, welche aber ein schönes Echo in mir nachtönen lassen."[59] Ein anderes Blatt mit einer viertaktigen Kanon-Melodie, das im Internet kursiert, fällt demgegenüber im Wortlaut trockener aus: „Berlin, den 29ten December 1892 / Zu freundlichem Erinnern an Joseph Joachim" (siehe Abbildung 3.5).[60] Am 7. Juli 1890 heißt es – zwei Takte aus seinem Violinkonzert Nr. 1 in g-Moll begleitend – ebendort nur: „Zur Erinnerung an Joseph Joachim".[61] Ein Zitat aus der Romanze op. 11 (Berlin, 11. Juli 1893),[62] ebenso wie ein Incipit von Joachims Ka-

---

57 https://www.loc.gov/item/2010561085/, Bild 9 des Bradbury-Albums (abgerufen im Januar 2023).
58 Ich danke Katharina Uhde für den Hinweis auf dieses Blatt, das im Autographenhandel zum Verkauf stand.
59 Das Albumblatt („Cöln, im Augenblick der Abreise! den 12ten Juni 1889") befindet sich im Privatbesitz von Joachim Draheim und ist abgebildet in: Schumanns Albumblätter (= Wegzeichen Musik 1), hrsg. von Ute Jung-Kaiser und Matthias Kruse, Hildesheim 2006, Abb. 50.
60 https://commons.wikimedia.org/wiki/Category:Joseph_Joachim?uselang=de#/media/File:Canon_Allegretto_-_Joseph_Joachim.jpg, 1.5.2022.
61 Zitiert werden die Takte 54 und 55 (Übergang zu D). https://www.innovativemusicprograms.com/wp-content/uploads/2009/01/joachim1890quote.jpg, 1.5.2022.
62 Der Ausschnitt entspricht im Wesentlichen dem Musiknotat in Sophie Klingemanns Stammbuch von 1859. Das Albumblatt ist abgebildet im Katalog Nr. 57 des Händlers L'autographe (Genf) auf Seite 27 (Nr. 31).

denz zum ersten Satz von Beethovens Violinkonzert (Berlin, 17. Dezember 1904),[63] beide wiederum ohne Nennung eines Adressaten oder einer Adressatin, kommen schließlich ganz ohne Widmungstext aus. Bemerkenswert ist weiterhin ein Albumblatt der Joachim-Schülerin Marie Roeger-Soldat (1863–1955) mit den ersten Takten der Solo-Violine aus Beethovens Violinkonzert („Zur Erinnerung an d. 31. Januar 90"), dem ihr Lehrer lediglich hinzufügte: „und an Joseph Joachim / 30th March 1892".[64] Unter einem bisher nicht identifizierten Musiknotat heißt es ähnlich knapp und nahezu unhöflich: „Manchester 1870".[65] Solche gänzlich unpersönlichen Autographe Joachims scheinen sich gegen Ende des Jahrhunderts zu häufen, zugleich sind sie aber durchaus schon in früheren Jahrzehnten nachweisbar: Ein in Dresden entstandenes Blatt vom 5. November 1860, mit einem mit dem Incipit von 1904 nahezu identischen Musiknotat,[66] fällt in diese Kategorie und reduziert das ursprüngliche Konzept des Stammbucheintrags auf ein Minimum.

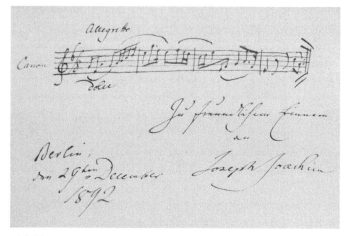

Abbildung 3.5: Loses Albumblatt von Joseph Joachim mit einer Kanon-Melodie. (Wikimedia Commons)

Fazit

Mit Blick auf die hier zusammengetragenen Stammbuchblätter ist festzustellen, dass Joseph Joachim in der großen Mehrzahl eigene Kompositionen zur Erinnerung an seine Person notierte. Mehrfach verwendete er Ausschnitte aus dem Andantino und Allegro

---

63 D-BNba, NE 345, https://www.beethoven.de/de/media/view/5775701890301952/scan/0, 1.5.2022.
64 Privatbesitz Joachim Draheim.
65 Da es sich um einen Eintrag auf der Seite eines gebundenen Stammbuchs handelt, das der Pianistin Elizabeth Mary Ewen (1845–1921) gehörte, ist davon auszugehen, dass sie die Adressatin ist und Joachim um den Eintrag gebeten hatte.
66 https://commons.wikimedia.org/wiki/File:Joseph_Joachim_Albumblatt_1860.jpg, 1.5.2022.

scherzoso op. 1 sowie aus dem Konzert in ungarischer Weise op. 11, das als Joachims erfolgreichstes Werk gelten kann. Zumeist beschränkte er sich bei seinen Musiknotaten auf die Geigenstimme. Aus jüngeren Jahren sind zudem Klavierstücke und Lieder als Stammbuch-Kompositionen nachweisbar. Besonders originell in der Instrumentierung fällt Joachims Umarbeitung des Andantino op. 1 als Fassung für Oboe und Klavier aus, die er in Paris für das Album des renommierten Oboisten Gustave Vogt erdachte. Unter Joachims Stammbucheinträgen finden sich nicht zuletzt auch einige Originalkompositionen. So scheint das Capriccio in a-Moll für Ferdinand Hiller exklusiv für dessen Album komponiert worden zu sein. Die verschiedenen heute nicht mehr identifizierbaren kürzeren Musiknotate für Stammbucheinträge legen zudem eine Spontaneität des Schreibers nahe, durch die nicht weiterverfolgte kompositorische Ideen, aus dem Moment heraus entstandene musikalische Gedanken oder gerade Erklungenes einbezogen wurden.

Joseph Joachims Stammbuchpraxis zeichnet sich insgesamt durch eine Häufung des Phänomens der Renovatio aus. Nicht nur in das Album der befreundeten Sophie Klingemann trug sich der Geiger ganze fünf Male ein, auch in den Stammbüchern von Serena Moscheles, Eliza Wesley und Sophy Horsley sind wiederholte Eintragungen im Abstand mehrerer Jahre oder Jahrzehnte zu finden. Weiterhin gestaltete Joseph Joachim offenbar mit Freude Stammbucheinträge in Gemeinschaft – mit seiner Ehefrau, der Sängerin Amalie Joachim (geb. Schneeweiss), ebenso wie mit seiner Konzertpartnerin Clara Schumann und anderen. Die Gesamtheit der verschiedenen Konstellationen und Kontexte, die Joachims Albumblätter rahmen und bedingen, lassen schließlich eine jeweils individuelle Kommunikationsebene mit der adressierten Person nachvollziehen. Die Grade der Nähe und Bezugnahmen decken dabei ein weites Spektrum ab. Insbesondere der Vergleich der Albumblätter für „unbekannt" mit persönlich adressierten Beiträgen zeigt die diesbezügliche Vielfalt eindrücklich.

Joseph Joachim verwendete in einigen Fällen auch Werke aus fremder Feder für Albumblätter. In Hinblick auf sein künstlerisches Selbstverständnis sind die diversen Zitate aus seinen Kadenzen zu Beethovens Violinkonzert auffällig, mit dessen Aufführung der Geiger von frühester Jugend an identifiziert wurde. Für die Organistin Eliza Wesley schrieb Joachim im Rahmen seiner Londoner Konzerte eine Zeile aus Bachs Chaconne in d-Moll. Weiterhin sind Zitate aus Werken von Robert Schumann, Johannes Brahms und Niccolò Paganini nachweisbar. Unabhängig davon, ob es sich um häufig interpretierte Werke anderer Komponisten oder eigene Kompositionen handelte, ist Joseph Joachims Verwendung von Musik für Stammbuchbeiträge explizit im Sinne einer musikalischen Signatur aufzufassen. Die notierte Musik brachte seinen Namenszug, seiner Profession entsprechend, „zum Klingen" und vermochte es, sein kompositorisches wie interpretatorisches Schaffen eng mit seiner Person zu verknüpfen.

Tabelle 3.1: Verzeichnis von Stammbuchblättern Joseph Joachims[67]

	Datum	Ort	Adressat:in	Musiknotat	Besetzung	RISM-Sigel (Bibliothek)
1	30.5.1844	London	Serena Moscheles	Joachim: „Cadenz" (nicht ident.)	Vl	D-DTsta
2	10.6.1844	[London]	Walter Macfarren	Beethoven: Violinkonzert, Kadenz	Vl	unbekannt
3	12.6.1844	London	Sophie Klingemann	6 Takte (G-Dur, nicht ident.)	Pf	D-DTsta
4	6.5.1847	London	Sophie Klingemann	Joachim: Opus 1	Vl	D-DTsta
5	28.6.1847	[London]	George Macfarren	Joachim: „Mit einem gemalten Band"	Gesang, Pf	unbekannt [Uhde, 4]
6	30.6.1847	London	Fanny Russell	Joachim: „Scherzo Presto" (F-Dur)	Vl, Pf	US-Cn [Uhde, 5]
7	1.5.1848	Leipzig	William Batchelder Bradbury	Joachim: „Aus einer Sonate" (F-Dur) / „When overwhelmed with grief" (As-Dur)	Vl, Pf / Gesang	US-Wc [online]
8	3.11.1849	Leipzig	Nathan Richardson	All[egr]o tranquillo (A-Dur, nicht ident.)	Pf	US-CAh
9	26.2.1850	Paris	Gustave Vogt	Joachim: op. 1	Oboe, Pf	US-NYpm [online] [Uhde, 56]
10	4.4.1850	Paris	Thérèse Wartel	Joachim: „Haideröslein"	Pf	US-Cn [Uhde, 3]
11	2.5.1850	Leipzig	unbekannt	Joachim: Romanze op. 2 Nr. 1	Vl, Pf	D-LÜbi [Uhde, 126]
12	17.5.1853	Düsseldorf	Fanny Schorn	„Timpani" (Beethoven: Violinkonzert)		D-BNu [online]
13	30.10.1853	Düsseldorf	Fanny Schorn	Paganini: Caprice op. 1 Nr. 1	Vl	D-BNu [online]

---

67 Dieses Verzeichnis von 38 Stammbuchblättern Joseph Joachims erhebt keinerlei Anspruch auf Vollständigkeit und wäre insbesondere durch die systematische Auswertung von Angeboten bzw. Katalogen des Autographenhandels (Kotte Autographs, Stargardt usw.) leichterdings zu erweitern. In der übersichtlichen Listung soll es in erster Linie Orientierung für den Nachvollzug der hier angestellten Überlegungen bieten. Die Albumblätter 11, 17, 25 und 30 sind Katharina Uhdes Werkverzeichnis entnommen und werden im Kapitel nicht explizit diskutiert; die ersten drei Blätter sowie Blatt 28, in Besitz des Brahms-Instituts an der Musikhochschule Lübeck, sind online einsehbar: https://www.brahmsinstitut.de/Archiv/web/bihl_digital/musikmanuskripte_start.html, 1.5.2022.

14	30.6.1855	Detmold	Sophie Klingemann	R. Schumann: Violinsonate Nr. 2 [mit C. Schumann]	Vl, Pf	D-DTsta
15	8.4.1859	Weimar	Marie von Sayn-Wittgenstein	Joachim: Opus 11	Orch. (Pf)	D-WRgs [online]
16	x.6.1859	London	Sophie Klingemann	Joachim: Opus 11, 2. Satz [mit J. Stockhausen]	Vl	D-DTsta
17	22.1.1860	Hannover	Laura von Meysenbug	Joachim: Ballade op. 5 Nr. 3	Vl	D-LÜbi [Uhde, 127]
18	5.11.1860	Dresden	unbekannt	Beethoven: Violinkonzert, Kadenz	Vl	unbekannt [online]
19	4.3.1861	Wien	unbekannte „Comtesse"	Joachim: Thema für Viola und Klavier op. 10	Va, Pf	A-El
20	25.7.1862	[London]	Walter Macfarren	Beethoven: Violinkonzert, Kadenz	Vl	unbekannt
21	2.12.1862	London	Eliza Wesley	Bach: Chaconne d-Moll	Vl	GB-Lbl
22	10.1.1865	Leipzig	Ignaz Moscheles	Joachim: Violinkonzert Nr. 3 [mit A. Joachim]	Vl	GB-Lbl [online]
23	22.3.1867	London	Eliza Wesley	R. Schumann: II. Stück im Volkston op. 102 (Motiv)	Vl	GB-Lbl
24	x.8.1868	Hannover	Sophie Klingemann	Mendelssohn: Sonntagslied [mit A. Joachim und S. Horsley]	Gesang, Pf	D-DTsta
25	12.3.1869		unbekannt	Joachim: Hebräische Melodie op. 9 Nr. 3	Vl	D-LÜbi [Uhde, 128]
26	x.x.1870	Manchester	Elizabeth Mary Ewen	All[egr]o (a-Moll, nicht ident.)	Vl	F-Pn
27	x.x.1871	Bonn	Serena Moscheles	Beethoven: Violinkonzert, „Cadenz" [mit A. Joachim]	Vl	D-DTsta
28	3.1.1876	Chemnitz	unbekannt	Brahms: Ungarischer Tanz Nr. 3 [mit C. Schumann]	Vl, Pf	D-LÜbi [Uhde, 129]

29	14.1.1881	Berlin	unbekannt	All[egr]o risoluto (d-Moll, nicht ident.)	Vl	unbekannt
30	x.3.1883	London	unbekannt	Joachim: Kanon (Andantino F-Dur)	Vl	US-NYpm [Uhde, 55]
31	19.8.1883	Köln	Ferdinand Hiller	Joachim: Capriccio a-Moll	Vl	D-KNa
32	23.2.1889	Wien	Max Kalbeck	R. Schumann: Fantasie op. 131	Vl	Privatbesitz
33	12.6.1889	Köln	unbekannt	Beethoven: Violinkonzert, 2. Satz (in A, 2#)	Vl	Privatbesitz
34	7.7.1890	Berlin	unbekannt	Joachim: Violinkonzert Nr. 1 op. 3	Vl	unbekannt [online]
35	30.3.1892 [31.1.1890]		unbekannt	Beethoven: Violinkonzert, 1. Satz [geschrieben von M. Roeger-Soldat]	Vl	Privatbesitz
36	29.12.1892	Berlin	unbekannt	Joachim: Canon		unbekannt [online]
37	11.7.1893	Berlin	unbekannt	Joachim: Opus 11, 2. Satz	Vl	unbekannt [online]
38	17.12.1904	Berlin	unbekannt	Beethoven: Violinkonzert, Kadenz	Vl	D-BNba [online]

Between the Cipher and the Idée Fixe

Joachim, Berlioz, and the Lovestruck Psyche

Tekla Babyak

Joseph Joachim experienced himself and the object of his love interest, Gisela von Arnim (1827–1889), as musical motifs. Mapping musical relations between notes onto his feelings for Gisela, he described her in a letter of 29 April 1854 as a leading note to his soul: 'O you soulful G♯ [= 'Gis']-Seele [soul; a pun on Gisela], you leading note to the passionate A major in my inner soul.'[1] His experience of love through musical motifs plays a profound role in his Drei Stücke für Violine und Pianoforte Op. 5 (1853). Its semiotic network springs from the cipher G♯-E-A which symbolizes Gisela, the focus of Joachim's increasingly unrequited affections.[2]

The first movement of Op. 5, 'Lindenrauschen', is based on extensive repetitions and transformations of Gisela's cipher. The second movement, 'Abendglocken', brings this cipher together with Joachim's autobiographical cipher, FAE (which also appears in inverted form, as E-A-F♯, in the third movement, 'Ballade', in A major). In 'Abendglocken', the F-A-E cipher perhaps signals that Joachim remained 'frei aber einsam' despite his infatuation with Gisela.[3]

As sociologists and philosophers have observed, even something as seemingly personal as love tends to be channelled through cultural codes and scripts.[4] We negotiate our own

---

[1] Cited in Katharina Uhde, 'Of "Psychological Music", Ciphers and Daguerreotypes: Joseph Joachim's Abendglocken Op. 5 No. 2 (1853)', Nineteenth-Century Music Review 12/2 (2015): 241.

[2] In a letter to Robert Schumann (29 Nov. 1853), sent along with the Op. 5 pieces, Joachim explained that its motivic network was based on Gis-E-La and, in 'Abendglocken', FAE. Johannes Joachim and Andreas Moser, eds, Briefe von und an Joseph Joachim, 3 vols (Berlin: Bard, 1911–13): I:109. See also Uhde, 'Of "Psychological Music", Ciphers and Daguerreotypes: Joseph Joachim's Abendglocken Op. 5 No. 2 (1853)', 237. Other works in which Joachim used these ciphers include Op. 9, Op. 10, Op. 12, Op. 13, Violin Concerto No. 3 and a handful of sketches and counterpoint exercises. See Katharina Uhde, The Music of Joseph Joachim (Woodbridge, Suffolk: Boydell & Brewer, 2018): 161.

[3] Joachim I:108–9. F-A-E ('frei aber einsam') has a rich history for Joachim and his circle, serving as the basis for the jointly authored FAE Sonata (autumn 1853) composed by Albert Dietrich, Robert Schumann and Johannes Brahms in honour of Joachim. See Christopher Reynolds, 'Schumann contra Wagner: Beethoven, the F. A. E. Sonata and "Artwork of the Future"', Nineteenth-Century Music Review 18/2 (Nov. 2020): 1–27.

[4] As Stevi Jackson writes, 'a set of discourses around love pre-exists us as individuals and through these we have learnt what love means'. Jackson, 'Even Sociologists Fall in Love: An Exploration in the Sociology of Emotions', Sociology 27/2 (May 1993): 212. Similarly, Victor Karandashev has argued that the '[c]ultural experience and expression of love is structured by social institutions (e.g. marriage), social contexts (e.g. social network and other relationships), and cultural codes (e.g. traditional ex-

individual experience by creatively reworking the scripts that circulate in our cultural milieux – and we fashion our own scripts in the process. Judith Butler writes that 'the subject [...] is always made in part from something else that is not itself – a history, an unconscious, a set of structures'.[5]

In what follows, I suggest that Joachim's approach to ciphers in Op. 5 engages with the script for unrequited love set forth in Episode de la vie d'un artiste, Symphonie fantastique, en cinq parties, par Hector Berlioz (1830), the original title of the holograph manuscript of Symphonie fantastique. Resemblances between the two works include the continual invocation of the beloved's motto, intertwined with programmatic topics such as the rustle of trees, the tolling of bells and a march-style movement.

Berlioz was part of Joachim's transnational circle of friends, fellow composers and professional contacts.[6] On 24 March 1852, Joachim wrote a letter to his brother expressing his enthusiasm for Berlioz's Benvenuto Cellini: 'I find so much that is new and exciting in this work that I would gladly offer the composer my personal thanks for the mental stimulation that his music has given me.'[7]

In a letter to Liszt of 22 May 1852, Joachim expressed the desire to get to know and understand Berlioz better.[8] Subsequent meetings included Joachim's concert in Brunswick on 25 October 1853 in response to Berlioz's invitation,[9] a rehearsal with Berlioz on 5 November 1853[10] and another concert on 8 November 1853.[11]

---

pressions of love, such as saying "I love you," gift giving, wedding rings, etc.)'. Karandashev, Cross-Cultural Perspectives on the Experience and Expression of Love (Cham, Switzerland: Springer Nature Switzerland, 2019): 41.

5 Judith Butler, Giving an Account of Oneself (New York, NY: Fordham University Press, 2005): 116.
6 Berlioz had known of Joachim since 1845 (Memoirs of Hector Berlioz: From 1803 to 1865, Comprising his Travels in Germany, Italy, Russia, and England, translated by Rachel (Scott Russell) Holmes and Eleanor Holmes; annotated, and the translation revised, by Ernest Newman (New York, NY: Dover, 1932): 377). Moser claims that they 'met briefly' in Prague in 1846. See Anja Bunzel (Ch. 16 in this volume) and Joachim Lebensbild 1898, 63.
7 '[I]ch finde soviel Neues, Anregendes in derselben, dass ich gerne dem Komponisten meinen persönlichen Dank für die geistige Beschäftigung, welche mir seine Musik machte, bringen will.'
Joachim I:28. The admiration was reciprocal. In Berlioz's enthusiastic letter to Joachim of 9 December 1853, he wrote: 'When I reflect on your musical gifts, which are so complete, brilliant, and pure, I surprise myself sometimes when I exclaim to myself (all alone, out of nowhere) "Ah? They are enormous, prodigious!"' ('Et lorsque je réfléchis à votre valeur musicale si complète, si brillante et si pure, je me surprends quelquefois à m'écrier (tout seul, à propos de rien) "ah? ça, mais c'est énorme, c'est prodigieux!"') Joachim I:122. All translations are my own unless otherwise noted.
8 Ibid., I:30.
9 This concert made a profound impression on Berlioz, who wrote to Liszt the following day, 'that excellent Joachim came to play two pieces at the concert yesterday and his success was great' ('Cet excellent Joachim est venu jouer deux morceaux au concert d'hier et son succès a été grand'). Letter from Berlioz to Liszt of 26 Oct. [1853], La Mara [Ida Marie Lipsius], ed., Franz Liszts Briefe, 8 vols (Leipzig: Breitkopf & Härtel, 1893–1905): I:296. Also see letter from Joachim to Arnold Wehner of [25 Oct. 1853], Joachim I:93–4.
10 Joachim I:101.
11 Ibid.

The affinity that I propose between Joachim and Berlioz has been largely unexplored. Christopher Reynolds has discussed cipher works composed as homages, in which composers honoured 'themselves, their patrons, friends, and loved ones'.[12] However, Reynolds did not examine the complex of cipher, idée fixe and 'unreasonable [...] obsession' in a romantic context.[13] Similarly, Anja Bunzel's chapter '"It was very original and funny there, and they had excellent food and drink": Joseph Joachim in Prague'[14] has looked into the relationship of Berlioz and Joachim and their alleged Prague encounter in 1846, but without exploring similarities in these two composers' musico-aesthetic approaches.

Katharina Uhde has examined connections between Berlioz and Joachim with regard to the romance genre, but not in terms of obsessive love.[15] Furthermore, while there are many ciphers composed in love – certain works of Robert Schumann, Johannes Brahms and Alban Berg spring to mind – few express in their music the element of fixation on the love object that we see in Berlioz's and Joachim's two works.

By tracing a possible line of influence extending from Berlioz's idée fixe to Joachim's cipher techniques in Op. 5, my hermeneutic analysis sheds light on intersections between the history of musical ciphers / 'musical idea(s) used obsessively'[16] and the love lives of two nineteenth-century composers. Another implication of my argument is that composers can be influenced (both consciously and unconsciously) not only by musical techniques and styles, but also by the love lives of other composers. By examining the interconnections between emotional and musical influences, this chapter contributes to the study of allusion in mid- to late nineteenth-century German music.[17]

The Musicalization of the Beloved

In both Joachim's Op. 5 and Berlioz's Symphonie fantastique the name of the beloved takes on a musical form. According to Berlioz's programme notes, published along with the score of Symphonie fantastique in 1845, 'the beloved image always appears in the mind's

---

[12] Christopher Reynolds, Motives for Allusion: Context and Content in Nineteenth-Century Music (Cambridge, MA: Harvard University Press, 2003): 119.
[13] Hugh Macdonald, 'Idée fixe', Grove Music Online (accessed 30 July 2021).
[14] Ch. 16 in this volume.
[15] Katharina Uhde, 'Joseph Joachim and the Violin Romance: Reforming the Playground of Virtuosos', Nineteenth-Century Music Review (special issue, 'Joseph Joachim: Intersections between Composition and Performance', guest-edited by Katharina Uhde) (scheduled for publication).
[16] Macdonald, 'Idée fixe'.
[17] Previous studies in this field include Mark Evan Bonds, After Beethoven: Imperatives of Originality in the Symphony (Cambridge, MA, and London: Harvard University Press, 1996); Reynolds, Motives for Allusion; Jacquelyn E. Sholes, Allusion as Narrative Premise in Brahms's Instrumental Music (Bloomington: Indiana University Press, 2018).

eye of the artist linked to a musical thought [...]. The melodic image and its human model pursue him incessantly like a double idée fixe.'[18]

Similarly, Joachim had a twinned view of his beloved in which she seemed to have mingled with her musical double, as suggested in his December 1852 letter to Gisela: 'What music has been to me, that is your being. Your being envelops her [i.e. music] so that I am unable to distinguish between you and my art.'[19] It is this letter that contains Joachim's first documented use of Gisela's G♯-E-A cipher, as though enacting the musicalization of her entire being.[20]

This cipher is based on the sound of Gisela's name, reflecting Joachim's desire to translate his love object into a melodic idea. The first two pitches of the cipher, G♯ ('gis' in German) and E, correspond exactly to the first two syllables of her name. The third pitch, A, stands for 'la', the solfège syllable for A. In matching each syllable to a corresponding pitch, Joachim perhaps pursued the musical analogy, the idea of a musical Doppelgänger, even further than Berlioz. As indicated in Berlioz's programme notes, the idée fixe in Symphonie fantastique represents the personality of the love object (presumably Harriet Smithson).[21] But it does not represent any linguistic elements of her name.

Both Berlioz's Symphonie fantastique and Joachim's Op. 5 lavish attention on the beloved's musical signifier as an expression of psychological turmoil. Symphonie fantastique portrays a disordered psyche that Francesca Brittan has theorized in terms of monomania, a nineteenth-century diagnostic label for a pathological form of obsessive love.[22] Joachim's Op. 5, in keeping with his concept of psychological music, similarly offers a quasi-diagnostic investigation of a lovestruck psyche.[23] In the letter to Schumann that he sent along with the Op. 5 score (29 November 1853), Joachim diagnosed himself with the disorder of melancholy: 'The second piece should actually be called Melancholy [...] I am not engaged.'[24]

---

18 Michael Steinberg, The Symphony: A Listener's Guide (New York and Oxford: Oxford University Press, 1995): 63.
19 Cited in Uhde, 'Of "Psychological Music", Ciphers and Daguerreotypes: Joseph Joachim's Abendglocken Op. 5 No. 2 (1853)', 238.
20 Uhde and Larry Todd, 'Joseph Joachim and Musical Solitude', in Nineteenth-Century Programme Music: Creation, Negotiations, Reception, ed. Jonathan Kregor (Turnhout: Brepols, 2018): 26.
21 The extent to which Symphonie fantastique offers an autobiographical account of Berlioz's obsession with Smithson is a matter of debate; Brittan notes that '[o]pinions on the question of autobiography in the Fantastique differ widely [...] Julian Rushton regards it as both "quasi-autobiography" and "fiction" [...] David Cairns describes Berlioz's narrative as [...] a work in which "autobiography was absorbed into art".' Francesca Brittan, 'Berlioz and the Pathological Fantastic: Melancholy, Monomania, and Romantic Autobiography', 19th-Century Music 29/3 (Spring 2006): 233.
22 Ibid., 211–39.
23 For an insightful exploration of Joachim's concept of psychological music, see Uhde, 'Of "Psychological Music", Ciphers and Daguerreotypes: Joseph Joachim's Abendglocken Op. 5 No. 2 (1853)', 227–52.
24 '[D]as 2te Stück [sollte] eigentlich Malinconia überschrieben sein [...] Ich bin nicht verlobt.' Joachim I:109.

This reference to melancholy suggests that Joachim's cipher, like Berlioz's idée fixe, not only symbolizes the absent beloved, but also acts as a diagnostic signifier for the composer's symptoms. In nineteenth-century psychology, melancholy, like monomania, was associated with obsessive brooding on a single person or thought. Thus, Jean-Étienne-Dominique Esquirol's 1838 case study – the document that inaugurated the diagnostic category of monomania – described the afflicted patient as having 'a nervous temperament and melancholy character'.[25] In this context, when Joachim diagnosed himself with melancholy, he was also pointing to the syndrome associated with monomania that opens out into a Berliozian world of lovestruck turmoil.

However, the linguistic specificity of Joachim's cipher points towards a different strand of influence on Op. 5: Schumann's use of ciphers. As Uhde has observed, '[n]o doubt Joachim would have known of Robert Schumann's extensive experiments with ciphers'.[26] Uhde has explored many compelling parallels between Joachim's Op. 5 and Schumann's Carnaval, Op. 9 (1834–35). The first cipher in Carnaval, A-E♭-C-B, refers to Schumann's then-girlfriend's hometown of Asch. This cipher thus presumably signifies Schumann's beloved through metonymy. The second cipher in Carnaval inverts the pitch content to produce a musical rendering of Schumann's own name.

This inversional pairing of the romantic cipher and the autobiographical cipher seems likely to have influenced the motivic relationships in Joachim's Op. 5, in which the self-cipher F-A-E and the love-cipher G♯-E-A are mirror inversions of each other.[27] A salient difference between Carnaval and Op. 5, however, is 'the relative frequency of ciphers or cipher-like motives in their music'.[28] The way in which Joachim's ciphers saturate the texture of Op. 5 diverges from Schumann's more reticent approach to ciphered music.[29] It seems, then, that Joachim fuses the Schumannian practice of ciphers with the Berliozian impulse for psychological revelation.

In fact, Schumann's own approach to ciphers could well have been influenced by Berlioz's idée fixe. Schumann wrote a glowing review of Symphonie fantastique in the Neue Zeitschrift für Musik in 1835, the same year in which he completed Carnaval. It thus seems likely that Berlioz played a role in nineteenth-century cipher practice through his possible influence on Schumann. Joachim's merging of Carnaval-style ciphers with idée

---

25 Cited in Brittan, 'Berlioz and the Pathological Fantastic', 223.
26 Uhde, 'Of "Psychological Music", Ciphers and Daguerreotypes: Joseph Joachim's Abendglocken Op. 5 No. 2 (1853)', 244.
27 Ibid., 239.
28 Ibid., 245.
29 In his later ciphered pieces, Joachim moved closer to a Schumannian use of ciphers. As Uhde points out, '[w]hen, after 1853, Joachim abandoned his approach of adhering to something like a "fatalism of the emotions", the ciphers also mellowed; in other words, they became less idée fixe-like'. Uhde 2018, 160.

fixe techniques in Op. 5 has the potential to call our attention to Berlioz's possible role in the history of the cipher.[30]

Joachim's Berliozian Topoi: Rustling Trees, Deep Bells and Amorous Marches

Each movement in Joachim's Op. 5 corresponds to a programmatic topic in Symphonie fantastique, as this section will explore. 'Lindenrauschen', the first movement of Op. 5, can be heard as evoking an intertextual chain of lovestruck evocations of trees extending from Schubert through Berlioz.[31] Pertinent here is Berlioz's programme for the third movement of Symphonie fantastique, 'Scène aux champs', which describes the 'gentle rustling of the trees in the light wind'.[32] Joachim's 'Lindenrauschen' similarly conjures up an arboreal soundscape in which 'the violin executes decorative contrapuntal arabesques that suggest the rustling of linden tree leaves' (Example 4.1).[33]

In both Joachim's and Berlioz's works, the leafy pastoral setting offers a hopeful moment in which fulfilment seems within reach. In Berlioz's 'Scène aux champs', the protagonist briefly experiences 'an unaccustomed feeling of calm'.[34] Joachim's 'Lindenrauschen' similarly expresses a fleeting dream of bliss during the magical passage in bar 60 when the violin and piano play in unison. This unison texture, however, soon falls apart as the two instruments split into polyrhythms, almost as though the lovers are no longer synchronized. The recitative style in bars 67 and 69–71, marked 'dol.' could perhaps be interpreted either as a 'dolce' plea to the beloved, or as a 'dolente' expression of sorrow.[35]

In bars 73 and 75 of 'Lindenrauschen', the despair deepens when the violin plays A♭ instead of the expected G♯. The A♭ here is a reverse (and unresolved) leading tone of sorts, pointing downwards to a G that never arrives. This enharmonic respelling of Gisela's

---

30 In one of the very few passing references to Berlioz's possible influence on Schumann, Eric Sams writes that Schumann's ciphers have 'some affinity with [...] the idée fixe of Berlioz, but first and foremost it was in every sense the idée fixe of Schumann'. Sams, 'The Tonal Analogue in Schumann's Music', Proceedings of the Royal Musical Association 96/1 (1969–70): 106.
31 Uhde and Todd have convincingly linked Joachim's evocation of linden trees to Schubert's 'Der Lindenbaum' as well as to the tree-lined surroundings of Gisela's Berlin home. Uhde and Todd, 'Joseph Joachim and Musical Solitude', 34.
32 Cited in Melinda P. O'Neal, Experiencing Berlioz: A Listener's Companion (Lanham and London: Rowman & Littlefield, 2018): 218.
33 Uhde and Todd, 'Joseph Joachim and Musical Solitude', 31.
34 Berlioz's programme notes, cited in O'Neal, Experiencing Berlioz, 218.
35 In a different context, Halina Goldberg has referred to the 'potential dual reading of the "dol." marking.' which could be interpreted as either 'dolce' or 'dolente' in Ferdinand Hiller's 1851 album leaf 'Largo'. Goldberg, 'Chopin's Album Leaves and the Aesthetics of Musical Album Inscription,' Journal of the American Musicological Society, 73/3 (2020): 496.

Example 4.1, Joseph Joachim, Three Pieces Op. 5, 'Lindenrauschen' (bars 1–6)

signature pitch suggests resignation and despair; it is as though Gisela's G♯ has temporarily ceased to be the leading tone to Joachim's soul.[36]

This descent into gloom near the end of 'Lindenrauschen' parallels the emotional trajectory in Berlioz's 'Scène aux champs', which sounds a foreboding note as the movement draws to a close. A storm arrives, which both triggers and symbolizes the protagonist's own darkening psychic landscape. The disturbing thought crosses the protagonist's mind, 'What if she betrayed him?'[37] It is this thought that ultimately prompts the murderous crime that unfolds in the following movement.

The Berliozian gloom at the end of 'Lindenrauschen' carries through into Joachim's next movement, 'Abendglocken'. The deep bell ostinato in the piano sets a sorrowful tone that continues throughout most of the piece (Example 4.2). The low register of Joachim's bell motif resonates with Symphonie fantastique's fifth movement, 'Songe d'une nuit du Sabbat', which calls for unusually deep bells.[38] (In fact, many nineteenth-century orchestras struggled to find bells that could produce such low sounds.[39]) Berlioz's bells play the first two notes, C and G, of the idée fixe. Joachim's bell-like ostinato similarly focuses on the love motto, Gisela's cipher G♯-E-A.

Like Berlioz, Joachim explores the dissonance between the fixed pitches of the bell ostinato and the changing harmonies that occur around it.[40] These dissonances, combined with the surreal sound of deep bells, can be heard in the context of the Berliozian aesthetic of the fantastic. Drawing on Tzvetan Todorov's definition of the literary fantastic, Brittan has theorized the Berliozian fantastic 'as a moment of interpretive hesitation' which generates uncertainty about what is '"real" and what is "imaginary"'.[41]

Berlioz's and Joachim's uncanny registral distortion of bell sounds seems to create this type of ambiguity: it is unclear whether the bells are meant to be heard as real or as hallucinated figments of the protagonist's imagination. In fact, Joachim had initially thought

---

36 Refer back to footnote 1 for a citation of the letter in which Joachim described Gisela as his leading note.
37 Berlioz's programme notes, cited in O'Neal, Experiencing Berlioz, 218.
38 Such deep bell sounds could profitably be heard in the context of Berlioz's theories of architectural music, in which Berlioz 'anticipated that large forces arranged in novel ways throughout the hall would enhance the effects of the music upon listeners by facilitating greater exposure to the musical fluid.' Carmel Raz, 'Hector Berlioz's Neurophysiological Imagination,' Journal of the American Musicological Society 75/1 (2022): 27.
39 Norman Del Mar points out that 'Berlioz himself was forced – due to the sheer unavailability of any remotely available bells – to condone the substitution of pianos (number unspecified) playing in double octaves'. Del Mar, Conducting Berlioz (New York and Oxford: Oxford University Press, 1997): 42.
40 Blake Howe has examined some ways in which obsession can be depicted musically, including the contrast and conflict that arises when 'one field contains diverse and varied melodic ideas, while the other field reiterates one note or a small group of notes'. Howe, 'Music and the Agents of Obsession', Music Theory Spectrum 38/2 (2016): 222.
41 Brittan, 'On Microscopic Hearing: Fairy Magic, Natural Science, and the Scherzo Fantastique', Journal of the American Musicological Society 64/3 (Fall 2011): 529.

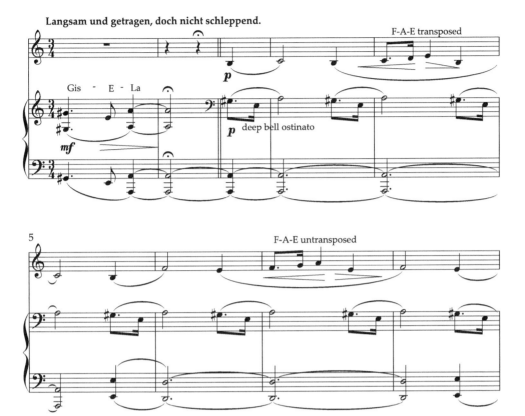

Example 4.2, Joseph Joachim, Three Pieces Op. 5, 'Abendglocken' (bars 1–8)

about titling the Op. 5 pieces Wirkliches und Geträumtes – 'The Real and Imagined' – but in the end changed his mind.[42]

In 'Abendglocken', the 'quasi fantasia' marking in bars 63–66 invokes the concept of the fantastic even as the bells temporarily fall silent. The fantasia-like features in this section include augmented triads with added sixths, rhythmic freedom in the style of a cadenza, and dream-like allusions back to 'Lindenrauschen'.

This rhapsodic moment of quasi-improvisatory music contrasts sharply with the final movement of Op. 5, 'Ballade'. Here, Joachim uses a march-like style as indicated in his performance direction 'Sehr bestimmt, fast marschartig'. The deployment of a military topic[43] in an amorous context is highly unusual: Uhde and Todd have remarked that '[e]xactly

---

42 Joseph Joachim, Joseph Joachims Briefe an Gisela von Arnim 1852–1859, ed. Johannes Joachim (Göttingen, 1911): 11, letter from Joachim to Gisela von Arnim of 11 Jan. 1854. Also see Uhde 2018, 153.

43 Raymond Monelle describes march topics as 'military signifiers', with only a handful of non-militaristic exceptions such as wedding and funeral marches. Monelle, The Musical Topic: Hunt, Military, and Pastoral (Bloomington: Indiana University Press, 2006): 113–33.

why Joachim would choose to end Op. 5 with a march is unclear'.⁴⁴ The reason for this unconventional choice, I argue, is that Joachim is alluding to the fourth movement of Symphonie fantastique, 'Marche au supplice'.

The similarities between Joachim's 'Ballade' and Berlioz's 'Marche au supplice' include not only the unusual genre of the amorous march, but also the use of abrupt dynamic shifts. The dynamic range of both marches careens rapidly between f (sometimes even ff) and p. Indeed, Berlioz's programme notes describe 'Marche au supplice' as a 'sometimes sombre and wild, and sometimes brilliant and solemn, in which a dull sound of heavy footsteps follows without transition the loudest outbursts'.⁴⁵

These oscillations perhaps suggest the emotional instability of a lovestruck psyche (which, in the case of Berlioz's protagonist, is also a guilty psyche on the cusp of punishment at the scaffold). Similar shifts take place in Joachim's 'Ballade'. Examples include the shift from ff to p in bar 3; f to p in bar 18; the shift from f to p followed by a crescendo to ff in bars 45–46; and the final five bars (92–96), which go from pp and ritenuto to molto accel. and ff. The lovestruck psyche thus finds expression in the large dynamic spectrum of this movement.

Tonalities of Love, Motivic Structures of Obsession

When the idée fixe first appears in bars 72–77 of Berlioz's first movement, 'Rêveries et passions', the harmonies drop away, leaving the idée fixe 'essentially unaccompanied' (Example 4.3).⁴⁶ Many of its subsequent appearances remain unharmonized, for example in 'Un bal', bars 302–305 and 'Marche au supplice', bars 165–168. These monophonic statements seem to highlight the idée fixe while simultaneously estranging it from its surroundings.

In Joachim's Op. 5, the G♯-E-A and F-A-E motifs are similarly resistant to harmonic integration. In 'Lindenrauschen', the G♯ in the Gis-E-La motif clashes with the governing tonality of C major, generating augmented sonorities rather than stable tonic triads (refer back to Example 4.1).⁴⁷ This discrepancy between the A minor motif and the C major tonality is rich in hermeneutic implications: it may be heard as hinting that Gisela's presence in Joachim's life is a fantasy that eludes harmonic realization. The incongruity between Gisela's motif and its harmonic settings becomes even more pronounced in 'Abend-

---

44 Uhde and Todd, 'Joseph Joachim and Musical Solitude', 33.
45 Cited in O'Neal, Experiencing Berlioz, 218.
46 Francesca Brittan, Music and Fantasy in the Age of Berlioz (Cambridge: Cambridge University Press, 2017): 166.
47 Uhde and Todd have convincingly connected Joachim's use of augmented sonorities to the influence of Liszt and his theorist friend C.F. Weitzmann. Uhde and Todd, 'Joseph Joachim and Musical Solitude', 31. For a fuller discussion of Weitzmann's theories, see Todd, 'Franz Liszt, Carl Friedrich Weitzmann, and the Augmented Triad', in The Second Practice of Nineteenth-Century Tonality, ed. William Kinderman and Harald Krebs (Lincoln: University of Nebraska Press, 1996): 153–77.

Example 4.3, Hector Berlioz, 'Rêveries et passions,' Symphonie fantastique (Liszt's piano transcription) (bars 63–77)

glocken'. In bars 23–28, 'the pitch A of G♯–E–A is harmonized in F major, and then by dissonances such as German and French augmented-sixth chords and a seventh chord, all of which undermine the tonic-centeredness of the original from the opening of Abendglocken'.[48]

The tendency to avoid tonal resolution, in both Symphonie fantastique and Op. 5, also manifests itself in the use of ambiguous cadences that hover at the boundary between imperfect cadence and perfect cadence. As is well known, the thwarted cadence would become an iconic symbol of unfulfilled desire in Wagner's Tristan und Isolde (completed in 1859; first performed in 1865).[49] Years before this, however, Berlioz and Joachim seem to have anticipated a version of this technique.

Just before the initial statement of the idée fixe in Berlioz's first movement, 'Rêveries, passions', the music reaches a dominant chord (bar 63) that leaves the music poised in a state of hushed suspense (refer back to Example 4.3). The texture dwindles away to wispy chords punctuated by breathless pauses. A double bar then follows, perhaps signalling a formal boundary prior to the entrance of the idée fixe.

This unresolved dominant has an ambiguous function. Is it the final member in an imperfect cadence, as suggested by the double bar? Or is it the penultimate chord in a perfect cadence that crosses formal boundaries? As Stephen Rodgers has observed, 'The exposition of Rêveries, Passions admittedly poses something of a problem since the cadence at the end of TR [transition] is rather atypical, no matter whether we hear it as pausing on V or resolving to I (in G major).'[50]

'Abendglocken' (Example 4.4) generates this same type of ambiguity in bars 157–158. Bar 157 seems to mark the end of a phrase, which has gradually been winding down to a conclusion over a sustained dominant seventh chord.[51] The piano repeats the first two notes of the Gis-E-La motif and then evaporates into silence. The arrival of A in the piano in bar 158 completes the motif by supplying its third pitch on the tonic. The registral displacement in the piano, however, makes it difficult to hear this as a continuation of the previous phrase. Thus, the dominant–tonic progression can either be heard as a perfect cadence that occurs across phrase boundaries to form a hyper-phrase of sorts, or as an imperfect cadence followed by a new phrase that starts on the tonic. As with the Berlioz

---

48 Uhde, 'Of "Psychological Music", Ciphers and Daguerreotypes: Joseph Joachim's Abendglocken Op. 5 No. 2 (1853)', 240.

49 See my dissertation for a discussion of the unresolved cadences in Tristan in the context of Schopenhauerian philosophy and French musical styles. Tekla Babyak, 'Nietzsche, Debussy, and the Shadow of Wagner' (PhD diss., Cornell University, 2014): 168–79; 216–20.

50 Stephen Rodgers, Form, Program and Metaphor in the Music of Berlioz (Cambridge: Cambridge University Press, 2009): 166.

51 Nineteenth-century composers increasingly normalized the previously forbidden use of dominant seventh chords in imperfect cadences. William Caplin, 'Beyond the Classical Cadence: Thematic Closure in Early Romantic Music', Music Theory Spectrum 40/1 (2018): 4, and Janet Schmalfeldt, In the Process of Becoming: Analytical and Philosophical Perspectives on Form in Early Nineteenth-Century Music (New York, NY: Oxford University Press, 2011): 202–3.

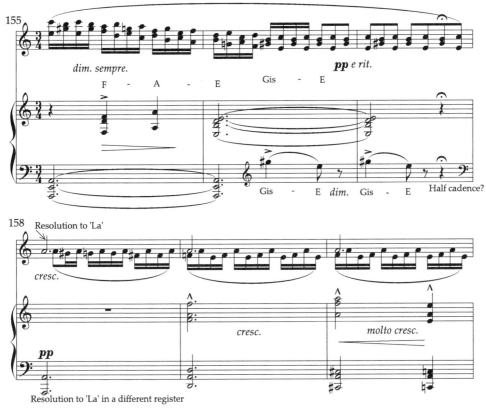

Example 4.4, Joseph Joachim, Three Pieces Op. 5, 'Abendglocken' (bars 155–160)

example discussed above, this ambiguous deferral of tonic resolution can be heard as expressing unfulfilled desire for the unattainable love object.

The amorphous yearning created by these thwarted progressions is enhanced by the sequential treatment of the motifs in both Symphonie fantastique and Op. 5. An analogy with a passage from Marcel Proust's In the Shadow of Young Girls in Flower (1919) might be illuminating here. Proust poignantly describes how love exists apart from any specific object and is thus apt to migrate and reattach itself endlessly:

> At times [...] I would reflect sadly that the love one feels, insofar as it is love for a particular person, may not be a very real thing, since, although an association of pleasant or painful fancies may fix it for a time on a woman, and even convince us that she was its necessary cause, the fact is that if we consciously or unconsciously outgrow these associations, our love, as though it was a spontaneous growth, a thing of our own making, revives and offers itself to another woman.[52]

---

52 Marcel Proust, In the Shadow of Young Girls in Flower, trans. James Grieve (New York, NY: Penguin Books, 2004): 221.

For all its obsessive fixation on a single musical idea, Berlioz's Symphonie fantastique nonetheless seems to anticipate this diffuse notion of love. Berlioz transposes the idée fixe to other keys and subjects it to extensive sequential treatment. In light of its amenability to transposition, it seems that the idée fixe might be heard as portraying the sensation of love rather than the specific object of those affections. Thus, in the first movement, 'Rêveries, passions', the idée fixe is sequenced 'through a series of chromatic upshifts until it reaches an apex on which it lingers, finally descending, ritenuto, through a last sequential leg stretching out to five measures'.[53]

These sequences suggest that Berlioz's idée fixe is defined primarily by its intervallic profile rather than by any specific pitch classes. In 'Rêveries, passions', the transposability of the idée fixe is underscored by the non-tonic recapitulation of expositional material. James Hepokoski and Warren Darcy observe that '[a]fter a repeated exposition and a substantial stretch of development one comes across a much-noted complete statement of the P[rimary]-theme – the idée fixe – in V, G major (m. 239)'.[54]

In contrast to Berlioz's idée fixe, the specific pitches of Joachim's cipher carry a linguistic meaning. Can a cipher survive transposition? The answer, surprisingly, seems to be yes – at least in Joachim's Op. 5. In 'Lindenrauschen', the motif initially establishes itself on its ur-pitches of G♯-E-A, but it soon starts obsessively migrating through different harmonies, for example in bars 5–6, 12–13, 17–19 and 25–26, all in the piano (refer back to Example 4.1).

In 'Abendglocken', the first appearance of the F-A-E cipher (bar 4, violin) 'appears in transposition rather than on the pitches that represent the words of the motto' (refer back to Example 4.2).[55] It does not appear on the untransposed pitches F-A-E until its second statement (bar 7, violin). By placing the transposition before the original, Joachim destabilizes the distinction between the primary form and its secondary derivations.

What are we to make of Joachim's transpositional mania in Op. 5? When Op. 5 is heard in the context of Berlioz's own migratory idée fixe, it seems that Joachim's transpositions evoke the concept of love rather than the specific love object. The work thus exceeds what seems to have been Joachim's conscious intention to depict the specificity of his love for Gisela. Op. 5 can be heard as sketching out a philosophy of love that transcends this particular obsession. To be sure, transposition is a salient feature of most works of Western art music. However, in such autobiographical works as Symphonie fantastique and Three Pieces Op. 5, the transposed statements of the love motto seem to take on a programmatic significance. It is as though these sequential transpositions prefigure Proust's aforementioned notion of love as an independent entity separable from the objects to which it might attach itself.

---

53 Brittan, Music and Fantasy in the Age of Berlioz, 166–7.
54 James Hepokoski and Warren Darcy, Elements of Sonata Theory: Norms, Types, and Deformations in the Late-Eighteenth-Century Sonata (New York and Oxford: Oxford University Press, 2006): 278.
55 Reynolds, 'Schumann contra Wagner', 6.

Allusion as Critique

As we have seen, Joachim's Op. 5 alludes to many of the programmatic and tonal techniques in Symphonie fantastique. The overall mood of Op. 5, however, seems less angry than that of Berlioz's Symphonie fantastique. The programmatic narrative set forth by Berlioz seethes with vengeful fantasies, particularly in the latter half of the work. In Joachim's hands, however, this obsession becomes contemplative rather than angry. It is as though he were disagreeing with Berlioz's violent approach to love.[56]

This implicit critique of Berliozian violence resonates with Schumann's review of Symphonie fantastique, in which he criticized Berlioz for aestheticizing crime. To develop this point, Schumann quoted Odillon Barrot's remark 'I do not know who in our age could possibly have imagined that all that is in our nature is beautiful, that crime has a certain poetry about it.'[57] Schumann then went on to express his hope that these lines could do something 'to encourage Berlioz once and for all to control his inspiration, so that the unpredictability of his spirit no longer needs justification on grounds of genius'.[58]

As though following Schumann's advice, Joachim's Op. 5 refuses to glorify the unpredictable violence of love, focusing instead on a more meditative form of sorrow. The introverted tone of Joachim's Op. 5 might fruitfully be connected to a different work by Berlioz: Harold en Italie (1834). This work features the viola as the embodiment of the protagonist Harold, a Byronic anti-hero who has a withdrawn and melancholy personality.[59] Joachim was intimately familiar with Harold en Italie: he played the viola solo for this work on 22 November 1853 in Bremen.[60] Joachim's Op. 5 seems to allude to this work as a way of undoing the aggressive elements in Symphonie fantastique, artfully using the later work by Berlioz to critique the earlier one.

Three Pieces Op. 5, like Harold en Italie, seems at times to represent the string instrumentalist as the symbol of the melancholy protagonist: Uhde notes that '[t]he violin part

---

56 Much nineteenth-century art and philosophy engages in a debate about whether love should be viewed as selfish or empathetic. One of the contributors to this debate, Friedrich Nietzsche, took a quasi-Berliozian approach to this issue. In his discussion of Bizet's Carmen, Nietzsche approvingly cited Benjamin Constant's claim that 'love is of all sentiments the most egoistic, and, as a consequence, when it is wounded, the least generous'. Friedrich Nietzsche, The Case of Wagner, in Basic Writings of Nietzsche, ed. and trans. Walter Kaufmann (New York and Toronto: Random House, 1966): 615.
57 Robert Schumann, '"From the Life of an Artist": Fantastic Symphony in Five Movements by Hector Berlioz', in Music Analysis in the Nineteenth Century, II: Hermeneutic Approaches, ed. and trans. Ian Bent (Cambridge: Cambridge University Press, 1994): 194.
58 Schumann, '"From the Life of an Artist": Fantastic Symphony in Five Movements', 194.
59 Mark Evan Bonds describes Harold as 'the essence of the Romantic hero: far from Napoleonic, he is withdrawn, contemplative, and isolated from society, a prototypical anti-hero'. Bonds, After Beethoven, 34. Lawrence Kramer similarly refers to the 'Byronic observer in this music, personified by the solo viola'. Kramer, 'Sacred Sound and Secular Space in Mendelssohn's Instrumental Music', in Rethinking Mendelssohn, ed. Benedict Taylor (New York, NY: Oxford University Press, 2020): 331.
60 Kern Holoman, Berlioz (Cambridge, MA: Harvard University Press, 1989): 451.

perhaps embod[ies] Joachim'.⁶¹ In fact, as noted earlier, bars 67 and 69–71 of 'Lindenrauschen' use a recitative texture as though the violin is speaking. The autobiographical character of the violin part is reinforced by the distribution of the ciphers in 'Abendglocken'. Throughout this movement, Joachim's F-A-E cipher is mainly carried by the violin part while the piano plays the obsessive bell ostinato based on Gisela's name (refer back to Example 4.2). The association of a cipher with a particular instrument resonates with Harold's recurring motif, which Bonds aptly characterizes as 'the viola's idée fixe'.⁶²

Significantly, the piano is the first to introduce the Gisela motif in all three of the Op. 5 movements. For instance, at the beginning of 'Lindenrauschen', the piano texture is saturated with G♯-E-A and its transpositions (refer back to Example 4.1). Moreover, throughout the course of all three movements, the Gis-E-La cipher continues to appear mainly in the piano.⁶³ This suggests that the piano might at times be heard as representing Gisela, lending credence to the theory that the violin might depict Joachim himself in much the same way as the viola depicts Harold in the Berlioz work.

Conclusion: Ciphers, Maps for Love and Intergenerational Influences

As I have suggested in this chapter, Op. 5 embodies a radical form of intertextuality in which not only the compositions but also the inner life to which they give voice are shaped by cultural scripts, which Joachim reworks in creative ways. The broader implications of my findings are that composers seem to have created maps for love which then inspired their contemporaries and successors to engage with these cartographies. Berlioz, probably one of the influences on other composers' love scripts, was himself indebted to earlier scripts, some of which branched out beyond music into the literary arts. In some ways, Berlioz learned how to love from François-René de Chateaubriand, Mme de Duras and E. T. A. Hoffmann.⁶⁴

---

61 Uhde, 'Of "Psychological Music", Ciphers and Daguerreotypes: Joseph Joachim's Abendglocken Op. 5 No. 2 (1853)', 241.
62 Bonds, After Beethoven, 36.
63 Uhde and Todd have noticed a similar phenomenon in one of Joachim's other ciphered pieces, Op. 10, in which '[a]t the beginning, Joachim entrusts the elegant E major theme (symbolically Gisela's) to the piano alone'. Uhde and Todd, 'Salon Culture in the Circle of Joseph Joachim, or, Composing Inwardness: C.J. Arnold's Quartettabend bei Bettina von Arnim Reconsidered', in Musical Salon Culture in the Long Nineteenth Century, ed. Anja Bunzel and Natasha Loges (Woodbridge: The Boydell Press, 2019): 50.
64 Brittan calls attention to the way in which Berlioz styled himself along the lines of the lovesick characters in the literary works of these authors: 'Although he characterized the Fantastique as a work of self-description, Berlioz's "life drama" intersected self-consciously with the fictional idioms of Chateaubriand, Hoffmann, Duras, and others.' Brittan, 'Berlioz and the Pathological Fantastic', 233. In a letter written on 16 April 1830, Berlioz wrote: '[f]or my subject [in Symphonie fantastique] I take an artist gifted with a lively imagination, finding himself in that state of mind which Chateaubriand

An additional implication of this chapter, which could profitably be further developed in future studies, is that the history of ciphers intersects with the history of love. For reasons that have yet to be fully explored, it seems that many nineteenth-century ciphers are connected to feelings and ideas about love. Examples include Berlioz's idée fixe, not quite a cipher but arguably a source of inspiration for other composers' ciphers; Schumann's Ernestine-based ASCH cipher in Carnaval; Joachim's Gis-E-La cipher in Op. 5, Op. 9, Op. 10, etc.; and the F-A-E cipher which alludes to the absence of reciprocal love. One might even mention here the ciphered traces perhaps encoded in Brahms's music. These, too, sometimes allude to unrequited love in ways that resonate with Berlioz and Joachim.[65]

There is something about love that seems to lend itself to ciphered practices. Love, shot through with contradictions, seems personal and yet intertextual, obsessively disclosing itself to those who know the cipher and yet remaining opaque to those who do not. Berlioz was conflicted about whether to fully reveal the programmatic narrative behind Symphonie fantastique.[66] Similarly, Joachim's ciphers are readily recognizable to those in the know ('one can hardly neglect or fail to hear them'),[67] and yet 'Joachim did not announce their significance to a wide audience (after all, the title of his piece is "Abendglocken", not "Gisela").'[68]

Significantly, Liszt actually did refer to Op. 5 as 'Gisellen',[69] almost as though wishing to bring their titles in line with his own aesthetic of programme music which foregrounded extramusical sources of inspiration.[70] For Joachim, though, his signifiers of love hover at the boundary between concealing and revealing themselves, between the cipher and the idée fixe.

---

has depicted so admirably in his René'. Dunstan H. Mainwaring, ed., The Life and Letters of Berlioz, trans. Daniel Bernard, 2 vols (London: Remington and Co., 1882): I:77–8.

65 While less overtly programmatic than Berlioz, Schumann and Joachim, Brahms seems to have continued their tradition of incorporating love-themed ciphers into some of his works. His String Sextet Op. 36, as he confided in a letter to Joachim, uses a cipher referring to Agathe von Siebold – who had broken off their engagement in a way that almost parallels Gisela's own earlier rejection of Joachim. See David Brodbeck, 'Medium and Meaning: New Aspects of the Chamber Music', in The Cambridge Companion to Brahms, ed. Michael Musgrave (Cambridge: Cambridge University Press, 1999): 116.

66 Berlioz's ambivalence about publicizing the programme is reflected in the fact that '[u]ltimately – and well after the program had appeared in the published score – Berlioz elected not to publish the story in the printed concert programs'. Holoman, Berlioz, 101.

67 Uhde, 'Of "Psychological Music", Ciphers and Daguerreotypes: Joseph Joachim's Abendglocken Op. 5 No. 2 (1853)', 245.

68 Ibid.

69 'Most sincere thanks, best friend, for sending along your Gisellen which are so dear to me' ('Aufrichtigsten Dank, bester Freund, für die mir so liebe Zusendung Deiner Gisellen'). Letter from Liszt to Joachim of 28 Mar. 1854, Joachim I:178.

70 On Liszt's aesthetic of programme music, and its complex relation to Berliozian dialectics of veiling and unveiling extramusical meanings, see Mark Evan Bonds, Absolute Music: The History of an Idea (Oxford: Oxford University Press, 2014): 210–18.

'Clogged, Tormented and Over-Wrought'?

Reconsidering Joseph Joachim's Drei Stücke Op. 2 and the 'École de Weymar'

Katharina Uhde and R. Larry Todd

Though the Drei Stücke Op. 2 (1852) count among Joseph Joachim's lesser-known and smaller pieces, they evoked fervent criticism early on, as in this review of 2 October 1852, which lamented their 'clogged, tormented, [and] over-wrought' affect:

> On the occasion of Herr Joachim's concert we found it necessary to speak in remonstrance against the path apparently preferred in composition by the most gifted young violinist of his day. This we did not merely on the strength of the music performed by him in public, but also with reference to these very three pieces with which we had made acquaintance in private. A return to them, without the interest thrown into them by their composer's playing, has in no respect caused us to amend the judgment which it behoved [sic] us to record plainly in proportion as our admiration and hope for the future of Herr Joachim were sincere. In England we trust these pieces will not – because they should not – find favour: since such spirit and fancy as they contain are clogged, tormented, over-wrought, to a point far short of which the most willing sympathy for the over-anxieties of young experiment must stop short. Unless Herr Joachim altogether changes his manner of working, he will never be to the new half-century what Dr. Spohr has been to the one just closed – the greatest German composer for the violin.[1]

The objects of the anonymous critic's cavilling were composed sometime between 1849 and 1852, and published in London by Ewer & Co. in July 1852, prompting the criticism above, and in Leipzig by Breitkopf & Härtel.[2] As Andreas Moser points out, the first piece originated in Leipzig, while the second and third pieces were composed in Weimar, exemplifying the distance between these cities in literal and symbolic ways: 'Wie sehr Joachim sich in der kurzen Zeit seines Aufenthaltes in Weimar "entleipzigert" hatte, und wie stark er damals von der "neudeutschen" Kunstrichtung beeinflußt war, läßt sich nirgends besser nachweisen als an der "Frühlingsphantasie" [Op. 2 No. 3], deren ganzer Habitus das Vorbild Liszts nur allzu deutlich erkennen läßt. Und trotzdem steckt in dem Stück mancher

---

1 'Music and the Drama. New Publications', The Athenaeum: Journal of Literature, Science, and the Fine Arts 2/1301 (2 Oct. 1852): 1072.
2 On the publication date, see further Katharina Uhde, The Music of Joseph Joachim (Woodbridge, Suffolk: Boydell & Brewer, 2018): 66 n. 22.

Zug, woran zu merken, daß der Schüler Hauptmanns und Mendelssohns nur betäubt, nicht ganz abgetan ist.'³

'Romance' Op. 2 No. 1 embraced the memory of the young Joachim's mentor, Mendelssohn, and enjoyed quite a long and fruitful reception in addition to being among Joachim's favourite pieces. According to Charles Villiers Stanford the opening passage served as a warm-up for Joachim's fingers 'before he went up on the platform; and it used to be a kind of signal at the Pops that he had arrived from Germany […].'⁴ The second and third pieces rarely figured on concert programmes, with a few exceptions. The second piece – stylistically a compromise between 'Leipzig' (Op. 2 No. 1) and 'Weimar' (Op. 2 No. 3) – honours Robert Schumann, whose aesthetic position, somewhere between 'Leipzig' and 'Weimar', represented a stepping-stone for the young Joachim en route to becoming a temporary élève of the 'École de Weymar'.

A concert in London Joachim presented on 25 June 1852, which featured his Violin Concerto in G minor, Op. 3 ('in einem Satz'), modelled after Liszt's experiments with 'double-function form',⁵ had elicited a similar reaction from the same critic, elaborated at even greater length:

> We are sorry, in short, to observe in Herr Joachim's newest compositions a leaning towards the delusions of 'young Germany' – and fear that while he is aspiring upwards there is danger of his being lost in those vapours at the mountain's foot among which Jack o' Lantern is the light and the betrayer. […] That the headquarters of this false gospel are at Weimar – that its high priest is the most intellectual and poetical of modern executants, one of the few men of genius living – make it all the more necessary for us to protest aloud, when we see a vigorous mind and a noble talent like Herr Joachim's succumbing to influences so fascinating but so destructive of creative health. Genius should complete and enrich – not ravage or destroy; should bid us enjoy its new conquests of waste lands, – not accompany it in a rebellious Jacquerie against all constituted thrones and shrines.⁶

What irritated the critic so much? Our critic's references to Junges Deutschland and Jacquerie underscore what was apprehended as at stake at mid-century: a beckoning cultural crossroads at which musical wayfarers must choose between seemingly irreconcilable binaries demarcated by the revolutionary turmoil of 1848. For the critic the old, pre-revolutionary order offered a known stability and time-tested tradition, and a commonly embraced set of aesthetic values that had been championed by Spohr. The new order, on the other hand, brought altogether disruption and uncertainty, likened to the liberal

---

3   Andreas Moser, Joseph Joachim: Ein Lebensbild, rev. edn in 2 vols (Berlin: Verlag der Deutschen Brahms-Gesellschaft, 1908/1910), II:132 (hereinafter Joachim Lebensbild 1910).
4   Adèle Commins, '"A Large, True Heart": The Sounding of Joseph Joachim's Friendship with Charles Villiers Stanford' (Ch. 9 in this volume) quotes a letter from Stanford to Herbert Thompson of 28 Feb. 1908, in Paul Rodmell, Charles Villiers Stanford (Aldershot: Ashgate, 2002): 250.
5   Uhde 2018, 81.
6   Athenaeum 2/1301 (2 Oct. 1852): 730.

'overreach' of the Junges Deutschland movement of the 1830s and 1840s, which had led in German realms to the banning of its authors' writings (including those of the exiled Heinrich Heine) owing to their perceived assault on the reactionary values of the Restaurationszeit and even on Christianity itself; and to the Jacquerie, a reference to the peasant uprising in northern France during the Hundred Years' War, but also a term revived by Charles Dickens in A Tale of Two Cities (1859) with its parallel depictions of Paris and London before and during the tumult of the French Revolution.

That Joachim happened to come of age as a composer during this period proved decisive for his career. In particular, Op. 2 offers a convenient case study in which to probe the contrasting tensions in his creative maturation. In short, the same composer who could dedicate his first concerto to Liszt could also, just a few years later, break decisively with the musical seer of Weimar by writing an unconditional Absagebrief that securely placed the violinist in the circle of Brahms.

Drei Stücke Op. 2 No. 1, 'Romance'

The first piece, not composed in association with the 'École de Weymar', serves as a foil against which to measure the second and third pieces. The Mendelssohnian and 'Leipzig' qualities of this romance have been treated in various recent studies, in particular in connection with the romance genre, which seems to have offered Joachim a welcome opportunity to rethink his previous violin-focused virtuoso style and to explore a more simple and lyrical compositional mode. Uhde has recently placed this piece in context with the other romances in Joachim's output and argued that Op. 2 No. 1 represented a starting point towards achieving Joachim's mission of reforming the playground of virtuosos. Within this contextual frame the main focus of Uhde's discussion centred on 'shape-oriented virtuosity' ('gestaltende Virtuosität'), a Joachimian way of composing idiomatically, that is, according to his own degree of skill, yet without slipping into tawdry effects and instead aiming to underscore characteristic moments in a piece.[7]

---

[7] Katharina Uhde, 'Joseph Joachim and the Violin Romance: Reforming the Playground of Virtuosos', in Katharina Uhde, ed., Joseph Joachim (1831–1907): Intersections between Composition and Performance, guest-edited issue for Nineteenth-Century Music Review (accepted for publication). Uhde's definition of 'shape-oriented virtuosity' originates from a review of Joachim's Gewandhaus concert on 21 December 1854, in Signale 13/1 (Jan. 1855): 4: 'Virtuosität, die wir die gestaltende nennen möchten, d.h. die es sich zur Aufgabe macht, die charakteristischen Momente innerhalb der Werke unserer guten Meister uns zu veranschaulichen.'

Example 5.1, Joseph Joachim, Drei Stücke Op. 2, No. 1 (bars 1–3) (motif x is bracketed)

The main motif of the romance (Example 5.1), motif x, returns throughout the three pieces in various guises, raising the possibility that Joachim was in the process of familiarizing himself with 'motivic transformation'. Perhaps the Op. 2 pieces served as a stepping-stone to the more fully nuanced thematic and motivic transformations evident in the overtures to Shakespeare's Hamlet (1851–53) and Herman Grimm's Demetrius (1853–54), as well as the Violin Concerto in G minor (1851–52, mentioned above).

Indeed, the motivic transformations in Op. 2, in comparison to those applied in the 'psychological' overtures,[8] are too broad and often seemingly coincidental, for which reason we shall merely point out the most obvious features: (a) in the second piece, motif x re-emerges as a rhythmic motif, first presented in the initial entry of the violin; interval and pitch contents are not carried over; (b) likewise in the second piece, motif x is present rhythmically but it appears truncated or extended. Other modes of motivic transformation within Nos. 2 and 3 respectively include repetition and transposition, for example at the opening of Op. 2 No. 2.

Overall, this romance, finished by the time Joachim departed for Weimar, betrayed Joachim's performance-related need for non-virtuosic pieces at a time when he was turning against virtuoso fare. Indeed, a letter to his brother of November 1850, written more than a month after his arrival in Weimar, confirms that his romances – Op. 2 No. 1 in B flat major and the Romance in C major WoO – were rather popular with the Grand Duchess Maria Pawlowna. In a letter to his brother, Joachim wrote: '[The Grand Duchess Maria Pawlowna wishes to hear] a violin romance by me in every court concert. [...] I will gladly also play it for you, without a command from the Grand Duchess, if, that is, you wish to

---

8 'Einleitung', in Johannes Brahms: Neue Ausgabe sämtlicher Werke, IX/1: Arrangements of Works by Other Composers for One or Two Pianos Four Hands, ed. Valerie Woodring Goertzen (Munich: Henle, 2012).

hear it!'[9] Notwithstanding the popularity of Op. 2 No. 1, more revealing about Joachim's inner musical processes as an artist experiencing the 'École de Weymar' are Op. 2 Nos. 2 and 3, which lay bare the composer's ambition and his firm belief regarding not conceding to audiences' tastes.

Drei Stücke Op. 2 No. 2, 'Fantasiestück'

Joachim's 'Fantasiestück' carries its reference to Robert Schumann on its sleeve, so to speak. For George Grove, the movement's title referred to 'A name adopted by Schumann from Hoffmann to characterise various fancy pieces for pianoforte, alone and with other instruments (P.F. solo, op. 12, 111; with Clarinet, op. 73; with Violin and Cello, op. 88). They are on a small scale, but several of them [are] of considerable beauty.'[10] Joachim's example, the only 'Fantasiestück' in his output, sets itself apart from Op. 2 No. 1 through the use of a chromatically coloured harmonic palette and a ternary form whose embedded smaller designs, like the title, remind us of Robert (Fig. 5.1).

A		B			A'			
a b		c	d	c'	a		b	a'
d E-flat → V/d		D→V/A	A → V/C	C→d	d→ V7/E-flat	E-flat	viio7/c	→d / D
1 17		27	37	45	58	65	74	77 101

Figure 5.1, Joseph Joachim, Three Pieces Op. 2, No. 2 (structure)

Further 'fancy' qualities and fantastical overtones analogous to the Hoffmannian literary world may be located in Joachim's creative treatments of timbre, harmony and rhythm, which allow mysterious, subdued and foggy effects to emerge, particularly in the A and A' sections. The movement opens with a syncopated D pedal (right hand) and a singing legato bass line (left hand) above which a sighing violin motive picks up the main rhythmic cell of the romance — dotted quaver, semiquaver, two crotchets. But in this second piece that rhythmic cell transforms itself into a subdued, ruminating and melancholy darkness, as if to claim that Robert Schumann essentially belonged to the Liszt circle (a claim corroborated by Liszt's programming, and by criticism in Weimar of Schumann's Manfred and Genoveva).

The violin's sighing motif – $a4$-$f5$-$e5$-$b^{\flat}4$ – retains the romance's rhythmic motif x but now highlights the tritone. Repeating the motif several times, Joachim creates a softly whis-

---

9 '[In] jedem [Hofkonzert …] eine Romanze für Violine von mir […] Auch dir werde ich sie gerne und ohne großherzoglichen Befehl vorspielen, wen[n] du sie nämlich wirst hören wollen!' Letter from Joachim to Heinrich Joachim of 20 Nov. 1850, Briefe-Datenbank, D-LÜbi, Joa : B1 : 24.

10 'Fantasiestück', in George Grove, A Dictionary of Music and Musicians, 2 vols (London: Macmillan & Co., 1879), I:503.

pered eight-bar phrase. The unsettling syncopated rhythm of the pedal and the rhythmic ambiguity owing to the empty first two beats in the left hand create a startlingly hypnotic, mysterious mood in a pp dynamic. A varied repeat then spills over into the embedded B section in E flat major, with a new melody offering an optimistic alternative to the bleak D minor. But already in the fourth bar we reach an imperfect cadence borrowed from D minor, the V chord in D minor, before we shift back to the Neapolitan flat supertonic major. The B section in D major brings temporary harmonic relief but also offers rhythmic turmoil with its ever-repeating triplets and quadruplets, leading to the return of A, which, however, cannot shake off the agitation of B.

The contrast between the 'fantasy' world created here with its varied timbral, rhythmic and harmonic approach and the blatant virtuoso markers of such works as Joachim's fantasies on varied Irish and Hungarian airs (1846–50)[11] could not be greater. Joachim displayed in this piece not only his admiration for Robert – viewed through a Weimarian lens – but also his own ambitions and prowess as a composer of non-virtuoso violin works able to pursue his own conception of the fantasy piece.

Drei Stücke Op. 2 No. 3, 'Eine Frühlingsfantasie'

On several counts, the third of the Drei Stücke betrays the young Joachim at his most Lisztian and offers a glimpse of the 'aberrations' he would have perhaps pursued more fully had he not renounced and broken with Liszt. Encouraging us after the second piece to enter again into the realm of fantasy, Joachim now specifies his inspiration as vernal in origin, though we shall probably never know for sure whether this 'Frühlingsfantasie' was merely a product of being composed during the spring or referred in some more complex way to the season as a topic. Be that as it may, the piece opens with an ambiguous arpeggiated figure in the piano that Joachim interprets within the opening eight bars in two different ways, suggesting first D major but then B minor. Promoting this tonal ambiguity is a common diminished-seventh sonority embedded in the arpeggiations. As shown in Example 5.2a and the voice-leading reduction in Example 5.2b, the diminished-seventh chord C#-E-G-Bb resolves by stepwise motion to D major. Then the enharmonically respelled chord A#-C#-E-G resolves, again by step, to B minor, a third below.

The pairing of these two keys, with now D major, now B minor being favoured, diffuses over the whole an entrancing tonal ambiguity that depends for its effect on the common notes linking the two diminished-seventh chords and also on that sonority's ability to resolve readily by step to different consonant harmonies. This multivalence, or Mehrdeutigkeit, is a special property of the dissonance that the theorist and confirmed Lisztian Carl Friedrich Weitzmann described in his treatise Der verminderte Septimen-

---

11 Katharina Uhde, 'Rediscovering Joseph Joachim's "Hungarian" and "Irish" [Scotch] Fantasies', MT 158 (Dec. 2017): 75–100.

'Clogged, Tormented and Over-Wrought'?

Example 5.2a, Joseph Joachim, Drei Stücke Op. 2, No. 3 (bars 1–8)

Example 5.2b, Joseph Joachim, Drei Stücke Op. 2, No. 3 (bars 1–8, reduction)

akkord (Berlin, 1854). Intrigued by the bifurcated implications of the diminished seventh, Joachim appears to have explored Mehrdeutigkeit in his spring fantasy, probably fully aware that Liszt's music of this time was redolent of the technique, and that using it (and a related technique based on augmented triads and their duplicitous resolutions) would situate him in the Weimar camp.

Katharina Uhde and R. Larry Todd

Joachim's and von Bülow's Weimar Miniatures

In a letter of 21 September 1853 Franz Liszt wrote to Joseph Joachim just days before the Karlsruher Musikfest (3–5 October 1853). He used the term 'school' for his Weimar project – 'École de Weymar' – established with his move to Weimar in 1847. The term encompassed the teaching, performing, composing, programming and public dissemination of a provocative music aesthetic, years before Franz Brendel coined the term 'New German School' in 1859.

> Carlsruhe (Erb Prinz) 21. Sept. 1853
>
> Liebster Freund,
>
> Herzlichen Dank für Ihren lieben Brief, der mir erst kurz vor meiner Abreise in Leipzig zugekommen. Hans hat Ihnen wohl sogleich ein paar Zeilen geschrieben, um die Verspätung meiner Antwort zu entschuldigen. Vorgestern sind wir beide zusammen in Carlsruhe angelangt – und erwarten Sie sehnlichst. Auf das Programm des 1ten Conzerts (3ten October) habe ich mir erlaubt Ihr Conzert zu setzen [...]. Kommen Sie nur recht bald, liebster Freund, um daß ich mich heimischer hier fühle und daß wir unsre école de Weymar ordentlich behaupten – [...]. Ihr F. Liszt.[12]

While Joachim's Concerto No. 1 in G minor, mentioned in the letter, has received some attention as a particularly lucid example of Joachim's music that bears the stamp and spirit of Liszt's school, as we saw also in the London critic's ruminations above, little is known about the circumstances of Joachim's Op. 2 and its relationship to the 'École de Weymar'. In what follows, we explore how Joachim upon his arrival in 1850 gradually shed his Leipzig ways, becoming in effect 'entleipzigert',[13] by writing music in which 'hypnotizing', fantastical and harmonically, as well as 'formally and structurally innovative' characteristics coalesced, as we have seen above.[14]

Sometimes forgotten is that Liszt was absent from Weimar for weeks and months at the time, leaving his school's 'students' entirely to themselves, which resulted in tight friendships. As Moser suggests, 'doch währte es nicht lange, und er [Joachim] war in ein nahes Freundschaftsverhältnis zu Joachim Raff getreten, der Liszt nach Weimar gefolgt war, um ihm bei der Instrumentierung seiner neuen Orchesterwerke behülflich [sic] zu sein'.[15] The third person in this closely knit circle was Hans von Bülow. 'Raff, "his first name" [i.e. Joachim] and Bülow were, throughout Joachim's Weimar period, the three inseparable

---

12 Letter from Liszt to Joachim of 21 September 1853, Joachim I:77.
13 Marie von Bülow, ed., Hans von Bülow. Briefe und Schriften, 8 vols (1841–53) (Leipzig: Breitkopf & Härtel, 1895), I:422, letter from Hans von Bülow to Theodor Uhlig of 1 Feb. 1852.
14 James Hepokoski, Online Archive (www.jameshepokoski.com), teaching materials on Johannes Brahms and Franz Liszt (powerpoint).
15 Andreas Moser, Joseph Joachim. Ein Lebensbild (Berlin: Behr, 1898): 75 (hereinafter Joachim Lebensbild 1898).

ones, who inspired each other's artistic ideals, performed with each other and in a lively exchange of thought brought their whole sympathies [to bear on] this new art form.'[16]

Could the Weimar environment, shared enthusiasm and exchanges through 'each other's art' have encouraged an affinity between Joachim's and von Bülow's Weimarian miniatures? Through a side-by-side contemplation of Joachim's Op. 2 and von Bülow's little-known Sechs Gedichte (Six Poems) Op. 1 (Kahnt, Leipzig, July 1853),[17] of which only the first three survive, we may gain insights into the two composers' Weimarian experiences and how they perhaps affected the creation of these small-scale, lyrical pieces.

Von Bülow arrived in Weimar on 9 June 1851; his stay thus overlapped with Joachim's time in Weimar, from October 1850 to December 1852, by about a year and a half. Throughout their sojourn, the two musicians spent significant amounts of time together, engaging in social activities and performing together on numerous occasions. For von Bülow, June to August 1851 was a particularly intense time, as his first letter from Weimar of 17 June 1851, addressed to his father, attests. Notably, von Bülow here also referred to the 'École de Weimar', as if recounting Liszt's use of the term.

Weimar, 17. Juni 1851

Geliebter Vater! […]

Als ich hier ankam, erwartete man Liszt Anfang Juli zurück; doch die letzten Nachrichten lauten anders; Liszt hat sich seine sämmtliche Garderobe nach Eilsen senden lassen: ein Beweis, daß noch nicht auf baldige Rückkehr zu rechnen ist. […] Vorläufig […] begebe [ich] mich jedes eignen Willens, um mich ganz 'in die Schule der école de Weimar' nehmen zu lassen, wie Liszt an Raff schreibt. […]. Ich […] spiele täglich 8–10 Stunden Klavier. So habe ich in diesen wenigen Tagen ein unbändig schweres Trio von Raff mir eingepaukt, mit dem selbst Liszt genöthigt war, sich ganz absonderliche Mühe zu geben, und morgen Abend werde ich es auf Liszt's gutem Piano vor einigen Zuhörern mit Joachim und Coßmann (ich habe noch nicht zwei so treffliche Mitspieler in meinem Leben gehabt) loslassen. […]. Was das Componiren anlangt, so will man mich namentlich lehren, einige Stücke für mein Instrument und für meine Fähigkeit zu schreiben, d. h. voll individueller, für mich speziell ausführbarer Schwierigkeiten; ich habe bis jetzt nicht vermocht, einen klaviermäßigen Klaviersatz zu schreiben; Raff sagt mir, eben deshalb solle ich hier lernen. Nun, wie gesagt, ich habe mich für jetzt meiner Autonomie begeben und lasse mich verweimaranern; ich behalte

---

16 'Raff, "sein Vorname" und Bülow waren während der ganzen Zeit, die Joachim in Weimar zubrachte, die drei Unzertrennlichen, die sich gegenseitig an den Idealen ihrer Kunst begeisterten, fleißig miteinander musizierten, vor allem aber in regem Gedankenaustausch der neuen Kunstrichtung ihre ganzen Sympathien entgegenbrachten.' Joachim Lebensbild 1898, 76.

17 Hans-Joachim Hinrichsen, Musikalische Interpretation (Stuttgart: Franz Steiner, 1999): 371, writes: 'Obwohl einige Indizien dafür sprechen, daß auch das zweite Heft erschienen ist […] [review by Emanuel Klitzsch in NZfM 40/1 (1 Jan. 1854): 4] war bisher kein Exemplar nachzuweisen. Alle eingesehenen Ausgaben von Heft I zeigen das Heft II an, aber noch ohne Preisangabe.' The first volume of von Bülow's Sechs Gedichte Op. 1 survives while the second, containing songs 4–6, is considered lost.

natürlich immer noch so viel von meinem 'Ego' übrig, um die Resultate der Experimente, die ich mit meiner Person vornehmen lasse, beurtheilen zu können.[18]

Aside from describing the excitement of musical life in Weimar, this letter seems to imply that von Bülow did not have much experience of writing for the piano. Joachim, clearly, also did not yet write particularly 'klaviermäßig' at this point in his career – at least not in a way comparable to his already well-developed ability to write 'geigenmäßig'. Could von Bülow realistically have emulated Joachim's compositions? Or could Joachim have looked at von Bülow's compositions? If an influence occurred, who would have played the chicken, and who the egg?

Joachim's decision to spend the summer of 1851 in Weimar was highly unusual given that he normally travelled extensively – most often to London – as demanded by his concert schedule. Instead, Joachim and von Bülow were stuck in Weimar, which afforded them time to compose: 'Liszt kommt noch immer nicht, u. Cossmann, Milde u. die meisten meiner Bekannten sind verreist. Ich componiere u. spiele, u. habe in Gemeinschaft mit Bülow die spanische Sprache angefangen.'[19] By 20 August 1851 Joachim's focus seems to have broadened in the direction of writing a violin concerto (in one movement?), which, however, does not exclude the possibility that he was working on small pieces simultaneously: 'Ich arbeite fleißig; das Concert ist aber immer noch nicht fertig. Wenn nur der Satz: "Was lange währt wird gut" darauf anwend=bar wird!'[20]

Nowhere in Joachim's correspondence are there any hints about Op. 2 Nos. 2 and 3, leaving open the issue of when he finished them, when he sent them to the publisher and when he read the proofs. Given the July 1852 publication date, he presumably sent the pieces to the publisher between August 1851 and the spring of 1852 or so, establishing 'spring 1852' as our terminus ante quem and making it theoretically possible for influences to have occurred in both directions between von Bülow's and Joachim's miniatures.

In order to arrive at a terminus post quem for Joachim's Op. 2, we might consider a letter from August 1850, a few months before Joachim's departure to Weimar in October. In this letter, Joachim wrote: 'Ich habe bis jetzt seit meiner Rückkunft von Paris [April 1850] eine Geigen=Fantasie mit Orchester, eine Sonate für Klavier allein, und mehre kleine Stücke für Violine und Klavier componirt.'[21] The 'little pieces' for violin could only be the two romances in B flat major (Op. 2 No. 1) and C major, both neither 'Weimarian' nor 'de-Leipzig-ified' (Ger.: 'verweimaranert'; 'entleipzigert'), unless, that is, the latter refers to pieces now lost.

Because autumn 1850 and 1851 are so sparsely documented in Joachim's correspondence, we are hard pressed to reconstruct when exactly Joachim composed Op. 2 Nos. 2 and

---

18 Bülow Briefe I:330.
19 Letter from Joachim to Heinrich Joachim, 13 Aug. 1851, Briefe-Datenbank, D-Lübi, Joa : B1 : 26, pp. 2–3.
20 Letter from Joachim to Heinrich Joachim, [Weimar], 20 Aug. 1851, Briefe-Datenbank, D-Lübi, Joa: B1 : 27.
21 Letter from Joachim to Heinrich Joachim, 4 Aug. 1850, Briefe-Datenbank, D-Lübi, Joa : B1 : 20.

3. But with our termini in mind, and given how busy Joachim was upon arriving in Weimar in October 1850 – because of Liszt's absence – we can surmise that Joachim probably composed Op. 2 Nos. 2 and 3 between 1851 and spring 1852. Plausibly, Joachim's Op. 2 pieces could have influenced von Bülow when they performed them together. Perhaps von Bülow would have offered suggestions for the piano part, despite his self-proclaimed lack of expertise at writing for the keyboard. An influence the other way – from von Bülow to Joachim – is also possible but seems more complicated chronologically, as we shall see.

A Comparative Reading

Though Joachim and von Bülow had known each other from earlier days in Leipzig, they formed their friendship in Weimar – in relative isolation from German cultural life writ large.

Regarding von Bülow's Op. 1, we can trace his intensifying interest in songs in three letters written between autumn 1851 and January 1852. The earliest mention of what may have become his Op. 1 songs possibly occurs in a letter of 2 October [1851] to his father: 'Zugleich habe ich einige neue zwei- und einstimmige Lieder geschrieben, um sie vielleicht schon in nächster Zeit zu veröffentlichen.'[22] The next letter, of 14 December 1851, describes 'Lieder Hefte' (song volumes): 'Was meine jetzigen Beschäftigungen anlangt, so habe ich zunächst für Liszt und für die Brendel'sche Zeitung[23] zu arbeiten, namentlich Artikel über Klaviercomposition in Liszt'schem Geiste zu schreiben. Sodann und vielleicht schon daneben mache ich ein paar neue Hefte Lieder fertig (zum etwaigen Druck).'[24] About a month later, considerable progress had apparently been made. As von Bülow wrote on 21 January 1852: 'Ein neues Heft Lieder, unserer ersten Sängerin Frau v. Milde, mit der ich gut stehe, gewidmet, wird nächstens fertig sein.'[25] But when exactly von Bülow finished his songs – given the vagueness of the term 'nächstens' (soon) – remains unclear.

Be that as it may, von Bülow's songs and Joachim's Op. 2 No. 2 do reveal some enigmatic similarities that show how mutually beneficial their time in Weimar together was. Who inspired whom is unclear; what is clear is that these two formidable musicians passed their time contemplating not only large compositions, such as overtures, but also small pieces in order to 'acquire an efficient routine', as von Bülow put it.[26]

---

22 Letter from Hans von Bülow to his father of 2 Oct. [1851], Bülow Briefe und Schriften, I:370.
23 The Neue Zeitschrift für Musik, the editorship of which Brendel had assumed from Robert Schumann in 1845.
24 Letter from Hans von Bülow to his father of 14 Dec. 1851, Bülow Briefe und Schriften, I:395.
25 Letter from Hans von Bülow to his father of 21 Jan. 1852, ibid., I:415.
26 'Ehe ich mich an eine größere dramatische Arbeit mache, will ich noch recht viel specifische Musik schreiben, um tüchtige Routine zu erlangen.' Letter from Hans von Bülow to his father of 4 Dec. 1851, ibid., I:395.

Katharina Uhde and R. Larry Todd

Of his Sechs Gedichte, the second, a setting of Heinrich Heine's 'Wie des Mondes Abbild zittert', contains the strongest evidence of common features shared with Joachim. A mere 46 bars long, the song falls into an aa′ ab form and revisits, with Joachim's 'Fantasiestück' key of D minor as well as the opening D pedal, an avoidance of traditional cadences and a sombre bass octave descent, not to mention some broad opening melodic gestures and possibly coincidental harmonic resemblances.

Both pieces begin with an introduction to set the scene – root-position D minor in the song, a less stable first-inversion D minor in the violin piece – before the melody enters with a brief gesture that is immediately repeated with modifications. Both pieces highlight the D pedal in the alto voice, which descends chromatically to B natural a few bars later. The pp dynamic combined with the pedal and creeping chromaticism creates a suspenseful atmosphere. And the evaded cadences (von Bülow: bars 9–10, 18–19[27] and 38–39; Joachim: bars 4–5 and 12–13) provide an additional element of uncertainty.

Central to both pieces is the long octave descent in the bass (Examples 5.3 and 5.4), which not only underscores the sombre mood but also lends registral depth and variety, and also a structural emphasis, though slightly different in the two pieces.

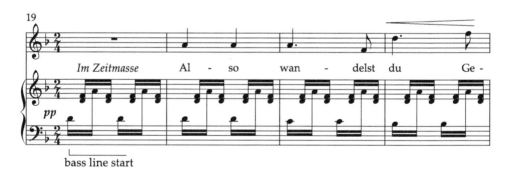

Example 5.3, Hans von Bülow, Sechs Gedichte Op. 1, No. 2 (bars 19–27)

---

27 Bar 19 elides with the varied repeat.

'Clogged, Tormented and Over-Wrought'?

Example 5.4, Joseph Joachim, Drei Stücke Op. 2, No. 2 (bars 52–57)

Joachim uses the bass descent to close off his B section and usher in the subdued return of A′, giving it a more dramatic, almost tragic sense. Von Bülow places his descent in such a way as to demarcate the contrasting consequent phrase at bar 28 (aa′ab), a significant change, given that the first pair of phrases in the piece (aa′ab) followed the parallel-period model.

Yet another similarity concerns Joachim's and von Bülow's use of strident dissonances. In Joachim's case, Example 5.5 shows a crunching ninth chord on D (D-F sharp-A-C-E flat), to which a passing B flat momentarily adds an augmented triad to the mixture that grinds against the A, forming another dissonant ninth, all as part of a deceptive resolution of the preceding dominant seventh on A. And Ex. 5.6 reveals von Bülow's interest in a chromatically altered seventh chord that contains an ambiguous augmented triad.

Example 5.5, Joseph Joachim, Drei Stücke Op. 2, No. 2 (bar 61)

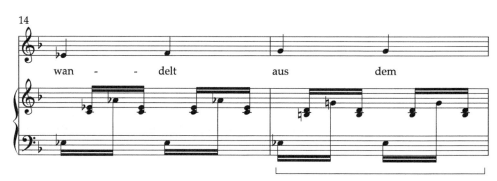

Example 5.6, Hans von Bülow, Sechs Gedichte Op. 1, No. 2 (bars 14–15)

Finally, we might note a similar figure in the accompaniments to von Bülow's Op. 1 No. 3 and Joachim's Op. 2 No. 2.

Example 5.7, Hans von Bülow, Sechs Gedichte Op. 1, No. 3 (bars 5–10)

Example 5.8, Joseph Joachim, Drei Stücke Op. 2, No. 2 (bars 17–20)

Both exploit a syncopated figure consisting of a quaver rest, a crotchet and a quaver (Examples 5.7 and 5.8) followed by a bar without rests (von Bülow, bar 8; Joachim, bar 20). In both pieces this pattern is articulated with staccato and slurs and supports the first segment of a melody rhythmically defined by a minim, a dotted crotchet and a quaver.

In von Bülow's composition, these syncopated patterns underscore a feeling of subliminal agitation, which, together with the dark tonality of F-sharp minor, diffuse a seriousness over this song that is reflected in its title – 'Ernst ist der Frühling'. The title of Heine's poem connects with the third of Joachim's three Op. 2 pieces, which is titled 'Eine Frühlingsfantasie'.

In conclusion, let us return once more to the question of influence and the direction in which it could have gone, yielding some allusions in the two composers' works. Table 5.1 offers two scenarios.

Chronology	Scenario 1: von Bülow alluding to Joachim	Scenario 2: Joachim alluding to von Bülow
June 1851: von Bülow arrives in Weimar.		
June 1851 – January 1852: time spent together in Weimar.	Joachim and von Bülow play Joachim's Op. 2, creating room for allusions to Op. 2 in von Bülow's Op. 1	
October 1851 – January 1852: von Bülow begins work on his Op. 1.		Von Bülow and Joachim play early drafts of von Bülow's Op. 1, creating room for allusions to early drafts of Op. 1 in Joachim's Op. 2 No. 2.
21 January 1852: von Bülow's Op. 1 has made progress but is not yet finished. (21 January 1852: 'Ein neues Heft Lieder, unserer ersten Sängerin Frau v. Milde, mit der ich gut stehe, gewidmet, wird nächstens fertig sein.')		
By spring 1852 Joachim probably sends his pieces off to the publisher.		
Spring 1852	Possibly Joachim titles his Op. 2 No. 3 'Eine Frühlingsfantasie' and inspires von Bülow's 'Ernst ist der Frühling'.	
July 1852: Joachim's Op. 2 appears in print.		

Table 5.1, Possible chronological scenarios concerning allusions between von Bülow's Op. 1 and Joachim's Op. 2

It is most likely that Joachim influenced von Bülow rather than the other way around. Joachim's pieces are more advanced compositionally: they are longer, more varied, musically more demanding and stylistically more consistent. And von Bülow had more time to absorb Joachim's music, before Joachim dispatched it to his publisher, than the reverse.

We do not know when the movement titles 'Eine Frühlingsfantasie' and 'Ernst ist der Frühling' were determined, but if in the spring, then Joachim's influence on von Bülow makes the most sense, given that Joachim would have finished his Op. 2 before the spring of 1852 – and therefore before the completion of von Bülow's Op. 1. Regardless, though, of how the question of allusions played out, these two works, each in its own way, momentarily responded to the Lisztian juggernaut of the Weimar school. Joachim would pursue this direction, 'clogged' or 'tormented' as it may or may not have been, considerably further in his Hamlet Overture of 1853,[28] as would von Bülow in his still under-appreciated Nirvana of 1854. Ultimately, though, the seductive allure of Weimar would fade, and the two musicians would turn away from composition to pursue their own separate paths as performers.

---

28 Arguably a work that may have influenced Liszt's symphonic poem Hamlet of 1858. See further, Uhde, Psychologische Musik, Joseph Joachim, and the Search for a New Music Aesthetic in the 1850s', PhD diss., Duke University, 2014; and Jacquelyn Sholes, 'Joseph Joachim's Overture to "Hamlet" in Relation to Liszt and Shakespeare', Ad Parnassum 14/28 (2016): 37–76.

II

Joachim's Identities on the European Musical Stage:
String Quartet, Pedagogy, and Interpretation

Joachims Identitäten auf der Europäischen Bühne:
Streichquartett, Pädagogik und Interpretation

Ettore Pinelli

Ein Geiger aus Rom und sein Maestro Joseph Joachim

Michael Uhde

Es muss um das Jahr 1862 gewesen sein, als Jessie Laussot Hillebrand (1826–1905),[1] langjährige Freundin von Franz Liszt und Hans von Bülow sowie ehemalige Liebe von Richard Wagner, den Plan fasste, begabte junge Musiker aus ihrer Wahlheimat Italien mit ihren Freunden bekannt zu machen, um auf diese Weise die italienische Musikszene in ihrem Sinne zu beeinflussen. Zu den ersten der von ihr Geförderten zählten zwei junge Musiker aus Rom, der Geiger Ettore Pinelli (1843–1915) sowie der Pianist Giovanni Sgambati (1841–1914), die eng befreundet waren. Sgambati wurde auf Laussots Vermittlung Schüler von Franz Liszt; wie hier darzustellen sein wird, nahm Pinelli mit ihrer Hilfe Kontakt mit Joseph Joachim auf und wurde im Jahr 1864 sein Schüler in Hannover. Als Vorbereitung sorgte Jessie Laussot durch Sammlungen in ihrem Bekannten- und Freundeskreis für die finanzielle Grundlage.

Dieses frühe Beispiel eines Auslandsstudiums, ermöglicht durch musikalisches Mäzenatentum, verdient eine genauere Betrachtung. Bisher fast unerforscht, bieten besonders drei Etappen in Pinellis Leben eine Perspektive auf die Verbreitung deutsch-österreichischer klassischer Musik in Italien.[2] Pinelli entfaltete durch seine richtungsweisende Erfahrung bei Joachim eine Karriere, die modellhaft mit bestimmten Schwerpunkten von Joachims künstlerischer Laufbahn übereinstimmt. Im Folgenden werden vier Aspekte näher betrachtet:

(1) Vorbereitung und Durchführung von Pinellis Aufenthalt als italienischer Student Joachims in Hannover unter Berücksichtigung der Unterrichtsaspekte, (2) Dialoge mit

---

[1] Zu Jessie Laussot Hillebrand siehe auch Michael Uhde, „Jessie Hillebrand and Musical Life in 1870s Florence", in: Musical Salon Culture in the Long Nineteenth Century, hrsg. von Anja Bunzel und Natasha Loges, Woodbridge 2019.

[2] Biographische Angaben über E. Pinelli in: Luca Aversano, Dizionario Biografico degli Italiani, Bd. 83, [Ort] 2015; Verzeichnis über Pinellis Tätigkeit als Dirigent: Venticinque anni della Società Orchestrale Romana diretta da E. Pinelli 1874–1898, hrsg. von Alessandro Parisotti, Rom 1899; weitere Informationen: Elisabeth Reisinger, „Heaven and Hell. Performances of Liszt's Works and their Reception in Rome 1861–1886", in: Studia Musicologica 60 (2019), S. 169–185; Mária Eckhardt, Liszt's relations with the Scandinavian composers of his time, http://griegsociety.com/maria-eckhardt-paper-2004, [letzter Zugriff Mai 2023]; Teresa Chirico, „Il Liceo musicale fra la fondazione e la regificazione", in: Enrico di San Martino e la cultura musicale europea, hrsg. von Annalisa Bini, Rom 2012; Susanne Rode-Breymann, Geburtstagslektüre – Beatrix Borchards biographischer Arbeit über Amalie und Joseph Joachim folgend, https://mugi.hfmt-hamburg.de/Beatrix_Borchard/index.html%3Fp=147.html, [letzter Zugriff Mai 2023]; Daniela Macchione, „Attività Concertistica e Musica Strumentale da Camera a Roma (1856–1870)", in: Rivista Italiana di Musicologia 37 (2002), S. 265–319.

Michael Uhde

Joachim, Werturteile und Reflektionen über Musiker, (3) Pinellis Rückkehr nach Italien und seine Tätigkeit als Geiger, Dirigent und Gründer des Orchesters Società Orchestrale Romana, und (4) das mediale Echo, das Pinellis Tätigkeit in Italien und Deutschland hervorrief. Auf diese Weise eröffnet sich ein Narrativ, das neues Licht auf musikalische innereuropäische Dynamik wirft, zu dem Ettore Pinelli neben Jessie Laussot, Hans von Bülow und Franz Liszt in erheblichem Maße beitrug.[3]

Pinellis Studienzeit in Hannover: Vorbereitung, Durchführung, Unterrichtsaspekte

Ettore Pinelli wurde am 18. Oktober 1843 in Rom geboren; früh erhielt er Geigenunterricht bei seinem Onkel, Tullio Ramaciotti (1819–1910). Bereits 1854, also im Alter von 11 Jahren, trat er zum ersten Mal öffentlich in Rom auf. Als 16-Jähriger war er Mitglied eines von seinem Onkel gegründeten Ensembles, in welchem auch sein Freund Giovanni Sgambati mitspielte.[4]

Treibende Kraft hinter der Planung von Pinellis Studienaufenthalt in Hannover war Jessie Laussot, die Pinelli anlässlich eines ihrer Rom-Aufenthalte kennengelernt hatte. Sie nahm um 1860 ihren Wohnsitz in Florenz, wenig später für kurze Zeit Hauptstadt Italiens, und gründete dort die Chorvereinigung „Società Cherubini".[5] Als ausgebildete Pianistin

---

[3] Größtenteils unveröffentlichtes Material aus folgenden Archiven liegt dieser Arbeit zugrunde: Richard-Wagner-Museum mit Nationalarchiv der Richard-Wagner-Stiftung (D-BHna), 14 Briefe von Jessie Laussot an Alexander und Franziska Ritter (unveröffentlicht); Staatsbibliothek Berlin, zahlreiche Briefe von Jessie Laussot an Hans von Bülow (unveröffentlicht); Staatliches Institut für Musikforschung – Preußischer Kulturbesitz (D-Bim), Berlin, 7 Briefe von Ettore Pinelli an Joseph Joachim (unveröffentlicht); Brabants Historisch Informatie Centrum 's-Hertogenbosch (NL-SHbhic), 8 Briefe von Ettore Pinelli an Johanna (Jeannette) Fuchs (unveröffentlicht), ebd. 1 Brief von Ettore Pinelli an Jessie Laussot (unveröffentlicht), ebd. Briefe von Jessie Laussot an Johanna Fuchs (unveröffentlicht); Bayerische Staatsbibliothek München (D-Mbs), Nachlass Adolf von Hildebrand, A n A 550, 1 Brief von Joseph Joachim an Jessie Laussot; The Newberry Library Chicago (US-Cn), 1 Brief von Ettore Pinelli an Joseph Joachim (unveröffentlicht); Bibliomediateca dell'Accademia nazionale di S. Cecilia Rom (I-Rama), Archivio storico, Fondo Pinelli, 2 Briefe von Bernhard Scholz an Ettore Pinelli (unveröffentlicht). Weitere Quellen: Briefe von Franz Liszt an Ettore Pinelli in: Nicolas Dufetel, „Liszt e Roma: bilancio e prospettive di ricerca", in: Musikstadt Rom. Geschichte – Forschung – Perspektiven. Beiträge der Tagung „Rom – Die Ewige Stadt im Brennpunkt der aktuellen musikwissenschaftlichen Forschung" am Deutschen Historischen Institut in Rom, 28.–30. September 2004 (= Analecta musicologica 45), hrsg. von Markus Engelhardt, Rom 2011, S. 452–477; 2 Briefe von Ettore Pinelli an Franz Liszt, in: La Mara, Briefe hervorragender Zeitgenossen an Franz Liszt 1836–1886, Leipzig 1904.

[4] Die biographischen Angaben wurden entnommen von: Luca Aversano, http://www.treccani.it/enciclopedia/ettore-pinelli_%28Dizionario-Biografico%29/, 30.3.2020.

[5] Jessie Laussot war der Idee des Risorgimento durch ihre bis 1845 zurückzudatierende Freundschaft zum italienischen Freiheitskämpfer Giuseppe Mazzini (1805–1872) verbunden. Siehe auch Michael Uhde, „Jessie Laussot und Richard Wagner", in: wagnerspectrum (2018), S. 175.

suchte sie nach weiteren Möglichkeiten, ihren musikalischen und pädagogischen Idealen zu folgen; Pinelli und Sgambati waren die ersten einer Reihe von Musikern, deren Förderung sie sich vornahm, sie bezeichnete sie als „ihre Söhne". [6] Im Falle von Pinelli trat sie an bestimmte Sponsoren ihres ausgedehnten Freundes- und Bekanntenkreises heran, um sie für eine finanzielle Förderung zu gewinnen.

In diesem Sinne schrieb sie in einem Brief an Franziska Ritter, geb. Wagner (1833–1896), die Nichte Richard Wagners und Frau des Geigers Alexander Ritter: „Es ist mir lieb daß der erste Eindruck meines Empfohlenen [Pinelli] kein ungünstiger war (er pflegt es in der Regel zu sein) und ich bin überzeugt daß Sascha [Alexander Ritter] ihm das größte Vergnügen macht wenn er ihn zum Quartettspiel auffordert, und in ihm eine sehr anständige 2te Violine findet. Man muß die erste Zeit mit ihm Geduld haben, aber er hat wirkliches Interesse an der Kunst, und Sascha kann ihm von großer Bedeutung sein indem er ihn aus seiner Faulheit reißt, und ihn von einigen Vorurtheilen frei macht. Es ist mir lieb daß er sich jetzt sehr für Wagner'sche Musik zu interessieren anfängt, gegen die er anfangs raisonnirte; mit Redlichen kann man aber immer etwas zu Stande bringen. Von seinem Freunde [Sgambati] der bei Liszt studirt in Rom habe ich lange keine Nachricht, weiß also nicht was er Gutes treibt; bin mir aber bewußt das Beste für ihn gethan zu haben was ich thun konnte, ihn tüchtig durchgerüttelt zu haben u. ihn an die Quelle Alles Schönen geschickt zu haben."[7]

Eine besondere Stellung im Freundeskreis Laussots nahm Johanna („Jeannette") Fuchs ein.[8] Sie war mit einem Bankier in Rotterdam bzw. Den Bosch verheiratet. Fuchs war bisweilen in Bad Nauheim zu Gast, wo Laussot häufig zur Kur weilte. Im Mai 1864 hatten sich die Pläne zur Förderung Pinellis weiter konkretisiert. In einem Brief an ihre Freundin Johanna versuchte Laussot, ihrem Schützling Pinelli Wege zur finanziellen Unterstützung zu eröffnen, um ihm einen Aufenthalt in Hannover zu ermöglichen, wo Joseph Joachim zu dieser Zeit Königlicher Konzertmeister war. Der Ton, mit dem sie auf Pinelli – als einen ihrer „Söhne" – Bezug nimmt, ist bemerkenswert:

> Denken Sie daß zwei meiner Söhne, Bache und Pinelli aus Rom hier waren, und daß wir alle drei hier in einem Concerte mitwirkten. [...]. Ich weiß nicht ob Sie sich erinnern können daß Pinelli einen Abend in Rom zu Ritter's kam und mit mir spielte und uns dort so sehr gefiel. Er hat sich nun in künstlerischer Hinsicht sehr entwickelt; und spielt wirklich sehr vollkommen, so daß ich überzeugt bin, wenn er nur auf ein Jahr zu Joachim kommen könnte, er würde einer der allerersten Künstler unserer Zeit.

---

[6] Weitere von Laussot Geförderte waren beispielsweise Giuseppe Buonamici (1846–1914) und Walter Bache (1842–1888).
[7] Jessie Laussot an Franziska Ritter, Florenz, 14. Dezember [1862?], D-BHna, HS 80/III – 8 (7).
[8] Paulina Gerardina Johanna Fuchs (1837–1914), verh. mit Franciscus Augustinus Josephus van Lanschot (1833–1903).

Er trug das sehr schwere Joachim'sche Konzert in einer Weise vor, daß alle hiesigen Künstler erstaunt waren. Ich begleitete es mit Quintet aus Giovacchini,[9] Sbolci,[10] Bruni, etc bestehend.[11]

Ich habe nun den sehr kühnen Gedanken gefasst i[h]m durch Sammeln von freiwilligen Beiträgen die Mittel zu verschaffen nach Hannover zu gehen, und es ist mir gelungen ein ziemliches Interesse für ihn zu erwecken. Der Kronprinz[12] hat 200 fcs dazu gegeben […], so daß ich bereits 5–600 francs zusammen habe, aber freilich bis es 1000 od. 1200 hat geht es keinen Falls. Nächste Woche kommt die Familie Mendelssohn[13] aus Berlin die mir gewiß helfen wird, da sie immer bereit sind für künstlerische Zwecke Opfer zu bringen. Nun möchte ich Sie aber auch bitten, liebe Jeannette, ob Sie nicht in Holland Interesse zu wecken suchen würden für ihn, da Sie ihn wie ich glaube schon kennen, und jedenfalls überzeugt sein können daß ich so warm kein mittelmäßiges Talent empfehle. Dieser ist ein Ausnahme-Fall von einer außerordentlichen Begabung, dem nur das Beste der Vollendung fehlt um die erste Stelle einzunehmen, wozu sich noch ein nobler u. liebenswürdiger Karakter gesellt, welcher keine der gewöhnlichen Künstler Unordnung kennt, der arme Junge ist erst 20 Jahre alt, und giebt den ganzen Tag in Rom Stunden zu 2–3 frcs um seine ganze Familie zu ernähren, und ist sparsam und fleißig und dankbar für Alles was man an ihm thut. Kurz um Sie können versichert sein daß es sich hier in jeder Beziehung um einen würdigen Gegenstand handelt, und wir Beide können alsdann in unserem Gewissen nur sagen, daß wir Alles was in unserer Macht lag gethan haben, um einem strebsamen Künstler den gebührenden Platz zu verschaffen, selbst wenn es uns nicht gleich gelingt. Ich weiß daß Sie sich gern in so etwas assocciiren und ein warmes Herz für dergleichen haben, sonst würde ich die große Unbescheidenheit nicht begehen es Ihnen so zu erzählen.[14]

Joseph Joachim genoss einen großen Ruf, nicht nur als Geiger, sondern auch als Lehrer; während seiner Zeit in Hannover bildete er eine ganze Reihe von Schülern aus, zu denen auch Leopold Auer (1845–1930) gehörte.[15] Daher war es nur natürlich, dass Laussot, welche in Deutschland gut vernetzt war, aber noch über keine direkten Beziehungen zu Joachim verfügte, auf ihn als erste Adresse ihrer Pläne für Pinelli verfallen war. Sein Deutschland-Aufenthalt war strategisch vorbereitet; er beherrschte zu dieser Zeit schon ein Violinkonzert von Joachim, wahrscheinlich das 2. Violinkonzert in ungarischer Weise op. 11 (komponiert 1857, erschienen 1860), das beträchtliche technische und gestalteri-

---

9 Giovacchino Giovacchini (1825–1906), Geiger, Freund von Rossini.
10 Jefte Sbolci (1833–1895), Cellist aus Florenz.
11 Das Florentiner Streichquartett bestand 1861–1863 aus Giovacchino Giovacchini, Bruni, Laschi und Sbolci. (A. W. Ambros, Bunte Blätter, Leipzig 1896, S. 34).
12 Kronprinz Umberto (1844–1900), als Umberto I. König von Italien von 1878 bis 1900.
13 Jessie Laussot stand in freundschaftlichem Kontakt mit der Bankiersfamilie Mendelssohn.
14 Brief von Jessie Laussot an Johanna („Jeannette") A. J. Fuchs vom 10. Mai [1864], NL-SHbhic, Inv. Nr. 334. Die Rechtschreibung entspricht, wie auch in den anderen Briefen, dem Original.
15 Außer Pinelli und Auer wurden von Joachim auch Gustav Adolph Bargheer (1840-?), Fritz Struß (1847-?), Heinrich Deecke (1845–1925) und Ernst Schiever (1844–1915) ausgebildet (Georg Fischer, Musik in Hannover, Hannover 1903).

sche Schwierigkeiten aufweist. Auf dem Programm seiner später in Rom abgehaltenen Kammermusik-Matineen tauchte die Romanze aus diesem Konzert wieder auf.

Im Juni 1864 erging ein weiterer Bettelbrief Laussots an Johanna Fuchs:

> Sie werden sich gewiss freuen zu hören dass es mir bis jetzt mit Pinelli's Angelegenheiten gut gegangen ist, und ich fast genug gesammelt habe um ihn ein Jahr in Deutschland bei Joachim studiren zu lassen. An Joachim ist geschrieben worden über ihn u. ich hoffe er nimmt ihn als Schüler an. Freilich suche ich noch immer mehr Beiträge zu bekommen weil es der größte Vortheil für ihn wäre noch länger in Deutschland zu sein. Also wenn Sie später Gelegenheit haben ihm zu nützen baue ich noch immer darauf dass Sie es thun werden. Ich glaube wenn Sie ihn persönlich kennen lernen und sehen was für ein liebenswürdiger Mensch u. begabter Künstler er ist, wird er Sie sehr interessieren.
>
> Er hat sehr gute Briefe an einige deutsche Künstler von Bedeutung u. ich suchte ihn jetzt mit Bülow in Berührung zu bringen, weil ich überzeugt bin dass er ihn interessieren wird.[16]

Bereits vom 30. Juni 1864 datiert ein Brief Pinellis an Joseph Joachim, in welchem Joachim selbst mit den Plänen konfrontiert wurde. Allerdings ist, trotz der Unterschrift Pinellis, dieser Brief ganz im Sprachduktus von Jessie Laussot gehalten, auch die Schrift ist die ihre:

> 30 Juni 1864
>
> Hochgeschätzter Herr,
>
> In der Hoffnung, daß Sie entschuldigen werden, wenn ich es als völlig Unbekannter wage, Ihnen eine Bitte vorzulegen welche für meine Zukunft die größte Wichtigkeit hat, zu einer Zeit, wo Sie so sehr in Anspruch genommen werden, nehme ich mir die Freiheit Ihnen einliegende zwei Empfehlungen zuzuschicken mit diesen Zeilen, welche, da ich der deutschen Sprache noch nicht mächtig bin, eine mir befreundete Dame für mich übersetzt hat. [...] Herr Louis Ehlert,[17] dessen Bekanntschaft ich in Florenz machte, [...] wird Ihnen wohl in seinem Schreiben mitgetheilt haben daß ich aus Rom gebürtig u. Violinspieler von Profession bin; vielleicht auch, daß ich, nach großen Schwierigkeiten mit Hülfe einiger theilnehmender Freunde endlich den großen Wunsch meines Lebens erfüllt sehe, indem mir jetzt die Zeit und die Mittel zu Gebote stehen eine Reise nach Deutschland zu machen, und dort einige Zeit zu meiner weiteren Ausbildung zu verweilen. [...] Jedoch ist der heutige Zustand der Musik in meinem Vaterlande keineswegs geeignet einen strebsamen Künstler zu befördern und entwickeln, und fühle ich wohl die großen Vortheile welche ein längerer Aufenthalt in Deutschland jedem Künstler gewähren muß, welcher seinen Beruf mit Ernst und Liebe auszuüben gedenkt, und wie mangelhaft jede Künstler-Bildung sein muß, der diese Vortheile nicht beschieden waren.[18]

---

16 Brief von Jessie Laussot an Johanna Fuchs vom 14. Juni [1864], NL-SHbhic, Inv. 334.
17 Louis Ehlert (1825–1884), als Pianist Schüler von Robert Schumann und Felix Mendelssohn, wirkte 1863–1865 in Florenz als Leiter von Jessie Laussots Società Cherubini.
18 Brief von Ettore Pinelli an Joseph Joachim vom 30. Juni 1864, D-Bim, SM 12/1957–3611.

Pinellis Sprachkenntnisse des Deutschen waren und blieben rudimentär, alle vorliegenden Korrespondenzen von seiner Hand sind in italienischer Sprache gehalten. Jessie Laussot hingegen schrieb in etwas umständlichem, höflichem Deutsch und benutzte die deutsche Schreibschrift; durch ihren Vater Edgar Taylor (1793–1839), Korrespondenzpartner unter anderem der Brüder Grimm, hatte sie schon früh Deutsch gelernt.

Durch Laussots Beharrlichkeit wurde ihr Plan bereits im Sommer 1864 in die Tat umgesetzt. Wann Pinelli genau nach Deutschland kam, ist nicht klar; offensichtlich machte er zuerst Zwischenstation in Bad Nauheim, von wo der Kontakt mit Joachim hergestellt wurde. Die Antwort Joachims ist nicht erhalten, muss aber positiv gewesen sein. In Pinellis Korrespondenz mit Johanna Fuchs ist der erste, vielsagende Bericht enthalten, in welchem er selbst, in italienischer Sprache, über seine Erlebnisse bei der Ankunft in Hannover und seine erste Unterrichtsstunde berichtet. Die Anrede „Cara Mamma" gilt dabei nicht seiner Mutter, sondern Jessie Laussot – als Pendant zur Titulierung „Söhne" von Laussots Seite. Das Schriftbild dieses undatierten Briefes unterscheidet sich von anderen Briefen Pinellis, möglicherweise handelt es sich um eine Abschrift: „Liebe Mama, dort [in Hannover] angekommen, fast träumend in dieser Stadt, und mit starken Schmerzen im Kopf, überkam mich ein tiefer Schmerz, ich glaube, verursacht durch das Gefühl bei der Abreise von dir, aber ich ging sehr früh ins Bett und heute Morgen bin ich um 6 ganz gut aufgestanden; ich habe ein Bad genommen, mich rasiert, Zähne geputzt, also alles getan was ich sollte, und habe schließlich geübt bis 11.30, also ungefähr 4 Stunden; danach bin ich zur Messe gegangen, und, obwohl ohne Violine, konnte ich nicht der Sehnsucht widerstehen, sofort zu Joachim zu gehen."[19] Vieles ist in fast kindlichem Ton gehalten; die Aufzählung dessen, „was ich tun sollte", lässt das Bild eines braven, wohlerzogenen Jungen entstehen, der zum ersten Mal die Welt bereist. Die minutiöse Vorbereitung lässt auf „Mamas" gute Ratschläge schließen, die Pinelli anscheinend mit augenzwinkerndem Humor abarbeitete. Dann fährt die Schilderung fort: „Du kannst dir nicht vorstellen, wie glücklich ich war, bei ihm anstatt der Kälte, von der du glaubtest, dass er sie bei meinem ersten Besuch gegenüber mir zeigen würde, eine Liebenswürdigkeit und Güte seltener Art zu finden, die Balsam für meine Seele war und die ich so sehr brauchte! Ich sprach mit ihm über meine Lebensumstände, und er meinte, ich solle nichts befürchten, ich würde genug zum Leben haben die ganze Zeit, die ich in Hannover bleiben wolle; dann zeigte er mir seine Instrumente."[20]

---

19 „Giunti quivi quasi sognando in questa città e con un forte dolore alla testa, io credo che fossi causato dal profondo dolore che provai nel lasciarti, ma andai in letto molto di buon' ora e questa mattina mi sono alzato bastantamente bene alle 6; ho fatto il bagno, ho fatto la barba, mi sono lavati i denti [doppelt unterstrichen], infino ho fatto tutto ciò che doveva fine ed ho studiato fino alle 11 e mezzo cioè circa 4 ore; sono poi andato alla messa, e, benché senza violino, non ho potuto resistare al desiderio di andare subito da Joachim." NL-SHbhic, Inv Nr. 343. Übersetzungen hier und im Folgenden: Antonio Pellegrini und Michael Uhde.

20 „Non puoi immaginarti quale sia stata la mia contentezza quando in vece di trovare in lui quella fredezza che tu credevi usasse meco nella prima visita, egli e stato d'una amabilità e d'una bontà raramente balsamica per il mio animo che ne aveva tanto bisogno! Gli ho parlato delle mie circostanze ed egli mi

Damit war Pinelli wirklich angekommen; obwohl Laussot Joachim nicht persönlich kannte, hatte sie Pinelli auf alle möglichen Reaktionen vorbereitet. Eine große Erleichterung spricht aus seinen Zeilen, und Joachim bewies nicht nur hier psychologisches Einfühlungsvermögen, wie er den jungen, ihm unbekannten Geiger willkommen hieß, und er schien wirklich angetan von seinem jungen Gast: „Nachdem wir einen Termin für den nächsten Morgen um die Mittagszeit ausgemacht hatten, um ihm vorzuspielen, verließ ich ihn; aber heute um Punkt 6.30, als ich gerade in meinem Zimmer über 2 Stunden übte, kam Joachim persönlich herein und lud mich in sein Haus zum Tee ein, dann gingen wir zusammen in einen Saal unten, wo es ein Klavier gibt, und er begleitete mich mit der Sonate von Tartini, welche (ohne mich selbst zu loben) mir so gut gelang, wie es mir mit meinen gegenwärtigen Mitteln nicht besser möglich gewesen wäre; ich weiß nicht, warum, aber dieser Mann flößt mir einen außerordentlichen Mut ein, und noch nie fühlte ich mich so gut aufgelegt zu spielen wie heute vor ihm, ich erinnere fast den gleichen Eindruck in Rom mit Liszt gehabt zu haben. Schließlich glaube ich, dass er zufrieden war, denn er wurde immer liebenswürdiger; wir gingen in sein Haus und er spielte für mich zwei Sonaten von Bach und die Chaconne, wir haben viel über den Zustand der Musik in Italien gesprochen, und er wunderte sich, wie ich inmitten schlechter Musik aufwachsen konnte und trotzdem Geschmack und Verständnis für das wirklich Gute bewahren konnte und nicht in falsche Urteile oder Vorurteile gegen deutsche Musik verfiel."[21]

Die hier geschilderte Episode lässt bereits wichtige Rückschlüsse auf die Unterrichtsmethode Joachims zu. Mit Selbstverständlichkeit bewegte sich Joachim im Unterricht auch am Klavier; der Unterricht bestand zu einem nicht geringen Anteil aus Vorspielen und Nachmachen. Der gegenseitige Vortrag ganzer Werke wäre sicher in heutigem Unterricht ungewöhnlich, trug aber für Pinelli sicher wesentlich zum unvergesslichen Eindruck bei, besonders durch ein Schlüsselwerk wie Bachs Chaconne; bald nach seiner Rückkehr nach Rom berichtete er im Dezember 1865 an Joachim, das Werk in einem eigenen Konzert aufs Programm gesetzt zu haben.[22] Einige Äußerungen Pinellis könnten eine gewisse

---

    ha detto che non abbia a temere nulla, che potrò bene avere de che vivere tutto quell tempo che io vorrò restare in Annover; quindi mi ha mostrato I suoi strumenti". NL-SHbhic, Inv. 343.

21 „Avendo preso l'apuntamento per dimani mattina a mezzodi per sentirmi l'ho lasciato; ma oggi punto 6 ore e mezzo mentre ero nella mia camera a studiare già da oltre 2 ore, Joachim stesso é entrato e mi ha invitato a prendere il thé la sera in sua casa, quindi siamo scesi nella sala a basso or' é un Piano ed egli m' ha accompagnato la sonata di Tartini la quale (non faccio per vantarmi) mi é riuscita in modo che con i miei mezzi presenti non potrei farla meglio; io non sò perché ma quest' uomo m' infrude un coraggio straordinario, e non mi sono mai inteso così ben disposto a suonare quanto oggi a lui dinanzi, mi ricordo che quasi la stessa impressione ricevetti a Roma con Liszt. Infine credo ch'egli sia rimasto soddisfatto di me perche mi è stato sempre più amabile; siamo andati in sua casa mi ha suonato due sonate di Bach e la Chaconne, abbiamo parlato molto dello stato della musica in Italia, ed è rimasto meravigliato come io allevato e cresciato in mezzo alla cattiva musica possa gustare e bene comprendere quello che veramente è buono e non cadere in falsi giudizii o piutosto pregiudizi contro la musica Tedesca." O. D., NL-SHbhic, Inv. 343.

22 Pinelli an Joachim, 30. Dezember 1865, US-Cn, J IV 55.

Michael Uhde

Voreingenommenheit Pinellis nahelegen, das „wirklich (musikalisch) Gute" hauptsächlich nördlich der Alpen zu verorten. Der Einfluss von „Mama" könnte dazu beigetragen haben; dieser Aspekt wird noch zu behandeln sein.

Die von Pinelli für sich in Anspruch genommene Freiheit von Vorurteilen gegen deutsche Musik wäre um die Frage über seine Urteile gegenüber italienischer (und anderer nicht-deutscher) Musik zu erweitern. Andererseits war Pinelli ja gerade nach Hannover gekommen, um während seiner Ausbildung bei Joachim seine Literaturkenntnisse zu komplettieren. Sein Bericht fährt fort: „Nach dem Tee klemmte er mir die Bach Sonaten unter den Arm und lud mich für morgen früh ein, mit Geige in sein Haus zu kommen, um Stücke von Spohr für zwei Geigen zu spielen; er versprach mir, mit mir zu spielen so oft ich wolle. Ich wünschte, ich könnte es dir beschreiben, aber den Eindruck, den ich empfangen habe beim Hören, könnte ich nie, niemals in Worten ausdrücken; auch wenn alle anderen Geiger der Welt ihr Gutes haben, sind sie Nichts im Vergleich zu ihm; und ich glaube nicht zu übertreiben; er überträgt in die Seele des Hörers, das dem entspricht, was Dante im ‚Neuen Leben'[23] schildert, das heißt, verstehen kannst du es nicht, wenn du es nicht erlebst, und du hast es erlebt! Und du verstehst es! – Ich hätte es nicht für möglich gehalten; aber welch ein Unterschied zwischen der Chaconne gespielt von Reményi[24] und der Chaconne gespielt von Joachim!"[25]

Aus diesem Bericht an Laussot spricht höchste Begeisterung, am ersehnten Ziel angekommen zu sein, was jedoch seine Fähigkeit nicht trübt, eigene Vergleiche zu ziehen (Joachim – Reményi) und mit Wachheit und Humor seine Erlebnisse zu reflektieren. Weitere Berichte Pinellis direkt an Jessie Laussot sind nicht überliefert; der Grund mag darin liegen, dass bislang wenige Briefe an diese Empfängerin lokalisiert werden konnten, jedoch zahlreiche Briefe von ihrer Hand an mindestens 41 Rezipienten. Den Fortgang der Berichte aus Pinellis Unterricht verdanken wir hingegen der Korrespondenz mit Johanna Fuchs. Nach einer wahrscheinlichen persönlichen Begegnung in Bad Nauheim entwickelte sich ein reger Briefwechsel, von welchem die Briefe Pinellis überliefert sind. Seine Briefe beginnen meist mit „Cara Sorella", „liebe Schwester", denn bei ihr konnte er über Einzelheiten des Unterrichts, aber auch über seine Einsamkeitsgefühle sein Herz ausschütten.

Am 23. August 1864, ungefähr sieben Wochen nach der ersten Kontaktaufnahme, schrieb Pinelli an Johanna: „Jetzt studiere ich mit Joachim die 6 Sonaten für Violine solo

---

23 Dante Alighieri, Vita Nova, 1294.
24 Eduard Reményi (1828–1898), ungarischer Geiger.
25 „Dopo il thé mi ha messo sotto il braccio le suonate di Bach e mi ha invitato per dimani mattina col violino in sua casa per suonare dei pezzi di Spohr a due violini; mi ha promesso di far musica con me tanto spesso quanto io voglio. È inutile io ti dica desiderii, ma in quanto all' impressione che ho ricevuto nel sentirlo suonare non potrei mai, mai esprimerla con parole; tuttociò che hanno di buono tutti gli altri violinisti del mondo messo insieme formano un nulla in paragone di ciò che egli fà; e credo di non esagerere [sic]; egli trasfonde nell' animo di chi lo ascolta un certo sentimento che come dice Dante nella vita nuova = Intendere non la può che non lo prova, e tu l'hai provato! e tu l'intendi! – io non avrei pensato che si potesse far tanto; ma quale differenza passa fra la Chaconne suonata da Remeny e la Chaconne suonata da Joachim!" NL-SHbhic, Inv. 343.

von Bach, wir haben diese Auswahl getroffen, vorwiegend, weil Bach mein Lieblingskomponist ist, außerdem stärkt es sehr die Finger, da ich sowohl moralisch als auch physisch so wenig Kraft habe; außer den 6 Sonaten übe ich das achte Konzert von Spohr, das mir ausnehmend gefällt, und auch Joachim gefällt es. Ich bin wirklich glücklich, dass ich so häufig bei diesem großen Künstler sein kann und ihn so oft spielen hören kann; jeden Vormittag gehe ich zu ihm von 12 bis 2, auch die Abende verbringe ich immer mit ihm, wir haben schon viele Duette von Spohr, von Rolla[26] und von Mozart zusammen gespielt, und du kannst dir gut vorstellen, wie angenehm und nützlich diese Übung für mich ist. Letzten Sonntag Vormittag haben wir Quartette in seinem Haus gespielt, es war wirklich paradiesisch, das Quartett XI in f-moll von Beethoven war eine begeisternde Sache, hinreißend; Joachim war so freundlich, mich auswählen zu lassen, was wir spielen sollten, und ich wählte dieses und ein weiteres von Beethoven und eines von Haydn. Gestern Abend nahm mich Joachim zum Künstlerverein mit, wir spielten ein Oktett von Schubert, das von einer wirklich Beethoven'schen Schönheit ist, und das ist alles was ich dir nach einer Woche, die ich hier bin, erzählen kann."[27]

Der letzte Satz dieses Zitats würde somit für eine Ankunft Pinellis in Hannover ungefähr Mitte August 1864 sprechen (Abbildung 6.1 zeigt den jungen Pinelli wenig später, 1865).

Die Berichte über Pinellis Unterricht sprechen für eine große Intensität der Arbeit, zweistündige tägliche Sitzungen sowie intensives kammermusikalisches Zusammenspiel in verschiedenen Formationen lassen auf großes Interesse Joachims an seinem Schüler schließen; sein Unterricht könnte zu dieser Zeit intensiver gewesen sein als später an der Berliner Musikhochschule, wo Joachim eine ganze Klasse zu versorgen hatte. Von Mitstudierenden ist zumindest in Pinellis Korrespondenz nicht die Rede.

Folgende Fakten sind aus Pinellis Berichten über Joachims Unterricht festzuhalten:

– Joachim spielte viel selbst vor, was bei Pinelli auf fruchtbaren Boden fiel, dieser entwickelte eine große Begeisterung für Joachims Spiel und Interpretation, die sein ganzes Leben lang anhielt.

---

26 Alessandro Rolla (1757–1841), italienischer Komponist.
27 „Ora studio con Joachim le 6 sonate per Violino Solo di Bach, abbiamo scelto così primieramente perchè è il mio autore favorito, poi perchè questa rinforza molto le dita, e come io ho tanta poca forza morale così altretanto poca ne ho fisica; oltre le 6 sonate sto pure studiando l'Ottavo Concerto di Spohr che mi piace immensamente, ed anche a Joachim piace. Sono veramente felice di essere tanto presso di questo grande artista e di udirlo tanto spesso suonare; tutte le mattine vado da lui dalle 12 alle 2, quindi la sera la passo sempre con lui, abbiamo già suonato insieme molti duetti di Spohr, di Rolla e di Mozart e tu puoi bene immaginare quanto piacevole e quanto utile mi sia questo esercizio. Domenica mattina scorsa si fecero dei Quartetti in sua casa e fu un vero Paradiso, il Quartetto XI in fa min. di Beethoven fu qualche cosa da entusiasmare, da rapire; Joachim fù tanto amabile da lasciarmi la scelta di ciò che dovevam suonare, ed io scelsi questo e un altro di Beethoven ed uno di Haydn. Ieri sera Joachimmi condusse al Künstler Verein [in deutscher Schrift], suonammo un Ottetto di Schubert il quale è d'una bellezza proprio alla Beethoven, e questo è tuttociò che ti posso raccontare dopo una settimana che io sono quì." Brief von Pinelli an Johann Fuchs von 23. August 1864, NL-SHbhic, Inv. 343.

Michael Uhde

Abbildung 6.1: Ettore Pinelli ca. 1865 (I-Rc, Fondo Sgambati, A.S.foto 96, by permission of the Biblioteca Casanatense, Rome, MiC)

- Die gespielte Literatur: Bachs Chaconne als Initiation (fast rituell), ansonsten besonders Beethoven, außerdem Schubert, Mozart, Rolla, Spohr.
- Sofortiges Zusammenspiel in Kammermusik, von Duo bis Oktett; mehr Kammermusik als Konzert-Literatur. Dies kam ebenfalls Pinellis Persönlichkeit und Fähigkeiten sehr entgegen, aufgrund seiner bereits großen Erfahrung mit und Wertschätzung von Kammermusik.

Über Joachims Unterrichtsmethoden in seiner späten Berliner Zeit (ab 1902) gibt ein Bericht seiner Studentin Marion Bruce-Ranken genaue Auskunft;[28] Johannes Gebauer eröffnet im vorliegenden Band eine hochinteressante, bisher unbekannte Quelle über Ioannes Nalbandyan und seine Erfahrungen als Schüler Joachims, im Hinblick auf dessen Violin-, Interpretations- und Unterrichtspraxis.[29]

Dialoge, Werturteile

Joachim setzte in seinem Unterricht nicht nur auf instrumentale Erziehung, sondern diskutierte ausführlich die Musik zeitgenössischer Komponisten: „Ich habe mit Joachim viel über Liszt, über Berlioz, über Wagner, über David, über Reményi, über Raff etc etc ge-

---

28 M.[arion] R.[anken], Some Points of Violin Playing and Music Performance as learnt in the Hochschule für Musik (Joachim School) in Berlin during the Time I was a Student there, 1902–1909, Edinburgh 1939.
29 Johannes Gebauer, „Ioannes Nalbandyans Bericht über seinen Aufenthalt in Berlin 1894" im vorliegenden Band, S. 157–186.

sprochen, was Liszt betrifft, sagt er das gleiche wie wir, nämlich dass in ihm zwei sehr unterschiedliche Naturen wohnen, die des großen Künstlers und die des selbstgefälligen (eitlen) Mannes, und aus diesem Grunde entsteht alles, was zu Vorurteilen führt, das heißt die geringe Wertschätzung der Guten und die verrückte Ergebenheit seiner fanatischen Gefolgsleute; ich fand wirklich diese Ausdrücke etwas übertrieben, aber weil ich innewurde, dass er [Joachim] getäuscht war dadurch, dass die Gegner von Liszt Dinge erfinden und über ihn lästern [zu seinem Schaden erzählen], zwang ich mich dazu, einige seiner Irrtümer zu rechtfertigen, aber auf jeden Fall liebt er [Joachim] seine [Liszts] Musik gar nicht, auch nicht die von Berlioz und allen von deren Schule, schließlich sagt er, dies sei keine Musik, es sei Übertreibung des Gefühls, ein Lärm der Effekt machen soll. [...] Ich fragte nach der Musik von Raff, und er antwortete, es sei ein Durcheinander, ein bisschen Beethoven, ein bisschen Schubert, ein bisschen Mendelssohn, und das bisschen, das von ihm selbst ist, sei hässlich. Über Remenyi sagt er, er habe sehr viel Talent und Fingerfertigkeit, aber er sei ein bisschen wild und verrückt. Er [Joachim] liebt sehr Wagner, aber er zieht die alte Schule vor, wie Bach, Tartini, Viotti, Mozart, die seine Idole sind; ich klammere Beethoven aus, weil er das Idol von allen ist, nicht wahr?"[30]

Auch hier entsteht aus Pinellis Ausführungen das Bild eines wach reflektierenden Künstlers, der, sicherlich künstlerisch beeinflusst von Joachim, dennoch zu eigenständigen Urteilen fähig ist, wie seine Bemerkungen über Joachims Liszt-Bild verraten. Diese entsprangen eigenen persönlichen Erfahrungen mit Liszt, mit dem er, sicherlich auch durch Laussot und Sgambati, bereits vor seinem Aufenthalt in Hannover in Berührung gekommen war. Liszts bemerkenswerte Anteilnahme an den geigerischen und dirigentischen Fähigkeiten Pinellis fand ihre Fortsetzung nach Pinellis Rückkehr nach Rom, als er die Gründung der „Società" begleitete und unterstützte.[31]

Die Ausbildung Pinellis setzte sich auch im Herbst 1864 mit gleicher Intensität fort, wie aus diesen Zeilen hervorgeht: „Zuerst möchte ich dir erzählen, dass Joachim in diesen

---

30 „Ho parlato molto con Joachim di Liszt, di Berlioz, di Wagner, di David, di Remeny, di Raff, ect ect, in quanto di Liszt egli dice lo stesso che noi, cioè che vi sono in lui due nature molto differenti fra loro, quella del grande artista e quella dell'uomo vanitoso, e che per questa ragione nasce tuttociò che gli porta prejudizio, cioè la poca stima dei buoni e il pazzo ossequio dei suoi fanatici seguaci; io trovai veramente queste espressioni un poco esagerate, ma avvedendomi ch'egli era illuso da ciò che i contrari a Liszt inventano e raccontano per suo danno mi forzai di rettificare qualche suo errore, ma in tutti I casi egli non ama affatto la sua musica nè quella di Berlioz nè quella di tutti della loro scuola, insomma dice que questa non è musica, è l'esagerazione del sentimento, è un rumore per produsse l'effetto. [...] Gli domandai della Musica di Raff e mi rispose che era un pasticcio, cioè un poco di Beethoven, un poco di Schubert, un poco di Mendelssohn, e quel poco che è è il più brutto. Circa a Remeny egli dice che ha moltissimo talento e meccanismo ma chè un poco selvaggio e un poco pazzo. Ama moltissimo Wagner, ma tuttociò che è della vecchia scuola egli preferisce, così che Bach, Tartini, Viotti, Mozart sono I suoi idoli; escludo Beethoven poichè egli è l'idolo di tutti, non è vero?" Brief von Pinelli an Johanna Fuchs vom 23. August 1864, NL-SHbhic, Inv. 343.

31 Es gibt mehrere dokumentierte Kontakte zwischen Pinelli und Liszt: So beispielsweise einen Brief von Liszt an Pinelli vom 30. November 1874, Liszts Empfehlung für Pinelli an Agnes Klindworth vom 12. September 1878 sowie einen Brief von Pinelli an Liszt vom 30. November 1882.

Tagen Vater eines wunderschönen Kindes geworden ist, sein Glück ist ganz voll, sein Aussehen ist strahlender als sonst, er ist liebenswürdig wie nie; er hat seine Geige in meinem Haus deponiert und kommt alle Tage zum Üben, gestern abend spielte er für zwei ganze Stunden die Bach-Sonaten, das Beethoven-Konzert, sein ungarisches Konzert und so weiter. Ich war darüber so glücklich, dass ich ohne Essen zu Bett ging".[32]

Zugleich beschäftigte sich Pinelli intensiv mit dem Problem der Begleitung von Violinsonaten. Er entwarf eine neue Fassung der Begleitung von Tartinis Teufelstriller-Sonate, wobei seine Bearbeitung die Gestalt der Komposition original belassen wollte: „Ich möchte mich nicht loben, aber ich sage dir ehrlich, dass meine Begleitung für diese Sonaten mir besser gefällt als die von Zellner,[33] weil dieser so viele Noten, so viele Imitationen, so viele Dissonanzen hinzugefügt hat, dass sie nicht nur den Charakter des Originals völlig verändern, sondern auch die große Einfachheit, das wahre Gefühl ohne Kalkül, welche die Schönheit dieser Musik ausmachen. Jedes Hinzufügen ohne Absicht des Komponisten ruiniert das Werk. Zum Beispiel spielt Joachim die Chaconne von Bach weder mit der Begleitung von Schumann, noch mit der von Mendelssohn, sondern ganz allein, und fertig."[34] In dieser Hinsicht ist Pinelli seiner Zeit durchaus voraus, in welcher Abweichungen vom Willen des Komponisten, Bearbeitungen und Adaptionen in eigenen Ausgaben völlig normal waren. Nach seiner Rückkehr nach Italien wurden von ihm zahlreiche Ausgaben veröffentlicht, wie beispielsweise Werke von Alessandro Rolla, Arcangelo Corelli, Johann Sebastian Bach, Rudolphe Kreutzer und anderen.

Ettore Pinelli war in einer Musikerfamilie aufgewachsen, wie erwähnt war sein erster Lehrer sein Onkel, Tullio Ramaciotti, sein Bruder Oreste[35] war Pianist, sein Bruder Decio Cellist; daher gehörte für ihn Kammermusik zum täglichen Leben: „Neulich erhielt ich einen Brief meines Onkels, in welchem er mir sagte, dass er keine Abonnementskonzerte dieses Jahr gibt, sondern nur einige musikalische Matineen auf Einladung, wo er Bach spielt. Dann veranstaltet Sgambati in einem anderen Saal Konzerte mit anderen Künstlern, auf diese Weise haben wir dieses Jahr zwei Gesellschaften für Kammermusik. Mein Onkel

---

32 „Avanti tutto ti dirò che Joachim è divenuto in questi giorni padre di un bellissimo bambino, la sua felicità è al colmo, il suo aspetto è più raggiante del solito, e sempre più amabile che mai; eli ha depositato il suo violino in mia casa e viene tutti i giorni a suonare da me, ieri sera suonò per due ore intere, le sonate di Bach, il concerto di Beethoven e il suo ungherese eccetera. Io ne rimasi così contento che andetti senza cenare a letto". Pinelli an Johanna Fuchs vom 17. September 1864, NL-SHbhic, Inv. 343.

33 Leopold Alexander Zellner (1823–1894), seine Ausgabe der Teufelstriller-Sonate von Tartini erschien 1862.

34 „Non mi lodo, ma ti dico schiettamente che l'accompagnamento che faccio a queste sonate mi piace più che quello di Zellner, perché gli vi ha messo tante note e tante imitazioni e tante dissonanze che cambiano tutto a fatto il carattere dell'originale, e la grande semplicità, è il sentimento vero del cuore senza calcoli di armonia che costituisce il bello di questa musica. E tutto ciò che vi aggiunge senza l'intenzione dell'autore non fa altro che guastare il pezzo. Per esempio, Joachim suona sempre la Chaconne di Bach né con l'accompagnamento di Schumann, né con quello di Mendelssohn, ma tutto solo, e basta." Brief von Pinelli an Johanna Fuchs, 17. September 1864, NL-SHbhic, Inv. 343.

35 Oreste Pinelli (1844–1924).

verwendet viel Sorgfalt auf den Unterricht seiner Schüler, einer an der Viola und ein anderer an der 2. Geige für Quartettspiel, außerdem spielt mein Bruder Decio, der Violoncello studiert; wenn ich nach Rom zurückkomme, werde ich auf diese Weise ein mittelmäßiges Quartett haben, das mit der Zeit hervorragend werden kann. Auch über meinen anderen Bruder Oreste schreiben sie mir, dass er große Fortschritte auf dem Klavier macht mit Sgambati, er übt den ganzen Tag mit großer Hingabe, und so ist es eine große Befriedigung für mich, da ich meine Brüder sehr liebe und die Musik."[36]

Die intensive Verwurzelung in der Kammermusik kam ihm in Hannover zugute. Er konnte aus dem Stand in Auftritten und Konzerten mitspielen, auch die Übernahme des Bratschenparts war, wie für Joachim, für Pinelli kein Problem: „Joachim hat schon zwei Kammermusikabende gegeben und im ersten habe ich Viola gespielt in einem Quintett von Mozart, im zweiten haben sie das cis-moll Quartett [op. 131] von Beethoven gespielt, und Joachim spielte das Finale auf so spezielle Weise, dass der Saal bebte, der gewaltige Ton, den er aus der Geige herausholte, ist nicht zu beschreiben und man kann es sich nicht vorstellen, wenn man es nicht gehört hat, aber du hast bald dieses Vergnügen, weil er Anfang Dezember nach Rotterdam kommt und in andere drei Städte in Holland, um zu spielen".[37]

Mit bemerkenswerter Offenheit konnte sich Pinelli Johanna Fuchs gegenüber äußern, stellenweise fühlte er sich bemüßigt, die „geschwisterliche" Seite des Verhältnisses zu betonen, um keine Mißverständnisse aufkommen zu lassen. Möglicherweise mit Recht fühlte er sich dabei argwöhnisch beobachtet durch seine Mentorin Jessie Laussot, die mit Johanna Fuchs in intensivem Austausch stand, und mindestens einmal Vorwürfe eines zu engen Verhältnisses an Pinelli richtete. Da von Mitstudierenden in diesen Briefen nirgends die Rede ist, waren Pinellis Öffnung gegenüber Johanna Fuchs und seine Einsamkeitsgefühle verständlich.

Nach den überlieferten Zeugnissen muss Pinelli von eher weichem, sensiblem Charakter gewesen sein, der den Ausgleich suchte. In künstlerischen Fragen kompromisslos,

---

36 „L'altro giorno ricevetti una lettera da mio zio nella quale mi dice che egli non darà concerti di abbonamento in quest'anno ma solamente qualche mattinata musicale per invito, Bach vi suonerà. Sgambati poi in un'altra sala a prendere l'impresa di concerti con altri artisti, così quest'anno avranno in Roma due società di musica da cammera [sic]. Mio zio si prende molta cura di istruire due suoi scolari, uno alla Viola ed un altro al 2o violino per i quartetti, altro mio fratello Decio che studia il violoncello, così quando tornerò in Roma avrò un quartetto mediocre che col tempo potrà farsi eccellente. Anche l'altro mio fratello Oreste mi scrivono che fa gran progressi sul pianoforte con Sgambati, egli studia tutto il giorno con un grande ardore e ciò è una grande consolazione per me che amo tanto i miei fratelli e la musica." Brief von Pinelli an Johanna Fuchs vom 13. Dezember 1864, NL-SHbhic, Inv. 343.

37 „Joachim ha già dato due serate di Kammermusik e nella prima vi ho suonato la Viola in un quintetto di Mozart, nella seconda hanno eseguito il quartetto di do# minore di Beethoven e Joachim suonò in un modo specialmente il finale, di far tremare la sala, la potenza della voce che egli cava dal violino è indescrivibile e non si può immaginare fino che non si sente, e tu avrai presto questo piacere gianchè nei primi di Dicembre verrà a Rotterdam ed in altre tre città dell'Olanda per sonare; egli s'affretto di darmi questa notizia perché sapeva che m'avrebbe fatto molto piacere." Brief Pinelli an Johanna Fuchs vom 3. Oktober 1864, NL-SHbhic, Inv. 343.

Michael Uhde

Abbildung 6.2: Die Brüder von Ettore Pinelli, Oreste (Klavier) und Decio (Violoncello). (I-Rc, Fondo Sgambati, A.S.foto 97, by permission of the Biblioteca Casanatense, Rome, MiC)

suchte er dennoch politisch eindeutige Stellungnahmen zu vermeiden. Dies gilt auch für den großen kulturpolitischen Konflikt zwischen Gefolgsleuten von Brahms und Joachim und der Wagner/Liszt-„Partei". Während Laussot durch ihre Freundschaft mit Wagner, Liszt und Bülow eindeutig zuzuordnen war, suchte sich Pinelli seinen eigenen Weg: „je mehr ich ihn [Joachim] kennenlerne, desto gigantischer wird in meinen Augen seine Größe als Mensch und Künstler, auch wenn Mme. Laussot ihn einige Grade unter Liszt stellt, ich bin nicht dieser Meinung, als Mensch ist er unendlich viel besser, und als Künstler und Kenner der Kunst ist niemand besser als er, und außerdem hat er dieses enorme Verdienst, dass er alles tut, was ihm seine Kenntnis diktiert, was Liszt manchmal vergisst, speziell, wenn er vor einem Publikum sitzt. Ich hoffe, dass du mich wegen dieser Worte nicht verurteilst, dass ich mich in Gegensatz zu Liszt begebe, was schon Sgambatis Meinung in Rom war; aber er hat keinen Grund zu sagen, Liszt sei der größte lebende Künstler, und er, der nur ihn kennt, kann nicht über die anderen urteilen; ich hätte so gern, dass du mir deine Meinung über diese Frage sagst, welche die musikalische Welt so aufregt und bei der ich hoffe, immer Neutralität zu bewahren."[38] Diese von heute aus gesehene naheliegende Position der Offenheit gegenüber den gegensätzlichen Standpunkten war damals in keiner Weise selbstverständlich, zu einer Zeit, da sich die Fronten zwischen beiden Konfliktparteien meist unversöhnlich gegenüberstanden. Jessie Laussot, eigentlich der Wagner-Partei zugehörig, verlor ebenfalls die andere Seite nicht aus dem Blick, wie die Verbindungsaufnahme zu Joachim beweist. Ihr wahres Idol war jedoch Franz Liszt, dem sie eine fast religiöse Verehrung entgegenbrachte (Abbildung 6.3).

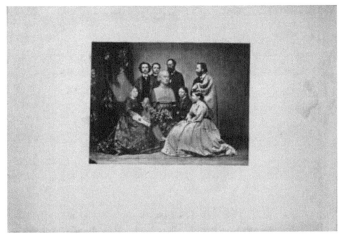

Abbildung 6.3: Dieses Bild zeigt Laussot (2. v. r.) als „Hohepriesterin ihres Ordens", mit Freunden, unter ihnen Sgambati (2. v. l.). (I-Rc, Fondo Sgambati, A.S.foto 160, by permission of the Biblioteca Casanatense, Rome, MiC)

Pinelli hingegen bezog eine andere Position; auch er war Liszt mehrmals persönlich begegnet und von ihm beeindruckt, ohne den kritischen Blick für einige seiner Charakter-

---

38 „più io l'imparo a conoscere e più ingigantisce a miei occhi la sua grandezza d'uomo e artista, sebbene Mme. Laussot lo ponga qualche grado sotto al Liszt, io non trovo che ciò si possa dire, come uomo e infinitamente migliore di quest'ultimo e come artista e come conoscitore dell'arte non c'è secondo a nessuno, e poi ha quell' immense pregio di fare sempre tuttociò che gli è dettato dalla sua conoscenza, cosa che qualche volta Liszt dimentica, specialmente quando si trova davanti ad un pubblico. Spero che tu non giudicherai da queste mie parole che io mi sia messo nel campo contrario a Liszt come lo ha già giudicato Sgambati in Roma; egli però non ha una ragione di dire che Liszt è l'artista più grande vivente, eglì che non conosce che lui non può giudicare degli altri; vorrei che tu mi parlassi un poco di questa questione che agita tanto il mondo musicale e della quale Io spero di mantenermi sempre in neutralità." Brief von Pinelli an Johanna Fuchs vom 13. Dezember 1864, NL-SHbhic, Inv. 343.

züge zu verlieren; eine völlig andere Rolle nahm Joachim für ihn ein, dieser war und blieb bestimmender musikalischer und menschlicher Bezugspunkt seines Lebens. Daneben verrät die Programmgestaltung für seine Società Orchestrale nicht nur Neutralität in diesem Konflikt, sondern Offenheit, auch für die verschiedensten Strömungen zeitgenössischer Musik, wie später zu zeigen sein wird. Für den 21-jährigen Pinelli stellte es jedenfalls einen bedeutenden Entwicklungsschritt dar, sich ein eigenes, unabhängiges Urteil zu bilden.

Unterricht bei Scholz in Komposition

Neben seinem Unterricht bei Joseph Joachim hatte Pinelli auch Unterricht in Komposition aufgenommen; sein Lehrer war Bernhard Scholz (1865–1916), der durch Joachim nach Hannover gekommen war: „Außer dem unermüdlichen Studium des Instruments habe ich angefangen, gründlich Komposition bei Herrn Scholz zu studieren, dem Kapellmeister."[39] Auch dieser Unterricht sollte ihm in seiner späteren Laufbahn sehr zugute kommen. Der Pianist und Kapellmeister Bernhard Scholz war ein Freund Joseph Joachims. Als Joachim seinen Abschied von Hannover verkündete, verließ Scholz 1865 das Hoftheater, obwohl Joachim seinen Abschied erst später vollzog; in der Saison 1865/66 war Scholz Leiter der von Jessie Laussot begründeten Società Cherubini in Florenz. Sein Kontakt mit Pinelli setzte sich auch in späteren Zeiten fort, im August 1871 korrespondierte er mit Pinelli über eigene Kompositionen, um Pinelli zur Aufführung eines Werkes zu bewegen.[40]

Er schließt seinen Brief: „Ich gratuliere dir herzlich zu deiner Aktivität! Ich habe oft an dich gedacht in diesen Tagen, als Rom von den Italienern erobert wurde. Vorwärts! Immer weiter! Und ich hoffe, dass unsere Nationen immer in bester Harmonie sein werden! Wir haben gleiche Ziele, und Italien und Deutschland harmonieren immer im Guten und Schönen. Es sind diese beiden Länder, von denen die Entwicklung der Künste in Europa abhängt."[41]

Beethovens 9. Sinfonie und ihr Eindruck auf Pinelli

Am Schluss seines Briefes vom 13. Dezember 1864 an Johanna Fuchs kündigte Pinelli ein herausragendes Ereignis an, das eine zentrale Rolle in seinem musikalischen Denken

---

39 „Oltre l'indefesso studio dell'in strumento ho cominciato a studiare con molto fondamento anche la composizione con il signore Scholz maestro di cappella." Brief von Pinelli an Johanna Fuchs vom 17. September 1864, NL-SHbhic, Inv. 343.
40 Brief von Bernhard Scholz an Pinelli vom 31. August 1871, I-Rama, Archivio storico, Signatur 201. Pinelli Ettore 1871–1881.
41 „Ti congratulo sinceramente della tua attività. Ho spesso pensato di te in quei giorni, quando Roma e stata presa degli italiani. Andate! Sempre avanti! E spero che le nostre nazioni saranno sempre in buonissima armonia! Non abbiamo che gli stessi scopi, e che l'Italia e la Germania concordino sempre nel buono e nel bello. Sono i due paesi, dei quali dipende lo sviluppamento delle arti in Europa." Brief von Scholz an Pinelli vom 31. August 1871, I-Rama, Archivio storico, Signatur 201. Pinelli Ettore 1871–1881.

und in seinem künstlerischen Leben einnehmen würde: Das Erlebnis der 9. Sinfonie von Beethoven: „Ich warte ungeduldig auf meine Ankunft, um die 9. Sinfonie und das Konzert von Beethoven zu hören, so viel schöne Musik, man wird verrückt vor Freude."⁴² Die Aufführung, ausschließlich mit Werken Beethovens, fand am 17. Dezember 1864, wahrscheinlich im Concertsaal, statt; auf dem Programm standen außerdem das Violinkonzert mit Joachim als Solist, die Coriolan-Overture und Adelaide op. 46.⁴³ Das Konzert fiel damit in einen Kontext, in welchem Joachim seinen Abschied von Hannover eingereicht hatte, ihn jedoch später nicht sofort vollzog. Hintergrund war ein Konflikt um die Ernennung des Geigers Jakob Moritz Grün (1837–1916) zum „Kammermusikus", eine Festanstellung, welche Grün auf Grund seines jüdischen Glaubens vorerst verweigert wurde. Pinelli musste davon ausgehen, dass seine Zeit in Hannover durch den möglichen Weggang Joachims begrenzt sein würde. Er beschloss daher, seine Studien bei Joachim zu intensivieren, um den Unterricht bei Scholz später nachzuholen: „Dies sind die letzten zwei Monate, in denen Joachim in Hannover bleiben wird; um mehr auf meinem Instrument zu profitieren, habe ich das Studium der Komposition und des Partiturspiels verlangsamt; das könnte ich gut nachholen, wenn er [Joachim] abgereist ist, da ich schon entschieden bin, dieses ganze Jahr noch in Deutschland zu bleiben".⁴⁴

Er beschreibt sodann in glühenden Farben, welch tiefen Eindruck das Konzerterlebnis der 9. Sinfonie Beethovens bei ihm hinterlassen hatte: „Im letzten Konzert wurde die 9. Sinfonie von Beethoven aufgeführt, welche ich die Übersetzung der Genesis in Musik nennen möchte, mit nichts anderem kann man dieses Werk vergleichen als mit dem Buch Mose, ist nicht der Anfang der Sinfonie Gott vergleichbar, der Himmel und Erde teilt, und die Erde war leer und der Geist Gottes schwebte über den Wassern? Ist nicht der Regenbogen das Glück irdischen Paradieses? In diesem schrecklichen Rezitativ der Bässe, hast du nicht das Gefühl, eine Sorte von Giganten zu sehen, rebellisch gegenüber dem Herrn, die mit der Sintflut gegeißelt werden? Und endlich: sieht man nicht das Erscheinen des Regenbogens des Friedens, in den anmutigen und freudigen Melodien, welche Schillers Ode untermalen? Wie erhaben ist ein solches Werk! Wie edel ist der menschliche Einfallsreichtum, und wie sehr kann er sich erheben!"⁴⁵ Die von Pinelli herangezogenen Vergleiche entstammen dem biblischen Buch Genesis. Gehen sie auf eine gemeinsame Reflexion mit

---

42 „Sono impaziente di arrivare a sabato per sentire la nuova sinfonia e il concerto di Beethoven, tanta bella musica cosa da impazzire dalla gioia." Brief von Pinelli an Johanna Fuchs vom 13. Dezember 1864, NL-SHbhic, Inv. 343.
43 Georg Fischer, Musik in Hannover, Hannover, 1903.
44 „Questi sono gli ultimi due mesi che Joachim resterà in Hannover ed io per profittare più nel mio strumento ho rallentato un po' lo studio della composizione e la lettura delle partiture, ciò potrò ben fare quando egli sarà partito giànche sono deciso di restare ancora tutto l'anno in Germania." Brief von Pinelli an Johanna Fuchs vom 7. Januar 1865, NL-SHbhic, Inv. 343.
45 „Nell'ultimo concerto fu eseguita la nona sinfonia di Beethoven che io la chiamo la traduzione della genesi in musica, Niente altro si può paragonare a quest'opera che il libro di Mosé, Il principio della sinfonia non è Dio divide il cielo dalla terra, e la terra era vuota e lo spirito di Dio e vagava sulle acque? L'arco non è la beatitudine del paradiso terrestre? In quel terribile recitativo dei bassi non ti sembra

Joachim zurück? Oder sind sie der eigenen Fantasie entsprungen?[46] Der Eindruck war jedenfalls so einschneidend, dass damit ein Lebenstraum begründet wurde, der sich erst 14 Jahre später realisierte, am 18. März 1879. Pinelli war inzwischen Dirigent des von ihm gegründeten Orchesters, der Società Orchestrale Romana, in welchem viele seiner eigenen Schüler spielten. Auf dem Programm standen Mozarts Ouvertüre zur Oper Die Zauberflöte und Beethovens 9. Sinfonie; das Konzert wurde am 22. März 1879 wiederholt.[47] Es war bereits das 16. Konzert dieser Orchestervereinigung. Diese Konzerte und ihr Echo werden später noch eingehender behandelt.

Im März 1865 näherte sich der Aufenthalt Pinellis in Hannover seinem Ende. Aus zwei Briefen, einer von Joachim, einer von Pinelli, lässt sich so etwas wie ein Resümee dessen herauslesen, was für das Verhältnis von Lehrer und Schüler wesentlich war.

Der Brief Joachims war nicht leicht aufzufinden und einzuordnen, da weder Datum noch Adressat des Briefes eindeutig angegeben sind; er fand sich im Nachlass von Adolf von Hildebrand (1847–1921) in der Bayerischen Staatsbibliothek München. Die Datierung lässt sich inhaltlich eindeutig auf 1865 festlegen, also nachdem Pinelli einen Winter in Hannover zugebracht hatte. Die Zuordnung der Bibliothek an die Adressatin Irene von Hildebrand, geb. Schäuffelen (1846–1921), Gattin von Adolf von Hildebrand, kann eigentlich nur irrtümlich sein, denn diese wäre bei Abfassung des Briefes 19 Jahre alt gewesen und von Joachim wohl nicht als „Hochgeehrte Frau" tituliert worden; der Inhalt spricht indessen eindeutig für Jessie Laussot als Empfängerin. Der Brief könnte sich in ihrem Nachlass befunden haben, als Adolf von Hildebrand als Laussots Nachlassverwalter fungierte. Die von Joachim genannten Einzelheiten, wie Pinellis Reiseziele Leipzig und Köln, stimmen mit den tatsächlich durchgeführten und von Pinelli in der Korrespondenz erwähnten Reisen überein.

Joachim zieht hier eine sehr wohlwollende, in Teilen auch kritische Bilanz und geht auch auf die finanzielle Seite der Förderung durch Jessie Laussot ein, der er eine Beteiligung anbietet: „Hannover, den 2ten März. [1865]. Hochgeehrte Frau, Leider habe ich nur wenige Momente um mit Ihnen über ein Thema zu sprechen, das der sorgfältigsten Ausführlichkeit werth wäre, über unseren lieben Pinelli, aber ich will Ihnen wenigstens vor meiner Abreise nach London, heute Nachmittag, sagen, daß ich ihm für die nächste Zeit gerathen habe auf 6 Wochen nach Leipzig zu gehen, wo noch das Concertwesen in vollem Gang ist, und er große Eindrücke empfangen wird, während hier die Saison vorüber ist. Ich glaube Pinelli hat hier sehr wenig gebraucht, und die Ausgaben in Leipzig sind nicht so groß, daß sie eine zu starke Lücke in seinem Geldfonds machen können. Briefe an David, Härtel etc

---

di vedere la razza di giganti ribellii al Signore e gastigati e col diluvio universale? E finalmente non si vede apparire l'iride di pace, in quelle graziose gioiose melodie che rivestono l'ode di Schiller? Come è sublime un tale lavoro! Come è nobile l'ingegno umano se può innalzarsi a tanto!" Brief von Pinelli an Johanna Fuchs vom 7. Januar 1865, NL-SHbhic, Inv. 343.

46 Zur Geschichte der Deutung der 9. Sinfonie siehe auch: Massimo Mila, Lettura della Nona Sinfonia, Torino, 1977.

47 Venticinque anni.

werde ich ihm geben; gewiß können Sie auch die eine oder andere Empfehlung für ihn verschaffen. Mitte April, meinte ich, würde Pinelli wieder hieher zurückkehren, und seine Studien bei Scholz fortsetzen, bis er mit diesem, der ihn auch wahrhaft lieb gewonnen hat, das Kölner Pfingstmusikfest besucht. Bis dahin wird es sich entschieden haben was ich im Sommer thue, und da es mich immer freut Pinelli in meiner Nähe zu haben, so hoffe ich mich dann wieder speciell mit ihm befassen zu können. Seine leichte Auffassungsgabe macht es einem leicht ihm zu nützen, und ich hoffe daß eine gewisse Energie des Rhythmus, die sonderbarer Weise diesem Italiener mangelt, auch noch in seinem Spiel zu wecken sein wird. Ganz bin ich mit Ihnen einverstanden, hochgeehrte Frau, wenn Sie sagen, daß die Freunde Pinelli's alles aufbieten müssen ihn noch länger in Deutschland zu halten, und wenn Sie mir schreiben wollen, wie auch ich dazu beitragen kann, so werde ich von Herzen dankbar sein."[48] Auf den ersten Blick stellt dies ein sehr positives Echo dar. Pinelli schien Joachim sogar in besonderer Weise ans Herz gewachsen („auch lieb gewonnen"), insofern mögen die von Pinelli berichtete enge und intensive Erfahrung seiner Unterrichtssituation, das partnerschaftliche Zusammenspiel und der freie Gedankenaustausch nicht typisch für Joachims Unterricht dieser Zeit gewesen sein. Die einzige Einschränkung, das Fehlen rhythmischer Energie, hielt er für reparabel. Joachims Forderung, Rhythmus als zentrales Element der Interpretation zu verstehen, lässt sich auch an anderer Stelle verfolgen und beruhte auf einer sehr speziellen, möglicherweise auch durch seine ungarische Herkunft begünstigten Auffassung.[49] Außerdem geht Joachim auch auf die finanziellen Aspekte ein, weil er diese für die Adressatin als wesentlich empfand. Den Schluss bildet ein Appell an Laussot, die Hilfe, wenn notwendig gemeinsam, fortzusetzen.

Nach den vorliegenden Quellen kam es jedoch weder im Sommer noch danach zu einer Wiederaufnahme des Unterrichts. Man könnte fragen, wo die Gründe hierfür lagen. Von Seiten Joachims schienen jedenfalls alle Türen offen, wobei Ort und Zeit eines weiteren Unterrichts auch wegen Joachims möglichem Weggang aus Hannover unklar blieben. Pinelli seinerseits drückte zu jeder Zeit sein brennendes Interesse an einer Fortsetzung des Unterrichts aus. Was war geschehen?

Von Pinellis Seite gibt sein Brief an Johanna Fuchs vom 6. März 1865, also fünf Tage nach Joachims Schreiben, näheren Einblick in seine Seelenlage. Mit diesem Brief endet zugleich die Korrespondenz mit dieser Adressatin: „Ich wollte dir gleich antworten, aber in den letzten Tagen, in denen sich Joachim in Hannover befand, war es mir wirklich unmöglich, die passende Zeit zu finden, meinen Wunsch zu erfüllen; jetzt ist Joachim je-

---

48 D-Mbs, Nachlass von Adolf von Hildebrand, Ana 550.
49 „Die Zigeuner spielen noch enthusiastisch […]; es ist mehr Rhythmus […] in ihren Bogen, als in allen norddeutschen Kapellisten zusammengenommen." Joachim an Liszt, 16. November 1854, zit. nach Andreas Moser, Joseph Joachim. Ein Lebensbild, Neue, umgearb. und erw. Ausg., Bd. 1, Berlin 1908, S. 227. „In seinem [Brahms'] Spiele ist ganz das intensive Feuer, jene, ich möchte sagen, fatalistische Energie und Präzision des Rhythmus, welche den Künstler prophezeien, und seine Kompositionen zeigen jetzt schon so viel Bedeutendes, wie ich es bis jetzt noch bei keinem Kunstjünger seines Alters getroffen." Max Kalbeck, Johannes Brahms, Bd. I, Wien und Leipzig ²1907, S. 74.

Michael Uhde

doch weg! Kann ich dir meinen ganzen Schmerz ausdrücken, welchen mir diese Trennung verursacht? Über diese tiefen Gefühle kann man nicht groß Worte verlieren, du kannst es dir aber vorstellen, (die du mich gut kennst), was in diesen Tagen in meiner Seele vorgeht! Jetzt spüre ich die ganze Bitterkeit, hier vollkommen einsam in einem fremden Land zu sein, jetzt spüre ich mit ganzer Wucht wie niemals dieses langsame und schreckliche Heimveh [sic], das die Sicht auf alles andere gegenwärtig vernebelt."[50] An diesem Punkt schien Pinelli nicht mehr weiterzuwissen. Der zukünftige Unterricht mit Joachim war ungewiss, neben der von ihm gefühlten Einsamkeit bedrückte ihn sicher auch finanzielle Unsicherheit. Darauf deuten auch seine Worte in diesem Brief hin, wo er unter dem Datum 15. März 1865 hinzufügte: „Bis jetzt habe ich noch nichts von Mme. Laussot erhalten, ich kann mir ihr Schweigen nicht erklären."[51] Dies war ein alarmierendes Zeichen, da er dringend auf Nachricht seiner Mäzenin wartete. Zusammen mit ihr hatte er von Bad Nauheim aus seine ersten Kontaktversuche zu Joachim gestartet, ohne ihre Nachricht hing er in der Luft.

Ob und warum Jessie Laussot an diesem Punkt ihre Förderung einstellte, kann anhand der vorliegenden Korrespondenzen nicht genau festgestellt werden. In der Tat verbrachte sie den Sommer nicht in Deutschland, sondern in Fano/Italien, von wo sie unter den Daten 8. und 14. Juli 1865 zwei Briefe an Wilhelmine Backofen schrieb, die zu dieser Zeit in Florenz weilte, in denen von Pinelli allerdings nicht die Rede war.[52] Falls eine Verstimmung Ursache gewesen sein sollte, war sie jedenfalls nicht von bleibender Dauer; im Januar 1866 verbrachte Laussot einige Zeit in Rom in Gesellschaft von Pinelli und Sgambati.[53]

Für Pinelli blieb also vorerst nichts anderes übrig, als dem Fahrplan zu folgen, den Joachim in seinem Brief an Jessie Laussot angedeutet hatte; die nächste Station war Leipzig.

Noch aus Hannover richtete Pinelli am 13. März einen Brief an Joachim. Er hatte sich als Dank für seinen Lehrer eine besondere Überraschung ausgedacht: „Mein ehrenwerter Freund, ich bin wirklich zu spät mit meinen Zeilen, aber heute habe ich das Vergnügen, Ihnen die Ankunft der langersehnten Saiten anzukündigen, sie sind in einer weißen Eisenkassette, wo sie während der Reise hoffentlich nicht gelitten haben, weil sie dafür gemacht

---

[50] „Avrei voluto risponderti subito ma negli ultimi giorni che Joachim trovavasi in Hannover mi era veramente impossibile di trovare il tempo conveniente per adempire questo mio desiderio; ora dunque Joachim è partito! Potrei io esprimerti tutto il dolore che mi causa questa separazione? Delle cose altamente sentite non se ne può molto far motto, lascio dunque a te considerare (Che mi conosci bene) quale deve essere in questi giorni l'interno dell'animo mio! Ora io sento tutto l'amaro di trovarsi interamente solo in un paese straniero, ora io sento con più forza che mai quel lento e terribile Heimveh [sic] che offusca la vista di qualunque altro oggetto presente.—- " Brief von Pinelli an Johanna Fuchs vom 6. März 1865, NL-SHbhic, Inv. 343.

[51] „Fino ad ora non ho ricevuto nulla da Mma. Laussot, non so spiegarmi questo silenzio." Brief Pinelli an Johanna Fuchs vom 6. (15.) März 1865, NL-SHbhic, Inv. 343.

[52] Wilhelm Welcker, Kleine Schriften über einzelne Familienmitglieder Backofen, Selbstverlag 1930, S. 237–239.

[53] Brief von Laussot an Wilhelmine Backofen vom 15. Januar 1866; Welcker, Kleine Schriften, S. 246.

ist; da Sie gewohnt sind, mit nicht behandelten Saiten zu spielen, glaube ich, dass diese beiden Sätze [‚Sträuße'], die unter den anderen enthalten sind, am besten passen könnten."⁵⁴ Aus diesen Zeilen geht hervor, dass Pinelli für Joachim behandelte Saiten bestellt hatte und ihm damit ein Geschenk machen wollte.⁵⁵ Dann geht er auf seine nächsten Ziele ein: „Morgen werde ich nach Leipzig abreisen, und ich hoffe, Sie werden die Güte haben, mir dorthin Briefe zu schreiben. Dort bleibe ich vielleicht bis Ostern, weil ich denke, dass es bis dahin weiterhin Konzerte geben wird. Danach kehre ich nach Hannover zurück; ich habe noch keine Briefe von Frau Laussot erhalten, sodass ich meine Projekte noch nicht vorantreiben kann."⁵⁶ Pinelli, in Erwartung einer Nachricht von Laussot, hatte größtes Interesse, Joachims Pläne und Aufenthaltsorte zu erfahren, um die Arbeit fortzuführen: „Ich glaube, es wird nicht nötig sein, Sie an das Versprechen zu erinnern, das Sie mir vor Ihrer Abreise gegeben haben, dass Sie mich immer wissen lassen würden, wo Sie den nächsten Sommer verbringen werden."⁵⁷

Wie versprochen, wandte sich Pinelli am 7. April 1865 aus Leipzig an Joachim: „Leipzig 7 April 65. Gnädiger Herr, Ihr Brief, den ich gestern morgen erhielt, hat mich mit Freude erfüllt, wegen der lieben Ausdrücke, von denen er voll ist; nach Ihrer Abreise aus Hannover hätte mir nichts lieber sein können als direkt von Ihnen selbst Nachricht zu bekommen. Ich hatte schon in Zeitschriften für Musik verfolgt, was Sie in London und anderen Städten gemacht haben, was mir auch irgendwie ein Trost war."⁵⁸ Nur mühsam konnte Pinelli hier seine Verzweiflung verbergen, die durch die Ungewissheit über seine Zukunft bedingt

---

54 „Mio onorevole amico, Ho tardato molto, è vero, a farle avere queste mie linee, ma oggi facendo lo ho il piacere di annunziarle l'arrivo qui in Hannover delle tanto sospirate corde, queste stanno dentro una buona cassetta di ferro bianco onde io spero che non abbiano nulla sofferto per il viaggio fatto e che lo stesso accada per quello da fare; essendo Ella abituato a suonare con corde impomiciate, credo che quei due mazzi di questa specie che troverà ivi ancora fra gli altri, le torneranno più a grado." Brief von Pinelli an Joachim vom 13. März 1865, D-Bim, SM 12/1957–3613.

55 Die folgende Quelle geht näher auf die italienische Tradition der Darmsaitenherstellung ein, und womit unbehandelte Saiten in verschienden Zeitepochen behandelt wurden. Mimmo Peruffo, The Rediscovered Method of Making Strings from Whole Unsplit Lamb Gut (https://aquilacorde.com/wp-content/uploads/2019/11/Unsplit%20Lamb%20Gut%20-%20how%20we%20got%20there.pdf, zuletzt abgerufen März 2023).

56 „Domani partirò per Leipzig e spero ch' Ella abbia la bontà di inviarmi colà qualche sua lettera. Ivi resterò forse fino alla Pasqua poiché sento che i Concerti vi seguiteranno ad essere fino a quel tempo. Poi tornerò in Hannover per ripartirne più tardi verso Colonia; ancora non ho lettere della Signora Laussot di modo che io non posso spingere più in la i miei progetti." Pinelli an Joachim, 13. März 1865, D-Bim, SM 12/1957–3613.

57 „Credo che non farà bisogno ch' io Le rammenti la promessa ch' Ella mi fece avanti di partire di qui cioè che Ella m' avrebbe sempre fatto sapere dove andrà a passare la prossima Estate." Pinelli an Joachim, 13. März 1865, D-Bim, SM 12/1957–3613.

58 „Lipsia 7 Avrile 65. Gentilissimo Signore, La Sua lettera ricevuta ier mattina m' ha colmato di piacere per le care espressioni di che è piena; dopo la sua partenza da Hannover nulla vi poteva essere di più piacevole per me che l'avere per lei stesso le sue proprie notizie. Io aveva già seguito per le gazzete musicali quanto Ella ha fatto in Londra e nelle altre città, ciò m' era anche di una qualche consolazione." Pinelli an Joachim am 7. April 1865 aus Leipzig, D-Bim, SM 12/32 Etore Pinelli 4.

war. Zugleich mit seinem Bericht über seine musikalischen Erlebnisse blickte er bereits auf seine Zeit in Deutschland zurück; wieder ging er auf seine Mitwirkung bei der 9. Sinfonie in Hannover ein: „Hier in Leipzig habe ich zwei Abonnementskonzerte gehört, einen Kammermusikabend, ein Konzert im Theater, und außerdem werde ich am Karfreitag die Passion von Bach hören. Im letzten Konzert wurden die 1. und die 9. Sinfonie von Beethoven aufgeführt, aber die letztere fand ich etwas schlechter ausgeführt als die in Hannover; mir scheint, dass das Orchester nicht diesen Geist hat, den jenes besitzt, in welcher ich das Vergnügen hatte, selbst teilzunehmen, wenn auch als schwacher Teil; es machte mich fast wütend, das gigantische Rezitativo der Bässe langsam und pathetisch ausgeführt zu hören; Sie wissen sehr gut den Grund dafür und wie sehr ich mir die Zeit in Erinnerung rufen muss, die ich in Hannover verbrachte!"[59]

Mittlerweile musste Pinelli klar geworden sein, dass die Signale auf Heimkehr standen, und dass er im Wesentlichen auf sich allein gestellt war: „Von Mme. Laussot habe ich heute einen Brief erhalten, in welchem sie mir nur sagt, dass ihr Kommen nach Deutschland diesen Sommer nicht unmöglich sei, aber sonst nichts! Ich hoffe, sie möchte mir eine Überraschung bereiten. Von Dresden werde ich nach Hannover zurückkehren, um Scholz wiederzusehen, um dann gemeinsam nach Köln abzureisen. Ob dann Mme. Laussot kommt oder nicht – ich gebe die Hoffnung nicht auf, Sie in diesem Sommer wiederzusehen, wo auch immer, wenigstens wenn Sie nicht zu weit von hier weggehen."[60] Von den vorliegenden Briefen ist dieser Pinellis letzter aus Deutschland, und er wirft einige Fragen auf. Mit Sicherheit befand sich Pinelli am Ende des Jahres 1865 wieder in Rom. Wann genau Pinelli Deutschland verließ, bleibt unklar. Aus den Zeilen an Joachim lässt sich jedenfalls herauslesen, dass Jessie Laussot ihre Förderung einstellte, ohne Pinelli längerfristig darauf vorbereitet zu haben; seine Hoffnung auf eine „sorpresa" seitens Laussots wurde auch von ihm nicht so formuliert, als glaubte er an diese Wendung des Schicksals. Über das finanzielle Hilfsangebot, welches Joachim in seinem Schreiben an Laussot erwähnt hatte, war Pinelli möglicherweise gar nicht informiert. Dennoch hielt er unbeirrt an den mit Joachim verabredeten Plänen fest.

---

59 „Qui a Lipsia ho inteso due concerti d'abbuonamento una serata Kammermusik, un concerto al Teatro e quindi udirò nel Stillfreitag [sic] la passione di Bach. Nell'ultimo concerto di abbonamento fu eseguita la 1.a e la 9.a sinfonia di Beethoven, ma quest' ultima la trovai eseguita in un modo alquanto inferiore a quella d' Hannover; l'orchestra, mi sembra, non ha quello spirito che possieda quella in cui ho avuto il piacere di farne una parte benché debole assai; mi fece quasi rabbia il sentire quell' gigantesco recitativo de' bassi eseguito lentamente e pateticamente; Ella sa bene quale è la ragione di tutto ciò e quanto io debba richiamarmi quel tempo che ho passato in Hannover!" Brief von Pinelli an Joachim, 7. April 1865, D-Bim, SM 12/32 Ettore Pinelli 4.
60 „Di Mad.me Laussot ho oggi una lettera la quale mi dice solamente che non è impossibile la sua venuta in Germania in questo estate, ma ancora nulla più! Spero che voglia farmi una sorpresa. Da Dresden ritornerò a Hannover per ritrovare Scholz e quindi partirci insieme per Colonia. Che venga poi o no Mme Laussot io non abbandono mai la viva speranza di riveder Lei in questo estate prossimo in qualunque luogo sia, a meno che Ella non vada troppo lontano di qui." Brief von Pinelli an Joachim vom 7. April 1865, D-Bim, SM 12/32 Ettore Pinelli 4.

Im Anschluss an Leipzig nahm er sich vor, am 15. April nach Dresden zu reisen, was er in seinem Brief an Joachim ankündigte. Mit ihm verband ihn auch eine große Liebe zur Bildenden Kunst und zum Besuch von Museen: „Ich habe mir vorgenommen, am Osterabend (15) nach Dresden abzureisen; Ich habe eine immense Sensucht [sic] nach Kunstobjekten, und die Galerie in dieser Stadt wird mich hoch befriedigen; wenn ich dort bin, werde ich sehr dankbar sein, mir vorzustellen, dass Sie die gleiche Beschäftigung wie ich haben werden, nämlich den Louvre [zu sehen], und dann werden wir [zukünftig] den Vatikan zusammen durcheilen, und dann viele andere Dinge, die das Herz allein fühlen kann und die sich nicht mit Worten ausdrücken lassen."[61] Anscheinend blieb Pinelli mindestens einen vollen Monat in Dresden, denn die Signale für die musikalische Welt veröffentlichen am 18. Mai eine kurze Notiz: „Dresden. Herr Ettore Pinelli, ein junger Römer, gab am 15. Mai im Saale des Hotel de Saxe ein Concert vor einem eingeladenen Zuhörerkreise. Herr Pinelli, ein Violinist, der nach Deutschland kam, um sich durch Joachims Unterricht zu vervollkommnen und deutsche Musik zu studiren, hat sich mit bevorzugtem Talent auf seinem Instrument bereits eine gute technische Schule und musikalische Behandlung angeeignet und sein Vortrag bekundet eingehendes Verständniß. Er spielte Stücke von Beethoven, Tartini und Ferd. David."[62]

Pinelli zurück in Rom

Pinelli blieb also nichts anderes übrig, als nach Rom zurückzukehren. Allem Anschein nach krempelte er dort sofort die Ärmel hoch und entwickelte zahlreiche musikalische Aktivitäten. Bereits am 30. Dezember 1865 berichtet er Joachim in einem ausführlichen Brief von seinen Plänen und Erfolgen:

> Ich hoffe, dass Sie mit Ihrer gewohnten Güte diesen Brief von mir annehmen, und mich entschuldigen, dass ich bis jetzt gegen Sie gesündigt habe, indem ich ein unangemessenes, wenn auch unfreiwilliges Schweigen bewahrte. [...] Glauben Sie mir, guter Freund, ich bin immer mehr ein Liebhaber der schönen Musik, welche ich in Hannover gehört habe, und mein dringendster Wunsch ist es, sie selbst auszuführen und sie auch meinen Landsleuten verständlich zu machen. Am 6. dieses Dezembers habe ich den Anfang gemacht mit 6 musikalischen Matineen im Abonnement, welche alle 14 Tage am Mittwoch stattfinden. Die Programme der zwei Matineen, die schon stattfanden, waren folgende:
>
> 1. Matinee

---

61 „Ho risoluto di partire la vigilia di Pasqua (15) per Dresden; ho un immenso Sensucht [sic] di oggetti d'arte e la galleria di quella città mi soddisferà bastantemente; quando io sarò colà mi sarà grato assai il pensare che Ella avrà la stessa occupazione che la mia, cioè il Louvre, e poi quando trascorreremo insieme il Vaticano, e poi tante altre cose che il cuore solo può sentire e che è incapace di esprimere con parole." Brief von Pinelli an Joachim, 7. April 1865, D-Bim, SM 12/32 Ettore Pinelli 4.
62 Signale für die musikalische Welt, 18. Mai 1865, S. 403.

Michael Uhde

1. Quartett in e-moll von Beethoven [op. 59, 2]
2. Quintett von Schumann [op. 44]
3. Capriccio für Klavier von Mendelssohn (op. 5) gespielt von Sgambati
4. Violinkonzert von Bach (a-moll)

2. Matinee

1. Sonate (op. 96) von Beethoven für Violine und Klavier
2. Romanze aus dem Ungarischen Konzert von Joachim
3. Quartett in a-moll von Schumann [op. 41,1]
4. Chromatische Fantasie von Bach (Sgambati)

Mittwoch 3. Januar (demnächst) werden folgende Werke aufgeführt:

1. Streichquartett von Ravnkilde (Fußnote: Ein Schüler von Gade vor vielen Jahren, der sich in Rom niederließ) [Niels Ravnkilde, 1823–1890]
2. Sonate (a-moll) von Schumann für Klavier und Violine
3. Chaconne von Bach
4. Trio in B-Dur von Beethoven [op. 97?]

Am Ende dieser Konzerte werde ich mich darum kümmern, ein Orchester zu organisieren, um einige Ouvertüren oder Sinfonien von Beethoven, Mozart etc. zu machen. Gleichzeitig bin ich dabei, einen Chorverein in Rom zu gründen, welcher der Vokalmusik unserer Stadt große Fortschritte bringen wird.

Ich tue alles, was mir meine schwachen Kräfte erlauben, damit ich die Kunst in unseren Ländern vorantreibe; wenn es mir gelingt, auch nur ein wenig, wird es eine Ehre sein. Wenn ich nichts erreiche, ist es nicht meine Schuld, und wenn ich Rom dann mit einer beliebigen Stadt in Deutschland vergleiche, werde ich es mit Dante halten: In der Kirche mit den Heiligen, in der Taverne mit den Vielfraßen.[63]

---

63 „Spero che con la sua solita bontà vorrà accogliere questa mia lettera e scusarmi se fin qui ho peccato inverso di lei conservando un indecente silenzio, benché involontario. […] Mi creda, mio buon amico, sono sempre più e più entusiasta della bella Musica che ho udito in Hannover, e il desiderio che ho il più ardente è quello di poterne fare un poco io stesso e farla bensì comprendere à miei compratioti. Col girono 6 dello spirante Decembre ho dato principio al corso di 6 Mattinate Musicali d'Abbuonamento che saranno date di 15 in 15 giorni nel Mercoledi. I programmi delle due Mattinate già eseguite sono i seguenti

1ma Mattinata
1. Quartetto in Mi min di Beethoven
2. Quintetto di Schumann
3. Capriccio per Piano di Mendelssohn (op 5) suonato da Sgambati
4. Concerto per violino di Bach (A moll)

2nda Mattinata
1. Sonata (op. 96) di Beethoven per Piano e Violino
2. Romanza del Concerto Ungarese di Joachim
3. Quartetto in La di Schumann
4. Fantasia Cromatica di Bach (Sgambati)

Pinelli hatte nun einen genauen Plan für die Zukunft, er war endlich in seinem Element. Eine seiner hervorstechendsten Charaktereigenschaften war Bescheidenheit („mie povere forze"), aber auch Durchhaltevermögen; zugleich setzte er alles auf eine Karte und stellte die Kunst in den Mittelpunkt, ohne sich selbst zu überschätzen. Mit Umsicht arbeitete er in den folgenden Jahren die von ihm genannten zentralen Punkte ab. Die folgende Abbildung stellt den Geiger ca. 1869 dar (Abbildung 6.4).

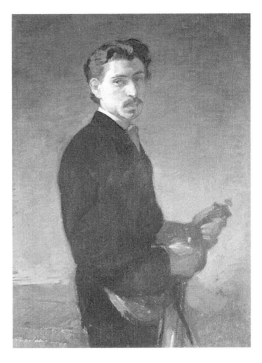

Abbildung 6.4: El violinista Pinelli (1869) von Eduardo Rosales Gallinas (1836–1873). (Museo del Prado, Número de catálogo P004614).

Die Konzertreihen mit Kammermusik (ab 1865), die Aufführung von Haydns Schöpfung (im Jahr 1868), die Gründung des Orchesters Società Orchestrale Romana mit regelmäßi-

---

Mercoledi 3 prossimo Gennaio verranno eseguiti I seguenti pezzi
1. Quartetto à corde di Ravnkilde
2. Sonata (A moll) di Schumann per Piano e Violino
3. Chaconne di Bach
4. Trio sin Si b di Beethoven

FN Uno scolare di Gade da molti anni che risiede à Roma.
Terminato il corso di tali Concerti mi darò premura onde organizzare una Orchestra per fare qualche Ouverture o Sinfonia di Beethoven, Mozart etc. Nello stesso tempo vado formando già in Roma una Società Corale la quale farà fare molti progressi alla musica vocale nella nostra città.

Faccio tuttociò che le mie povere forze mi permettono onde farò progredire l'Arte ne' nostri paesi; se vi riuscirò, anche un poco, sarà una gloria. Se non farò nulla non ne sarà mia la colpa, e allora paragonando Roma con qualunque città della Germania darò con Dante [L'inferno, Canto XXII]: Ma, in chiesa co' Santi, in taverna co' ghiottoni." Brief von Pinelli an Joachim vom 30. Dezember 1865, US-Cn, J IV 55.

gen Konzerten (ab 1874) – all dies folgte direkt aus den Plänen und Anregungen, welche auf seine Zeit in Hannover zurückgingen. Hierbei konnte er sich auf die Kooperation seines Freundes Giovanni Sgambati, Pianist und Komponist, verlassen.

Wichtiger Bestandteil seiner Pläne waren Aufführungen aller neun Sinfonien Beethovens. Wie bereits beschrieben, waren die Konzerte mit der 9. Sinfonie am 18. und 22. März 1879 Höhepunkte in Pinellis Konzerttätigkeit und erregten weit über Rom hinaus Aufmerksamkeit.

Medienecho

Bereits im April 1879 erschien in der (deutschen) Neuen Zeitschrift für Musik unter der Überschrift „Die erste Aufführung und Wiederholung der IX. Symphonie von L. van Beethoven Ende März in Rom" eine ausgedehnte Kritik in drei Teilen, welche Werk und Aufführungen analysierten. Im ersten Teil wurde die Legitimation einer nicht-deutschen Interpretation von Werken Beethovens einer grundsätzlichen Betrachtung unterzogen: „Wenn aber eine Kunstleistung ersten Rangs ihrer Natur nach einen kosmopolitischen Charakter in sich birgt, daher Gemeingut der Menschheit ist, so vermag sie doch nie den ihrer Totalität anklebenden nationalen Ursprung zu verläugnen. Keinem Sterblichen ist es gegeben, ganz aus sich heraus zu treten, und ‚Faust' würde immer den deutschen, ‚Die göttliche Komödie' immer den italienischen, die ‚Odyssee' den griechischen Sänger verrathen."[64]

Verfasser war der Komponist und Schriftsteller Hermann Wichmann (1823–1905), Schüler von Spohr und Mendelssohn, der sich zeitweise in Rom niedergelassen hatte. In seinen Briefen an Joseph Joachim setzte er sich mehrmals und erfolglos für den Komponisten Carl Lührß ein, um Joachim zu einer Aufführung von dessen Werken zu bewegen.[65] Der in diesen Briefen angeschlagene, beinahe unterwürfige Ton unterschied sich beträchtlich von der Überheblichkeit seiner Kritik an Pinellis Konzert, als er die rhetorische Frage aufwarf: „Es fragt sich nun, inwieweit es irgendeiner Nation gelingen kann, sich auch das nationale Element eines fremden universalen Kunstwerks zu eigen zu machen, und ob es z. B. Italienern nach ihren Eigenthümlichkeiten, nach ihrer ganzen Anlage, insbesondere bei ihrer geringen Susceptibilität für Lyrik im allgemeinen möglich ist, die keuscheste musikalische Schöpfung des keuschesten aller deutschen lyrisch-dramatischen Tondichter in ganzer Abstraction und Ausdehnung zu begreifen."[66] Wichmann beantwortete diese Frage beherzt mit „Nein", da auch „germanisch fühlende nie die letzte nationale Prägnanz eines so genial und so leicht hingeworfenen italienischen Meisterwerkes wie zum Beispiel des ‚Barbier von Sevilla' mitzuempfinden im Stande sind. Und ein wie viel höheres ist es doch

---

64 Neue Zeitschrift für Musik 46/75 (13. Juni 1879), S. 262.
65 D-B, doc. Orig. H. Wichmann 39 bis 48.
66 Neue Zeitschrift für Musik 46/75 (13. Juni 1879), S. 262.

um das Verständnis der neunten Sinfonie. Hier kommt, wie angedeutet, eine so prononcirte rein germanische Empfindungsweise zum Ausdruck, dass sie in ihrer letzten Konsequenz für Romanen immer terra incognita bleiben muss". Schließlich musste aber die Aufführung selbst Wichmann ein Lob abnötigen: „Meine Bewunderung musste sich daher während des Konzertes immer mehr steigern ob der Pietät ohne gleichen, mit welcher das Werk in seiner ganzen Ausdehnung von Seiten der Andächtigen angehört und verfolgt wurde […]. Indem ich zum Referat der Execution über gehe, erwähne ich lobend, dass derselben über 20 skrupulöse Proben vorausgingen – gewiss ein Faktum, welches die ungemeine Ausdauer und den energischen Willen, etwas Tüchtiges zu leisten, dokumentiert. Ganz besonders erregte meine Sympathie der unermüdliche Fleiß des jungen Dirigenten Ettore Pinelli."[67]

Ohne die Analyse dieses widersprüchlichen Artikels ausdehnen zu wollen, werden hier mehrere Fakten deutlich: Zum einen ein Element nationaler Überheblichkeit, welches bereits – beispielsweise durch die Wortwahl „rein germanische Empfindungsweise" – rassistisches Gedankengut des 20. Jahrhunderts vorwegzunehmen scheint, zum anderen das (beinahe widerwillig gegebene) Lob für die konsequente Probenarbeit und die Begeisterungsfähigkeit Pinellis. Die ungewöhnlich hohe Anzahl von 20 Proben zeigt, mit welcher Energie Pinelli sich der Sache annahm. Der Schlusschor wurde in der italienischen Übersetzung von Andrea Maffei (1798–1885) dargeboten, mit kleinen Änderungen von Ettore Pinelli. Am Schluss seines in dreiteiliger Fortsetzung erschienenen Artikels trägt Wichmann noch einige Fakten nach: „Die ‚Società orchestrale romana' läßt es sich angelegen sein, Werke wie ‚Paulus', ‚Die Jahreszeiten', die Cherubini'sche Messe, den ‚Messias', Symphonien und Ouverturen alljährlich in verschiedenen Concerten zu Gehör zu bringen. Das Orchester ist zum größten Theil aus Künstlern, die Chöre sind meist aus Dilettanten zusammengesetzt."[68]

Die Programmgestaltung dieser Orchestervereinigung wäre an anderer Stelle einer ausführlicheren Betrachtung wert. Nach der Gründung 1874 prägte sie unter Leitung Pinellis das Musikleben in Rom für 25 Jahre und wurde 1898 aufgelöst. Eine ausführliche Würdigung erschien 1899 mit Angabe sämtlicher Orchestermitglieder und Programme, kommentiert von Alessandro Parisotti (1853–1913), der zusammenfassend schreibt:

Alle großen Meisterwerke aller Schulen wurden von ihr aufgeführt und fast alle zum ersten Mal in Italien. Der wundervolle Zyklus der neun Sinfonien Beethovens, die herausragendsten Werke von Haydn, Mozart, Mendelssohn, Schumann, Liszt, Goldmark, Wagner, Berlioz, Grieg, Saint-Saëns, Tschaikowski kamen vor diese künstlerische Laterna Magica, mit wirkungsvoller Interpretation, Verständnis und Liebe. Und doch war die Silberhochzeit, die das Unternehmen im vergangenen Jahr mit vier nach Nationalität unterschiedenen Konzerten feierte und mit dem großen Verdi abschloss, die wahre Synthese dieses genialen und wichtigen Schaffens.

---
67 Neue Zeitschrift für Musik 46/75 (13. Juni 1879), S. 262.
68 Neue Zeitschrift für Musik 46/75 (27. Juni 1879), 284.

Michael Uhde

> Die besten Künstler aller Sparten nahmen am Leben der römischen Orchestergesellschaft teil und zeigten ihre Vielfalt durch die lange Reihe ihrer Programme – ganz zu schweigen von den illustren Instrumentalisten – Bottesini, Sarasate, Sgambati, Buonamici, Martucci, Gulli, Davies, Tua, Braga, Paderewski, Joachim rufen liebe und feierliche Erinnerungen wieder auf.[69]

Unter der Gesamtperspektive von 25 Jahren sind die aufgeführten Programme von einer erstaunlichen Vielfalt. Werke Beethovens waren anfangs in fast jedem Konzert vertreten und bildeten auch insgesamt einen Schwerpunkt. Auch gab es eine deutliche Gewichtung zugunsten deutscher Komponisten, trotz Berücksichtigung italienischer Werke in vielen Konzerten, darunter auch von Pinelli und Sgambati. In den 1890er-Jahren begegnen dreimal Werke von Brahms, von Wagner insgesamt elfmal. Von den 115 (!) aufgeführten Komponisten vermeldet die Programmübersicht 60 als „vivente", also im Jahr 1898 zeitgenössisch. Dies spricht für eine sehr ausgeglichene Programmgestaltung, die teilweise auch von Mitgliedern der königlichen Familie beeinflusst war, die das Orchester unterstützten. Sogar der vorerwähnte Hermann Wichmann war 1884 mit einem Pezzo sinfonico in einem Konzertprogramm vertreten.

Von ganz anderem Kaliber als Wichmann war Assia Spiro Rombro (1873–1956) (siehe Abbildung 6.5),[70] deren unterhaltsamer und scharfsichtiger Artikel über die römische Musikszene Anfang 1906 im deutschsprachigen Musikalischen Wochenblatt veröffentlicht wurde.[71] Die Verfasserin war eine russisch-jüdische Geigerin, die in Rom eine Internationale Kammermusikgesellschaft gegründet hatte. Sie war verheiratet mit dem deutschen Forscher Friedrich Spiro; das Ehepaar musste zweimal emigrieren, das erste Mal 1915 aus Rom nach Deutschland wegen des Kriegseintritts Italiens auf Seiten der Entente, das zweite Mal 1939 aus Deutschland in die Schweiz wegen der Verfolgung durch die Nationalsozialisten. Ihr Artikel enthält eine weit zurückgreifende Analyse der römischen Orchesterverhältnisse:

---

69 „Tutti i grandi capolavori di tutte le scuole furono da essa eseguiti e quasi tutti per la prima volta in Italia. Il ciclo meraviglioso te le nove sinfonie di Beethoven, le opere più salienti di Haydn, di Mozart, di Mendelssohn, di Schumann, di Liszt, di Goldmark, di Wagner, di Berlioz, di Grieg, di Saint-Saens, di Tschaikowski passarono avanti a questa artistica lanterna magica, che le interpretò efficacemente, le insegnò, le fece comprendere ed amare. E però le nozze d'argento, che la società celebrò nello scorso anno con quattro concerti distinti per nazionalità, chiudendo con sommo Verdi, furono la vera sintesi del suo geniale e importante lavoro.

Tutti i migliori artisti, in ogni ramo, presero parte alla vita della società orchestrale romana e scorrendo la lunga serie dei suoi programmi – Per non citare che gli illustri istrumentisti – Bottesini, Sarasate, Sgambati, Buonamici, Martucci, Gulli, Davies, Tua, Braga, Paderewski, Joachim rievocano care e solenni ricordanze." [O. Verf.], Venticinque anni, S. 7.

70 Eigentlich Anna Martynovna Rombro, siehe auch Aldo Corcella, Gecità e Musica. Friedrich Spiro (1863–1940) e Assia Rombro (1873–1956), Potenza 2021, S. 164f. Dort wird sie charakterisiert als international und kosmopolitisch: „ma in virtù delle origini familiari nell'ebraismo baltico di cultura tedesca e di un'adolescenza trascorsa tra Vienna, Parigi e la Germania aveva, forse ancor più del marito, una fisionomia internazionale e cosmopolita."

71 Musikalisches Wochenblatt 27 (1906), 4. Januar, S. 9.

Ettore Pinelli

Es dürfte für Deutschland ein gewisses Interesse haben, die Geschichte der musikalischen Zustände Roms, seitdem Rom Hauptstadt des neuen Königreichs Italien ist, zu erfahren; deshalb soll hier ein Überblick gegeben werden.

Zur päpstlichen Zeit besaß Rom vier Haupttheater, in deren zweien zur Karnevalszeit von zugereisten Truppen große Opern oder Schaustücke gegeben wurden. Die dazu notwendigen Orchester lieferte teilweise der Vatikan, meist waren aber auch diese mit den Opernensembles zugereist. Der Dirigent wechselte jährlich wie auch die Truppen. (Für die Oper ist es bis heute so geblieben.) In den zwei anderen Theatern gab es Komödie, französische Dramen und Burlesken, auch diese Theater besaßen keine ständige Truppe (auch das ist nach wie vor so geblieben). Von Orchesterkonzerten war selbstverständlich nicht die Rede. Einzelne mehr oder minder berühmte Virtuosen gaben ihre „Audizioni Musicali" in Privatsalons vornehmer Familien oder in den Sälen der Kollegien, Jesuitenschulen u. dgl. m. Einen eigentlichen Konzertsaal gab es nicht; denn Konzerte in unserem Sinne kannte man damals nicht. Die „Audizioni" waren nur für vornehme Leute gedacht, die Preise – 20 Francs pro Billet – für sehr vornehme Taschen berechnet. Das „Volk" bekam den Opernrummel in den Galerieplätzen und im zweiten Parkett zu hören, außerdem spielte eine „Banda" umsonst zweimal die Woche auf öffentlichen Plätzen, und jeden Sonntag gab es große Messen in den Kirchen.

Nun kam die neue Strömung. Italien wurde einig. Ein König zog in Rom ein und mit ihm ein ganzer Hof. Zwar war weder König noch Hof auch nur einigermaßen musikalisch oder musikliebend, aber da alles „umgekrempelt" wurde, so sollte doch auch in den Musikzuständen eine Verbesserung eintreten.

Es ging aber nicht so leicht; erstens fehlte die wirkliche innere Initiative, die allein etwas vollbringt; zweitens war man durch die langjährigen Traditionen auf einem ganz niederen kulturellen Standpunkt, drittens gab es keine Konzertsäle, viertens kein Orchester, fünftens keine Dirigenten. Die paar tüchtigen Musiker Italiens saßen in Mailand, Bologna, Paris, Berlin, Petersburg, London, Wien, New York; für Rom blieb keiner übrig. Da kam im Jahre 1870 ein junger Geiger namens Ettore Pinelli. Er hatte eben bei Meister Joachim ausstudiert, kam voller Ideale, voller Lust, Eifer und Begeisterung; unterstützt von Liszt fing er an Propaganda unter den sonst faulen Konservatoriumsschülern zu machen; er engagierte auch junge Kräfte von auswärts und brachte so 1874 die seither bekannte „Orchestra Massima" zusammen. Ein annehmbarer Saal, Sala Dante, wurde zu diesem Zwecke in einem Konzertsaal verwandelt, und dort fanden jährlich 8–10 Orchesterkonzerte statt. „Orchestra Massima" war eine Gesellschaft. Jeder Spieler war selbst Aktionär, er bekam keine bestimmte Gage, sondern die Einnahmen wurden redlich verteilt je nach Instrument, Tüchtigkeit und Leistung des betreffenden. Der Dirigent selbst bekam jedes Mal das vierfache von dem Konzertmeister und das gab höchstens die klägliche Summe von 20 Francs pro Konzert. Die Preise für diese Konzerte waren für unsere Begriffe fürchterlich hoch: acht Francs, etwa 6 M. 50 Pf. Bei der Unart aber, hier jedem guten Bekannten ein Freibillett schenken zu müssen, war wohl fast die Hälfte nolens volens verschenkt, ein Drittel sollten eben die Engländer bezahlen, was sie auch gerne taten, denn diese Konzerte waren bis 1897 die absolut einzigen in Rom. Ettore Pinelli hat für Rom 27 Jahre seines Lebens geopfert in wahrem Sinne des Wortes, und es sei ihm an dieser Stelle nun nachträglich der Dank für seine Initiative ausgesprochen. […]

Er war der erste, der Rom eine Masse von 80 Spielern gab. Dass diese Masse den heutigen Ansprüchen nicht genügt, dafür konnte Ettore Pinelli nicht viel; er hatte ja der Masse das A-B-C beizubringen, und das braucht lange Jahre!

Abbildung 6.5: Assia Spiro Rombro, Porträt von Carl Max Rebel. (Wikimedia Commons)

Die Äußerungen von Assia Spiro Rombro mögen teilweise frech oder spitz formuliert sein, dennoch sind sie von Sachkenntnis geprägt, wenn auch einzelne Details (wie z. B. Pinellis Rückkehr nach Rom) ungenau sind. Sicher sind sowohl die musikalische Ausgangssituation im päpstlichen Rom als auch die großen Züge von Pinellis Lebenswerk hier realistisch dargestellt. Bereits im Jahre 1886 wandte sich Pinelli – auf der Höhe seiner dirigentischen und pädagogischen Tätigkeit – an Joachim, um ihm zwei seiner Kollegen zu empfehlen und ihn zugleich zu einem Besuch in der „Ewigen Stadt" zu motivieren:

Rom, 9. Juli 1886

Mein berühmter Maestro,

Dieser Brief wird Ihnen von meinen Freunden, Herzog Francesco Caffarelli,[72] verehrter Musikliebhaber, und Cav. Tito Monachesi,[73] Geiger und mein Kollege als Lehrer an unserem Liceo Musicale, präsentiert. Diese, die viele Jahre lang vergeblich seufzend versucht haben, hier in Rom Ihre Bekanntschaft zu machen und so den Fürsten der Geiger zu bewun-

---

[72] Franceso Caffarelli (1865–1962), Geiger, Pädagoge und Herausgeber.
[73] Tito Monachesi (1842–1914), Geiger und Pädagoge.

dern, haben sich nun entschlossen, nach Deutschland zu gehen, um sich diesen Wunsch zu erfüllen.

Ich, der ich von meiner Seite mein ganzes Leben lang immer in meinem Herzen die Güte behalten werde, die Sie mir entgegengebracht haben und die Sie gegenüber allen jungen Menschen, die unsere Kunst aufrichtig lieben und sich zu ihr bekennen, zu verwenden pflegen, nehme mit wahrer Freude die Gelegenheit, diesen Brief an meine Freunde weiterzugeben, der ihnen als Einführung bei einem großen Künstler und Ihnen als Zeugnis meiner Zuneigung und meiner immerwährenden Verehrung dienen wird.[74]

In der Saison 1893/94 wiederholte Pinellis Orchester den Zyklus der neun Sinfonien Beethovens. Im Juni 1894 wandte sich Pinelli ein weiteres Mal an Joachim, um ihm einen Plan vorzuschlagen:

Rom 18. Juni 1894

Sehr geehrter Lehrer und Freund,

Der Wunsch, den wir alle in Rom schon immer in der Seele genährt haben, Sie also für einige Zeit in unserer Stadt zu haben, hat sich nie erfüllt. Daher erlaube ich mir, Ihnen diesen Brief zu schreiben, um mich Ihnen in Erinnerung zu bringen und an Ihr altes Versprechen zu erinnern.

Unser Publikum ist, mit seit über 25 Jahren unermüdlicher Arbeit, mittlerweile zu guter Musik gut erzogen. Den gesamten Zyklus der neun Sinfonien [Beethovens] konnte ich sehr erfolgreich aufführen. Jetzt fehlt nur noch das Violinkonzert … gespielt von Joachim!

Und es fehlt auch noch, dass Sie mir Ihre Meinung zu meinem Orchester mitteilen, das von mir organisiert wurde, mit dem ich geübt habe, das fast ausschließlich aus meinen Schülern besteht und somit auch ein Ergebnis der Ausbildung ist, welche ich von Ihnen in Hannover erhalten habe und wofür ich Ihnen niemals in Worten meinen ganzen Dank zu bezeugen fähig bin.

Geben Sie, lieber Meister, mir ein Wort, das uns in unserer Hoffnung tröstet, und dass das nächste Osterfest von uns wahrhaftig als wahres Ostern der Kunst gefeiert werden kann![75]

---

[74] „Roma 9 luglio 1886 / Mio illustre maestro / Le presenteranno questa lettera i miei amici Duca Francesco Cafarelli distinto cultore di musica e il Cav. Tito Monachesi violinista e mio collega nell'insegnamento al nostro Liceo Musicale. Questi che da molti e molti anni hanno sospirato invano il momento di poter fare la sua conoscenza qui in Roma e ammirare così il Principe dei violinisti, sì sono ora decisi di recarsi in Germania per realizzare questo loro desiderio. / Io, che dal mio canto serbo e per tutta la vita serberò sempre scolpita nel cuore la bontà che Ella usò a mio riguardo e che è abituata di usare verso tutti i giovani che amano e professano sinceramente l'arte nostra, io colgo con vero piacere l'occasione di rilasciare ai miei amici questa lettera che servirà a loro di introduzione presso un grande artista ed a Lei quale testimonianza del mio affetto e della mia venerazione perenne." Brief Pinelli an Joachim vom 9. Juli 1886, D-Bim, SM 12/1957–3614.

[75] „Illustre Maestro ed amico, Il desiderio che tutti noi a Roma abbiamo sempre nutrito nell'animo, quello cioè di aver Lei per qualche tempo nella nostra Città, non si è mai realizzato. […] Ecco dunque che io mi prendo la libertà di scriverle questa lettera per ricordare me alla sua memoria e per ricordare a Lei la sua

Joachim akzeptierte, und am 14. Juni 1896 fand um 5 Uhr nachmittags im Saal der Accademia Santa Cecilia das Konzert statt. Als erstes stand Mozarts Streichquartett in C-Dur auf dem Programm; es spielten Joseph Joachim (1. Violine), Tito Monachesi (2. Violine), Ettore Pinelli (Viola) und F. Mendelssohn (Violoncello). An zweiter Stelle erklang Beethovens Volinsonate G-Dur op. 96 mit Sgambati und Pinelli; schließlich stand am Schluss das Violinkonzert mit dem Solisten Joseph Joachim.

Natürlich ging das Konzert in die Annalen der römischen Musikgeschichte ein; Ettore Pinelli wurde unter dem Datum 11. Februar 1897 von der Accademia Santa Cecilia mit einer Dankesurkunde bedacht, in der es heißt: „Ihnen, lieber Professor, und der tapferen Gesellschaft, die den Vorstand dieser Königlichen Akademie so gut leitet, bietet sie [die Akademie] die lebhaftesten Dankesbekundungen für die dezente und gekonnte Arbeit, die anlässlich des Besuchs des berühmten Mitglieds Joseph Joachim geleistet wurde."[76]

In einem „Voto di Plauso", einer Beifallsbekundung, bedankte sich die Accademia am 17. Dezember 1898 ein weiteres Mal bei Pinelli, diesmal für seine Tätigkeit zugunsten der Società Orchestrale Romana. Seine Antwort war bezeichnend: „Wenn ich an meine kümmerlichen Bemühungen und das erzielte Ergebnis denke, ist das ein neuer Beweis für das gemeinsame Interesse am Fortschritt des Studiums und an der Verbreitung der Musik in unserer Stadt, und um diese und dies zu fördern, werde ich immer versuchen, wie in der Vergangenheit, mich anzustrengen, welche auch die Formen sein mögen, mit denen man die persönliche Tätigkeit im Bereich der Kunst erklären kann."[77] Diese Art der Bescheidenheit mag Pinellis Rezept für seinen großen Erfolg gewesen sein; indem er nicht seine Person in den Vordergrund stellte, sondern die gemeinsame Anstrengung für die Sache, leitete er die ganze entfachte Energie in das künstlerische Ergebnis um; seine Person schien ihm nicht wichtig.

Am 22. April 1899 feierte Joseph Joachim in der Berliner Philharmonie sein 60. Künstlerjubiläum. Es wurde von Schülern, die von überall zusammenströmten, ein riesiges Or-

---

antica promessa. Ormai il nostro pubblico, mercè 25 anni e più d'indefesso lavoro si è ben educato alla buona musica. […] Ho potuto dare con molto successo l'intero ciclo delle nove Sinfonie. Ora manca di sentire il Concerto per Violino ….eseguito da Joachim! E manca ancora che Lei mi dia anche un suo giudizio sulla mia orchestra, la quale essendo stata da me organizzata, da me esercitata, costituita com'è di quasi tutti miei alumni e dunque anch' essa un frutto di quella istruzione che io ricevetti tanto amorosamente da Lei in Hannover e per la quale io non saprei mai attestargliene con parole tutta la mia riconoscenza. Mia facia avere, caro Maestro, una parola che ci conforta nella nostra speranza, e che la prossima Pasqua possa veramente venire da noi festeggiata come una vera Pasqua dell' Arte." Pinelli an Joachim, Brief vom 18. Juni 1894, D-Bim, SM 12/1957–3615.

76 „A Lei, egregio Professore, e alla valente Società che così bene dirige il Consiglio Direttivo di questa R.[eale] A.[ccademia] porge le più vive azioni di grazia per la cortese e abilissima opera prestata in occasione della visita fatte dal Socio Illustre Joseph Joachim." I-Rama, Archivio storico, Fondo Pinelli.

77 „Il pensiero rivolto alle mie povere fatiche ed al risultato ottenuto è nuova prova dell'interesse comune al progresso degli studi ed alla espansione della musica nella nostra Città, ed a fomentare quelli e questa cercerò di concorrere sempre, come nel passato, tanto essendo le forme colle quali si può spiegare l' attivitá personale nel campo dell' arte." I-Rama, Archivio storico, Fondo Pinelli.

chester gebildet, das 44 erste, 44 zweite Violinen, 32 Bratschen und 24 Celli umfasste. Auf der Liste der 1. und 2. Violinen finden wir auch den Namen Ettore Pinelli, der dafür von Rom angereist sein muss.[78] Am Vortag freute sich Joachim schon auf das große Ereignis: „Das Orchester soll überwältigend klingen; die vielen lieben alten Gesichter wieder zu begrüßen thut mir wohl!"[79]

Ein weiteres Mal schrieb Pinelli an Joachim am 28. August 1905, nachdem Joseph Joachim mit seinem Quartett von 21. bis 28. März 1905 eine Konzertreihe mit allen Streichquartetten Beethovens im Palazzo Farnese in Rom gegeben hatte. Der Schriftsteller Ippolito Valletta (1848–1911, eigentlicher Name Comte Alessandro Franchi-Verney della Valetta), verfasste daraufhin ein Büchlein über Beethovens Streichquartette,[80] in dessen Anhang Biographien der Quartettmitglieder sowie die genauen Programme der sechs Konzerte vermerkt sind. Unter den im letzten Teil aufgeführten Subskriptoren finden sich, angeführt von der Königinmutter, viele illustre Namen, unter anderen „Herr und Frau von Mendelssohn-Gordigiani".[81] Pinelli nahm die Konzerte zum Anlass, Joachim ein Geschenk zu machen in Form eines Albums, zu dem er mit dem beiliegenden Brief noch Beiträge nachlieferte. „Illustre Maestro e carissimo amico" ist die Anrede:

> Auf Bitten von Signorina Rossi sende ich Ihnen die Ergänzung der Fotografien der Fresken in der Galerie des Palazzo Farnese, die von Ihrem Quartett so kraftvoll belebt wurden. […] Es tut mir leid, dass Sie die Unannehmlichkeiten haben werden, die neuen Fotos in das Album zu übertragen, das ich Ihnen anbieten durfte, aber es wäre nicht anders möglich.
>
> Nun wünsche ich Ihnen, lieber Maestro, dass Sie Ihre gute und kostbare Gesundheit bewahren können, die der Kunst und den Freunden so am Herzen liegt, unter welchen ich mir schmeichle immer einen kleinen Platz zu behalten.[82]

Wieder: Bescheidenheit – Pinelli genügt ein „posticino". Dennoch, oder gerade deshalb, war mit Konsequenz und enormer Durchsetzungskraft aus dem „kleinen Jungen" der 1860er-Jahre ein großer Künstler geworden (Abbildung 6.6), dessen prägender Einfluss ein

---

78 „Alphabetisches Verzeichniss der im Orchester zu Ehren des 60 jähr. Künstler-Jubiläums von Joseph Joachim am 22. April 1899 mitwirkenden Künstler", US-Cn, J IV 55.
79 Joseph Joachim an Herman Grimm, 21. April 1899, in: Briefe von und an Joseph Joachim, hrsg. von Johannes Joachim und Andreas Moser, Bd. 3, Berlin 1913, S. 493.
80 Ippolito Valletta, I Quartetti di Beethoven, Rom 1905.
81 Robert von Mendelssohn (1857–1917), Bankier, und seine Frau Giulietta Gordigiani (1871–1957), Pianistin.
82 „Roma 28 agosto 1905. Illustre maestro e carissimo amico, Per favore della signorina Rossi Le invio il complemento delle fotografie dei affreschi della Galleria di Palazzo Farnese che furono così poderosamente animati dal suo quartetto. […] Mi dispiace che Ella avrà L'incomodo di far applicare le nuove fotografie all' Album che io ebbe l'onore di offrirle, ma non si poteva fare altrimenti. Ora io le auguro, caro maestro, che Ella possa conservare a lungo la sua buona e preziosa salute, che è così cara all'arte ed agli amici, fra i quali, voglia lusingarmi, e la vorrà sempre tenermi un posticino. Di cuore Suo affmo E. Pinelli." Brief von Pinelli an Joachim, D-Bim, SM 12/1957–3616.

Michael Uhde

nationales und internationales Echo gefunden hatte. Die Dankbarkeit gegenüber seinem Lehrer währte lebenslang.

Abbildung 6.6: Ettore Pinelli, signierte Fotographie, ca. 1860. (I-Rc, Fondo Sgambati, A.S.foto 95, by permission of the Biblioteca Casanatense, Rome, MiC)

Ein armenischer Schüler Joachims

Der Geiger Ioannes Nalbandyan (1871–1942) – zu seinem 150. Geburtstag

Асатрян Анна Григорьевна [Anna Grigorievna Asatryan]

> Professor I. R. Nalbandyan hat gerade seine Konzertreise nach Übersee beendet. In ganz Deutschland erzielte sein brillantes virtuoses Spiel einen herausragenden Erfolg. Die deutsche Presse nennt ihn „einen großen russischen Künstler", lobt den „Adel seines Spiels" und seine „kolossale Technik".[1]

Die Rolle und Bedeutung, die Deutschland, die deutsche Musik und deutsche Musiker im künstlerischen Leben des herausragenden und mehrfach ausgezeichneten[2] Geigers und Violinpädagogen Ioannes Romanovich Nalbandyan (Abbildung 7.1) gespielt haben, kann kaum hoch genug bewertet werden. Seine wichtigste Konzerttournee führte ihn von 1911 bis 1914 nach Deutschland, wo er in fast allen wichtigen Musikzentren auftrat und enthusiastische Rezensionen erhielt. Als wichtigste künstlerische Prägung in seiner Jugend empfand Nalbandyan seinen Aufenthalt in Berlin und seine Aufnahme in Joseph Joachims Violinklasse im Jahr 1894.

Ioannes Romanovich Nalbandyan wurde am 15. September 1871 in Simferopol auf der Krim geboren. Sein Vater war Schriftsteller und spielte in seiner Freizeit Flöte. Als kleines Kind liebte Ioannes auch das Klavierspiel der Mutter, die Klänge faszinierten ihn. „Zu meinen frühesten Erinnerungen gehört das Schlaflied, das meine Mutter mir vorsang, wenn sie mich ins Bett brachte. Obwohl ich bereits vier oder fünf Jahre alt war, konnte ich ohne diese auf mich sehr traurig wirkende Melodie nur schwer einschlafen."[3]

Nalbandyan begann eher zufällig mit dem Violinspiel. Seine Mutter hatte einmal den großen Henryk Wieniawski gehört und war von dessen Spiel fasziniert; sie liebte den Klang der Violine so sehr, dass sie entschied, ihr ältester Sohn solle Geige spielen. „Ich war zehn Jahre alt, als meine Eltern mir eine Geige kauften und mein Vater seinen Freund Malian, einen Amateurviolinisten, beauftragte, mir Unterricht zu erteilen. Ich liebte meine Geige und meinen Lehrer sehr, übte fleißig und machte laut Malian in kurzer Zeit solche Fortschritte, dass er empfahl, einen besseren und kompetenteren Lehrer zu suchen. Wir wechselten mehrere Lehrer, bis wir schließlich den talentierten Geiger Fierkovsky fanden."[4] Das Debüt des elfjährigen Geigers bei einem Benefizkonzert in Simferopol war ein großer Erfolg.

---

1 Vgl. Рецензии, 1907–1914 [Rezensionen 1907–1914], I. Nalbandyan-Stiftung, Yeghishe Charents Museum für Literatur und Kunst (ARM-Ymla), N 347. Es handelt sich hierbei um eine private Sammlung von Konzertrezensionen u. ä., die Quellen sind meist nicht mehr rekonstruierbar.
2 „Geehrter Künstler der RSFSR" (Russische Sozialistische Föderative Sowjetrepublik) 1926 und 1937.
3 Ioannes Nalbandyan, Автобиография [Autobiographie], 1913, Nalbandyan-Stiftung, ARM-Ymla, N 1(a), S. 1.
4 Ebd., S. 1 f.

Асатрян Анна Григорьевна [Anna Grigorievna Asatryan]

Abbildung 7.1: Ioannes Nalbandyan, Photokarte von ca. 1904.⁵

Es folgten weitere Auftritte, sowohl in Simferopol als auch in Feodosia und Sewastopol sowie erste Rezensionen in der Presse.

Ein wichtiges Ereignis war ein Konzert des bekannten Cellisten und Professors am St. Petersburger Konservatorium Aleksandr Verzhbilovich (1849–1911) im Jahr 1885 auf der Krim. „Dies war der erste große Künstler, den ich öffentlich hörte. Er machte einen enormen Eindruck auf mich, ich wurde ihm vorgestellt und spielte ihm vor. Er behandelte mich sehr herzlich, erkannte in mir einen zukünftigen Musiker und überredete meinen Vater, mich zum Studium nach St. Petersburg zu schicken."⁶ Ende August 1886 waren Nalbandyan und sein Vater bereits in St. Petersburg; Nalbandyan bestand die Aufnahmeprüfung am Konservatorium und wurde in die Klasse des russischen Geigers, Dirigenten und Pädagogen Nikolaj Galkin (1856–1906) aufgenommen. Im Frühjahr 1887 bereitete sich Nalbandyan auf eine weitere Prüfung vor, von der seine Zukunft abhängen sollte. „Der Tag der Prüfung kam, ich war furchtbar aufgeregt, und als ich auf die Bühne ging,

---

5 Nutzung genehmigt von TaminoAutographs.com (zuletzt abgerufen Januar 2023). Auktionskatalog Tamino Autographs, https://www.taminoautographs.com/products/nalbandian-ovanes-signed-photograph-1904.
6 Nalbandyan, Autobiographie, S. 2.

sah ich […] den mächtigen Löwenkopf des großen [Anton] Rubinstein, voller Kraft und Erhabenheit, was mich noch viel mehr durcheinanderbrachte, aber mit einer schrecklichen Willensanstrengung riss ich mich zusammen und begann zu spielen. Alles geschah wie in einem Traum. Plötzlich weckte mich eine Stimme aus diesem Zustand: ‚Bravo, Bravo' – es war Rubinsteins Stimme."[7] Als Nalbandyan die Bühne verließ, wurde er von Studenten umringt, die ihm gratulierten. Dann kam sein Lehrer und umarmte ihn mit Tränen in den Augen. Professor Auer kam herauf, gab ihm die Hand und gratulierte. Danach wurde bekanntgegeben, dass der Direktor Nalbandyan zum Stipendiaten ernannt und ihm weitere zehn Rubel pro Monat zur Unterstützung zugesprochen hatte. „Wie glücklich ich an diesem Tag über Rubinsteins große Aufmerksamkeit für mich war, dass er mich unter den gehörten Studenten so auszeichnete und mir somit die Möglichkeit gab, meine musikalische Ausbildung am Konservatorium fortzusetzen."[8]

Nalbandyan wechselte im Frühjahr 1888 in die Klasse von Professor Leopold Auer, selbst ein Schüler Joachims, der für ihn ebenfalls eine herausragende Rolle spielen sollte: „Sowohl als Künstler als auch als Professor und Lehrer habe ich Auer viel zu verdanken, und die herzliche Dankbarkeit für meinen Lehrer wird immer in mir weiterleben", schrieb Nalbandyan viele Jahre später.[9] Bereits während des Studiums am Konservatorium entwickelte sich zwischen Auer und Nalbandyan eine herzliche Beziehung. Auer lud seinen Schüler häufig zu sich nach Hause ein. Als Nalbandyan selbst Lehrer und Assistent Auers wurde, entstand aus dem vormaligen Lehrer-Schüler-Verhältnis eine enge Freundschaft. Sie trafen sich in diesen 17 Jahren in der Regel zweimal pro Woche zum Mittagessen und verbrachten viele Abende mit Gesprächen über Musik. Nalbandyan konnte ihn bei diesen Gelegenheiten viele Male zum Geigenspiel überreden und lernte in dieser ruhigen Atmosphäre viel von dem großen Meister.

Durch Leopold Auer traf Nalbandyan auch Pjotr Iljitsch Tschaikowski. Im Herbst 1892 gab Auer eine Abendgesellschaft, bei der er Tschaikowskis Violinkonzert mit der von Auer selbst überarbeiteten Fassung des Violinparts zum ersten Mal in Anwesenheit des Komponisten aufführte. Unter den eingeladenen Musikern waren auch einige von Auers Schülern. „Es ist fast unbeschreiblich, welchen Enthusiasmus und welche Bewunderung wir Tschaikowski entgegenbrachten, der sich damals auf dem Höhepunkt seiner Karriere befand. An diesem Abend hörte ich kaum zu und verstand auch wenig – meine ganze Aufmerksamkeit wurde von Tschaikowski absorbiert; in meinen Augen war er ein Magier und Zauberer, der wusste, wie man die großartigste Musik erschafft. Nach dem Abendessen – es war schon sehr spät – machte ihn einer der Anwesenden auf mich aufmerksam, was zur Folge hatte, dass er mich bat, ihm etwas auf der Geige vorzuspielen. Ich war sehr verlegen über seine unerwartete Aufmerksamkeit und lehnte ab, aber mein Professor, der in diesem Moment auftauchte, bestand darauf. Ich spielte die Krim-Melodie, die ich neu

---

7 Ebd., S. 3.
8 Ebd., S. 4.
9 Ebd., S. 15 f.

bearbeitet hatte, sie schien ihm wirklich zu gefallen, dann bat er mich, etwas anderes, etwas ‚europäischeres', wie er es ausdrückte, zu spielen. Danach sprach er sehr anerkennend mit mir, und lobte besonders meinen Klang und meinen temperamentvollen Vortrag."[10]

Das Jahr 1894 war bedeutsam für Nalbandyan. Nach seinem Abschluss am Konservatorium lud ihn sein ehemaliger Lehrer Galkin, der die Sommer-Sinfoniekonzerte (1892–1903) am Pawlowski-Bahnhof dirigierte, als Solist ein. Bereits bei seinen ersten Auftritten machte Nalbandyan mit seinem anmutigen Spiel, seinem singenden Bogen und der Eleganz seiner Technik auf sich aufmerksam. Frühe Lorbeeren hinderten ihn jedoch nicht daran, sein Können zu perfektionieren, und er arbeitete weiterhin fleißig an der Vollendung seines Vortrags und seines Tons.

Vom ersten solistischen Auftritt an war das Glück auf seiner Seite. Der Dirigent des Orchesters, Galkin, der Solocellist Eduard Jacobs, Professor des Brüsseler Konservatoriums, sowie alle Musiker des Orchesters zeigten sich ihm gegenüber sehr herzlich; Publikum und Presse waren ihm ebenfalls wohlgesonnen. Im Herbst desselben Jahres wurde Nalbandyan von der Direktion des kaiserlichen Theaters zur Weiterbildung ins Ausland geschickt. Auer stattete ihn mit Empfehlungsschreiben an zwei berühmte Geiger aus – Joseph Joachim und Pablo de Sarasate. „Als ich in Berlin ankam, besuchte ich Joachim, der damals Direktor des Königlichen Konservatoriums war", schrieb Nalbandyan später. „Ich gab ihm einen Brief von meinem Professor und seinem ehemaligen Schüler Auer. Joachim gab mir die Erlaubnis, an seinen Kursen teilzunehmen. Viermal pro Woche war ich von 10 bis 14 Uhr in seiner Klasse anwesend. Die Klasse war sehr gemischt, da sie aus jungen Künstlern bestand, die aus der ganzen Welt zu ihm kamen, um zu studieren. Im Grunde gab er gar keinen richtigen Unterricht, sondern er hörte sich das vorbereitete Werk an, gab seine Kommentare und spielte dann das entsprechende Werk auf seiner Stradivari. Dieser 67-jährige Mann [sic] zeigte in der Klasse die verschiedensten [Violin-]Konzerte, verschiedene Stile – und wie er sie spielte! Alles, was ich vom großen Joachim gehört habe, ist mir noch in Erinnerung. Mehrmals hatte ich die Ehre, ihm vorzuspielen, und erhielt eine schmeichelhafte schriftliche Empfehlung, von der ich eine Kopie an die Theaterleitung in St. Petersburg schickte und das Original als Relikt aufbewahren durfte."[11] In seinem Empfehlungsschreiben schrieb Joachim auf Französisch: „Ich habe Nalbandyans Spiel gehört und festgestellt, dass er die besten Eigenschaften eines Geigers besitzt, was ihm eine wunderbare Zukunft verspricht. Er spielt schon sehr gut."[12]

Leopold Auer, der sich begeistert über die Ergebnisse des Aufenthalts seines Schülers in Berlin zeigte und sich sehr über Joachims Anerkennung für Nalbandyan freute, empfahl ihm, als nächstes nach London zu gehen, um sich auch Sarasate vorzustellen, der dort häufig konzertierte. Nalbandyan befolgte Auers Rat, wie er im folgenden Zitat mitteilt: „Ich besuchte ein Konzert Sarasates und der Eindruck, den sein Spiel auf mich machte,

---

10 Ebd., S. 9.
11 Ebd., S. 13.
12 Joseph Joachims Empfehlungsschreiben für Nalbandyan, Nalbandyan-Stiftung, ARM-Ymla, N 348.

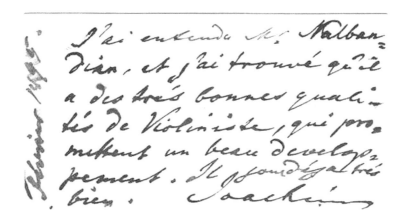

Abbildung 7.2: Handschriftliche Karte Joachims an Nalbandyan,
Februar 1895
(Nachlass von Nalbandyan, ARM-Ymla)

ist unvergleichlich. Die überirdische Schönheit seines Klanges, diese Feinheit, Eleganz und technische Perfektion – als hätte ich nicht eine Geige gehört, die ich so gut kenne, sondern ein mir völlig unbekanntes Instrument. Nach dem Konzert ging ich in seine Garderobe, wo wir uns zum ersten Mal begegneten, und wir vereinbarten einen Termin, damit ich ihm vorspielen konnte. Er behandelte mich sehr aufmerksam und freundlich; mein Spiel muss ihm gefallen haben, denn er gab mir ein glänzendes Empfehlungsschreiben, von dem ich ebenfalls eine Kopie nach St. Petersburg an die Theaterdirektion schickte und das Original behielt."[13] Sarasate schrieb: „Ich hatte die große Freude, den hervorragenden Schüler von Leopold Auer, Herrn Nalbandyan, zu hören, der ein bemerkenswertes Talent als Geigenvirtuose besitzt."[14] Sarasate riet Nalbandyan, im Ausland zu bleiben und zu konzertieren, was Nalbandyan später mit den Worten kommentierte: „Ich habe mich viele Male in meinem Leben an diese Worte von Sarasate erinnert und immer sehr bedauert, dass ich seinem Rat nicht gefolgt bin."[15]

Im Herbst 1895 bot Leopold Auer Nalbandyan an, sein Assistent am Konservatorium zu werden. So begann seine Karriere als Violinpädagoge, vom Lieblingsschüler zum Assistenten. „Als Auers Assistent bildete Nalbandyan Schüler wie M. Elman, E. Zimbalist, C. Ganzan, I. Akhron und K. Parlow aus. 1903 erhielt Nalbandyan seine eigene Klasse, in der J. Heifetz und M. Piastro ihre Studien begannen. Unter den Studenten von Nalban-

---

[13] Nalbandyan, Autobiographie, S. 13 f.
[14] Sarasates Empfehlungsschreiben für Nalbandyan, Nalbandyan-Stiftung, ARM-Ymla, N 350.
[15] Johannes Nalbandyan, Мемуары о Сарасате [Erinnerungen an Pablo de Sarasate], Leningrad 1941, I. Nalbandyan-Stiftung, ARM-Ymla, N 2(a).

dyan sollten auch A. Prang und T. Schwartz erwähnt werden, die das Konservatorium mit dem Anton-Rubinstein-Preis abschlossen."[16]

Nalbandyans Debüt in St. Petersburg fand am 4. Januar 1897 im Rahmen eines Sinfoniekonzerts der Kaiserlichen Russischen Musikgesellschaft statt. Der junge Künstler spielte das technisch anspruchsvolle vierte Violinkonzert von Vieuxtemps; die Presse berichtete: „Das Spiel von Herrn Nalbandyan, das sich durch einen starken Ton, eine wohlüberlegte Phrasierung und Brillanz auszeichnet, ist voller Feuer und fesselt das Publikum."[17] Der talentierte Geiger hatte herausragenden Erfolg und gab als Zugabe Tschaikowskis Melodie, „charmant gespielt".[18] Wenige Wochen später, am 31. Januar 1897, gab Nalbandyan einen Soloabend in St. Petersburg, ebenfalls mit großem Erfolg.[19] Er spielte Giuseppe Tartinis Sonate in g-Moll, Mendelssohns Violinkonzert, Auers Rêverie, Sarasates Zigeunerweisen, sowie zwei eigene Werke, Romance in G-Dur und Etude in A-Dur: „Der junge Geiger Nalbandyan, der am Freitag, dem 31. Januar in seinem eigenen Konzert im Saal des Kreditvereins auftrat, zeigte ein derartiges Spektrum künstlerischer Vorzüge bei der Aufführung eines umfangreichen und abwechslungsreichen Programms, dass er sofort einen herausragenden Platz unter den Absolventen unseres Konservatoriums erlangt hat. Das Spiel von Herrn Nalbandyan zeichnet sich nicht nur durch seine technische Vollkommenheit aus, sondern auch durch ein ausgereiftes Verständnis des Stils der gespielten Kompositionen; in letzterer Hinsicht zeigte er bemerkenswerte Ausgewogenheit und ein Gefühl für Proportionen bei der Vermittlung subjektiver Stimmungen."[20] Unter den Zuhörern waren zahlreiche Armenier, die sich erst beruhigten, als Nalbandyan die Melodie „Tränen der Armenier" ohne Begleitung spielte. „Diese endlose Melodie ist zutiefst bewegend, sehr charakteristisch und äußerst charmant in ihrem Ausdruck grenzenloser Traurigkeit. Jeder, der den Verlauf der Ereignisse verfolgt, weiß, welche schrecklichen Momente die Armenier derzeit in der Türkei erleben und welche schreckliche Armut diejenigen haben, die vor ihren Grenzen geflohen sind. Diese Melodie, gespielt von Herrn Nalbandyan, kam aus tiefstem Herzen und rief mit ihrem rein volkstümlichen Stil eine einhellige Zustimmung hervor, in deren Überschwang etwas schmerzlich Enthusiastisches zu spüren war.

---

16 Lev N. Raaben, Леопольд Семенович Ауэр. Очерк жизни и деятельности [Leopold Semenowitsch Auer. Skizze von Leben und Arbeit], Leningrad 1962, S. 119.

17 Санкт-Петербургские ведомости [Sankt Petersburger Anzeiger], 6. Januar 1897.

18 Nicolai Soloviev [Russian: Николай Феопémптович Соловьёв], „Шестое симфоническое собрание императорского музыкального общества [Sechstes Sinfonie-Treffen der Russischen Musikgesellschaft]", in: Биржевые ведомости [Börsenanzeiger], Nr. 6 vom 6. Januar 1897.

19 Vgl. Петербургский листок [Petersburger Blatt], Nr. 32 vom 2. Februar 1897; „Концерт г. Иоанеса Налбандьяна [Konzert von Herrn Ioannes Nalbandyan]", in: Санкт-Петербургские ведомости [Sankt Petersburger Anzeiger], Nr. 32 vom 2. Februar 1897; „Концерт Налбандьяна [Nalbandyans Konzert]", in: Петербургская газета [Petersburger Zeitung], Nr. 32 vom 2. Februar 1897; P. Veymarn, „Концерт скрипача г. Налбандьяна [Konzert des Geigers Herrn Nalbandyan]", in: Сын отечества [Sohn des Vaterlandes], Nr. 31 vom 2. Februar 1897; Новости [Nachrichten], Nr. 33 vom 2. Februar 1897.

20 Новое время [Die Neue Zeit], Nr. 7520 vom 2. Februar 1897.

Anscheinend erinnert sich jeder Armenier an seine Brüder und die wunderbar gespielte Melodie hat die seelische Wunde vergegenwärtigt."[21]

Während seines ganzen Lebens blieb der Geiger seinen armenischen Wurzeln treu. Bereits im Herbst 1890 trat er zum ersten Mal bei einem armenischen Studentenabend auf. Zu diesem Anlass überredeten ihn Kommilitonen, das Ende des Nachnamens „-ow" in „-yan" zu ändern, damit jeder wusste, dass er Armenier war. „Direktor Rubinstein unterstützte mich in meiner Absicht und ordnete an, meine Papiere neu auszustellen. Ich hatte keinen Frack, vor dem Konzert haben mir die Studenten einen Frack besorgt, ich habe ihn angezogen. Zu meinem Entsetzen bemerkte ich ein Loch im rechten Ärmel, aber nach einer Beratung beschmierten sie den weißen Teil des Hemdes, den man sonst gesehen hätte, mit Tinte. Ich hatte großen Erfolg."[22]

Ab 1897 gab Nalbandyan jedes Jahr in St. Petersburg Konzerte und nahm aktiv am Musikleben der Stadt teil. Er galt als einer der besten Interpreten der klassischen Violinmusik und spielte Violinkonzerte von Bach, Mozart, Mendelssohn, Spohr, Bruch und Paganini sowie Werke von Händel, Rameau, Beethoven, Schubert, Schumann, Raff, Brahms, Reger und vielen anderen. Mit besonderer Liebe führte er Werke von Joachim, Wieniawski und Sarasate auf. Daneben wandte sich Nalbandyan auch bereitwillig seltener gespielten Werken zu. Er machte sich zeitlebens um die klassische und zeitgenössische Musik Russlands verdient und führte unter anderem die Violinkonzerte von Tschaikowski, Glasunow, Rubinstein und Juli Konjus (1869–1942) auf, sowohl in St. Petersburg als auch in Tiflis, Baku, Jerewan, Kiew, Vilnius, Riga, Berlin, Leipzig, Dresden, Köln, Frankfurt am Main, Düsseldorf, Bonn und anderen Orten.

Zahlreiche Werke wurden Nalbandyan gewidmet, so beispielsweise Sergei Ljapunows Violinkonzert, Jāzeps Vītols Latvian Fantasy, Leonid Nikolajews Sonate für Violine und Klavier und Spendiaryans Romanze für Violine und Klavier. In der Tradition großer Virtuosen komponierte und arrangierte Nalbandyan auch für seinen eigenen Konzertgebrauch. Unter seinen Werken befinden sich Romance in G-Dur, Etude in A-Dur, Märchen für Solovioline, Nocturne, Fantasie, Le Tourment, und Mélancolie Orientale.

Heute sind die Person und die Arbeit des legendären Krimarmeniers kaum noch jemandem bekannt. Sein Grab befindet sich im fernen Usbekistan – in Taschkent –, wohin das Leningrader Konservatorium am 22. August 1941 evakuiert wurde, und wo Ioannes Romanovich Nalbandyan am 23. Februar 1942 starb. Und heute, fast 80 Jahre nach dem Tod des großen Musikers, frage ich schweren Herzens: Erinnern Sie sich an ihn, bringen Sie frische Blumen an sein Grab?

---

21 Nicolai Soloviev, „Концерт г. Иоанеса Налбандьяна [Konzert von Herrn Ioannes Nalbandyan]", in: Биржевые ведомости [Börsenanzeiger], Nr. 32 vom 2. Februar 1897.
22 Nalbandyan, Autobiographie, S. 6.

Ioannes Nalbandyans Bericht über seinen Aufenthalt in Berlin 1894
Eine bisher unbekannte Quelle zu Joseph Joachims Violin-, Interpretations- und Unterrichtspraxis

Johannes Gebauer

Einführung

Im Herbst 1894 reiste der 23-jährige armenischstämmige Geiger Ioannes Nalbandyan aus St. Petersburg nach Berlin, um sich an der Hochschule für Musik bei Professor Joseph Joachim vorzustellen. Sein Anliegen war einerseits die eigene Weiterbildung – er hatte zuvor erfolgreich ein Studium beim St. Petersburger Violinprofessor Leopold Auer abgeschlossen und sollte in Berlin seinen geigerischen und musikalischen Horizont erweitern. Joachim galt zu dieser Zeit als größte Autorität unter den institutionellen Violin-Ausbildern und die Berliner Musikhochschule als Zentrum einer „klassischen Schule".[1] Andererseits reiste der junge Mann aber auch im offiziellen Auftrag der russischen Theaterkommission und sollte nach seiner Rückkehr einen Bericht über seinen Aufenthalt, insbesondere über den Unterricht bei Joachim und dessen Violinspiel, verfassen – vermutlich als Gegenleistung für eine finanzielle Unterstützung seiner Studienreise. Dieser Auftrag war offenbar von Leopold Auer persönlich vermittelt worden, der sich davon in erster Linie Impulse zur Verbesserung seines eigenen Unterrichts und der Organisation des St. Petersburger Konservatoriums erhofft haben dürfte.

Nalbandyans Auftrag betraf nicht nur den Aufenthalt in Berlin, vielmehr sollte der junge Mann im Anschluss auch Pablo de Sarasate vorspielen und nach Möglichkeit bei diesem Unterricht nehmen. Allerdings hatte Sarasate keine institutionelle Bindung, sondern war praktisch das gesamte Jahr über auf Reisen, sodass die Verhältnisse in diesem Fall anders lagen. Nalbandyans Erinnerungen an Sarasate werden an dieser Stelle keine Rolle spielen, bedürfen aber weiterer Untersuchungen.[2]

Nach seiner Ankunft in Berlin hatte Nalbandyan zunächst mit erheblichen Sprachbarrieren zu kämpfen, denn er sprach weder Deutsch, Englisch noch Französisch, und Joachim hätte ihn deshalb, so berichtet es Nalbandyan, um ein Haar abgelehnt. Letztlich nahm Joachim ihn dennoch in seine Klasse auf, und Nalbandyan war umso mehr auf seine Beobach-

---

[1] Vgl. hierzu Johannes Gebauer, Der „Klassikervortrag". Joseph Joachims Bach- und Beethovenvortrag und die Interpretationspraxis des 19. Jahrhunderts (= Beethoven-Interpretationen 1), Bonn 2023.
[2] Vgl. Johannes Nalbandyan, Мемуары о Сарасате [Erinnerungen an Pablo de Sarasate], Leningrad 1941, I. Nalbandyan-Stiftung, Yeghishe Charents Museum für Literatur und Kunst (ARM-Ymla), N 2(a); in Ausschnitten veröffentlicht, vgl. Anna Grigorievna Asatryan, „Иоаннес Налбандян. Воспоминания О Пабло Де Сарасате" [Ioannes Nalbandyan. Erinnerungen an Pablo de Sarasate], in: Искусствоведческого Журнала Институт Искусств НАН РА [Journal of Art Studies of the Institute of Arts NAS RA] 1 (2019), S. 190–206.

tungsgabe angewiesen, solange er dem Unterricht sprachlich nicht oder nur wenig folgen konnte. Aus heutiger Sicht kann dies als Glücksfall angesehen werden, da Nalbandyan so notwendigerweise zum genauen Beobachter wurde und sich weitgehend unbeeinflusst eine Meinung bilden konnte.

In Nalbandyans Nachlass, der heute im Yeghishe Charents Museum für Literatur und Kunst in Jerewan aufbewahrt wird, findet sich ein akribisch verfasster Bericht,[3] bestehend aus einem knapp 30-seitigen Typoskript, in welches, offenbar von Nalbandyan selbst, diverse Korrekturen und Ergänzungen, teilweise mit Bleistift, teilweise als maschinenschriftliche Zusätze, eingefügt wurden. Möglicherweise handelt es sich bei diesem Typoskript um eine spätere Niederschrift (und nicht um den Bericht an die Theaterkommission), wobei nicht festzustellen war, wann diese verfasst wurde.[4] Für seine 1913 geschriebene Autobiographie scheint er auf dieses Skript zurückgegriffen zu haben,[5] Ausschnitte daraus finden sich dort fast wörtlich wieder, es lässt sich aber auch nicht ausschließen, dass der Bericht aus einer späteren Zeit stammt.[6] Der Entwurf scheint im Wesentlichen vollständig und abgeschlossen zu sein, allerdings fehlt das einzige vorgesehene Notenbeispiel, welches möglicherweise nur in die Endfassung eingetragen wurde.[7]

Die Aufzeichnungen erlauben einen detaillierten Einblick in das Unterrichtsgeschehen an der Berliner Hochschule für Musik. Nalbandyan berichtet, gemäß seines Auftrags, sowohl über den generellen Unterrichtsablauf in Joachims Klasse als auch über Joachims Violinspiel, wobei er sich große Mühe gibt, ein möglichst objektiver Beobachter zu sein, trotz seiner offensichtlichen Bewunderung für Joachim. Umso wertvoller sind seine Anmerkungen zu Joachims Unterricht und den Details seines Violinspiels, die Nalbandyan in einer bisher unbekannten Nähe überliefert und die auch einige kritische Details zu Joachims Violintechnik enthalten.

Obwohl Joachim während Nalbandyans Aufenthalt in Berlin nicht öffentlich als Solist auftrat, spielte er als Teil des Unterrichts sämtliche großen Violinkonzerte mit Klavierbegleitung, sodass Nalbandyan Beschreibungen von Joachims Interpretation zahlreicher Violinwerke liefern kann.[8] Darüber hinaus besuchte Nalbandyan, wie für die Studenten

---

[3] Vgl. Johannes Nalbandyan, Воспоминания об Иоахиме [Erinnerungen an Joachim], o. J., Nalbandyan-Stiftung, ARM-Ymla, N 107.
[4] Die zahlreichen Korrekturen lassen darauf schließen, dass dieses Typoskript als Vorlage dienen sollte; eine Endfassung, ein Druck oder ähnliches konnte bisher aber nicht lokalisiert werden.
[5] Vgl. Ioannes Nalbandyan, Автобиография [Autobiographie], 1913, Nalbandyan-Stiftung, ARM-Ymla, N 1(a).
[6] Es ist denkbar, dass Bericht und Autobiographie auf eine gemeinsame Vorlage zurückgehen, möglicherweise eben jenen offiziellen Bericht an die Theaterkommission.
[7] Vgl. hierzu anm. 100.
[8] Joachims Assistent Andreas Moser berichtet von sogenannten Repertoirestunden, für die die Studenten die Werke auswählen durften, die Joachim dann als „Sonntagsmusiken" mit Klavierbegleitung aufführte; vgl. Andreas Moser, Joseph Joachim. Ein Lebensbild, neue, umgearb. und erw. Ausg., Bd. 2, Berlin 1910, S. 181 f.

der Hochschule damals üblich, zahlreiche Konzerte des Joachim-Quartetts und nimmt darauf ausführlich Bezug.[9]

Nalbandyans Bericht ist eine wichtige Ergänzungsquelle zu bereits bekannten Schilderungen des Unterrichts an der Hochschule für Musik, insbesondere der von Marion Ranken,[10] wobei Nalbandyan als Student in Joachims Klasse noch eine weitere Facette des Hochschulunterrichts ergänzt, die bisher nur unzureichend dokumentiert war.[11] Nalbandyan geht durchaus kritisch vor und legt auch diverse technische Mängel sowohl Joachims als auch seiner Schüler offen. Seine Schilderungen erlauben es so auch, die überaus kritischen Äußerungen über Joachims Geigenspiel von Carl Flesch zu kontextualisieren.

Nalbandyans Aufzeichnungen waren der Joachim-Forschung bisher weitgehend unbekannt und unzugänglich. Lediglich in einer russischsprachigen Forschungsarbeit zu Joseph Joachim von 1966 wurde aus Nalbandyans Bericht, der sich zu diesem Zeitpunkt noch in einem Archiv in Leningrad befand, ausführlich zitiert.[12] Nach der Wiedererlangung der Unabhängigkeit Armeniens wurde Ioannes Nalbandyans Nachlass in das Yeghishe Charents Museum für Literatur und Kunst in Jerewan überführt, wo eigens die Ioannes-Nalbandyan-Stiftung gegründet wurde. An dieser Stelle möchte ich ausdrücklich Frau Prof. Dr. Anna Asatryan, der stellvertretenden Direktorin des Nationalen Instituts der Nationalen Akademie der Wissenschaften der Republik Armenien, dafür danken, dass sie es mir ermöglicht hat, Kopien von Nalbandyans Typoskript zu erhalten. Ohne ihre persönliche Unterstützung wäre diese Untersuchung nicht möglich gewesen.

Die Umstände von Nalbandyans Berlin-Aufenthalt

Nalbandyan traf im Herbst 1894 in Berlin ein.[13] Die regulären Aufnahmeprüfungen waren zu dieser Zeit bereits vorüber, weshalb er sich zunächst mit Hilfe eines Deutsch sprechenden Freundes bei Joachim vorstellte und einen Brief seines Lehrers Leopold Auer

---

9 Auch Marion Ranken berichtet, dass sie regelmäßig die Konzerte des Joachim-Quartetts in der Berliner Singakademie sowie die vorausgehenden Generalproben im Saal der Hochschule besuchte, die für Studenten öffentlich waren, vgl. M.[arion] R.[anken], Some Points of Violin Playing and Musical Performance as learnt in the Hochschule für Musik (Joachim School) in Berlin during the time I was a Student there, 1902–1909, Edinburgh 1939, S. 7.
10 Vgl. ebd.
11 Bisher stützt sich die Überlieferung in erster Linie auf Andreas Moser, der aber als Joachims Assistent und offizieller Biograph eine einseitige und unkritische Beschreibung des Unterrichts gibt, vgl. insbesondere Moser, Lebensbild II, S. 178–185. Ranken war nicht Studentin in Joachims Klasse, sondern Schülerin von Karl Klingler.
12 Vgl. Julia Abramowna Breitburg, Йозеф Иоахим – педагог и исполнитель [Joseph Joachim als Lehrer und Interpret], Moskau 1966. Es ist anzumerken, dass auch diese Arbeit das fehlende Notenbeispiel nicht zitiert, es somit schon 1966 gefehlt haben dürfte.
13 In seinem Bericht gibt er „Oktober" als Termin seiner Abreise aus St. Petersburg an, vgl. Nalbandyan, Erinnerungen an Joachim, S. 1.

überreichte. Joachim scheint sofort einen bleibenden Eindruck bei Nalbandyan hinterlassen zu haben: „Joachim war groß, breitschultrig, hatte einen großen, schönen Kopf, graues lockiges Haar, eine große gerade Nase, eine hohe, schöne Stirn, einen Bart, einen Schnurrbart (ebenfalls lockig) und eine Brille, hinter der helle, kleine, sehr strenge Augen hervorschauten."[14] Zunächst versuchte Joachim, Nalbandyan auf Deutsch, Französisch und Englisch anzusprechen. Nalbandyan verstand jedoch keine dieser Sprachen. „Dann wandte sich Joachim an meinen Freund und sagte: ‚Nun, er spricht keine andere Sprache als Russisch, aber ich bin zu alt, Russisch zu lernen, um ihn zu unterrichten.' Und als mein Freund mir diesen Satz von Joachim übersetzte, war ich so entsetzt darüber, dass er mich nicht unterrichten wollte, dass ich fast anfing zu weinen und meinen Kameraden an der Hand packte, sie vor Aufregung zu schütteln begann und sagte: ‚Sag Herrn Joachim, obwohl ich die Sprachen nicht kenne, werde ich alles verstehen, was er in der Klasse zeigen wird.'"[15] Joachim ließ sich umstimmen, und es wurde ein Termin vereinbart, damit Nalbandyan Joachim vorspielen konnte.

Bei dieser zweiten Begegnung scheint Joachim zugänglicher gewesen zu sein, dennoch war Nalbandyan nach eigener Schilderung sehr aufgeregt. Er hatte auf Auers Rat das 8. Violinkonzert von Louis Spohr (die „Gesangscene") vorbereitet, ein geigerisch sehr anspruchsvolles Werk, welches Joachim selbst bei seinen Debütkonzerten in London 1844 gespielt hatte[16] und ständig in seinem Repertoire behielt.[17] Joachim setzte sich selbst ans Klavier und „spielte ein paar Takte des Tuttis sehr schlecht".[18] Joachim begleitete Nalbandyan durch die ersten zwei Sätze, wobei sein Klavierspiel „nur aus Bassnoten bestand".[19] Erst nach der Kadenz am Ende des Adagios unterbrach Joachim und forderte Nalbandyan auf, diese noch einmal zu spielen.[20] Auch die Kadenz im Finale musste Nalbandyan wiederholen. Danach wurde er von Joachim gelobt und in dessen Klasse aufgenommen, was Nalbandyan seiner Schilderung nach in große Euphorie versetzte.

Offenbar hatte Nalbandyan nicht vor, bei Joachim ein vollständiges Studium zu absolvieren, vielmehr ging es um einen begrenzten Aufenthalt von einigen Monaten mit dem Ziel der eigenen Fortbildung. Während seines Aufenthaltes scheint er keine Prüfungen abgelegt oder an Klassenvorspielen teilgenommen zu haben. Nalbandyan geht in seinem Bericht nicht weiter auf seine eigenen Beteiligungen am Unterricht ein, laut seiner Auto-

---

14 Ebd., S. 2.
15 Ebd.
16 Am 22. April 1844 spielte Joachim die „Gesangscene" in der Società armonica, vgl. Andreas Moser, Joseph Joachim. Ein Lebensbild, Neue, umgearb. und erw. Ausg., Bd. 1, Berlin 1908, S. 62.
17 Das Werk fand später Eingang in die „Sechzehn Meisterwerke der Violinliteratur" als Teil des dritten Bandes der Violinschule, vgl. Louis Spohr, „Concert (in Form einer Gesangsscene), Op. 47, in: Joseph Joachim und Andreas Moser, Violinschule in 3 Bänden, Bd. 3, Berlin: N. Simrock 1905, S. 219–227.
18 Nalbandyan, Erinnerungen an Joachim, S. 3.
19 Ebd. Joachims Fähigkeiten auf dem Klavier waren bekanntermaßen begrenzt, vgl. Moser, Lebensbild II, S. 185.
20 Die beiden Kadenzen in der „Gesangscene" sind vom Komponisten vorgegeben und überaus virtuos.

biographie hat er Joachim mehrmals vorgespielt.[21] Auf einer Visitenkarte notierte Joachim ein Empfehlungsschreiben, welches nahelegt, dass er Nalbandyan auch persönlich unterrichtet hat.[22]

Im Januar 1895 besuchte Leopold Auer Berlin auf einer Konzerttournee, traf dort mit Nalbandyan zusammen und ließ sich von diesem berichten: „Ich erzählte ihm von meinem ersten Eindruck [von Joachim] und dass ich ihn von Mal zu Mal besser verstand, dass er mir jetzt so großartig, majestätisch, grazil und monumental erscheint und ich fand keinen anderen Vergleich als die Isaakskathedrale.[23] Vielleicht sagte ich dies, weil wir bei unseren gemeinsamen Spaziergängen an dieser Kathedrale vorbei oft stehen geblieben waren, um ihre geniale Architektur zu bewundern. Anscheinend gefiel Auer mein Vergleich, er sah mich nachdenklich an und sagte: ‚Ja, das stimmt'."[24] Auer lud seinen ehemaligen Schüler im Anschluss ein, ihn nach Köln und Amsterdam zu begleiten – soweit rekonstruierbar beendete dies Nalbandyans Studienaufenthalt in Berlin.[25]

Unterrichtsablauf und Pädagogik

Joachims Unterricht bestand laut Nalbandyan ausschließlich aus Klassenstunden, die an vier Tagen in der Woche von 10 bis 13 Uhr stattfanden.[26] Einzelunterricht gab er offenbar nicht, normalerweise waren alle seine Schüler bei den Stunden anwesend.[27] Pro Klassenunterricht trugen in der Regel drei bis vier Studenten vor, „gelegentlich auch weniger".[28]

Bereits einige Zeit vor dem regulären Unterrichtsbeginn spielten sich mehrere Studenten[29] in den Ecken des Raumes ein, wobei offenbar nicht im Voraus festgelegt war, wer am jeweiligen Tag an der Reihe war, etwas vorzutragen. Ein großer Teil der Studenten kam aus dem Ausland, Nalbandyan war aber laut seiner Schilderung zu dieser Zeit der einzige aus Russland. Joachim betrat in der Regel pünktlich um 10 Uhr den „langen, ziemlich breiten

---

21 Vgl. Nalbandyan, Autobiographie, S. 13.
22 Vgl. den Beitrag von Anna Asatryan, S. 149–155.
23 Die Isaakskathedrale (Bauzeit 1818–1858) ist die größte Kirche Sankt Petersburgs und einer der größten sakralen Kuppelbauten der Welt.
24 Nalbandyan, Erinnerungen an Joachim, S. 20.
25 Joachims Empfehlungskarte ist mit „Fevrier 1895" datiert, demnach dürfte Nalbandyans Abreise nicht früher gewesen sein.
26 Vgl. Nalbandyan, Erinnerungen an Joachim, S. 4. In seiner Autobiographie findet sich die Angabe „10 bis 14 Uhr", vgl. Nalbandyan, Autobiographie, S. 13.
27 Technischen Einzelunterricht übernahmen offenbar die anderen Professoren an der Hochschule, unter anderem Emanuel Wirth und Johann Kruse, sowie in einigen Fällen auch Andreas Moser.
28 Nalbandyan, Erinnerungen an Joachim, S. 5.
29 Nalbandyan berichtet nur von Studenten, Studentinnen waren zu dieser Zeit möglicherweise nicht in Joachims Klasse, was aber Zufall gewesen sein dürfte; Joachim hatte zu anderen Zeiten immer wieder Studentinnen in seiner Klasse, unter anderem Maud Powell, Marie Soldat und Gabriele Wietrowetz.

Raum"³⁰ und nahm auf einem Stuhl Platz, ein weiterer Stuhl diente als Unterlage für seinen Geigenkasten, den ein Hochschulangestellter bis in den Unterrichtsraum brachte.

Die Studenten kamen laut Nalbandyan immer gut vorbereitet zu den Klassenstunden. Der vortragende Schüler begann zunächst, das Stück zu spielen und Joachim hörte zu – in der Regel unterbrach er aber nach einer Weile. Normalerweise demonstrierte er dann selbst, ohne dabei viele Worte zu verlieren. Wenn Schüler allzu auffällige musikalische Defizite hatten, imitierte Joachim sie, wobei er gelegentlich sehr launisch werden konnte: „Joachim demonstrierte dessen Spiel, brach ab, sah den Schüler an und sagte: ‚Gehen Sie nach Hause'. Die gesamte Klasse war sprachlos über das Geschehen, den großen Mann so wütend und die Kontrolle über sich verlierend zu sehen."³¹

Mit technischen Problemen der Studenten scheint sich Joachim dagegen in keiner Weise befasst zu haben. Nalbandyan berichtet mehrfach einigermaßen entsetzt von technischen Defiziten einiger Studenten, die Joachim offenbar nicht wahrnahm oder zumindest nicht beachtete. Von diversen Problemen, die teilweise den Studenten das Spiel erheblich erschwerten, nahm Joachim keine Notiz. Vor allem bogentechnische Mängel scheinen in Joachims Klasse verbreitet gewesen zu sein:

> Einer von ihnen hielt die Geige unglaublich niedrig und den [rechten] Ellbogen sehr hoch, zur Spitze hin zog er seinen Ellbogen zurück, ohne seine Hand zu strecken, so dass er in einem Bogen strich. Ein anderer hingegen hielt die Geige übertrieben hoch und gleichzeitig war die rechte Hand so niedrig, als ob sie an der rechten Körperseite kleben würde, besonders wenn er auf der E- und A-Saite spielte; auf der D- und G-Saite löste er leicht seine Hand und bemühte sich, den Bogen bis zum Ende zu bringen, indem er seine Schulter hob.³²

> Ich muss sagen, dass ich Joachim nie zu einem Schüler kommen sah, dass er ihm die Hand hob oder senkte oder etwas gezeigt hätte […]. Mit der Zeit konnte ich mich davon überzeugen, dass es Joachim völlig gleichgültig war, welche Haltungsmängel die Schüler hatten; ob es schwer oder leicht für sie war zu spielen, wie ihnen geholfen werden könnte und was dafür getan werden musste, das hat ihn überhaupt nicht interessiert. Er sagte nur, dass „es nicht klingt", nahm sofort die Geige und zeigte, wie es gespielt werden musste.³³

Nalbandyan geht so weit, das Vorhandensein einer „Joachim-Schule", zumindest in technischer Hinsicht, abzustreiten. Zu unterschiedlich war die Herkunft der Studenten, zu wenig griff Joachim in die technische Ausführung ein, als dass sich dadurch eine technische Eigenart seiner Studenten ausbilden konnte:

> Jeder spielte auf seine Weise, jeder hatte eine andere Einstellung, es gab nichts Gemeinsames in der Art zu spielen, es war ein wahres Kaleidoskop der verschiedensten Richtungen und Arten des Geigenspiels.³⁴

---

30 Nalbandyan, Erinnerungen an Joachim, S. 5.
31 Ebd., S. 6.
32 Ebd., S. 15.
33 Ebd., S. 16.
34 Ebd., S. 15.

Joachim hinterließ keine Schule, aber für seine Schüler, für die Geigenmusiker, die ihn hörten, war er das Ideal, klassische Musik zu spielen.

Vermutlich hielt Joachim es nicht für seine Pflicht, die Hände und technischen Mängel seiner Schüler zu korrigieren, da er sie als Geiger betrachtete, aber er eröffnete gewaltige Horizonte [...] und zeigte ihnen mit seiner Leistung im Klassenzimmer großartige Vorbilder, die in ihren Seelen und in ihrer Erinnerung blieben, die ihnen in Zukunft helfen konnten, sich zu entwickeln und diese großen Traditionen seiner Aufführungen an ihre Schüler weiterzugeben.[35]

Nalbandyan nimmt in den Gruppenstunden die Stellung eines überwiegend objektiven Beobachters ein, eigene Unterweisung durch Joachim spielt in seinen Ausführungen keine Rolle. Aus seinem Bericht geht auch hervor, dass er im Grunde in seiner technischen Ausbildung bereits weiter fortgeschritten war als die meisten seiner Kommilitonen. „Mich interessierte das Spiel der Schüler, die Werke, die sie durchnahmen, Joachims Bemerkungen, vor allem aber, dass Joachim immer alles selbst spielte und zeigte."[36]

Während Haltungsfragen seiner Studenten für Joachim wenig Bedeutung hatten, scheinen ihm zwei Aspekte sehr wichtig gewesen zu sein: „Worauf er achtete und sehr anspruchsvoll war, war eine reine Intonation und präziser Rhythmus, er wurde sehr ärgerlich, wenn dies nicht in Ordnung war und riet, Skalen (zu Hause) und Rodes dritte Etüde[37] zu spielen."[38] – „Er sagte zu einigen, dass sie unsauber spielten: ,Gehen Sie nach Hause, spielen Sie Tonleitern, Etüden' und zu anderen: ,Sie haben keinen Rhythmus, Musik ohne Rhythmus existiert nicht, wenn Sie sich nicht verbessern können, dann ist es besser, Sie hören mit dem Musikmachen auf'. Damit endete der Unterricht."[39]

Haltung der Violine und Technik der linken Hand

Nalbandyans Beschreibung von Joachims Geigenhaltung bestätigt weitgehend bisherige Erkenntnisse über die Haltungsprinzipien einer deutschen oder französischen Violintradition des 19. Jahrhunderts.[40] Die Violine lag dabei weniger auf der Schulter und weniger

---

35 Ebd., S. 18.
36 Ebd., S. 6f.
37 Gemeint ist wohl Rodes dritte Caprice, die vollständig in der zweiten Lage zu spielen ist, wobei aber an zahlreichen Stellen die Verwendung leerer Saiten angegeben ist, was auch Karl Klingler mit der Intonationskontrolle in Verbindung bringt; vgl. Karl Klingler, „,Dies und Das' – Anmerkungen an Hand der 24 Capricen für Violine allein von Pierre Rode, 1.–8. Caprice", in: „Über die Grundlagen des Violinspiels" und nachgelassene Schriften, hrsg. von Marianne Migault Klingler und Agnes Ritter (= Studien und Materialien zur Musikwissenschaft 6), Hildesheim u. a. 1990, S. 153–275, hier S. 196.
38 Nalbandyan, Erinnerungen an Joachim, S. 16.
39 Ebd., S. 6.
40 Vgl. Clive Brown, Physical parameters of 19th and early 20th-century violin playing, 2016, http://mhm.hud.ac.uk/chase/article/physical-parameters-of-19th-and-early-20th-century-violin-playing-clive-brown/, 4.1.2021.

seitlich, als es heute vielfach üblich ist, sondern mehr vor dem Körper und tiefer, beziehungsweise auf dem Schlüsselbein. Obwohl Nalbandyan dies nicht ausdrücklich erwähnt, war die Verwendung eines Kinnhalters zu dieser Zeit bereits üblich und ist auch für Joachim zumindest in späteren Jahren nachweisbar – ein solcher ist auf Fotos eindeutig zu erkennen, er wurde auf der linken Seite vom Saitenhalter aus angebracht (und nicht wie bei Louis Spohr mittig).[41] Nur wenige professionelle Geiger spielten zu dieser Zeit noch ohne einen Kinnhalter,[42] der auch zum Schutz des wertvollen Instruments vor Lackschäden durch direkten Hautkontakt diente.[43]

Die heute weit verbreitete Schulterstütze war dagegen im 19. Jahrhundert noch nicht gebräuchlich, stattdessen berichtet Nalbandyan, dass Joachim „ein kleines aber sehr festes und dickes Kissen unter die Geige [legte], soweit ich mich erinnere aus schwarzem Samt".[44] Das Kissen wird auch von Andreas Moser erwähnt,[45] es dürfte ein verbreitetes Utensil der Violinhaltung im späten 19. Jahrhundert gewesen sein. Ikonographisch lässt es sich für Joachim wohl nicht nachweisen. Wie genau Joachim mit dem Kissen verfuhr, beschreibt Nalbandyan nicht, möglicherweise schob er es unter seine Kleidung.

Laut Nalbandyan drehte Joachim den Kopf nicht oder zumindest nicht merklich Richtung des Griffbretts, was ebenfalls den Spielfotos entspricht (vgl. Abbildung 8.1).[46] Die Tatsache, dass er dies erwähnt, spricht allerdings dafür, dass dies für Nalbandyan nicht unbedingt die Norm war. Dessen Lehrer Leopold Auer war zwar ebenfalls Schüler von Joachim gewesen, seine Haltung wich aber, soweit sie aus Bildern abzuleiten ist, zumindest in späteren Jahren auffällig ab (vgl. Abbildung 8.2).

Auer, wie auch einige seine Schüler,[47] drehte den Kopf beim Spielen deutlich nach links, in Richtung des Griffbretts; auch Nalbandyan könnte als Schüler Auers eine ähnliche Kopfhaltung gehabt haben.[48] Joachim hielt die Geige laut Nalbandyan während ausdrucksvoller Stellen – „der Kantilene"[49] – höher als gewöhnlich, insgesamt aber offenbar nicht ausgesprochen hoch, wie dies etwa bei Auers berühmten Schülern oft erkennbar ist.

---

41 Es ist anzunehmen, dass Joachim in früheren Jahren noch ohne einen Kinnhalter gespielt hat. Auf einem Foto von ca. 1868 ist bereits ein Kinnhalter erkennbar, vgl. Beatrix Borchard, Stimme und Geige: Amalie und Joseph Joachim. Biographie und Interpretationsgeschichte (= Wiener Veröffentlichungen zur Musikgeschichte 5), Wien/Köln/Weimar 2005, beiliegende CD, Abb. 15 der Einzelporträts.

42 Als Beispiel sei hier Lucien Capet (1873–1928) genannt, der auf mehreren Fotos eindeutig ohne Kinnhalter spielt.

43 In der Joachim/Moser-Violinschule wird die Verwendung eines Kinnhalters besonders für Anfänger ausdrücklich empfohlen, vgl. Joachim und Moser, Violinschule, Bd. 1, S. 12.

44 Nalbandyan, Erinnerungen an Joachim, S. 23.

45 Moser, Lebensbild II, S. 273; auch in der Joachim/Moser-Violinschule wird ein Kissen kurz erwähnt, nicht aber der genaue Gebrauch erklärt, vgl. Joachim und Moser, Violinschule, Bd. 1, S. 15.

46 Eine leichte Drehung des Kopfes scheint Moser in der Violinschule aber zu suggerieren, vgl. ebd., S. 13.

47 Beispielsweise Mischa Elman in einem frühen Tonfilm von 1926 (Warner Bros. Vitaphone Nr. 275), https://youtu.be/31uJT2IKsRo, 4.1.2021.

48 Fotos oder Abbildungen von Nalbandyan beim Geigenspiel konnten nicht gefunden werden.

49 Nalbandyan, Erinnerungen an Joachim, S. 23.

Abbildung 8.1: Joseph Joachim (ca. 1903). (Porträtpostkarte [Privatbesitz Göttingen])

Abbildung 8.2: Leopold Auer (1925). (Leopold Auer, Graded Course of Violin Playing, Bd. 1, New York 1925, S. 14).

Nalbandyan beschreibt eine solide Technik der linken Hand – trotz fortgeschrittener gichtiger Beschwerden Joachims [50] –, eine gleichmäßige Geläufigkeit, ausgezeichnete Doppelgrifftechnik, einen gleichmäßigen, wenn auch nicht sehr schnellen, dabei aber „bezaubernden" Triller und einen brillanten Pralltriller „von zwei Schlägen", [51] den auch Carl Flesch als „unerhört schmissig" beschreibt. [52] Nalbandyan schränkt allerdings ein: „In Bezug auf die Geläufigkeit der Finger muss ich sagen, dass sie sehr gleichmäßig, klar und grundlegend in Skalen und Arpeggien war. Alles klang solide, rund, aber alles war in einem moderaten Allegro-Tempo, es gab keine besondere Leichtigkeit, Beweglichkeit und Brillanz." [53] – „an eine besondere Geläufigkeit seiner Finger erinnere ich mich nicht." [54]

Den linken Daumen setzte Joachim in der Regel „leicht gebeugt [...] gegenüber des zweiten Fingers an den Hals", nahm ihn aber „zur Streckung" der linken Hand, beispielsweise für Dezimen, zurück in Richtung Schnecke. Die Finger setzte Joachim „sehr rund" auf und ließ sie „in Passagen gewöhnlich auf den Saiten", wo dies möglich war – eine Technik, die im 19. Jahrhundert von vielen Pädagogen gelehrt wurde. [55] Lediglich bei ausdrucksvollen Stellen streckte Joachim oft den ersten (oder mehrere) Finger nach oben, eine Angewohnheit, die einige Schüler im Unterricht imitierten. [56] Beim Abziehen der Finger von der Saite, insbesondere des vierten Fingers, produzierte Joachim gelegentlich ein auffälliges Klickgeräusch: [57] „In der Melodie klickte sein vierter Finger immer, wenn er ihn von der Saite nahm, was darauf zurückzuführen war, dass er seinen Finger zur Seite zog." [58]

Zur linken Arm- und Handstellung schreibt Nalbandyan: „Seinen linken Arm hielt er normal, weder nach vorne noch nach hinten geneigt. Die linke Hand [das Handgelenk?] war zum Steg hin gebeugt." [59] Es ist unklar, was genau Nalbandyan hier meint. Vermutlich geht es um die vertikale Stellung des Ellbogens unter der Violine, sowie um die Einbeugung des Handgelenks zum Körper hin, wie sie auch auf Spielfotos von Joachim erkennbar ist, auf denen der obere Teil seiner Handfläche eher zur Schnecke hin zeigt als zum Steg. [60]

Im Kontext der linken Hand schreibt Nalbandyan auch über ein Tremolo, welches er als „großartig, nicht schnell, aber gleichmäßig" [61] bezeichnet. Das moderne Tremolo, also

---

50 Die durch die Gicht verursachten Verdickungen an den Fingern der linken Hand werden ebenfalls von Moser überliefert, vgl. Moser, Lebensbild II, S. 312 f.
51 Nalbandyan, Erinnerungen an Joachim, S. 24.
52 Carl Flesch, Erinnerungen eines Geigers, Freiburg i. Br. u. a. 1960, S. 35.
53 Nalbandyan, Erinnerungen an Joachim, S. 24.
54 Ebd., S. 25.
55 Vgl. beispielsweise Ferdinand David, Violinschule, Zweiter Teil: Der vorgerückte Schüler, Leipzig 1863, S. 2; Karl Klingler spricht von der „Regel vom Liegenlassen der Finger", vgl. Klingler, „„Dies und Das"", S. 212.
56 Laut Moser kommentierte Joachim dies mit „Halten Sie sich doch lieber an meine besseren geigerischen Eigenschaften, [...] als daß Sie meine Fehler nachahmen.", vgl. Moser, Lebensbild II, S. 180.
57 Vgl. Nalbandyan, Erinnerungen an Joachim, S. 17 und 24.
58 Ebd., S. 17.
59 Ebd., S. 23.
60 Vgl. Abbildung 8.1.
61 Nalbandyan, Erinnerungen an Joachim, S. 24.

schnelle, unmensurierte Striche an der Spitze des Bogens, ist hier wohl nicht gemeint. Vermutlich meint er auch weder ein Bogen-Tremolo (dabei handelt es sich um eine spezielle Variante eines ricochet, wie sie beispielsweise in der Joachim / Moser-Violinschule beschrieben wird[62] und bei der zwei, drei oder vier Noten auf einen Bogenstrich gesprungen werden) noch ein Vibrato (welches separat behandelt wird). Gemeint sind möglicherweise Wechselnoten unter einem Bogen, wie etwa im Mittelsatz des Violinkonzertes von Mendelssohn:[63]

Notenbeispiel 8.1: Felix Mendelssohn Bartholdy, Violinkonzert in e-Moll op. 64, 2. Satz, T. 54 f. (Joseph Joachim und Andreas Moser, Violinschule in 3 Bänden, Bd. 3, Berlin u. a. 1905, S. 239)

Vibrato

Nalbandyan schreibt in mehreren Zusammenhängen ausführlich über Joachims Vibrato, welches ihn sehr beeindruckt haben muss. Er beschreibt ein „energetisches, enges, frisches Vibrato, das weder seinem Alter noch seinem respektablen Aussehen entsprach".[64] An anderer Stelle schreibt er, es sei „klein, aber sehr schön", im Piano sei es „warm", bei stärkeren Stellen „voller Leben und Energie".[65] Bei leisen Stellen mache Joachim gelegentlich gar kein Vibrato, um damit einen ganz besonderen Klang zu erreichen.[66]

Laut Nalbandyan nutzte Joachim für das Vibrato „Arm und Handgelenk zusammen"[67] – Moser schreibt in der Violinschule dagegen lediglich von „mehr oder weniger schnell verlaufenden Schaukelbewegungen bei ganz lockerem Handgelenk.[68] Ein Widerspruch dürfte hier nicht vorliegen, vermutlich war Joachims Vibrato durch das Handgelenk gesteuert, während sich der Arm nur mitbewegte. Es ist nicht anzunehmen, dass Joachim sein Vibrato aktiv aus dem Ellbogengelenk kontrollierte.

---

62 Vgl. Joachim und Moser, Violinschule, Bd. 2, S. 171–175.
63 Derartige Tremolo-Stellen finden sich beispielsweise auch in Joachims Ungarischem Konzert (ich danke Katharina Uhde für diesen Hinweis).
64 Nalbandyan, Erinnerungen an Joachim, S. 6.
65 Ebd., S. 24.
66 Vgl. ebd., S. 25. Auch Ranken berichtet davon, dass im Piano und Pianissimo der „intensive Ton" völlig ohne Vibrato erreicht wurde („without any vibrato whatever [sic]"), vgl. R.[anken], Some Points of Violin Playing, S. 13.
67 Nalbandyan, Erinnerungen an Joachim, S. 24.
68 Vgl. Joachim und Moser, Violinschule, Bd. 2, S. 96a.

Johannes Gebauer

Bogenhaltung und Technik der rechten Hand

Joachims Bogenhaltung ist ein komplexes Thema, einige Fragen hierzu sind noch nicht abschließend beantwortet.[69] Joachims Assistent Andreas Moser weist ausdrücklich darauf hin, dass Joachims Bogentechnik nicht der von Louis Spohr entsprach, sondern vielmehr der Schule seines Lehrers Joseph Böhm folgte. Moser stellt dies ausdrücklich in einen Zusammenhang mit der Verwendung von springenden Bogenstrichen.[70] Auch andere Autoren berichten von Joachims individueller Bogenhaltung und einer Kombination eines sehr festen Griffs (beziehungsweise Festigkeit in den Fingern) mit einem flexiblen Handgelenk.[71] Nalbandyan bestätigt und ergänzt einige Details, so auch, dass Joachim den kleinen Finger auch an der Spitze nicht von der Bogenstange lüftete, wie dies etwa Spohr vorschlägt. „Joachim hielt den Bogen mit allen Fingern. Am Frosch und an der Spitze des Bogens, ohne seinen kleinen Finger zu heben, nahm er fast immer das erste Glied seines ersten Fingers hoch. Der Bogen befand sich unter den ersten Fingergelenken. Die Hand war sehr gesenkt."[72] Auch andere Schüler der Hochschule berichten übereinstimmend davon, dass der Zeigefinger der Bogenhand möglichst nicht um die Stange, sondern gerade gehalten werden sollte, Ranken schreibt: „A straight first finger on the bow was much insisted upon."[73] Was Nalbandyan mit der „gesenkten Hand" meint, ist hingegen weniger eindeutig. Möglicherweise bezieht er sich auf die im Vergleich zum Handgelenk und Handrücken stark abgesenkten Finger,[74] wie auf Abbildung 8.3 erkennbar.

Den rechten Arm und Ellbogen hielt Joachim niedrig, wie dies seine Ausbildung in der ersten Hälfte des 19. Jahrhunderts auch erwarten lässt. Nalbandyan schreibt: „Er hielt seinen Ellbogen auf der E- und A-Saite niedrig und auf der D- und G-Saite höher, aber nicht so sehr, dass es ihm ermöglichte, den Bogen bis zum [unteren] Ende zu führen, und deshalb musste er seine Schulter heben um den Bogen bis zum Frosch zu führen. Ich weiß nicht warum, aber jedes Mal, wenn Joachim eine Kantilene auf der G-Saite spielte und versuchte, den Bogen am Frosch zu beenden, schien es mir als fiele ihm dies schwer. Vermutlich bedingt durch seine Gicht war der Bogenwechsel am Frosch hart, mit einer schnellen Abwärtsbewegung."[75] Auch Flesch bemängelt sowohl den niedrigen Arm und Ellbogen, als auch den Bogenwechsel am Frosch, den er als eine „rein persönliche Angelegenheit, eine

---

69 Vgl. hierzu insbesondere Gebauer, Der „Klassikervortrag", S. 287–301.
70 Vgl. Andreas Moser, „Bemerkungen zu Dr. F. A. Steinhausen's ‚Physiologie der Bogenführung auf den Streichinstrumenten'", in: Zeitschrift der Internationalen Musikgesellschaft 12, Leipzig 1911, S. 230–237, hier S. 236.
71 Vgl. insbesondere John Alexander Fuller Maitland, Joseph Joachim (= Living Masters of Music 6), London u. a. 1905, S. 36, diese Beschreibung stammt vom ehemaligen zweiten Geiger des Berliner Joachim-Quartetts, Johann Kruse.
72 Nalbandyan, Erinnerungen an Joachim, S. 24.
73 R.[anken], Some Points of Violin Playing, S. 11.
74 Im Russischen schließt das Wort „Hand" (кисть) ausdrücklich die Finger mit ein; dasselbe Wort bedeutet auch „Pinsel".
75 Nalbandyan, Erinnerungen an Joachim, S. 24.

Abbildung 8.3: Joseph Joachim (ca. 1905).
(Privatbesitz London[76])

intuitiv ge- oder erfundene motorische Verdolmetschung eines ganz individuell gearteten Ausdrucksbedürfnisses"[77] bezeichnet.

Nalbandyan ergänzt: „Die Klanggebung war stark, kraftvoll, mit gut hörbaren Bogenwechseln. Allerdings war ich so eingenommen von seinem Spiel, dass ich diese gar nicht mehr bemerkte."[78] Laut Joachims Schüler Karl Klingler waren die hörbaren Bogenwechsel sogar ausdrücklich erwünscht und ein Merkmal einer älteren Spielästhetik: „Der hörbare Strichwechsel erfreut sich heute nicht der Beliebtheit, wie es früher der Fall war, als man die Bogengeräusche geradezu als zum Geigenton und zu herzhaftem, männlichen Spiel gehörig erachtete und ein ehrliches, sinnvolles Benutzen des Handwerkszeugs richtig bewertete. Tempora mutandis. Was damals allgemein als schwächlich und weichlich galt, wird heute als Ideal angestrebt und verlangt."[79] In Joachims Grammophonaufnahmen sind Bo-

---

76 Dieses Foto entstand offenbar während eines Fototermins für die Joachim/Moser-Violinschule, wie aus dem Hintergrund erkennbar ist, der auch auf dem Frontispiz der Erstausgabe des ersten Bandes sichtbar ist, vgl. Joachim und Moser, Violinschule, Bd. 1.
77 Flesch, Erinnerungen, S. 35 f. Fleschs Beobachtungen sind nicht ohne Bedeutung, war er doch selbst ursprünglich am Wiener Konservatorium unterrichtet worden.
78 Nalbandyan, Erinnerungen an Joachim, S. 25.
79 Klingler, „Dies und Das"", S. 225.

genwechsel teilweise deutlich hörbar, was aber auch mit der besonderen Spielweise für die mechanischen Grammophon-Aufnahmen zusammenhängen kann.

Der niedrig gehaltene Arm und Ellbogen war in der ersten Hälfte des 19. Jahrhunderts die gängige Art, den Bogen zu führen. Leopold Auer hat auf späteren Fotos dagegen bereits eine für seine Generation ungewöhnlich hohe Position des Ellbogens, die mit einer deutlichen Drehung der Bogenhand zur Spitze hin einherging. Es ist denkbar, dass Auer diese Haltung erst in St. Petersburg entwickelte, möglicherweise in Anlehnung an seinen berühmten Vorgänger am Konservatorium, Henryk Wieniawski, dem ebenfalls übereinstimmend ein erhöhter Ellbogen nachgesagt wurde, was bei einigen Zeitgenossen den Eindruck einer gewissen Steifheit hinterließ.[80] Es ist wohl davon auszugehen, dass Nalbandyan als Schüler von Auer und dessen späterem Assistenten ebenfalls eine höhere Armhaltung hatte, weshalb ihm der niedrig gehaltene Ellbogen Joachims besonders auffallen musste.

Joachims Bogenwechsel an der Spitze beschreibt Nalbandyan dagegen als „normal", dieser war also vermutlich unauffällig.

Besonders beeindruckt war Nalbandyan von der Vielfalt von Joachims Passagen-Stricharten. Er differenziert diese wie folgt: „Das Détaché war an allen Stellen des Bogens klangvoll, kräftig und breit. Verschiedene Martelés in allen Formen an der Spitze des Bogens waren sehr scharf, fest und klangvoll. Meiner Meinung nach besaß er kein schnelles Spiccato-Sautillé […]. Andererseits machten Stricharten in der Mitte des Bogens, mittelschnelles Spiccato, kleines Détaché, fliegendes Staccato mit 2, 3, 4 Noten pro Aufstrich, Portamento,[81] insbesondere, wenn alle diese außergewöhnlich schönen Stricharten, wie in der ersten Variation von Beethovens fünftem Quartett, untereinander gemischt wurden, einen fabelhaften Eindruck. Ich habe dergleichen sonst bei niemanden gehört."[82]

Diesen Eindruck verschiedenster Stricharten, die Joachim offenbar besonders effektiv musikalisch einsetzen konnte, teilten auch andere Autoren, sogar Flesch kann bei aller Kritik eine gewisse Bewunderung nicht verhehlen: „Die Glanzstücke seiner technischen Ausrüstung bestanden in […] einem markig-rhythmischen ‚Spohr-Staccato' (zum Unterschied vom äußerst rapiden, steifen ‚Wieniawski-Staccato') und einem aufs feinste differenzierten Spring- und Wurfbogen, dessen Schattierungen er höchst originell mit ‚Regen und Hagel' bezeichnete."[83] Auch Andreas Moser berichtet von Joachims „Spiccato in allen Nuancen vom ‚Schnee und Regen bis zum Hagel'".[84] Die Stricharten-Vielfalt kann ebenfalls als ein Merkmal einer früheren Ästhetik verstanden werden.[85]

---

80 So berichtet beispielsweise Andreas Moser von Wieniawskis „unsagbar steife[r] Bogenführung" und seinem hohen Arm und Handgelenk, vgl. Andreas Moser, Geschichte des Violinspiels, Berlin 1923, S. 471.
81 Gemeint ist der Portato-Strich, die beiden Begriffe wurden im 19. Jahrhundert oft ausgetauscht.
82 Nalbandyan, Erinnerungen an Joachim, S. 25.
83 Flesch, Erinnerungen, S. 35.
84 Andreas Moser, Joseph Joachim. Ein Lebensbild, Berlin 1898, S. 32.
85 Die Strichartenvielfalt leitete sich aus dem Prinzip der „Setzmanieren" ab, vgl. Kai Köpp, Handbuch historische Orchesterpraxis. Barock – Klassik – Romantik, Kassel u. a. 2009, 32022, S. 252–258.

Wohl in Bezug auf Joachims fliegendes Staccato von zwei, drei oder vier Noten schreibt Nalbandyan ergänzend: „Dabei senkte Joachim die Hand noch tiefer als gewöhnlich, drehte sie leicht nach rechts und hob das erste Glied des ersten Fingers und das Ende des kleinen Fingers noch mehr an – es schien, als würde er den Bogen mit nur zwei Fingern halten[.]"[86] Dieser Bogengriff ist aus heutiger Sicht in jedem Fall ungewöhnlich. Bemerkenswert ist die Beschreibung der Bogenhaltung „mit nur zwei Fingern", zumal eine solche Haltung auf einer Fotographie von Joachims Großnichte Jelly d'Aranyi erkennbar ist (Abbildung 8.4).[87]

Abbildung 8.4: Jelly d'Aranyi (ca. 1930). (Joseph Macleod, The Sisters d'Aranyi, London 1969, [zwischen S. 152 und 153, Abb. 8])

Auch andere Quellen berichten von einer primären Haltung des Bogens mit den zwei mittleren Fingern, während Zeigefinger und kleiner Finger vor allem für Bogendruck und Balance zuständig sind:

A straight first finger on the bow was much insisted upon.

The bow is gripped by the two middle fingers and balanced by the little finger assisted by the third finger.

---

86 Nalbandyan, Erinnerungen an Joachim, S. 25.
87 D'Aranyi wurde von Joachim ein einziges Mal speziell in der Bogentechnik unterwiesen, vgl. Joseph Macleod, The Sisters d'Aranyi, London 1969, S. 47 f. (offenbar stammt dieser Bericht von d'Aranyi selbst).

Johannes Gebauer

> The pressure of the straight first finger on the stick of the bow was the method of producing tone and was the foundation of all the bowing technique which I was taught in the Hochschule.[88]

Interpretationsbeschreibungen kanonischer Violinwerke

Nalbandyan konnte während seines Berliner Aufenthaltes Joachim kein einziges Mal solistisch in einem öffentlichen Konzert mit Orchester hören. Andere Studenten berichteten Nalbandyan, Joachim neige in solistischen Konzerten zu großer Nervosität, es sei dann „völlig unmöglich, ihn zu erkennen".[89] Neben dem gewöhnlichen Klassenunterricht gab Joachim allerdings auch sogenannte Repertoirestunden, in denen er große Violinwerke gegebenenfalls mit Klavierbegleitung für seine Schüler vortrug, damit, wie Andreas Moser schreibt, „seine Lehren […] nicht ‚nach der Schulstube schmeckten' und die Schüler bei den unvermeidlichen Unterbrechungen während des Unterrichts nicht ‚über die Einzelheiten den Blick fürs Ganze verlören' […]. Die Schüler konnten sich die Stücke auswählen, die sie gern hören wollten".[90] Moser nennt genaue Programme für drei dieser Matineen, die er gemeinsam mit Kommilitonen aufgestellt hatte.[91] Für Joachim waren diese Programme äußerst anspruchsvoll, sie bestanden jeweils aus zwei großen Violinkonzerten und einem weiteren Solo-Werk. Nalbandyan geht nicht ausdrücklich auf derartige Veranstaltungen ein, seine Interpretationsbeschreibungen scheinen aber nahezulegen, dass er die Werke im Zusammenhang von Joachim gehört hat und nicht nur ausschnittsweise. Ob diese Veranstaltungen auch zu Nalbandyans Zeit noch in gleicher Art fortgeführt wurden, ist nicht bekannt, möglicherweise spielte Joachim die Werke auch im regulären Klassenunterricht gezielt vor.

Johann Sebastian Bach: Solosonaten und -partiten

Nalbandyan berichtet, er habe im Laufe der Zeit „fast alle Bach-Sonaten" gehört, geht aber nur auf die g-Moll-Sonate und die Chaconne näher ein, die auf ihn einen „großartigen Eindruck" machten, „der mich mein ganzes Leben begleitete. Ich hatte noch nie eine solche Aufführung gehört und werde es sicherlich auch nie wieder erleben".[92] Nalbandyan berichtet von einer „unglaublich eindrucksvolle[n] Darstellung, kraftvoll, voller Tiefe, ma-

---

88 R.[anken], Some Points of Violin Playing, S. 11; für eine ausführliche Diskussion von Joachims Bogenhaltung vgl. Gebauer, SDer „Klassikervortrag", S. 289–301.
89 Nalbandyan, SErinnerungen an Joachim, S. 11.
90 Moser, Lebensbild II, S. 181.
91 Vgl. ebd., S. 182. Moser berichtet dies aus seiner eigenen Studienzeit an der Hochschule Ende der 1870er-Jahre, die Tradition dürfte aber mindestens bis in die 1890er-Jahre bestanden haben.
92 Nalbandyan, Erinnerungen an Joachim, S. 7.

jestätisch, architektonisch, in strengstem Rhythmus und höchster Präzision".[93] Joachims Akkordspiel bezeichnet er als „beeindruckend kraftvoll".[94] Das Adagio der g-Moll-Sonate „hatte eine solche Tiefe, sein Spiel war streng und dabei pathetisch mit kraftvollem Klang und Nuancen wie Piano, Crescendo, Forte, Fortissimo in unendlichen Schattierungen, so dass wir, die ganze Klasse, jedes Mal von der Größe seiner Interpretation ergriffen waren".[95]

Über die Chaconne schreibt er, dass jede Variation „einen völlig anderen Charakter"[96] hatte, sich auch das Tempo veränderte, Joachim allerdings „die Variationen am Ende nie verlangsamte, lediglich verbreiterte".[97] Für den Beginn der Chaconne beschreibt Nalbandyan einen „grandiosen Akkordklang",[98] die erste Variation kontrastierte mit „unglaubliche[r] Sanglichkeit".[99] Nalbandyan berichtet auch, dass Joachim in einigen Variationen die Striche änderte.[100]

Joachims Interpretation der Chaconne galt im 19. Jahrhundert als unübertroffen, vorbildlich, geradezu kanonisch. Selbst der ansonsten gegenüber Joachim sehr kritische Bernard Shaw schrieb 1893, Joachim spiele die Chaconne „with a finesse of tone and a perfect dignity of style and fitness of phrasing that can fairly be described as magnificent".[101] Es ist denkbar, dass Joachim während der 1880er- und 1890er-Jahre zu größeren Tempovariationen neigte, als er es in früheren und späteren Lebensphasen tat, dafür spräche eine angebliche Äußerung von Johannes Brahms von 1883, Joachim „nehme sich zu große Freiheiten im Tempo – das sei kein Bachischer Geist mehr".[102] Später scheint Joachim allzu starke Temposchwankungen in diesem Satz dagegen wieder abgelehnt zu haben, dies geht aus dem von Andreas Moser geschriebenen Vorwort zu Joachims und Mosers Ausgabe der Sonaten und Partiten hervor.[103] Dass Joachim die einzelnen Variationen am Ende nicht ritardierte, spricht dafür, dass Joachim den größeren Zusammenhang des Werks trotz kon-

---

93 Ebd.
94 Ebd.
95 Ebd.
96 Ebd.
97 Ebd.
98 Ebd.
99 Ebd.
100 An dieser Stelle hatte Nalbandyan ein Notenbeispiel vorgesehen, welches eine spezifische Strichänderung Joachims zeigen sollte – leider fehlt dieses im Typoskript, es wurde lediglich der Platz dafür freigehalten, das Notenbeispiel aber nicht eingefügt, vgl. ebd., S. 8.
101 Bernard Shaw, Shaw's Music. The Complete Musical Criticism in Three Volumes, hrsg. von Dan H. Laurence, Bd. 2: 1890–1893 (= The Bodley Head Bernard Shaw), London 1981, S. 844.
102 Alfred von Ehrmann, Johannes Brahms. Weg, Werk und Welt, Leipzig 1933, S. 343 f. Ehrmann zitiert aus dem Tagebuch von Brahms' Hauswirtin Laura von Beckerath, bei der Brahms im Sommer 1883 in Wiesbaden wohnte.
103 Vgl. Andreas Moser, „Vorwort", in: Johann Sebastian Bach, Sonaten und Partiten für Violine allein, hrsg. von Joseph Joachim und Andreas Moser, Bd. 1, Berlin 1908, S. [4].

trastierender Variationen und Modifikationen des Tempos zu wahren wusste und weniger abschnittsweise unterteilte, als dies später üblich wurde.[104]

Wolfgang Amadeus Mozart: Violinkonzert in D-Dur (KV 218)

Dieses Konzert scheint Nalbandyan nicht im Ganzen von Joachim gehört zu haben, sondern nur im Gruppenunterricht und in Ausschnitten, er bezieht sich offenbar nur auf den ersten Satz. Laut Nalbandyan hatte Joachim eine große Abneigung gegen ein „süßliches und billiges" Spiel bei Mozart: „Mich beeindruckte sofort sein kraftvoller, satter Klang und sein energetisches, enges, frisches Vibrato, das weder seinem Alter noch seinem respektablen Aussehen entsprach. Es kam mir merkwürdig vor, ich hatte mir Mozart immer sehr luftig vorgestellt, sein Spiel war dagegen sehr männlich und kompakt, obwohl gleichzeitig Striche[105] und kurze Passagen sehr leicht klangen. Dann begann der […] Student sein Spiel fortzusetzen. Joachim hörte zu, schaute ihn konzentriert an ohne etwas zu sagen. […] Plötzlich unterbrach Joachim ihn und sagte: ‚Sehr süßlich, billig, so kann man Mozart nicht spielen' […] Der Student setzte erneut an zu spielen. Kaum hatte er ein paar Minuten gespielt, als Joachim plötzlich aufsprang und begann, dieses Konzert mit dem gleichen Vibrato und den gleichen Körperbewegungen […] zu spielen. Joachim demonstrierte dessen Spiel, brach ab, sah den Schüler an und sagte: ‚Gehen Sie nach Hause.'"[106]

Joachims Mozart-Spiel galt bei seinen Anhängern als überragend. Andreas Moser schreibt: „Nicht nur seine Schüler, sondern alle Geiger überhaupt, die ich in den letzten drei Jahrzehnten gehört habe, sind so himmelweit von der unbeschreiblich duftigen, liebenswürdigen[,] anmutigen Weise entfernt, mit der Joachim Mozart vortrug, daß hier im eigentlichsten Wortverstand von unerreichter Interpretationskunst gesprochen werden muß."[107]

Marion Ranken hebt hervor, welch hohe Ansprüche die Lehrer der Hochschule an das Spiel Mozart'scher Werke stellten: „Mozart, in particular, was looked upon as the very most [sic] advanced test and as requiring the most mature and perfect technique; and it was only towards the end of your student time that you expected to get a chance of trying what you could make of him."[108]

---

104 Vgl. hierzu die ausführliche Analyse zu Joachims Interpretation der Chaconne in Gebauer, Der „Klassikervortrag", Kap. 5.3.
105 Nalbandyan bezieht sich vermutlich auf die an anderer Stelle erwähnte Strichartenvielfalt, vgl. auch Anm. 77.
106 Nalbandyan, Erinnerungen an Joachim, S. 5 f.
107 Moser, Lebensbild II, S. 204.
108 R.[anken], Some Points of Violin Playing, S. 30.

Ludwig van Beethoven: Violinkonzert op. 61

„Im Beethoven-Konzert waren alle Sätze auf gleich hohem Niveau: Der erste Satz war ein echtes Allegro-Moderato, alles war in einem strengen Tempo, aber er hatte ein wunderbares, kaum wahrnehmbares Rubato, das seine Aufführung der Passagen stark belebte; der melodiöse Moll-Teil klang sehr berührend, in höchstem Grade natürlich gespielt, aber sein enges, unauffälliges Vibrato verlieh dieser Stelle einen besonderen Reiz und die Passage klang ergreifend und voller Tiefe. Das Thema nach der Kadenz war voll majestätischer Ruhe."[109]

Notenbeispiel 8.2: Beethoven, Violinkonzert, 1. Satz, T. 327ff. („Moll-Teil" ab Buchstabe K). (Joachim/Moser, Violinschule Bd. 3, S. 191)[110]

Aus dieser Beschreibung lässt sich schließen, dass Joachim den Satz in einem überwiegend konstanten Tempo spielte und nicht, wie dies spätestens seit Fritz Kreisler üblich ist, die g-Moll-Stelle verlangsamte – dies bestätigt andere Untersuchungen[111] und stimmt mit Donald Toveys ausführlicher Interpretationsbeschreibung überein.[112]

Leider liefert Nalbandyan keine Metronomangabe zum Tempo des „Allegro-Moderato", sodass es schwierig ist, dies einzuordnen. Joachims Metronomisierung in der Violinschule ist mit „[Viertel] etwa 126"[113] deutlich schneller als das heute übliche Tempo, entspricht aber durchaus noch Beethovens Angabe Allegro, ma non troppo. Ob Nalbandyan mit „Allegro-Moderato" ein langsameres Tempo meint, ist nicht abschließend zu bewerten. Es ist auch durchaus denkbar, dass Joachim den Satz in den Repertoirestunden langsamer gespielt hat als in Konzertaufführungen. Andererseits dürfte die Metronomangabe in der Violinschule von Moser ausreichend geprüft worden sein, um einigermaßen mit Joachims Konzertpraxis übereinzustimmen. Eher wahrscheinlich ist, dass im 19. Jahrhundert noch eine gewisse Bandbreite an Interpretationen dieses Konzertes existierte und virtuose In-

---

109 Nalbandyan, Erinnerungen an Joachim, S. 9.
110 In der Quelle befinden sich keine Notenbeispiele, sie wurden zum besseren Verständnis hinzugefügt.
111 Vgl. hierzu die ausführliche Analyse zu Joachims Interpretation des Violinkonzertes von Beethoven in: Gebauer, Der „Klassikervortrag", Kap. 5.2.
112 Vgl. Donald Francis Tovey, „Performance and Personality III", in: The Musical Gazette 3 (Juli 1900), S. 33–37.
113 Vgl. Joachim und Moser, Violinschule, Bd. 3, S. 185.

terpreten wie Pablo de Sarasate möglicherweise deutlich schnellere Tempi spielten, als dies später üblich war.[114]

Joachim war berühmt für sein besonderes Rubato, welches an der Hochschule auch als „das Freispielen"[115] bezeichnet wurde. Es handelte sich dabei weniger um ein Abweichen im Tempo, sondern vielmehr um ein flexibles Spiel innerhalb eines weitgehend konstanten Metrums. Dass Nalbandyan dies einerseits als „wunderbar" hervorhebt, andererseits aber als „kaum wahrnehmbar" bezeichnet, entspricht auch anderen Beschreibungen, die einerseits eine große rhythmische Freiheit und Unabhängigkeit in Joachims Spiel beobachten, andererseits aber keinerlei rhythmische Willkür erkennen.[116]

„Der zweite Satz – Adagio. Sein Tempo war langsam, ruhig-rhythmische Interpretation. Das Adagio klang ergreifend, heroisch und voller Wärme. Das Heroische wich nie aus seinem Spiel."[117] Die Bezeichnung „Adagio" und die Angabe, das Tempo sei „langsam" gewesen, überrascht durchaus, angesichts von Joachims im Vergleich mit der heutigen Spieltradition überaus schneller Metronomisierung des Larghetto von „♩ etwa 60". Andererseits wurde dieser Satz neueren Erkenntnissen nach im 19. Jahrhundert erheblich schneller gespielt, als dies seit Fritz Kreislers erster Einspielung von 1926 üblich geworden ist.[118] Historische Metronomangaben liegen zwischen ♩ = 54 und 60, und damit deutlich schneller als das heute übliche Tempo (ca. ♩ = 40, Kreisler spielt den Satz noch deutlich langsamer). Die frühesten Tondokumente des Satzes von 1912[119] und 1916[120] bestätigen ebenfalls, dass zu dieser Zeit der Satz teilweise erheblich schneller gespielt wurde. Nalbandyan dürfte sich auf die damals üblichen Tempi bezogen haben. Die übrigen Beschreibungen eines „ruhig-rhythmischen" Spiels und einer „heroischen" Interpretation widersprechen klar einer elegischen Interpretation dieses Satzes, wie sie sich seit Fritz Kreislers Aufnahme von 1926 durchgesetzt hat und bis heute üblich ist. Es ist aber ebenfalls nicht auszuschließen, dass Joachim den Satz zumindest zeitweilig langsamer aufgefasst hat, als dies in der Violinschule angedeutet wird.

„Der dritte Satz ist das Finale. Der Anfang ist energetisch, konzentriert, entschlossen. Das ganze Finale ist von großer rhythmischer Festigkeit."[121] Die „rhythmische Festigkeit"

---

114 Sarasates Interpretation des Violinkonzerts von Beethoven wurde in Berlin als „wenig befriedigende Leistung" kritisiert, vgl. Moser, Geschichte des Violinspiels, S. 458. Dass einige Geiger diesen Satz deutlich schneller als Joachim gespielt haben könnten, lässt sich auch aus der äußerst schnellen Metronomangabe ♩ = 138 des Dresdner Konzertmeisters Johann Christoph Lauterbach ableiten, vgl. Gebauer, Der „Klassikervortrag", S. 411–414.
115 Vgl. R.[anken], Some Points of Violin Playing, S. 67–83.
116 Vgl. hierzu auch Johannes Gebauer, „Gestaltungskraft. Ausdrucksnuancen der Joachim-Tradition", in: Brahms-Studien, hrsg. von Beatrix Borchard und Kerstin Schüssler-Bach, Bd. 19, Hildesheim u. a. 2021, S. 54–90.
117 Nalbandyan, Erinnerungen an Joachim, S. 9.
118 Vgl. Gebauer, Der „Klassikervortrag", S. 411–427.
119 Ludwig van Beethoven, Violinkonzert op. 61 (2. und 3. Satz, gekürzt), Jan Rudenyi, Imperial Symphony Orchestra, Lilian Bryant, London Mai 1912.
120 Ludwig van Beethoven: Violinkonzert op. 61, Joan Manén, N. N., Concordio Gelabert, Barcelona 1916.
121 Nalbandyan, Erinnerungen an Joachim, S. 10.

in Finalsätzen dürfte ebenfalls charakteristisch für Joachim gewesen sein, und zwar sowohl in einer gewissen Zügigkeit, die keine Verlangsamungen erlaubte, als auch in einer Zurückhaltung gegenüber rein virtuosen Beschleunigungen in Schlusssätzen.[122]

Louis Spohr: Violinkonzert Nr. 6 op. 28

„Ich hatte auch die Gelegenheit, Spohr-Konzerte zu hören. Einen besonderen Eindruck hinterließ das Adagio des 6. Konzertes mit der Einleitung auf mich. Es hatte eine beeindruckende Ruhe, Ausdruckskraft und Heroik, die sein gesamtes Spiel ausmachte."[123]

Notenbeispiel 8.3: Spohr, Violinkonzert Nr. 6, 2. Satz, T. 1 ff.
(Ausgabe von Henri Petri, Universal Edition, ca. 1901)

Felix Mendelssohn Bartholdy: Violinkonzert op. 64

Nalbandyan beeindruckte vor allem die Interpretation des ersten Satzes dieses Konzerts, „den Joachim schnell, leidenschaftlich und mit einer Art Löwenenergie spielte."[124] Leider macht Nalbandyan keine weiteren Angaben zu diesem Satz, insbesondere dazu, ob Joachim das Tempo für das zweite Thema („tranquillo") merklich verlangsamte, wie dies heute üblich ist.[125]

Zum zweiten und dritten Satz schreibt er:

Das Andante war natürlich auch wunderbar, aber vielleicht fehlte ihm der transparente Klang und die weiblich-poetische Zärtlichkeit, die meiner Meinung nach für die Aufführung des Andante so notwendig sind, außer natürlich für den Mittelteil.

Der dritte Satz wurde von Joachim sehr deutlich, klar und rhythmisch scharf akzentuiert, aber alles klang schwerfällig, mühsam und monumental, was, wie es mir damals schien, nicht zu der funkelnden, leichten, luftigen Musik des Finales passte.[126]

---

122 Vgl. Ebd., S. 26.
123 Ebd., S. 9.
124 Ebd., S. 13.
125 Laut Joachims Interpretationsaufsatz zu diesem Werk wollte der Komponist „die Einheitlichkeit des Tempo eines Satzes im Ganzen gewahrt wissen", Joachim gibt aber dennoch eine Verlangsamung des Tempos von den anfänglichen, überaus schnellen „♩ etwa 116" zu „♩ etwa 100" an, vgl. Joachim und Moser, Violinschule, Bd. 3, S. 228 f., 233.
126 Nalbandyan, Erinnerungen an Joachim, S. 13 f.

Johannes Gebauer

Es bleibt hier sicherlich zu fragen, ob dieser Eindruck in erster Linie der Unterrichtssituation geschuldet war und Joachim in einem Konzert, mit der entsprechenden Vorbereitung, diese Sätze überzeugender gespielt hätte.[127] Frühere Rezensionen von Joachims Aufführungen des Konzerts berichten, teilweise kritisch, von dem extrem schnellen Tempo, mit dem Joachim diesen Satz spielte.[128] Moser überliefert, dass Joachim einen Studenten für sein schwerfälliges Spiel des Satzes kritisierte und anmahnte, „Für die nächste Stunde bitte ich mir aber aus, daß die Elfen nicht wieder in Reiterstiefeln angezogen kommen".[129]

Nalbandyan fügt seiner Kritik fast entschuldigend hinzu:

> Da ich feststellen musste, dass Joachim den ersten Satz des Konzerts von Mendelssohn am besten spielte, halte ich es für meine Pflicht, ein paar Worte dazu zu sagen. Ich konnte Mendelssohns Konzert viele Male von großen Künstlern hören. Ich erinnere mich nicht, dass einer von ihnen […] alle drei Sätze auf dem gleichen Niveau gespielt hätte.
>
> Leider habe ich Wieniawski nicht hören können, aber in meinen Studienjahren erzählten mir Auer und andere ältere Musiker viel über ihn und erinnerten sich mit besonderer Begeisterung an dessen brillante Aufführung von Mendelssohns Konzert. Da keiner einen Satz besonders hervorhob, ist es möglich, dass nur er alle Sätze dieses Konzerts mit der gleichen Brillanz spielte.
>
> Wenn wir zum Vergleich mit Joachim seine […] Zeitgenossen Sarasate und Auer nehmen, dann hatten sie auch diese Eigenschaft, das heißt diese Ungleichheit bei der Aufführung des Mendelssohn-Konzerts. Sarasates dritter Satz war phänomenal in seiner Brillanz und technischen Perfektion, während Auer im zweiten Satz, dem Andante, mit seinen fesselnden Phrasen und dem poetischen Charme des Klangs berührte und bezauberte.[130]

Johannes Brahms: Violinkonzert op. 77

Neben den Solowerken von Bach scheint es besonders das Violinkonzert von Brahms gewesen zu sein, dessen Interpretation Nalbandyan tief beeindruckte, wobei dies alle Sätze gleichermaßen betraf. Den Beginn des ersten Solos im ersten Satz beschreibt er als „unglaublich grandiose[n] Ansturm, der zum Ende ins Piano und Pianissimo überleitete". Die „Themen des ersten Satzes" waren „überraschend melodiös, die Passagen überraschend deutlich, entschieden, dabei eher moderato als allegro". Die c-Moll-Passage (T. 304 ff.) beschreibt er als „sehr ergreifend". Diese Episode sei „unglaublich feinfühlig, warmherzig,

---

127 Es sei angemerkt, dass andere späte Schüler, wie beispielsweise Alfred Wittenberg (1880–1952) gerade Joachims Interpretation des Konzerts von Mendelssohn als besonders eindrucksvoll erlebt haben, vgl. Eugen d'Albert, Bernhard Dessau, Alfred Wittenberg u. a., „Berühmte Tonkünstler über Joseph Joachim. Eine Umfrage", in: Berliner Tageblatt, 21. August 1907, S. 2 f., hier S. 2.
128 Vgl. Gebauer, Der „Klassikervortrag", S. 146–148.
129 Zitiert nach: Moser, Lebensbild II, S. 184.
130 Nalbandyan, Erinnerungen an Joachim, S. 14 f.

kunstvoll und überaus rhythmisch" gewesen, „trotz der großen Ausdruckskraft der Achtel und Sechzehntel".[131]

Notenbeispiel 8.4: Brahms, Violinkonzert op. 77, 1. Satz, T. 304ff. bzw. 312ff.
(Joachim/Moser, Violinschule Bd. 3, S. 254)

Bei den synkopierten Sprüngen (T. 349 ff.) waren Joachims „Akzente und schnelle [...] Aufwärts- und Abwärts-Glissandi bemerkenswert".[132]

Notenbeispiel 8.5: Brahms, Violinkonzert op. 77, 1. Satz, T. 348ff.
(Joachim/Moser, Violinschule Bd. 3, S. 255)

Das nach der Kadenz von der Violine zum letzten Mal gespielte erste Thema „klang [...] sehr ruhig und erzeugte einen epischen Eindruck. Dann ein Crescendo zur Coda, in der er mit großer Energie Doppelgriffe und Schlussakkorde spielte".[133]

Der Beginn des zweiten Satzes war „sehr ruhig, episch, danach, wenn die Steigerungen beginnen, eine Intensivierung, Stärke, Kraft und größte Leidenschaft, das Ende des Adagios spielte er ruhig und aufgeklärt".[134]

---

131 Ebd., S. 8.
132 Ebd.
133 Ebd.
134 Ebd.

Johannes Gebauer

Den Anfang des Finales spielte Joachim „mit großer Energie" und „sehr konzentriert", aber in

> moderatem Tempo. Die Oktavaufgänge, mit großem Vorwärtsdrang, dabei aber im Tempo bleibend. Auch die nachfolgenden Oktaven (aufwärts und abwärts) und Synkopen wurden extrem stark und gleichmäßig im Rhythmus ausgeführt, sowie die Aufwärts- und Abwärtsläufe in einfachen Noten.

Notenbeispiel 8.6: Brahms, Violinkonzert op. 77, 3. Satz, T. 57 ff.
(Joachim / Moser, Violinschule Bd. 3, S. 264)

Die Tonleitern im Finale begannen immer in mäßiger Dynamik und gingen in ein großes Crescendo über, sie waren sehr klar, stark und energisch.

Notenbeispiel 8.7: Brahms, Violinkonzert op. 77, 3. Satz, T. 143 ff.
(Joachim / Moser, Violinschule Bd. 3, S. 265)

In der Coda des Finales in Triolen eilte er nicht, er nahm ein gleichmäßiges, aber schnelleres als das vorherige Tempo und akzentuierte die ganze Zeit, so dass er strikt in diesem Tempo blieb.[135]

---

135 Ebd., S. 9. Sämtliche Notenbeispiele wurden zum besseren Verständnis hinzugefügt.

Notenbeispiel 8.8: Brahms, Violinkonzert op. 77, 3. Satz, T. 267 ff.
(Joachim/Moser, Violinschule Bd. 3, S. 267)

Diese letztere Beobachtung wird von Joachims vergleichsweise langsamer Metronomisierung der Coda ($\quarternote$ = 132) gestützt. Während sämtliche vorhergehende Metronomangaben Joachims in diesem Werk (wie auch in den meisten anderen Werken in der Violinschule) von heutigen Interpreten kaum oder gar nicht erreicht werden, wird die Coda meist in einem schnelleren Tempo gespielt und oft sogar noch weiter beschleunigt. Joachims Großnichte und Schülerin Adila Fachiri berichtet dagegen: „[Joachim] disliked limitless speed in anything. He was against all showmanship […]."[136]

Gerade in Bezug auf das Violinkonzert von Brahms ist bemerkenswert, dass Nalbandyan vielfach dieselben Dinge hervorhebt und ganz ähnlich beschreibt wie auch Joachim selbst in seinem analytischen Einführungsaufsatz in der Violinschule,[137] was dafür spricht, dass Joachim seinen eigenen Vorstellungen davon, wie dieses Werk zu spielen sei, durchaus gerecht wurde.

Joachims Spiel virtuoser und folkloristischer Werke

„Ich habe in der Klasse Joachims Aufführung seines eigenen ‚Ungarischen Konzerts', Ernsts Variationen über Ungarische Melodien, Ernsts Fantasie, [und] Ungarische Tänze von Brahms-Joachim gehört. All dies wurde mit einer solchen Brillanz, einem solchen Temperament, einem solchen Schmiss und einem so scharfen rhythmischen Akzent aufgeführt, dass ich völlig erstaunt war und nicht fassen konnte, wie es möglich sein konnte, Bach, Beethoven, Brahms und andere derartige Klassiker zu spielen und dazu solche virtuosen Werke, die ein rein äußerliches Temperament und eine schmissige und spezielle Spielweise erfordern, in einem so fortgeschrittenen Alter – denn er war bereits 64 Jahre alt."[138]

Das Joachim-Quartett und Joachims Quartettspiel

Im Gegensatz zu den Solowerken konnte Nalbandyan Joachim mit seinem Quartett mehrfach in öffentlichen Konzertveranstaltungen hören. Das Joachim-Quartett trat regelmäßig im Saal der Singakademie zu Berlin auf, darüber hinaus waren die Generalproben im

---

136 Adila Fachiri, The Art and Teaching of Joseph Joachim, unveröffentlichtes Typoskript, o. J. [ca. 1940], British Library (GB-Lbl), Aranyi Scrapbooks, Box 9.
137 Vgl. Joachim und Moser, Violinschule, Bd. 3, S. 245–249.
138 Nalbandyan, Erinnerungen an Joachim, S. 10.

Saal der Hochschule für die Studenten der Hochschule öffentlich. Im Publikum der Konzerte fanden sich oft auch berühmte Musikerkollegen aus anderen Städten, Nalbandyan erkannte Hugo Heermann[139] und Adolph Brodsky.[140]

Das Joachim-Quartett bestand 1894 bereits in seiner endgültigen Formation: „Joachims Quartett bestand aus [Joachim] selbst – der ersten Violine, die zweite Violine wurde von seinem Schüler Professor Halir gespielt, die Bratsche von Professor Wirth und das Cello von Professor Hausmann. Alle waren auch Professoren an der Musikhochschule. Halir war Joachims Assistent, hatte seine eigene Klasse und war der erste Konzertmeister der Königlichen Oper in Berlin."[141]

Ähnlich wie Carl Flesch äußert auch Nalbandyan Kritik an den anderen Mitgliedern des Quartetts. Während Karl Halíř zumindest geigerisch gelobt wird, halten beide den Bratscher Emanuel Wirth und den Cellisten Robert Hausmann für technisch unterlegen. Im Gegensatz zu Flesch hält Nalbandyan das Joachim-Quartett als Ensemble aber dennoch für überragend: „Bemerkenswert war jedoch der Gesamteindruck des von Joachim geleiteten Quartetts. Ich weiß nicht, was der Grund war, ob während der Aufführung das große Talent von Joachim auf die Partner abfärbte oder ob er auf uns Zuhörer so stark wirkte, dass wir alles für wunderbar hielten. Man muss ehrlich sein und sagen, dass das Ensemble zwar im Zusammenspiel und in der Intonation ein hohes Niveau hatte, dass aber in den Solostellen von Cello und Bratsche die Diskrepanz mit der ersten und zweiten Geige spürbar wurde. Der schwächste von allen war Hausmann."[142]

Joachim selbst konnte mit seiner von Soloauftritten überlieferten Nervosität beim Quartettspiel offenbar besser umgehen: „wenn er an der Spitze des Quartetts sitzt und wenn Noten vor ihm liegen, spielt er ziemlich ruhig, wie ich mich bei Kammermusikkonzerten, bei denen ich ihn in Quartetten, Trios und Sonaten hören durfte, überzeugen konnte. In diesen Fällen war Joachim natürlich aufgeregt, hatte aber die volle Kontrolle."[143]

Nalbandyan berichtet weiter, dass Karl Heinrich Barth[144] bei mehreren Gelegenheiten in den Konzerten des Joachim-Quartetts den Klavierpart übernahm. Das Repertoire der Quartettabende bestand aus Werken von Beethoven, Schubert, Schumann und Brahms,

---

139 Hugo Heermann (1844–1935), Geiger, ab 1878 Lehrer am Hoch'schen Konservatorium in Frankfurt, großer Bewunderer von Joachim, vgl. Hugo Heermann, Meine Lebenserinnerungen [1935], Unveränd. Nachdr. der Ausg. Leipzig 1935, Heilbronn 1994.
140 Adolph Brodsky (1851–1929), Geiger, 1883–1891 Lehrer am Leipziger Konservatorium, 1891–1894 Konzertmeister in New York. 1894 hielt er sich einige Zeit in Berlin auf, bevor er 1895 nach England ging.
141 Nalbandyan, Erinnerungen an Joachim, S. 10.
142 Ebd., S. 11. Andere Studenten, wie beispielsweise Marion Ranken, waren besonders von Robert Hausmanns Spiel im Quartett beeindruckt; sie widmet ihm ein eigenes Kapitel, vgl. R.[anken], Some Points of Violin Playing, S. 83–102.
143 Nalbandyan, Erinnerungen an Joachim, S. 11f.
144 Karl Heinrich Barth (1847–1922), Pianist, Schüler von Bülow und Tausig, ab 1871 Lehrer an der Hochschule für Musik in Berlin. Barth war regelmäßiger Kammermusikpartner von Joseph Joachim.

während Werke zeitgenössischer Komponisten laut Nalbandyan nicht in den Konzerten vertreten waren.[145] Er zählt auf:

> Ich habe von Beethoven die Quartette Nr. 1, 5, 7, 9 und 10 gehört.[146] Beethovens Klaviertrio c-Moll und B-Dur, zwei Schubert-Quartette, d-Moll, a-Moll und das B-Dur-Trio, zwei Schumann-Violinsonaten, ein Schumann-Quartett und das Klavierquartett von demselben.
>
> Ich erinnere mich besonders an die Aufführungen von Beethovens Quartetten, Schumanns Sonaten und Schuberts d-Moll-Quartett.[147]

Leider liefert Nalbandyan lediglich Interpretationsbeschreibungen der beiden Streichquartette aus op. 18 von Beethoven.

Beethoven: Streichquartett op. 18 Nr. 1 in F-Dur

> Es ist unmöglich, seine Aufführung von Beethovens F-Dur-Quartett zu vergessen. Der rhythmische, sehr bestimmte Beginn des ersten Satzes, der Reichtum und die Flexibilität der Nuancen, plötzliche Übergänge vom Piano zum Forte, vom Forte zum Piano, gaben dem Stück eine überraschend kompakte, bestimmte Form.
>
> Die gejagte Aufführung des Scherzos, das Piano und Pianissimo im Trio hat mich beeindruckt.
>
> Vom Adagio war ich bis ins Mark berührt. Es war ein so großer Klangreichtum, eine so große Bandbreite, so viele verschiedene Farben und an den Forte-Stellen, an denen es eine große Steigerung gibt, klang es erhaben und mächtig. Die Coda dieses genialen Adagios spielte er erstaunlich ruhig, tiefsinnig und irgendwie mit einer besonderen inneren Wärme. Bis heute erinnere ich mich an dieses Adagio und mein Gehör halluziniert, als würde ich es erneut hören.
>
> Das Finale [war] scharf-rhythmisch, mit subtilen Piano-Akzenten und sehr starken und deutlichen Forte-Akzenten, voller Lebensfreude. Aber alles, sowohl der erste Satz, das Scherzo als auch das Finale war in einem eher moderaten Tempo.[148]

Wie auch in anderen Fällen, in denen Nalbandyan relative Tempoangaben macht, fällt es schwer, aus diesen auf reale Tempi zu schließen, da ein Bezug fehlt. Es ist aber demnach zumindest nicht davon auszugehen, dass sich das Joachim-Quartett etwa an den original von Beethoven überlieferten Metronomisierungen orientierte, denn diese sind in diesem Quartett überaus schnell. Diese Metronomzahlen waren auch nicht in den damaligen Aus-

---

145 Es ist anzumerken, dass Brahms zu dieser Zeit noch lebte, demnach war auch dieser „zeitgenössisch", wurde aber von Nalbandyan offenbar schon zu den „Klassikern" gerechnet.
146 Es handelte sich demnach um die Quartette op. 18 Nr. 1 in F-Dur und Nr. 5 in A-Dur, op. 59 Nr. 1 in F-Dur und Nr. 3 in C-Dur, sowie op. 74 in Es-Dur.
147 Nalbandyan, Erinnerungen an Joachim, S. 11.
148 Ebd., S. 12.

gaben vermerkt – vermutlich waren sie Nalbandyan unbekannt, während Joachim durch Gustav Nottebohm zumindest von deren Existenz gewusst haben könnte.[149]

Beethoven: Streichquartett op. 18 Nr. 5 in A-Dur

„In Beethovens fünftem Quartett waren selbstverständlich alle Sätze großartig, aber das Thema und die Variationen hinterließen [bei mir] einen besonderen Eindruck. Das Thema wurde sehr klar, einfach und ruhig aufgeführt. Zu bemerken war eine große Flexibilität in der Nuancierung."[150]

Notenbeispiel 8.9: Beethoven, Streichquartett op. 18 Nr. 5 in A-Dur, 3. Satz, T. 1–8 (Quatours für 2 Violinen, Viola und Violoncell von L. van Beethoven, herausgegeben von Joseph Joachim und Andreas Moser, Bd. 1, Leipzig: C. F. Peters, o.J. [1901], Bd. 1, Vl. 1, S. 40)

Nalbandyan schreibt wiederholt von der „Flexibilität der Nuancierung". Ganz offensichtlich geht es ihm hierbei um mehr als nur dynamische Differenzierung. Vielmehr scheint er sich auf das Gesamtkonzept Joachim'scher Phrasierungskunst zu beziehen, die in anderen Quellen als „Gestaltungskraft" bezeichnet wird und das an der Hochschule gelehrte „Freispielen" einschließt.[151]

„Jetzt werde ich mich auf die erste Variation von Beethovens fünftem Quartett konzentrieren, die im Grunde eine Solovariation der ersten Violine ist. Diese Variation klang so fesselnd, leicht, anmutig und mit so außergewöhnlichen Strichen in der Mitte des Bogens, unmerklich übergehend von Spiccato zu fliegendem Staccato, Portamento [= Portato],[152] kleinem Détaché und dann wieder zu Spiccato, und gleichzeitig wurde ein so leichtes, fast unmerkliches Rubato ausgeführt, welches seinen äußerst wundersamen Strichen in der Mitte des Bogens eine besondere Lebendigkeit und Schönheit verlieh."[153] Aus Nalbandyans Beschreibung scheint hervorzugehen, dass die zweite und nicht die erste Variation

---

149 Joachim und Nottebohm dürften sich seit den 1840er-Jahren gekannt haben und standen in regelmäßigem persönlichem und brieflichem Kontakt. Nottebohm hatte Beethovens Metronomisierungen erst nach der Veröffentlichung der (ersten) Beethoveniana 1872 lokalisieren können, sie wurden in der posthum veröffentlichten zweiten Beethoveniana veröffentlicht, Gustav Nottebohm, „Metronomische Bezeichnung der ersten elf Streichquartette", in: Zweite Beethoveniana. Nachgelassene Aufsätze, hrsg. von Eusebius Mandyczewski, Leipzig 1887, S. 519–521.
150 Nalbandyan, Erinnerungen an Joachim, S. 13.
151 Vgl. Gebauer, „Gestaltungskraft".
152 Die Bezeichnungen für Portamento und Portato wurden im 19. Jahrhundert oft ausgetauscht oder verwechselt, im modernen Sinne meint Nalbandyan hier ein Portato, also das weiche Absetzen der Noten auf einem Bogenstrich.
153 Nalbandyan, Erinnerungen an Joachim, S. 13.

gemeint sein muss, nur hier sind die verschiedenen Stricharten, die Nalbandyan beschreibt, anwendbar.

Notenbeispiel 8.10: Ludwig van Beethoven, Streichquartett op. 18 Nr. 5 in A-Dur, 3. Satz, T. 17 ff. (Beethoven, Quatuors, Bd. 1, Vl. 1, S. 40)

Diese kurzen Striche Joachims, sowohl im Quartett als auch in anderen Werken wie dem Konzert von Beethoven im ersten und letzten Satz, klangen im besten Sinne bezaubernd. Die Legato-Pianissimo-Variation und die letzte [Variation] waren großartig durch ihre ruhige Schönheit und Flexibilität in der Nuancierung.

Das Finale ist in einem lebhaften Tempo, sehr rasch, aufgeregt und mit den nur Joachim eigenen Akzenten.[154]

Notenbeispiel 8.11: Ludwig van Beethoven, Streichquartett op. 18 Nr. 5 in A-Dur, 4. Satz, T. 1–5 (Beethoven, Quatuors, Bd. 1, Vl. 1, S. 42)

Auch hier fehlt für eine Bewertung des „sehr raschen" Tempos im Finale ein Bezugspunkt, zumindest scheint aber Joachim nicht generell auffällig langsam gespielt zu haben.

Die „nur Joachim eigenen Akzente" lassen sich ebenfalls in das Phrasierungskonzept der „Gestaltungskraft" einordnen. In mehreren Quellen werden Joachims dynamische und agogische Akzente beschrieben, die er mit besonderer Finesse einsetzen konnte und durch die er so dem Hörer eine musikalische Deutung vermittelte, die über ein Befolgen des Notentextes im Sinne einer Werktreue des 20. Jahrhunderts weit hinausging und für eine Joachim-Tradition die Grundlage der Interpretation war.[155]

---

154 Ebd.
155 Vgl. Gebauer, „Gestaltungskraft"; sowie Gebauer, Der „Klassikervortrag", Kap. 4, insbesondere S. 181–235.

Johannes Gebauer

Schluss

Nalbandyans Bericht über seinen Aufenthalt in Berlin gibt einen seltenen und besonders nahen, fast intimen Einblick in das Unterrichtsgeschehen in Joachims Violinklasse an der Berliner Musikhochschule. Auch wenn bereits einige Quellen zu Joachims Spiel und zur Unterrichtsphilosophie an der Hochschule bekannt waren, lassen sich mit Hilfe des Berichts wichtige neue Erkenntnisse zu Joachims Unterrichtspraxis, Violinspiel, Technik und Auffassung kanonischer Violinwerke ergänzen. Nalbandyans durchaus kritische Sicht, seine Beschreibungen von Joachims violintechnischen Verfahrensweisen, seiner Vorzüge und Defizite, Haltung und Bogentechnik vervollständigen die bisher bekannten, überwiegend eher einseitig positiven beziehungsweise einseitig negativen Beschreibungen von Andreas Moser und Marion Ranken auf der einen und Carl Flesch auf der anderen Seite.

Die Interpretationsbeschreibungen ergänzen die bisherigen Quellen, auch wenn sie zum Teil möglicherweise eher Momentaufnahmen aus dem Unterricht sind und nicht in allen Fällen Joachims Konzertauftritten entsprechen dürften. Einige Angaben, insbesondere zu den Tempi, lassen sich allerdings nicht immer ausreichend kontextualisieren, zumal sich die Hörerwartungen eines Studenten im letzten Jahrzehnt des 19. Jahrhunderts deutlich von den heutigen unterschieden haben dürften. Ein Tempo, welches Nalbandyan 1894 als „langsam" bezeichnet, könnte im Vergleich zu heutigen Vorstellungen dennoch außerordentlich schnell gewesen sein – belegbar ist dies beispielsweise für das Violinkonzert von Beethoven.[156]

Ein vollständiges Bild von Joachims Violinspiel und Interpretationskunst kann Nalbandyan sicherlich nicht geben, vielmehr dienen seine Angaben der Bestätigung und Ergänzung anderer, teilweise ausführlicherer Quellen. Ihr Wert liegt jedoch in der direkten Einsicht des Autors in Joachims Unterricht und seinem Versuch, Joachims Technik als unabhängiger, kritischer Beobachter zu beschreiben. So lassen sich einige Lücken in der Joachim-Forschung schließen sowie bisherige Erkenntnisse bestätigen oder erneut in Frage stellen.

---

156 Gebauer, Der „Klassikervortrag", S. 411–427.

'A Large, True Heart'

The Sounding of Joseph Joachim's Friendship with Charles Villiers Stanford

Adèle Commins

While Joseph Joachim's close association with Mendelsohn, Liszt, Robert and Clara Schumann, and Brahms is well documented, his influence on the career and music of Charles Villiers Stanford (1852–1924) is also noteworthy. Stanford first met Joachim as a young boy growing up in a vibrant music scene in Dublin, and so began a close friendship between the two musicians, which lasted more than four decades. Over 20 years Stanford's senior, Joachim became a mentor and close friend of Stanford, supporting his musical training in Leipzig and the development of his career in England. Joachim, who was known for his support of younger musicians including Donald Francis Tovey and Arthur Rubinstein,[1] was an important exponent of Stanford's music. The two men shared similar views on music aesthetics in the late nineteenth century. Joachim's network of acquaintances was useful to Stanford as he established himself in international musical circles. According to Stanford's friend and biographer Harry Plunket Greene, Joachim, 'more than anybody, helped to bring England's music into the Concert of Europe'.[2] While Stanford had similar professional relationships with other musicians, his relationship with Joachim, 'the greatest artist of our time',[3] lasted until Joachim's death.

Thus far, the relationship between Stanford and Joachim has attracted little attention in Joachim scholarship.[4] When writing Stanford's first biography in 1935, Greene included a number of references to Joachim and his influence on Stanford's life: 'the coming of Joachim was probably the greatest event in his [Stanford] musical life'.[5] Greene further noted that 'his friendship with Stanford was a firm one; each had a real affection for the other and an admiration for the other's work'.[6] Jeremy Dibble and Paul Rodmell both include significant details about Joachim's relationship with Stanford in their 2002 biographies, recalling events which cemented their relationship including the awarding of

---

1 Tovey wrote a number of articles and reflections on Joachim, which demonstrate the respect he had for Joachim. Some examples include Donald Francis Tovey, 'Performance and Personality', Musical Gazette 2 (1900): 18–21; Donald Francis Tovey, 'Performance and Personality', Musical Gazette 2 (1900): 33–7; Donald Francis Tovey, 'Joseph Joachim: Maker of Music', The Monthly Review 20 (1902): 80–93.
2 Harry Plunket Greene, Charles Villiers Stanford (London: E. Arnold & Co., 1935): 52.
3 Charles Villiers Stanford, Pages from an Unwritten Diary (London: Edward Arnold, 1914): 61.
4 J.A. Fuller Maitland, Joseph Joachim (London: John Lane, 1905); Andreas Moser, Joseph Joachim: A Biography, trans. Lilla Durham (London: Wellby, 1901).
5 Greene, Charles Villiers Stanford, 49.
6 Ibid., 52.

Joachim's honorary doctorate by Cambridge University and a number of Joachim's performances in England associated with Stanford.⁷ Stanford himself summed up the strong bond between the two in his eulogy: 'Great as was his genius, sincere as was his modesty, and loyal as was his friendship, he had one gift more rare than all – a large, true heart.'⁸ Stanford's String Quartet No. 5, Op. 104 (1907), subtitled 'In Memoriam Joseph Joachim', offers an homage to the deceased friend and mentor in tones. Stanford's autobiography, lastly, sums up his gratitude and affection for Joachim: 'I can never over-estimate the value of that forty-five years' influence in my life and in my work. It had the double power of giving impulse and controlling it with brake-power.'⁹

Stanford's String Quartet No. 5, including its references to Joachim's music, will be explored in this chapter. Drawing on correspondence between the two figures, Stanford's writings about Joachim and an examination of Stanford's compositions that reference Joachim, the chapter investigates the extent of this friendship between the two men. Importantly, a critical reading of the correspondence demonstrates the development of the Joachim – Stanford relationship while also providing insights into aspects of Stanford's professional and personal life, which are neglected in Stanford's own writings.¹⁰

Early Encounters in Dublin

Stanford's home in Dublin attracted musicians from the European continent. His father, John Stanford, was an active amateur musician in the city, performing as a cellist and baritone. The young Stanford benefited from these encounters: 'Our house used to be, during the early sixties, a great port of call for some very interesting visitors on their way from England to the country parts of Ireland.'¹¹ One such visitor was Joseph Joachim. Stanford's father admired Joachim and remembered his handshake, as Stanford noted in a letter written shortly before his father's passing: 'the pleasure of your hearty shake hands which you always greeted him with and he never forgot'.¹² Concert programmes indicate that Joachim

---

7 Jeremy Dibble, Charles Villiers Stanford: Man and Musician (Oxford: Oxford University Press, 2002); Paul Rodmell, Charles Villiers Stanford (Aldershot: Ashgate, 2002).
8 Charles Villiers Stanford, Studies and Memories (London: Constable & Co. Ltd., 1908): 135.
9 Stanford, Pages from an Unwritten Diary, 61.
10 Although Stanford completed an autobiography in 1914, it is incomplete and does not refer to all aspects of his career. Few references to his family are included in this account or in any of his writings. See Stanford, Pages from an Unwritten Diary. Other publications by Stanford which are useful in understanding Stanford's views on particular matters include Stanford, Studies and Memories; Charles Villiers Stanford, Interludes, Records and Reflections (London: J. Murray, 1922).
11 Stanford, Pages from an Unwritten Diary, 65. It is worth noting that Stanford continued the tradition of 'at home' concerts in London with many eminent musicians performing in his house including Joachim and the Joachim Quartet. For example, they played through Stanford's Piano Quintet Op. 25 at Stanford's home in March 1886: Rodmell, Charles Villiers Stanford, 117.
12 Letter from Stanford to Joachim, 11 Aug.1880, in Dibble, Charles Villiers Stanford: Man and Musician, 106.

was performing regularly in Dublin; his musical partners included Fanny Robinson née Arthur ('Mrs. Joseph Robinson'),[13] Richard Levey, who was Stanford's violin teacher, Wilhelm Elsner and Jenny Lind.[14] Table 9.1 summarizes Joachim's visits to Dublin of the 1850s and 60s.

The experience of visiting Ireland, and Dublin in particular, left a lasting impression on Joachim, as documented in letters to Clara Schumann and to his wife Amalie.[15] Irish melodies also appealed to Joachim, who completed a Fantasy on Irish Themes in D major in 1852 and a Fantasy on Irish Melodies in 1859.[16]

The first meeting of Stanford and Joachim, according to Stanford, occurred 'in the spring of 1862',[17] and 'was to become ever-memorable' to him.[18] Stanford likely recalled Joachim's concert with Fanny Robinson on 2 June 1862 at the Antient [sic] Concert Society, founded by Joseph Robinson in 1834 and often mentioned by Stanford.[19] He recalled the repertoire performed by Joachim on this occasion – 'Kreutzer Sonata [by Beethoven, Op. 47] and the G minor fugue of Bach'.[20] However, based on newspaper reviews, the only concert featuring Joachim with the 'Kreutzer' Sonata and a solo Bach piece in 1862 in Dublin is the mentioned concert on 2 June 1862, which featured the Fugue in C major

---

13 Dublin Evening Mail No. 5216 (19 May 1852): 3: 'Mrs. Joseph Robinson's Soirees Musicales. – On next Monday evening, May 24th [1852], the first of these delightful classical concerts, for the performance of the chamber compositions of the great masters, will take place in the new suite of rooms erected by the Ancient Concert Society [...]. Mrs. Joseph Robinson and Herr Joachim are to perform the celebrated Kreutzer sonatta [sic] of Beethoven, for pianoforte and violin. Herr Joachim will also perform a violin solo. [...] Messrs. Levey, Wilkinson, and Herr Elsner have been engaged to perform the quartetts [sic] with Herr Joachim.'

14 See for example, Dublin Evening Mail (2 May 1849): 3; Patrick J. Stephenson, 'The Antient Concert Rooms', Dublin Historical Record 5/1 (1942): 1–14; Richard Pine, To Talent Alone: The Royal Irish Academy of Music, 1848–1998 (Dublin: Gill & Macmillan, 1998); Paul Rodmell, 'The Society of Antient Concerts, Dublin 1834–64', in Michael Murphy and Jan Smaczny, eds, Irish Musical Studies: Music in Nineteenth-Century Ireland (Dublin: Four Courts Press, 2007): 211–33, 222; Anon., 'Dramatic, Musical and Literary', The Irish Times, 24 May 1859; W.E. Vaughan, Theordore William Moodey and Francis John Byrne, eds, A New History of Ireland: Ireland under the Union, II 1870–1921 (Oxford: Oxford University Press, 2012): 504 for references to performances by Joachim in Ireland.

15 Letter from Joachim to Clara Schumann of 15 May 1858, in Johannes Joachim and Andreas Moser, eds, Briefe von und an Joseph Joachim, II:17; letter from Joachim to Amalie Joachim, end of Mar. 1868, ibid., II:464. Stanford also quotes the letter from Joachim to Amalie Joachim in Stanford, Pages from an Unwritten Diary, 100.

16 See Katharina Uhde, The Music of Joseph Joachim (Woodbridge, Suffolk: Boydell & Brewer 2018) for more information on these works.

17 'This spring of 1862 [...] I was taken to a concert, where I saw and heard for the first time the greatest artist of our time, Joseph Joachim.' Stanford, Pages from an Unwritten Diary, 61.

18 Stanford, Pages from an Unwritten Diary, 61.

19 See Charles Villiers Stanford, Studies and Memories, 117–27 for some of Stanford's memories of Robinson.

20 Stanford, Studies and Memories, 124.

Table 9.1. Selected List of Joseph Joachim's Performances in Dublin during the 1850s and 1860s

Date	Occasion/Venue	Programme	Partners	Source
24 May 1852	Concert at Mrs. Robinson's Soirees Musicales	Beethoven, Sonata No. 9 Op. 47, 'Kreutzer'	Fanny Robinson, 'Messrs. Levey, Wilkinson, and Herr Elsner'	Dublin Evening Mail No. 5216 (19 May 1852): 3.
10 May 1858	Concert		Fanny Robinson and William Elsner	Letter from Joachim to his parents of 7 May 1858 (GB-Lbl, MS 42718). Paul Rodmell, 'The Society of Antient Concerts, Dublin 1834–64', in Michael Murphy and Jan Smaczny, eds, Irish Musical Studies: Music in Nineteenth-Century Ireland (Dublin: Four Courts Press, 2007): 211–33, 222.
27 May 1859	Ancient Concert Rooms	Kreutzer Sonata and Mendelssohn Piano Trio in D minor op.89	Concert with Charles Hallé	The Irish Times, 24 May 1859: 4
End of September 1859	Concerts with Jenny Lind, and Otto Goldschmidt	Joseph Joachim, Otto Goldschmidt, Phantasie über Irische Melodien (collaborative composition (D-B, MS N.Mus.ms. 2)	Jenny Lind, Signor Belletti and Otto Goldschmidt	Letter from Joachim to Clara Schumann of 26 August 1859, Joachim II:60.
2 June 1862	Ancient Concert Rooms	Two violin sonatas by Beethoven, Bach, Fugue in C major; Ernst, Elegie	Fanny Robinson	Dublin Daily Express No. 3554 (31 May 1862).

BWV 1005, not a Fugue in G minor.[21] Stanford noted: 'The impression he gave me at once was that of the inevitable rightness of every note and phrase he played.'[22] The critic present at this concert agreed, and wrote the following glowing review about Fanny Robinson's and Joachim's performance of the 'Kreutzer' Sonata:

> The most remarkable performance of the evening was certainly the famous 'Kreutzer Sonata', in A minor, by which Beethoven immortalized the name of the violinist Kreutzer,

---

21 I am grateful to the editors for additional information in relation to this distinction.
22 Stanford, Pages from an Unwritten Diary, 61

whom it is said he never saw, although for him the master composed the duo-sonata which bears his name. […] Herr Joachim played as if the soul of Kreutzer were in his bow, and the voice of Beethoven were issuing forth from the f holes of his violin; and that Mrs. Robinson's playing was marked by all that aplomb and clearness of phrasing for which she is honourably distinguished among her contemporaries. […]. Herr Joachim was immensely successful in Ernst's 'Elegie', which he sang, so to speak, divinely, a no less finished performance was Beethoven's sonata in F in which the violinist was joined most effectively by Mrs. Robinson.[23]

Stanford's scrapbook includes Joachim's entry of 17 February 1868, the day Joachim arrived in London for his annual concert tour.[24]

An Examination of the Stanford – Joachim Correspondence

The correspondence between Stanford and Joachim extends from 18 October 1875 to 23 October 1906. Unfortunately, as with much of the correspondence received by Stanford from other acquaintances, not all has survived.[25] Nevertheless, the available materials do offer significant contents, which allow a reassessment of the relationship. As Joachim was significantly older than Stanford, the early letters suggest a formality of manner: 'Dear Professor Joachim', 'My dear Mr Joachim' and 'My dear Professor'; the same goes for closing forms of address. By 1885 the letters address Joachim as 'My dear J.J.' and 'Caro J.J.', suggesting a shift from a mentor – mentee relationship towards a friendship. Similarly, in his letters to Stanford, Joachim signed off as 'the big fiddler Jo Jo' and 'the old fiddler', and 'from your affectionate Biggler Joe',[26] suggesting a tone of familiarity.

From early on in Stanford's life in England, Joachim played an important role. When Stanford's own parents did not attend his wedding in 1878, because they disapproved of the marriage, Joachim was present as one of the witnesses. By the 1880s, the letters suggest a collegiality among equals. The musicians frequently discussed programming, assisted each other with networking, exchanged impressions on music they both admired[27] and helped

---

23 Dublin Daily Express No. 3556 (3 June 1862): 2.
24 Klaus Martin Kopitz, ed., Briefwechsel Robert und Clara Schumanns mit Joseph Joachim und seiner Familie, 2 vols (Cologne: Dohr, 2020), II:934.
25 The largest collection of Stanford's letters to Joachim – 58 letters – is housed at the Staatliches Institut für Musikforschung – Stiftung Preussischer Besitz in Berlin (D-Bim). Eight letters to Stanford are included in Joachim. A small number of letters to Joachim are included in Greene, Charles Villiers Stanford, Dibble, Charles Villiers Stanford: Man and Musician, and Rodmell, Charles Villiers Stanford. I am very grateful to Colleen Ferguson for sharing copies of the letters from Stanford to Joachim from the collection at D-Bim with me.
26 Letter from Joachim to Stanford of 23 July [1887], Joachim III:309. See also Greene, Charles Villiers Stanford, 71.
27 Letter from Stanford to Joachim of 11 Feb. 1886, D-Bim, MS SM12/1957–4596.

each other gather parts for performances.²⁸ Stanford seems to have been receptive to Joachim's programming recommendations for concerts under his own direction; in turn, he also wrote to Joachim with ideas and suggestions for repertoire to include in his own programmes. Fragmentary and day-to-day details also figure in this correspondence.

Among the most well-documented threads is Stanford's reliance on Joachim as a mentor, a role that William Sterndale Bennett (1816–1875) had previously fulfilled. In 1876, early in Stanford's career, Joachim had helped him to change composition teachers – from Carl Reinecke to Friedrick Kiel – after spending an hour looking through Stanford's music.²⁹ Joachim's advice to seek training in Germany strongly influenced Stanford. Despite Stanford's extensive network, apparently no other acquaintance could fill that mentoring role, which covered a range of matters. Although Stanford may have depended on Joachim, it appears that Joachim enjoyed helping the younger composer. Signing a letter of 1899 with 'always your affectionate Uncle Jo',³⁰ Joachim seems to have viewed himself as a father figure, thereby perhaps reconciling himself in some way with his own early departure from his parental home.

Despite his own position as professor of composition, Stanford continued to send Joachim scores for feedback. He was fully aware of Joachim's prowess as a violinist and his understanding of the instrument, including its techniques. The ability to have a dialogue with Joachim about his own compositions was useful in shaping his identity as composer of violin music. Gaining Joachim's stamp of approval on his music mattered greatly to Stanford. Stanford often sought advice on his compositions, even suggesting that Joachim could 'doctor the music', which presumably implied caring for it or suggesting improvements and remedies, comparable to a doctor's treatment of his patient.³¹ Examples of such 'doctoring' are visible in the correspondence about Stanford's Violin Concerto WoO dedicated to Guido Papini (distinct from Violin Concerto No. 1, Op. 74)³² and the Suite for Violin and Orchestra in D major, Op. 32.³³ The 'carte blanche' with which Stanford encouraged Joachim to edit his music demonstrates a high level of trust in Joachim. Other letters feature excerpts from pieces with comments from Stanford, and references to other compositions that Stanford planned to send to Joachim. A particular example of an occasion when Joachim provided constructive criticism by identifying areas in need of revision

---

28 See, for example, a letter from Stanford to Joachim of 11 Nov. 1903 in which Stanford included his views on Elgar's Apostles and Tovey's Piano Concerto, D-Bim, MS SM12/1957–4643). For a discussion of concert programmes, see letter from Joachim to Stanford of 7 Feb. 1886, Briefe III:291.
29 Stanford, Pages from an Unwritten Diary, 157.
30 Letter from Joachim to Stanford of 25 Mar. 1901, Joachim III:498.
31 Letter from Stanford to Joachim of 2 Aug. 1888, D-Bim, MS Doc.orig. Charles Villiers Stanford 17.
32 Letter from Stanford to Joachim of 18 Oct. 1875, D-Bim, MS SM12/1957–4596.
33 Letter from Stanford to Joachim of 20 July 1888, D-Bim, MS SM12/1957–4611. Stanford followed this correspondence with a note about the work to Joachim on 13 October 1888 in which he enquired whether Joachim thought the work was playable (Letter from Stanford to Joachim of 13 Oct. 1888, D-Bim, MS Doc.orig. Charles Villiers Stanford 19).

is the Adagio of Stanford's String Quartet No. 2, Op. 45, which, according to Joachim, seemed to drag and needed condensing.[34] Joachim did indicate the pleasure he got from performing Stanford's works and was generally sympathetic towards Stanford's music.[35] Stanford's contemporary Hubert Parry also sent his music to Joachim in the hope that he might perform it, but with less success.[36]

Joachim programmed Stanford's compositions in several concerts. He gave the first performance of the Suite for Violin and Orchestra in D major at the Grosser Saal of the Philharmonie in Berlin on 14 January 1889 with Stanford as conductor.[37] The Joachim Quartet, furthermore, performed Stanford's String Quartet in D minor, Op. 64, at the Singakademie in Berlin on 31 October 1897.[38] Joachim also promoted the works of a number of other composer friends, including D.F. Tovey, Max Bruch, Peter Ilyich Tchaikovsky and Heinrich von Herzogenberg. Many of these figures implicitly or explicitly dedicated works to Joachim, but there is also evidence in Joachim's published correspondence that he rejected performing friends' works. We know little of Joachim's thoughts on Stanford's compositions save for the short references in their correspondence but, given Joachim's selective taste in repertoire and his focus on classical works, it is rather telling that he chose to play Stanford's works in public.[39] There is no evidence to suggest that Joachim rejected Stanford's compositions, and while Stanford came to be considered old-fashioned in some musical circles, his adherence to classical rigour in his compositions may have appealed to Joachim. Stanford, kept writing to Joachim throughout his life, often informing him about upcoming performances and career opportunities.[40]

Stanford's and Joachim's mentor – mentee relationship rested on an important geographical pillar, namely Joachim's presence in England, where face-to-face contact with

---

34 Letter from Joachim to Stanford, 30 Dec. 1891, Joachim III:408.
35 '[Y]our Overture went very well yesterday evening, and was very well received. I like it very much and had great pleasure in studying it with the band.' Joachim III:279. See also letter from Joachim to Stanford of 30 Dec. 1891, Joachim III:408.
36 See, for example, diary of Hubert Parry, 4 Apr. 1886, in Jeremy Dibble, C. Hubert H. Parry: His Life and Music (Oxford: Oxford University Press, 1992), 221. Parry had previously sent music to Joachim, who suggested that he undertake training with Brahms. See letter from Walter Broadwood to Parry, 21 Apr. 1873, ibid., 101. See also letter from Joachim to Walter Broadwood, 25 June 1873, ibid., 104.
37 Dibble, Charles Villiers Stanford: Man and Musician, 474.
38 For the full programme, see Robert Eshbach's Joseph Joachim portal, https://josephjoachim.files.wordpress.com/2014/10/josephjoachimf003.pdf on p. 45 (accessed on 26 February 2022).
39 Joachim praised Stanford's Shamus O'Brien in correspondence to Brahms: Andreas Moser, ed., Johannes Brahms im Briefwechsel mit Joseph Joachim, 3rd edn, 2 vols (Berlin: Deutsche Brahms-Gesellschaft, 1908; rpt. Tutzing: Hans Schneider, 1974): VI:304, trans. in Dibble, Charles Villiers Stanford: Man and Musician, 280.
40 Letter from Stanford to Joachim of 13 Nov. 1904, D-Bim, MS Doc.orig. Charles Villiers Stanford 53. Stanford updated Joachim on a performance of his Requiem in Düsseldorf. For letters referencing Stanford's Shamus O'Brien in New York, see letter from Stanford to Joachim of 25 Dec. 1896, D-Bim, MS Doc.orig. Charles Villiers Stanford 37, and letter from Stanford to Joachim of 7 Jan. 1897, D-Bim, MS Doc.orig. Charles Villiers Stanford 38.

Stanford was particularly helpful for the latter. As a young aspiring musical director of the Cambridge University Musical Society, Stanford managed to arrange for Joachim to perform regularly at Cambridge.[41] Joachim's support of Stanford in his early days at Cambridge helped cement Stanford's standing as a musical director of note. Joachim was well known to, and admired by, English audiences, having made his English debut in London in 1844 with Beethoven's Violin Concerto, and since then he had considered the British Isles 'his second home'.[42] His reputation for performing significant works for violin and orchestra thus elevated the programmes at Cambridge under Stanford's direction. One such example was a performance of Brahms's First Symphony at a Cambridge University Musical Society concert under Joachim's direction on 8 March 1877, which was organized by Stanford as part of the celebrations for the awarding of honorary doctorates to both Brahms and Joachim. The correspondence between the two men gives an insight into Stanford's choice of programming for some of the Cambridge concerts and his desire to feature Joachim as a performer.

Stanford recognized Joachim's position as one of Europe's leading violinists and wished to acknowledge the impact which Joachim had on musical life in England.[43] Joachim was a passionate promoter of Brahms's music in England, and this passion for Brahms Stanford shared.[44] Stanford made efforts to honour Joachim's contribution to music in England and to celebrate various events.[45] In short, he took the function of both a mentee and an agent for German music in England.

Internationally, Joachim utilized his connections to interest conductors and performers in programming Stanford's works in Germany. It was through Joachim that Stan-

---

41 See 'Joseph Joachim's Concerts', https://josephjoachim.com/2019/06/02/joseph-joachims-concerts/ (accessed 22 Aug. 2021) for details on performances by Joachim at Cambridge, some of which included Stanford as performer or conductor.
42 Robert Elkin, Royal Philharmonic: The Annals of the Royal Philharmonic Society (London: Rider and Company, 1946): 90.
43 Joachim introduced a number of significant compositions to English audiences including Mendelssohn's and Beethoven's violin concertos in 1852, Brahms's Violin Concerto at Cambridge in 1882 and his own Hungarian Concerto in 1885. See for example, Anon., 'Herr Joachim's Concert', The Daily News (26 June 1852); Anon., 'Cambridge University Musical Society', The Musical Times and Singing Class Circular 23/470 (1 Apr. 1882): 204–11; Anon., 'Cambridge University Musical Society', The Musical Times and Singing Class Circular 26/506 (1 Apr. 1885): 207–8; Anon., 'Music in Manchester', The Musical Times and Singing Class Circular 27/518 (1 Apr. 1886): 211–21; Anon., 'Music in Liverpool', The Musical Times and Singing Class Circular 28/530 (1 Apr. 1887): 219–20 for examples of references to Joachim's performances in England.
44 For a fuller account of Joachim's performances of Brahms's music in England see Edward Woodhouse, 'The Music of Johannes Brahms in Late Nineteenth and Early Twentieth Century England and an Assessment of His Reception and Influence on the Chamber and Orchestral Works of Charles Hubert Hastings Parry and Charles Villiers Stanford' (PhD diss., Durham University, 2012): 22–32. See also Michael Musgrave, 'Brahms in England', in Michael Musgrave and Robert Pascall, eds, Brahms 2: Biographical, Documentary and Analytical Studies (Cambridge: Cambridge University Press, 1987): 7 for further information on key figures who introduced Brahms's music to England.
45 See, for example, letter from Stanford to Joachim of 26 Nov. 1888, D-Bim, MS SM12/1957–4615.

ford met Brahms, and Stanford also hoped that Joachim could assist him in speaking to Hermann Wolff about a possible performance.[46] Joachim also offered to speak to Siegfried Ochs about the possibility of performing Stanford's Revenge in Germany.[47] Stanford was grateful to Joachim for supporting the performance of the 'Irish' Symphony under the direction of Hans von Bülow in Berlin. Joachim had been impressed with the work and was anxious to see it: 'I wish I had to conduct a series of concerts, merely to come and ask you for your new symphony!'[48] Joachim's respect for Stanford was also evident: he noted to Brahms that Stanford was one of the 'good musicians' in England,[49] and wrote to Brahms on his behalf about a performance of Shamus O'Brien in Austria.[50]

Stanford, in turn, benefited from Joachim's profile as a performer. Joachim programmed a number of his works in notable venues, including the Suite for Violin and Orchestra, Op. 32, which he performed with the Philharmonic Society in 1889, having previously performed it in Berlin,[51] and he also conducted Stanford's overtures The Canterbury Pilgrims and Savonarola in Berlin in 1885. In addition, Stanford was central to Joachim's award of an honorary doctorate from Cambridge in 1877. Greene has indicated that after receiving the doctorate, Joachim declined payment for his services, and as his presence ensured full audiences, he supported the Cambridge University Musical Society's financial security.[52] This was an important gesture of generosity on Joachim's part, and it served as an example to Stanford of his kind-heartedness. In 1898 Stanford asked Joachim to perform at a concert with the Philharmonic Society in 1899 for a much smaller honorarium than Joachim was known to charge, owing to the financial difficulties the society was encountering.[53] Stanford's respect for Joachim continued throughout their relationship, and he asked him to perform in his first concert as conductor of the Bach Choir.[54] The presence of his mentor at an event marking another achievement in his career would have been reassuring for Stanford.

In addition to seeking input from Joachim on his compositions, Stanford turned to Joachim for support in his role as Professor of Music at Cambridge University. Stanford respected Joachim's vast knowledge of music and repertoire and his role as an educator. Stanford was not alone in this judgement. As director of the Royal College of Music, London, George Grove had included Joachim's name as a potential professor of violin at

---

46 Letter from Stanford to Joachim of 5 Dec. 1895, D-Bim, MS SM12/1957–4625.
47 Letter from Joachim to Stanford of 9 Oct. 1896, Joachim III:462.
48 Letter from Joachim to Stanford of 23 July [1887], ibid., III:309.
49 Letter from Joachim to Brahms of 30 Mar. 1892, Joachim – Brahms VI:273.
50 Letter from Joachim to Brahms of 20 Apr. 1896, ibid., VI:304.
51 Anon., 'Philharmonic Society', The Musical Times and Singing Class Circular 30/555 (1 May 1889): 278.
52 Greene, Charles Villiers Stanford, 74.
53 Letter from Stanford to Joachim of 30 Sept. 1898, D-Bim, MS SM12/1957–4638.
54 Letter from Stanford to Joachim of 20 May 1885, D-Bim, MS Doc.orig. Charles Villiers Stanford 53.

the newly founded college.⁵⁵ Although Joachim was unable to take up such a permanent position in London, he did serve as an examiner, teacher and performer.⁵⁶ Stanford was aware of Joachim's qualities as a teacher and wished to benefit from this wisdom.⁵⁷ He requested 12 bars from Joachim for the college's orchestration examination and a fugue subject,⁵⁸ and later asked him to suggest questions for the MusD examination.⁵⁹ For his lecture on Schumann's Fourth Symphony, Stanford had the idea of referring to the words of dedication which Schumann had written on Joachim's copy of the score: he clearly wanted to make his lecture engaging for the students.⁶⁰ Like Grove, Stanford believed that Joachim brought wisdom from the continent, particularly given Joachim's experience at the Königliche Hochschule für Musik in Germany. While he recognised Joachim's expertise, his readiness to approach him for input affirms the closeness of the relationship.

The personal element of the relationship between Stanford and Joachim also shines through their correspondence. Family matters and both good and bad news were exchanged.⁶¹ Joachim occasionally asked about Stanford's wife Jennie and sent good wishes to Stanford's two children which he referred to as a 'charming little duet'.⁶² In fact, one letter from Stanford to Joachim even includes a piece penned by Jennie.⁶³ Stanford, indeed, occasionally shared accounts of his family, noting that 'the chicks flourish',⁶⁴ and he

---

55 See Giles Brightwell, '"One Equal Music": The Royal College of Music, Its Inception and the Legacy of Sir George Grove 1883–1895' (PhD diss., Durham University, 2007): 127. See also ibid., 119, 189 and 314 for further information on Grove's acquaintance with Joachim. Brightwell has concluded that Joachim 'and Grove shared a style and charm that endeared both men to the undistinguished and celebrated alike'. Grove was also interested in seeking advice from Joachim on matters relating to the Royal College of Music. See also letter from Grove to Mary Gladstone of 6 Oct. 1882, Phyllis Weaver, 'Musical Diplomacy and Mary Gladstone's Diary', in Music and Institutions in Nineteenth-Century Britain, ed. Paul Rodmell (New York: Routledge, 2016): 121–42, 133.
56 For example, in 1884 he was appointed as examiner of violin, cello, harp, clarinet, flute (first study), ensemble playing and the orchestral class: Brightwell, '"One Equal Music": The Royal College of Music, Its Inception and the Legacy of Sir George Grove 1883–1895', 159. For an example of his examination report from 1892 see ibid., 224.
57 Stanford, Studies and Memories, 130.
58 Letter from Stanford to Joachim of 30 Jan. 1889, D-Bim, MS SM12/1957–4617.
59 Letter from Stanford to Joachim of 6 Feb. 1890, D-Bim, MS SM12/1957–4619. Interestingly, Joachim had served as examiner for the Doctor of Music examination in Cambridge earlier in 1879, prior to Stanford's appointment as Professor of Music.
60 Letter from Stanford to Joachim of 8 Nov. 1889, D-Bim, MS SM12/1957–4618.
61 See, for example, Letter from Stanford to Joachim of 20 May 1885, D-Bim, MS Doc.orig. Charles Villiers Stanford 9, and letter from Stanford to Joachim of 6 Aug. 1885, D-Bim, MS SM12/1957–4605.
62 Letter from Joachim to Stanford, n.d., in Greene, Charles Villiers Stanford, 72. Also see letter from Joachim to Stanford of 23 July [1887], Joachim III:309.
63 Letter from Joachim to Stanford of 11 Feb. 1886, D-Bim, MS SM12/1957–4606.
64 Letter from Stanford to Joachim of 31 Dec. 1891. Also see letter from Joachim to Stanford of 30 Dec. 1891, Joachim III:408.

also filled Joachim in on his daughter Geraldine's excellent ear and sought advice on the right age for her to start playing the violin.[65]

Overall, the Joachim – Stanford correspondence is rich and varied, and displays the full spectrum from professional topics, such as concerts and scores, to intimate topics pointing to their familiarity and friendship. Furthermore, given the frequency of their exchange, the letters from Stanford almost serve as a form of diary.

Stanford's Writings about Joachim

Shortly after Joachim's death, Stanford published an article about his friend.[66] Although it is brief and omits exact references to specific events during their relationship, Stanford's respect for Joachim as musician, composer, performer, conductor and friend is evident. Similar views were presented by Stanford in his autobiography.[67] Stanford viewed Joachim as a pioneer and believed that he was denied 'a place amongst the progressists and the pioneers', with whom he rightfully belonged, on account of his traditional tendencies and his reverence for past masters.[68] Commenting on Joachim's approach to music, Stanford wrote that 'he thought of his music first and of his public afterwards'.[69] This appreciation of tradition, which Stanford shared, may have been one of the reasons for the longevity of their friendship. The two men disliked some of the recent trends in German music, and Stanford pointed out that Joachim 'did not conceal his dislike of the latest developments of German music […] Of the workmanship he was a past-master.'[70] Both were moreover firm supporters of the music of Schumann and Brahms, and this shared ethos may have been the impetus for Stanford to turn to Joachim for advice on his compositions.

Coupled with his desire to seek advice from Joachim on his compositions, Stanford's respect for Joachim as an editor of his music is also evident in the correspondence.[71] Stanford also commented on Joachim's quest for accuracy: 'a purist of almost microscopic accuracy, his criticism, even when it seemed to border on the pedantic, kept experiment within the

---

65 Letter from Stanford to Joachim of 6 Nov. 1887, D-Bim, MS SM12/1957–4610.
66 This article was published initially in Charles Villiers Stanford, 'Joachim', Spectator 99 (1907): 288–9 and later in Stanford's own collection of articles in Stanford, 'Joachim' (1908), 128–135.
67 Stanford, Pages from an Unwritten Diary, 61. See also Charles Villiers Stanford and Cecil Forsyth, A History of Music (New York: The Macmillan Company, 1916) for comments on violin players.
68 Stanford, Studies and Memories, 134.
69 Ibid., 128. This article suggests similar traits in Stanford and Joachim and may explain the nature of their relationship.
70 Ibid., 134. See also Anon., 'The Work and Influence of Charles Villiers Stanford', The Musical Times 68/1009 (1927): 258–9.
71 Stanford, Studies and Memories, 132. Stanford also commended Joachim's purist attitudes to composition.

bounds of beauty, and made one weigh and measure all departures from the normal by the standard of artistic merit'.[72] While Stanford was clearly positive in his views of Joachim,

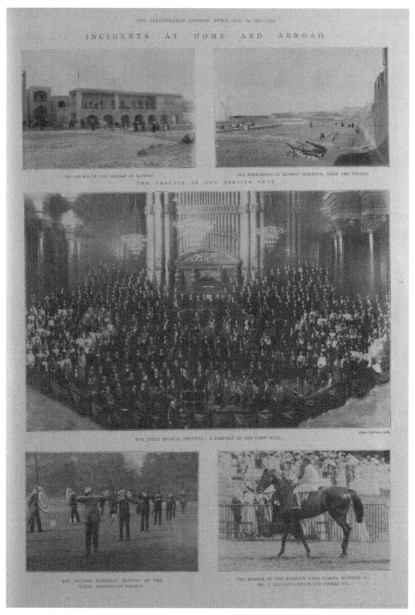

Figure 9.1, Stanford and Joachim at Leeds Musical Festival, 1901, 'The Leeds Musical Festival: A Concert in the Town Hall', The Illustrated London News 3261/119 (19 October 1901): 575.[73]

72 Stanford, Pages from an Unwritten Diary, 61.
73 I am grateful to Anne Stanyon for bringing this image to my attention.

'A Large, True Heart'

both privately and publicly, he did have some reservations about him as a conductor, but these may have had to do with differing tastes and preferences.[74] Despite the esteem in which he held Joachim as a musician, composer, performer and friend, he was not afraid to critique where necessary.

While much of Stanford's writing focuses on aspects of Joachim's professional experience, Joachim's approach to life also appealed to Stanford.[75] Perhaps as a rebuke to large personalities and divas, Stanford admired Joachim's way of living, as well as his personality, both of which he was able to observe from the perspective of familiarity (see Figure 9.1). 'And what a fund of humour he had. No one enjoyed a good joke more thoroughly, or remembered it more accurately.'[76]

Dedication and Commemoration

Throughout his life Stanford dedicated works to Joachim and the Joachim Quartet, thereby joining a group of composers who dedicated works to Joachim, among them Robert and Clara Schumann, Brahms, Dvořák, Liszt and Bruch (see Table 9.2). Although a large number of individuals received dedications of compositions by Stanford, few were honoured with multiple dedications in this way. Joachim does not appear to have reciprocated this favour with a dedication to Stanford.[77]

Table 9.2, Stanford's Compositions Dedicated to Joachim or the Joachim Quartet

Opus no.	Title of composition	Date of composition	Dedication
Op. 25	Piano Quintet in D minor	March 1886	To my friend Joseph Joachim
Op. 32	Suite for Violin and Orchestra	August 1888	Joseph Joachim
Op. 64	String Quartet No. 3 in D minor	September 1896	The Joachim Quartet
Op. 86	String Quintet No. 2 in C minor	June 1903	A present to Joachim to celebrate the 60th anniversary of his first visit to England (see Letter from Stanford to Joachim of 24 Mar. 1904, D-Bim, MS SM12/1957-4644).
Op. 104	String Quartet No. 5 in B flat major	September 1907	In Memoriam Joseph Joachim

---

74 Stanford, Pages from an Unwritten Diary, 174–5.
75 Stanford, Studies and Memories, 128.
76 Stanford, Studies and Memories, 131.
77 Joachim's output is relatively small in comparison to those of other contemporaries and has recently been investigated in depth by Uhde, Joseph Joachim.

The most poignant of all these dedications was Stanford's commemoration of his friend and mentor in his String Quartet No. 5, Op. 104, completed only weeks after Joachim's death.[78] The choice of genre – string quartet – was deliberate, given how much both men cherished this genre.[79] Unfortunately the autograph score of the work is missing, but the pocket score, published by Stainer and Bell in 1908, was presented to the Cambridge University Library with an autograph inscription by Stanford dated 17 January 1908: 'Desideranti quem desidero JJ' ('Who desires whom I miss JJ'). The quartet includes a German subtitle taken from one of Sachs's arias in Die Meistersinger von Nürnberg: 'Dem Vogel, der heut' sang Dem war der Schnabel hold gewachsen', an allusion to Joachim's natural 'singing' talent on the violin.

Some scholars have raised the question of whether the dedication of a score to a musician affects the work's reception.[80] Emily Green suggests that the dedication to a peer instead of a patron may have communicated a particular message or messages to the consumer audience: that the composer may have been inspired by the dedicatee, have received the approval of the composer or have had a close friendship with the dedicatee.[81] While Stanford benefited from the association of his music with Joachim, the dedication of the quartet to Joachim expressed something more intimate, namely, a way of processing the death of his friend. It is also poignant that Stanford chose musical allusions to a work by Joachim, the Romance Op. 2 No. 1 for violin and piano. It was not the first time that Joachim's romance provided inspiration for a fellow composer; Brahms had previously celebrated Joachim's 22nd birthday with his Hymne zur Verherrlichung des grossen Joachim.[82]

As I have argued elsewhere, in the absence of Stanford's diary we often turn to his music for a clearer insight into his thoughts about particular musicians and composers and for personal responses to events in his life.[83] Stanford remembered a number of friends and acquaintances through music, for example in the Symphony No. 6, Op. 94, Irish Rhapsody No. 5, Op. 147, and Prelude for Piano Op. 163 No. 22. Despite being written so soon after Joachim's death, the quartet does not evoke a solemn or funereal mood, unlike other

---

78 Stanford also suggested to the Cambridge University Musical Society that it should honour Joachim by programming his music at its first concert after his death, while he also arranged for Joachim's Elegische Ouvertüre 'In Memoriam Heinrich von Kleist', Op. 13, to be programmed at Leeds in 1907. See Greene, Charles Villiers Stanford, 137–8. The quartet was premiered in Leeds on 3 March 1908 and performed on 4 March in London. The Klingler Quartet performed the work in Berlin in March 1908.
79 Emily Green, 'Dedications and the Reception of the Musical Score, 1785–1850' (PhD diss., Cornell University, 2009): 34 for commentary on choice of genres for dedication pieces.
80 Ibid., 1.
81 Ibid., 18.
82 Johannes Brahms, Hymne zur Verherrlichung des großen Joachim. Walzer für zwei Violinen und Kontrabaß oder Violoncello, ed. Klaus Stahmer (Hamburg: J. Schuberth & Co, 1976).
83 Adèle Commins, 'Charles Villiers Stanford's Preludes for Piano Op. 163 and Op. 179: A Musicological Retrospective' (National University of Ireland, Maynooth, 2012), II:318.

memorial or commemorative works written by Stanford.[84] Stanford specified that the quartet 'is not meant to be sad (except the Elegy in the third movement). He was not the sort of man whose memory could be associated with sadness, at least not to me.'[85] Commemorating Joachim in a four-movement work allowed Stanford to remember much more about his friend, rather than only focusing on the sadness associated with his passing. The addition of 'teneramente' (tenderly) and 'sempre molto teneramente' to the tempo instructions of the first and second movements, respectively, offers a key to Stanford's idea of how the work should be played.[86] Although the third movement, Adagio pesante, presents more soulful music, the final movement returns to the major key for an uplifting finish to the work.

Framing two middle movements in predominantly minor tonalities (G minor and F sharp minor), the outer movements are both written in B flat major and bring an upbeat, lively character to the work, more suggestive of a celebration of Joachim's life, his humorous personality, and the men's friendship rather than of mourning the death of a dear friend. The string quartet is a moving work, and the energetic and demanding first violin lines seem to represent Joachim's energy and virtuosic skill as a performer. The varied tempo markings coupled with the abrupt and frequent mood changes represent different aspects of their relationship, Joachim's performance style and Stanford's fond memories of his mentor.

There are moments in the quartet which recall Joachim's performance style. Stanford had witnessed Joachim performing on many occasions and often requested him as soloist at concerts under his direction. Uhde has noted Joachim's agitated style of playing, and much of the writing in the third movement, with its emphasis on chromaticism, sudden dynamic changes and jagged rhythms, suggests a haunting and dark nature and heightens the emotion in the music, contributing to the elegiac mood. A sense of poignancy is suggested by the long emotive and mournful solo lines in both the second and third movements, while the lingering on notes is suggestive of Joachim's style of playing. Uhde has highlighted Joachim's fondness for lingering on important moments and marking high notes in the contour.[87]

The quartet has the subtitle 'In Memoriam Joseph Joachim'.[88] In a letter to Herbert Thompson, Stanford admitted that the motto theme was based on the first phrase of

---

84 See Adèle Commins, '"Double [D]Amn Those Huns": The Impact of the First World War on Charles Villiers Stanford and His Music', in Stanislav Tuxar and Monika Jurić Janjik, eds, The Great War (1914–1918) and Music: Proceedings of the Zagreb Musicological Conference (Zagreb: Croatian Musicological Society, 2020): 316–34 for other examples.
85 Rodmell, Charles Villiers Stanford, 250. Letter from Stanford to Thompson of 28 Feb.1908.
86 'Teneramente' could also represent a nod to Joachim; see Joachim, Violin Concerto Op. 3; Three Pieces Op. 5 No. 1; Variations Op. 10.
87 Uhde 2018, 67.
88 Both the full score and the parts of Stanford's String Quartet No. 5, Op. 104 published by Stainer and Bell, London 1908, include the inscription.

Joachim's Romance for violin: 'He often played it as an encore. He played it the last time I ever heard him.'[89] Stanford also indicated that the figure in the viola line in the fourth movement (Letter A) was the 'passage he always tried his fingers with before he went up on the platform; and it used to be a kind of signal at the Pops that he had arrived from Germany [...]'.[90] This deliberate 'musical borrowing'[91] of Joachim's material is more direct than in other works by Stanford, as he does not set out to conceal the source of his inspiration.

The explicit indication of a link between the pieces is evident through the placing of the initials 'J.J.' at particular points in the work referring to Joachim: bar 292 of the first movement, bar 225 of the second movement and bar 136 of the third movement, all in the first violin part.

Example 9.1, Stanford, String Quartet No. 5, IV (bars 22–23)

The inclusion of the 'J.J.' theme in the viola part in bars 22–23 of the fourth movement evokes a light-hearted moment (Example 9.1).[92] This ornamented passage provides much of the content for the two violin lines throughout the movement, while the shapes of the motifs in the accompanying instruments suggest the opening of Joachim's Romance theme (bar 127). The 'J.J.' initials are conspicuously absent from the fourth movement despite the clear references to Joachim's Romance, for example at bar 58 in second violin and viola, followed by cello (bar 60). Echoes of Joachim's melody return at later points of the fourth movement and are marked by a reduction in tempo and dynamics (for example, commencing at bars 101 and 159). From here onwards the fragmentation of the opening melody shared between all instruments drives the music toward a climactic moment (bars 175–211).

Stanford made no attempt to disguise the references. Both works are in B flat major, and Stanford only alters the opening melody from Joachim's Romance (Example 9.2) by means of chromatic and rhythmic alteration before extending the final note of the phrase (Example 9.3).

---

89 Letter from Stanford to Thompson, 28 Feb. 1908, in Rodmell, Charles Villiers Stanford, 250.
90 Ibid.
91 Green, 'Dedications and the Reception of the Musical Score, 1785–1850', 128.
92 'J.J.' is only included on the full score but has been omitted from the viola part in the Stainer and Bell publication from 1908.

'A Large, True Heart'

Example 9.2, Joseph Joachim, Romance Op. 2 No. 1 (bars 2–10)

Example 9.3, Stanford, String Quartet No. 5, I (bars 292–300)

The overall mood is one of energy and brightness, despite the haunting feeling of the 'J.J.' theme with its sharpened supertonic. The first half of Joachim's phrase closes the first, second and third movements of Stanford's quartet, while the fourth movement of the quartet recalls both parts of the phrase and reduces and extends the second half of the melody with a playful treatment commencing at bar 159 before the closing bars die away to bring the quartet to a quiet close. The effect is almost theatrical, like a ghost stepping out of the piece.

The introduction of the Joachim reference is often clearly marked with a change of dynamics or performance marking. In the Allegro moderato first movement, a 'tranquillando' marking is introduced before the first appearance of the theme, after which the music gradually slows down for the closing bars of the movement, marked 'Più lento', with a reduction in dynamics to ppp, where the music is marked 'Adagio'. This brings the movement to a poignant and calm close. The second and third movements also include a reduction in dynamics and tempo for the introduction of the motto theme. While not marked 'J.J.' in the score, the extended reference to the motto theme in the fourth movement is marked 'Più lento' and pp; this leads to a morendo, rallentando and lastly ppp possibile, bringing the quartet to a calming conclusion. As the last references to the Joachim theme are heard in the first violin, the music is rhythmically augmented in a soaring line, creating an almost heavenly ending.

While Stanford's 'J.J.' markings clearly refer to Joachim's Romance, other points in the music also suggest borrowings from the opening subject of Joachim's Romance, which undergoes rhythmic development and melodic extension. Although Joachim's music gives structure and meaning to the quartet, the quartet should not be seen as a parody, for Stanford includes elements of his own compositional style in the work, with much emphasis on motivic writing and occasionally threefold repetitions of melodic ideas. There are also subtle hints at Stanford's homeland, particularly in the final movement, where some of the phrase endings are suggestive of an Irish idiom. These subtle references may also reflect Joachim's interest in Irish melodies. Indeed, the ornamented reference to Joachim's playing also evokes the sound-world of Irish folk music.

Conclusion

Although Joachim was more often remembered as a performer than as a composer, Stanford celebrates both dimensions of his mentor's career in his 'memorial' composition. In conclusion, Joachim was a significant influence on Stanford, and their relationship evolved over time. Initially a friend of the Stanford family, Joachim was an inspiration to the young performer and enthusiast, a mentor to the composer and professor, and a friend and correspondent. Stanford and Joachim's relationship developed over the 30 years of their correspondence and meetings. Reflections on the extant correspondence, Stanford's writings about Joachim and the work that Stanford dedicated to Joachim provide insight not only into musical and compositional practice but also into the lives and characters of the two friends.

Although they had met when Stanford was still a child, the correspondence indicates the willingness of both men to continue the relationship. Joachim was not a threat to Stanford, and the younger composer looked up to him with great respect. Few musicians benefited from such a long and healthy relationship with Stanford. Critically engaging with the evidence creates a fuller understanding of both men and how they helped, admired and supported each other, sometimes in opposition to changing musical tastes and trends, as they both sought to succeed in the various aspects of their lives while remaining supportive of each other at all times.

Of the compositions dedicated to Joachim by Stanford, his String Quartet No. 5 is the most significant, as it captures the essence of the totality of their relationship. The work also confirms the place of Stanford in the Joachim story. Although tinged with some elegiac and mournful tones recalling his friend, the quartet is a spirited representation of Joachim and evokes his virtuosic skill. Stanford's approach in this work, notably the consideration given to Joachim's style as both a performer and a composer, with explicit references to Joachim's own compositions, reinforces the strength of this dedication as a reflection of their relationship.

'... of this miraculous music by its best interpreter'

Johann Sebastian Bach's Ciaccona, Joseph Joachim and His Contribution to the 1908 Edition of Bach's Sei solo a Violino senza Baßo accompagnato, BWV 1001–1006[1]

Walter Kurt Kreyszig

> For Professor Katharina Uhde, DMA, PhD,
> in recognition of her pathbreaking contribution to the scholarship on Joseph Joachim[2]

I

Johann Sebastian Bach's legacy attracted a circle of musicians active as performers, pedagogues, editors, and composers in Germany during the nineteenth century, including Felix Mendelssohn-Bartholdy, Johannes Brahms, Robert Schumann, Clara Schumann and Joseph Joachim, all of whom studied Bach's Sei solo a violino senza basso accompagnato (BWV 1001–6).[3] These composers' interest in this particular repertory may have been fostered by the astute observations of Bach's own pupil, Johann Philipp Kirnberger.

---

1 A shortened version of this paper was presented at the International Conference 'Joseph Joachim at 185' at the Goethe-Institut in Boston, Massachusetts, U.S.A., 16–18 June 2016. Some of my comments on the Ciaccona were also reproduced in the program notes (invited) for the performance of the Ciaccona by violinist James Buswell as part of the Concert on 17 June 2016 at the First Church in Boston (66 Marlborough Street, Boston, Mass. 02116). The author gratefully acknowledges the permission granted by David Bindle (University Archives and Special Collections, University of Saskatchewan) to reproduce two pages from Joseph Joachim and Andreas Moser, Johann Sebastian Bach: Suiten and Partiten für Violine solo (Berlin: E. Bote & G. Bock, 1908) with the handwritten pencil indications by Murray Adaskin. Mr. Ryan Watson (McPherson Library, University of Victoria, Victoria, British Columbia, Canada) kindly prepared high-resolution images of the musical examples. English translations are by Walter Kurt Kreyszig except where otherwise stated.
2 Katharina Uhde, The Music of Joseph Joachim (Woodbridge, Suffolk: Boydell & Brewer, 2018). This seminal monograph represents the culmination of her preoccupation with the legacy of this noted violinist, research that has been preceded by a number of her scholarly articles identified in the bibliography to her monograph (pp. 479–480).
3 Furthermore on the close association between the latter four composers, see, for example, Beatrix Borchard, 'Ein Bündnis verwandter Geister: Robert Schumann, Clara Schumann, Joseph Joachim und Johannes Brahms', in: Zwischen Poesie und Musik: Robert Schumann – früh und spät: Begleitbuch und Katalog zur Ausstellung – Eine Ausstellung des StadtMuseums Bonn und der Robert-Schumann-Gesellschaft Zwickau e.V.; Ernst-Moritz-Arndt-Haus, Bonn, 29. Juni–8. Oktober 2006; Robert-Schumann-Haus Zwickau und Galerie am Domhof, Zwickau, 22. Oktober 2006–14. Januar 2007, ed. Ingrid Bodsch und Gerd Nauhaus (Bonn: Stroemfeld, 2006): 231–52.

> It is even more difficult to write a simple melody without any accompaniment so harmonically that it would not be possible to add a voice without error, even disregarding the fact that the added voice would be most unsingable and awkward. Of this type we have the six unaccompanied sonatas for violin and six for violoncello by J.S. Bach. But here we are simply talking about compositions written for one voice.[4]

In a letter (dated at the end of 1774) to Johann Nikolaus Forkel, Carl Philipp Emanuel Bach, who was responsible for copying much of the music composed by his father, offered a vivid testimony to his father's profound handling of string instruments and related compositional techniques.

> [J.S. Bach] understood to perfection the possibilities of all stringed instruments. This is evidenced by his solos for the violin and for the violoncello without bass. One of the greatest violinists told me once that he had seen nothing more perfect for becoming a good violinist, and could suggest nothing better for anyone eager to learn, than the said violin solos without bass.[5]

Indeed, so pronounced and novel was J.S. Bach's display of his compositional process in his Sei solo that Friedrich Wilhelm Rust (1739–1795), a student of the virtuoso violinist Giuseppe Tartini and a second generation-student of J.S. Bach, composed two sonate a violino solo senza basso (1795) – the Sonata No. 1 in d-minor (CzaR 80) and the Sonata No. 2 in Bb-Major (CzaR 82) – both of which, notwithstanding the influence of Heinrich Ignaz Franz Biber, Johann Georg Pisendel and Johann Paul von Westhoff, are unmis-

---

4 'Noch schweerer [sic!] ist es, ohne die geringste Begleitung, einen einfachen Gesang so harmonisch zu schreiben, daß es nicht möglich sey, eine Stimme ohne Fehler beyzufügen: nicht einmal zu rechnen, daß die hinzugefügte Stimme höchst unsingbar und ungeschickt seyn würde. In dieser Art hat man von J.S. Bach, ohne einiges Accompagnement, 6 Sonaten für die Violin und 6 für das Violoncell. Es ist aber hier nur die Rede von den Stücken die einstimmig gesetzt sind', in Johann Philipp Kirnberger, Die Kunst des reinen Satzes in der Musik aus sicheren Grundsätzen hergeleitet und mit deutlichen Beyspielen erläutert, 2 vols. Berlin and Königsberg: G.J. Decker and G.L. Hartung 1774–1779): I:176 (Zehnter Abschnitt: Von dem einfachen Contrapunct in zwey und mehr Stimmen); English translation by David Beach and Jürgen Thym as Johann Philipp Kirnberger, The Art of Strict Musical Composition, Music Theory Translation Series, 1 (New Haven, CT: Yale University Press, 1982): 189.

5 '[…] Er verstand die Möglichkeiten aller Geigeninstrumente vollkommen. Dies zeugen seine Soli für die Violine und für das Violoncell ohne Baß. Einer der größten Geiger sagte mir einmahl, daß er nichts vollkommeneres, um ein guter Geiger zu werden, gesehen hätte u[nd] nichts beßeres den Lehrbegierigen anrathen könnte, als obengenannte Violinsoli ohne Baß […]'; in Dokumente zum Nachwirken Johann Sebastian Bachs: 1750–1800, prepared with commentary by Hans-Joachim Schulze, Bach-Dokumente, ed. Werner Neumann [in collaboration with the] Bach-Archiv Leipzig, Supplement to Johann Sebastian Bach: Neue Ausgabe sämtlicher Werke, Vol. 3 (Kassel: Bärenreiter, and Leipzig: VEB Deutscher Verlag für Musik, 1972): 284–5 [Dokument 801], especially 285; also in English in The New Bach Reader: A Life of Johann Sebastian Bach in Letters and Documents, ed. Hans T. David and Arthur Mendel; revised and enlarged by Christoph Wolff (New York, NY: W.W. Norton, 1998): 397 [Document 394].

takably modelled after J.S. Bach's Sei solo.[6] Clearly, J.S. Bach's Sei solo serve as an ideal yardstick for the performer's mastery of the diverse aspects of string playing technique, including the virtuosity required for playing both single lines and multiple stops in Bach's unprecedented counterpoint,[7] which charted a new course of expressivity on both the violin and the violoncello.[8]

II

The nineteenth-century reception of Bach's music was sparked by two important events: the publication of Bach's Well-Tempered Clavier (1801) and the release of Johann Nikolaus Forkel's Über Johann Sebastian Bachs Leben, Kunst und Kunstwerke (1802) — which gave rise to a more vigorous examination of the composer.[9] As a result, an edition of Bach's Sei Solo was issued in 1802 (by Simrock), more than eight decades after Bach's completion of the work in 1720. Beyond that, the British concert impresario, violinist and composer Johann Peter Salomon (1745–1815) must have played a decisive role in drawing this repertory to the attention of a number of prominent personalities across Europe,[10] including Johann Friedrich Reichardt in Berlin,[11] the concertmaster Karl Josef Lipiński (1790–1861) in Dresden,[12] and presumably the violin virtuoso George Polgreen Bridgetower (1779–1860) in London, the intended dedicatee of Ludwig van Beethoven's Sonata No. 9 in A

---

6   Vera Grützner, 'Die Sonaten für Violine solo von Friedrich Wilhelm Rust (1739–1796)', Dessau-Wörlitzer Beiträge 46 (1997): 121–4.

7   Stanley Ritchie, The Accompaniment in "Unaccompanied" Bach: Interpreting the Sonatas and Partitas for Violin, Publications of the Early Music Institute (Bloomington, IN: Indiana University Press, 2016).

8   Clive Brown, 'Polarities of Virtuosity in the First Half of the Nineteenth Century', in Nicolò Paganini: Diabolus in Musica, ed. Andrea Barizza and Fulvia Morabito, Studies in Italian Music History, 5 (Turnhout: Brepols, 2010): 23–51.

9   See, for example, Axel Fischer, '"So, mein Lieber Bruder in Bach": Zur Rezeption von Johann Nikolaus Forkels Bach-Biographie', Archiv für Musikwissenschaft 56 (1995): 224–33; Hans-Joachim Hinrichsen, 'Johann Nikolaus Forkel und die Anfänge der Bachforschung', in Bach und die Nachwelt, 5 vols., ed. Michael Heinemann, Hans-Joachim Hinrichsen and Joachim Lüdtke. (Laaber: Laaber Verlag, 1997–2005): I:193–253.

10 On Salomon's performance of Bach's solo sonatas and partitas, see Hubert Unverricht, 'Spieltraditionen von Johann Sebastian Bachs unbegleiteten Sonaten und Partiten für Violine allein', in Johann Sebastian Bach und seine Ausstrahlung auf die nachfolgenden Jahrhunderte: 55. Bachfest der Neuen Bachgesellschaft in Mainz, 22.–27. Oktober 1980, ed. Günther Weiss (Mainz: Neue Bachgesellschaft, 1980): 176–84.

11 Walter Salmen, Johann Friedrich Reichardt: Komponist, Schriftsteller, Kapellmeister und Verwaltungsbeamter der Goethezeit (Hildesheim: Georg Olms, 2002).

12 Anna Granat-Janki, 'Karol Lipiński's Artistic Activity and Works: A Polish and European Perspective', in Karol Lipiński: Zycie, dzialatność, epoka, vol. V, ed. Anna Granat-Janki (Wrocław: Akademia Muzyczna im. Karola Lipińskiego, 2013): 149–76.

major for violin and piano, Op. 47 ('Kreutzer').[13] Ferdinand David prepared an edition of Bach's Sei solo, published by Kistner in 1843,[14] the year of David's appointment as professor of violin at the Conservatorium in Leipzig.[15] The title of this edition, in English translation, reads as follows:

> Six Sonatas for Violin alone by Joh. Sebastian Bach. Studio ossia Tre Sonate per il Violino solo senza Basso. For use in the Conservatory of Music in Leizpig, with fingerings, bowings, and other designations supplied by Ferdinand David. For those, who wish to call this work their own, the original musical text, as transmitted in the composer's original manuscript preserved in the Royal Library in Berlin, which has been revised in a most precise manner, is supplied in small note.[16]

Evidently, David's intention in his edition was to offer an interpretation of Bach's solo violin works, with his edition providing a superimposition of Bach's autograph (in small print) and David's interpretation thereof (in regular print), fused with the sound peda-

---

13 Cliford D. Panton, Jr., George Augustus Polgreen Bridgetower, Violin Virtuoso and Composer of Color in Late 18th Century Europe, Studies in the History and Interpretation of Music, 115 (Lewiston, NY: Edwin Mellen Press, 2005). Beethoven's Opus 47 was also part of the repertoire of Joseph Joachim who performed this work with Johannes Brahms at the piano, in Münster (Westfalen) on 19 January 1862, in Kronstadt (Russia) on 19 January 1879, and in Hermannstadt (Romania) on 21 September 1879; see Renate and Kurt Hofmann, Johannes Brahms: Zeittafel zu Leben und Werk, Publikationen des Instituts für Österreichische Musikdokumentation, 8 (Tutzing: Hans Schneider, 1983): 54, 146.

14 Sechs Sonaten für die Violine allein von Joh. Sebatian Bach: Studio ossia Tre Sonate per il Violino solo senza basso — Zum Gebrauch bei dem Conservatorium der Musik zu Leipzig, mit Fingersatz, Bogenstrichen und sonstigen Bezeichnungen versehen von Ferdinand David (Leipzig; Fr[iedrich] Kistner, 1843); see also Sechs Suiten für die Violine solo von Joh. Seb. Bach: Als Vorstudien zu den grossen Violin-Sonaten dieses Meisters nach dessen Violoncell-Sonaten zum Gebrauch im Conservatorium der Musik zu Leipzig bearb[eitet] v[on] Ferdinand David, Clavierbegleitung v[on] Friedr[ich] Hermann (Leipzig: Gustav Heintze, n.d.). For a facsimile of the opening page of the Ciaccona, see Martin Elste, Meilensteine der Bach-Interpretation, 1750–2000: Eine Werkgeschichte im Wandel (Stuttgart: Metzler, and Kassel: Bärenreiter, 2000): 293.

15 Johannes Forner, 150 Jahre Musikhochschule 1843–1993; Festschrift Hochschule für Musik und Theater 'Felix Mendelssohn-Bartholdy' Leipzig (Leipzig: Verlag Kunst und Touristik, 1993). Joshua Navon, 'Pedagogies of Performance: The Leipzig Conservatory and the Production of Werktreue', The Journal of Musicology 37/1 (Winter 2020), 63–93.

16 'Sechs Sonaten für die Violine allein von Joh. Sebastian Bach. Studio ossia Tre Sonate per il Violino solo senza Basto. Zum Gebrauch bei dem Conservatorium der Musik zu Leipzig, mit Fingersatz, Bogenstrichen und sonstigen Bezeichnungen versehen von Ferd[inand] David. Für diejenigen, welche sich dieses Werk selbst bezeichnen wollen, ist der Original-Text, welcher nach der auf der Königl[ichen] Bibliothek zu Berlin befindlichen Original-Handschrift des Componisten aufs genaueste revidiert ist, mit kleinen Noten beigefügt'; Original title reproduced in Lukas Näf and Dominik Sackmann, 'Bachs Werke für Violine und Violoncello im 19. Jahrhundert', in Bachs Orchester- und Kammermusik: Das Handbuch, ed. Siegbert Rampe, Teilband 2: Bachs Kammermusik, ed. Siegbert Rampe and Dominik Sackmann, Das Bach-Handbuch, ed. Reinmar Means, Sven Hiemke and Klaus Hofmann, V/2 (Laaber: Laaber-Verlag, 2013: 365.

gogical approach (in large print) — a characteristic of the Romantic conception of editions.[17] In essence, with this edition, David paved the foundation for his own teaching at the Conservatorium in Leipzig.[18] Notwithstanding this undoubtedly pathbreaking publication, David, within less than a decade, appeared in concerts with Mendelssohn, performing Mendelssohn's own arrangement of Bach's Sei solo for violin and piano, with Mendelssohn's accompaniment enhancing the accessibility to Bach's original composition for the early-nineteenth-century audience.[19] Therefore, it is not surprising that in a review of this concert in the Leipzig Allgemeine Musikalische Zeitung (19 February 1840), the anonymous author focussed on Mendelssohn's performance of the Ciaccona from Bach's Partita No. 2 in D minor (BWV 1004) and the Preludio in E major (BWV 1006) — with Mendelssohn's piano accompaniment of the opening movement of BWV 1006 described as a new version of the Sinfonia of Bach's cantata Wir danken dir Gott, wir danken dir (BWV 29; Leipzig, 1731), in Bach's own arrangement for organ and orchestra,[20] originally composed for his cantata Herr Gott, Beherrscher aller Dinge (BWV 120a).[21]

> Here we need to remark that Dr. Mendelssohn-Bartholdy accompanied both pieces [Bach's Ciaccona and Preludio] on the pianoforte by means of a free harmonic progression kept within a contrapuntal framework. These Bach solo pieces are originally composed for solo violin alone, without a bass or [basso continuo] figures, also printed in such manner; this [edition] is intended for artists who are capable of realizing and judging the succession of harmonies and artificial work of the same, for rendering the understanding completely sufficient. Only the public requires the help of a commentary, which illustrates [the harmonic progressions] and thereby facilitates the understanding.[22]

---

17 Robert Murray, 'The Editions', in The Bach Chaconne for Solo Violin: A Collection of Views, ed. Jon F. Eiche (Athens, GA: American String Teachers Association, 1985): 24–40.

18 Peter Collyer, '"Leipzig School" Editions and Editions of String Music, c. 1840–1930: Violin Playing Style in the Printed Output of Ferdinand David and His Associates' (Ph.D. Dissertation, University of Leeds, 2012).

19 John Michael Cooper, 'Felix Mendelssohn Bartholdy, Ferdinand David and Johann Sebastian Bach: Mendelssohns Bach-Auffassung im Spiegel der Wiederentdeckung der "Chaconne"', in Zum 150. Todestag von Felix Mendelssohn Bartholdy und seiner Schwester Fanny Hensel, ed. Rudolf Elvers and Hans-Günter Klein, Mendelssohn-Studien: Beiträge zur neueren deutschen Kultur- und Wirtschaftsgeschichte, 10 (Berlin: Duncker & Humblot, 1997): 157–79.

20 Further on Mendelssohn's piano accompaniment to the opening movement of BWV 1006, see Anselm Hartinger, '"Eine solche Begleitung erfordert sehr tiefe Kunstkenntnis" — Neues und neu Gesichtetes zu Felix Mendelssohn-Bartholdys Klavierbegleitung zu Sätzen aus Bachs Partiten für Violine solo, nebst einer Analyse der Begleitung zum Preludio in E-Dur (BWV 1006/1)', Bach-Jahrbuch 91 (2005): 34–83; especially 61.

21 Georg Schünemann, 'Bachs Trauungskantate "Gott, Beherrscher aller Dinge"', Bach-Jahrbuch 33 (1936): 31–52.

22 '[…] Bemerken müssen wir noch hierbei, dass Herr Dr. Mendelssohn-Bartholdy beide Stücke durch eine freie in kontrapunktischer Form gehaltene Harmonieausführung auf dem Pianoforte begleitete. Diese Bach'schen Solostücke sind nämlich ursprünglich für Violine allein, ohne Bass oder Bezifferung, geschrieben, auch so gedruckt; nun ist dies an sich zwar für Künstler, welche als solche im Stande sind,

Walter Kurt Kreyszig

Unlike the anonymous reviewer, who focussed merely on Mendelssohn's notated accompaniment, Robert Schumann, reviewing a performance in February 1840 for the Leipzig Allgemeine Zeitung (1 March 1840), addressed both Bach's original version of the Ciaccona and Mendelssohn's accompaniment.

> [Ferdinand] David played a Ciaccona by J.S. Bach, a piece from those sonatas for violin solo, about which it was once said erroneously that 'no other voice can be conceived to the [original] voice' — what Mendelssohn-Bartholdy refuted most effectively in that he accompanied it [the Ciaccona] on the grand piano, and that in such a wonderful manner that the old eternal cantor [i.e. Bach] appeared to have his hand in this game. That Bach thought of a piece in one manner or another may be possible — for the composer who has become a master always thinks about his opus in the purest completion, even if the virtuosos do not like to concede to this [fact] — but this [thought] belongs to such perfection, that he would not have possessed such masterly naivety.[23]

That memorable performance of Bach's Ciaccona provides ample reason for a second review by Robert Schumann on 21 January 1841 — an event which Schumann termed the 'historical concert', as becomes readily apparent from his comments.

> The solo pieces acquired the players' fiery applause, what we cite as proof, that with the compositions of Bach one can achieve enthusiasm in the concert hall. To be sure, how Mendelssohn plays works of Bach, one needs to hear. David played the Chaconne no less masterly and with the fine accompaniment of Mendelssohn, about which we reported earlier on.[24]

---

die harmonische Führung und künstliche Arbeit derselben selbst zu erkennen und zu beurtheilen, zum Verständniss vollkommen hinreichend, allein das Publikum bedarf hierzu einer Hilfe, eines Kommentars gewissermaassen, der ihm das Ganze anschaulicher macht und das Verstehen erleichtert. […]'; from: AmZ 42/8 (19. Feb. 1840), cols. 161–3; see also Ingrid Fuchs, 'Die "NeueZeitschrift für Musik" unter der Redaktion Robert Schumanns als Dokument romantischer Bachrezeption,' in Johann Sebastian Bach: Beiträge zur Wirkungsgeschichte, ed. Ingrid Fuchs [in collaboration with] Susanne Antonicek [on behalf of the] Österreichische Gesellschaft für Musikwissenschaft (Vienna: Verband der Wissenschaftlichen Gesellschaften Österreichs, 1992): 113–34, at 125.

23 'David spielte eine Ciaconna [sic!] von J.S. Bach, ein Stück aus jenen Sonaten für Violine solo, von denen jemand einmal verkehrt genug geäußert, "es ließe sich keine andere Stimme dazu denken", was denn Mendelssohn-Bartholdy in bester Weise dadurch widerlegte, daß er sie auf dem Flügel akkompagnirte, und zwar so wundervoll, daß der alte ewige Kantor seine Hände selbst mit im Spiele zu haben schien. Daß Bach sich sein Stück so oder ähnlich gedacht, mag möglich sein — denn der Meister gewordene Komponist denkt sich sein Werk auch immer in reinster Vollendung, wenn es auch die Virtuosen nicht gern zugestehen wollen — aber gehört in solcher Vollkommenheit, solcher meisterlichen Naivität hat er es sicher nicht."; in Gesammelte Schriften über Musik und Musiker von Robert Schumann, 2 vols, ed. Martin Kreisig (Leipzig: Breitkopf & Härtel, ⁵1914): II:439 (Anmerkungen).

24 '[…] Die Solostücke brachten den Spielern feurigen Beifall, was wir zum Beweise anführen, daß man mit Bach'schen Compositionen auch im Conzertsaale noch enthusiasmiren könne. Wie freilich Mendelssohn Bach'sche Compositionen spielt, muß man hören. David spielte die Chaconne nicht minder meisterlich und mit der feinen Begleitung Mendelssohn's, von der wir schon früher einmal

In these reviews, Bach's original composition and Mendelssohn's arrangement are carefully separated. While the majority of the reviews reveal a positive view on the rendition of the arrangement, a technique for which Mendelssohn presumably drew his inspiration from Bach himself, the anonymous author of the brief comment on 20 February 1843 in the Neue Zeitschrift für Musik, a journal known for its reviews of performances of Bach's oeuvre,[25] takes a much more guarded approach to Mendelssohn's arrangement when he states that 'Dr. Mendelssohn accompanied on the piano, and it is hardly possible to accomplish the same in the spirit of Bach'[26] — sentiments which were also echoed by Forkel's student, Friedrich Konrad Griepenkerl (1782–1849).[27]

The idea of supplementing Bach's Ciaccona with the accompaniment composed by Mendelssohn, and that as a means of elevating Bach's solo violin repertory from the private to the public sphere, a movement that had been in vogue since the beginning of the nineteenth century, as is readily gleaned from the dissemination of the string quartet on the Continent and in England,[28] struck a favourable note with Robert Schumann, who was contemplating his own piano accompaniment to Bach's Sei solo. With this idea in mind, he approached Hermann Härtel (1828–1901) of the Breitkopf & Härtel publishing house in a letter dated 4 January 1853.

> Then I still have another idea, which might delight your applause. Recently I heard the Ciaccona composed by Bach with the accompaniment by Mendelssohn. Thereupon I inspected the other sonatas and found numerous pieces, which would be elevated considerably by a piano accompaniment and thus would be made accessible to a larger public. This task is not an easy one, but I find this a challenge for this reason. […] The title would be: Pieces from the Sonatas of J.S. Bach for violin, with a piano accompaniment by Robert Schumann.[29]

---

berichteten […]'; in Gesammelte Schriften über Musik und Musiker von Robert Schumann, 4 vols. (Leipzig: Georg Wigand, 1854): IV:94–95 (13.–16. Abonnemontskonzert, Leipzig, 1840/41); also as 2 vols., ed. Martin Kreisig (Leipzig: Breitkopf & Härtel, ⁵1914): II:53; see also Ute Bär, 'Robert Schumann und Ferdinand David', in 'Neue Bahnen': Robert Schumann und seine musikalischen Zeitgenossen – Bericht über das 6. Internationale Schumann-Symposium am 5. und 6. Juni 1997 im Rahmen des 6. Schumann-Festes, Düsseldorf, ed. Bernhard R. Appel, Schumann-Forschungen, 7 (Mainz: Schott, 2002): 58–111.

25 Ingrid Fuchs, 'Die "Neue Zeitschrift für Musik"'.
26 'Hr. Dr. Mendelssohn accompagnirte auf dem Piano, und es ist wohl nicht möglich, daßelbe mehr im Geiste Bach's zu thun'; NZfM 18/15 (20 February 1843).
27 Andreas Arand, '"… von der Wahrheit weit entfernt…": Mendelssohns Bach-Spiel im Urteil Friedrich Konrad Griepenkerls', Ars organi: Internationale Zeitschrift für das Orgelwesen 49/1 (March 2001): 11–18.
28 Friedhelm Krummacher, Geschichte des Streichquartetts, 3 vols (Laaber: Laaber Verlag, 2005); Christian Speck, ed., The String Quartet: From the Private to the Public Sphere, Spceulum Musicae, 27 (Turnhout: Brepols, 2016).
29 'Sodann habe ich noch eine Idee, die sich vielleicht Ihres Beifalls erfreuen wird. Ich hörte neulich die Ciacona von Bach mit der Begleitung von Mendelssohn, sah mir darauf auch die andern Sonaten an

Robert Schumann completed his proposal for release by Breitkopf & Härtel in 1854,[30] and on the occasion of the commemoration for Robert Schumann in Hamburg on 22 November 1856, Joachim and Brahms performed the Ciaccona with Robert Schumann's piano accompaniment.[31] Meanwhile, the latter's idea concerning the piano accompaniment gained such momentum that even the editor of Bach's Sei solo for the Bach-Gesellschaft Ausgabe (published Leipzig, 1851–1899), Thomaskantor Professor Wilhelm Rust (1822–1892), the grandson of the aforementioned Friedrich Wilhelm Rust and a member of the Leipzig Bach Verein since 1850,[32] could not resist the issue of the accompaniment for this body of works, which he aligns with organ repertoire.

> In the often raised question, whether the Bach sonatas for violin solo require an accompaniment (for example on the piano) or not, the comparison of the Preludio in E-Major [from the Partita in E major for Solo violin, BWV 1006] with the Sinfonia of this Cantata [Wir danken dir Gott, wir danken dir, BWV 29?] will be of decisive importance; for each Preludio is de facto nothing else than the transposed organ part.[33]

This affinity has been explored more recently by Jaap Schroeder (1925–2020) in his discussion of Bach's Prelude and Fugue for Organ in D minor, BWV 565, with the organ version presumably derived from a work originally composed for solo violin,[34] perhaps, according to Peter Williams (1937–2016), not even by Bach.[35] With this background in place, let us now turn to Joachim.

---

und fand eine Menge Stücke, die durch eine Clavierbegleitung bedeutend gehoben, einem größeren Publikum zugänglich gemacht würden. Die Arbeit ist freilich keine leichte, aber reizt mich eben deshalb […] Der Titel würde heißen: Stücke aus den Sonaten von J.S. Bach für Violine, mit einer Clavier-Begleitung von R[obert] S[chumann]'; in F. Gustav Jansen, ed., Robert Schumanns Briefe (Leipzig: Breitkopf & Härtel, 1904): 479.

30 Robert Schumann, Sechs Sonaten für die Violine von Johann Sebastian Bach mit hinzugefügter Begleitung des Pianoforte (Leipzig: Breitkopf & Härtel, 1854). On twentieth-century views of Schumann's arrangement, see Joel Lester, 'Reading and Misreading: Schumann's Accompaniments to Bach's Sonatas and Partitas for Solo Violin', Current Musicology 56 (1994): 24–53.
31 Hofmann, Johannes Brahms: Zeittafel zu Leben und Werk, 34.
32 Maria Hübner, 'Der Bach-Verein zu Leipzig, 1875–1920', Bach-Jahrbuch 83 (1997): 97–115.
33 'Bei der oft angeregten Frage, ob die Bach'schen Sonaten für Violino Solo einer Begleitung (etwa auf dem Piano) bedürftig seien oder nicht, wird der Vergleich des Präludiums in E dur mit der Sinfonie dieser Cantate von entscheidendem Werthe sein; denn jenes Präludium ist in der That nichts Anderes, als die transponirte Orgelstimme'; in The Preface by Wilhelm Rust to the Edition of Johann Sebastian Bach's Partitas for Solo Violin in the Bach-Gesellschaft, V (Leipzig: Breitkopf & Härtel, 1855): XXXII; as reproduced in Hartinger, '"Eine solche Begleitung"': 51.
34 For a performance of BWV 565 in the arrangement for violin by Jaap Schroeder, see Jaap Schroeder, The Seventeenth-Century Violin (Reykjavik, Iceland: Smekkleysa, 2016) [CD].
35 Peter F. Williams, 'BWV 565: A Toccata in D minor for Organ by J.S. Bach?', Early Music 9/3 (July 1981): 330–7. On the other hand, Christoph Wolff considers BWV 565 as a genuine work of J.S. Bach; see Christoph Wolff, 'Zum norddeutschen Kontext der Orgelmusik des jugendlichen Bach: Das Scheinproblem der Toccata d-Moll BWV 565', in Bach, Lübeck und die norddeutsche Musiktradition, ed. Wolfgang Sandberger (Kassel: Bärenreiter, 2002): 220–30.

III

Toward the end of his illustrious career, Joachim, who had performed Bach's Sei solo on numerous occasions[36], turned to the editing of this important body of repertoire – what Yehudi Menuhin (1916–1999) identified as 'the old testament' of violin literature,[37] and what Soulima Stravinsky (1910–1994) called 'our violinistic bible'.[38]

Joachim's lesser experience in philological research explains his collaboration on this endeavour with his biographer Andreas Moser (1859–1925),[39] with whom Joachim some years earlier had collaborated in the preparation of an edition of the Beethoven String Quartets[40] — a composer whose string quartets were also of interest to David in his preparation of an edition.[41] In 1906, Joachim examined Bach's autograph of the sonatas and partitas, then in the hands of the widow of the late Wilhelm Rust,[42] with Bach's autograph

---

36 On Joseph Joachim and Ferdinand David as the two principal promoters of the solo works of J.S. Bach, see Zay V. David Sevier, 'Bach's Solo Violin Sonatas and Partitas: The First Century and a Half', Bach: The Journal of the Riemenschneider Bach Institute 12/2 (Apr. 1981): 11–19; 12/3 (July 1981): 21–29.

37 'Altes Testament', Süddeutsche Zeitung: Münchner Neueste Nachrichten aus Politik, Kultur, Wirtschaft und Sport 75/12, week No. 66 (18 March 2019): 10; see also 'Yehudi Menuhin Discusses His Interpretation of the Bach Chaconne', Journal of the Violin Society of America 7/1 (1984): 36–45.

38 Soulima Stravinsky's handwritten remark is preserved on a copy of Johann Sebastian Bach: Sonaten und Partiten für Violine allein: Wiedergabe der Handschrift, with a postscript by Günter Hausswald and a preface by Yehudi Menuhin, Insel-Bücherei, 655 (Frankfurt am Main: Insel, 1962), housed in Saskatoon, Saskatchewan, University of Saskatchewan, University Archives and Special Collections, Murray Adaskin Fond. Stravinsky presented this facsimile copy of Bach's autograph to Murray Adaskin on the occasion of their mutual meeting in 1961 at the University of Saskatchewan; see also Gordana Lazarevich, The Musical World of Frances James and Murray Adaskin (Toronto, ON: University of Toronto Press, 1988): 178, 183. The aforementioned comment by Menuhin and the remark by Soulima Stravinsky are also echoed by Robin Stowell; see Robin Stowell, 'Bach's Violin Sonatas and Partitas: Building a Music Library', The Musical Times 128/1731 (May 1987): 250–6.

39 Andreas Moser, Joseph Joachim: Ein Lebensbild (Berlin: B. Behr, 1898, 1900, 1904; also in 2 vols, rev. and enlarged Berlin: Verlag der Deutschen Brahms-Gesellschaft, 1908–1910); see also Andreas Moser, Geschichte des Violinspiels (Berlin: Max Hesse, 1923); rev. Hans-Joachim Nösselt (Tutzing: Hans Schneider, 1966–67).

40 Joseph Joachim and Andreas Moser, ed., Ludwig van Beethoven: Sämtliche Streichquartette, 4 vols, Edition Peters, 3032a-d (Leipzig: Edition Peters, 1895); see also Joseph Joachim, ed., Ludwig van Beethoven, Sonaten für Pianoforte und Violine — Neue Ausgabe (Leipzig: C.F. Peters, 1901). Furthermore on Joachim's experience in performing Beethoven, see Katharina Uhde, 'An Unknown Beethoven Cadenza by Joseph Joachim: "Dublin 1852"', The Musical Quarterly 103/3–4 (2010): 394–424; Karen Leistra-Jones, '(Re)-Enchanting Performance: Joachim and the Spirit of Beethoven', in The Creative Worlds of Joseph Joachim, ed. Valerie Woodring Goertzen and Robert Whitehouse Eshbach (Woodbridge, Suffolk: Boydell Press, 2021): 86–103.

41 Clive Brown, 'Ferdinand David's Editions of Beethoven', in Performing Beethoven, ed. Robin Stowell, Cambridge Studies in Performance Practice, 4 (Cambridge: Cambridge University Press, 1994): 117–49.

42 Further on Rust's contribution to the solo violin repertory, see, for example, Grützner, 'Die Sonaten für Violine solo von Wilhelm Rust'.

undoubtedly serving as the point of departure in Joachim's quest for authenticity in the performance 'of this miraculous music by its best interpreter.'[43]

The initial idea of preparing a performance edition of Bach's Sei solo based on the autograph of Bach, was suggested by students of Joachim at the Königliche Hochschule für Musik in Berlin,[44] among them Charles Martin Loeffler (1861–1935),[45] as well as by colleagues of Joachim at this institution of higher learning. The result of this collaboration between Joachim and his colleague and friend Moser, the 1908 edition of Bach's sonatas and partitas published by Bote & Bock, provides a vivid testimony to Joachim's profound knowledge of Bach's solo violin music, gained from his experience as a performer and teacher of this repertoire[46], as becomes readily apparent from the multifaceted performance indications supplied 'by its best interpreter', such as fingerings, bowings, tempo markings and the occasional rewriting of a passage to better suit the performance on the contemporary instrument[47] — in essence following the ideas laid down by David in the aforementioned edition. Unfortunately, Joachim did not live to see the fruits of his labour, the actual performance edition, a most important document for the reception of Bach's

---

43 'dieser Wundermusik durch ihren besten Dolmetsch'; from: Joseph Joachim and Andreas Moser, eds., Johann Sebastian Bach: Sonaten und Partiten für Violine allein, 2 vols. (Berlin: E. Bote & G. Bock, 1908), Vorwort; also as Avant-Propos, translated by Henri Marteau; also as Preface, translated by M. Radford. In this paper the English 'wonderful' has been replaced by the more appropriate 'miraculous'. For the original citation, see Andreas Moser, 'Gedächtnisrede anläßlich der Trauerfeier für Joseph Joachim, am 27. Oktober 1907', in Siebenter Bericht des Mozart-Vereins zu Dresden 1906–1908, [no editor] (Dresden: Hansa-Druckerei, [without date]): 35–40, at 36: 'Nachdem er in der Schule Mendelsohns [sic!] den Schlüssel gefunden hatte, der ihm das Zauberland Joh. Seb. Bachs erschloß, fand er sich alsbald so heimisch darin, daß Schumann den damals 22jährigen "den besten Dolmetsch dieser Wundermusik" nennen konnte. [...]'; in English as 'After he [Joachim] had found in Mendelssohn's School the key which made accessible to him the enchanted land of Johann Sebastian Bach, he [Joachim], became so familiar with [Bach's legacy] that Schumann could call the then twenty-two year old [Joachim] "the best interpreter of this miraculous music".' I wish to thank Prof. Dr. Katharina Uhde for drawing the source for the original citation to my attention.
44 Beatrix Borchard, '"Zur Pflege unserer unsäglich herrlichen deutschen Musik": Joseph Joachim und die Gründung der Berliner Musikhochschule 1869', in Musical Education in Europe (1770–1914): Compositional, Institutional, and Political Challenges, 2 vols, ed. Michael Fend and Michel Noiray, Musical Life in Europe, 1600–1900: Ciculation, Institutions, Representation, II-III (Berlin: Berliner Wissenschafts-Verlag, 2005): III:479–502.
45 Ellen Knight, Charles Martin Loeffler: A Life Apart in American Music (Urbana, IL: University of Illinois Press, 1993).
46 Beatrix Borchard, 'Der Interpret als Autor von Musikgeschichte: Joseph Joachim', in Werk – Welten: Perspektiven der Interpretationsgeschichte – Jahrestagung der Gesellschaft für Musikforschung, Düsseldorf 2002, ed. Andreas Ballstaedt and Hans-Joachim Hinrichsen, Kontext und Musik: Publikationen der Robert-Schumann-Hochschule Düsseldorf, 1 (Schliengen: Edition Argus, 2008): 27–43.
47 Clive Brown, 'Joachim's Performance Style as Reflected in His Editions and Other Writings', in Anklänge: Wiener Jahrbuch für Musikwissenschaft 2008 — Joseph Joachim (1831–1907): Europäischer Bürger, Komponist, Virtuose — Internationale Tagung anlässlich des 100. Todesjahres, Kittsee 2007, ed. Michele Calella and Christian Glanz (Vienna: Mille Tre, 2008): 205–24.

solo violin repertory, in print, but had to entrust the completion of this worthy endeavor to Moser.

IV

The three partitas and three sonatas for solo violin without accompaniment are transmitted in the autograph[48] as well as in nine copies, seven of which are preserved in Berlin (D-B) and two in Leipzig.[49] Of special interest are the copies that show a close temporal association with the autograph, such as the copy by Bach's second wife, Anna Magdalena Bach, prepared from the autograph within the period of 1725 to 1733/34[50] and the incomplete copy of BWV 1001–6[51] from the pen of Johann Peter Kellner (1705–1772),[52] cantor of Gräfenroda (Thuringia). His son Johann Christoph Kellner (1736–1803), in his own autobiography,[53] attests to his father's interest in the violin, though subordinate to that of the keyboard, which accounts for the copying of Bach's Ciaccona, yet in a substantially abbreviated form, with the omission of five passages of varying length giving rise to diverse speculations among modern scholars.

Moser suggests that the missing passages from the original composition signal the conscious omission of some of the technically most demanding passages, among them the arpggiando materials (measures 89–120, 201–208) and the passage in quadruple stops (measures 126–130).[54] Beyond that, in the preparation of his copy of the Ciaccona, Johann

---

48 D-B, Mus. Ms. Bach 967.
49 LEmi (Sammlung Becker); and LEb (Sammlung Manfred Gorke). Wolfgang Schmieder, ed. Thematisch-systematisches Verzeichnis der musikalischen Werke von Johann Sebastian Bach: Bach-Werke-Verzeichnis (BWV) (Wiesbaden: Breitkopf & Härtel, 1990): 733. For a most recent critical edition of the Ciaccona and an overview of the sources, see Peter Wollny, ed., Johann Sebastian Bach: Kammermusik mit Violine – Sei solo â Violino senza Basso accompagnato, BWV 1001–1006; Zwei Sonaten für Violine und Basso continuo, BWV 1021 und 1023; Sechs Sonaten für Violine und obligates Cembalo, BWV 1014–1019, Johann Sebastian Bach: Neue Ausgabe sämtlicher Werke — Revidierte Edition, ed. Bach-Archiv Leipzig, 3 (Kassel: Bäreneiter, 2014): 35–41, 243–250 (inventory of sources); see also Andrew Talle, 'Quellenkritische Anmerkungen zu J.S. Bachs Soli für Violine und für Violoncello' translated by Stephanie Wollny, Bach-Jahrbuch 107 (2021): 57–95. Andrew Taille, 'Some Observations on the Sources of Bach's Violin Soli and Cello Suites', Bach: The Journal of the Riemenschneider Institute 53/1 (2022): 1–44.
50 D-B, Mus. Ms. Bach 268.
51 D-B, Mus. Ms. Bach 804; see also Russell Stinson, '"Ein Sammelband aus Johann Peter Kellners Besitz": Neue Forschungen zur Berliner Bach-Handschrift P 804', Bach-Jahrbuch 78 (1992): 45–64.
52 Russell Stinson, 'Johann Peter Kellner's Copy of Bach's Sonatas and Partitas for Violin Solo', Early Music 13/2 (May 1985): 199–211.
53 Lother Hoffmann-Erbrecht und Markus Rathey, 'Kellner, Johann Christoph', in Die Musik in Geschichte und Gegenwart: Allgemeine Enzyklopädie der Musik, 29 vols ed. Ludwig Finscher (Kassel: Bäreneiter and Stuttgart: Metzler, 1994–2008): IX (Personenteil, 2003): cols. 1630–32.
54 Andreas Moser, 'Zu Joh. Seb. Bachs Sonaten und Partiten für Violine allein', Bach-Jahrbuch 17 (1920): 30–65.

Peter Kellner, like some of the later editors of this piece, such as Mendelssohn, Brahms and Robert Schumann, may very well have pondered the performance on keyboard (organ or harpsichord), which in turn would explain the editorial emendations.

Apart from the circulation of Bach's Ciaccona, along with the remaining repertory for solo violin without accompaniment in manuscript copies of the original and later, beginning in the nineteenth century, also in a number of arrangements, such as the arrangement for violoncello transposed by the interval of a perfect fifth,[55] the dissemination of Bach's Sei solo in print began at the end of the eighteenth century, not with a complete edition of the entire collection, but rather with the publication of the Fuga (the second movement) from the Sonata No. 3 in C major for solo violin, BWV 1005, which was included in L'art du violon ou Collection choisie dans les Sonates des Écoles Italienne, Françoise et Allemande (Paris, 1798) prepared by Jean Baptiste Cartier (1765–1841). Cartier had studied with Giovanni Battista Viotti[56] and his volume initiated a distinguished series of editions of the original Ciaccona as well as arrangements thereof,[57] by composers including Mendelssohn,[58] Robert Schumann,[59] Brahms,[60] and Ferruccio Busoni.[61]

The Ciaccona as the concluding movement of the Partita No. 2 represents the climax in a dual sense — on the one hand as a tour-de-force in the exploration of the variation technique, perhaps inspired by Dieterich Buxtehude,[62] and on the other hand as the sole movement of this partita in which Bach deliberately moves from the sonata da camera model to that of the sonata da chiesa. The latter was a decision which, according to David Ledbetter,[63] may lie in Bach's emulation of the oeuvre of Jean-Baptiste Lully, who often closes his operas with a movement in learned counterpoint.[64] Over an eight-measure harmonic progression, which functions as the theme, Bach unfolds sixty-four continuous vari-

---

55 D-B, Mus. Ms. Bach 236.
56 Ulrike Brenning, Giovanni Battista Viotti (1755–1824): Die europäische Karriere des großen Geigers und Komponisten (Vienna: Böhlau, 2018).
57 Georg Feder, 'Geschichte der Bearbeitungen von Bachs Chaconne', in Bach-Interpretationen: Walter Blankenburg zum 65. Geburtstag, ed. Martin Geck, Kleine Vandenhoeck Reihe (Göttingen: Vandenhoeck & Ruprecht, 1969): 168–89.
58 Felix Mendelssohn-Bartholdy, Joh. Seb. Bach's Chaconne with Variations, Written for the Violin Solo with Additional Accompaniments for the Pianoforte (London: Ewer & Company, 1847).
59 Schumann, Sechs Sonaten für die Violine von Johann Sebastian Bach mit hinzugefügter Begleitung des Pianoforte.
60 Johannes Brahms, Chaconne von J.S. Bach: Für die linke Hand allein bearbeitet (Wiesbaden: Breitkopf & Härtel, 1927).
61 Chaconne aus der vierten Sonate für Violine allein von Johann Sebastian Bach: Zum Concertvortrage für Pianoforte bearbeitet und Herrn Eugen d'Albert zugeeignet von Ferruccio B. Busoni (Leipzig: Breitkopf & Härtel, c1893).
62 Bernd Sponheuer, 'Das Phantastische und das Geordnete: Zu Buxtehudes Orgelciacconen', Musica 41/6 (Nov.-Dec. 1987): 495–502.
63 David Ledbetter, Unacccompanied Bach: Performing the Solo Works (New Haven, CT: Yale University Press, 2009): 137.
64 See, for example, the Passacaille in Persée (1682) and in Armide (1686).

ations[65] organized within a large-scale tripartite division[66] — an overall form which Raymond Erickson describes as a 'Lullian theatrical passacaglia'.[67] More recently, Christoph Wolff identified the Ciaccona as

> a consummate exercise in combining formal discipline with imaginative fantasy, and in juxtaposing extroverted effects with eloquent moments of introspection. Not merely the pinnacle of the set but also representative of the entire collection, the Ciaccona is the ideal example for the seemingly impossible task that Johann Friedrich Reichardt perceptively described in 1805[68] – with his felicitous metaphors of the great master being able 'to move in chains with freedom and assurance'.[69]

The Ciaccona increases in complexity with each successive variation, including an intricate range of harmonic possibilities and contrapuntal complexities (such as the quasi-fugal exposition) with recourse to a wide range of violinistic techniques, such as double-, triple- and quadruple stops, notes inégales, and bariolage over a dominant pedal, including a major key section, prior to a return of the theme in its original guise at the conclusion of the movement as well as implied polyphony, what Ernst Kurth (1886–1946) described as Scheinpolyphonie[70], that is, polyphony emanating from a single voice achieved through the articulation of the performer.[71] Incidentally, within this overall layout of this movement[72], in the alignment of self-enclosed lengthy sections, based on the tetrachordal bassline (d'– c-sharp' – d' – b – a), subject to frequent changes in the course of this movement, Bach focusses on the broader issue of the three principal national styles (French, German, Italian) within the idiom of the stile galant and the confluence of at least two national styles

---

65 Alexander Silbiger, 'Bach and the Chaconne', The Journal of Musicology 17/3 (Summer 1999): 358–85.
66 Part I: measures 1–128; Part II: measures 129–205; Part III: 206–55, see Hedi Gigler-Dongas, 'Symbolism of the Cosmic Triad in Bach's Chaconne', in The Bach Chaconne, ed. Eiche: 94–107.
67 Raymond Erickson, 'Secret Codes, Dance, and Bach's Great Ciaccona', Early Music America 8/2 (Summer 2002): 34–38, 40–43.
68 Jenaische Allgemeine Literaturzeitung 282 (1805): 391.
69 Christoph Wolff, Bach's Musical Universe. The Composer and His Work (New York, NY: W.W. Norton, 2020): 93.
70 Adolf Nowak, 'Bachs Werke für Violine allein: Ihre Rezeption durch Aufführung, Theorie und Komposition', in Rezeptionsästhetik und Rezeptionsgeschichte in der Musikwissenschaft, ed. Friedhelm Krummacher and Hermann Danuser, Publikationen der Hochschule für Musik und Theater Hannover, 3 (Laaber: Laaber Verlag, 1991): 223–37.
71 Clemens Fanselau, Mehrstimmigkeit in J. S. Bachs Werken für Melodieinstrument ohne Begleitung, Berliner Musik Studien, 22 (Sinzig am Rhein: Studio Verlag, 2000).
72 For an overview of the Ciaccona, see Clemens Fanselau, 'Sei Solo à Violino senza Basso accompagnato, BWV 1001–1006', in Bachs Orchester- und Kammermusik: Das Handbuch, Teilband 2: Bachs Kammermusik: 231–52, at 248–9.

in the so-called vermischte Stil or stilus mixtus, as advocated by Pisendel[73] and Quantz,[74] the preference of the German taste and related compositional practices placed at the forefront of creativity, especially during the first half of the eighteenth century. With the Ciaccona, Bach is forecasting the nineteenth-century development of the multi-movement form within a single movement, as we recognize in the oeuvre of three of his admirers.[75]

V

In 1844, Mendelssohn was responsible for sending the young Joachim to London to further his career.[76] In a letter dated Berlin, 10 March 1844 to Sir William Sterndale Bennett, an important advocate of the contemporary Bach revival,[77] Mendelssohn extolled Joachim's performances of concertos by Henri Vieuxtemps, Charles Auguste de Bériot, and Louis Spohr as well as his accompanying of sonatas, though without identifying specific composers and repertory.

> My dear friend,
> The bearer of these lines, although a boy of thirteen, is one of my best and dearest friends and one of the most interesting people I have met for a long time. His name is Joseph Joachim. He was born in Hungary at Pesth, and he is going to London. Of all the young talents that are now going about the world, I know none that is to be compared with this violinist. It is not only the excellence of his performances, but the absolute certainty of his becoming a leading artist — if God grants him health and leaves him as he is — which makes me feel such an interest in him ... He is not yet very far advanced in composition, but his performances of the Vieuxtemps, Bériot and Spohr concertos, his playing at sight (even the second violin parts of difficult quartets I have heard him play in the most masterly manner), his accompanying of sonatas, etc., is in my opinion as perfect and remarkable as may well be.

---

73 Hartmut Krones, 'Johann Georg Pisendel und der "vermischte Geschmack"', in Johann Georg Pisendel: Studien zu Leben und Werk — Bericht über das Internationale Symposium vom 23. bis 25. Mai 2005 in Dresden, ed. Ortrun Landmann, Hans-Günter Ottenberg and Wolfgang Mende, Dresdner Beiträge zur Musikforschung, 3 (Hildesheim: Georg Olms, 2010): 382–400.

74 Walter Kurt Kreyszig, 'Quantz's Adagio in C-Major for Flute and Basso continuo (QV 1:7) in His Versuch (1752): Baroque Ornamentation in the Context of the Mid-18th Century Music Theoretical Discourse and Compositions in the stilus mixtus,' Ad Parnassum 10/22 (October 2012): 139–71.

75 Joachim, Violin Concerto in G minor, Op. 3 (1851–52), Franz Liszt, Piano Sonata in B minor (LWA 179); Arnold Schoenberg, String Quartet No. 1 in D minor, Op. 7 (1904–05).

76 Already in that year Joachim appeared in performances of some of the Bach solo sonatas and partitas in London; see Elste, Meilensteine der Bach-Interpretation: 111.

77 Isabel Parrott, 'William Sterndale Bennett and the Bach Revival in Nineteenth-Century England', in Europe, Empire, and Spectacle in Nineteenth-Century British Music, ed. Rachel Cowgill and Julian Rushton, Music in Nineteenth-Century Britain (Aldershot, UK: Ashgate, 2006): 29–44.

I think he will become a yeoman in time, as both of us are. So pray, be kind to him, tell him where he can hear good music, play to him, give him good advice, and for everything you may do for him, be sure that I shall be as much indebted to you as possible.

Farewell,

Very truly yours,

F.M.B.[78]

Mendelssohn's predictions about Joachim, though falling short of comparing him with Nicolò Paganini, are echoed by Charles Edward Horsley (1822–1876), a student of the theorist and Thomaskantor Moritz Hauptmann (1792–1868)[79] and of Mendelssohn. Horsley wrote in his reminiscences that '[…] the playing of this boy was astonishing, and it is well known to all that his extraordinary gifts have matured to an extent which now places him at the head of all violinists in the world. […]'[80] Over the years Joachim developed a close relationship with Mendelssohn,[81] as can be readily gathered from a diary entry of 6 January 1846, in which Ignaz Moscheles described a musical evening with the Mendelssohn family. 'It was a pleasant evening we spent at the Mendelssohns. Our Felix was invited too, and was privileged to enjoy such music as usually falls to the lot of the initiated only. Joachim, our favorite, was there also. […]'[82]

A further testimony of the amicable relationship between Joachim and Mendelssohn is provided in a lengthy remark in a letter from Mendelssohn to Ignaz and Charlotte Moscheles (1805–1889), shedding some light on Joachim's humorous side in his handling of a toy violin.

> Mendelssohn's last birthday, the 3d of February, 1847, was celebrated by his friends in Gerhard's Garten. Old and young had made festive preparations for the occasion; in the Moscheleses' drawing-room a stage had been erected […]. Then the word 'Ge-wand-haus' was enacted as a chorale. […] Joachim, adorned with an eccentric wig, appeared as Paganini, and executed a brilliant improvisation on the G-string (in German, Ge-Saite). […] As a finale, the whole world was represented by the combined juvenile forces of the two families, each of the children being provided with some instrument, and Felix Moscheles wielding the conductor's baton. Joachim led with a toy-violin. Of however doubtful a nature this musical treat may have been to Mendelssohn, he certainly entered most fully into the spirit of the

---

78 G[iselle] Selden-Goth, Felix Mendelssohn: Letters (New York, NY: Pantheon Books, 1945): 333.

79 Hans-Joachim Schulze, 'Johann Sebastian Bach im Urteil Moritz Hauptmanns', Die Musikforschung 50/1 (Jan. – March 1997): 18–23.

80 Charles Edward Horsley, 'Reminiscences of Mendelssohn by His English Pupil', in Dwight Journal of Music 32 (1872): 345–7; 353–5; 361–3; reprint in Mendelssohn and His World, ed. R. Larry Todd, The Bard Music Festival (Princeton, NJ: Princeton University Press, 1991): 237–51, at 243.

81 R. Larry Todd, '"Of the Highest Good": Joachim's Relationship to Mendelssohn', in Creative Worlds, 15–35.

82 Letters of Felix Mendelssohn to Ignaz and Charlotte Moscheles, Translated from the Originals in his Possession, and Edited by Felix Moscheles (Boston, MA: Ticknor and Company, 1888): 283.

thing, and appreciated every allusion to the real Gewandhaus; especially when Joachim made certain remarks in imitation of the master himself, Mendelssohn started off again [...].[83]

On a more serious note, Joachim's preoccupation with the music of Bach, beginning in the 1840s, becomes apparent in Joachim's letter, dated Leipzig, 15 October 1844, to Joseph Böhm (1795–1876),[84] founder of the Zweite Wiener Geigenschule,[85] the first professor of violin at the Konservatorium der Gesellschaft der Musikfreunde (Vienna),[86] and teacher of prominent students — among them Edmund Singer (1830–1912)[87] and Joachim[88] — as well as director of the Konservatorium in Wien since 1 January 1819. In this letter Joachim provides a detailed account, identifying specifically the 'Quattuor brilliant in b-minor (Op. 61) by Louis Spohr [...], Paganini, [...] and the old Bach, whose Adagio and Fugue for the violin alone I played in public in London.'[89] The latter work is obviously in reference to Bach's Sei solo, with the specific sonatas, either the Sonata No. 1 in G minor, BWV 1001 or the Sonata No. 3 in C major, BWV 1005, not identified.

Joachim's ongoing preoccupation with Bach's oeuvre helped him solidify his career path and gain a reputation as an authority on the composer, as becomes evident in his letter

---

83 Ibid., 284–5. Further on Joachim's improvisational skills, see Karen Leistra-Jones, 'Improvisational Idyll: Joachim's "Presence" and Brahms's Violin Concerto, op. 77', 19th-Century Music 38 (2015): 243–71.

84 Christine Hoppe, 'Das Spezifische im Allgemeinen?: Auf der Suche nach dem Lehrer Joseph Böhm in Techniken, Lehrmethoden, Lehrwerken und Widmungkompositionen seiner Schüler', in Konservatoriumsausbildung von 1795 bis 1945: Beiträge zur Bremer Tagung im Februar 2019, ed. Annkatrin Babbe and Volker Timmermann, Schriftenreihe des Sophie Drinker Instituts, 17 (Hildesheim: Georg Olms, 2021): 189–208.

85 Hans Sittner, 'Zur Tradition der Wiener Geigenschule', in Violinspiel und Violinmusik in Geschichte und Gegenwart, ed. Vera Schwarz, Beiträge zur Aufführungspraxis, 3 (Vienna: Universal Edition, 1975): 133–41.

86 Ernst Tittel, 'Beethoven und das Konservatorium der Gesellschaft der Musikfreunde', in: Beethoven Almanach 1970, [no editor], Publikationen der Wiener Musikhochschule, 4 (Vienna: Elisabeth Lafite, 1970): 23–34, at 31.

87 Daniel Jütte, '"Un des meilleurs violons d'Allemagne": Der Violinvirtuose Edmund Singer — ein Beitrag zur deutsch-jüdischen Musikgeschichte des 19. Jahrhunderts', in Jüdische Welten: Juden in Deutschland vom 18. Jahrhundert bis in die Gegenwart — Festschrift für Monika Richarz, ed. Marion Kaplan and Beate Meyer, Hamburger Beiträge zur Geschichte der deutschen Juden, 27 (Göttingen: Wallstein, 2005): 177–206.

88 Elisabeth Th. Hilscher, 'Böhm, Joseph', in Die Musik in Geschichte und Gegenwart, III (Personenteil, 2000): col. 249.

89 Johannes Joachim and Andreas Moser, eds., Briefe von und an Joseph Joachim, 3 vols (Berlin: Julius Bard, 1911–1913): I.3. 'Ich übe jetzt ein Quatuor brilliant in H moll (Opus 61) von Spohr, welches mir sehr gefällt. Auch Paganini spiele ich ziemlich viel, sowie den alten Bach, von dem ich ein Adagio und Fuge für die Violine allein in London öffentlich spielte'; English translation in: Letters from and to Joseph Joachim, selected and translated by Nora Bickley (London: Macmillan, 1914): 2. 'I am practising a Quatuor in B minor (Opus 61) by Spohr at present, which I like very much. I play Paganini a good deal also, as well as old Bach, whose Adagio and Fugue for the violin alone I played in public in London'.

dated 26 April 1855, written presumably from Hannover, addressed to Herman Grimm (1828–1901), the nephew of Jakob Grimm (1785–1863). '[…] The King's simple goodness has delighted me; not long ago (when I had audience with him in reference to musical matters) my remarks on Bach led him to ask me how it was I appreciated his spirit so well. […]'.[90] Notwithstanding Joachim's aforementioned insightful comments about his repertory, especially with regard to the oeuvre of Bach, it was the Bach Ciaccona, which Joachim ranked most highly as his preferred piece in the solo violin repertoire.

VI

Joachim's and Moser's edition of Bach's Sei solo is firmly rooted in another collaboration between these two men: their three-volume Violinschule (Berlin, 1905), which was published almost simultaneously in French and English translations — a pedagogical endeavour which had received considerable attention during the nineteenth century,[91] as is readily gleaned from Spohr's Violinschule (Vienna, 1832), a treatise with which Joachim was familiar and from which his own approach to violin playing benefited.[92]

In the Violinschule, Joachim, undoubtedly aware of the full range of nineteenth-century Bach interpretations,[93] embraced Spohr's overall aesthetic ideals,[94] including his advocacy of the evenness in tempo, as well as his adherence to the portamento and vibrato, thereby steering clear of the more progressive tendencies of Eugène Ysaÿe and the Franco-Belgian School.[95] Joachim devoted considerable attention to the fingerings, bowings and ornamentations (including trills, mordents, scales, arpeggios), always with an emphasis on the carefully controlled use of the diminutiones, with emphasis on the cantabile qualities of the melodic line, as seen in the application of his overall aesthetic tenets and firm beliefs in the repertoire included in the Violinschule. In Joachim's performance of Bach's solo

---

90 '[…] Mich freut die reine Güte des Königs, der neulich (als ich in musikalischen Dingen Audienz bei ihm hatte) durch meine Äußerungen über Bach zur Frage kam, wie ich, in katholischen Landen geboren, so dessen Geist würdigte […]'; Joachim I:284; English translation in Letters from and to Joseph Joachim: 110.
91 Joseph Joachim and Andreas Moser, Violinschule, with English translation by Alfred Moffat (Berlin: N[icholas] Simrock, 1905).
92 On the influence of Spohr's unique style of performance upon Joachim as well as Mendelssohn and the Schumanns, see Martin Wulfhorst, 'Louis Spohr and the Modern Concept of Performance', Journal of the Conductors Guild 18/2 (Summer – Fall 1997): 66–75.
93 Johannes Gebauer, 'Der "Klassikervortrag": Joseph Joachim und die Interpretationspraxis des 19. Jahrhunderts', (Ph.D. Dissertation, Universität Bern, 2017); also as Der "Klassikervortrag": Joseph Joachims Bach- und Beethovenvortrag und die Interpretationspraxis des 19. Jahrhunderts, Beethoven-Interpretationen, 1 (Bonn: Verlag Beethovenhaus, 2023).
94 Brown, 'Joachim's Performance Style'.
95 Karen D. Hoatson, 'Culmination of the Belgian Violin Tradition: The Innovative Style of Eugène Ysaÿe' (D. M. A. Thesis, University of California, Los Angeles, CA, 1999).

violin repertoire, Thomaskantor Karl Straube (1873–1950) recognized the importance Bach assigned to the preeminence of the melodic profile and Joachim's emphasis on the cantabile qualities thereof, which Straube emulated in his own interpretation of Bach's organ works.

> I recognized which emotional tensions Bach's music received from the melody. A concert, which Joseph Joachim gave in Berlin, led me to this insight. Among other repertoire Joachim played from Bach's slow movements for solo violin, and the intensity of his 'singing' on the violin, which was not overshadowed by any accompanying voices, left a deep impression upon me. Here the powerful melodic forces openly came to light. [In like manner], it had to be possible to also expose [these qualities of Bach's music] in the polyphonic works of Bach and to trace them through all the ramifications of the sound.
>
> On the organ I learned to sing Bach. [...][96]

Of the sixteen representative works from the violin repertory featured in the Violinschule, Joachim drew on four of his own arrangements. Undoubtedly cognisant of the superior violinistic skills of Giuseppe Tartini, with regard to his overall tone production, finger and bow control and execution of single and double trills, praised by Johann Joachim Quantz in his Autobiographie,[97] Joachim included Tartini's Il trillo del diavolo — a work which Joachim had performed myriad times, including with Brahms in a concert in Vienna on 9 November 1867 at the beginning of their concert tour of 1867[98] — Viotti's Violin Concerto No. 22 in A minor (1792–1797), Mendelssohn's Violin Concerto in E minor, Op. 64 (1838–1844) and Brahms's Violin Concerto in D major, Op. 77 (1878).

Joachim's significant involvement in the completion of the respective concertos of Mendelssohn and Brahms, with both composers seeking his advice[99] during the compositional process, explains the reliance on the interpretation of this repertoire in the Violinschule. On the other hand, Joachim's further inclusion of concertos from the Italian orbit harks back to his own training under Böhm, who placed emphasis on the French and Italian roots of violin practices. Indeed, Joachim's leaning towards the Italian repertory, which

---

96 'Ich erkannte, welche seelischen Spannungen Bachs Musik von der Melodik empfing. Ein Konzert, das Josef Joachim in Berlin gab, führte mich zu dieser Einsicht. Joachim spielte unter anderem von Bach langsame Sätze für Solovioline, und die Intensität seines von keinerlei Begleitstimmen überschatteten Geigengesanges machte auf mich tiefen Eindruck. Hier lagen die gewaltigen melodischen Kräfte offen zutage. Es mußte möglich sein, sie auch in den vielstimmigen Werken Bachs freizulegen und ihnen durch alle Verästelungen des Klanges zu folgen.
Ich lernte auf der Orgel Bach singen [...]', in Wilibald Gurlitt and Hans-Olaf Hudemann, eds., Karl Straube: Briefe eines Thomaskantors (Stuttgart: K.F. Koehler, 1952): 10.
97 'Herrn Johann Joachim Quantzens Lebenslauf, von ihm selbst entworfen', in Friedrich Wilhelm Marpurg, Historisch-Kritische Beyträge zur Aufnahme der Musik, 5 vols (Berlin: Johann Jakob Schütz, 1754–1760): I:221.
98 Hofmann, Johannes Brahms: Zeittafel zu Leben und Werk, 82–6, at 82.
99 Katharina Uhde, 'Reconsidering the Young Composer-Performer Joseph Joachim, 1841–53', in Creative Worlds, 221–41.

provides for the ideal fusion of the Kantabilität (singing tone)[100] with the exploration of the diminutiones[101] was connected to his early interest in period instruments, especially in string instruments emanating from the workshop of Antonio Stradivari. Joachim possessed fourteen violins and two violas by this eminent builder.[102]

In his quest for a historically informed performance practice,[103] Joachim's reliance on the Werktreue in the interpretation of Bach's Ciaccona wa a natural outgrowth of his preoccupation with the finer details of the musical text, which took center stage in his pedagogical writings and his teaching of students at the Königliche Hochschule für Musik in Berlin,[104] among them Maud Powell (1867–1920)[105] and Gabriele Wietrowetz (1866–1937), the latter who, in her careful adoption of Joachim's pedagogy and style of performance, became a true advocate for her teacher's objectives,[106] both in her own teaching of the violin at the same institution (1901–12) and in her career as a solo violinist (with a number of orchestras, including the Berliner Philharmoniker and the London Philharmonic).

VII

Among Bach's solo violin works without accompaniment, the Ciaccona has received considerable attention, especially within the aforementioned circle of German composers, including Mendelssohn, Brahms, and the Schumanns — composers and performers on the piano, with whom Joachim cherished a close relationship as admirers of Bach. Indeed,

---

100 For more on this concept in the context of broader metaphysical ideals of mind and vitality, see, for example, Maiko Kawabata, 'Violinists "Singing": Paganini, Operatic Voices, and Virtuosity', Ad Parnassum 5/9 (April 2007): 7–39.
101 Diane Tisdall, 'Violoniste chanteur versus Violoniste virtuose: Contextualizing the Technical Demands of Viotti's Violin Repertoire', in Nicolò Paganini, 375–98.
102 Dieter Gutknecht, 'Zu den Instrumenten des Geigers Joseph Joachim (1831–1907)', Schumann-Studien 10 (2012): 109–23; Ruprecht Kamlah, Joseph Joachims Geigen: Ihre Geschichte und Spieler, besonders der Sammler Wilhelm Kux (Erlangen: Palm und Enke, 2017); Ruprecht Kamlah, 'Joachim's Violins: Spotlights on Some of Them', in Creative Worlds, 69–85.
103 David Milsom, 'Joseph Joachim: Evoking His Style and Practice in Historically-Informed Performance', in Anklänge, ed. Calella and Glanz, 225–38.
104 Beatrix Borchard, '"Im Dienste der echten, wahren Kunst": Joseph Joachim und die Hochschule für Musik', in 'Die Kunst hat nie ein Mensch allein besessen': 1696–1996: 300 Jahre Akademie der Künste, Hochschule der Künste — Eine Ausstellung der Akademie der Künste und Hochschule der Künste, Berlin, 9. Juni bis 15. September 1996, ed. Monika Hingst u.a. (Berlin: Henschel, 1996): 365–72.; Sanna Pederson, 'Professor Joachim and His Pupils', in Creative Worlds, 163–75.
105 Daniela Kohnen, 'Maud Powell in Berlin: Studienjahre der legendären amerikanischen Geigerin bei Joseph Joachim', Das Orchester 48/11 (2000): 8–13.
106 Yuki Melchert, Gabriele Wietrowitz — ein 'weiblicher Joachim': Ein Beitrag zur Künstlerinnensozialgeschichte zu Beginn des 20. Jahrhunderts, Studien und Materialien zur Musikwissenschaft, 101 (Hildesheim: Georg Olms, 2018).

these composers must have been captivated by Bach's Ciaccona in its original scoring given that at least three of them, Brahms, Mendelssohn and Robert Schumann, prepared arrangements of this work for solo piano, with the latter two adding accompaniments to the original work.

For Brahms and Joachim, who collaborated in musical performances,[107] their preoccupation with the Ciaccona was closely aligned with their mutual interest in exploring Bach's counterpoint in a more systematic fashion.[108] To that end, Brahms extended an invitation to Joachim in February 1856 for a closer examination of the learned counterpoint[109] — what marked the beginning of an intense exchange during that year.[110] In preparation for these studies, Brahms had acquired three important sources: Johann Mattheson's Der vollkommene Capellmeister (Hamburg, 1739), Kirnberger's Die Kunst des reinen Satzes in der Musik (1774–1779) and Simon Sechter's 1843 edition of Friedrich Wilhelm Marpurg's Abhandlung von der Fuge (Leipzig, 1806).

Under the pretext of Brahms's comment — 'Why shouldn't we two quite reasonable [and] serious people be able to teach ourselves much better and much more effectively than any philistine could'[111] — Joachim and Brahms engaged in a mutually beneficial correspondence, in sharing exercises amongst one another. These exercises included Brahms's five-voice Augmentation Canon, Op. 29, No. 2,[112] and several canons based on Bach's Die Kunst der Fuge (BWV 1080) – the pinnacle of Bach's contrapuntal practices, with a copy of this composition also preserved in a manuscript by Robert Schumann[113] – as

---

107 Hofmann, Johannes Brahms: Zeittafel zu Leben und Werk, 26 [performance of Haydn's Violin Sonata in G-Major, Hob. XV/32 (1794), accompanied by Brahms, on the occasion of a soirée with Clara Schumann and Joachim in Danzig, 14 Nov. 1855].

108 Beyond that, their mutual interest in and preoccupation with Bach's D-minor Ciaccona becomes readily apparent in the eight-measure theme as the basis for the small set of variations, the content of the c-minor episode of the development section in the opening movement of Brahms's Concerto for Violin and Orchestra Op. 77, which in turn underscores the close association of Joachim, the dedicatee of the Brahms Concerto, with the D-minor Ciaccona; see William P. Horne, 'The "still center" in Brahms's Violin Concerto, op. 77', The American Brahms Society Newsletter 29/1 (Spring 2011): 1–5.

109 Brahms-Joachim Notenkorrespondenz (Feb.–July 1856); see David Brodbeck, 'The Brahms-Joachim Counterpoint Exchange, or, Robert, Clara, and "the Best Harmony Between Jos. and Joh."', in Brahms Studies, 1, ed. David Brodbeck (Lincoln, NE: University of Nebraska Press, 1994): 30–80, at 35–37.

110 This invitation from Brahms came after Brahms had heard Joachim in Hamburg for the first time on 11 March 1848, followed by a number of meetings — in Hannover after 21 April 1853, in Göttingen on 4 June 1853, and in Hannover in November 1853; see Hofmann, Johannes Brahms: Zeittafel zu Leben und Werk, 6, 12, 14, 18.

111 'Warum sollten denn wir ganz vernünftigen, ernsthaften Leute uns nicht selbst besser belehren können und viel schöner als irgend ein Pf. [Philister?] es könnte?', in Andreas Moser, ed., Johannes Brahms im Briefwechsel mit Joseph Joachim, 2 vols, Johannes Brahms: Briefwechsel, V-VI (Berlin: Deutsche Brahms-Gesellschaft, 1908): V:123–4 (letter 90).

112 Brodbeck, 'The Brahms-Joachim Counterpoint Exchange': 35.

113 Uwe Martin, 'Ein unbekanntes Schumann-Autograph aus dem Nachlaß Eduard Krügers', Die Musikforschung 12/4 (Oct. – Dec. 1959): 405–15.

well as Brahms's reliance on Bach's Fugue in E major, BWV 878 from Book 2 of the Well-Tempered Clavier (BWV 870–893) in the Andante sostenuto (second movement) of his Symphony No. 1 in C minor, Op. 68 (completed 1876),[114] and Joachim's two voice canons on Bach's Die Kunst der Fuge (BWV 1080) and fugue studies on B-A-C-H for string quartet, with the latter's autograph preserved in Hamburg.[115]

In an undated letter to Brahms, presumably written in Danzig on 3 March 1855, Joachim gave a review of a musical soirée.

> [...] We had a splendid musical evening yesterday. Frau Schumann played magnificently (as I have not heard her play for a long time), and taught me to find new beauty in things long familiar to me. We had the last movements of the F minor Sonata [Mendelssohn, Op. 4]. Besides this, we played the sublime one's G major Sonata [Beethoven, Op. 30, No. 3] full of the promise of spring. A pretty woman sang songs by Schumann and Johannes Brahms to the satisfaction of a friend of the composers; the latter played Joh. Seb. Bach's Chaconne. [...][116]

In his comments, Joachim alluded to the performance by Brahms of Bach's Ciaccona,[117] obviously in an arrangement for piano, without identifying the name of the arranger, who was Johannes Brahms himself. That Brahms was an ardent admirer of Bach's legacy becomes once more evident from his undated letter, written on a Thursday morning, presumably from Detmold after Christmas 1858, to the composer and conductor Julius Otto Grimm (1827–1903), applauding the Bach-Gesellschaft Ausgabe published under the aegis of Mendelssohn. '[...] From the Princess I have received nothing less than the great edition of Bach for Christmas. [...]'.[118]

---

114 Ariane Jeßulat, '"... an diesem Orte hätte ich Dich wol nicht gesucht!": Johannes Brahms und das Nachleben des Ricercars', Musik & Ästhetik 23/92 (Oct. 2019): 43–58.

115 D-Hs, MS BRA: Ac 83. See facsimile of the opening page in Brodbeck, 'The Brahms-Joachim Counterpoint Exchange': 39.

116 'Gestern war einmal ein recht herrlicher Musikabend. Frau Schumann spielte in schönster Begeisterung (wie ich Sie lange nicht gehört) und lehrte mich alte Schönheit neu empfinden. Die letzten Sätze der f moll-Sonate waren's! Vom Hohen [Anmerkung: So nannten die Freunde Beethoven] spielten wir außerdem die G-Dur Sonate voll kommenden Frühlings. Eine schöne Frau sang Lieder von Schumann und Johannes Brahms, zur Zufriedenheit eines Freundes der Komponisten; dieser spielte Joh. Seb. Bachs Chaconne.
Doch das erzählt Dir gewiß Frau Schumann im gelben Brief weit lesenswerter [...]', in Moser, ed., Johannes Brahms im Briefwechsel mit Joseph Joachim, V:96–99 (letter 65), at 98–99; English translation from: Letters from and to Joseph Joachim: 105–6.

117 Katrin Eich, 'Brahms as Pianist', trans. by Natasha Loges, in Brahms in Context, ed. Natasha Loges and Katy Hamilton (Cambridge: Cambridge University Press, 2019): 80–7, at 80.

118 'Von der Prinzessin habe ich nicht weniger als die große Ausgabe von Bach zu Weihnachten bekommen'; in Richard Barth, ed., Johannes Brahms im Briefwechsel mit J.O. Grimm (Berlin: Deutsche Brahms-Gesellschaft, 1908): 88 (letter 52); Styra Avins, ed., Johannes Brahms: Life and Letters, trans. Josef Eisinger and Styra Avins (Oxford: Oxford University Press, 1997): 183 (letter 109).

Beyond that, Brahms cherished Bach's Ciaccona, preferably in the performance by Joachim, but otherwise in his rendition for piano, as he expressed in a letter to Clara Schumann, written in Pörtschach am Wörthersee, Corinthia, in June 1877:

> I do believe that it's been a long time since I sent you anything as diverting as today —if your fingers can stand the pleasure! The Chaconne [J.S. Bach, Ciaccona from Partita No. 2, BWV 1004] is for me one of the most wonderful incomprehensible pieces of music. On a single staff, for a small instrument, the man writes a whole world of the deepest thoughts and the most powerful feelings. If I were to imagine how I might have made, conceived the piece, I know for certain that the overwhelming excitement and awe would have driven me mad. Now if the greatest violinist [i.e. Joseph Joachim] is not around, then the best enjoyment is probably just to let it sound in one's mind [...]
>
> In one way only, I find, can I devise for myself a greatly diminished but comparable and absolutely pure enjoyment of the work —when I play it with the left hand alone! [...] The similar difficulties, the type of technique, the arpeggios, they all combine — to make me feel like a violinist!
>
> Do try it sometime, I wrote it out only for your sake! However: don't strain your hand unduly! It demands such a great deal of tone and power, so for the time being play it mezza voce. Also, make the fingerings practical and comfortable for yourself. If it's not too strenuous for you — which I believe to be the case, however — you are bound to have a lot of fun with it. [...][119]

---

[119] 'Ich würde glauben, Dir lange nichts so Amüsantes geschickt zu haben, wie heute – wenn Deine Finger das Vergnügen aushalten! Die Chaconne ist mir eines der wunderbarsten, unbegreiflichsten Musikstücke. Auf ein System, für ein kleines Instrument schreibt der Mann eine ganze Welt von tiefsten Gedanken und gewaltigsten Empfindungen. [...] Hat man nun keinen größten Geiger bei sich, so ist es wohl der schönste Genuß, sie sich einfach im Geist tönen zu lassen.

Aber das Stück reizt, auf alle Weise sich damit zu beschäftigen. Man will Musik auch nicht immer bloß in der Luft klingen hören. Joachim ist nicht oft da, man versucht's so und so. Was ich aber nehme, Orchester oder Klavier — mir wird der Genuß immer verdorben.

Nur auf eine Weise, finde ich, schaffe ich mir einen sehr verkleinerten, aber annähernden und ganz reinen Genuß des Werkes — wenn ich es mit der linken Hand allein spiele! Mir fällt dabei sogar bisweilen die Geschichte vom Ei des Kolumbus ein! Die ähnliche Schwierigkeit, die Art der Technik, das Arpeggieren, alles kommt zusammen, mich — wie einen Geiger zu fühlen!'; in Berthold Litzmann, ed., Clara Schumann and Johannes Brahms: Briefe aus den Jahren 1853–1896, 2 vols, (Leipzig: Breitkopf & Härtel, 1927): II:111; English translation, in Avins, ed., Johannes Brahms: Life and Letters: 515–16 (letter 345); see also Beatrix Borchard, 'Botschafter der "reinen" Kunst — vom Virtuosen zum Interpreten: Joseph Joachim und Clara Schumann', in Virtuosität und Wirkung in der Musik, ed. Dagmar Hoffmann-Axthelm, Basler Jahrbuch für Historische Musikpraxis, 20 (Winterthur: Amadeus, 1997), 95–114; Ute Bär, 'Zur gemeinsamen Konzerttätigkeit Clara Schumanns und Joseph Joachims', in Clara Schumann: Komponistin, Interpretin, Unternehmerin, Ikone, ed, Herbert Schneider and Peter Ackermann, Musikwissenschaftliche Publikationen, 12 (Hildesheim: Georg Olms, 1999): 35–57; Ute Bär, '"Sie wissen ja, wie gerne ich, selbst öffentlich, mit Ihnen musiciere!": Clara Schumann und Joseph Joachim', Die Tonkunst: Magazin für Klassische Musik und Musikwissenschaft 1/3 (2007): 247–57; see also Monica Steegmann, 'Clara Schumanns Veranstaltungslogistik', in Clara Schumann: Komponistin, Interpretin, Unternehmerin, Ikone: 217–26.

The incomparable nature and impact of the original composition in a performance on violin, which is impossible to mirror in the rendition on the keyboard, was obvious to the arranger, Brahms, as he stipulates in an undated letter to Joachim, presumably sent from Vienna on 5 April 1880, encouraging the distinguished violinist to provide a further performance of this exceptional work.

> [...] I think that you should either play the Fantasy by Schumann [Robert Schumann, Fantasy in C major for Violin and Orchestra, Op. 131] or else: one should put on any solemn overture by anyone at all (e.g. op. 124 by Beethoven) [Beethoven, Die Weihe des Hauses, Op. 124] and furthermore you should be asked to play another number solo (e.g. Chaconne by Bach).[120]

When Brahms's friend Philipp Spitta in his Bach biography described the Ciaccona as 'ein Triumph des Geistes über die Materie' ('a triumph of mind over matter'),[121] he was obviously reflecting on Bach's display of learned counterpoint couched within a well-defined harmonic plan and rhythmic fluidity within a steady harmonic rhythm – indeed a tour de force embedded within the monumentality of this movement, with the unforeseen depth of the Ciaccona coming to light in the performance by luminaries of the past, including Joachim.

Bach considered the perfect execution of a composition an integral part of his overall ideal of musical perfection,[122] which was anchored in musical rhetoric.[123] With regard to Bach's compositional practice, the fugal works in particular attest to the high level of craftsmanship and the resultant expressivity, both of which are fully brought to light in a live performance which holds the key to unravelling the inner beauties of the particular work.

In considering the Ciaccona, not as part of the larger work but as an individual movement, we are reflecting on a nineteenth-century tradition, one which for Spitta offered full justification in that 'it [the Ciaccona] is longer than all the rest of the suite put together,

---

120 '[...] Ich meine, entweder müßtest Du die Fantasie von Schumann spielen oder aber: man muß irgendeine feierliche Ouvertüre von irgendeinem machen (z. B. op. 124 von Beethoven) und zudem Dich bitten, noch eine andere Nummer solo (von Bach z. B. Chaconne) zu spielen'; Johannes Brahms im Briefwechsel mit Joseph Joachim, VI:186–7 (letter 408); English translation in Avins, ed., Johannes Brahms: Life and Letters: 560 (letter 387).

121 Dominik Sackmann, Triumph des Geistes über die Materie: Mutmaßungen über Johann Sebastian Bachs 'Sei Solo a Violino senza Basso accompagnato' (BWV 1001–1006) (Stuttgart: Carus, 2008).

122 Christoph Wolff, 'Bach und die Idee musikalischer Vollkommenheit', Jahrbuch des Staatlichen Instituts für Musikforschung Preußischer Kulturbesitz 33 (1996): 9–23; see also Paul Hindemith, Johann Sebastian Bach: Ein verpflichtendes Erbe — Rede gehalten auf dem Bachfest in Hamburg am 12. September 1950 (Mainz: Schott, 1950); Paul Hindemith, Johann Sebastian Bach: Heritage and Obligation (London: Oxford University Press, and New Haven, CT: Yale University Press, 1952).

123 Arno Forchert, 'Bach und die Tradition der Rhetorik', in Alte Musik als ästhetische Gegenwart: Bach, Händel, Schütz — Bericht über den Internationalen Musikwissenschaftlichen Kongress, Stuttgart, 1985, 2 vols, ed. Dietrich Berke and Dorothee Hanemann (Kassel: Bärenreiter, 1987): I:169–78.

and must not be considered as the last movement of it, but as an appended piece; the suite proper concludes with the gigue'.[124] Beyond that, the performance of the Ciaccona as a movement independent of the partita, in the absence of the sonata da camera surroundings, sheds true light on the monumentality of this movement as Bach's most sophisticated specimen of eighteenth-century Gelehrsamkeit (learnedness).

Joachim performed the Ciaccona as a solo number on numerous occasions, with his first performance at age fourteen given on 11 January 1846 at the Vienna Musikverein,[125] and subsequently in many places, including on 25 February 1848 in Bremen, and at the Karlsruher Musikfest in October 1853.[126] During Joachim's illustrious concert career, which spanned some sixty years, Bach's Ciaccona was his most often performed work.[127]

Indeed, it was with this movement that Joachim, whom Otto Gumprecht (1823–1900) had called 'King of the Violinists',[128] first achieved notoriety.

VIII

That Joachim's performances of Bach's oeuvre were applauded beyond the Continent, becomes readily apparent from a letter, dated London, 2 December 1862, to Joachim written by the largely self-taught Bernhard Molique (1802–1869), who had served as violinist at the Munich court since 1820 prior to his appointment as music director in Stuttgart in 1826.

> [...] It will grieve me to hear you next Monday for the last time and to know that you are going away, for I must confess to you that you have made yourself indispensable to me as a violinist, I shall never listen to [J.] S. Bach again unless you come back to London and I am still alive, because I shall not let the impression your playing has made upon me be spoilt by anyone else. [...][129]

---

124 '[Die Chaconne] ist länger als alle übrigen Theile der Partie zusammengenommen, kann daher nicht als letzter Satz derselben, sondern nur als angehängtes Stück gelten; die eigentliche Suite ist mit der Gigue beendigt'; in Philipp Spitta, Johann Sebastian Bach, 2 vols (Leipzig: Breitkopf & Härtel, 1873–80): I:703; English translation by Clara Bell and J.A. Fuller-Maitland as Johann Sebastian Bach: His Work and Influence on the Music of Germany, 1685–1750 (New York, NY: Dover, 1873–80): II:95.
125 Ludwig August Frankl, ed., Sonntagsblätter 5/3 (18 Jan. 1846): 59.
126 Richard Pohl, Das Karlsruher Musikfest im Oktober 1853 (Leipzig: B. Hinze, 1853).
127 Further on Joachim's performance of the Ciaccona in the concert hall, see Michael Heinemann, 'Die Chaconne als tönende Philosophie', in: Musikwelten — Lebenswelten: Jüdische Identitätssuche in der deutschen Musikkultur, ed. Beatrix Borchard and Heidy Zimmermann, Jüdische Moderne, 9 (Cologne: Böhlau 2009): 109–16.
128 Otto Gumprecht, 'Joseph Joachim, der König der Geiger', in Unsere Zeit: Deutsche Revue der Gegenwart — Monatsschrift zum Conversations-Lexikon, new series 8/2 (Leipzig, 1872): 312–23.
129 Letters from and to Joseph Joachim, 282.

Equally memorable was the appearance of Joachim along with Sir Donald Francis Tovey and Marie Fillunger (1850–1930) in a morning recital at the Albert Institute in Windsor, England, on 15 March 1894, performing Bach's Ciaccona, and together with the eighteen-year old Tovey Brahms's Sonata in G major for piano and violin, Op. 76, and Beethoven's Sonata in A major for pianoforte and violin, Op. 47 ('Kreutzer').[130]

Tovey's experiences and written impressions of Joachim's playing, gathered as Joachim's duo partner on several occasions and communicated around 1940, focused on a careful distinction between the personality of the performer on the one hand, and that of the respective composer on the other hand,[131] without responding to the public sentimentalism that had been in vogue among British audiences since the mid-nineteenth century.[132]

> […] when Joachim played, there was no player and no listener. There was Beethoven or there was Bach; and when the artist so perfectly identifies himself with the spirit of the composer, what hearer dares set up his puny conception of their work in opposition to their own? Indeed, he has no temptation to do so, for whatever is true in his own meagre and partial conception is included in the wide, all-embracing interpretation that he hears; there is no shock to preconceived ideals if only they be worthy ones: they are fulfilled and immeasurably expanded into completeness. We are led from the known to the unknown, from that which each would fain have expressed himself, had he the means, to that which is above and beyond us. […] There are many found to bear witness to the wonderful truthfulness of Joachim's art in each direction in which it was exercised […].[133]

Tovey's profound observation on the dichotomy between the composer's music and the performer's music, with the latter in reference to the authentic interpretation of the composer's intent, is at the core of the musician's art — an art which is subject to the constant refinement of the performer's technique and artistic expressivity, and that, not as a means of self-promotion but rather as a basis for traversing the composer's inner thoughts as communicated on paper. The ultimate fusion of the composer's intent and the performer's communication thereof account for the exceptional stature of Joachim as a true musical visionary — one who drew up a clear distinction along the issue of nationality between his contributions as a violinist and as a composer.

---

130 For a facsimile of the printed program of this concert preserved in Edinburgh, Scotland, University of Edinburgh, Tovey Archive, see Donald Francis Tovey, The Classics of Music — Talks, Essays, and Other Writings Previously Uncollected, ed. Michael Tilmouth, edition completed by David Kimbell and Roger Savage (Oxford: Oxford University Press, 2001): 293–96, at 295.
131 On Tovey's remarks about Joachim as a composer, see Robert Riggs, 'Tovey's View of Joahim's "Hungarian" Violin Concerto', in Creatie Worlds, 300–22.
132 Stephen C. Downes, 'Sentimentalism, Joseph Joachim, and the English', 19th-Century Music 42/2 (Fall 2018): 123–54.
133 Tovey, The Classics of Music: 294–5.

Tovey gained these important insights from his listening to Joachim's solo performances and from his collaboration with the consummate musicus[134] — observations which in turn account for the uniqueness of the individual performance of a work. In the case of Bach's Ciaccona, the careful delineation of the aforementioned dichotomy – that is, the prevailing image of Bach as a supreme contrapuntalist vis-a-vis the prevailing rise in virtuosity, beginning in the mid-nineteenth century[135], and the opposition to virtuosity and Jewishness in music – provided an unprecedented challenge for Joachim in the implementation of a performance practice tradition that was meant as a balanced profound reflection on compositio and interpretatio.[136] For Joachim, these deliberations resulted in a sincere communication of his 'philosophy of life' at the center of his ongoing deliberations in music and resultant refinements of his art.

That Joachim gave a different rendition of the Ciaccona on each occasion provided ample reason for him to hold off until the end of his career with presenting a definitive version as a publication — an edition which alongside some sound clips of performances from his last years giving insight into the principal facets of his performance of Bach's Sei solo. In his performances, Joachim placed emphasis less on the virtuosity, but more on the phrasing to the fine details, with the utmost attention to the transparency of the polyphonic web. Yet already prior to the 1906 edition, in an undated letter (presumably from Berlin, 6 May 1879) addressed to the German pianist, librarian, and editor for Breitkopf & Härtel and Peters, Alfred Dörffel (1821–1905),[137] who had prepared a number of volumes for the Bach-Gesellschaft Ausgabe, Joachim addressed some discrepancies between the printed edition and a live performance, with recourse to the arpeggiation, thereby pointing to the impossibility of committing every detail of the live performance to paper.

> [...] I now wish to respond to your request to 'identify' the Ciaccona according to my way and to write out the arpeggios. However, when I think about this [the arpeggios], I must

---

134 Musicus here refers to the musician versed in both the theory and the practice of the discipline, as opposed to the cantor or phonascus, knowledgeable only in the latter area of study. On the origin of this dichotomy, see Wilibald Gurlitt, Zur Bedeutungsgeschichte von musicus und cantor bei Isidore von Sevilla, Akademie der Wissenschaften und der Literatur: Abhandlungen zur Geistes- und Naturwissenschaftlichen Klasse, 7 (Mainz: Verlag der Akademie der Wissenschaften und der Literatur, and Mainz: Franz Steiner Verlag, 1950); see also Dagmar Hoffmann-Axthelm, '"Musicus und Cantor": Kontinuität und Wandel eines Topos durch (mehr als) ein Jahrtausend', Basler Jahrbuch für Historische Musikpraxis 32 (2008): 13–29.

135 David Milsom, Theory and Practice in Late Nineteenth-Century Violin Performance: An Examination of Style in Performance, 1850–1900 (Aldershot, UK: Ashgate, 2003).

136 Further on recordings of Bach's violin repertoire by Joachim, see Elste, Meilensteine der Bach-Interpretation, at 94–5, 113, 294–295.

137 Klaus Burmeister, 'Alfred Dörffel: Verlagsmitarbeiter und –inhaber, Musikgelehrter und –bibliothekar', in Das Leipziger Musikverlagswesen: Interstädtische Netzwerke und internationale Ausstrahlung, ed. Stefan Keym and Peter Schmitz, Studien und Materialien zur Musikwissenschaft, 94 (Hildesheim: Georg Olms, 2016): 271–90; Klaus Burmeister, Alfred Dörffel, 1821–1905 — ein Leipziger im Dienste der Musik: Musikgelehrter — Bibliothekar — Verleger, mit Statistik der Gewandhauskonzerte 1848 bis 1881 (Altenburg: Kamprad, 2018).

arrive at the result that just these [arpeggiations] have something non-realizable [on paper]; for what you probably liked about my rendition, is presumably the fact that this [rendition] sounded freely and embraced the stamp of reflection, in such a manner that I changed the nuances from one performance to the next. For example, for me, the effect of the arpeggios lies in the execution of a broadly conceived crescendo in such a manner that with the increase of the volume of the tone at the end to gradually five and then six notes develop from the four thirty-second notes, until the six notes retain the upper hand, whereby the bass, too, appears in a more accentuated manner. At what point I begin with the five or six notes, I really do not know. That will change depending on my starting a crescendo sooner or later, which again is dependent on momentary things, such as the more or less excited mood, furthermore better or worse hairs of the bow, which respond more effectively in piano or forte; and thinner or thicker strings, and whatever other contingencies! But these [contingencies], in my opinion, cannot be notated. If one did commit these [contingencies] to paper in one way or another, the musical text of Bach would appear colored in an all too subjective manner [...] — for example, in the case of [Ferdinand] David's in many ways most meritorious contributions, leads me astray to a certain degree so that I always strive to play from other exemplars than from his own [edition]. [...] But altogether our modern approach of the conservatory 'to design for use' leads to a mannerism, and that because the often justified quiet performance indication is destroyed by writing out [of the indication] — an engraved cresc[endo], m[ezzo]f[orte], f[orte], ff [fortissimo] appears blunt, and it sounds even harsher and more obtrusive when translated into sound! [...].[138]

In that sense, Joachim acknowledged his preference for the live performance, and that, as the ultimate means of communicating the composer's intention, embedded within the

---

138 '[...] möchte ich nun Ihrem Verlangen nachkommen die Chaconne nach meiner Art zu "bezeichnen" und namentlich die Arpeggien auszuschreiben. Aber wenn ich darüber nachdenke, so muß ich zu dem Resultat gelangen, daß gerade dies etwas unausführbares an sich hat: denn was Ihnen an meiner Wiedergabe wohl gefallen haben mag, ist wahrscheinlich daß sie frei klang und den Stempel des Reflektierten, in der Weise daß ich etwa das eine Mal genau wie das andere Mal nüancirte, nicht an sich trug. Die Wirkung der Arpeggien z.B. liegt für mich darin, ein breit angelegtes Crescendo derartig auszuführen, daß mit Steigerung der Tonstärke sich gegen Ende hin allmälig 5 und dann 6 Noten aus den vier 32steln entwickeln, bis die sechs Noten die Oberhand behalten, wo dann auch der Baß markirter hervortritt. Wann ich anfange mit den 5 oder 6 Noten, weiß ich wirklich selbst nicht: es wird je nachdem ich einmal früher oder später crescendire wechseln, was wieder von momentanen Dingen abhängt, wie von minder oder mehr erregter Stimmung, besseren oder schlechteren Bogenhaaren, die leichter im piano oder im forte ansprechen, dünnern oder dickern Saiten, ja was weiß ich von welchen Zufälligkeiten! Aber aufschreiben läßt sich's meines Erachtens nicht. Täte man's in einer oder der andern Manier, so würde der Bachsche Text zu subjektiv gefärbt dastehen. [...] — z.B. schon Davids in vieler Hinsicht höchst verdienstlichen Arbeiten bis zu einem Grade verleidet, daß ich immer trachte von andern Exemplaren als den seinen zu spielen. [...] Aber in Bausch und Bogen führt unser modernes für Conservatorien "zum Gebrauch herzurichten" zur Manier. Schon deshalb, weil manche oft gerechtfertigte leise Vortragsregung durch ausschreiben geradezu vernichtet wird — ein gestochenes cres[cendo]: mf, f, ff sieht Einem gar derb an, und hört sich noch härter und aufdringlicher an in Ton übersetzt! [...]'.; Joseph Joachim to Alfred Dörffel in an undated letter [Berlin, 6 May 1879]; in Georg Kinsky, 'Ein Brief Joseph Joachims zur Bearbeitungsfrage bei Bach', Bach-Jahrbuch 18 (1921): 98–100, at 99–100.

written notation of the autograph, the interpretation of which is not to be prescribed by the editor but rather falls within the domain and responsibility of the performer. The resultant interpretation is enhanced by the freedom of expression accorded to the performer, and that as a licence of performance practices, on the one hand embedded in the musical text itself, and, on the other hand, communicated in a number of performance practice treatises, including Leopold Mozart's Versuch einer gründlichen Violinschule (Augsburg, 1756), Quantz's Versuch einer Anweisung die Flöte traversiere zu spielen (Berlin, 1752), C. P. E. Bach's Versuch über die wahre Art das Clavier zu spielen (Berlin, 1753–1762), Giuseppe Tartini's Traité des agréments de la musique (Paris, 1771), and Daniel Gottlob Türk's Klavierschule (Leipzig, 1789), though Joachim disregarded the overly dogmatic approach of the conservatory, obviously with reference to the instruction provided in the Königliche Konservatorium in Leipzig.

In light of these comments, Joachim — as a principal contributor to the unfolding violin technique across eras and national boundaries, while cognisant of the importance of the musical text accessible in authoritative editions, including his co-edited publication of Bach's Sei solo — placed a high priority on live performance, combining the written musical text with the performer's personal insights. The latter were often not communicable in written form but dependent on a number of factors, such as the physical properties of the instrument, including the bow, and above all the mental constituency of the performer — facets that exceed all written documentation and communication, with the interpretation, at least in part, situated outside the realm of semiotics.

IX

While the nineteenth-century reception of Bach's legacy on the Continent was spearheaded by Mendelssohn and advocated by Joachim, Brahms, the Schumanns, and others, the dissemination of Bach's oeuvre across England[139] was propelled by the English translation of Forkel's seminal Bach-Biographie,[140] as well as a vibrant tradition of violin teaching and violin playing,[141] and a number of musicians, among them Bennett, Mendelssohn (who made ten visits to England, beginning in 1829),[142] and Joachim[143] in his multiple performances of Bach's solo violin repertoire at venues including the Uppingham Boarding School.[144]

During his tenure as director (1865–1908) of this boarding school, Paul David, the son of (the aforementioned) Ferdinand David, and member of the Mendelssohn, Brahms and Schumann circle and friend of Bennett,[145] organized numerous concerts at Uppingham[146] with a focus on selected compositions of J.S. Bach, extending invitations to Joachim for his participation in Bach's chamber music as well for his rendition of the Partita in E major, BWV 1006 in a concert on 11 March 1875 as well as in a subsequent appearance in a Bach-Concert in London in February 1891 — with the positive impression of the latter

---

139 Michael Kassler, ed., The English Bach Awakening: Knowledge of J.S. Bach and His Music in England, 1750–1830, Music in Nineteenth-Century Britain (Aldershot: Ashgate, 2004).

140 Johann Nikolaus Forkel, Johann Sebastian Bach: His Life, Art and Work, translated with notes and appendices by Charles Sanford Terry (London: Constable, 1920).

141 Peter Walls, 'The Influence of the Italian Violin School in 17th-Century England', Early Music 18/4 (Nov. 1990): 575–87.

142 Mendelssohn appeared in public lectures and recitals as an interpreter of the solo keyboard works by Bach; see Nicholas Thistlethwaite, '"He ought to have a statue": Mendelssohn, Gauntlet, and the English Organ Reform', in Mendelssohn, the Organ, and the Music of the Past: Constructing Historical Legacies, ed. Jürgen Thym, Eastman Studies in Music, 118 (Rochester, NY: University of Rochester Press, 2014): 122–40; see also Paul Jourdan, 'The Hidden Pathways of Assimilation: Mendelssohn's First Visit to London', in Music and British Culture, 1785–1914: Essays in Honor of Cyril Ehrlich, ed. Christina Bashford and Leanne Langley (Oxford: Oxford University Press, 2000): 99–119. Hans-Joachim Marx, 'Felix Mendelssohn-Bartholdy und England', in Zwischen Musikwissenschaft und Musikleben: Festschrift für Wolf Hobohm zum 60. Geburtstag am 8. Januar 1998, ed. Brit Reipsch and Carsten Lange, Magdeburger Telemann Studien, 17 (Hildesheim: Georg Olms, 2001): 427–43.

143 Ian Maxwell, '"Thou hast been in England many a year": The British Joachim', in Creative Worlds, 104–17. Furthermore on Joachim's participation in the Monday Popular Concerts in London, from the first concert in this series in 1859 to the last concert in this series in 1899, see Therese Ellsworth, '"Music was poured by perfect ministrants": Joseph Joachim at the Monday Popular Concerts, London', in Creative Worlds, 129–44.

144 Malcolm Tozer, '"Die Musik, lieber Freund, die Du mit Deinen Jungen achtest, wird mir noch lange im Innern fortleben": Joseph Joachim's Friendship with Paul David and Uppingham School'. Ch. 14 in this volume.

145 J[ames] R. Sterndale Bennett, The Life of William Sterndale Bennett (Cambridge: At the University Press, 1907), at 380–3.

146 Malcolm Tozer, 'From Prussia with Love: Music at Uppingham School, 1853–1908', Journal of Historical Research in Music Education 41/2 (2020): 105–31.

concert upon Paul David and his planning of yet another performance by Joachim at the Uppingham Boarding School, as communicated in a letter to Joachim dated 11 February 1891.

> [...] I ask both of us to reserve your proposed Tuesday, March 24. [...]
>
> Let me also thank you for your superlative magnificent playing in the Bach-Concert. As often as I have heard the E-Major Suite [sic!, Partita] performed by you, I believe that your playing yesterday was more perfect than ever before — for me deeply moving.
>
> I will communicate with you regarding the program [...]. Your violin touches me and my lively spirits like an electric cure [...].[147]

Also present at the aforementioned Bach-Concert in London was the playright George Bernard Shaw (1856–1950), who, under the pseudonym of 'Corno di Bassetto', recorded a brief observation about Joachim in an entry in the magazine The World on 18 February 1891: 'Joachim is back again in much better preservation than he was two years ago. He played the E major Partita at the Bach concert admirably. [...]'.[148]

The Ciaccona and Bach's Partita No. 3 in E major (BWV 1006) figured prominently in the career of Sophie-Carmen Eckhardt-Gramatté (1899–1974). In her appearance as violinist in concerts in Geneva (1910) and Berlin (1911), she included the Ciaccona. In the case of Bach's Partita No. 3 in E major, Eckhardt-Gramatté displayed a close affinity between her careers as soloist and composer, as this Partita penetrated her entire life in a leitmotif-like manner, that is, in her appearances as soloist and in lecture demonstrations as well as in her own compositions, where the opening motif of the Praeludium of Bach's Partita No. 3 in E major with its characteristic motor-like impulse was featured prominently in the first, third and fifth movements of her String Quartet No. 3 (E 149; 1962–1964) and in a freely harmonized form, as an homage to Bach, in the finale of her Symphony No. 2 ('Manitoba', E 158; 1970; rev. 1974).

---

[147] '[...] bitte ich uns den von Dir proponirten Tuesday, March 24th zu reserviren. Ich brauche Dir nicht zu sagen, wie herzlich ich mich freue und wie sehr ich Dir dankbar bin für Deine freundliche Bereitwilligkeit unser kleines Uppingham zu beehren.

Laß mich Dir auch danken für Dein superlativ herrliches Spiel im Bach-Concert. So oft ich auch schon die Edur Suite von Dir gehört habe, so glaube ich doch es war gestern vollkommener als je — für mich tief ergreifend.

Ueber das Programm schreibe ich dir noch. [...] Deine Geige wirkt auf mich u[nd] meine Lebensgeister wie eine electrische [?] Kur. [...]'; as reproduced in Anselm Hartinger, 'Paul Davids Briefe an Joseph Joachim als Quellen zur Bach-Pflege und zum deutsch-englischen Kulturtransfer im 19. Jahrhundert', Jahrbuch des Staatlichen Instituts für Musikforschung Preußischer Kulturbesitz 43 (2006/2007): 150–83, at 181–2. The original letter is preserved in Berlin, Staatliches Institut für Musikforschung Preußischer Kulturbesitz Doc. org, Paul David 1–7, letter 6.

[148] George Bernard Shaw, Music in London, 1890–1894, 3 vols (London: Constable, 1932): I:131; see also George Bernard Shaw, London Music in 1888–1889 as Heard by Corno di Bassetto (Later Known as Bernard Shaw) with Some Further Autobiographical Particulars (London: Constable, 1937), at 318.

'... of this miraculous music by its best interpreter'

Example 10.1a, Joseph Joachim and Andreas Moser, ed., Johann Sebastian Bach: Sonaten und Partiten für Violine allein, 2 vols (Berlin: E. Bote & G. Bock, 1908), Title Page. Reproduced with Permission of University of Saskatchewan, University Archives and Special Collections, Adaskin Fond.

In light of her close association with Joachim's daughter-in-law, the violinist and music pedagogue Suzanne Joachim Chaigneau (1875–1946) — who offered her one of Joachim's Stradivari violins and arranged for a stipend from the banker Franz von Mendelssohn,[149] the cousin of the grandson of Felix Mendelssohn-Bartholdy, which allowed her to perfect her violin skills with Bronislav Huberman (1882–1947) at the Prussian State Academy in Berlin[150] — Eckhardt-Gramatté may have been aware of Joachim's and Moser's edition of the Sei Solo and perhaps even consulted this particular publication in the preparation of her performances.

---

[149] See also Wilhelm Treue, 'Das Bankhaus Mendelssohn als Beispiel einer Privatbank im 19. und 20. Jahrhundert', in Mendelssohn-Studien: Beiträge zur neueren deutschen Kultur- und Wirtschaftsgeschichte, Vol. 1, ed. Cécile Lowenthal-Hensel (Berlin: Duncker & Humblot, 1972): 29–80.

[150] Walter Kurt Kreyszig, 'Eckhardt-Gramatté, Sophie-Carmen', in Die Musik in Geschichte und Gegenwart, VI (Personenteil, 2001): cols. 66–73, at 67; Piotr Szalsza, Bronislaw Huberman, Leben und Leidenschaften eines vergessenen Genies, trans. Joanna Ziemska (Vienna: Hollitzer, 2020).

Walter Kurt Kreyszig

X

The violinist, composer and music educator Murray Adaskin, OC (1906–2002), in his examination of the repertories of the common-practice era,[151] played an important role in the transmission of Bach's oeuvre in Canada. During the first half of the twentieth century, the accessibility to publications of Bach's music, even the Bach-Gesellschaft Ausgabe, was a rarity.[152] On 11 November 1952, a year after Adaskin's move from Toronto to Saskatoon, Saskatchewan, Adaskin's brother Harry (1901–1994) presented to Murray a personally inscribed copy of the volume of Bach's solo violin works published in the Bach-Gesellschaft Ausgabe.[153] During his years as a practising violinst, either in Toronto or more likely during his tenure at the University of Saskatchewan, Adaskin had acquired another edition of Bach's solo violin compositions: the two-volume publication of Bach's Sei Solo, prepared by Joachim and Moser – repertory which had also attracted Leopold Auer (1845–1930), who had studied with Joachim in Hannover and who prepared an edition of the Bach solo violin sonatas.[154]

Unlike the aforementioned copy of Bach's solo violin repertory from the Bach-Gesellschaft Ausgabe, Adaskin's copy of the 1908 edition by Joachim and Moser (Example 10.1a) contains numerous pencil markings in Adaskin's hand (see Example 10.1b), pertaining in particular to the indications of fingerings and articulations, including phrasings, and bowings — topics of seminal importance to Joachim. That Adaskin, not unlike Joachim, showed particular interest in the Ciaccona, becomes obvious from the sheer number of his markings in this movement in comparison with far fewer handwritten indications for the remaining repertoire in this publication, thereby offering a unique interpretation of the Ciaccona, while paying tribute to the musical text in the interpretation by one of the most esteemed musicians of Bach's solo violin repertoire of the nineteenth century — Joseph Joachim — whose fame in Canada reached beyond the city of Saskatoon, as substantiated by the Joseph Joachim Fond at Archives Canada (olim National Library

---

151 Further on this topic, see Walter Kurt Kreyszig, 'My Initial Encounter with Murray Adaskin and Frances James as Advocates of European Culture in Canada', in The Vision of Murray Adaskin (1907–2002): His Contributions to the Musical Scene of Canada and Beyond, 2 vols, ed. Sheila Kreyszig and Walter Kurt Kreyszig, Vol. 1: Murray Adaskin in Our Memory (Vienna: Hollitzer), [in preparation].

152 The acquisition of a copy of the Bach-Gesellschaft Ausgabe in Toronto confirms the difficulties with regard to the accessibility of reliable publications of Bach's oeuvre in Canada; see Sir Ernest MacMillan, 'Problems of Music in Canada', in MacMillan on Music: Essays on Music by Sir Ernest MacMillan, ed. with introduction and notes by Carl Morey (Toronto, ON: Dundurn Press, 1997): 77–92, at 91, n. 5.

153 Joh. Seb. Bach, Sei Solo à Violino da Joh. Seb. Bach, with a postscript by Wilhelm Martin Luther (Kassel: Bärenreiter, 1950). The particular copy of the volume with the handwritten inscription 'To Murray with Love from Harry Nov. 11th, 1952' is preserved in Saskatoon, Saskatchewan, University of Saskatchewan, University Archives and Special Collections, Murray Adaskin Fond.

154 Leopold Auer, ed, Johann Sebastian Bach: Six Sonatas for Violin Solo (New York, NY: Carl Fisher, 1917).

'... of this miraculous music by its best interpreter'

of Canada; Ottawa, Ontario) and thus undoubtedly heralded in the broader reception of Bach's legacy in Canada, culminating in the manifold and provocative contributions of Glenn Gould (1932–1982).

Example 10.1b, Joseph Joachim and Andreas Moser, ed., Johann Sebastian Bach: Sonaten und Partiten für Violine allein, 2 vols (Berlin: E. Bote & G. Bock, 1908): II:8 (Ciaccona from Partita No. 2 in D minor, BWV 1004), with handwritten fingerings and phrasings by Murray Adaskin. Reproduced with Permission of University of Saskatchewan, University Archives and Special Collections, Adaskin Fond.

Clara Schumann, Joseph Joachim and the Nineteenth-Century Cadenza

Joe Davies

Contextualizing the Cadenza

Mention of the cadenza conjures sounds of virtuosic display, those passages where the soloist steps outside the concerto and inhabits the indeterminate space between composition, performance and improvisation.[1] Yet, as attitudes towards virtuosity changed throughout the nineteenth century – as encapsulated by Robert Schumann's 'vote of thanks' in 1839 to 'recent concerto composers for no longer boring us with concluding trills, and especially, leaping octave passages'[2] – the cadenza offered an opportunity to step within the concerto and to explore its inner worlds; or, put differently, to embody the 'two souls' of performer and composer that Mary Hunter has shown to be a central aspect of Romantic aesthetics.[3]

One example is Fanny Hensel's cadenza for Beethoven's Piano Concerto in C major, Op. 15 (1823), where, in Angela Mace's analysis, she emerges as both a 'careful observer of Beethoven's thematic structures' and a 'performer who could balance conscientious adherence to the "finished" score with a personal compositional interpretation […] of

---

1 For historical context on the cadenza, see Janet Schmalfeldt, 'Beethoven's "Violation": His Cadenza for the First Movement of Mozart's Concerto in D minor, K. 466', Music Theory Spectrum 39/1 (2017): 1–17; Danuta Mirka, 'The Cadence of Mozart's Cadenzas', Journal of Musicology 22/2 (2005): 292–325; Matthew Bribitzer-Stull, 'The Cadenza as Parenthesis: An Analytic Approach', Journal of Music Theory 50/2 (2006): 211–51; Robert Gauldin, 'New Twists for Old Endings: Cadenza and Apotheosis in the Romantic Piano Concerto', Intégral 18/19 (2004–05): 1–23; Richard Kramer, 'Cadenza contra Text: Mozart in Beethoven's Hands', 19th-Century Music 15/2 (1991): 116–31; Philip Whitmore, Unpremeditated Art: The Cadenza in the Classical Keyboard Concerto (Oxford: Clarendon Press, 1991); and Joseph P. Swain, 'Form and Function of the Classical Cadenza', Journal of Musicology 6/1 (1988): 27–59.
2 Quoted in Simon P. Keefe, 'Theories of the Concerto from the Eighteenth Century to the Present Day', in The Cambridge Companion to the Concerto, ed. Simon P. Keefe (Cambridge: Cambridge University Press, 2005): 5–18, at 8. Further on virtuosity see (among others) Dana Gooley, 'The Battle against Instrumental Virtuosity in the Early Nineteenth Century', in Liszt and his World, ed. Christopher H. Gibbs and Dana Gooley (Princeton: Princeton University Press, 2006), 75–111; Dana Gooley, The Virtuoso Liszt (Cambridge: Cambridge University Press, 2004); Jim Samson, 'The Practice of Early-Nineteenth-Century Pianism', in The Musical Work; Reality or Invention?, ed. Michael Talbot (Liverpool: Liverpool University Press, 2000): 110–27; and Kenneth Hamilton, After the Golden Age: Romantic Pianism and Modern Performance (New York: Oxford University Press, 2008).
3 Mary Hunter, '"To Play as if from the Soul of the Composer": The Idea of the Performer in Early Romantic Aesthetics', Journal of the American Musicological Society 58/2 (2005): 357–98.

Beethoven's concerto'.[4] Hensel's approach, Mace suggests, combines 'improvisation and composition' to the extent that her cadenza is 'removed from genuine improvisation' and becomes 'closer to compositional elaboration'.[5]

In this chapter, I trace slippages between the improvisatory and the compositional as a way of illuminating the stylistic worlds of cadenzas by Clara Schumann and Joseph Joachim for Beethoven's concertos. I make a distinction between (notated) music that conveys an element of spontaneous display – through scalar writing, arpeggiated figurations, sudden contrasts – and writing that takes flight from the thematic fabric of Beethoven's concertos.[6] As I examine the boundaries between these domains, I adopt Christian Leitmeir's view of the cadenza as a 'multi-modal process', wherein meanings arise at the intersection of compositional voices and stylistic references.[7] Schumann's and Joachim's cadenzas emerge here as sites for probing the boundaries between the sonic and the textual, and for reflecting on where we locate traces of musical meaning more generally.

Reimagining the Cadenza

The concertos of Clara Schumann and Joseph Joachim offer a starting point for exploring their approach to the cadenza. Schumann's Piano Concerto in A minor, composed between 1833 and 1835 during her teens, stands out for its omission of full-fledged cadenzas.[8] Instead, connecting the first movement and the ensuing Romanze is what Alexander

---

4 Angela R. Mace, 'Improvisation, Elaboration, Composition: The Mendelssohns and the Classical Cadenza', in Mendelssohn Perspectives, ed. Nicole Grimes and Angela Mace (Aldershot: Ashgate, 2012): 223–48, at 237.

5 Mace, 'Improvisation, Elaboration, Composition', 234.

6 I take inspiration from James Webster, 'The Rhetoric of Improvisation in Haydn's Keyboard Music', in Haydn and the Performance of Rhetoric, ed. Tom Beghin and Sander M. Goldberg (Chicago: University of Chicago Press, 2007): 172–212, at 176, where he defines 'improvisatory rhetoric' as 'the impression of excessive freedom, unmotivated contrast, or insufficient coherence; seeming to "lose one's way"; [and] the unexpected subversion of an apparently stable formal type'; Dana Gooley, Fantasies of Improvisation: Free Playing in Nineteenth-Century Music (New York: Oxford University Press, 2018); Martin Edin, 'Cadenza Improvisation in Nineteenth-Century Solo Piano Music according to Czerny, Liszt and their Contemporaries', in Beyond Notes: Improvisation in Western Music of the Eighteenth and Nineteenth Centuries, ed. Rudolph Rasch (Lucca: Brepols, 2011): 163–83.

7 Christian T. Leitmeir, 'The Cadenza as a Multi-Modal Process: Creativity, Performance, and Problems of Authorship: Clara Schumann's Cadenzas for Mozart's D minor Concerto, K.466', in special issue 'Clara Schumann: Changing Identities and Legacies', Nineteenth-Century Music Review (forthcoming).

8 On Schumann's Op. 7, see Alexander Stefaniak, Becoming Clara Schumann: Performance Strategies and Aesthetics in the Culture of the Musical Canon (Bloomington: Indiana University Press, 2021): 44–58; Stephen Lindeman, 'Clara Wieck: Piano Concerto in A minor, Op. 7', in Structural Novelty and Tradition in the Early Romantic Piano Concerto (Stuyvesant, NY: Pendragon Press, 1999): 129–40; and Claudia Macdonald, 'Critical Perception and the Woman Composer: The Early Reception of

Stefaniak and I describe as 'a moment of time-stopping reverie – an unmetered Eingang that spreads a dominant chord across the keyboard'.[9] This passage, with its improvisatory figurations, forms part of a vocabulary that turns away from the bravura of such showpieces as her Romance variée, Op. 3, replete with what Nancy Reich calls the 'musical clichés of the day',[10] towards a world in which the delineation between modes of pianism is constantly shifting. Striking in the first movement, besides its formal innovations,[11] is the gulf between the physicality of the opening theme, ushered in by bold octave unisons, and the intimacy of the primary theme. There, the declamatory march-like style of the opening, which I have interpreted in relation to concepts of the sublime, gives way to scalar flourishes and melodic embellishment of the kind associated with improvisatory display.[12]

Joachim, too, grappled with the role of cadenzas in his Violin Concerto in G minor, Op. 3, of 1851–52, a piece displaying in Katharina Uhde's words 'an intense type of virtuosity' that 'transcend[s] difficult passagework' with 'challenges bordering on the unplayable'.[13] In the first movement, he inserts a cadenza between the orchestral opening and the solo presentation of the primary theme in bar 39. Including a cadenza, its brevity notwithstanding, at this early point in the concerto (instead of its customary placement in the recapitulation) suggests its integral role in the compositional makeup of the piece, rather than a separate site for soloistic display. The seven-bar cadenza in the finale, marked 'Cadenza in tempo – Poco Adagio', similarly broadens what a cadenza could be and do. There is no public display of virtuosity here, nor an overt climax; rather, what prevails is a sense of open-endedness, conveyed by the rests, sighing figures and unresolved diminished

---

Piano Concertos by Clara Wieck Schumann and Amy Beach', Current Musicology 55 (1993): 24–55. Further on virtuosity in Schumann's music, see Alexander Stefaniak, 'Clara Schumann's Interiorities and the Cutting Edge of Popular Pianism', Journal of the American Musicological Society 70/3 (2017): 697–765; Jacob Sagrans, 'Virtuosity in Clara Schumann's Piano Compositions', Musicological Explorations 11 (2010): 45–90, and Janina Klassen, Clara Wieck-Schumann. Die Virtuosin als Komponistin. Studien zu ihrem Werk (Kassel: Bärenreiter, 1990): esp. 112–88.

9 Joe Davies and Alexander Stefaniak, 'Women, Pianos, and Virtuosity in the Nineteenth Century', in The Cambridge Companion to Women Composers, ed. Matthew Head and Susan Wollenberg (Cambridge University Press, forthcoming).

10 Nancy B. Reich, Clara Schumann: The Artist and the Woman (Ithaca, NY: Cornell University Press, 1985; rev. edn. 2001): 223. On Schumann's piano music more generally see Julie Pedneault-Deslauriers, 'Bass-Line Melodies and Form in Four Piano and Chamber Works by Clara Wieck-Schumann', Music Theory Spectrum 38/2 (2016): 133–54; and Marian Wilson Kimber, 'From the Concert Hall to the Salon: The Piano Music of Clara Wieck Schumann and Fanny Mendelssohn Hensel', in Nineteenth-Century Piano Music, 2nd edn., ed. R. Larry Todd (New York and London: Routledge, 2003): 316–55.

11 See Benedict Taylor, 'Clara Wieck's A Minor Piano Concerto: Formal Innovation and the Problem of Parametric Disconnect in Early Romantic Music', Music Theory and Analysis 8/2 (2021): 215–243.

12 See Joe Davies, 'Clara Schumann and the Nineteenth-Century Piano Concerto', in Clara Schumann Studies, ed. Davies (Cambridge: Cambridge University Press, 2021): 95–116, at 108–12.

13 Katharina Uhde, The Music of Joseph Joachim (Woodbridge, Suffolk: Boydell & Brewer, 2018): 8; see also Uhde, 'Between Uncoiled Virtuosity and Lisztian Temptations: Violin Concerto in G minor "in One Movement" Op. 3 (1851–52)', in Uhde 2018, 73–100.

sevenths. This cadenza, in other words, functions less in terms of performative prowess than as a mode of compositional engagement with the concerto's inner worlds.[14]

Beethoven in Schumann's Hands

The fluctuations between the improvisatory and the compositional in Schumann's Op. 7 are prominent in her cadenza to Beethoven's Piano Concerto in C minor, Op. 37.[15] Schumann tackles head-on the weighty tradition of the C minor topos, encapsulated by such pieces as Mozart's C minor Fantasy and Sonata, K475 and K457, and Beethoven's 'Pathétique' Sonata, Op. 13.[16] From the thickly gripped 6/4 tutti chord that launches the cadenza, its indefinite length suspending the concerto's momentum, the pianist rushes

Example 11.1, Clara Schumann, Cadenza to Beethoven's Piano Concerto in C minor, Op. 37, I (bars 1–6)

---

14 Further intersections with Schumann's approach in her Op. 7 emerge in Joachim's Hungarian Concerto in D minor of 1857–59, where, to quote Uhde, he 'rethink[s] the virtuosic intensity of [his] earlier music'; or as Robert Eshbach puts it, where 'virtuosity [is] placed at the service of the most evocative poetry'. See Uhde 2018, 8–9; and Robert Eshbach, https://josephjoachim.com/2016/05/20/joachims-hungarian-concerto-op-11-a-note/.

15 For wider context on Schumann's Beethoven cadenzas, see Stefaniak, Becoming Clara Schumann, 102–26.

16 On the C minor topos, see Jessica Waldoff, 'Does Haydn Have a "C-minor Mood"?', in Engaging Haydn: Culture, Context, and Criticism, ed. Mary Hunter and Richard Will (Cambridge: Cambridge University Press, 2012): 158–86; and Michael Tusa, 'Beethoven's "C-minor Mood": Some Thoughts on the Structural Implications of Key Choice', Beethoven Forum 2 (1993): 1–27.

Example 11.2, Clara Schumann, Cadenza to Beethoven's Piano Concerto in C minor, Op. 37, I (bars 60–69)

Example 11.3, Clara Schumann, Cadenza to Beethoven's Piano Concerto in C minor, Op. 37, I (bars 78–89)

Clara Schumann, Joseph Joachim and the Nineteenth-Century Cadenza

forward with an arpeggiated flourish spanning five octaves in sextuplet semiquavers, followed by a downward descent in octaves through tonic and dominant harmonies (Example 11.1). Sudden silences, pauses and changes in direction – central to the C minor topos – take centre stage, as in bar 7, the con fuoco section, where the pianist plunges forth with double octave unisons outlining diminished harmonies. Writing of this kind resurfaces in the closing portion of the cadenza, bars 54–89, its brilliance underscored there by the con bravura marking and the passage-work that weaves its way in and out of the texture. Registral shifts are central to the virtuosic display in bar 60, where both hands jump to the lower regions of the instrument before the split-octave pattern soars into the upper extremes of the piano in climactic fashion (Example 11.2). The ending of the cadenza, by contrast, turns from spontaneous display to a compositional reworking of the opening material, whereby the dominant to tonic ascent, initially presented in forceful double octaves, returns in a softer guise, amid a texture of trilled notes and scalar passage-work (Example 11.3).

Example 11.4a, Clara Schumann, Cadenza to Beethoven's Piano Concerto in C minor, Op. 37, I (bars 17–26)

Example 11.4b, Clara Schumann, Cadenza to Beethoven's Piano Concerto in C minor, Op. 37, I (bars 27–29)

What pianist Nina Scolnik characterizes as a 'kinaesthetic euphoria', Schumann's ability 'to express something beyond the virtuosic surface', comes to the fore in the tranquillo passage (bar 17 onwards, Example 11.4a).[17] Here technical dexterity gives way to repeated E flats that form a bridge between the passage-work of the opening material and an evocation of 'song without words'. The undulating melody, together with the its song-like accompaniment, evokes a world distant from the opening material. These repeated notes, as Stefanik has shown, bear a motivic connection to the three repeated quavers of the lyrical theme in the expositional transition of Beethoven's concerto. For Stefaniak, this approach, together with Schumann's use (from bar 27) of the sextuplet figuration from the development section, initiates a move away from performative brilliance towards compositional virtuosity rooted in the 'intricate contrapuntal layering and recombining of themes' (Example 11.4b).[18]

Slippages between the improvisatory and the compositional run through Schumann's cadenzas for Beethoven's Piano Concerto in G major, Op. 58, which Nancy Reich suggests were penned in 1846, the year in which Schumann first performed the piece.[19] Like his

---

17 All material quoted from Nina Scolnik is taken from her address at the launch of Clara Schumann Studies, 1 March 2022, from 44.00 onwards: https://www.youtube.com/watch?v=-SGTD6k7fVA.
18 Stefaniak, Becoming Clara Schumann, 124.
19 Reich, Clara Schumann, 327–8.

Violin Concerto in D major, Op. 61, discussed below, Beethoven's Op. 58 stands out for its foregrounding of 'lyricism and introspection'.[20] Such qualities were not lost on contemporaneous critics, among them J.F. Reichardt, who observed of its premiere: 'A new concerto for pianoforte, terribly difficult, which Beethoven performed astonishingly well in the fastest possible tempi. The Adagio, a masterpiece of beautiful, sustained melody, he sang on his instrument with a deep melancholy feeling which awakened its response in me.'[21]

These ideas are foregrounded in the quasi improvisata section of Schumann's cadenza for the first movement of Beethoven's Op. 58 (Example 11.5). If the opening chord in her cadenza for Beethoven's Op. 37 serves as a launchpad for an impassioned outburst, here, by contrast, the G major chord opens out into a chorale-like theme (paralleling the solo opening of Beethoven's exposition) before dissolving into rapid scalar figuration. Schumann simultaneously engages with and departs from Beethoven's theme, as her cadenza descends through chromatic regions, passing via the tonic (G) minor before arriving at the distant key of A minor. The arrival in a remote tonal region works in tandem with the stripping away of the chordal texture into arpeggiated figurations that conjure ideas of fantasy, sonically and visually. This passage-work looks back to eighteenth-century keyboard culture on the one hand, evoking an aesthetic closely associated with the music of C. P. E. Bach,[22] and forward on the other hand to what Valerie Woodring Goertzen calls Schumann's 'mosaics',[23] her strategies for linking programmes of character pieces through preludial and/or transitional figurations.

Elsewhere in Schumann's cadenza, fantasy-like figurations serve as a threshold to compositional worlds associated with nineteenth-century piano miniatures, as in her cadenza to Beethoven's Op. 37. One example occurs in bars 49–62, where the arpeggiated figurations lead to an evocation of the nocturne topos, its undulating contours, filled in

---

20 Mark Ferraguto, 'Music for a Virtuoso: Opuses 58 and 61', in Beethoven 1806 (New York: Oxford University Press, 2019): 47–69.

21 Quoted in Owen Jander, 'Beethoven's "Orpheus in Hades": The "Andante con moto" of the Fourth Piano Concerto', 19th-Century Music 8/3 (1985): 195–212, at 196.

22 On fantasy see Matthew Head, 'Fantasia and Sensibility', in The Oxford Handbook of Topic Theory, ed. Danuta Mirka (New York: Oxford University Press, 2014): 261, where he posits a definition of the fantasia topic as a 'distinctive type of material at home in improvisatory keyboard works and recognizable in other contexts': he notes that 'fantasias [are] distinctive in their use of passages of generic figuration (arpeggiations, scales, broken chords) [...] and typically involve abrupt, remote, and evaded modulations, achieved through chromaticism, enharmony, and the diminished seventh chord'; and Annette Richards, The Free Fantasia and the Musical Picturesque (Cambridge: Cambridge University Press, 2001).

23 Valerie Woodring Goertzen, 'Clara Wieck Schumann's Improvisations and her "Mosaics" of Small Forms', in Beyond Notes, ed. Rudolph Rasch, 153–62; and Valerie Woodring Goertzen, 'Setting the Stage: Clara Schumann's Preludes', in In the Course of Performance: Studies in the World of Musical Improvisation, ed. Bruno Nettl and Melinda Russell (Chicago: University of Chicago Press, 1998): 237–60.

Joe Davies

Example 11.5, Clara Schumann, Cadenza to Beethoven's Piano Concerto in G major, Op. 58, I (bars 1–12)

ith chromatic inflections and ornate detail, reminiscent of bel canto style (Example 11.6). The dynamic gradation, piano, and calando marking, together with the shift to the submediant, E flat major – a tonal manoeuvre that 'radiates hope or nostalgia', to quote Susan McClary – and placement in high register all suggest a withdrawal into the compositional worlds that unravel from the main chorale theme of Beethoven's concerto.[24]

The fluid boundaries between the improvisatory and the compositional extend to the closing Allegro con fuoco section, where the prevailing lyricism (present in both Beethoven's writing and Schumann's cadenza) is shattered by the intrusion of full-bodied chords and

---

24 Susan McClary, Conventional Wisdom: The Content of Musical Form (Berkeley, Los Angeles and London: University of California Press, 2000): 123.

Joe Davies

Example 11.6, Clara Schumann, Cadenza to Beethoven's Piano Concerto in G major, Op. 58, I (bars 49–62)

old octave unisons, in a manner akin to the opening passage of Schumann's cadenza for Beethoven's Op. 37 (Example 11.7). These chordal interjections fracture the musical surface with jabs of sound that are both (sonically) disjunctive and (physically) immersive. A further parallel is implied through the transformation of the opening chordal theme from bar 68 – no longer peaceful and serene, but forceful and dissonant – in what functions as a framing device, a final exploration of the material's expressive range. The relationship between surface features (embodied in the improvisatory nature of this passage) and internal workings is foregrounded here through the combination of long stretches of trilled notes in high register and fragments of the repeated three-note quaver pattern in the accompaniment. As the trills become softer and more distant, unscored by the diminuendo and ritardando markings, the music turns from the individual to the collective, with soloistic display giving way to the return of the orchestra.

Example 11.7, Clara Schumann, Cadenza to Beethoven's Piano Concerto in G major, Op. 58, I (bars 63–75)

Beethoven in Joachim's Hands

As Katharina Uhde has shown, Joseph Joachim's 1844 London performance of Beethoven's Op. 61 (under the direction of Felix Mendelssohn) set in motion his enduring fascination with the concerto as both performer and composer. Critics were drawn to his performances for the ways in which he combined virtuosic display with a deep engagement with the musical material. One critic, writing in the Musical World, was particularly captivated by his cadenzas, which were 'not only tremendous executive feats, but ingeniously composed – consisting wholly of excellent and musician-like workings of phrases and passages from the concerto'.[25]

Joachim's multiple cadenzas to Op. 61 reflect his shifting compositional approach during the years that set them apart, 1853–1894.[26] The 1853 version conveys the spontaneity of his music at that time, as in the Fantasy on Hungarian Themes (1848–50) and the Violin Concerto in G minor, Op. 3 (1851–52), poised between 'uncoiled virtuosity and Lisztian temptations'.[27] The 1894 version, by contrast, contains traces of his late style – emphasizing introspection, the past, economy of means – and of 'music-historical lateness',[28] as explored by Margaret Notley.[29] Remnants of a bygone era, with its outward facing virtuosity, give way to ideas of restraint and reservedness.

What Karen Leistra-Jones refers to as Joachim's 'presence', the 'mysterious fusion of Joachim himself with the mind and spirit of the composer', in Johannes Brahms's Violin Concerto in D major, Op. 77, can be gleaned in distinct ways throughout his cadenzas to the first movement of Beethoven's Op. 61.[30] In the opening bars of the version published by Haslinger (1853), the forte octaves, punctuated by rests and thicker chordal textures, give the impression of free extemporisation, while simultaneously suggesting a connection with the sudden outburst in bar 28 of Beethoven's concerto, initiated there by the tonal swerve to B flat major (Example 11.8).[31] Material at the opposite of the cadenza, bars 66–73, with octave unisons unwinding chromatically, similarly contributes to the sight

---

25 Quoted in Uhde, 'An Unknown Beethoven Cadenza by Joseph Joachim', 394.
26 Here I focus on the versions published by Haslinger, Vienna, 1853 and Schlesinger, Berlin, 1894, reproduced from Peters Edition, Joachim, Kadenzen zu Violinkonzerten | Cadenzas to Violin Concertos (Leipzig, London and New York: Edition Peters, EP9115). For a rich contextualization of Joachim's cadenzas, including the discovery of the 'Dublin' cadenza to Beethoven's Op. 61, see Uhde, 'An Unknown Beethoven Cadenza by Joseph Joachim', 395–403.
27 Uhde 2018.
28 On lateness see (among others) Michael Bell, 'Perceptions of Lateness: Goethe, Nietzsche, Thomas Mann, and D. H. Lawrence', in Late Style and its Discontents: Essays in Art, Literature, and Music, ed. Gordon McMullan and Sam Smiles (New York: Oxford University Press, 2016): 131–146.
29 Margaret Notley, Lateness and Brahms: Music and Culture in the Twilight of Viennese Liberalism (New York: Oxford University Press, 2007).
30 Leistra-Jones, 'Joachim's "Presence"'. See also Karen Leistra-Jones, '(Re-)Enchanting Performance: Joachim and the Spirit of Beethoven', in The Creative Worlds of Joseph Joachim, ed. Valerie Woodring Goertzen and Robert Eshbach (Woodbridge, Suffolk: Boydell Press, 2021): 86–103.
31 For more on Joachim's fantasy aesthetic, see Katharina Uhde, 'Rediscovering Joseph Joachim's "Hungarian" and "Irish" ["Scottish"] Fantasias', MT 158 (2017): 75–99.

Joe Davies

Example 11.8, Joseph Joachim, Cadenza to Beethoven's Violin Concerto in D major, Op. 61, I, 1853 version (bars 1–13)

and sound of physical display. Both examples convey virtuosity bound up with technical precision and speedy passage-work.

While the 1894 version of Joachim's cadenza (published by Schlesinger) shares an expressive compass with the 1853 version published by Haslinger, their points of divergence are pronounced vis-à-vis the use of trills. In the earlier version, the trilled notes in bars 18–29 appear improvisatory, their length and speed varying according to the performer (Example 11.9a). In the latter version, trills are replaced by scalar figurations, alternating between arpeggiated patterns (in bars 24–26) and rising chromatic thirds (in bars 27–32), from which a chorale-like theme in the submediant, B flat major emerges (Examples 11.9b and 11.10). This trajectory, shifting from spontaneous display to compositional detail, is reinforced in the ensuing variation of the material, where the textural dialogue between the upper and lower ranges of the instrument creates multiple layers around the circle-of-fifths progression that underpins its unfolding. The turn to D minor in bar 54 adds poignancy – recalling the modal mixture in the Chaconne from J.S. Bach's Partita in D minor, BWV 1004, and the pathos of D minor expression familiar from such music as Mozart's Requiem, K626 and Schubert's 'Gute Nacht' from Winterreise, D911. Within this context, the passage of trilled notes, bars 62–67 (recalling those of the first version), suggests a further topical resonance: that of ombra music – where spectral textures, minor mode, obscurity of key and repeated tremolos all conjure the world of death and the supernatural.[32] This reference – implicit rather than explicit – points towards the intertextual nature of Joachim's cadenzas and the multiple meanings that lie behind their cross-generic dialogues.

Example 11.9a, Joseph Joachim, Cadenza to Beethoven's Violin Concerto in D major, Op. 61, I, 1853 version (bars 18–29)

Joachim's cadenzas for the slow movement of Beethoven's Op. 61 similarly incorporate slippages between physical display and compositional engagement. For Owen Jander, the slow movement of Op. 61 – 'a "sarabande" so gentle that it seems to emerge from a dream' –

---

32 For wider discussion of ombra music, see Birgitte Moyer, 'Ombra and Fantasia in Late Eighteenth-Century Theory and Practice', in Convention in Eighteenth- and Nineteenth-Century Music: Essays in Honor of Leonard G. Ratner, ed. Wye J. Allanbrook, Janet M. Levy and William P. Mahrt (Stuyvesant, NY: Pendragon Press, 1992): 283–306; and Clive McClelland, 'Ombra after Mozart', in Ombra: Supernatural Music in the Eighteenth Century (Lanham, Boulder, New York: Lexington Books, 2013): 215–25.

Example 11.9b, Joseph Joachim, Cadenza to Beethoven's Violin Concerto in D major, Op. 61, I, 1894 version (bars 18–32)

Example 11.10, Joseph Joachim, Cadenza to Beethoven's Violin Concerto in D major, Op. 61, I, 1894 version (bars 32–48)

revolves around 'the power of song', as the lyrical theme in the style of a Romanze is gradually transferred from the orchestra to the solo violin.[33] Joachim responds to these features in ways that look outwards and inwards. His 1853 cadenza portrays a Mozartian aura, of looking back to eighteenth-century concerto culture, with scalar runs drawing attention to the poise of the lyrical lines within which they unfold (Example 11.11a). Subtle variation techniques, present throughout the movement, extend to Joachim's handling of register and thematic embellishment, especially when the material of bars 3 and 4 is presented an octave higher in bars 6–7 and filled in with arpeggiated figurations (Example 11.11b). A parallel emerges here with Joachim's cadenza for the Adagio of Mozart's Violin Concerto in A major, K219, where the opening theme, characterized by its smooth triadic contours, is subject to increasing embellishment, in the manner of a theme and variation format. In both examples, the overall effect is one of working within the expressive boundaries of the movement and of repurposing virtuosic writing to reflect the lyrical soundscapes embodied therein.

Example 11.11a, Joseph Joachim, Cadenza to Beethoven's Violin Concerto in D major, Op. 61, II, 1853 version (bars 3–4)

Example 11.11b, Joseph Joachim, Cadenza to Beethoven's Violin Concerto in D major, Op. 61, II, 1853 version (bars 6–7)

In Joachim's 1894 cadenza, the scalar runs of the earlier version are transformed into a three-note figure (filled in with sixths and thirds) that recalls the expressive potential of such figures in Beethoven's treatment of the 'farewell' motif in the Piano Sonata in E flat major, Op. 81a 'Les adieux', and in Joachim's own handling of ciphers and encoded imagery

---

33 Owen Jander, 'Romantic Form and Content in the Slow Movement of Beethoven's Violin Concerto', Musical Quarterly 69/2 (1983): 159–79, at 172. For further context on slow movements see Susan McClary, 'A Musical Dialectic from the Enlightenment: Mozart's Piano Concerto in G Major, K, 453, Movement 2', Cultural Critique 4 (1986): 129–169; and Jander, 'Beethoven's "Orpheus in Hades"', 195–212.

(Example 11.12).³⁴ If the 1853 cadenza suggests a transitional link to the finale, with its prolonged trill on the dominant, the 1894 version is even more intricately connected with the thematic material encountered throughout. The rising and falling figures in bars 21–23 represent a distillation of the opening theme, its melodic traces providing a final link between the stylistic worlds of the cadenza and those of Beethoven's concerto.

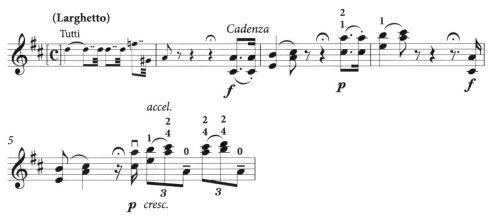

Example 11.12, Joseph Joachim, Cadenza to Beethoven's Violin Concerto in D major, Op. 61, II, 1894 (bars 1–5)

Beyond the Cadenza

The cadenzas studied in this chapter offer a context in which to reimagine the relationship between the distinct strands that have dominated Schumann's and Joachim's reception history: that is, their ability to channel the inner depths of nineteenth-century repertoire, in keeping with notions of fidelity to the musical text, combined with their flair for improvisatory, quasi-spontaneous displays of virtuosity.³⁵ The examples under consideration

---

34 See Katharina Uhde, 'Joachim Encoded, or "Psychological Music"', in Uhde 2018: 141–74; Katharina Uhde and R. Larry Todd, 'Salon Culture in the Circle of Joseph Joachim, or, Composing Inwardness: C.J. Arnold's "Quartettabend bei Bettina von Arnim" Reconsidered', in Musical Salon Culture in the Long Nineteenth Century, ed. Anja Bunzel and Natasha Loges (Woodbridge, Suffolk: Boydell & Brewer, 2019): 43–64; and Katharina Uhde and R. Larry Todd, 'Joseph Joachim and Musical Solitude, or, the Beginnings of the Ciphers F-A-E and Gis-E-La', in Nineteenth-Century Programme Music: Creation, Negotiations, Reception, ed. Jonathan Kregor (Turnhout: Brepols, 2018): 24–38.
35 On these tensions see, inter alia, Amanda Lalonde, 'The Young Prophetess in Performance', in Clara Schumann Studies, ed. Davies, 187–201; Natasha Loges, 'From Miscellanies to Musical Works: Julius Stockhausen, Clara Schumann, and Dichterliebe', in German Song Onstage: Lieder Performance in the Nineteenth and Early Twentieth Centuries, ed. Natasha Loges and Laura Tunbridge (Bloomington: Indiana University Press, 2020): 70–86; Alexander Stefaniak, 'Clara Schumann and the Imagined Rev-

here show the myriad ways in which these domains feed into each other, as Schumann's and Joachim's voices interact with that of Beethoven and with intertextual resonances that lie beyond the score. In this context, to return to ideas raised at the outset, their cadenzas move from the public-orientated aspects of virtuosic display to sites of compositional engagement with the inner worlds of Beethoven's concertos. These resonances – from cadenza to concerto and vice versa – open up ways not only of understanding Joachim's and Schumann's cadenzas, but also of contextualizing the intersections between the improvisatory and the compositional in their music more generally. Common to all is an inherent slipperiness that encourages us to embrace the gaps between the sonic and the textual, between what is notated and that which is implied.

---

elation of Musical Works', Music & Letters 99/2 (2018): 194–223; April L. Prince, '(Re)Considering the Priestess: Clara Schumann, Historiography, and the Visual', Women & Music 21 (2017): 107–40; Karen Leistra-Jones, 'Staging Authenticity: Joachim, Brahms, and the Politics of Werktreue Performance', Journal of the American Musicological Society 66/2 (2013): 397–436.

III

Joseph Joachim in England

Joseph Joachim in England

Joseph Joachim and Wilma Neruda

Constructing Musical Identity in Victorian London

Natasha Loges

> Many years ago, when Lady Hallé was a fragile, pale-faced little child artiste, Dr. Joachim predicted that great musical achievements were in store for her. 'Mark me', he said to Sir Charles Hallé, 'when people shall have heard Wilma Neruda play, they will not think so much of me'.[1]

Introduction

A volume dedicated to the identities of Joseph Joachim, which moreover presents the word 'identity' in two languages in its title, prompts more questions than can be answered by the surviving historical archive, or indeed by our current theoretical understanding of identity.[2] Depending on one's perspective, Joachim can be understood as a marginalized figure, viciously erased by the Nazis because of his Jewishness, deserving of reinstatement and acknowledgment – a superb artist whose contribution to musical culture, values and practices endures to this day.[3] Equally, though, he might be understood as one whose legacy benefited from various ideological biases of his day: chiefly gender and Europeanness, but also the privileging of composition in favour of activities like performance, teaching, management, editing and countless associated musical tasks. Moreover, 'identity' in this context is not merely a mesh of individual traits; rather, identity was – and remains – an essential part of musicians' professional marketing and self-promotion. For instance, Joseph Joachim was 'Hungarian' when it came to appealing character repertoire, and 'German' when it came to asserting authority as an interpreter of Bach and Beethoven.[4] The life and career trajectory of his contemporary, close colleague and chief competitor, Wilma Neruda (1838–1911), matched his in many ways, yet she is comparably invisible. A comparison

---

[1] North Wales Times, and Maryport Advertiser 46/2443 (27 Aug. 1898): 7.
[2] One useful introductory text to the concept of identity is Warren Teagle and Alison Kidd, eds, Culture and Identity, 2nd edn (Basingstoke: Palgrave Macmillan, 2012). See also Ian Biddle, ed., Music and Identity Politics (London and New York: Routledge, 2016), which offers a range of perspectives on aspects of identity and music.
[3] For one account of Joachim's Jewishness, see Robert W. Eshbach, 'Joachim's Youth: Joachim's Jewishness', The Musical Quarterly 94/4 (Jan. 2011): 548–92.
[4] See, for example, Beatrix Borchard, '"Als Geiger bin ich Deutscher, als Komponist Ungar": Joseph Joachim – Identitätsfindung über Abspaltung', in Anklänge 2008. Joseph Joachim (1831–1907): Europäischer Bürger, Komponist, Virtuose, ed. Michele Calella and Christian Glanz (Vienna: Mille Tre, 2008): 15–46.

between Joachim and Neruda, the most successful violinists in late Victorian London, may serve to illuminate some broader aspects of identity in the lives of musicians, and offer insights into its complexities.

This essay draws primarily on concert reviews and reception, rather than letters or other personal documents. This is because, as Beatrix Borchard has pointed out, archival material relating to performers, and especially women, tends to be patchily preserved, catalogued and accessible, the preservation process itself involving much bias around what is deemed important.[5] For example, the correspondence between Joseph Joachim and Johannes Brahms was published as part of the extensive Brahms correspondence almost immediately after Joachim's death in 1907.[6] In contrast, there is no published correspondence of Neruda's, and it is tempting to assume that she simply had less to say. There are other familiar hazards: in the lavishly digitized record of the Royal Philharmonic Society, for example, a mention of 'Mde Norman-Neruda' on a concert poster is cross-referenced with the text 'formerly Neruda', and 'wife of Sir Charles Hallé'; however, most sources do not offer such cross-referencing, making it doubly challenging to trace her presence. Jutta Heise, author of the only full-length study of Neruda to date, observes that her achievements were gradually erased, from the bare mention of her in the earliest biography of Joachim (by his pupil Andreas Moser) to Carl Flesch inaccurately describing her as Joachim's 'pupil' in his 1960 memoir.[7] In 1977, Nan Parnell declared Neruda to be 'brilliant and beautiful' and 'the peer of many men, alternating on programmes with so illustrious a violinist as the great Joachim'; while surely unintended, the effect is to reassure us that Neruda fulfilled the primary female role of decorativeness (although this attribute is unmentioned in reviews), and that even at her best, she could not surpass her male contemporaries.[8] Even Borchard herself mentions Neruda just once in her mammoth, 670-page study of the Joachim couple, in a footnote mentioning her marriage to Hallé;[9] he, in turn, has attracted a full-length biography in 2007 in which Neruda is discussed superficially.[10]

This exploration cannot remedy historic injustices without spawning new ones. Concentrating on Neruda, for example, necessitates eclipsing figures like Maud Powell (1867–

---

5 See Beatrix Borchard, 'Mit Schere und Klebstoff: Montage als wissenschaftliches Verfahren in der Biographik', in Corinna Herr and Monika Woitas, eds, Musik mit Methode: Neue kulturwissenschaftliche Perspektiven (Vienna: Böhlau, 2006): 47–62.
6 See Andreas Moser, ed., Johannes Brahms Briefwechsel: Johannes Brahms im Briefwechsel mit Joseph Joachim, 3rd edn, 2 vols [vols V and VI] (Berlin: Deutsche Brahms-Gesellschaft, 1908; rpt. Tutzing: Hans Schneider, 1974), vol. V, and Johannes Joachim and Andreas Moser, eds, Briefe von und an Joseph Joachim, 3 vols (Berlin: Bard, 1911–13).
7 These, and other, omissions are noted in Jutta Heise, Die Geigenvirtuosin Wilma Neruda (1838–1911): Biografie und Repertoire (Hildesheim and New York: Georg Olms Verlag, 2013): 19.
8 Nan Parnell, 'Sir Charles and Lady Hallé in South Africa', Ars nova 9 (1977): 43–57, here 44.
9 Beatrix Borchard, Stimme und Geige: Amalie und Joseph Joachim. Biographie und Interpretationsgeschichte (Vienna: Böhlau, 2005): 272.
10 See Robert Beale, Charles Hallé: A Musical Life (Aldershot: Ashgate, 2007). Various other studies have been dedicated to Charles Hallé since the 1950s, starting with Charles Rigby, Sir Charles Hallé: A Portrait for Today (Manchester: Dolphin Press, 1952).

1920) or Marie Hall (1884–1956), the earliest female international virtuoso violinists with an audio-recorded legacy from the USA and Britain; or Ethel Barns (1873–1948), founder member of the Society of Women Musicians, who performed her own compositions, unlike Neruda; or Emily Shinner (1862–1901) and Marie Soldat (1863–1955), who founded all-female string quartets in Britain and Germany respectively. Nevertheless, it can both remind the reader of Neruda's extraordinary achievements in a relentlessly gendered world, and position her and Joachim within a richly collaborative musical ecology in which composition played only a small part. Indeed, in comparison with composition, the concert hall offers much greater potential to explore issues of identity. To borrow Borchard's term, the concert hall was comparatively gender-neutral, even if most other aspects of music as a discipline and a business, were not (teaching is the main exception).[11]

Two Musicians

Neruda was born on 21 March 1838; she gave her first performance in 1845 and visited England for a London Philharmonic Society Concert on 11 June 1849. This successful appearance led to 18 more concerts in England, testifying to her early popularity. She married Fredrik Vilhelm Norman in Brunn in 1864 and spent the next five years mainly in Stockholm, where she had two sons, but resumed her career by 1868. The following year, she separated from Norman and resumed touring. After a triumphant return to London in 1869, she moved to the city in 1871 and became a favourite at the 'Pops' (Popular Concerts) for nearly 30 years. Norman died in 1885, freeing her to marry Charles Hallé in 1888, aged 50. Hallé's sudden death in 1895 and the death of her son Ludvig in 1898 overshadowed her old age; she moved to Berlin, and died on 15 April 1911, a month after her final concert at the Beethoven-Saal, which closed a 65-year-long career.

Joachim and Neruda had much in common. Both hailed from a geographical periphery, provincial Hungary and Moravia respectively; both were child performers who withstood intense early demands and astutely navigated the transition to mature musician. Both were 'outsiders', Joachim a Jew who converted to Lutheranism, Neruda a Catholic in the United Kingdom. Both benefited from significant investment of their family's time and money, but also from a lack of wealth which spurred them to excellence. Neruda, in particular, did not encounter the societal barriers to professional success which hampered upper-middle-class women like Fanny Mendelssohn. Both grappled with the demands of concert life, including ceaseless travel, poor accommodation and financial insecurity. Both had unsuccessful marriages, Joachim's ending in a bitter divorce and Neruda's first in early separation. Both had children with whom contact was frequently interrupted, although

---

11 See Beatrix Borchard, 'The Concert Hall as a Gender-Neutral Space', in Natasha Loges and Laura Tunbridge, eds, German Song Onstage: Lieder Performance in the Nineteenth and Early Twentieth Centuries (Bloomington: Indiana University Press, 2020): 132–53.

unlike their contemporary the pianist Teresa Carreño, Neruda did not have to give up a child for adoption to enable her to work.[12] Both developed powerful continental networks and attained high social status, hobnobbing with the aristocracy of both birth and wealth. And both specialized in the 'serious' solo, concerto and chamber art music which became canonical, not least thanks to their efforts.

However, there are differences, too, of which the most important is gender. Neruda was seen through a gendered lens from her childhood; one early review in the Athenaeum praised Joachim as the 'most promising genius of the day' while Neruda might 'in time, emulate those more distinguished girl-violinists' (my italics).[13] Much later, in 1883, English newspapers still quoted Hans von Bülow's exceptionally silly epithet for her, the 'Geigenfee' or 'Violin Fairy', which surely captured neither her physical qualities (she was in her 40s) nor her substantial repertoire.[14] She was regularly described as a 'lady violinist', of which more below. Moreover, gender circumscribed her range of professional musical activities, whereas Joachim could maintain professional identities in composition, conducting and leadership, the latter as head of the Königliche Akademie in Berlin.

The second key difference is nationhood. Nationalism remains the dominant lens through which a musician is categorized, a lazy shorthand for all the complexities of belonging, even though the performers' itinerant lives strained those ties to breaking point; any sense of 'home' or 'nation' was probably more mythical than lived. Perceptions of Joachim's national identity fluctuate between an understanding of him as 'German' and 'other' (Hungarian / Jewish). Additionally, he was connected to England through his uncle and brother, and Felix Mendelssohn's professional network; Katharina Uhde reminds us that '[Family] papers [...] portray Joachim as a "true British gentleman".'[15] Neruda was still more elusive, as she lived in several countries (one 1868 review claimed somewhat uncertainly that she was 'a wonderful Swedish violinist').[16] She also gained a degree of Englishness through her marriage to Hallé as well as her acceptance into aristocratic and royal circles, temporarily assimilating enough to own lapdogs and take afternoon tea, but still moved to Germany late in life. This resulted in a fragmented, multi-lingual legacy which surely hastened her erasure; whose responsibility was she, after all?

In comparison with that on Neruda, the scholarly literature on Joachim is extensive, affirming Borchard's claim that 'weibliche Musiker wurden zwar zu Lebzeiten anerkannt, aber mit ihrem Tod verliert sich die Erinnerung, so als hätten sie nie existiert'.[17] Following

---

12 Anne Kijas, The Life and Music of Teresa Carreño (1853–1917): A Guide to Research (Middleton, WI: A-R Editions, 2019): 13.
13 'Lady Hallé's First Appearance in England', The Musical Times and Singing Class Circular 41/692 (1900): 653.
14 Newcastle Journal 76/8678 (5 Dec. 1883): 3, quoting Hans von Bülow, 'Die Geigenfee', Signale für die Musikalische Welt 38/16 (Feb. 1880), reprinted in Hans von Bülow, Ausgewählte Schriften, 1850–1892 (Leipzig: Breitkopf & Härtel, 1896): 400–1.
15 Katharina Uhde, The Music of Joseph Joachim (Woodbridge, Suffolk: Boydell & Brewer, 2018): 11.
16 John Bull (22 Feb. 1868).
17 Borchard, Stimme und Geige, 20.

the early biography by his pupil Andreas Moser, dedicated studies have explored Joachim's phases in Hanover and Berlin; his relationships to figures like Brahms; his performance practice; and his performing persona.[18] Borchard regards him as a representative of German instrumental music, but 'representation' suggests standing in for something other than oneself, and the strongest force behind Joachim's enduring visibility was his association with prestigious composers; Brahms, especially, is like a magnet around which Joachim's history clusters like iron filings.[19] While Neruda was a tremendously successful violinist, her reputation was not yoked to that of a canonic composer. No surviving children stewarded her legacy, as Marie Schumann so diligently did for her mother Clara Schumann, née Wieck. Despite her surviving well into the twentieth century, no recordings of her playing exist.[20] In contrast, Joachim's recordings have informed new waves in performance practice, such as his narrow-bored, selective vibrato or use of portamento.

Women and the Violin

Several broader studies contribute to our picture of Joachim's and Neruda's professional environment.[21] In the late nineteenth century, the roles and abilities of women were hotly

---

18 See, for example, Andreas Moser, Joseph Joachim: Ein Lebensbild (Berlin: B. Behr's Verlag, 1898); Uhde 2018; Michele Calella and Christian Glanz, eds, Anklänge 2008. Joseph Joachim (1831–1907): Europäischer Bürger, Komponist, Virtuose (Vienna: Mille Tre, 2008); Brigitta Weber, 'Im Dienste der echten, wahren Kunst': Joseph Joachim, Königlicher Konzertdirektor in Hannover (1852–1866) (Hannover: Niedersächsisches Staatstheater, 2012); Robert W. Eshbach, 'The Joachim Quartet Concerts at the Berlin Singakademie: Mendelssohnian Geselligkeit in Wilhelmine Germany', in Katy Hamilton and Natasha Loges, eds, Brahms in the Home and the Concert Hall: Between Private and Public Performance (Cambridge: Cambridge University Press, 2014): 22–42; Beatrix Borchard, '"Zur Pflege unserer unsäglich herrlichen deutschen Musik": Joseph Joachim und die Gründung der Berliner Musikhochschule 1869', in Michael Fend and Michel Noiray, eds, Musical Education in Europe (1770–1914): Compositional, Institutional, and Political Challenges (Berlin: BWV Berliner Wissenschafts-Verlag, 2005), II:479–502; and Karen Leistra-Jones, 'Staging Authenticity: Joachim, Brahms, and the Politics of Werktreue Performance', Journal of the American Musicological Society 66/2 (Summer 2013): 397–436.
19 Borchard, Stimme und Geige, passim.
20 For this reason, Neruda is poorly represented in the literature on performance practice. See David Milsom, 'Practice and Principle: Perspectives upon the German "Classical" School of Violin Playing in the Late Nineteenth Century', Nineteenth-Century Music Review 9/1 (2012): 31–52.
21 See, for example, Christina Bashford, The Pursuit of High Culture: John Ella and Chamber Music in Victorian London (Woodbridge, Suffolk: Boydell & Brewer, 2007); Colin Eatock, 'Crystal Palace Concerts: Canon Formation and the English Musical Renaissance', 19th-Century Music 34/1 (Summer 2010): 87–105; Michael Musgrave, The Musical Life of the Crystal Palace (Cambridge: Cambridge University Press, 1995). On women violinists, see Simon McVeigh, '"As the Sand on the Sea Shore": Women Violinists in London's Concert Life around 1900', in Emma Hornby and David Maw, eds, Essays on the History of English Music in Honour of John Caldwell: Sources, Style, Performance, Historiography (Woodbridge, Suffolk: Boydell & Brewer, 2010): 232–58.

debated, as shown by Paula Gillett, but the same period witnessed a surge in violin playing among middle-class women.[22] That shift can be attributed to Neruda, starting with her triumphant return to London in 1869: 'Madame Norma-Neruda is fast earning celebrity as a violinist. Her agreeable tone and style, and perfect command of her peculiar instrument, overcome our prejudice against lady performers on this peculiarly ungraceful instrument.'[23] The Daily Telegraph went still further:

> We must confess that we went to St. James's Hall strongly prejudiced against female fiddlers. It is all very well for a man to writhe and twist himself in the act of bringing expression out of catgut, but as it is the chief duty of women to be graceful, there can be no necessity, as it seemed to us, for her to adopt the most inelegant and unfeminine of instruments. Surely the piano, which Beethoven, Mozart, and Mendelssohn found sufficient for their purpose, ought to content the ambition of a woman – especially as on this miniature orchestra she can hold her own against the stronger sex; whereas on the violin, so we reasoned, she cannot hope to rival her admiring oppressor. We take leave to assume that our prejudice was shared by a large proportion of last night's audience; but, if such be the case, it was dissipated literally by the first stroke of the lady violinist's bow.[24]

Those who favoured female violinists were little better, but even for them, Neruda played a central role. The cleric Hugh Reginald Haweis, in his often-quoted Music and Morals from 1871, depicted the female violinist as 'a poor lonely little sorrower, hardly more than a child'.[25] In his much-reprinted Old Violins and Violin Lore, Haweis also reveals a toe-curlingly sexual focus on the female body:

> If she have a good arm it is shown to the best advantage; if she have a pretty hand and tapering fingers, and a slender wrist, all these are thrown into the most graceful positions by the action of bowing and fingering [...] Her arms, shoulders, and hands, her head and neck, and indeed her whole body have but to follow sympathetically the undulating and delicate curves of the violin itself. A beautiful woman holding a beautiful violin, is one of the most beautiful sights in the world. There are refinements of sentiment and of execution, which a woman's sensitive hand is peculiarly fitted to render; in delicacy of touch and finely gradated effects she is unsurpassed, and although usually deficient in roundness of tone, yet both in rapidity of execution and melting pathos, have we not lately seen in the case of Madame Norma-Neruda 'quid faemina possit!'[26]

---

22 See Paula Gillett, Musical Women in England, 1870–1914: 'Encroaching on All Man's Privileges' (London: Palgrave Macmillan, 2000): 79–82; and Christina Bashford, 'Art, Commerce and Artisanship: Violin Culture in Britain, c. 1880–1920', in Christina Bashford and Roberta Montemorra Marvin, eds, The Idea of Art Music in a Commercial World, 1800–1930 (Rochester, New York: Boydell Press, 2016): 178–200.
23 Morning Advertiser 76/24346 (14 June 1869): 3.
24 Daily Telegraph 15/4343 (18 May 1869): 3.
25 Quoted in Gillett, Musical Women in England, 4.
26 Hugh Reginald Haweis, Old Violins and Violin Lore (London: Reeves, 1898?): 103.

By 1887, the Girl's Own Paper included advice on how to care for your violin alongside dressmaking and deportment.[27] In 1888, The Woman's World carried a lengthy feature on 'The Violin as an Instrument for Girls'; two years later, it confirmed Neruda's respectability in a long article, 'Lady Hallé at Home'.[28]

Sadly, as Gillett has pointed out, the violin may have appealed to middle-class women because the piano had become too common; if one's maid could pick out ditties on the keyboard, a different means of asserting one's social status had to be found.[29] Neruda received her Stradivarius violin in 1876 from the Duke of Edinburgh and was named 'Violinist to the Queen' by Queen Alexandra in 1901; while the musical credentials of royalty and aristocracy might be questionable, their social heft could hardly be surpassed. The crucial divide was between amateurs and professionals, since working as the latter involved much besides playing the violin, including running one's career as a business; Neruda's surviving letters reveal an impressive ability to manage her career and negotiate good fees even in London's notoriously parsimonious concert world.[30]

A Comparison

Visibility

Before any detailed comparison is undertaken, one claim must be tested, namely that Neruda and Joachim enjoyed comparable fame and reach. In fact, Joachim restricted himself to European concert centres, while Neruda toured Australia in 1890 and South Africa in 1895 with Hallé, bringing her musicianship to a completely different audience. In South Africa, the Hallés undertook arduous journeys with vocal soloists, an entourage and two Broadwood grand pianos, sometimes in two-wheeled carts on rudimentary roads, performing in whatever conditions awaited them. Such ventures arose from a colonial mindset which purportedly sought to bring 'as much good music to as many people as possible'.[31] Joachim's influence transcended his geographical range because of the immense, centrifugal power of the Euro-centric music-critical establishment (arguably no less colonial a mindset). Yet it is worth dwelling briefly on Neruda's achievement. Her South African programmes are not markedly different from her European ones, including works like Beethoven's sonatas, Spohr's concertos and her brother Franz's La berceuse slave. A review

---

27 C. H. P., 'How to Take Care of a Violin', The Girl's Own Paper (Feb. 1887): 332–3.
28 Frederick Dolman, 'Lady Hallé at Home', in The Woman's World (London, 1890): 171–4.
29 Gillett, Musical Women in England, 99–100.
30 'I cannot make <u>such</u> a reduction of my usual terms, and hope you will arrange that I receive 25 Guineas.' Letter from Wilma Neruda to Francesco Berger of 3 May 1889, GB-Lbl, RPS MS 347, Original Letters, 1813–1955, MS Royal Philharmonic Society Archive: Correspondence. She was not always successful in these negotiations but stood her ground.
31 Parnell, 'Sir Charles and Lady Hallé in South Africa', 43.

from The Cape Argus praised her Spohr as a 'revelation'; the audience was 'spellbound' in her rendering of Beethoven's 'Kreutzer' Sonata; her playing of the Introduzione e rondo capriccioso by Saint-Saëns was 'brilliant', while her virtuoso showpiece by Ries was played with a 'finish and speed that were marvellous'.[32] The concerts in Johannesburg and Pretoria were also well received, even if critics dwelled on such details as the cost of Neruda's exorbitant violin and its royal donors.[33]

Neruda went further than Joachim, but was she as famous in London? To answer this, I compared how frequently their names appeared in the general English press. To digress briefly, Neruda (unusually) retained her maiden name at least until her marriage to Hallé, thus escaping the gender pairing which bedevils the history of countless women – Clara Schumann, Alma Mahler or Ingeborg von Bronsart as wives, Fanny Mendelssohn as sister or Imogen Holst as daughter, for example. Of course, Joachim did not escape such pairings either; his performer-composer association with Brahms evokes a wife–husband power imbalance, in which the performer is quasi-mother, bearing the composer's fruit.

The figure below (Figure 12.1) captures the frequency of mention of the two musicians. This is an inexact measure, since there were other Joachims, and Neruda, like many women, performed under many names: Wilhelmina or Wilma Neruda as a child, Wilma Norman-Neruda after her first marriage and any combination of Wilma, Neruda, or Lady Hallé after her second, so it is certain that the table below has overlooked some mentions of her.

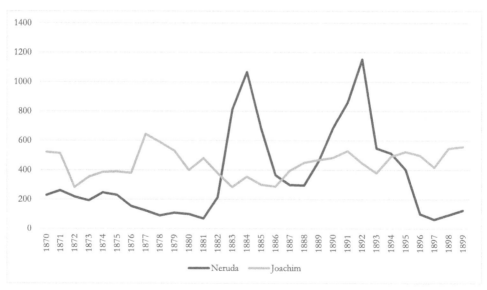

Figure 12.1, Relative Frequency of the Names 'Joachim' and 'Neruda' in the British Press, 1840–1910

---

32 Ibid., 47.
33 Ibid., 54.

Neruda evidently shot almost immediately to fame upon her return to London in 1869; her retirement in 1900 is also visible in this table. However, in the intervening years, the two artists enjoyed comparable visibility in the British press, with a firm foothold in British musical life. A focus on London reveals more nuances. Even if 119 mentions of 'Lady Hallé' are excluded, Figure 12.2 reveals Neruda to be as prominent, at times, as Joachim in the London press.

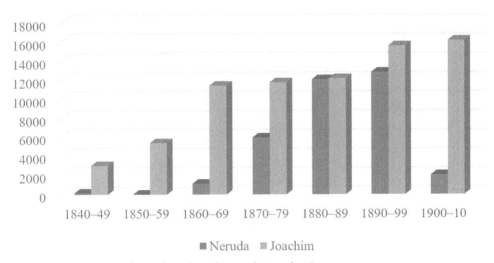

Figure 12.2, Mentions of Neruda and Joachim in the London Press, 1870–1900

While the British Newspaper Online archive excludes broadsheet press like the Times, as well as magazines with musical coverage like the Athenaeum, there is no reason to believe that their inclusion would substantially alter this picture. A path of future research would be to scrutinize popular press aimed at middle-class female readers, as this might offer a different account of Neruda's and Joachim's relative fame for a substantial concert-going demographic.

Programmes

The two musicians played similar repertoire from an early age, including some virtuosic repertoire, but focusing on the emerging Austro-German canon. Interpreting programme choices must be done with care, since musicians could not always determine their repertoire freely; balance and variety had to be maintained across the programme.[34] The choice of concerto also involved negotiation because of the demands on the orchestra and

---

34 Cyril Ehrlich cites the example of Anna Mehlig, who performed Weber's Konzertstück 'much against her will'. Cyril Ehrlich, First Philharmonic: A History of the Royal Philharmonic Society (Oxford: Clarendon Press, 1995): 121.

London's notoriously limited rehearsal time. Nevertheless, Neruda's and Joachim's repertoires can be compared by examining the Crystal Palace Saturday concerts, which focused on large-scale repertoire, as well as the concerts of the Monday and Saturday Pops at 3 p.m., which took place in St James's Hall and focused on chamber music. The Crystal Palace concerts, conducted by August Manns, were fundamental tastemakers for the English public's consumption of art music. Concerts ran through the season from October to June and were widely reported in the press.

While Neruda's concerto performances were less frequent than Joachim's, they overlapped heavily in selection. For example, she played Mendelssohn's concerto at least twice; she also played Spohr's Concerto No. 8, Viotti and Beethoven, including the Triple Concerto in April 1874. Over the years, she also played several works of Vieuxtemps: his Adagio and Rondo; his Fantaisie caprice; and his Violin Concertos No. 2 in F sharp minor, Op. 19, and No. 6 in G major, Op. 47. Spohr featured heavily for Joachim, too, namely the Concertos Nos 6, 7, 8, 9 and 12. He played the Beethoven concerto three times; but there were other works he played which she did not, namely the Schumann Fantasy for violin and orchestra Op. 131 and the Brahms Violin Concerto, as well as the odd concerto by Mozart. One crucial difference is that Joachim played his own works quite frequently, even though his attitude to doing so was ambiguous at best.[35] He composed 56 pieces between 1853 and 1864, his most fruitful compositional period. Already in 1859, he noted in a letter to George Hogarth, secretary of the Royal Philharmonic Society, that 'I feel flattered by their wish, that I should perform my own new Concerto'.[36]

In the years 1870–85, he performed his concertos at least five times, although it is not always clear from the printed programme whether it is the first, the second (the Hungarian Concerto) or the third, in one movement. Furthermore, he performed his Variations on an Original Theme Op. 10 three times, his Notturno for solo violin and small orchestra Op. 12 and his Elegiac Overture Op. 13 twice each; and his Scene of Marfa for contralto and orchestra was also heard. This information surely altered how he was perceived as a musician. While Neruda presented herself exclusively as a performer, his own identity was more of a composer-performer.

Joachim's works also attracted detailed historical-analytical programme notes from George Grove; this is significant because Grove only provided notes for works deemed serious and substantial enough to merit them. A close reading of the notes for the Hungarian Concerto in D minor reveals much about how Joachim's identity was constructed by Grove. The first concern was to establish him as an experienced composer, noting that this concerto is the second of the 'three principal compositions for the instrument of which he is so great a master'.[37] Grove then makes some remarks on the 'Hungarian style', describing Joachim as a 'native' of Hungary. There follows a long description of common Hungarian

---

35 For a discussion of this, see Uhde 2018, 322.
36 Letter from Joseph Joachim to George Hogarth of 25 Mar. 1859, GB-Lbl, RPS MS 350.
37 British Library, Shelfmark c.370, Crystal Palace programmes, 16 Mar. 1872, 352.

scales and rhythmic gestures, which seamlessly elides into the claim that 'the Gipsies of Eastern Europe are all musical' and a description of their flamboyant performing style. Even the fact that the concerto has a cadenza is related to 'Gipsy' music-making, representing 'authentic national traits'.[38]

However, Grove then draws Joachim back towards serious German music by declaring the concerto 'in the regular form of that class of composition, which is well-known to the frequenters of the Saturday Concerts, through the Concertos of Mozart and Beethoven'.[39] The claims become more hyperbolic: 'Without any decided reminiscences the movement breathes the spirit of the opening movement of Beethoven's great Symphony in the same key (the Choral Symphony) – and greater praise could hardly be given it.'[40] The gypsy nature of the closing movement, 'Finale alla zingara', is now described only as 'brilliant' and 'spirited', but not othered.[41] Moreover, Grove now informs the reader that the cadenza – now anglicized to a 'cadence' – in fact follows the model of Beethoven, Mendelssohn and Schumann by being 'as much a part of the composition as anything that precedes or follows it', rather than being freely improvised.[42] The note concludes: 'it is only necessary farther to say that the difficulties of this work, slight as they may appear in the hands of Mr. Joachim, are perhaps greater than those of any other composition for the Violin', a reminder that not only is the work Hungarian, gipsyish, Beethovenian and Mendelssohnian, but also ferociously difficult.[43]

The Third Concerto attracted even longer notes, and here, Joachim is completely shorn of identity markers – he is assimilated into the coveted norm. The concerto is 'eminently his own, full of [...] individuality', and imbued with the Victorian virtues of health, manliness, force (twice), strictness and earnestness, leavened slightly by 'graceful[ness]'.[44] The Elegiac Overture attracted similarly substantial notes. In other words, Grove made an enormous contribution to Joachim's identity by affiliating him with the great composers and understating his role as the performer except to remind listeners that he was extremely competent. Such identity-building was impossible for Neruda because she did not – and could not – have attracted praise for playing music of her own composition. It would have taken tremendous luck and determination to counter prejudices about women's ability to compose.[45] Indeed, did Neruda possibly share this belief? Given her pioneering role as a female violinist, would the addition of composition have been too much? Did she protect herself from the gendered criticism that any composition of hers would receive? Did her intense concert schedule simply deny her the necessary time? After all, her contemporary

---

38 Ibid., 353.
39 Ibid., 354.
40 Ibid., 355.
41 Ibid., 356.
42 Ibid., 355.
43 Ibid., 356.
44 British Library, Shelfmark c.370, Crystal Palace programme, 13 Mar. 1875, 566.
45 Gillett, Musical Women in England, 21–7.

Johannes Brahms gradually reduced his performing activities for exactly comparable reasons, namely, to create time to compose.[46] We cannot answer these questions; however, she regularly performed music by her brother Franz Neruda, in a sort of compositional surrogacy which allowed her fame to boost his reputation.

The other crucial difference concerns repertoire innovation. While Joachim is rightly credited with bringing both new and old repertoires to London audiences, Neruda introduced a Brahms sextet to that city, as well as novelties like a suite in E major for pianoforte and violin by Carl Goldmark in January 1879, and a cavatina by Joachim Raff from a set of Six morceaux Op. 85 in 1878.[47] She also played Brahms's recently composed Trio in C Op. 87 on 22 January 1883 with Hallé and Piatti;[48] and contributed to that circle's attempt to win champions for Robert Schumann, e.g. on 12 December 1887, she played his Sonata in A minor Op. 105, which was 'rapidly gaining in popularity, thanks to the exquisite playing of Madame Néruda'.[49] As Heise has pointed out, the premiere performance of Dvořák's String Quartet Op. 80 was long attributed to Joachim in 1890, whereas it was actually premiered by Neruda in London the previous year.[50] Equally, she shared the wider interest in 'early' music such as sonatas by Corelli or C. P. E. Bach. Indeed, Neruda even contributed to Joachim's role as a composer by playing, at one of Harrison's Subscription Concerts, Joachim's tenderly lyrical 'Romanze' Op. 2 No. 1 in B flat major.[51]

Networks

In Neruda's interview for The Woman's World, Frederick Dolman reminded the reader of Neruda's elite network, citing Joachim, Rubinstein, Clara Schumann and Sarasate, as well as her husband Charles Hallé, 'whose chords vibrate with the touch of genius to her own'.[52] Networks are crucial to musicians, and Neruda typically immortalized her nascent network in a Stammbuch; Joachim signed it on 12 January 1855 in Hanover.[53] These networks were strikingly gender-neutral; in 1869 she was the first female violinist in the Monday

---

[46] See Katrin Eich, 'As Pianist', in Brahms in Context, ed. Natasha Loges and Katy Hamilton (Cambridge: Cambridge University Press, 2019): 80–7.

[47] A good sense of Neruda's wide-ranging chamber repertoire can be gleaned from the reports of the Monday and Saturday Pops in the Musical Times and Singing Class Circular.

[48] 'Monday and Saturday Popular Concerts', The Musical Times and Singing Class Circular 24/480 (1 Feb. 1883): 78–9.

[49] 'Monday and Saturday Popular Concerts', The Musical Times and Singing Class Circular 29/539 (1 Jan. 1888): 22–3.

[50] Jutta Heise, 'Das Leben der Geigerin Wilma Neruda im Kontext Gender – Biographie als Forschungsschwerpunkt der Musikgeschichte', in Corinna Onnen and Susanne Rode-Breymann, eds, Wiederherstellen – Unterbrechen – Verändern? Politiken der (Re-)Produktion (Opladen, Berlin and Toronto: Verlag Barbara Budrich, 2018): 243–60, here 257.

[51] Birmingham Daily Post 34/9888 (4 Mar. 1890): 4.

[52] Dolman, 'Lady Hallé at Home', 174.

[53] Heise, Die Geigenvirtuosin Wilma Neruda, 9.

and Saturday Pops to play chamber music, with all-male partners: Louis Ries, John Baptiste Zerbini and Alfredo Piatti.[54] The interlinking of reputations is revealed by a letter of 6 February 1886, in which Neruda wrote to Francesco Berger regarding the Royal Philharmonic Concerts: '[I] was much surprised to see the Triple Concerto still announced. I feel perfectly convinced that Sig. Piatti will not be able to play and I must ask you to relieve me from my engagement which I only accepted because Sig. Piatti was to take part in the Concerto and which I would not play with anybody else.'[55]

Joachim and Neruda shared many chamber music partners, and also performed together, for example playing a violin duet by Spohr in 1871 and Bach's Concerto in D minor for two violins in 1873 and 1884, among other occasions. By 1885, the Popular Concert quartet was 'led respectively by Herr Joachim and Madame Norman-Neruda'.[56] Joachim sometimes played second violin to her first, e.g. in March 1886, as reported in the Glasgow Herald. Such networks were indispensable, especially in a business characterized by financial and logistical precarity; the music industry was like a house of cards, each flimsy element leaning on the next, the whole propped up by wealthy but often whimsical patrons and fluctuating subscriptions.

Reception

Critics gendered Neruda to varying extents. Her challenge to the assumption that violin playing was a realm of male superiority so upset some that they could only relegate her to, and segregate her in, the role of 'lady violinist'. Some felt the need to reassure readers that they had evaluated her playing from a respectably gendered perspective. Some invoked Joachim as the male authority who endorsed Neruda's abilities, as in the quote which heads this chapter, and in 1869, when the Times reassured readers that 'Joachim, Hallé and Vieuxtemps pronounce Madame Norman Neruda a violinist of the very highest order.'[57] Hans von Bülow wrote in February 1888, 'Frau Neruda's Technik zu preisen, wäre ebenso abgeschmackt als materialistisch. Wer spricht von Joachim's Mechanismus?'[58] Thus Joachim was not only a rival and colleague, but an endorser, guarantee and benchmark.

But for many others, Neruda transcended gender and required no comparison. One 1869 review indicated that this represented an evolution on the part of the critics

---

54 Pall Mall Gazette 26/3987 (29 Nov. 1877): 12: 'But while violinists, from Wieniawski to Joachim and from Joachim to Norman-Neruda, have succeeded one another, and while pianist has followed pianist, […] the violoncellist has always been the incomparable Piatti. There are many pianists, and not a few violinists between whose merits it might be difficult to decide. But it would be impossible to name the equal of Piatti.'
55 Letter from Neruda to Mr Berger of 6 Feb. 1886, 20 Linden Gardens, Bayswater, GB-Lbl, RPS MS 347.
56 Graphic 31/801 (4 Apr. 1885): 335.
57 The Royal Leamington Spa Courier 42/38 (18 Sept. 1869): 5.
58 Hans von Bülow, 'Die Geigenfee', quoted in Heise, Die Geigenvirtuosin Wilma Neruda, 124.

themselves: 'Sooner or later Madame Neruda must be universally acknowledged as a violinist of the highest order.'[59] Another, of the same concert, declared that 'of the many artistes of the first order who have from time to time appeared here, none have been more successful than Madame Neruda in completely captivating an audience, or in commanding their closest attention. Her powers as a violinist are truly astonishing [...] Her performance was near perfection as violin playing can well be.'[60] Another declared of her performance of Vieuxtemps that 'in breadth of phrasing and elevation of style, Madame Neruda [...] has no superior'.[61]

By 1870, we read: 'Joachim himself scarcely excels her in execution, and even Joachim cannot altogether vie with her in that subtle insight, sensibility, and tenderness, which constitute the crowning charm of her performance.'[62] Interestingly, Neruda's tone in that article was described as 'powerful', a word which recurred in her mentions in the same proportions as in Joachim's. The reviewer continues, 'Certainly, her mode of handling the instrument must be enough to dissipate any lingering prejudice as to the supposed unfitness of the violin for feminine fingers', revealing that, in the end, she had to represent all women, whereas Joachim's playing was not expected to represent the capability of all men. The power of her playing prompted the following: 'in those [hands] of a lady we should have feared her doing violence to our feelings, until we heard this accomplished artiste. She is evidently mistress of all the resources of her weapon, the bow. We find no lack of power, no want of softness.'[63] In other words, she was validated by being masculinized.

Others failed to hear power in her playing, and gendered their hearing. One 1871 review declared:

> The concerto – Beethoven's for violin – introduced Madame Norma-Néruda to the audience which, two years ago, promptly recognised her ability, and, as may be imagined, it proved a severe test. If we say that other performers have given the first and third movements with more power, no censure of Madame Néruda is involved. They played as men – she plays as a woman; and, while her reading and execution are marked by feminine grace and delicacy, both are wanting in that masculine vigour contemplated by Beethoven [...] the Larghetto, with its deep sentiment and touching expression, was as absolutely perfect as the boldest dared to hope.[64]

---

59 Review of the concert at St George's Hall on 1 June 1869, Liverpool Mercury 59/6662 (2 June 1869): 7.
60 Liverpool Daily Post 15/4325 (2 June 1869): 4.
61 Shipping and Mercantile Gazette 30/9899 (18 May 1869): 5.
62 Birmingham Daily Post 16/3581 (10 Jan. 1870): 8.
63 Review of the Philharmonic Society concert on 17 May 1869, The Examiner 62/3199 (22 May 1869): 329.
64 'Philharmonic Society', The Musical World 49/21 (27 May 1871): 318.

But another review of the same concert praised her 'sustaining power' and even her 'musical genius'.[65] The quality of genius was usually restricted to men, but in fact had already been accorded her in 1869, a great rarity for both a performer and a woman.[66]

Some critics compared the two violinists like racehorses, and this tendency was exacerbated when it came to signature works like Mendelssohn's Violin Concerto. In 1874, one writer raved about Neruda's performance at the Crystal Palace, mentioning that she encored the finale, and … 'It is true Joachim dashes through [the finale] with the speed of a torrent leaping over a precipice; but then Joachim may do things which no other violinist dares to do, and he had Mendelssohn's own warrant for this reading. Madame Neruda's success was complete.'[67] This seems to be as close as the author can get to preferring Neruda's performance. In another review of the same concert, it was noted that the concerto had been 'played repeatedly by the greatest violinists, and among the number by Joachim. It is, however, mere justice to state that Madame Neruda's rendering was so poetical in conception and irreproachable in mechanical detail that comparisons never suggested themselves.'[68] It seems that comparison with Joachim was hard to avoid even when the reviewer stated he would avoid it!

Some years later, in 1885, a review of Neruda's performance of the Beethoven Violin Concerto stated that:

> the solo part […] has been played by many famous virtuosi; and though we are inclined to assess her interpretation of it as inferior in force to that which Dr. Joachim gives, Madame Neruda's performance […] is indubitably that of an executant who subordinates the resources of technique to their true purpose, that of exposition. If the allegro and rondo were rendered with less robustness than her contemporary presents them, he could not surpass the poetic tenderness of her treatment of the exquisite middle movement of the concerto.[69]

The twisted, convoluted prose makes it impossible to know whether Joachim really played the outer movements more powerfully than Neruda, but perhaps it would have been equally difficult for a reviewer to declare that the opposite was true.

Conclusion

Exploring the role of different identity markers in Joachim and Neruda involves many degrees of slippage. Little Wilhelmina Neruda could be reinvented as Lady Hallé, interna-

---

65 The Globe 69/22717 (23 May 1871): 2.
66 'an exécutante possessing wonderful ability and true genius': The Morning Advertiser (18 May 1869). See Christine Battersby, Gender and Genius: Towards a Feminist Aesthetics (London: Women's Press, 1994).
67 The Era 36/1846 (8 Feb. 1874): 12.
68 The Graphic 9/219 (7 Feb. 1874): 135.
69 Liverpool Mercury 75/5 (11 Nov. 1885): 5.

tional soloist and darling of English royalty, shoulder-to-shoulder with male counterparts to lead a string quartet without attracting disapproval or even comment. Joachim could morph from tempestuous gypsy virtuoso into serious composer, an inheritor of nothing less than Beethoven's symphonic spirit. While we know much about how Joachim struggled with identity limitations, it is frustrating that Neruda remains inscrutable, resisting history and its readings. Nevertheless, this essay has sought not only to reaffirm her place alongside Joachim as an exceptional performer, but to underline the role of performers in music history overall, and to question the limits traditionally imposed upon that identity. I have also drawn attention to characteristics which were regarded as important and wielded as tools in shaping a musician's identity, such as Joachim's prominent and powerful national affiliations, in contrast with Neruda's confusing and near-invisible national background; conversely, I have noted markers which were considered unimportant, such as parenthood, and those which were deliberately suppressed, such as failed marriages. The tracing of reviews reveals how Neruda transformed gendered perceptions of violin playing, so that by her retirement, prejudices against women playing the violin felt absurd, reflecting poorly on the critic rather than Neruda herself. Ultimately, Neruda and Joachim were close colleagues, continually wielding or suppressing aspects of their identities in their bid to survive and thrive in the ferociously competitive, turbulent concert environment of late Victorian London.

'Lieber, guter Bruder!' 'My dear Elly!'

Joseph Joachim in Correspondence with Heinrich and Ellen Joachim

Robert Riggs

Joseph Joachim's voluminous correspondence with his family, friends and professional colleagues constitutes one of the most authoritative sources of information about his life and career. Although several volumes of his correspondence were published in the early twentieth century, numerous letters – widely dispersed in archives, libraries and private collections – have remained underutilized or are entirely unknown.[1] Thus the cataloging, transcription and digital reproduction by the Brahms Institute at the Musikhochschule in Lübeck of 894 letters from Joachim to his brother Heinrich (c1825-1897) and his sister-in-law Ellen (c1844-1924) – 554 letters are addressed to Heinrich and 340 to Ellen – represents a significant addition to this field.[2]

Written between 1847 and 1907, these letters are especially welcome because very few of them have been published. The three-volume Briefe von und an Joseph Joachim, volume I (1847–1857), contains only 14 letters to Heinrich. For the same period, the Brahms Institute's collection (Briefe-Datenbank) includes all but one of these letters plus 49 more for a total of 62 letters.[3] Moreover, as indicated by ellipses, the editors liberally abbreviated Joachim's letters, as becomes evident in comparison with the complete letters in the Briefe-Datenbank. Volume II (1858–68) includes only one letter from Joachim to Heinrich.[4] There are no letters to Heinrich in volume III (1869–1907), and none of the

---

[*] I would like to thank Robert Eshbach and Valerie Goertzen for their helpful comments on early drafts of this essay, and I am especially grateful to Katharina Uhde, who graciously shared her expertise with me throughout the writing process.

[1] See Johannes Joachim and Andreas Moser, eds, Briefe von und an Joseph Joachim, 3 vols (Berlin: Bard, 1911–13); Joseph Joachim, Joachims Briefe an Gisela von Arnim 1852–1859, ed. Johannes Joachim (Gottingen, 1911); Andreas Moser, ed., Johannes Brahms im Briefwechsel mit Joseph Joachim, 3rd edn, 2 vols (Berlin: Deutsche Brahms-Gesellschaft, 1908; rpt. Tutzing: Hans Schneider, 1974); and Letters to and from Joseph Joachim, selected and translated by Nora Bickley (London: Macmillan, 1914). For a comprehensive overview and penetrating discussion of Joachim's published and unpublished correspondence, see Beatrix Borchard, Stimme und Geige: Amalie und Joseph Joachim. Biographie und Interpretationsgeschichte (Vienna: Böhlau, 2005): 35–47.

[2] This project, directed by Wolfgang Sandberger and carried out by Fabian Bergener and Volker Schmitz, was completed and made available online in March 2018.

[3] The single letter not in the Briefe-Datenbank of D-LÜbi, which is dated 6 Aug. [1847], concerns the early compositions that Joachim had performed in London.

[4] Dated 15 Apr. 1866, it is not in the Briefe-Datenbank of D-LÜbi. In it Joachim extols the artistry of the pianist Carl Tausig.

volumes contain correspondence with Ellen.[5] Thus the Brahms Institute has made readily accessible a total of 541 'new' letters to Heinrich and 340 'new' letters to Ellen.[6] Joachim corresponded with Heinrich in German and with Ellen, who was not fluent in German, in English. Joachim's letters to Ellen, whom he addressed inconsistently as Ellie or Elly, also document his impressive command of English.

The collection is also important because Joachim's long-standing close and trustful relationship with Heinrich allowed and encouraged him to express his views about a wide range of topics with great candor and with the assumption that they should remain private, which he occasionally emphasized by inserting the request '(entre nous)'. In spite of his unusual and peripatetic adolescence – he left home at the age of eight – Joachim maintained strong bonds with his immediate family via correspondence and occasional visits. Of all his siblings, Joachim developed the strongest rapport with Heinrich, who was seven years older; their relationship is Joachim's best-documented familial bond. England played a significant role in both of their lives. In late 1847 or early 1848, Heinrich moved to London, where (following his father's and grandfather's profession) he became prosperous as a wholesale wool merchant, acquired English citizenship and married Ellen Margaret Smart, the daughter of a prominent family in British musical life. Because a significant amount of Joachim's performing career took place in the British Isles, there were regular opportunities for the brothers to visit, and when in London he frequently stayed with Heinrich. Moreover, Heinrich routinely advised Joachim on business and financial matters. He also facilitated communications, and even negotiated contracts, between Joachim and his concert managers in London.

In light of Heinrich's initial significantly greater maturity and experience, Joachim clearly felt comfortable, perhaps even compelled, to discuss his decisions, aspirations and problems with him. By coincidence both brothers married in the same year, 1863, and Joachim soon developed a close relationship with Ellen. Joachim's letters are informal and move quickly, without transitions, from one topic to another. They contain his views about composers, performers, employers, finances, politics and his private life, including his marriage, children, health and religion. As Borchard states, rather than the intellectual or literary tone adopted by some composers: 'Joachims Briefe könnte man vielmehr als schriftliche Gespräche bezeichnen, geschrieben in einer Zeit, in der es noch keine fernmündliche Verständigungsmöglichkeit gab.'[7]

The correspondence, therefore, opens valuable perspectives into Joachim's identity. This essay focuses on those letters that provide new, or little-known, information that contextualizes, reconsiders and demythologizes several facets of his life and career: his

---

5 Nora Bickley's English translation of selected Joachim letters (see note 1) includes six letters to Heinrich, all of which are in the volumes edited by Joachim and Moser.
6 The Brahms Institute acquired these letters in 1991, and thus several scholars have already incorporated a number of them in their research.
7 Borchard, Stimme und Geige, 39.

passion for performing string quartets and the importance of Heinrich's role in his English career; his views about other composers and repertoire, including the schism between the Wagnerites and Brahmsians; his evolving emphasis on composing, performing and earning a living; and ultimately his character as a human being. These letters reveal a Joachim who is sometimes dissonant with the 'great man' narrative painted by his biographer, Andreas Moser, thus allowing a more comprehensive and accurate portrait of him to emerge.

Joachim's Passion for String Quartets

Joachim is widely celebrated as one of the greatest virtuoso soloists of the nineteenth century, and his role as leader of his own string quartet is also well known. The Brahms Institute's letters, however, reveal that Joachim not only felt a true calling to perform chamber music, especially string quartets, but that he even enjoyed it more than making solo appearances. His preference for playing quartets developed already in his youth, with the impetus for this predilection emanating from his early mentors (Böhm in Vienna; Mendelssohn and David in Leipzig) who were devoted to chamber music. His experiences performing in London with Thomas Alsager's Beethoven Quartet Society, which presented annual cycles of Beethoven's quartets from 1845 to 1851, were also formative.[8] Although Joachim's debut in London with the Beethoven Violin Concerto in 1844 had been a triumphant success, in 1847 he wrote to Heinrich that, while he would be willing to appear there again as soloist, 'überhaupt würde ich mich mehr ans Quartettspielen halten, da es doch das einzige ist, was ich ausgenommen die Beethoven'schen, Mendelssohn'schen u. Spohr'schen Solo=Stücke gerne spiele. Vielleicht könnte ich auch selbst Quartettunterhaltungen geben.'[9] Later that year Joachim participated as first violinist in two of the Beethoven Quartet Society's concerts.

During his years as concertmaster in Weimar and Hanover, Joachim further deepened his passion for chamber music by forming quartets with leading players from his orchestras and presenting periodic concerts. But he also continued to explore opportunities in London, writing to Heinrich in 1850 that playing quartets was his 'Lieblingsfach' and in 1852 that, rather than as a soloist, 'Am liebsten werde ich Quartett=Engagements annehmen; denn das Quartett=Spiel ist doch wohl mein eigentliches Fach.'[10] In 1859 he even asked his brother to explore whether it would be financially feasible for him produce a complete cycle of Beethoven's quartets there:

---

8 See Ivan Mahaim and Evi Levin, 'The First Complete Beethoven Quartet Cycles, 1845–1851: Historical Notes on the London Quartet Society', The Musical Quarterly 80/3 (1996): 500–24.
9 Letter from Joachim to Heinrich, undated but before Apr. 1847, Briefe-Datenbank, D-LÜbi, Joa : B1 : 5.
10 Letters from Joachim to Heinrich of 29 Dec. 1850 and 2 Mar. 1852, Briefe-Datenbank, D-LÜbi, Joa : B1 : 25 and Joa : B1 : 29.

> Die Frage ist: gebe ich selbst Quartette? Dann muß ich Ella auf sich beruhen lassen. Sehr hohe Zeit ist es mich über diesen Punkt zu entscheiden. Was meinst du, und was sagen unsre Freunde? Ist es nicht riskirt Quartette zu unternehmen; etwa Beethoven Abende für sämtliche Beeth'sche Quartette? Thu mir den Gefallen, durch Rücksprache mit Davison, Rougier, Buxton etwa, das Terrain zu untersuchen, damit ich die Tage feststellen, u. an die Mitwirkenden schreiben kann, falls die Unterredung bejahend ausfällt. Ich lebe zu weit entfernt, u. bin zu wenig "au fait", um allein eine Entscheidung zu riskiren, die meinem Geldbeutel wehe thun könnte, wenn die Theilnahme gering wäre. Innere Lust habe ich natürlich, namentlich wenn es gälte Beethoven nach meiner Herzenslust vorzuführen![11]

This extended quotation and the following one (from a letter dated one week later) reveal the great extent to which Heinrich assisted Joachim by negotiating and organizing aspects of his concerts in London.

> Die beiden Briefe an Salaman u. Chappel bitte ich zu befördern. Was den erstern anbetrifft so will ich gern ohne Bezahlung in der L. Mus. Society spielen, weil es sehr liebenswürdig ist, und mich außerordentlich freut daß man mich unanimously mit Spohr u. Ernst zum Hon. Fellow gewählt hat. Ich habe deshalb nichts von Terms erwähnt. An Ella will ich heute höflich schreiben, daß ich sehr bedauere sein Anerbiethen nicht annehmen zu können. Darf ich dich bitten ihn zu besuchen u. das 'Warum' auseinanderzusetzen? Ich denke mir, es ist dir eine kleine Zerstreuung zur Abwechslung musical matters zu betreiben! Sonst käme es mir gar unverschämt vor, dich mit diesen Dingen zu belästigen. Mit den Schritten zu den eigenen Quartett Soiréen warte ich auf Davison's versprochenen Brief. Mitspielende sollen natürlich Piatti avant tout, Blagrove, wenn er will, Bratsche oder 2te Geige sein; für den 4ten bin ich zweifelhaft: Webb oder Ries? Tage kann ich natürlich nicht bestimmen. Willis's rooms sind mir recht, wenn sie nicht zu groß oder expensive sind. Auch spiele ich am liebsten Abends; 1stens ist's kühler, dann animirt das Licht besser, als die Vormittagsschwüle. Goldschmidt's Concerte sind Morgen=Conc:, am 7. u. 21. Mai. Das Arrangement mit W[olff] [?] sagt mir zu. Natürlich ist es mir seh[r lie]b, wenn du engagements fü[r] mich an[nimmst]; es vereinfacht die Sache Nur m[üssen']s Produktionen sein, bei denen man [XXX] Musik spielen kann.[12]

The ultimate outcome of these discussions, however, was that Joachim performed three all-Beethoven concerts (with the violinist Louis Ries, the violist Henry Blagrove and the cellist Alfredo Piatti) in London, but under the auspices of the concert impresario John Ella. This letter allows us to witness the 'birth' of Joachim's 'London Quartet', because

---

11 Letter from Joachim to Heinrich of [12 Feb. 1859], Briefe-Datenbank, D-LÜbi, Joa : B1 : 75.
12 Letter from Joachim to Heinrich of [19 Feb. 1859], Briefe-Datenbank, D-LÜbi, Joa : B1 : 76. This letter is damaged; text added in brackets is editorial.

'Lieber, guter Bruder!' 'My dear Elly!'

beginning in 1862 and continuing until 1896, he made annual trips (except in 1863) to London to perform on the Monday Popular Concerts with these musicians.[13]

In Weimar and Hanover, because of their heavy orchestral duties, playing quartets had been a pleasurable sideline, but not a major focus, for Joachim and his colleagues. In London, Joachim had excellent players in his quartet, and their performances were an important addition to the city's concert life, notwithstanding the fact that he usually spent only one to two months there each year. Moreover, bowing to the English preference for concerts with a variety of genres, his performances at the London Popular Concerts included not only string quartets, but also chamber music with piano, wind instruments or voice, and even solo works for violin or piano.[14]

Not until Joachim moved to Berlin in 1869 to become the founding director of the new Königliche Akademische Hochschule für Musik was he finally able to realize his more ambitious string quartet ideals, which he had been articulating in his letters for years. His first initiatives in Berlin were to engage string professors who could excel as members of his quartet and to inaugurate his own concert series in the c800-seat Singakademie, a storied venue in the centre of the city. Initially the Joachim String Quartet gave four concerts each season, but, encouraged by the public reception – subscribers purchased a high percentage of the tickets – by the fourth year he increased the series to eight concerts, which remained the norm throughout the remainder of the 38 years that he led the quartet. Because he had sole control of the repertoire, he programmed only works for strings, almost always three quartets; he occasionally substituted a string trio, quintet, sextet or octet for one of the quartets. His Singakademie concerts soon became a prominent fixture in Berlin's concert life, a significant aspect of Joachim's public persona and 'the spiritual home of an important faction of Berlin's musical, artistic, and political elite'.[15]

In numerous letters, Joachim included short reports about his recent and upcoming quartet performances. He was justifiably proud of his Berlin quartet's achievements and wide reputation, which led to extensive tours throughout Europe.[16] Even more than in Weimar and Hanover, the Joachim of the Berlin period (1869 onward) undoubtedly considered quartet playing to be a central aspect of his professional identity. Heinrich and Ellen regularly attended his performances in London, but Joachim often expressed his

---

13 See Theresa Ellsworth, 'Music Was Poured by Perfect Ministrants: Joseph Joachim and the Monday Popular Concerts, London', in The Creative Worlds of Joseph Joachim, ed. Valerie Woodring Goertzen and Robert Whitehouse Eshbach (Woodbridge, Suffolk: Boydell Press, 2021): 129–44. However, Ludwig Straus later became the quartet's violist for most of this period.
14 Ibid., 132–44.
15 See Robert Eshbach, 'The Joachim Quartet Concerts in the Berlin Singakademie: Mendelssohnian Geselligkeit in Wilhelmine Germany', in Katy Hamilton and Natasha Loges, eds, Brahms in the Home and the Concert Hall: Between Private and Public Performance (Cambridge: Cambridge University Press, 2014): 22–42, here 24.
16 Joachim turned down two attractive opportunities for his quartet to tour in the United States, because he feared the stress of such a long journey. See letters from Joachim to Heinrich of 25 [Aug. 1883], Briefe-Datenbank, D-LÜbi, Joa B : 1 : 422; and 16 Aug. [1892], Joa B : 1 : 614.

hope that they might arrange their travels so that they could also experience his Berlin quartet. With the growing artistic maturity and success of his Berlin quartet, Joachim began to consider his London quartet as somewhat less consequential, especially because he could not rehearse and perform with his colleagues in that city throughout the year. He expressed this in the following letter to Heinrich, written after a concert in Vienna:

> Von allen Seiten war man über die Maßen liebenswürdig, und das Quartett hat furore gemacht. Schade, daß Ihr's nicht in London hören könnt: nicht als ob Wirth und Hausmann besser wären wie Strauss u. Piatti; aber de Ahna als 2ter Geiger macht einen Unterschied, und dann ist's ein anderes Probiren und sich einleben bei einer Jahr aus Jahr ein zusammengehörigen Genossenschaft.[17]

Views On Composers and Repertoire

Additional aspects of Joachim's identity are revealed in letters in which he appraises, or comments on, other composers and their music. The repertoire that Joachim cultivated in his Singakademie concerts reveals his musical taste and also informed the public's perception of him. His programms emphasized, almost exclusively, the already canonical composers from the late eighteenth century to the first half of the nineteenth century. According to the number of times he programmed their works, his preferences were: Beethoven (323), Haydn (138), Mozart (108), Brahms (73), Schubert (63), Schumann (44), Mendelssohn (40), Cherubini (19) and Dvořák (10). Brahms was clearly the only contemporary composer whom he enthusiastically supported.

Naturally, dozens of composers – many with whom he was acquainted, including colleagues at the Hochschule and personal friends – submitted their quartet scores to him in the hope that he would perform them. To his credit, he devoted substantial time and energy to rehearsing and performing 44 works by 22 composers (other than Brahms and Dvořák) who were his contemporaries. He performed many of these works only once, however, and often they were not programmed on subscription concerts, but instead grouped together on additional 'Novität Abende'.[18]

When writing to Heinrich and Ellen, Joachim was comfortable to express his honest opinion about the contemporary works that he played. After his performance of a string quintet by Charles Villiers Stanford in 1904, Joachim admitted to Ellen that it had been 'a success d'estime. It is a clever work, but there are so many reminiscences in it of Brahms, that one can't help smiling sometimes. I wish friends would not compose (entre nous). I

---

17 Letter from Joachim to Heinrich of 1 Feb. [1890], Briefe-Datenbank, D-LÜbi, Joa B : 1 : 552.
18 Further, see Borchard, Stimme und Geige, 521–2, and the detailed listing of Joachim's quartet repertoire in the accompanying CD Rom; and Robert Riggs, '"Das Quartett-Spiel ist doch wohl mein eigentliches Fach": Joseph Joachim and the String Quartet', in Creative Worlds, 145–62.

am glad Stanford has been made a member of our Academy [in Berlin]; it is the 3rd year I proposed it.'[19]

For many readers of the Lübeck letters, perhaps Joachim's most radical comments concern the evolution of his relationship to Wagner. His initial enthusiasm for Wagner, fuelled by his two years in Weimar with Liszt, is well known, as is his outspoken public rejection in 1860 of the musical style and goals of the Zukunftsmusiker. Joachim's only personal contact with Wagner was in 1853, after a music festival in Karlsruhe. This meeting took place at a dinner party in Basel with Liszt and several of his students, during which Joachim and Wagner became per du, and Joachim volunteered to be his concertmaster when the Ring was completed.[20] Joachim reported to Heinrich about these events: 'Wagner selbst kennen zu lernen war für mich aber das eigentliche Fest, und ich danke neuerdings dem prächtigen Liszt die intime Bekanntschaft eines der bedeutendsten und liebenswürdigsten Menschen die mir vorgekommen sind. So begeistert, so wahr, so übereinstimmend innerlich und äußerlich habe ich noch wenige Menschen gesehen.'[21]

This letter provides telling background for Joachim's less-known continued interest in Wagner long after his aesthetics had changed. He considered it important to stay up to date regarding Wagner, followed his career, made efforts to hear his new operas soon after their completion, and even discovered aspects that he admired. In July 1868 he informed Heinrich about his upcoming excursion to Munich to hear Die Meistersinger, which had been premiered there in June:

> Ich will morgen eine Vergnügungstour machen – und zwar um die Meistersänger, Wagners neuste Oper, zu hören. Selbst Gegner W's, (Scholz z. B.) erzählen solche Wunderdinge über die Aufführung, und über die Originalität, zum Theil sogar Schönheit der Musik, daß ich der Versuchung nicht widerstehen kann, mich selbst zu überzeugen. Ich habe so lange nichts bedeutendes gehört, daß ich mir die Anregung gönnen will.[22]

And in 1872, Joachim responded to Heinrich's inquiry about Tristan: 'Mit Tristan und Isolde ist's wie mit den meisten Wagner'schen Sachen: hochpoetische, geniale Züge, aber als Ganzes unerquicklich, verwerflich. Monoton und aufgeblasen bis zum Excess! Aber es ist ein origineller Geist, und nicht zu ignoriren.'[23]

When Ellen inquired about the Ring – Joachim had experienced it in Angelo Neumann's 1878 production in Leipzig, its next staging after the premiere at the first Bayreuth festival in 1876 – he responded:

---

19 Letter from Joachim to Ellen of 1 Apr. [1904], Briefe-Datenbank, D-LÜbi, Joa : B1 : 829. For further pespective on the relationship between Joachim and Stanford, see Adèle Commins's chapter in this volume.
20 Further, see Hugh Macdonald, Music in 1853: The Biography of a Year (Woodbridge, Suffolk: Boydell & Brewer, 2012): 106–19; and Katharina Uhde, The Music of Joseph Joachim (Woodbridge, Suffolk: Boydell & Brewer, 2018): 73–84.
21 Letter from Joachim to Heinrich of 9 Oct. 1853, Briefe-Datenbank, D-LÜbi, Joa : B1 : 40.
22 Letter from Joachim to Heinrich of 8 [July 1868], Briefe-Datenbank, D-LÜbi, Joa : B1 : 180.
23 Letter from Joachim to Heinrich of 24 Aug. [1872], Briefe-Datenbank, D-LÜbi, Joa : B1 : 254.

> I have seen Wagner's Tetralogy, and except a few fine scenes in the Walküre liked it even less than I expected, with all its tedious repetitions in the words and in the music, its harsh dissonances and want of repose. Many people are Wagner=mad, but the generality not so much as some of the newspapers would make the world believe. The singers are excellent, Vogl the Tenor really wonderful.[24]

Joachim had apparently enjoyed Die Meistersinger, for in 1888 he wrote to Ellen to arrange a meeting with her in Munich and told her that en route he planned to stop in Bayreuth 'for the Meistersinger [which was being performed in Bayreuth for the first time]; Parsifal I have already seen, and agree that is often "langweilig"'.[25]

Joachim's description of his activities during a two-day stop in Paris in 1889 (during the World's Fair) is revealing about his taste in opera:

> Schade, daß ich für Paris nicht mehr übrig hatte, außer dem Eifelthurm, der Gemäldeausstellung und einem Stiergefecht habe ich nichts von dem Riesenunternehmen gesehen. Den einzigen Abend, den ich dort hatte (am 2ten Abend um 8 reiste ich ab) habe ich sehr gut durch Carmen ausgefüllt. Die Oper hat mir wieder große Freude gemacht, und ich möchte sie bald wieder hören. Kennst du sie? Die Musik ist voll Leben und Originalität, wie wenig Neues![26]

Joachim's enthusiasm for Carmen was shared by Brahms, who also admired the opera and even presented scores of it to several of his friends.[27]

Naturally, Joachim frequently informed Heinrich about his long relationship with Brahms. During the early years of their friendship he made sporadic, brief and extremely favorable comments. For example, when they were in Düsseldorf together during Schumann's illness in 1855, Joachim made a highly prescient prediction: 'Ich bewundere meinen Freund Brahms tagtäglich mehr in seiner Vielseitigkeit; ich staune über die rasche Entwicklung seines Genies, über das noch viele Menschen tiefe Freude äußern werden.'[28] And in 1858 Joachim mentioned in passing that 'Frau Schumann and Brahms kommen heute zum Besuch.'[29] Joachim's numerous and enthusiastic short reports about his concerts with Clara Schumann suggest that, of all the excellent pianists with whom he performed, he preferred her.

---

24 Letter from Joachim to Ellen of [early 1879], Briefe-Datenbank, D-LÜbi, Joa : B1 : 333. Joachim had already experienced Das Rheingold and Die Walküre in 1870 in Munich. Ludwig II had demanded these performances in spite of Wagner's insistence that they should not be produced before he had completed the entire Ring. See letter from Joachim to Heinrich of 14 July [1870], Briefe-Datenbank, D-LÜbi, Joa : B1 : 220.
25 Letter from Joachim to Ellen of 26 July 1888, Briefe-Datenbank, D-LÜbi, Joa : B1 : 516.
26 Letter from Joachim to Heinrich of 19 Aug. 1889, Briefe-Datenbank, D-LÜbi, Joa : B1 : 540.
27 Styra Avins, Johannes Brahms: Life and Letters, trans. Josef Eisinger and Styra Avins (New York: Oxford University Press, 1997): 401.
28 Letter from Joachim to Heinrich of 28 Aug. 1855, Briefe-Datenbank, D-LÜbi, Joa : B1 : 51.
29 Letter from Joachim to Heinrich of 29 Mar. 1858, Briefe-Datenbank, D-LÜbi, Joa : B1 : 67.

'Lieber, guter Bruder!' 'My dear Elly!'

During Joachim's divorce proceedings in the early 1880s Brahms sided with Amalie Joachim. Writing to Heinrich, who at the time was visiting Vienna, Joachim discussed his now troubled relationship with Brahms.

> Daß es mir sehr lieb wäre, wenn Brahms zu besserer Einsicht gelangte, kann ich wohl sagen; aber er <u>will</u> nicht, und sein Wille ist <u>stark</u>! Auf "<u>Verehrung</u>" seinerseits habe ich keinen Anspruch; aber daß er's über's Herz kriegt Jemand von dessen <u>Ehrlichkeit</u> er in langjährigem Verkehr überzeugt sein könnte, und von dessen Milde er wohl auch Beispiele haben mag, für einen solchen Schuft zu halten, wie mein Vorgehen mich zu einem stempeln muß, wenn ich nicht die triftigsten Beweise habe – das begreife ich nicht. [...] <u>Ich rathe dir aber mit Brahms nicht zu sprechen</u>; höchstens hättest du Unannehmlichkeit davon, denn er ist Schmeichelei und Vergötterung gewohnt. Seit dem letzten Besuch, wo er wieder bei meinem Feind [Simrock] <u>wohnte</u>, was ich nach seinen Briefen nicht erwartet hätte habe ich alle Hoffnung aufgegeben.[30]

Brahms had hoped that by composing his Double Concerto he would alleviate the rupture of his friendship with Joachim. But after its premiere in 1887 in Cologne with Brahms conducting, Joachim, still not appeased and in spite of the concerto's dedication to him and the cellist Robert Hausmann, responded to Heinrich:

> Du frägst ob ich mich mit Brahms versöhnt: persönlich nicht, aber meine Verehrung für ihn ist so groß daß ich es immer für eine Pflicht und für einen Genuß halten werde seine Sachen zu spielen. Du weißt ja, daß wir einmal eine Explication hatten, seit ich ihm einmal meine Hand verweigerte bei einer Begrüßung.[31]

These letters support the widely accepted view that their relationship suffered 'a rift never to be healed and only to a degree covered over'.[32]

As further confirmation of his continued 'Verehrung' for Brahms, the unique exception that Joachim ever made to his strict practice of only performing chamber music for strings on his Singakademie concerts was for the premiere of two works by him in 1891. Before this concert, Joachim informed Ellen that he was 'in an artistic excitement, having Brahms in Berlin, who is going to play a new Trio (for Violoncello and Clarinet) [Op. 114] in our next Quartet=evening, when we will also play a new Quintet of his for Strings and Clarinet [Op. 115]. Both works are of his best, I am especially taken with the latter.'[33]

Lastly, when touring in England, Joachim became acquainted with the precocious seven-year-old Donald Francis Tovey, and he followed the rapid maturation of the boy's

---

30 Letter from Joachim to Heinrich of [2 May 1884], Briefe-Datenbank, D-LÜbi, Joa : B1 : 438.
31 Letter from Joachim to Heinrich of 23 Oct. [1887], Briefe-Datenbank, D-LÜbi, Joa : B1 : 479. Further, see Borchard, Stimme und Geige, 371–2, and 571–5; and Arthur Holde, 'Suppressed Passages in the Brahms–Joachim Correspondence Published for the First Time', The Musical Quaterly 45/3 (1959): 312–24.
32 Beatrix Borchard, 'Performers as Authors of Music History: Joseph and Amalie Joachim', in Creative Worlds, 176–190, at 181.
33 Letter from Joachim to Ellen of 7 Dec. 1891, Briefe-Datenbank, D-LÜbi, Joa : B1 : 596.

talents as pianist and composer. In 1888, when Tovey was eighteen, they gave a joint recital, and throughout the remainder of Joachim's career they performed together in recitals and chamber music concerts in England and on the continent. Joachim admired Tovey's character and musicianship, and they developed a close and mutually supportive friendship. Their concerts included several of Tovey's compositions for piano and strings, but Joachim had reservations about them. Writing to Ellen in 1901, he commented that

> Tovey's concert yesterday was highly successful; he is really a wonderful youth & the more I see of him the more I like him. No other young musician interested me so much, since Brahms' time. Although his talent as a composer in spite of great cleverness does not as yet strike me beyond doubt, I miss taking melodic invention.[34]

Joachim made similar observations a year later:

> I grow more fond of him every [time] I see him; he is such a rare specimen of unselfishness & more musical than anyone I have known since Brahms. I wonder, what he will be as composer later on. There are things, that I like very much in his works but they are unequal, perhaps too ambitious. He may learn to be more spontaneously outspoken yet.[35]

It is not known if Joachim, acting as mentor, ever expressed these concerns to Tovey.[36]

Performing, Composing and Earning a Living

Joachim's correspondence up to 1864 documents his intense ambition to pursue both his performing career and his lofty goals as a composer. Heinrich was an encouraging older brother who believed that it was important for Joachim to distinguish himself as a composer, and Joachim frequently included short reports in his letters about his works in progress, their performances and the status of their publication.[37] During his years in Hanover, although this was Joachim's most productive period, one of his principal correspondence topics was his busy performing schedule, which prevented him from spending more time on composition.[38] He also complained that he was burnt out with concertizing:

---

34 Letter from Joachim to Ellen of 19 Mar. 1901, Briefe-Datenbank, D-LÜbi, Joa : B1 : 802. Joachim's English is occassionally unidiomatic. His inigmatic phrase ('I miss taking melodic invention') probably means that he misses captivating or engaging melodic invention. Perhaps he thought of the German term packende or einnehmende and translated it literally. Thanks to Christoph Arta for suggesting this interpretation.
35 Letter from Joachim to Ellen of 4 Feb. 1902, Briefe-Datenbank, D-LÜbi, Joa : B1 : 819.
36 Further, see Robert Riggs, 'Tovey's View of Joachim's Hungarian Violin Concerto', in Creative Worlds, 300–22.
37 See letter from Joachim to Heinrich of 2 July 1848, Briefe-Datenbank, D-LÜbi, Joa : B1 : 10.
38 Letters from Joachim to Heinrich of 26 Mar. [1857], Briefe-Datenbank, D-LÜbi, Joa : B1 : 59; and of [29 Mar. 1858], Joa : B1 : 67.

> Ich bin ohne dieß des vielen Musicirens für das Publikum müde geworden, weil ich finde, daß von keiner Seite, weder von materieller noch geistiger, Nutzen daraus entsprießt. Ich fühle, daß ich noch immer erst im Werden bin, und da ist der Praesentir-Teller der Oeffentlichkeit geradezu schädlich; werde ich einen Theil von dem was mir vorschwebt erreicht haben, so gönne ich mir dann einmal ein halbes oder ganzes Jahr, und reise, hoffentlich zu dir, und sorge womöglich für meine "Zukunft." Für jetzt kenne ich freilich nur die Hoffnung den Sommer über recht viel Notenköpfe zu ersinnen.[39]

For several years Joachim turned down his brother's repeated entreaties for him to concertize in England, and he did not accept performance engagements during his summer breaks – which, because of the short opera and concert season, lasted for five months – preferring instead to compose, study, travel and spend time communing with nature. But in 1858, after an absence of six years, he spent four months, and in 1859 he spent seven months, in the British Isles; and beginning in 1862 (as discussed above) he began performing there annually.

After completing his last major composition, the Violin Concerto in G Major in 1864, he soon became more comfortable with (or resigned to?) accepting performance as his principal strength and vocation, and with allotting composition a minimal role.[40] Scholars have speculated about the reasons for this enigmatic sharp decline in his devotion to composition and his near abandonment of it for the rest of his career. It is significant that during this same period Joachim also reassessed his priorities as a performer and discontinued programming virtuosic solo works, both his own and those by his fellow violinist-composers (Paganini, Ernst, Wieniawski et al.).[41] Eshbach has made a strong case that these decisions resulted from interrelated factors: his desire to focus as a performer exclusively on the exegetical interpretation of the timeless canonical Germanic repertoire (Bach, Mozart, Beethoven, Mendelssohn, etc.); and his realization that he might not be capable of composing works that could meet canonical standards.[42] Joachim's loss of confidence in his potential as a composer might also be traced, to some extent, to the predominantly unenthusiastic critical reception of his works, both on the continent and in England.[43]

Borchard has emphasized that multiple pairs of contrasting factors influenced Joachim's career: performing (which, as a virtuoso, brought security) and composing (which offered less security but more artistic independence); two homelands, Hungary and Germany; two religions, Judaism and Christianity; and two influential compositional role

---

39 Letters from Joachim to Heinrich of [undated, Jan. 1854], Briefe-Datenbank, D-LÜbi, Joa : B1 : 42; and of 26 Mar. [1857], Joa : B1 : 59.
40 Uhde 2018, 6, concluded that 'Joachim gradually lost his compositional voice' at this time.
41 Further, see ibid., 15–59; and Uhde, 'Reconsidering the Young Composer-Performer Joseph Joachim', in Creative Worlds, 221–41.
42 See Robert Eshbach, 'Joachim's Youth – Joachim's Jewishness', The Musical Quarterly 94/4 (2011): 548–92.
43 Further, see Ian Maxwell, '"Thou That Hast Been in England Many a Year": The British Joachim', in Creative Worlds, 104–17; and Uhde 2018, 79, 80 n. 32, and 257.

models, Mendelssohn and Liszt.[44] As a result, he suffered from inner strife (Zerrissenheit). He also endured anti-Semitism and thus felt pressured to be fully accepted as a German. She suggests that that by minimizing composition and focusing on the performance of Germanic repertoire, Joachim was striving to strengthen his credentials as a German. However, by playing this repertoire in a 'Hungarian' manner, he also succeeded (privately) in integrating his dual national loyalties while performing. Her conclusions are supported by Joachim's letters to Heinrich, which vividly document his love for and identification with German culture as well as his intense political nationalism regarding Bismarck's unification of Germany.[45] Responding to official governmental expectations in Berlin, Joachim even expressed his nationalism musically by composing two orchestral marches and an overture for important Prussian celebrations.[46] His correspondence also includes a disturbing account of the anti-Semitic backlash he experienced (even from one of the faculty members at the Hochschule) in 1879, because he performed at a fundraising concert in a Berlin synagogue to aid Jews in Upper Silesia whose temple had been vandalized.[47]

Several or even all of the above considerations probably influenced the direction of Joachim's career.[48] The Lübeck correspondence reveals, however, that his loss of ambition to compose and certainly of his time for it could also have been affected by domestic and financial issues. His marriage in 1863 and his rapidly growing family – the couple's fourth child was born shortly after their move to Berlin in 1869 – dramatically increased his expenses. He received a good salary at the Hochschule, but it was not sufficient for his lifestyle. The most effective way for him to supplement it was not by composing but by earning concert fees, and even then he was sometimes over-extended.

Joachim wanted to enjoy a high standard of living that included owning two homes: a grand residence in Berlin designed around a large central music room (9×7 metres) by the architect Richard Lucae, director of the Berlin Bauakademie, and completed in 1872; and

---

44 See Beatrix Borchard, '"Als Geiger bin ich Deutscher, als Komponist Ungar" Joseph Joachim: Identitätsfindung über Abspaltung', in Anklänge 2008. Joseph Joachim (1831–1907): Europäischer Bürger, Komponist, Virtuose, ed. Michele Calella and Christian Glanz (Vienna: Mille Tre, 2008): 15–46.

45 See letters from Joachim to Heinrich of 3 Aug. [1866], Briefe-Datenbank, D-LÜbi, Joa: B1 : 182; and of 12 Aug. [1870], Joa: B1 : 221.

46 See Uhde 2018, 403–27.

47 Letter from Joachim to Heinrich of [undated 1879], Briefe-Datenbank, D-LÜbi, Joa: B1 : 402. Further, see Styra Avins, 'Joseph Joachim and His Jewish Dilemma', Creative Worlds, 36–51; and, for additional perspectives on several of the above topics, Karen Leistra-Jones, 'Staging Authenticity: Joachim, Brahms, and the Politics of Werktreue Performance', Journal of the American Musicological Society 66/2 (2013): 397–436.

48 Yet another factor may have been his sense that Brahms dwarfed Joachim's talent for composition. In the Lübeck letters, however, there is nothing to suggest this other than the superlatives with which he praises Brahms and his music. For a recent study of Joachim's close working relationship with Brahms, see William P. Horne, 'Joseph Joachim and Brahms's Piano Quartet, Op. 26', in Creative Worlds, 191–217.

a beautiful vacation home in Aigen, a suburb of Salzburg.[49] He decided on a villa there in late 1874, but because he wanted it enlarged with an addition, it was not ready until 1876. Heinrich had recommended against purchasing the vacation home, but he nevertheless assisted Joachim in arranging its financing, which was complicated by delays in selling one of his Stradivarius violins and a plot of land that he owned in Berlin.[50] A letter from 1875 also reveals that Heinrich had advised his brother to be thriftier and to save at least £500 a year.[51] Joachim did not succeed in doing so, for the following year, pressed for money, he explained that:

> Was die Geld=Angelegenheit anlangt, so kannst du denken, lieber Heinrich daß es mich schmerzt nicht gleich das thun zu können, was du für richtig hältst; doch weiß ich keinen Rath für's Erste. Könnte ich nur die eine Stradivarius verkaufen und das Lichterfelder Grundstück; aber die Zeiten dafür sind ungünstig, und verschleudern will ich beides nicht. […] Es ist mein heiliger Ernst mich einzuschränken, und im November werde ich durch eine Concert=Reise gewiß wieder erhebliche Einnahmen haben, so daß dein Wunsch in Erfüllung geht mir was bei Seite zu legen.[52]

Joachim was again, or still, living 'hand to mouth' in 1879: writing from Salzburg, he approached Heinrich for a loan of £100 in cash (so that he could exchange it there at a good rate) for his immediate expenses. Joachim was confident that he would be able to pay it back with earnings from his upcoming concert tour with Brahms in Siebenbürgen. After reporting on the high cost of sending his sons to an expensive boarding school, he closed this letter with the admission that 'Ob ich nächstes Jahr hieher zurückkehre weiß ich nicht; denn gerne verkaufte, oder vermiethete ich das Haus. Es geht über meine Verhältnisse, Reise und doppelter Haushalt.'[53] He did not sell the house, however, until sometime after his divorce at the end of 1884.

Joachim's correspondence does not present a complete picture of his income and expenses, but it does reveal some basic parameters. In 1869 he had written to his brother concerning his initial contract in Berlin that

> die materiellen Vortheile sind nicht gering: 3 Monate Urlaub im Winter und 1 1/2 im Sommer, und zwar nur 2000 Thlr Gehalt, aber diese lebenslänglich, d. h. wenn ich (Gott behüte) in einem Jahre zu arbeiten unfähig würde, bekäme ich bis zu meinem Tode 2000 Thlr jährlich ausbezahlt. Das repräsentirt ein Kapital von 6000 £, und selbst wenn ich mich Jahr aus Jahr ein mit Konzerten plagte würde ich sehr lange dafür spielen müssen.[54]

---

49 Further, see Robert Eshbach's website: https://josephjoachim.com/2014/09/26/villa-joachim-berlin/ and https://josephjoachim.com//?s=Villa+Salzburg&search=Go.
50 Letters from Joachim to Heinrich of 8 Aug. 1874, Briefe-Datenbank, D-LÜbi, Joa : B1 : 279; and of 17 Sept. [1874], Joa : B1 : 280.
51 Letter from Joachim to Heinrich of 27 [July 1875], Briefe-Datenbank, D-LÜbi, Joa : B1 : 287.
52 Letter from Joachim to Heinrich of 4 [June 1976], Briefe-Datenbank, D-LÜbi, Joa : B1 : 296.
53 Letter from Joachim to Heinrich of 4 [Sept. 1879], Briefe-Datenbank, D-LÜbi, Joa : B1 : 334.
54 Letter from Joachim to Heinrich of 19 July 1869, Briefe-Datenbank, D-LÜbi, Joa : B1 : 210.

Apparently his salary had gradually increased, for when he wrote to Heinrich in 1874 that it had just been raised to 3,600 thaler, he commented: 'Man bezahlt im Preußischen Staat eben nicht brilliant.'[55] We also learn that the house in Salzburg, with its addition, cost 10,500 gulden, which according to Joachim equaled the 7,000 thaler that he hoped to realize from the sale of his land in Berlin.[56] Purchasing a second home that cost almost two years of his increased salary, at a time when he had no savings, clearly meant that it was imperative for Joachim to supplement his income with substantial earnings from concert fees. The letters do not reveal if he had mortgages on either or both of the homes.[57]

In Berlin – because of his teaching duties (giving violin masterclasses, coaching student quartets and conducting the orchestra), administrative work, endless quartet and solo performances and tours, and family obligations – Joachim must have had significantly less time for contemplation and composition than he had had in Hanover. In his letters to Heinrich and Ellen, he frequently itemized his upcoming local and tour concerts, providing the dates and cities where they would take place.[58] In the hope that he might receive mail from them while on tour, he sometimes even included the names of the hotels (or occasionally the private residences) where he would be staying. His letters following the concerts, which he invariably describes as having been extremely successful and very well attended, indicate that he thrived on performing and enjoyed the social experiences and travel associated with them. He never complained during these years about being burnt out with concertizing.[59]

Joachim maintained his busy schedule right up to his final illness, in spite of physical problems that plagued him during later years. In 1887 he reported about pain in the ring finger of his left hand when playing the violin and about his trip to see a famous specialist in Amsterdam for treatment.[60] Although this problem eventually improved, in the late 1880s he started to develop arthritis in his hands. It remained chronic even though he underwent various treatments, including several trips to spas, often in Switzerland, and electrotherapy.[61]

---

55 Letter from Joachim to Heinrich of 10 [July 1875], Briefe-Datenbank, D-LÜbi, Joa : B1 : 286.
56 Letter from Joachim to Heinrich of 8 Aug. 1874, Briefe-Datenbank, D-LÜbi, Joa : B1 : 279.
57 For the possible influence of Joachim's Jewish heritage on his relationship to money, see Avins, 'Joseph Joachim and His Jewish Dilemma', in Creative Worlds, 36–51.
58 Letter from Joachim to Heinrich of 4 Feb. 1874, Briefe-Datenbank, D-LÜbi, Joa : B1 : 268; and letters of 5 Feb. 1882, Joa : B1 : 377; 15 Feb. 1883, Joa : B1 : 409; 2 May 1885, Joa : B1 : 458; 12 [Nov. 1887], Joa : B1 : 498; 11 Aug. [1898], Joa : B1 : 757; 29 Oct. 1898, Joa : B1 : 759; 3 Mar. [1900], Joa : B1 : 789.
59 Joachim made a few weak attempts to revive his composing, more specifically, during his upcoming four-week vacation in northern Italy with his youngest son, he hoped his 'eingerostete componisten=Feder etwas mobil zu machen', but he was not successful. Letter from Joachim to Heinrich of 5 Aug. [1895], Briefe-Datenbank, D-LÜbi, Joa : B1 : 287.
60 Letter from Joachim to Heinrich of 19 Dec. 1887, Briefe-Datenbank, D-LÜbi, Joa : B1 : 499.
61 Letter from Joachim to Heinrich of 1 Sept. 1890, Briefe-Datenbank, D-LÜbi, Joa : B1 : 564; and letter from Joachim to Heinrich of 16 Oct. 1890, Joa : B1 : 567.

'Lieber, guter Bruder!' 'My dear Elly!'

Other Topics

It is possible to mention only briefly other aspects of Joachim's life that these letters elucidate. When they began corresponding, both Joachim and Heinrich were bachelors. Thus they discussed first their courtship, then later their marriages and their large families. Heinrich had seven children; Joachim had six. They exchange reports and concerns about their children's accomplishments, illnesses, maturation, careers and challenges, including Joachim's son Herman's involvement in a duel, which was fatal for his opponent.[62] Naturally, the brothers share news about their own parents, siblings and other relatives. They also confer about their plans for summer vacations and occasionally succeed in their desire to enjoy them together. When Joachim's marriage was breaking up, he provided candid details (in most of his c110 letters from mid-1880 to the end of 1884) about the drawn-out separation and painful divorce, which created many issues involving the children, severe financial challenges and his troubled emotional state.[63]

While on tour as soloist with orchestras in Belgium in 1888, Joachim inserted a striking report in a letter to Ellen about a soprano who had also performed on one of his concerts:

> But I was quite in raptures about a singer who sang at the Antwerp concert … If you see the name of Melba advertised, go immediately to buy a ticket, no matter what it costs! Tell Henry too. […] On the 2th May she is going to sing at Covent Garden; I am sure she will take Pattis [Adelina Patti] position, but there is more soul in her voice and all the brilliancy of the other. Such perfect intonation, and such rhythm! And such wonderous high notes and shakes. And without being beautiful such pleasing, interesting creature. I hope it is not the last time I met her.[64]

It was not the last time. Over a period of about two years, beginning in 1897, Joachim cultivated Nellie Melba's friendship. They corresponded, performed together on several concerts, sat for a formal photograph and came for tea at Ellen's home.[65] Apparently Joachim became infatuated with Melba and perhaps wished that he was not thirty years older than she.[66]

As an extraordinarily successful business man, Heinrich became quite wealthy and had numerous prominent friends in London society. Joachim, whose professional career began

---

62 Letter from Joachim to Heinrich of 5 Jan. [1896], Briefe-Datenbank, D-LÜbi, Joa: B1: 692.
63 See Borchard, Stimme und Geige, 368–403, for a selection of these letters, along with accompanying correspondence from Heinrich Joachim, Ellen Joachim, Amalie Joachim, Johannes Brahms, Clara Schumann, Josepha Joachim, Philipp Spitta and Fritz Simrock, as well as excerpts from relevant court records.
64 Letter from Joachim to Ellen of 8 April 1888, Briefe-Datenbank, D-LÜbi, Joa: B1: 507.
65 Joachim mentions Melba in additional letters, including in a letter to Ellen Joachim of 29 June 1897, Briefe-Datenbank, D-LÜbi, Joa: B1: 721; and in a letter to the same of 30 Oct. 1897, Joa: B1: 738.
66 In the Berlin Staatsbibliothek there are 149 letters from Melba to Joachim. According to Borchard, Stimme und Geige, 565, these letters do not reveal the exact nature of their relationship. Further, see Sanna Pederson's blog: https://sannapederson.oucreate.com/blog/?p=8229.

after his brother's and who was in a less lucrative field, seemed to feel compelled to inform Heinrich regarding his own situation, perhaps in an attempt to impress him. Thus, he writes about his salary, vacation time and workload in each of his positions, and provides sporadic information about his concert fees. He also describes with pride his interactions and close relationship with his aristocratic employers. After King George V and his wife were deposed, they left Hanover and lived in Gmunden, Austria. Joachim visited them almost annually, often as their house guest. As a frequent invited guest or performer at formal events in Berlin, he also developed personal relationships with Prussia's aristocracy and political leaders.[67]

*

The Brahms Institute's Joachim Briefe-Datenbank is an indispensable resource. The user-friendly digitization of the letters includes rigorous transcriptions along with photographic reproductions of the holographs and (when extant) their envelopes. Although many of the letters are undated or are only partially dated, probable dates have been deduced, and they are organized chronologically. Spanning Joachim's entire professional life, the correspondence contains a wealth of detail that aids our understanding of his career, character and identity. It informs our appreciation of the tremendous energy and spartan work ethic that enabled him to become a major and intimately imbedded protagonist in musical life on the European continent and in the British Isles for 60 years. Ultimately, Joachim is revealed as a fascinating, brilliantly gifted and admirable personality. He was a 'great man'. Nevertheless, he suffered from, and had to deal with, some universal human weaknesses, problems and challenges. Acknowledging them does not decrease our awe.

---

67 A revealing letter from Walter Stewart Broadwood (of the Broadwood piano firm in London) to Heinrich of 24 May [1875] is inserted in the collection Teilnachlass Joachim (D-LÜbi) immediately following Joachim's letter to Heinrich of 10 July 1875, see Joa : B1 : 286. Broadwood, who had attended the 52nd Lower Rhine Music Festival in Düsseldorf, which Joachim had co-directed, describes in some detail the success of the festival and the four days of relaxed socializing and high-spirited partying following it that he, Joachim and other friends had enjoyed together.

'Die Musik, lieber Freund, die Du mit Deinen Jungen machtest, wird mir noch lange im Innern fortleben'

Joseph Joachim's Friendship with Paul David and Uppingham School

Malcolm Tozer

The tone of an Uppingham School Magazine report of the 1898 spring term concert was surprisingly extravagant when compared with the dull prose about cross-country running, a dinner in Calcutta, the prospects for the cricket season and an essay about snoring:

> A Concert of so unique a nature has never before been heard in Uppingham; the programme included two of the greatest works that human genius has ever produced – and this is no exaggerated description of these Quartetts of Beethoven and Brahms, – and these works were interpreted with an insight and fulness of power which has probably never been equalled by any other combination of players. We ought all to think ourselves extremely fortunate to have had the opportunity of hearing such playing under such favourable conditions.[1]

Interspersed between choruses and airs from Handel's Judas Maccabaeus (1745) performed by boys, teachers and former pupils, the audience had heard Brahms's String Quartet in B flat major Op. 67, Beethoven's String Quartet No. 10 in E flat major Op. 74 and, as encores, two movements of Schubert's String Quartet No. 14 in D minor. And the quartet? Joseph Joachim and Johann Kruse, violins; Emanuel Wirth, viola; and Robert Hausmann, cello.[2] What a treat! But why were these four giants of Europe's concert halls performing in a schoolroom, in a market town, in England's smallest county, 150 km north of London?

Music in British Schools in the Nineteenth Century

Bernard Shore's introduction to the government-sponsored report by the Ministry of Education on Music in Schools, published in 1956, judged that 'the unhappy divorce between music and the humanities that […] continued, as far as England was concerned, until late in the nineteenth century, helped to banish music from most boys' schools and

---

[1] Uppingham School Magazine (hereafter USM) (1898): 75–8.
[2] The Joachim Quartet in this formation – with Johann Kruse as second violinist – existed from 1892 to 1897. Roger Thomas Oliver (rev. Beatrix Borchard), 'Joachim Quartet', in Grove Music Online, www.oxfordmusic.com (accessed 15 July 2021).

degrade it to the level of an "accomplishment" […] for girls'.³ However, one boys' school known to Shore, Her Majesty's Inspector (HMI) for Music, had healed that damaging separation in the 1850s by initiating 'some of the most valuable ideas for the growth of school music'. This was Uppingham School. He continued:

> Beginning with Uppingham, where [Edward] Thring made history by appointing a Director of Music, several of the independent public schools had been developing their musical lives in a manner that differed considerably from what was possible at this period in schools supported or aided by the state. With larger financial resources, a more flexible school day, and teams of highly qualified specialist teachers, some of them men of outstanding personal qualities, they were able to build up musical traditions that included individual instrumental tuition, school orchestras, chamber music groups, house music competitions, and chapel services combining in a distinctive way collegiate with congregational singing. Most important of all, perhaps, they demonstrated that the classics of musical literature, if skilfully graded and presented, could make a strong and lasting appeal to the average boy.⁴

Paul David was that director of music. On his appointment in 1865, the school's headmaster had written to welcome him to Uppingham, to share his thoughts on the educational role that music could play and to set David a goal: 'It has long been a matter of great interest to me to make music take a proper place in English education.'⁵ David accepted the challenge and, over a 43-year career, he realized the headmaster's ambitions for music at the school. None of this, however, would have happened but for a chance meeting in Rome of a young English bachelor and a Prussian Fräulein just before Christmas in 1852.

Edward Thring, Headmaster of Uppingham School

Edward Thring, soon to be Uppingham's new headmaster, was that young bachelor in Rome. He was born at Alford in the south-western county of Somerset on 29 November 1821. His father, John Gale Thring, was rector and squire of the parish; his mother, Sarah, was the daughter of the vicar of a neighbouring parish. Edward was the fifth of seven surviving children of the marriage.⁶ He was educated at Eton College and King's College, Cambridge and took Holy Orders in 1846. Over the next few years he served as curate

---

3   Ministry of Education, Music in Schools (London: Her Majesty's Stationery Office, 1956): 4. Bernard Shore was HMI for Music from 1948 to 1959. He was a distinguished viola player, composer and author of The Orchestra Speaks (London: Longman Green & Co., 1946). Email from Mark Phillips, HMI, 12 Feb. 2018.
4   Ministry of Education, Music in Schools, 9.
5   Musical News 30 (1906): 211; quoted in W. Green, 'The Development of Musical Education in the Public Schools from 1840 to the Present Day' (MA diss., Durham University, 1990), 44.
6   Two of Thring's brothers found national fame: Henry (born 1818), later Baron Thring of Alderhurst, became an eminent lawyer and civil servant; Godfrey (born 1823) was a churchman and celebrated hymn writer.

at churches in Gloucestershire and Berkshire with teaching duties in their elementary schools, he took private pupils and wrote two school textbooks, and he acted as an examiner for well-known schools. In the intervals between these occupations, Thring made several long journeys across Europe: through France one year, following the course of the Rhine on another occasion and visiting cities in Prussia on a third. Then, in the autumn of 1852, Thring embarked on the traditional English gentleman's Grand Tour through Belgium, Prussia, Bohemia, Austria and Italy, and then onwards through Greece and Turkey to reach the Holy Land.[7]

Towards the close of a meandering journey through the Italian art cities, Thring was summoned early to Rome at his parents' bidding.[8] His younger brother Godfrey was set to make a fool of himself by proposing marriage to a young lady from Prussia, a match that his parents thought unsuitable. Thring's diary of the trip petered out and then went silent: he was in love. He rescued Godfrey by making his own proposal to Marie Koch, and she accepted (see Illustration 1). All thoughts of the Holy Land were forgotten. Thring rushed back to England to find employment. He failed to land the headmastership of Durham School, which went to Henry Holden, so he tried for Holden's post at Uppingham Grammar School – and got it.

Marie Koch, Bonn and the Lese- und Erholungsgesellschaft

Carolina Marie Louise Koch, a year older than Thring and always known as Marie, was the eldest of seven children of Carl Koch and Conradina Terlinden. Both parents were born in Cleves (Kleve), in 1783 and 1793 respectively, a duchy to the north-west of the Rhine that surrendered its independence to Prussian control in 1815. Carl Koch was employed in the Prussian customs service as a Zoll und Steuer Inspektor and was posted to Hamm, across the Rhine in Westphalia (Westfalen), where he and Conradina married in 1819, and then to Bonn, west of the river in Berg. Koch had now been promoted to Oberzoll und Steuer Inspektor, and from 1822, when Prussia amalgamated all the territory west of the Rhine to form the Rhineland Province (Rheinprovinz), his responsibilities increased. His office was in the heart of the city, a short walk from his home, where Marie was born on 20 November 1820. By 1834, when the couple had six more children, the family had moved to a new home nearby.[9]

---

7 For greater biographical detail see Nigel Richardson, Thring of Uppingham: Victorian Educator (Buckingham: University of Buckingham Press, 2014), and Malcolm Tozer, The Ideal of Manliness: The Legacy of Thring's Uppingham (Truro: Sunnyrest Books, 2015).
8 Venice, Verona, Padua, Ferrara, Bologna, Florence, Pisa, Lucca, Siena, Arezzo, Perugia and Assisi.
9 Koch's office was at Auf der Sandkaule 64; the family homes were at An der Windmühle 726 and Neustraße 735. 'Bonner Kalender', 1834, 1841, 1846, 1847, 1848, 1850, <u>University and State Library Bonn s / Bonn Calendar (uni -bonn.de)</u> (accessed 7 Oct. 2022); Norbert Schloßmacher, email message

Illustration 1, Anna Koch, Edward and Marie Thring, c1854
© Uppingham School

Marie and her siblings were raised within a cultured family in a cultured city. Bonn was the seat of the Elector of Cologne, and the presence of his court not only provided the 10,000 inhabitants with employment but also projected an aura of grandeur and a veneer of aristocracy. The small city was well-tended, pleasant and secure, and no industry and little commerce disturbed the cosy ambience. Bonn was also Beethoven's city. Gottlob Neefe, the court organist from 1781, was Ludwig's first full-time teacher. Neefe was a member of the city's Lese- und Erholungsgesellschaft, a gentlemen's 'reading and recreation club', and

---

to author, 2 Dec. 2016. Dr Schloßmacher is director of the Stadtarchiv and of the Stadthistorische Bibliothek Bundesstadt Bonn.

'Die Musik, lieber Freund, die Du mit Deinen Jungen machtest ...'

in 1790 he arranged for the society to commission Beethoven's early cantata on the death of Emperor Joseph II (1790).[10]

Carl Koch became a member of the Lese- und Erholungsgesellschaft in 1822 at the age of 39. With its close association to the elector's court and the newly founded University (1818), the Lese- und Erholungsgesellschaft was the most sought-after club for the professional elite.[11] In 1824 the society moved from rented accommodation near the electoral palace to a permanent home adjacent to the Münsterplatz. Club facilities now included a library, reading room and billiard room, together with space for concerts, balls, wine-tasting and general refreshment and recreation.[12]

The musical life at the Lese- und Erholungsgesellschaft and throughout the city was strong. Heinrich Carl Breidenstein, director of music and professor of musicology at the university, founded the society's music club shortly after joining in 1823. In 1845 he became director of the city's first Beethovenfest.[13] Friedrich Heimsoeth, a member of the Lese – und Erholungsgesellschaft since 1849 and Breidenstein's rival, founded its choral society.[14] Franz Ries, another of Beethoven's teachers, handed over leadership of his Musikalisches Kränzchen (a semi-public musical salon) to Johanna Kinkel, née Maria Johanna Mockel (1810–1858), in 1829.[15] Later she became director of a choral society in the city, a role usually undertaken by men.[16]

Research both in England and in Germany has uncovered no details of Marie Koch's life in Bonn from her birth in 1820 until her marriage to Edward Thring in 1853, but her father's profession, his membership of the Lese- und Erholungsgesellschaft, the family's social position, the site of their successive homes and the cultural atmosphere throughout the city all combine to suggest that she was socially adroit, well read, alive to music and probably proficient as a singer and pianist. These were the gifts that she brought to Uppingham.[17]

The purpose of Thring's presence in Rome in November 1852 has been noted, but there is no record of why Marie Koch was there. We can be certain, however, that an

---

10 Beethoven was 19. John Suchet, Beethoven: The Man Revealed (London: Elliott & Thompson, 2012): 19–28, 43; John Suchet, email message to author, 6 Jan. 2017. Suchet was a pupil at Uppingham School from 1957 to 1962.
11 Koch's fellow members at the Lese- und Erholungsgesellschaft included the philosopher Karl Wilhelm Friedrich Schlegel, the author Ernst Moritz Arndt, the historian Barthold Georg Niebuhr, the lawyer Bernhard Franz Josef von Gerolt, the musicians Nikolaus Simrock and Franz Ries, and Beethoven's patron, Graf Ferdinand von Waldstein und Wartenberg.
12 Alexander Wolfsohl, email message to author, 30 Dec. 2016. Dr Wolfsohl, the retired headmaster of the Beethoven-Gymnasium in Bonn, is the Lese- und Erholungsgesellschaft's archivist.
13 In 1838 Breidenstein taught the Princes Ernst and Albert of Saxe-Coburg-Gotha, the latter becoming Queen Victoria's Prince Consort in 1840.
14 Alexander Wolfsohl, email message to author, 30 Dec. 2016.
15 Anja Bunzel, The Songs of Johanna Kinkel: Genesis, Reception, Context (Woodbridge, Suffolk: Boydell Press, 2020): 18.
16 Alexander Wolfsohl, email message to author, 30 Dec. 2016.
17 George Parkin, Life and Letters of Edward Thring (London: Macmillan, 1898), 1:308.

unmarried young lady of her social class would not have been there alone.[18] The most likely explanation is that she was accompanying her ailing father on a journey in search of winter sunshine to restore him to good health. Koch was now aged 65 and had probably retired.[19] He did not long enjoy his new-found leisure, however, for he died by the time of his daughter's marriage on 20 December 1853.[20] Marie's mother travelled to England for the wedding; she had moved out of the family home and settled into a small apartment close to the Münsterplatz.[21]

Edward and Marie Thring were now ready for their 'life-work'.[22]

The Great Educational Experiment

Thring began his headmastership at Uppingham on 10 September 1853 by staging a cricket match with his boys; there were just enough to form two sides. He lived in School House, and the boys boarded in attached accommodation: a hall for dining and study on the ground floor, beds in the dormitory above and individual studies across the quadrangle. The headmaster, his sole assistant master and the boys worshipped in the town's church, took their lessons in the adjacent schoolroom and played games in an indoor court as well as on the cricket field. Marie joined Edward in School House in January 1854 after their wedding in Hampshire, and together they set about constructing what Thring later called 'the great educational experiment'.[23] Marie's youngest sister, 18-year-old Anna, also came to Uppingham and lived with the Thrings. She served as the headmaster's secretary until his death in 1887.[24]

---

18 An opinion shared by Wolfshohl; email message to author, 17 Jan. 2017.
19 The Bonner Kalender of 1848 listed Carl Koch as the senior member of the Zoll und Steuer team, but his name was absent the following year when the office moved and new inspectors were added to the team. The office moved to Weberstraße 25. Seven inspectors were present in both 1848 and 1849, three left in the interval, and two joined. Bonner Kalender, 1848 and 1849.
20 Carl Koch was recorded as deceased on the marriage certificate; there is a copy in the Uppingham Archives (hereafter UA). Records in Bonn do not list his death, but a Carl Koch who was born in 1784, one year after Marie's father, died in Berlin on 13 July 1853. Knowing that even German record-keeping is not perfect, this may be the true record of his death. Schloßmacher, email message to author, 2 Dec. 2016.
21 The small apartment was at Fürstenstraße 38½. Information from the first Bonner Bürger-Buch of 1858 and H. B. König's Adressbuch der Universität-Stadt Bonn, 1859/60. Schloßmacher, email message to author, 2 Dec. 2016.
22 This is what Thring told a friend on his return from taking his first look at the school. Parkin, Life, I:55.
23 Thring, diary, 20 Dec. 1858, UA. For more on the history of the school during Thring's headmastership see Richardson, Thring of Uppingham and Tozer, The Ideal of Manliness.
24 No reason for her leaving Bonn was recorded, but her departure would have reduced the financial burden on her widowed mother and passed that responsibility to Thring. In later years Thring was called upon to give financial support to other members of the Koch family still living in Bonn. See, for example, Thring, diary, 16 Nov. 1860 and 20 Jan. 1862, UA.

'Die Musik, lieber Freund, die Du mit Deinen Jungen machtest …'

There is no evidence to suggest that Thring had prepared a plan for a school as he began his headmastership, for he gave serious thought to his career only when he became engaged to be married. Uppingham Grammar School, however, was the sort of school an ambitious young man would have looked for: it was small, run-down and ready for an enterprising headmaster. It was also isolated, a good quality for an experimental site, but accessible. Railways were approaching Uppingham from several directions, and these would be vital if the school were to grow beyond its local resources. His later career shows Thring to have been a pragmatist: if a new idea suggested itself and was seen to contribute to the overall philosophy, then it was adopted and absorbed into the system.

The first priority was to recruit more pupils. Young men, newly wed and soon to start families, were tempted to Uppingham to invest in the venture. They built large mansions or converted existing houses to accommodate up to 30 boys in cubicled dormitories and individual studies, at a time when other schools provided less comfortable lodgings and crammed in many more pupils.[25] These housemasters taught in their own house halls, and their colleagues worked in makeshift classrooms in cottages about the town, so at first there was no pressure to build proper teaching facilities. The numbers in the school, however, quickly swelled, doubling every two years through the 1850s. A whole day's holiday celebrated the 200-mark in May 1863; then, two years later in September 1865, Thring's self-imposed limit of 300 was reached. The school's name, Uppingham Grammar School, which dated back to 1584, was quietly dropped and exchanged for Uppingham School. Uppingham was now a 'public school', one of the elite private boarding schools for sons of the professional and aristocratic classes, and boasted nine boarding houses, a chapel and a new schoolroom.[26]

The second priority was the curriculum and the men to teach it. As at all contemporary public schools, lessons in Latin and Greek, English literature, mathematics and divinity dominated the timetable. These subjects were taught by Thring and the other housemasters, mostly graduates of Cambridge University and many in Holy Orders. But, from the outset, Thring wanted a broader and more rounded curriculum, one that suited boys of all abilities and not just the cleverest. This was alien to English public-school practice but the norm in much of mainland Europe and in the German-speaking countries in particular.[27]

---

25 Medieval benefactors at Eton College and Winchester College fixed the number of free scholars at 70 to match the number of disciples whom Jesus sent out to assist the apostles. Later foundations, including Shrewsbury School and Repton School, chose the same number for the boarders in School House, where the headmaster was the housemaster. These numbers were maintained throughout the nineteenth century. Nicholas Orme, Medieval Schools: From Roman Britain to Renaissance England (New Haven and London: Yale University Press, 2016): 142.

26 The original schoolroom was now used for art and crafts. For a modern history of public schools, see David Turner, The Old Boys: The Decline and Rise of the Public School (New Haven and London: Yale University Press, 2015).

27 Germany did not come into being as a unified country until 1871. It would be more accurate to refer to Prussia before that date.

Thring's marriage to Marie persuaded him to look towards Bonn and the Lese- und Erholungsgesellschaft for well-proven ingredients of educational practice that were foreign to current English ways, and to import them. These included the Humboldtian model of holistic schooling, which was designed to motivate all children to realize their full potential; a broad curriculum of 'extra' subjects – music, art, gymnastics, modern languages and science; and men to apply the first and to teach the second.[28]

Anglo-Prussian Cultural Links

Cultural and commercial links between England and the German states were strong throughout the nineteenth century. Every British monarch from George I to George V had a German consort; Queen Victoria's mother was born in Saxe-Coburg-Saalfeld; and in 1840 Victoria married her first cousin, Prince Albert of Saxe-Coburg and Gotha. Their daughter, also Victoria, married the future Crown Prince of Prussia. Ideas in the physical and social sciences flowed between the two nations, and they shared a heritage in literature and music. Prussian influences in England were particularly evident during the 21 years of Albert and Victoria's marriage, when the socially ambitious took on German-speaking governesses to teach their children the fashionable language. These Anglo-Prussian associations were the foundations on which Edward and Marie Thring's marriage was built, and their life's work transformed a small country grammar school with a purely local reputation into a public school of national renown.

Edward and Marie maintained close contact with Bonn and the Koch family in their first decade at Uppingham.[29] They holidayed for a month in the summer in Bonn until the costs involved with raising five children led to a preference for the Lake District, and Prussian and Swiss governesses were brought over for their daughters.[30] The strongest professional link was with Dr Friedrich Breusing, the husband of Marie's third sister, Louise.[31]

---

28 The Prussian minister responsible for schools from 1809 to 1810 used the term Bildung to describe the holistic education that he introduced in the state's schools and universities: see Wilfried Gruhn, 'Germany: Educational Goals, Curricular Structure, Political Principles', in Gordon Cox and Robin Stevens, eds, The Origins and Foundations of Music Education: Cross-Cultural Historical Studies of Music in Compulsory Schooling (London: Continuum, 2011): 50–2. 'Extra subjects' was the Uppingham description; they were taught by the 'extra' masters, those who were not housemasters.

29 Thring's first diary did not start until 1859, and its entries did not include school holidays; in addition, the diaries from March 1862 until October 1886 were destroyed after they were used by Thring's Victorian biographer, George Parkin. The only other diary to survive was the last. Most evidence for the Bonn connection thus comes from the first diary and snippets from Parkin, Life.

30 Thring, diary, 20 May, 27 June and 8 Aug. 1860, UA; Margaret Thring, 'Memories', UA. The Thrings had two sons – Gale (born 1854) and Herbert (born 1859) – and three daughters – Sarah (born 1856), Margaret (born 1858) and Grace (born 1866).

31 Carl and Conradina Koch had eight children: Marie (born 1820), Friedrich (born 1822), Julie (born 1823), Emilie (born 1824), Moritz (born 1827), Louise (born 1829), Lothar (born 1832) and Anna (born 1835).

Breusing was well established within Bonn's professional, social and cultural circles and proved to be a good recruiting agent for the teachers that Thring sought.[32]

The Breusings ran a private day and boarding school for boys, a Knabeninstitut, within a new suburb for the growing professional classes that was under construction south of the city.[33] Some pupils came from England, using it as a finishing school and to improve their German. Thring was one of several public-school headmasters who supplied references for Breusing when he posted advertisements in British newspapers.[34] Breusing was fluent in English, and his skill as an interpreter was used by the court when visiting Englishmen needed assistance.[35] His social and professional standing enabled him to follow his father-in-law as a member of the Lese- und Erholungsgesellschaft, joining in 1857.[36] It is likely that when Thring was in Bonn he would have accompanied Breusing to lectures, concerts and the like, but the unexplained absence of the society's visitors' book for the period from its archives leaves the suggestion unproven.[37]

Two of Breusing's boarding pupils from 1856 until about 1861 were Ludwig and Ferdinand Schumann, the sons of Robert and Clara Schumann.[38] After a suicide attempt in 1854, Schumann had been admitted to a mental asylum near Bonn, where he died in July 1856. Joseph Joachim and Johannes Brahms were close friends of the Schumanns and frequent visitors to Bonn at this time; it is possible that the Breusings were admitted to this social circle.[39] In April that year, Clara Schumann accepted an invitation from her husband's English friend, the composer William Sterndale Bennett, to play under his baton with the London Philharmonic Society. That connection was to bring great benefit to Uppingham School a decade later. Clara Schumann's friendship with Joachim and his

---

32 Thring, diary, 25 Nov. 1859, UA.
33 Breusing's Knabeninstitut was located at Coblenzerstraße 100. Bonner Kalender, 1857 and H.B. König's Adressbuch der Universität-Stadt Bonn, 1859/60. D-BNu, H. B. König's Adressbuch der Universität-Stadt Bonn (1859/60), https://digitale-sammlungen.ulb.uni-bonn.de/periodical/titleinfo/1288809 (accessed 7 Oct. 2022).
34 See, for example, Stamford Mercury 58/8532 (29 Oct. 1858): 2, where the headmaster of Edinburgh Academy and the rector of Edinburgh High School placed their names beside that of Thring.
35 In 1861 he acted as interpreter in the trial of a group of Englishmen: see 'The Trial of the English Residents at Bonn: A Sequel to the Macdonald Affair', https://archive.org/stream/trialenglishresoounkngoog/trialenglishresoounkngoog_djvu.txt (accessed 16 Dec. 2016).
36 Wolfshohl, email message to author, 15 Jan. 2017.
37 Wolfshohl, email message to author, 14 Mar. 2017.
38 The registration booklet for Breusing's school requested by the Bürgermeister-Amtes (Mayor's Office) in Bonn, dated 30 Aug. 1856, is held in the Stadtarchiv in Bonn. It lists the teachers and pupils, including one Schumann. Schloßmacher, email message to author with attached photographs, 11 Oct. 2017. See also Nancy B. Reich, Clara Schumann: The Artist and the Woman (Ithaca: Cornell University Press, 2001): 146; and Dieter Kühn, Clara Schumann, Klavier: Ein Lebensbuch (Düsseldorf: Fischer, 1996). Both Reich and Kühn state that the boys joined Breusing's school when Ludwig was eight; that would be 1856. Berthold Litzmann states that it was three years later, 1859: Litzmann II:174.
39 In 1856 Schumann was 45 and 46, Joachim 24 and 25 and Brahms 22 and 23. Schumann and Joachim were already famous, Brahms was not.

wife Amalie Joachim née Weiss, a mezzo-soprano, continued for 40 years, and they played together in more than 200 concerts in Germany and England.[40]

Uppingham's First Music Teachers

In 1854 Thring appointed his first housemaster, John Blakiston; a second, Robert Hodgkinson, arrived a year later together with the first extra master, Herr Schäfer.[41] The teaching team now numbered five. Schäfer taught music and German: he received the same salary and status as Hodgkinson in agreement with Thring's assessment that all masters were 'equally superior men'.[42] No more is known about Schäfer except that he may have come from Bonn.[43] Schäfer stayed at Uppingham for just one year and was succeeded by Dr Gerold Benguerel, aged 28, and Christian Reimers, 29. Benguerel had previously taught at Dr Kortegarn's Institut in Bonn, a few doors away from Breusing; he took responsibility for German, French and science.[44] Reimers taught art and music.[45] A gifted cellist, he had studied in Leipzig from 1846 and often played under Ferdinand David's leadership with the Gewandhaus orchestra. His skill as a caricaturist has left a vivid record of musical life in the city when Mendelssohn was at his peak.[46] Reimers first met Schumann there in 1850, and two years later they both moved to Düsseldorf when Schumann became conductor of the city's orchestra. Reimers lived with the Schumanns and joined their circle of friends, including Joachim, Brahms and Liszt. When Schumann entered the asylum, Reimers was one of the most regular visitors, giving daily reports to Clara: she had been advised by his doctors to stay away.[47]

---

40 Reich, Clara Schumann, 206, 207, 269.
41 Blakiston left in 1857 to become headmaster of Giggleswick School. Hodgkinson had a long and distinguished career at the school, first in the main school and later as head of the lower school. He died in 1890. I have been unable to discover Schäfer's first name.
42 Both received £120 per annum: Parkin, Life, I:84, 329.
43 The Bonner Kalender recorded a Herr Schäfer living at Saugaße 1, just north of Münsterplatz, from 1848 until 1855 but not thereafter.
44 Coblenzerstraße 39 and 100: Bonner Kalender 1855. During one holiday Benguerel took a group of boys on a bird-watching and egg-collecting expedition to the Faroe Islands. Willingham Rawnsley, Early Days at Uppingham under Edward Thring (London: Macmillan, 1904): 79.
45 Benguerel returned to the Rhineland in 1861 to work in the Prussian education department in Hanover. He became director of the Kaiserliches Lyceum in Strasburg in 1871.
46 Several original portraits by Reimers are displayed in the Mendelssohn-Haus in Leipzig. Many reproductions are included in Paul Blackman, Christian Reimers – A Spirited Performer (Campbelltown, South Australia: Blackman, 2016).
47 Reimers and Schumann played through the draft of the composer's Cello Concerto in March 1851. Reimers moved to Bonn the following year to join the orchestra of the Beethoven-Verein and to teach at the Cologne Conservatory, but the friendship with the Schumanns was maintained: Brahms, Joachim and Reimers tried a draft of Brahms's First Piano Trio in 1853, with Clara Schumann as the audience. That same year, Reimers and Schumann played through the composer's last work, several romances

'Die Musik, lieber Freund, die Du mit Deinen Jungen machtest ...'

The appointment of Schäfer and then Reimers at Uppingham was surprising in several ways. First, mid-Victorian England was notorious as 'the land without music', with only Sterndale Bennett (1816–1875) as a contemporary English composer known to foreigners: 'You know how musical all our people are in England!', he complained to David.[48] Secondly, as Robert Ensor noted, the upper classes 'held music in Roman contempt as a field for foreigners and ill-bred underlings'.[49] Thirdly, other than the provision of chapel choirs, the boys' public schools had no musical tradition; indeed music was considered 'rather unmanly' and more fitting as a feminine accomplishment.[50] And fourthly, and most remarkably, Thring was himself quite unmusical and tone-deaf. 'He did not know one tune from another', his daughter Margaret remembered, 'except perhaps the National Anthem'.[51] As Thring later explained to the Rev. Edward White: 'though I support music zealously from a sincere belief in it, I am an ignorant, careless savage, and know nothing about it'.[52]

Uppingham music began with Marie Thring's Sunday evening gatherings in the School House drawing room.[53] Marie and her sister Anna played and sang, Schäfer and Reimers performed, and there was a small choir of six or so boys.[54] As the school grew, the concerts moved to the 'Music Room' and then to the hall in School House.[55] Thring contributed by writing lyrics for songs which were set to music by Reimers. Robert Sterndale Bennett, the grandson of William and a twentieth-century director of music at the school, believed that these were probably the first songs with English lyrics to be used at an English school;[56] they were certainly published some years before John Farmer went to Harrow School and Joseph Barnby arrived at Eton.[57] Three songs stemmed from the partnership: 'The Uppingham Chorus', 'The Cricket Song' and 'The Fives Song'; the second and third were published in 1856 with a title page drawn by Reimers.[58] The first was not particularly

---

for cello. Blackman, Christian Reimers, 15. Blackman also explores the fate of Schumann's lost cello romances.

48 Letter from William Sterndale Bennett to Paul David of 9 Sept 1840, Sheffield Archives, Sterndale Bennett Papers, MD6318.
49 Robert Ensor, England 1870–1914 (Oxford: Clarendon Press, 1964): 158.
50 Paul David's notes in Parkin, Life, II:307.
51 USM (1953): 5; Margaret Thring, 'Memories'.
52 Letter from Edward Thring to Rev. Edward White of 20 May 1873, quoted in Parkin, Life, I:299.
53 The gatherings lasted from 7:30-10:00 p.m. The music was followed by Marie's famous plum cake and tea, and conversation; she knew how to capture an audience. Rawnsley, Early Days, 74–5.
54 Green, 'The Development of Musical Education', 10–42; W.F. James, 'Thring and Uppingham', n.d., 36, UA; Thring, diary, 24 Feb. 1860, 26 Mar. 1860 and 5 Nov. 1863, UA (Parkin, Life, I:138).
55 USM (Nov. 1911): 194–6. This was Anna Koch's obituary.
56 All pre-1856 songs in Robin Proctor's extensive collection have lyrics in Latin. Email message to author, 9 Feb. 2018.
57 USM (Feb. 1934): 9. Farmer attended one of the Uppingham concerts and heard David's choir sing Handel's Messiah. He was astonished that the boys were able to sing in parts. Margaret Thring, 'Memories'.
58 A copy is held in UA. The boys in the scenes wear mortar-boards. These were soon replaced with caps, the uniform for Prussian students. Fives is a handball game played in a three-sided court; players wear padded gloves to strike the small hard ball.

successful but the games songs were more attractive; their lyrics conveyed the pleasure of the games. Christopher Cowan, one of Sterndale Bennett's successors, believed that it is a mistake to approach these songs with any solemnity, for they were 'real entertainment music' in the tradition of German student songs.[59] A verse from 'The Fives Song' gives a taste of the genre:

> Oh the spirit in the ball
> Dancing round about the wall,
> In your eye and out again
> Ere there's time to feel the pain,
> Hands and fingers all alive,
> Doing duty each for five.
> Oh the spirit in the ball
> Dancing round about the wall.[60]

Reimers left Uppingham in 1857 to concentrate on his career as a performer. He joined Charles Hallé's Manchester's Gentleman's Society Orchestra and played as a senior member of the cello section for 21 years.[61] He was succeeded at Uppingham by another string player, the violinist Heinrich Riccius, aged 25.[62] He had studied at Mendelssohn's Leipzig Conservatory under Ferdinand David, and in 1854 he was one of the founder members of the Dresdner Tonkünstler-Verein before moving to Cologne to become the city's chorusmaster.[63] He was now close to the Breusing circle in Bonn.

In addition to his lessons with individual pupils, Riccius was given an hour one evening each week to work with the choir.[64] Marie Thring's musical evenings had now evolved to become regular concerts with an audience of 200 boys, masters and their families. Many were noted in Thring's diary: 'Concert [...] went off very well. The boys encored loudly for the first time, before they only clapped.'[65] Then, in March 1862, the school gave its first concert for the townspeople of Uppingham.[66] Two more Thring songs were set to

---

59 USM (1953): 6.
60 In UA.
61 Soon to be better known as the Hallé Orchestra. Blackman, Christian Reimers, 46–50.
62 He came from a musical family: his uncle August Riccius was conductor and chorus-master at the Stadttheater in both Hamburg and Leipzig; his brother, Karl, was conductor of the Königlich Sächsischer Opernchor and chorus-master at the Königliches Hoftheater in Dresden. 'Karl August Gustav Riccius', http://www.stadtwikidd.de/wiki/Karl_August_Gustav_Riccius (accessed 18 May 2017).
63 'Briefdatenbank der Schumann', https://sbd.schumann-portal.de/Person.html?ID=2773; 'Staatskapelle Dresden', http://www.staatskapelle-dresden.de/en/ staatskapelle/kapelle-historisch/tonkuenstlerverein/; Niederrheinische Musik-Zeitung, no. 43 (25 Oct. 1856), 347–348, https://de.wikisource.org/wiki/Niederrheinische_Musik-Zeitung (all accessed 18 May 2017).
64 Thring, diary, 5 Nov. 1860, UA.
65 Ibid., 19 May 1861.
66 Ibid., 18 Mar. 1862. A later concert had to be abandoned when it descended into chaos. Singing in French struck the townspeople as so comic that they burst into laughter. Richardson, Thring of Uppingham, 64.

music by Riccius and, with the three from Reimers, were published in 1858 as a volume of School Songs. Thring added a preface: 'There is a tendency in schools to stereotype the forms of life. Any genial solvent is valuable. Games do much; but games do not penetrate to domestic life, and are much limited by age. Music supplies the want [...].'[67] 'Echoes of Uppingham' now displaced the unsuccessful 'Uppingham Chorus', while 'The Rockingham Match' described the annual visit to a nearby castle for a game of cricket. The lyrics for two other games songs, 'The Old Boys' Match' and 'The Football Song', date from these early years but were not set to music until later.

In September 1859 Benguerel and George Mathias, a newly appointed housemaster, proposed that a gymnasium be built: Mathias was keen to have an indoor play area for the boys, Benguerel was familiar with the Prussian educational use of gymnastics.[68] Thring readily agreed. The construction of 'a plain cheap building' began immediately, and the gymnasium was opened on 24 November that year by Marie Thring on her birthday.[69]

The following January Thring appointed 22-year-old Georg Beisiegel as gymnastics and music master. Beisiegel was born at Sankt Goar am Rhein, upstream from Bonn, where his father was the schoolmaster. After schooling in Cleves and training in gymnastics, probably at the Royal Central School of Gymnastics in Berlin, he had begun teaching in Coblenz (Koblenz) when he heard of the Uppingham vacancy.[70] It was the innovation of the gymnastics classes as part of the curriculum that warranted Beisiegel's appointment, as well as his proficiency on the piano and harmonium, for gymnastics was on the same footing as the other extra subjects. Beisiegel served Uppingham loyally until his retirement in 1902.[71]

Riccius left Uppingham in 1862 shortly after the March concert. He departed in haste and he may have been seriously ill.[72] Thring had to fill the gap quickly with an English appointment because his brother-in-law in Bonn was busily engaged in trying to save his school from financial collapse.[73] The Rev. Ogle Wintle joined Uppingham from a curacy in Bridgwater in Somerset; his sole qualification to teach music was five years' service as

---

67 Edward Thring, School Songs (Cambridge: Macmillan, 1858).
68 Gymnastics were practised in Bonn in the period when Benguerel taught in the city, and a club, the Bonner Turnverein, was founded in 1860: 'Der Bonner Turnverein', https://www.btv1860.de/ (accessed 22 May 2017).
69 Thring, diary, 2 Sept. 1859, 24 Nov. 1859 and 1 Dec. 1859, UA.
70 Beisiegel papers, UA.
71 The Grantham Journal (26 Mar. 1904): 2. This was Beisiegel's obituary. He became one of Britain's foremost physical educationalists. For more on Beisiegel and gymnastics in the school, see Malcolm Tozer, Physical Education at Thring's Uppingham (Uppingham: Uppingham School, 1976).
72 Briefdatenbank der Schumanns, https://sbd.schumann-portal.de/Person.html?ID=2773 (accessed 18 May 2017).
73 He failed to save the school, and it closed in 1862. Thring bore a heavy loss on money that he had lent Breusing. Clara Schumann may have been in part responsible, for she was also in financial difficulties. Breusing later took private pupils at his home. Thring, diary, 7 Feb, and 3 Mar, 1862, UA.

a boy chorister at Christ Church, Oxford.[74] Wintle muddled through for three years: reviews of his concerts in the school magazine contained many complaints, and he even confessed his inadequacy to Thring.[75] In addition, Wintle had neither the interest nor the ability to compose the settings for Thring's new lyrics so these had to await the arrival of further Prussian musicians.[76]

School concerts of the period of Reimers, Riccius and Wintle comprised two halves with a short interval in between. The first was devoted to sacred music – including anthems, airs from oratorios, and motets; the second to secular – opera arias, glees and part-songs. Much of the singing was by boys, as a large choir or in small groups, with masters and their wives contributing solos. The second half added piano items, performed by boys, masters and wives, as both solos and duets.[77] The high quality of musical life was one factor that attracted Theophilus Rowe, later headmaster of Tonbridge School, to join Thring's staff in 1861, and it counteracted the shortcomings of the remote location and the dull town.[78]

The Appointment of Paul David as Music and Choir Master

The early music teachers worked wonders with the boys, but their frequent replacement as they moved on to further their careers or to return to Prussia proved frustrating, and the Wintle hiatus had allowed standards to slip. Thus in 1865 Thring consulted William Sterndale Bennett and asked him to find a suitable man for a permanent appointment when he next travelled to Leipzig. The composer had regularly attended the Leipzig Conservatory since he was first acclaimed by its academy in 1837 and he had enjoyed 'billiards and daily lunches' there with Mendelssohn, Schumann and Ferdinand David.[79] He asked David, the principal violin teacher, if he could recommend anyone for the Uppingham position, and David suggested his own son Paul, aged 25.

In an interview for The Musical Times that was published in 1906, Paul David, now in his 60s (see Illustration 2), was asked:

---

74 He may have been approached by one of the Thring family living at nearby Alford. Joseph Foster, Alumni Oxonienses: The Members of the University of Oxford, 1715–1886 (Oxford: James Parker & Co, 1891), IV:1591.

75 Bryan Matthews, By God's Grace: A History of Uppingham School (Maidstone: Whitehall Press, 1984): 218.

76 Wintle returned to his curacy in Somerset on leaving Uppingham, taking a young lady from the town with him as his bride, and was appointed headmaster of Bridgwater's grammar school. He died in 1875.

77 This example is taken from the concert at the opening of the new schoolroom in 1863. USM (July 1863): 148–51.

78 Rowe wrote to his wife to seek her opinion before accepting the job: 'Our happiness would have to lie in the school.' Winkton Papers in the possession of the daughters of T.B. Rowe.

79 R. Larry Todd, Mendelssohn: A Life in Music (Oxford: Oxford University Press, 2005): 327.

'Die Musik, lieber Freund, die Du mit Deinen Jungen machtest …'

Illustration 2, Paul David, 1906, by Arthur Nowell © Uppingham School

'How were you led to come to Uppingham?'

'Well, the post of music master was vacant, and Mrs Thring mentioned the matter to Sterndale Bennett, whom she knew.'[80]

How and why Marie knew Sterndale Bennett is not known, but enquiries lead to three possibilities. First, they may have met when Sterndale Bennett travelled through Bonn on 3 January 1842 on his journey to Leipzig.[81] A second possibility is three years later on the occasion of the unveiling of Beethoven's statue in Bonn's Münsterplatz on 12 August

---

80 'Uppingham School', interview by Dotted Crotchet, The Musical Times 47/761 (1 Jul. 1906): 449–457, at 455. An earlier periodical also included an article on music in the school: Musical Herald (Jan. 1889), 5–8. See Andrew Morris and Bernarr Rainbow, eds, Music in Independent Schools Music in Independent Schools (Woodbridge: Boydell Press, 2014), 21–3.

81 The composer's diary for the trip is very sketchy from his London departure on 30 December until his arrival in Kassel on 5 January, but it does note that there was a two-day journey by road in a 'diligence' from Cologne to Kassel. That road led through Bonn; there would have been breaks in the journey; and Marie, aged 21, and Sterndale Bennett may have met at one of the refreshment stops. Later entries in the diary, at Kassel for example, record that numerous unnamed people were invited to meet him. A diligence was a covered stagecoach. William Sterndale Bennett, diary, 30 Dec. 1841 to 10 Jan. 1842, Oxford, Bodleian Library.

1845.[82] Thirdly, there is the Breusing–Schumann connection. Sterndale Bennett had been a close friend of the Schumanns since 1836, and from 1841 he had tried to persuade Clara Schumann to play at his London concerts, but without success. Then, as noted earlier, she relented and accepted the invitation to live with the Sterndale Bennetts for several months in the spring and summer of 1856. On 14 April she played under his baton at the Philharmonic Society's first concert of the season, and in May and June she performed with him in a series of chamber concerts. One or more of these occasions may have drawn the Koch sisters from Uppingham to London, or perhaps for her later concerts with Sterndale Bennett in 1857 and 1859.[83] Of the three possible occasions when Marie and Sterndale Bennett first met, the London one would seem to be the most likely.

Using Marie's introduction, Thring set off for London to meet Sterndale Bennett, now Principal of the Royal Academy of Music, at Christmas 1864. Writing from lodgings in Hanover Square, close to the Academy in Tenterden Street, he asked for an interview.[84] Sterndale Bennett's undated reply survives and its formal tone suggests that this would be their first meeting:

> Dear Sir
>
> I shall be here until <u>one</u> oclock [sic] and very glad to see you.
>
> Yours very truly
>
> William Sterndale Bennett[85]

Sterndale Bennett accepted Thring's commission and on 6 January set off for Leipzig.[86]

How Sterndale Bennett persuaded Paul David, a talented member of the Mendelssohn and Schumann circle, to accept Thring's invitation is not known; what is certain is that David sacrificed personal renown in his own country to give Uppingham a distinction and excellence in music above any other English school in the nineteenth century. On the conclusion of his studies, David had joined the violin section of the Karlsruhe orchestra, a post he held for two years. He developed a warm friendship with Brahms, singing through early versions of his songs and playing the String Quartet in A minor Op. 51 no. 2 prior to its publication.[87]

---

82 The great and the good from across Europe, including Queen Victoria and Prince Albert, attended this event organized by Liszt, and it is likely that Marie and her family were present. Mendelssohn had invited Sterndale Bennett and his wife to come to Prussia that summer but there is no evidence to suggest that they went. J.R. Sterndale Bennett, The Life of William Sterndale Bennett (Cambridge: Cambridge University Press, 1907): 165.

83 Sterndale Bennett, The Life of William Sterndale Bennett, 50, 124, 237, 244, 246.

84 4 Princes Street, Hanover Square was a lodging house in both the 1861 and 1871 censuses (accessed 15 Dec. 2016).

85 Edward Thring's letter has not survived. See letters from Sterndale Bennett to Edward Thring, 1871–73, in Pennsylvania State University, USA, University Libraries, Rare Books and Manuscripts (copy in UA).

86 Sterndale Bennett, The Life of William Sterndale Bennett, 336.

87 The Musical Times 47/161 (1 July 1906): 455.

'Die Musik, lieber Freund, die Du mit Deinen Jungen machtest ...'

Paul David travelled to Uppingham accompanied by Joseph Joachim, no doubt at Ferdinand David's suggestion, for he also asked Sterndale Bennett to help his son settle into life in England. Joachim was due to begin his annual series of concerts in London and other cities. Ferdinand's admission to Sterndale Bennett that he expected Paul to 'remain in England for ever' proved remarkably prescient.[88] Thring was obviously pleased with his catch, for he declared Monday 13 March 1865 'a half holiday in honour of Herr David's arrival'.[89]

David's First Decade at Uppingham

Under David's direction music was soon 'an essential part of school life': it became a timetabled subject in the 1870s, and more than a third of the 300-strong school was learning an instrument.[90] David and Beisiegel did all the teaching for the first three years, but by 1875 they had assistance from one and then two colleagues.[91] All boys had two lessons a week, and those who learnt an instrument had two more: woodwind teaching was added to piano and strings in 1872.[92] Thring and David were to collaborate on many songs, including in 1873 a new school song, 'Ho! Boys, Ho!'. 'What may not come of School Songs', Thring wrote enthusiastically in his diary.[93] May that year witnessed the first concert with every item an Uppingham composition:

> The whole concert Uppingham. What an epoch! The boys encored the school song again and again, and all rose and stood whilst it was being sung. It was a grand time [...] Never before in England has such a thing happened as a great school having its own music in this way and rising with it. The zeal of the boys was wonderful.[94]

Ferdinand David spent three days in Uppingham in the summer 1868 and then joined Sterndale Bennett in London. On his return to Leipzig he wrote to his host: 'I cannot finish

---

88 Paul David often stayed at Sterndale Bennett's London home during the school holidays. See correspondence between Ferdinand David and Sterndale Bennett, 23 Jan. 1865, 25 Jan. 1865, 11 June 1865, 15 Dec. 1865 and 24 Aug. 1868, Oxford, Bodleian Library, Sterndale Bennett Letter Books, MS. Eng. c. 8410, box 606607164 (mixed materials).
89 USM (Apr. 1865): 81.
90 USM (Mar. 1876): 4; James, 'Thring and Uppingham', 35, 38; The Musical Times 47/161 (1 July 1906): 455.
91 Beisiegel, 'a fine piano accompanist', was David's second-in-command for the next 42 years. File labelled 'Paul David Family', UA.
92 Parkin, Life, I:308; The Musical Times 47/161 (1 July 1906): 454. C. Stiebler Cook, a flautist, taught woodwind.
93 Thring would often attend concert rehearsals. Thring, diary, 9 Mar. 1873, UA (Parkin, Life, I:244, 308).
94 Thring, diary, 13 May 1873, UA (Parkin, Life, I:246).

my letter without thanking you for everything you do for Paul. I know that it is to you that he owes his good situation.'[95]

Sterndale Bennett's errand and Thring's invitation brought rich rewards to the school. The composer continued to be interested in David's work, and he visited the school twice a year as an examiner;[96] the performances by the boys, especially the instrumentalists, never ceased to amaze him.[97] In 1871 he reported to Thring:

> I observed in those boys who take up the study, a hearty good will to do their best. The Choral singing of some of the works of the great masters, such as Handel and Mendelssohn, was very creditable. [...] Speaking of those boys who receive individual instruction in instrumental music such as Pianoforte, Violin, etc, I may say that they are making decided progress. [...] In conclusion let me give my tribute of praise to the excellent Professors of Music under whom you have placed your boys. The teaching could not be better.[98]

In November 1873 Thring sent the composer some verses about schoolboys roaming in Wardley Wood, a favourite destination for walks, and asked him 'to give us a tune, to be a memorial of his connection with us, and he promised to do so, and seemed pleased, as I hoped he would'.[99] Sterndale Bennett responded enthusiastically: 'I like your verses <u>very much</u> and I wish to do my best with them. [...] I think I know the <u>wood</u>.'[100] The following summer he wrote to David: 'I had hoped to have the "Wardley Wood" song for it [his visit for the June examinations], but it will not I fear shew its face this time – I have been thinking very much about it, and want it to be thoroughly successful when it makes its first appearance.'[101] The composer died in 1875 before the promise was kept. Thring and David paid tribute to his memory by having no more music examinations 'as they did not wish to see anyone in his place'.[102]

David's Leipzig friends kept in touch over the next decade: he appointed a team of six, mainly Prussian, music teachers to meet the school's expanding needs, and several made

---

95 Letter from Ferdinand David to William Sterndale Bennett, 24 Aug. 1868, Bodleian Library, Sterndale Bennett Letter Books.
96 The examinations were spread over two days: letter from Sterndale Bennett to David of 24 Nov. 1872, Bodleian Library, Sterndale Bennett Letter Books.
97 Sterndale Bennett, The Life of William Sterndale Bennett, 380–2.
98 Letter from Sterndale Bennett to Thring of 10 Oct. 1871, Pennsylvania State University, Rare Books and Manuscripts (copy in UA).
99 Thring, diary, 22 Nov. 1873, UA (Parkin, Life, I:250).
100 Letter from Sterndale Bennett to Thring of 29 Dec.1873, Pennsylvania State University, Rare Books and Manuscripts (copy in UA).
101 Letter from Sterndale Bennett to David of 7 June 1874, Bodleian Library, Sterndale Bennett Letter Books. Thring wrote several 'wood' poems but 'Wardley Wood' cannot be found, although 'The Schoolboy in Wardley Wood' is mentioned in his diary entry of 13 Dec. 1874, UA (Parkin, Life, I:251).
102 Sterndale Bennett, The Life of William Sterndale Bennett, 383.

'Die Musik, lieber Freund, die Du mit Deinen Jungen machtest …'

Uppingham their permanent home.[103] The standard of choral and instrumental music rose steadily, and by 1875 David had the confidence to invite Joachim back to Uppingham to see, or rather, to hear what he had achieved. Better than that, Joachim agreed to play in a concert, 'such as has never been surpassed in the annals of the School', to raise funds for the Bach memorial in Eisenach.[104] He brought a strong team with him, including Wilhelm Wiener, Josef Ludwig and Hugo Daubert.[105] A full programme included David playing alongside Joachim in Bach's Concerto for two violins in D minor BWV 1043 and Mendelssohn's String Octet in E flat major Op. 20. After his visit, Joachim wrote to David:

> [T]he memory of the music which you made with your boys will long remain in my heart, not just because I have seldom heard a choir sing in such a rhythmically joyful way and with such a pure tone, but also because I could see at once how successful you have been and the wonderful relationship you have with the ambitious young musicians of England. […] Uppingham may be a small place but what you are working for there will not be forgotten. – I think we can now consider that the immediate aims of our work in Uppingham have been achieved in full.[106]

The final sentence reveals Joachim's close involvement with David's innovative work at Uppingham, their joint decision that choral and instrumental teaching had been the first priority, and that now it was time for the next phase: oratorios and string ensembles performed by the boys and chamber concerts by their masters.

David's Second Decade

School concerts for the next ten years comprised a first half of selections from oratorios, usually by Mendelssohn, followed by secular songs by soloists, small groups and the 100-strong choir.[107] The choir also sang at chapel services.[108] John Skrine, a former pupil

---

103 It is proper to refer to Germany after 1871. Uppingham gained a small German colony where even the Kaiser's birthday was celebrated – Thring used to attend these festivities at David's house. Thring, diary, 22 Mar. 1887, UA.
104 USM (Apr. 1875): 69. The Bach memorial in front of the Bachhaus was created by Adolf von Donndorf and inaugurated in 1884. It was the site of the annual Bach tributes on the composer's birthday, 21 March.
105 Wilhelm Wiener was a distinguished London-based violinist and professor; Josef Ludwig ran an annual series of chamber concerts in London in the 1880s and 1890s; and Hugo Daubert was a well-known London-based cellist.
106 Letter from Joachim to David of 15 Mar. 1875. See Johannes Joachim and Andreas Moser, eds, Briefe von und an Joseph Joachim, 3 vols (Berlin: Bard, 1911–13): III:509–10. With thanks to Robin Schlich for the translation from the German.
107 St Paul in 1877, Elijah in 1879: Stamford Mercury 182/9528 (30 Nov. 1877): 2; Stamford Mercury184/9610 (27 June 1879): 2.
108 The inaugural service was in 1865.

who returned as a master in 1873, and David collaborated on two new books of school songs in this decade.[109] Concerts were arranged for the townspeople of Uppingham with the boys' choir performing first and then their masters, often as a string quartet.[110] In March 1881 the first performance of a complete oratorio, Handel's Messiah (1741), took place, with the boys singing alongside soloists and a small orchestra of masters, former pupils and friends of the school.[111] The first performance by an instrumental ensemble of boys was in April 1883: a violin octet played Charles Dancla's Moderato cantabile.[112] David and his team worked beyond the school, creating a choral society in the town and combining with choral societies in neighbouring towns to stage a Festival of the Rutland and District Choral Union. The latter performed Haydn's Creation in 1883.[113] They also played regularly in Uppingham for members of the town's Mutual Improvement Society and for all comers to raise funds for the Royal College of Music.[114]

Joachim returned to Uppingham in 1878, 1882, 1884 and 1885 to play in the school's spring concerts, bringing friends with him: Josef Ludwig and Hugo Daubert in 1878; William Whitehouse in 1882; Charles Ould in 1884; and Emil Mahr, James Haydn Waud and Julius Kosleck in 1885.[115] The boys heard Spohr's Violin Concerto No. 8 in A minor Op. 47 and Beethoven's String Quartet in C major Op. 59 No. 3 in 1878; Viotti's Violin Concerto No. 22 in A minor and Beethoven's String Quintet in C major Op. 29 in 1882; Mozart's Violin Concerto No. 5 K219, Mendelssohn's Violin Concerto in E minor Op. 64 and Haydn's String Quartet No. 53 in D major Op. 64 No. 5 in 1884. The school magazine is vague about the 1885 concert, merely reporting that Joachim played five items, at least one with the orchestra, and mentions a bourrée, a gavotte and a chaconne: this suggests Bach's Violin Sonatas and Partitas BWV 1001–06. Kosleck was in England to play at Joachim's suggestion in Bach's B minor Mass on the bicentenary of the composer's birth on 21 March, three days earlier, at the Albert Hall in London: it is likely that he played extracts at Uppingham.[116]

---

109 The first commemorated the school's year-long evacuation to Borth on the Welsh coast in 1876–77 to escape typhoid in Uppingham; the second in 1884 for the tercentenary of the school's foundation.
110 The Grantham Journal (24 October 1874): 2; Stamford Mercury 183/9556 (14 June 1878): 2.
111 The Grantham Journal (19 Mar. 1881): 2.
112 Concert programme, 11 Apr. 1883, UA.
113 Stamford Mercury 189/9804 (16 Mar. 1883): 2.
114 The society was a Thring initiative to bring the school and town closer together. The Grantham Journal (4 Nov. 1882): 2 and (2 December 1882): 2.
115 William Whitehouse was professor of cello at the Royal Academy of Music; Charles Ould was first cellist at the London concerts run by Hans Richter; Emil Mahr had been a pupil of Joseph Joachim and he played at several Bayreuth Festivals; James Haydn Waud was professor of double bass at the Guildhall School of Music, and Julius Kosleck was the leading trumpeter of the day: he played in the Berlin Königliche Kapelle and taught at the Berlin Hochschule für Musik.
116 For information on all Joachim's visits to Uppingham, see Malcolm Tozer, 'Josef Joachim at Uppingham School', https://josephjoachim.com/2017/03/11/malcolm-tozer-josef-joachim-at-uppingham-school/ (accessed 30 May 2017).

'Die Musik, lieber Freund, die Du mit Deinen Jungen machtest…'

After the 1882 concert Thring seized the opportunity to talk to the boys about studying at the Royal College of Music, at a time when most headmasters were preaching philathleticism rather than philharmonia.[117]

David's Third Decade

Another ten years on, and the focus moved to orchestral playing; of the 108 boys learning in 1889, 25 played the violin, five the cello, four woodwind and the rest the piano.[118] The spring term concert of 1886 included the probable first orchestral performance: six boys joined their masters in the Andante from an unnamed Haydn symphony.[119] In April 1890 a larger orchestra performed an overture by Handel and Mendelssohn's Fingal's Cave, and then in August a string group of twelve, plus flute and harmonium, played two overtures, 'Joseph in Egypt (Mehul) and Titus (Mozart)'.[120] The audience at the December concert of the same year heard the orchestra play the first movement of Beethoven's Symphony No. 1 in C major, three former pupils performing as a violin trio, and boy soloists singing in Mendelssohn's Elijah.[121] The orchestra played its first complete symphony, Haydn's Symphony No. 7 in C major, in December 1891, followed by Beethoven's Symphony No. 1 in C major and Haydn's Symphony No. 5 in A major in succeeding years.[122] Another milestone was reached in April 1894 when two boys each played a movement from a violin concerto.[123]

Joachim returned seven times between 1886 and 1895, bringing many renowned musicians with him: the cellists Charles Ould and Gerardo Vollmar in 1886; the cellist Alfredo Piatti in 1889; Charles Ould in 1891; the cellist Paul Ludwig in 1892; William Whitehouse in 1893; and Clara Schumann's pupil Fanny Davies in 1894.[124] Boys played in the orchestra in 1891 when Joachim and Josef Ludwig performed the Bach Double Concerto.[125]

---

117 Richardson, Thring of Uppingham, 64.
118 'Paul David Family', UA.
119 Charles Holland and Ronald Symnes, first violins; Arthur Quinby and Ferdinand David, second violins; Philip Walker, cello; and Richard Tamplin, flute: The Grantham Journal (31 March 1886): 2.
120 The Grantham Journal (19 Apr. 1890): 2; USM (1891): 217.
121 The Grantham Journal (28 Mar. 1891): 2.
122 USM (1892): 2, 242; (1893): 94.
123 Arthur Quinby played Ferdinand David's First Concerto, George Falk the Mendelssohn: USM (1894): 97.
124 Gerardo Vollmar played in the Quartetto Campanari in the 1890s; Alfredo Piatti, a long-time member of quartets led by Joachim, was considered the best cellist playing in Britain; Paul Ludwig was a member of several London chamber groups in the 1890s and 1900s; and Fanny Davies was a student of Clara Schumann in Frankfurt in 1883 and 1885 – her playing was considered a perfect reflection of her teacher's. For more information see Tozer, 'Josef Joachim at Uppingham School'.
125 The Grantham Journal (20 Dec. 1890): 2; USM (1891): 104. The orchestra for a concert in October 1891 contained 14 boys: 10 violins, 2 cellos, 1 flute and 1 piano. Stamford Mercury 197/10254 (30 Oct. 1891): 2; USM (1891): 275.

Works played by Joachim and his friends included Spohr's Violin Concerto No. 8 in A minor Op. 47 and Mendelssohn's String Octet in E flat major Op. 20 in 1886; Beethoven's String Quartet in F major Op. 18 No. 1 and Spohr's Violin Duet Op. 67 No. 2 in 1889; Beethoven's String Quartet No. 4 in C minor Op. 18 No. 4 and Haydn's String Quartet in G major Op. 76 No. 1 in 1890; Bach's Double Concerto in D minor BWV 1043, Beethoven's Romances for Violin and Orchestra No. 1 in G major Op. 40 and No. 2 in F major Op. 50, and Mendelssohn's String Quintet in B flat major Op. 87 in 1891; the Adagio from Bruch's Violin Concerto No. 3 in D minor Op. 58 and Spohr's Double String Quartet in E minor Op. 87 in 1892; Mendelssohn's Violin Concerto in E minor Op. 64 and his String Octet in E flat major Op. 20 in 1893; and Spohr's Violin Concerto No. 8 in A minor and Schumann's Piano Quintet in E flat major Op. 44 in 1894.

The sole occasion when Joachim's short speech to the boys who had performed with him in a concert was reported in the school magazine was in March 1885, and by a former pupil.

> Dr. Joachim addressed the boys, telling them, how much he had enjoyed his evening, saying that 'they could not tell how much pleasure they had given him by their singing,' and complimenting them on the delicacy and feeling with which they had rendered the final chorale of Bach's oratorio. [...] he added afterwards that he had been very tired after a hard day's examining [...] but their good singing had quite refreshed him and he thanked them very much.

When Thring and Joachim retired to School House, the headmaster thanked his guest for speaking as he had done to the boys. Joachim said simply, 'but I couldn't help it'.[126]

Throughout the 1880s Thring was an ardent champion for the education of girls and women, and he developed warm friendships with Frances Buss and Dorothea Beale, principals of North London Collegiate School and Cheltenham Ladies' College respectively.[127] In 1887, at Thring's invitation, they brought their Association of Headmistresses' conference to Uppingham. David organized a concert for them: 'Everything went off most beautifully', Thring noted in his diary. 'The ladies were exceedingly gratified by their entertainment [...] The Conversazione and music was perfect.'[128] On their departure Thring was told by one headmistress, 'No school has ever impressed me like Uppingham. Other schools may be bodies corporate, but Uppingham has a soul.'[129]

---

[126] USM (1885): 118.
[127] Thring visited both schools and addressed their teachers and their girls. Richardson, Thring of Uppingham, 305.
[128] Thring, diary, 11 June 1887, UA.
[129] Parkin, Life, II:289.

'Die Musik, lieber Freund, die Du mit Deinen Jungen machtest …'

David's Fourth and Final Decade

Uppingham music reached a high plateau of attainment in David's fourth and final decade. Thring had died in October 1887, but music in the school received continued support from his successor, Edward Selwyn. He maintained Thring's custom that David and his full-time assistants, now including his daughter Charlotte as the sixth, should be liberally remunerated; this ensured that ample time was given to every pupil.[130] Each of the four parts of the 100-strong chapel choir had two 45-minute sectional practices each week and a combined two-hour session every Saturday. The orchestra also had sectional lessons during the week, a full rehearsal each Saturday evening and a combined rehearsal with the concert choir every Sunday. All boys were allowed to listen to the Sunday rehearsals, and up to 100 did so; David was thrilled to hear some whistle airs from symphonies as they walked about the school. Four concerts were given each year: one each term with an oratorio, a symphony, a concerto, shorter items and lastly a school song; and a miscellany of lighter music for each summer's Speech Day.[131] Haydn's Symphony No. 13 in D major, Mozart's Symphony No. 41 in C major and Beethoven's Symphony No. 8 in F major were played at successive concerts in 1897.[132] George Dyson, director of the Royal College of Music from 1938 until 1952, judged the Uppingham orchestral tradition to be 'at that time without parallel in any school in the world'.[133] In addition, the music teachers gave seven Thursday afternoon chamber concerts each winter, allowing boys to hear Beethoven's Violin Sonata No. 9 in A major ('Kreutzer'), Schumann's Piano Quintet in E flat major Op. 44 and much more.[134] David was a devoted adherent of the classical school in which he was raised, and his attitude to some modern composers was 'apt to be amusingly reactionary, not to say explosive'.[135]

Now in his sixties, Joachim reduced his Uppingham visits to just four, which occurred between 1896 and 1905. In addition to the visit by the Joachim Quartet in 1898, Joachim was accompanied by the clarinettist Charles Draper and the horn player Franz Paersch in 1896 and by Josef Ludwig and Paul Ludwig in 1899. Items in the programmes included Haydn's Symphony No. 4 in D major, with Joachim in the school's orchestra, and Beethoven's Septet in E flat major Op. 20 in 1896; and Beethoven's String Quartet No. 9 in C major Op. 59 No. 3 and Mozart's Violin Concerto No. 5 in A major K219 in 1899. This concert gave the school the opportunity to make a presentation to Joachim to mark his 60th year as a performing artist (see Illustration 3):

---

130 Charlotte David was the first woman to teach at the school. 'Paul David Family', UA; Parkin, Life, I:309.
131 'Paul David Family', UA; The Musical Times, 453–6; USM (1897): 123.
132 USM (1897): 123, 208, 235.
133 George Dyson, 'The Jubilee of the Music Masters' Association (1952)', in Morris and Rainbow, eds, Music in Independent Schools, 106.
134 The Musical Times 47/161 (1 July 1906): 453.
135 The Times 46037 (22 Jan. 1932): 12. This was David's obituary.

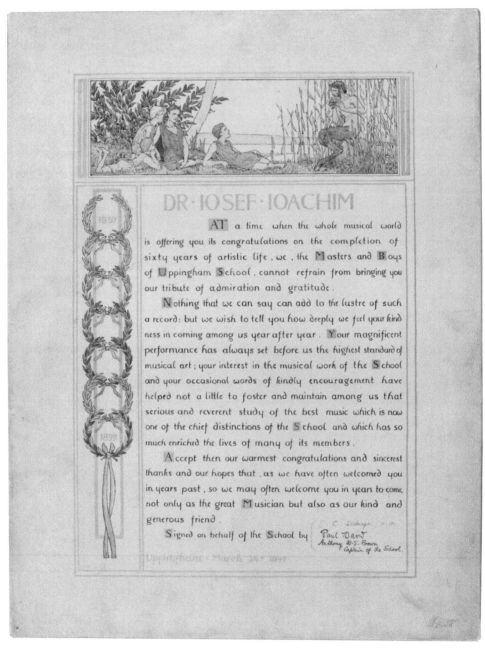

Illustration 3, Testimonial from Uppingham School to mark Joachim's 60th year as a performing artist (1839–1899) © Universität der Künste Berlin

'Die Musik, lieber Freund, die Du mit Deinen Jungen machtest ...'

> The address – a charming piece of artistic illumination, appropriately and happily worded – took Dr. Joachim entirely by surprise, and the simple words of acknowledgment he uttered in reply came so obviously from the heart that they were far more enthusiastically greeted than any set speech, however eloquent, would have been. Then ensued a regular epidemic of cheering for the next few minutes.[136]

Joachim's final visit to the school was on 23 May 1905 to celebrate Paul David's achievements over 40 years and to inaugurate the David Concert Room. This was modelled on the Gewandhaus in Leipzig and included its motto inscribed on the concave wall behind the performers: Res severa verum gaudium.[137] The year 1905 saw the 16th occasion when Joachim performed at this out-of-the-way school since he had first travelled to Uppingham in 1865. His annual visits to England each spring, which had begun in 1844 when he was just 12 years of age, had long been welcomed as an important ingredient of the London musical season. On that first occasion the child prodigy played the Beethoven Violin Concerto, with Mendelssohn conducting the Philharmonic Society Orchestra. Now, 61 years later and aged 74, Joachim played this same concerto in public for the last time with an orchestra of boys, former pupils and teachers at Uppingham School. In addition to the Beethoven concerto, he played a Beethoven romance and joined the boys in the orchestra for the overture to Mozart's Idomeneo.[138] On his return to Berlin, Joachim wrote to David:

> It was a real pleasure to hear the well-earned tributes paid to you by the Uppinghamians and I was delighted to be able to complement these tributes as a friend and an artist and to thank you for what you have achieved in forty years of noble and ceaseless work in the cause of our wonderful Frau Musica. How much fertile seed you have sown over the years in the minds of the young and how many blessings it will yet bring forth![139]

Joachim became seriously ill in the summer of 1907; his health quickly failed, and he died in Berlin on 15 August. David continued working for one more year, then, after missing most of the spring of 1908 through illness, decided to retire that summer. His farewell concert was on 27 July. Among the many tributes he received, the University of Cambridge awarded him the first honorary degree of its type. The citation read: 'In the enthusiastic and successful teaching of the art of music in the schools of today no-one has set a more auspicious example for a longer time than Mr Paul David, our first Master of Music.'[140]

---

136 USM (1899): 91–4. The original illuminated address is held in the archives at the Universität der Künste Berlin. Thanks go to Professor Julia Brembeck-Adler and Antje Kalcher for locating the address after the author's search across several continents.
137 'True pleasure is a serious affair.'
138 USM (1905): 89–95.
139 Letter from Joachim to David of 3 June 1905, Joachim III:158–9. With thanks to Robin Schlich for the translation from the German.
140 USM (1908): 47–50. David retired to Oxford; he died aged 91 on 21 Jan. 1932.

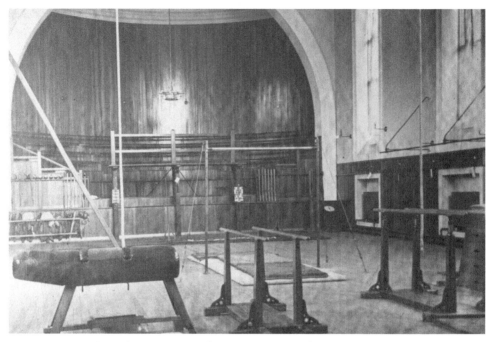

Illustration 4, Paul David Concert Room (also the Gymnasium) 1904 © Uppingham School

David's advice and help had been sought by music teachers from other schools, especially in his last decade, and the Uppingham practice was adopted by many.[141] The most significant direct channel of David's legacy was through Arthur Somervell, a pupil in the 1870s and one of Thring's successes at the Royal College of Music. As Inspector of Music to the Board of Education from 1901 until 1931, he exercised a profound influence over the whole field of musical education from elementary schools to teacher training colleges.[142] Cecil Sharp, England's foremost collector of folk songs and dances, was David's pupil from 1869 to 1874, while Ernest Moeran, the last major British composer to be heavily influenced by folk song, joined Uppingham as David retired. His talent was nurtured by Robert Sterndale Bennett.

---

141   Times Educational Supplement (13 Feb. 1952): 55. David contributed the essay 'Music' in Schoolmasters, The Public Schools from Within (London: Sampson Low, Marston & Company, 1906): 88–95.
142   Somervell's belief in holistic schooling, the link between aesthetic and moral education, an idealised picture of childhood, the educational possibilities of national songs and the importance of singing classes all draw on Thring's principles and David's practice. See Gordon Cox, '"Sensitiveness to Higher Rhythms": Arthur Somervell and his Vision of Music Education', Westminster Studies in Education 14 (1991): 69–82, 69. For more on Somervell, see Gordon Cox, 'From Hullah to Somervell: The Influence of HMI on Music Education in English Schools, 1872–1928', Journal of Educational Administration and History 25/1 (1993): 16–32 and Gordon Cox, Sir Arthur Somervell on Music Education: His Writings, Speeches and Letters (Woodbridge: Boydell & Brewer, 2003): 22–9.

'Die Musik, lieber Freund, die Du mit Deinen Jungen machtest …'

Epilogue

Her Majesty's Inspector for Music was correct when in 1956 he identified Uppingham School as the initiator of 'some of the most valuable ideas for the growth of school music'. Thring's aim 'to make music take a proper place in English education' was realized over the course of the 55 years from his arrival in 1853 and Paul David's retirement in 1908, and David's life-long friendship with Joseph Joachim added a contribution that every school would envy.

Uppingham was the first school to give music a prominent role in the curriculum, to appoint full-time expert musicians and to give them remuneration and status on a par with other teachers. As the school grew in numbers and reputation, so the team of music teachers expanded from one to seven, eventually to include a woman, and several gave their full working lives to the school. Most came from Prussia and were instilled in the tradition of Mendelssohn's Conservatorium, and their proficiency allowed them to play alongside leading instrumentalists of the day. Those able in composition added to a repertoire of school songs and hymns. All pupils benefited from their work: in class teaching, congregational singing, instrumental lessons, choirs and choral societies, chamber groups and orchestras, and through exposure to the classics of European music and concerts by performers of international renown, with Joseph Joachim foremost among them.

Acknowledgements

The author thanks the following for their help with the research for this essay: Ms Kathryn Adamson, Librarian at the Royal Academy of Music, London; Paul Blackman, musician and historian; Ms Julia Brembeck-Adler, Professor of Music, Universität der Künste Berlin; Dr Gordon Cox, formerly Senior Lecturer in Music Education, University of Reading; Dr Rachael Dreyer, Head of Research Services, Special Collections Library, The Pennsylvania State University; Robert Whitehouse Eshbach, Associate Professor of Music, University of New Hampshire; Martin Holmes, Alfred Brendel Curator of Music, The Bodleian Libraries, University of Oxford; Ms Antje Kalcher, Graduate Archivist, Universität der Künste Berlin; Dr Ian Maxwell, Researcher, Faculty of Music, University of Cambridge; Andrew Morris, former Director of Music at Bedford School; Jim Peschek, former Director of Music at Uppingham School; Robin Proctor, former Director of Music at Cheltenham College; Jerry Rudman, Archivist at Uppingham School; Dr Norbert Schloßmacher, Archivist for the City of Bonn; Barry Sterndale-Bennett, my guide to the papers of William Sterndale Bennett; John Suchet, author and broadcaster; Robin Wiltshire, Archivist for the City of Sheffield; and Dr Alexander Wolfshohl, Archivist at the Lese- und Erholungsgesellschaft in Bonn.

IV

Identity
and (Inter)national Networks

Identität im Licht
(inter)nationaler Netzwerke

To Switzerland 'in Good Spirits'

Joachim's 1883 Tour

Valerie Woodring Goertzen

Through his concert tours in continental Europe and the British Isles, Joseph Joachim cultivated his identity as one of the most distinguished violinists of his time, whether travelling alone, with his wife Amalie Joachim née Schneeweiss, or with his Berlin Quartet. Although no complete inventory of Joachim's concerts yet exists, a wealth of information can be found in programmes, press reviews, and private sources such as diaries and letters.[1] Several studies of his appearances in Britain have assessed his repertoire and his significant impact on British musical life over more than 60 years.[2] Yet Joachim's concert tours as such have not been a focus of scholarship, with two important exceptions: his first journey to London in 1844, during which he made his debut with the Beethoven Violin Concerto at the age of 12 under Mendelssohn's direction; and his tour with Johannes Brahms to Siebenbürgen (Transylvania) in September 1879.[3]

---

1 Large selections of programmes can be found at Robert W. Eshbach, Joseph Joachim, Biography and Research, https://josephjoachim.com/2021/12/02/joseph-joachims-concerts/, and through http://www.concertprogrammes.org.uk/collections/?cbq=Joseph+Joachim (both sites accessed 23 Nov. 2021). Programmes for the Joachim Quartet, 1880–1907, are in D-B, call number Di 124, along with Esther Bright's diary (N.Mus.Nachl. 119/B,1, Mappe 7), which chronicles Joachim's performances in Berlin during her student days, and later in England. The diary of Joachim's youngest daughter Lisel inventories performances by her father and by her sister Marie (Papers of Joseph Joachim and Family, Family Documents, University of Edinburgh Library, Special Collections, Identifier Coll-1711/4/4). I am grateful to Chris Goertzen, Robert Riggs, Robert Eshbach, and Katharina Uhde for their helpful suggestions on an earlier version of this essay.
2 See essays by Ian Maxwell, '"Thou That Hast Been in England Many a Year": The British Joachim', 104–17; Michael Musgrave, 'Joachim at the Crystal Palace', 118–28; Therese Ellsworth, '"Music Was Poured by Perfect Ministrants": Joseph Joachim at the Monday Popular Concerts, London', 129–44; and Robert Riggs, '"Das Quartett-Spiel ist doch wohl mein eigentliches Fach": Joseph Joachim and the String Quartet', 145–62, all in The Creative Worlds of Joseph Joachim, ed. Valerie Woodring Goertzen and Robert Whitehouse Eshbach (Woodbridge, Suffolk: Boydell Press, 2021). Beatrix Borchard discusses Joachim's solo repertoire in Stimme und Geige: Amalie und Joseph Joachim. Biographie und Interpretationsgeschichte (Vienna: Böhlau, 2005): 500–21.
3 About the London journey, see R. Larry Todd, '"Of the Highest Good": Joachim's Relationship to Mendelssohn', in Creative Worlds, 15–35. The Transylvania tour is discussed in Wolfgang Ebert, 'Brahms und Joachim in Siebenbürgen', Studien zur Musikwissenschaft 40 (1991): 185–204; Klaus Kessler, Verspätete Chronik: Die Konzertreise von Brahms und Joachim ins Banat und nach Siebenbürgen 1879 (Bucharest: Musikverlag, 1994), and Styra Avins, 'In the Land of Seven Fortresses: Johannes Brahms and Joseph Joachim in Transylvania: An Unpublished Letter', The American Brahms Society Newsletter 35/2 (Fall 2017): 4–9. Concerts with Brahms are documented in Renate Hofmann

Valerie Woodring Goertzen

A pocket-sized booklet in Chicago's Newberry Library, prepared by Joachim's Berlin agent Hermann Wolff, permits a close look at a three-week solo tour of Switzerland and southern Germany in February 1883. The booklet, which outlines engagements for 18 concerts over 23 days – 11 concerts in Switzerland and seven in Germany – was given to the library in 1978 by Joachim's grandson Harold Joachim (1909–1983), the youngest son of Johannes and a long-time curator at the Art Institute of Chicago.[4] The details of the trip – the route taken, the works programmed, the contacts with friends, conductors, and other musical collaborators and with professional or civic organizations – paint Joachim's life on tour as a succession of highly focused vignettes, a series of instructive choices. The book also provides a window onto his relationship with Hermann Wolff's Konzertdirektion, which handled travel arrangements and performance bookings for Joachim's journey. It is with Wolff's agency that our story begins.

Hermann Wolff's Konzertdirektion

In the late 1870s the profession of concert agent, or concert director, emerged in Europe, apparently modelled on that of entrepreneurs in the United States.[5] Although not the first European agency, the Konzertdirektion Hermann Wolff in Berlin became especially influential, managing a long list of solo artists as well as the Berlin Philharmonic Orchestra, tours of the Meiningen Hofkapelle, and concerts by other orchestras. Hermann Wolff (1845–1902), personable, well educated in music, and with background as an editor and critic for several Berlin newspapers, began working as a personal assistant for Anton Rubinstein in 1880, and went on to provide similar services for Eugene D'Albert and Hans von Bülow.[6]

In 1880 Wolff opened his Konzertdirektion at Carlsbad Straße 19 and began to organize concerts within and outside Berlin from this central hub, with a network of

---

and Kurt Hofmann, Johannes Brahms als Pianist und Dirigent: Chronologie seines Wirkens als Interpret (Tutzing: Hans Schneider, 2006). See also Anja Bunzel's study in Chapter 16.

4 US-Cn, VAULT Case MS ML 418 .J62 W856; 14 × 8.5 cm, 47 pages, the last 17 left blank. Cover title, fol. 1r [printed:] Tournée [handwritten in ink: Buch / [printed:] Hermann Wolff. / Concert-Agentur. / Berlin, W., Am Carlsbad 19. Title page fol. 2r, handwritten in ink: Tournéebuch / für / Herrn Professor/Joseph Joachim / aus Berlin. Top of fol. 3r in pencil: Gift 78 / Harold Joachim.

5 See Sayuri Hatano, '"Der intellectuelle Urheber bin doch ich!" Der Konzertagent Hermann Wolff als Wegweiser des Berliner Konzertlebens 1880 bis 1902' (PhD diss., Universität der Künste Berlin, 2018): 13 and n. 21. Hatano notes that Wolff was regarded as 'amerikanisch'.

6 See Yuki Melchert, Gabriele Wietrowetz: Ein 'weiblicher Joachim'? (Hildesheim: Olms Verlag, 2018): 135–43; and Edith Stargardt-Wolff, Pathfinder of Great Musicians, trans. Edmund Sallis (New York, NY: Page Publishing, Inc., 2017), originally published in German in 1954. Hatano, 'Der Konzertagent Hermann Wolff', 152–61, presents a case study of Rubinstein's concerts in European metropolises in the 1885–86 season.

representatives in the destination cities.⁷ Artists who signed with Wolff, besides being relieved of the time-consuming tasks of arranging concerts and booking travel, benefited from the agent's knowledge of lucrative routes and venues, accommodating host organizations, skilled accompanists and assisting artists, advantageous railway connections, and comfortable and well-situated hotels. Wolff's expertise made it possible to schedule events tightly, as in Joachim's February 1883 tour, allowing both artist and agent to earn considerable income quickly and efficiently. In a business that was becoming increasingly international, fast-paced, and high-risk, concert agents provided stability and assurance. They also minimized the need for performing organizations to coordinate with prospective guest artists individually.⁸

Concert agents, who not only coordinated events but also promoted their clients, were able to influence programming and to determine where and how often artists would appear. Amalie Joachim, who engaged Wolff's services in the 1882–1883 season, including for a tremendously successful Russian tour that overlapped in time with Joseph Joachim's tour under discussion here, severed ties with the agent the following autumn, as she was no longer willing to be 'sent around in a "businesslike" manner'.⁹ On the other hand, because agents took charge of financial agreements, their clients were free to interact with their hosts and fellow musicians purely as artists rather than as vendors or contractors. They were insulated from the business of music, both in their day-to-day dealings and in the public's imagination, thus furthering the image of the artist as a servant to high art, an art that was separate from worldly concerns.

Although Clara Schumann relied upon Arthur Chappell to organize her engagements in England from her first visit in 1865, she managed her own bookings elsewhere, following an older, well-established practice that William Weber describes as self-management within a system of exchange.¹⁰ The goal was the cultivation of relationships that would ensure a steady cash flow to the artist and maintenance of a robust musical culture in which she and others could thrive. Initially with her father Friedrich Wieck and later with her daughter Marie, Clara Wieck Schumann organized her tours through letters and telegrams in advance and while on the road, and through personal interactions in cities where she performed. In the early years, she and her father built audiences through appearances in

---

7 In Signale 29 (Sept. 1880): 780, Wolff announced his Konzertdirektion as located from 15 September at Carlsbad 20.
8 See William Weber, 'From the Self-Managing Musician to the Independent Concert Agent', in The Musician as Entrepreneur, 1700–1914: Managers, Charlatans, and Idealists, ed. William Weber (Bloomington and Indianapolis: Indiana University Press, 2004): 105–29; and Cyril Ehrlich, First Philharmonic: A History of the Royal Philharmonic Society (Oxford: Clarendon Press, 1995): 124–5.
9 'Ich habe im vorigen Winter meine Konzertangelegenheiten durch den Hr. Agenten Wolff besorgen lassen – es ist mir aber nicht angenehm auch in dieser Saison in der "geschäftsmäßigen" Weise herumgeschickt zu werden, u. so habe ich die Verbindung gelöst.' Unpublished letter to Bartholf Senff, Aigen bei Salzburg, 10 September [1883], D-Zsch, Autograph Nr. 7277, 2_1–A2, quoted in Borchard, Stimme und Geige, 445 n. 160.
10 Weber, 'From the Self-Managing Musician', 106.

small venues before assuming the risks associated with an independent concert in a large hall. Over time the pianist developed an extensive network of contacts that she cultivated assiduously. By the time Hermann Wolff established his Konzertdirektion, Clara Schumann had been performing for five decades, was accustomed to negotiating on her own behalf, and apparently never considered relinquishing control over her concert arrangements on the Continent. In fact, she criticized Wolff's pushing of the young violinist Gabriele Wietrowetz beyond what Schumann considered to be healthy limits.[11]

Joachim, too, had a long and distinguished career behind him when he began employing Wolff's services. His authority as one of Europe's most influential artists and as director of the Berlin Hochschule gave him leverage in his dealings with his agents – who also included Albert Gutmann and Ignaz Kugel in Vienna – and perhaps especially with Wolff, who depended on the goodwill of Joachim and the Hochschule faculty to further his ambitious enterprises in Berlin.

Wolff's agency routinely provided clients with pocket-sized itinerary books. A police inspection report from December 1913 notes the presence of numerous tour booklets in the firm's office, organized chronologically for each artist across the concert season.[12] Hermann Wolff had died in 1902, but his widow Luise had continued to manage the business according to the practices he established. There were also files for each artist, performing organization, and local contact away from Berlin. When the National Socialists came to power, Luise Wolff realized that her daughters, as children of a Jewish father, would not be permitted to inherit the business; she closed the agency in 1934. Its papers were confiscated and presumably destroyed.[13]

The array of responsibilities of an agency's satellite representatives, often proprietors of a local music store, is revealed in a letter from Ignaz Kugel about Joachim and Brahms's joint tour to Siebenbürgen in 1879. On 11 September Kugel followed up a telegram (which is not longer extant) to an unnamed representative in Schäßburg (now Sighișoara, Romania), expressing concern that he had not received confirmation that arrangements were in place for the artists' concert there the following week. Kugel implored his contact to reserve two nice rooms in the Hotel Stern, have the programme (which he enclosed) printed immediately, set ticket prices as high as possible, find a suitable piano if

---

11 Melchert, Gabriele Wietrowetz, 142–3.
12 Sayuri Hatano, '"Wohlgemuth ziehe zur Schweiz, lass' tönen die herrliche Fidel": Arrangement der Konzerttournee von der Konzertdirektion Hermann Wolff', Jahresblätter für japanische und deutsche Forschung in Japan 6 (2012–13): 31–41, at 34–5; document in D-Bla, A Pr. Br. Rep. 030-05, Nr. 3670, Bl. 14–18. I am grateful to Dr Hatano for kindly providing me with a copy of her article. A 'Tournée-Buch' for Teresa Carreño for the period 12–25 March 1909 is cited in the catalog of D-Dl, Mscr.Dresd.App.2824,382 (Eugen d'Albert collection).
13 Letters and diaries of Hermann and Luise Wolff were kept during the war and then sent to their daughter Edith Stargardt-Wolff in the US; she had been in Theresienstadt for three years, up to May 1945. Her heirs made some of these documents available to Hatano, including the Wolffs' diaries, personal and business correspondence, a few contracts and programmes, and plans for Bechstein Hall. Some of these materials are transcribed in Hatano, 'Der Konzertagent Hermann Wolff', 249–376.

the promised Streicher did not arrive in time, and treat these artists with distinction ('mit Auszeichnung').[14] In November 1880 we find poor Kugel having to cancel an entire tour for Joachim in Russia and create a new itinerary in southern Germany, Italy, and Switzerland – though the Russian route would have been three times as lucrative – because the violinist 'felt too overwhelmed by the rigours of a Russian journey'.[15]

The Tour

On the inside front cover of the tour book (Figure 15.1), Hermann Wolff addressed a short send-off to Joachim, a play on two meanings of the word 'Fidel':

> Wohlgemuth ziehe zur Schweiz, lass' tönen die herrliche Fidel. Hast du bezaubert das Land, kehre uns wieder fidel.
>
> [Go to Switzerland in good spirits, let your marvellous fiddle sound. Once you have enchanted the country, then cheerfully return to us.]
>
> Berlin 31 Jan. 1882. [recte 1883][16]

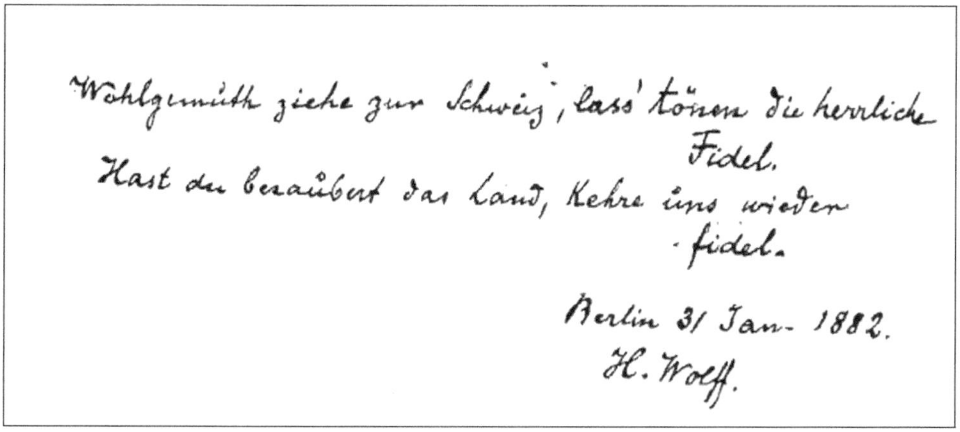
Wohlgemuth ziehe zur Schweiz, lass' tönen die herrliche Fidel.
Hast du bezaubert das Land, Kehre uns wieder fidel.
Berlin 31 Jan. 1882.
H. Wolff.

Figure 15.1. Hermann Wolff's well wishes on the front flyleaf of the tour book. US-Cn, VAULT Case MS ML 418 .J62 W856. Used by permission.

---

14 Unpublished letter of Ignaz Kugel to an unknown representative in Schäßburg, dated [Vienna] 11 Sept. 1879, Briefe-Datenbank, D-LÜbi, Joa : C2 : 53.

15 '[…] daß Sie sich für die Strapazen der Reise zu angegriffen fühlen'. Unpublished letter of Ignaz Kugel to Joseph Joachim, 22 Nov. 1880, Briefe-Datenbank, D-LÜbi, Joa : C2 : 53. On 23 October Joachim wrote to his brother Heinrich that he had consulted a lawyer about his dispute with Amalie; he reported on 20 November that Amalie would not agree to break [friendship] ties with Simrock. Briefe-Datenbank, D-LÜbi, Joa : B1 : 346 and 348.

16 Wolff and Joachim addressed each other with the formal 'Sie' in their letters.

Valerie Woodring Goertzen

The book is printed with blanks to be filled in by hand, and with each opening corresponding to a single day (Figure 15.2). On the upper left are inscribed the day of the week, date, and city, Joachim's lodging – in a fine hotel or with a prominent family – the venue and start time for the concert, the name of the sponsoring organization or local music dealer who would serve as contact, the conductor, and Joachim's honorarium. On the right are listed the pieces he was to perform (a few were later changed), and sometimes details about rehearsals or accompanists. Joachim's rail itinerary for the following morning appears on the lower left. His usual routine was to travel in the morning, rehearse in the afternoon, and perform in the evening, then get up the next morning and do it all over again.

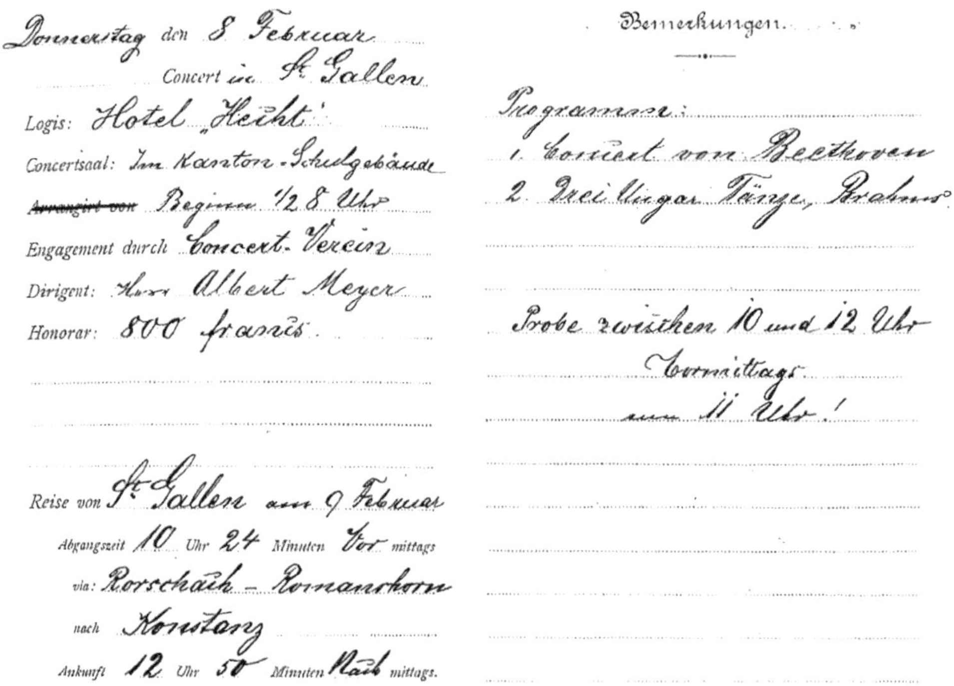

Figure 15.2. Itinerary for Joachim's concert in St Gallen, 8 February 1883, with rail connections to Konstanz for the following morning. US-Cn, VAULT Case MS ML 418 .J62 W856. Used by permission.

The entire plan (Table 15.1) depended on the railway. In Switzerland the development of rail lines had been spurred by British tourism, beginning in earnest with Thomas Cook's first Swiss tour in 1863. Three rail companies merged in 1872 to form what would be called the 'Chemins de fer de la Suisse Occidentale et du Simplon' from 1881.[17] There

---

[17] https://en.wikipedia.org/wiki/Western_Switzerland_Railways. See also the map of the development of Swiss railway lines at https://commons.wikimedia.org/wiki/File:Karte_Hist_Entwicklung_der_Eisenbahn_Schweiz.jpg (accessed 23 Nov. 2021). For a lively account of the retracing of Cook's first

and in Germany Joachim travelled on steam trains resembling the postcard image shown in Figure 15.3. On 2 February, the morning after a concert with the city orchestra in Erfurt, Joachim embarked upon an almost 20-hour journey to Basel, including a five-and-a-half-hour layover in Frankfurt, and eight hours overnight to Basel, probably in a sleeper car.[18] In the city's Stadtkasino with the Allgemeine Musikgesellschaft (AMG) conducted by Alfred Volkland, he gave his only performance on the tour of Brahms's Violin Concerto, a work new since his previous visit in early 1877. He played string quartets by Beethoven and Haydn and Robert Schumann's Violin Sonata No. 1 with local musicians in a chamber music concert the following day.

Figure 15.3. Swiss train similar to the ones on which Joachim travelled. Postcard in the author's collection.

---

tour, based on the diary of Jemima Anne Morrell, see Diccon Bewes, Slow Train to Switzerland: One Tour, Two Trips, 150 Years – and a World of Change Apart (London and Boston: Nicholas Brealey, 2016). I thank Stephanie Screen for bringing this book to my attention. In 1865 Cook published a guide to his tours in France, Switzerland, and Italy, followed in 1874 by Cook's Tourist's Handbook for Switzerland (London: Hodder and Stoughton).

18 In an unpublished letter to his brother Heinrich of 1 April 1877, Joachim mentioned travelling in a Schlafwagen, where he 'snored wonderfully for five hours' ('wo ich 5 Stunden trefflich schnarchte'); Briefe-Datenbank, D-LÜbi, Joa : B1 : 305.

Table 15.1. Joachim's concerts and repertory on the tour.

City, date, concert hosts	Joachim's repertory as outlined in the tour book; brackets enclose changes taken from other sources	Other pieces on the program (from press reviews)
Erfurt, 1 February Erfurter Musikverein, cond. Georg Mertel	1. Spohr, VII Concert [actual: Beethoven Concerto] [19] 2.a. Beethoven Romanze F dur [actual: Adagio from Spohr's Concerto No. 9] b. Leclair, Sarabande + Tambourin c. Brahms, [3] Hungar. Tänze [Encore: "Toccata von Bach" (=Chaconne?)]	Schumann, Overture to Genoveva Weber, Overture to Oberon Choruses by Vierling and Gade performed by the Singakademie
Basel, 4 February Allgemeine Musikgesellschaft, cond. Alfred Volkland	1. Brahms, Concerto 2.a. Viotti, Adagio b. Brahms, Ungarische Tänze (letzte Folge)	Mendelssohn, Symphony in A Minor Joachim, Ouverture to Kleist, Op. 13 (first time in Basel) Weber, Overture to Freischütz [20]
Basel, 5 February Allgemeine Musikgesellschaft, chamber concert	Bach, Suite [Partita] E dur Quintett von Haydn nach Wahl [actual: Beethoven Quartet, Op. 95 and Haydn Quartet in D Major; Schumann, Violin Sonata, Op. 105] [21]	Probably none
Zurich, 6 February Allgemeine Musikgesellschaft, cond. Friedrich Hegar	[Mendelssohn, Concerto Viotti, Adagio for violin and orchestra neue Folge Brahms Hungarian Dances] [22]	Beethoven, Symphony No. 4 Schumann, Overture to Genoveva Dvořák, Serenade for Winds, Cello, and Double Bass [23]
Winterthur, 7 February Musik Collegium, cond. Georg Wilhelm Rauchenecker	1. Spohr, VIII Concert 2. Bach, Chaconne	Not known

---

19 Programme changes in column 2 and selections in column 3 supplied from a review in Musikalisches Wochenblatt 14/16 (12 April 1883): 201. See also NZfM 79/7 (9 Feb. 1883): 80, and Signale 41/13 (Feb. 1883): 197.

20 Selections in column 3 identified in NZfM 79/7 (9 Feb. 1883): 79, and Signale 41/14 (Feb. 1883): 220.

21 Programme changes supplied from a review in Musikalisches Wochenblatt 14/8 (15 Feb. 1883): 98. Performers were Zickendraht (piano), Joachim, Retsch, Trost, and Kahnt (strings).

22 In the tour book: Programm direkt gesandt [program sent directly]. Joachim's selections are given in Hatano, "'Wohlgemuth ziehe zur Schweiz'", 38, from an original program in the Zurich Zentralbibliothek.

23 Selections in column 3 identified in Musikalisches Wochenblatt 14/13 (22 March 1883): 167.

To Switzerland 'in Good Spirits'

City, date, concert hosts	Joachim's repertory as outlined in the tour book; brackets enclose changes taken from other sources	Other pieces on the program (from press reviews)
St Gallen, 8 February Concertverein, cond. Albert Meyer	1. Beethoven, Concert 2. Brahms, Drei Ungar. Tänze	Haydn, Symphony in C Major Grädener, Scherzo from Symphonietta[24]
Konstanz, 9 February Symphonie-Concert der Regimentscapelle, cond. Constantin Handloser	1. Spohr, IX. Concert 2.a. Beethoven, Romanze b. Leclair, Sarabande + Tambourin c. Paganini, Capriccio E dur	Haydn, Symphony in B-flat Major Rauchenecker, Symph. Tonwerk in Form einer Ouverture Gluck, Airs de Ballet, arr. as an orchestra suite by Gevaert[25]
Bern, 10 February Musikgesellschaft, cond. Adolf Reichel	1. Mendelssohn, Concert 2. Tartini, Sonate	Brahms, Symphonie No. 2 Mozart, Aria from La Clemenza di Tito Lieder by Schubert, Schumann, Riedel Vocalist: Marie Kiséljak Rossini, Overture to Wilhelm Tell[26]
Aarau, 11 February Tonhalle Gesellschaft, dir. Rektor Eusebius Käslin	1. Mendelssohn, Concert [with piano accompaniment] 2. Spohr, Adagio 3. Bach, Chaconne Pianist: Herr [Hans] Huber from Basel	If any, not known
La Chaux-de-Fonds, 12 February self-sponsored (eigenes Konzert), arranged by Peregaux et Beck, magasin de musique	1. Tartini, Sonate 2. Mendelssohn, Concert [with piano accompaniment] 3. Beethoven, Romanze F dur 4. a. Joachim, Ungar. Romanze [actual: Bach, Prelude and Gavotte][27] b. Brahms, 3 Ungar. Tänze Pianist: Bernard Junod	Th. Dubois, Scherzo et Choral (played by pianist Junod)[28]

---

24 Selections in column 3 identified in NZfM 79/7 (9 Feb. 1883): 80.
25 Selections in column 3 identified in Musikalisches Wochenblatt 14/13 (22 March 1883): 165.
26 Selections in column 3 identified in Musikalisches Wochenblatt 14/12 (15 March 1883): 154.
27 As described in the review in L'Impartial 3/5 (13 Feb. 1883): 2.
28 Junod's solo for piano identified in L'Impartial 3/5 (13 Feb. 1883): 2–3.

City, date, concert hosts	Joachim's repertory as outlined in the tour book; brackets enclose changes taken from other sources	Other pieces on the program (from press reviews)
Lausanne [in tour book: Geneva], 14 February self-sponsored?	[Beethoven Concerto]²⁹ Remainder of program not known. The program given in the tour book for Geneva is the same as for La Chaux-de-Fonds on 12 February.	Not known
Neuchâtel, 15 February Société de musique, Orchestre de Berne, cond. Maître de Chapelle M. Koch	1. Beethoven, Concert 2. Tartini, Sonate [Larghetto affectuoso, Tempo gusto (sic), Finale (Trille du Diable), with piano] [Brahms-Joachim, 3 Hungarian Dances]	Mendelssohn, Symphonie No. 4 Rietz, Concert Ouverture Silar, Gavotte, and Mendelssohn, Spinnerlied for piano (Zickendraht) Mozart, Overture to Die Zauberflöte³⁰
Lausanne, 16 February self-sponsored ?	None given in tour book Pianist: Herr Gayrhos	Not known
Nuremberg, 18 February, self-sponsored, arr. by Hugo Zierfuss, Hof Mus. Handg.	1. Tartini, Sonate 2. a. Joachim, Ungar. Romanze b. Bach, Suite [Partita] E dur 3. Mendelssohn, Concert [with piano] Pianist: Heinrich Schwartz from Munich	Various soloists³¹
Stuttgart, 19 February Liederkranz, cond. Wilhelm Speidel, and Kapelle des 7. Inf.-Reg., cond. Kapellmeister Carl	1. Beethoven, Concert [the first movement was encored]³² 2. Viotti, Adagio 3. Bach, Suite [Partita] E dur oder Schumann, Fantasie [Bach's Partita was chosen]	Mercadante, Arie from Donna Garitea Lieder by Raudegger, Lassen, and Ries soloist: Agnes Huntington from New York Männerchöre by Dürrner, Abt, and Veit Mendelssohn and Speidel, Gemischte Chöre

---

29 [L'Express] Feuille d'avis de Lausanne et résumé des nouvelles 39 (15 Feb. 1883): 4.
30 Items in column 3 and details in brackets in column 2 taken from the printed programme, shown in Figure 15.9.
31 Musikalisches Wochenblatt 14/13 (22 March 1883): 167.
32 Items in column 3 and details in brackets in column 2 are taken from Musikalisches Centralblatt 3/12 22 March 1883): 150.

City, date, concert hosts	Joachim's repertory as outlined in the tour book; brackets enclose changes taken from other sources	Other pieces on the program (from press reviews)
Wiesbaden, 21 February Curorchester (enlarged), cond. Kapellmeister Louis Lüstner	1. Mendelssohn, Concert oder Spohr, VII. Concert [Spohr Concerto was advertized on 20 Feb. but replaced in ad for 21 Feb. by the Beethoven Concerto][33] 2. Schumann, Fantasie [A Minor, with orchestra]	Joachim Raff, 'Winter' Symphonie no. 11 (posth) in A Minor (manuscript, premiere) Wagner, Siegfried's Tod und Trauermarsch from Götterdämmerung Mozart, Overture to Die Zauberflöte
Darmstadt, 22 February self-sponsored, with orchestra of the Grossherzogliche Hofkapelle, cond. Hofkapellmeister Willem de Haan; arr. by Georg Theis Mus. Hdlg.	[Beethoven, Violin Concerto Spohr, Andante from Concerto No. 7 Brahms-Joachim, 3 Hungarian Dances Schumann, Fantasie, with orchestra][34]	Cherubini, Overture to Wasserträger Spohr, Recitative and aria from Faust Lieder by Gluck, Schumann, and Hans Schmidt; vocalist: Luise Knispel
Mainz, 23 February Municipal Theater Orchestra, cond. Kapellmeister Fritz Steinbach	1. Beethoven, Concerto 2. a. Viotti, Adagio b. Bach Suite [Partita] E dur	Not known

---

33 On this, and for the items listed in column 3, see Signale 41/18 (Feb. 1883): 285, and NZfM 79/11 (9 March 1883): 124.

34 In the tour book: Wegen Programme direkt correspondirt (programme communicated directly by mail). All selections in columns 2 and 3 are taken from Musikalisches Centralblatt 3/13 (29 March 1883): 152.

Figure 15.4. Basel Stadtkasino, Music Hall. Postcard in the author's collection.

The year 1876 had seen the founding of the AMG, which brought together the Concertgesellschaft and the Capell-Verein, active in Basel since 1826 and 1855, respectively; the building of the acoustically splendid music hall in the Stadtcasino (Figure 15.4); and the hiring of Volkland (1841–1905) as conductor, following the death of Ernst Reiter. Tilman Seebass reports that the society had 500 members in the years 1876–92 and presented ten orchestral subscription concerts per year.[35] Under the direction of Volkland, who had studied at the Leipzig Conservatory in the mid-1860s, the orchestra's high level of musicianship attracted composers and conductors, among them Johannes Brahms, who conducted or performed several of his works there. Moreover, Volkland, as a founding member of the Leipzig Bach-Verein in 1874, shared a deep devotion to that composer's works with both Brahms and Joachim.[36]

Since Joachim had not visited Switzerland since Brahms composed the Violin Concerto, the performance on 4 February, following a rehearsal the previous day, was his first in the country. It continued a series of performances of Brahms's music by Basel's AMG: Brahms's performance of the A major Piano Quartet and conducting of the Triumphlied in concerts celebrating the 50th anniversary of the Basler Gesangverein in June 1874; the

---

35 Tilman Seebaß, 100 Jahre AMG: Die Allgemeine Musikgesellschaft Basel 1876–1976 (Basel: Birkhäuser AG, 1976), appendices C and D. See also the orchestra's website, https://www.sinfonieorchesterbasel.ch/en/the-orchestra/history/1876-to-1988.html (accessed 16 Oct. 2021). Margaretha Riggenbach-Stehlin's brother Johann Jakob Stehlin was the architect for the hall.

36 'Biographisches. Alfred Volkland', Musikalisches Wochenblatt 22/14 (2 Apr. 1891): 189–90.

Swiss premiere of the Tragic Overture and performances of Nänie and the First Symphony, all conducted by Brahms, and Brahms's performance of the B flat major Piano Concerto (in manuscript) under Volkland's direction on 11 December 1881; and the premiere of Gesang der Parzen and performance of the Second Symphony conducted by Brahms on 10 December 1882. Brahms would return to Basel to conduct the Swiss premiere of his Double Concerto (from manuscript) on 20 November 1887, with Joachim and Robert Hausmann as soloists.[37] Joachim's performance of the Violin Concerto in a venue with such a rich history with Brahms and his music must have been a highlight of the tour. On the programme also was Joachim's Kleist Overture, Op. 13, which the composer had revised in 1876.[38] To his sister-in-law Ellen Joachim in London he wrote about the 'capital band [and] enthusiastic reception'.[39]

In Basel Joachim stayed three nights in the home of long-time friends, the great music patrons Friedrich Riggenbach-Stehlin (1821–1904), local banker, tenor, and president of the Allgemeine Musikgesellschaft, and his wife Margaretha (1829–1906), a pianist and gifted alto (Figure 15.5). Their large home at Freie Straße 113–15, known as the 'Kettenhof', had been a centre of the city's musical life for decades. In the 1850s and 1860s their house concerts were apt to feature choral works by J.S. Bach and Robert Schumann, as well as operas by C.W. von Gluck, sung by a circle of 20 to 30 singers under the direction of August Walter (1821–1896) for audiences numbering as many as 100. The couple were also long-time friends of Clara Schumann, Theodor Kirchner, Julius Stockhausen, and Brahms.[40] The Riggenbach-Stehlins presented their illustrious house guests to the public in chamber music evenings, renting chairs and furnishings from the Stadtcasino. In such convivial surroundings Brahms had presented his Piano Quintet and G minor Piano Quartet in June 1865, along with his Paganini Variations, Op. 35, and waltzes by Johann Strauss Jr; in 1874 he accompanied two of his lieder in a musical matinee.[41] Brahms, upon once arriving unannounced at the Riggenbach-Stehlins' home with Joachim at an inopportune moment, is said to have assured the couple that he would rather live with them on bread and water than in any hotel.[42] For Joachim the days in this comfortable home brought a renewal of friendships, rest from his Hochschule duties and a long journey, networking with other musicians, and likely opportunities for informal music-making.

---

37 Hofmann and Hofmann, Johannes Brahms als Pianist und Dirigent, 144–5, 204, 214–15, 268.
38 Unpublished letter to Heinrich Joachim, [Berlin, 30 Dec. 1876], Briefe-Datenbank, D-LÜbi, Joa : B1 : 303.
39 Unpublished letter to Ellen Joachim, 5 Feb. 1884, Briefe-Datenbank, D-LÜbi, Joa : B1 : 408.
40 Paola Cimino, 'Wie eine Stadt zu ihren Konzerten fand', Neue Zürcher Zeitung (14 Mar. 2008), https://www.nzz.ch/wie_eine_stadt_zu_ihren_konzerten_fand-1.689384?reduced=true (accessed 16 Oct. 2021). The family also owned Bechburg Castle, about 55 km away in Oensingen, but it is doubtful that Joachim had time to visit there on this tour.
41 June 1874. Hofmann and Hofmann, Johannes Brahms als Pianist und Dirigent, 81, 144.
42 Peter Clive, Brahms and His World: A Biographical Dictionary (Lanham, MD: Scarecrow Press, 2006): 367.

Figure 15.5. Friedrich and Margaretha Riggenbach-Stehlin, photographs by F. Hartmann, Basel, between 1841 and 1871, and between 1850 and 1870?. Universitätsbibliothek Basel, Portr BS Riggenbach F 1821, 1; Universitätsbibliothek Basel, Portr BS Stehlin M 1829, 1.

From Basel Joachim made a loop through northern Switzerland (Figure 15.6), performing first in Zurich's Tonhalle with the city's Allgemeine Musikgesellschaft under Friedrich Hegar.[43] Like Joachim, Hegar was a violinist and composer, conservatory director, leader of a string quartet, and prominent figure in his city's musical life. He also enjoyed close friendships with Brahms, Kirchner, and the surgeon and amateur musician Theodor Billroth. From Zurich Joachim travelled east to perform with Winterthur's city orchestra under Georg Rauchenecker (1844–1906), and with the city orchestra of St Gallen under the direction of Albert Meyer (see Figure 15.2). Before turning south-west towards Bern, he appeared in Konstanz (Germany) with the 114th Regimentscapelle under Constantin Handloser (1846–1905) and before an audience of around 900 listeners. The concert

---

43 In Zurich Joachim stayed with the wealthy Zollinger-Billeter family. A photo of the family's villa, dated 30 June 1891, can be seen at https://www.topfoto.co.uk/asset/277481 (accessed 16 Oct. 2021).

took place in the elegant Insel-Hotel, built as a Dominican monastery in the 1200s, where Joachim also stayed.[44]

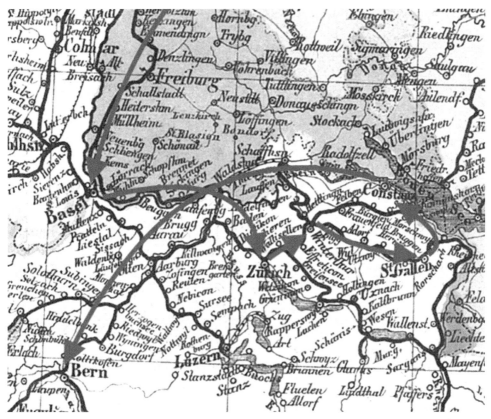

Figure 15.6. Joachim's route through Basel, Zurich, Winterthur, St Gallen, and Konstanz and to Bern.

On Saturday, 10 February, Joachim took the train to Bern to perform with the city's musical society conducted by Adolf Reichel, whose son Max (1863–1930) had studied the violin with Joachim in Berlin and would go on to travel in Europe and the United States under the name Henri Ern.[45] The next day (Figure 15.7) Joachim played in the church in the small city of Aarau (population about 6,000), where he and Brahms had performed together in 1866. The following evening the violinist presented a self-sponsored concert

---

44 See https://statues.vanderkrogt.net/object.php?webpage=ST&record=debw292 (accessed 16 Oct. 2021). The size of the audience is specified in Signale 19 (Mar. 1883): 294.
45 See The Times (Philadelphia, PA), 23 July 1899, 10; The Violinist 14/1 (Oct. 1912): 38; and for an account of Ern's sad end and his funeral, the El Paso Evening Post (13 Aug. 1930): 1.

(eigenes Konzert), assisted by a local pianist, in La Chaux-de-Fonds, a city of about 24,000 residents in the Jura mountains near the French border. The city's newspaper noted that the rare opportunity to hear an artist of the first rank in La Chaux-de-Fonds was due to the initiative of Édouard Perrochet, a local attorney, banker, collector, and member of the canton's parliament.[46] The 1,260 francs (about 1,000 marks) that Joachim recorded in the tour book for this concert – as much as the highest honorarium he received on the tour – suggests that the concert drew listeners from across the region, probably also including British visitors attracted by the city's watch-making industry and the beauty of its surroundings.

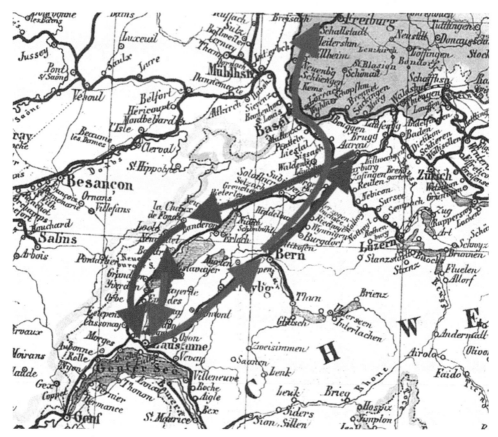

Figure 15.7. Joachim's route in western Switzerland: Bern, Aarau, La Chaux-de-Fonds, Lausanne, Neuchâtel, and back to Lausanne, then an overnight stay in Bern before continuing on to Germany.

---

46 L'Impartial 3/5 (13 Feb. 1883): 2–3. See also Perrochet's obituary: A.M., 'Édouard Perrochet', Revue suisse de numismatique 21 (1917): 294–5.

To Switzerland 'in Good Spirits'

Although the tour book includes plans for a solo concert in Geneva on 14 February, Joachim had modified his itinerary by 5 February to include an additional solo concert in Lausanne (Figure 15.8) on the 14th instead.[47] The review of that concert published in L'Express focused on Joachim's exceptional identification with canonic works:

> Joachim's superiority consists mainly in his broad and pure playing, and in the exemplary manner in which he interprets the classical works of Bach, Mozart, and Beethoven. Joachim is a musician at heart, and easily manages to identify with the compositions of the great masters, which he renders with a talent that no other violinist of our time has achieved before now. The public of Lausanne was able to judge last night when they heard Joachim play Beethoven's Concerto in D major. The audience was at once dazzled and charmed; the entire hall showed their admiration and enthusiasm through endless applause.[48]

Figure 15.8. Lausanne, from a postcard in the author's collection.

---

47 Unpublished letter to Ellen Joachim, Basel, 5 Feb. [1883], Briefe-Datenbank, D-LÜbi, Joa : B1 : 408.
48 'La supériorite de Joachim consiste principalement dans son jeu large et plein, et dans la manière exemplaire avec laquelle il interprète les œuvres classiques des Bach, des Mozart et des Beethoven. Joachim est musicien dans l'âme, et il parvient sans peine à s'identifier avec les compositions des grands maîtres, qu'il rend avec un talent qu'aucun autre violoniste de notre époque n'a atteint jusqu'ici. Le public lausannois a pu en juger hier soir en entendant Joachim jouer le Concerto en ré, de Beethoven. L'auditoire a été ébloui et charmé tout à la fois; la salle entière a manifesté son admiration et son enthousiasme par des appaludissements sans fin.' L'Express. Feuille d'avis de Lausanne et résumé des nouvelles 39 (15 Feb. 1883): 4.

Valerie Woodring Goertzen

> **SOCIÉTÉ DE MUSIQUE**
>
> Jeudi 15 février 1883, à 8 heures précises du soir,
>
> **QUATRIÈME CONCERT**
>
> avec le concours de
>
> M. Joseph JOACHIM, professeur au Conservatoire de Berlin, Violoniste,
> M. ZICKENDRAHT, Pianiste, de Bâle,
>
> et l'Orchestre de Berne,
> Sous la direction de M. KOCH, Maître de Chapelle.
>
> Le piano sort des ateliers de M. BLUTHNER, à Leipzig.
>
> **PROGRAMME :**
> *PREMIÈRE PARTIE*
> 1) Symphonie N° 4, op. 90, en *la majeur*, pour orchestre. Mendelssohn.
>   a) *Allegro vivace*. b) *Andante con moto*. c) *Con moto moderato*. d) *Presto (Saltarello)*.
> 2) Concerto pour violon . . . . Beethoven.
>   Exécuté par M. *Joachim*, avec accompagnement d'orchestre.
> *DEUXIÈME PARTIE*
> 3) *Ouverture* de concert, pour orchestre . . . Rietz.
> 4) *Sonate : Larghetto affectuoso, Tempo giusto, Finale (Trille du Diable)* . . . . . . Tartini.
>   Exécuté par M. *Joachim*, avec accompagnement de piano.
> 5) a) *Gavotte* . . . . Silar.
>   b) *Spinnerlied (Fileuse)* . . . . . . Mendelssohn.
>   Exécutés par M. Zickendrath.
> 6) *Trois danses hongroises* . . . . . Brahms-Joachim
>   Exécutés par M. Joachim.
> 7) *Ouverture* de la *Flûte enchantée* pour orchestre . . Mozart.

Figure 15.9. Programme for the concert in Neuchâtel. La Suisse liberale 20/39 (15 Feb. 1883): 4.

In Lausanne Joachim also spent time with his niece Gertrude Joachim, Ellen and his brother Heinrich's daughter, who was a university student there. He performed in Neuchâtel on the 15th and again in Lausanne on the 16th, then slept in Bern before travelling north to Nuremberg on the 17th.[49] The programme for Neuchâtel, with the Société de Musique and Orchestre de Berne conducted by August Koch (Figure 15.9), was advertised in La Suisse liberale on four separate days leading up to the concert. The works Joachim performed – the Beethoven concerto (with orchestra), Tartini's 'Devil's Trill' Sonata (with piano), and three of Brahms's Hungarian Dances in his own arrangements for violin and piano (these dances are not mentioned in the tour book) – were all mainstays of his repertoire, as discussed below.[50]

In the last phase of the tour, Joachim returned to Germany for five more concerts, in Nuremberg, Stuttgart, Wiesbaden, Darmstadt, and Mainz. Among those attending his

---

49 See the unpublished letters to Ellen Joachim, written from Basel on 5 Feb. [1883], Briefe-Datenbank, D-LÜbi, Joa : B1 : 408, and from Neuchâtel on the 15th, Joa : B1 : 409.
50 Advertised in La Suisse liberale (Neuchâtel) on 10, 12, 14, and 15 Feb. 1883.

self-sponsored concert with piano in Nuremberg on 18 February were travellers coming from Richard Wagner's funeral in Bayreuth; the composer had died five days earlier. Joachim wrote to Philipp Spitta that he had wanted to cancel this concert, as he was 'not in the mood to perform specifically there' on that day. As the number of visitors in the city made cancellation impossible, however, he prepared 'a few explanatory, apologetic remarks', but in the moment decided against delivering them, as the guests were in such merry spirits during the opening number (played by another musician) that his words 'would only have spoiled the mood'. He concluded: 'That's how thoughtless the public is.'[51]

The railway network in Bavaria and Baden-Württemberg had developed in the previous decade, so that by 1883 there was a direct connection between Nuremberg and Stuttgart.[52] Joachim's host in Stuttgart was the city's Liederkranz, and the large programme on 19 February in the Festsaal der Liederhalle, conducted by Prof. Wilhelm Speidel, included not only the Beethoven concerto (with an encore of the first movement) and violin pieces by Viotti and Bach, but also several choral works, together with vocal solos performed by the American opera singer Agnes Huntington, then just beginning her public career.

Guests visiting the spa in Wiesbaden were treated daily to full orchestral and solo concerts in the elegant Kursaal. Joachim performed there on 21 February in a programme that also featured two funereal pieces from Wagner's Ring. He spent the night in the luxurious Victoriahotel, one of the finest in Europe, before travelling to Darmstadt for a self-sponsored concert with orchestra and renewal of friendships with Ernst Becker and his wife Mathilde Becker, a gifted alto. Ernst Becker, private secretary and cabinet advisor to the Grand Duke and president of the city's Musikverein, may have helped Joachim secure the court orchestra's participation in this concert. The final performance of the tour took place in the Stadttheater in Mainz on the 23rd, the orchestra directed by Fritz Steinbach. A letter to Ellen and Heinrich reveals that Joachim was heading for Paris the following morning and planned to travel on to London the day after, so that he could begin his engagements there the next day, 26 February.[53]

In each of the cities except Basel and Lausanne, where Joachim took part in two concerts, he spent less than 24 hours. Hatano points out that Heinrich Ehrlich's description in 1895 of a touring artist's routine matched Joachim's exactly: constant movement and short

---

51 'An Wagner's Begräbnißtag hatte ich in Nürnberg Concert, das ich absagen wollte, weil ich wirklich nicht in der Stimmung war, gerade an dem Ort zu spielen. Da es vieler fremder Besucher (sogar von Bayreuth!) wegen nicht angieng, hatte ich mir vorgenommen, eine erklärende, entschuldigende Rede zu halten. Es kam nicht dazu, da die Leute sich beim ersten Stück des Programms, das ein anderer spielte, ganz amusabel anließen und meine Worte nur vorwurfsvoll die Stimmung verdorben hätten. So gedankenlos ist Publikus.' Johannes Joachim and Andreas Moser, eds, Briefe von und an Joseph Joachim, 3 vols (Berlin: Julius Bard, 1911–13): III:244–5.
52 Hatano, '"Wohlgemuth ziehe zur Schweiz"', 37.
53 Unpublished letter to Ellen and Heinrich Joachim, Neuchâtel, the 15th [of Feb. 1883], Briefe-Datenbank, D-LÜbi, Joa : B1 : 409.

stays.⁵⁴ It is hard to know whether Joachim's report to Ellen – 'I have played here [Basel] yesterday and do so again today. […] Tomorrow Zurich, and so on always at a different town every day'⁵⁵ – expresses weariness, amusement, or simply the facts. According to Brahms, however, Joachim preferred to tour this way, a fact that made Brahms initially hesitant to join him on the Siebenbürgen trip:

> I would quite like to go to Siebenbürgen with Joachim. But unfortunately all concert tours of that sort are a dubious pleasure. We, that is I and my potential colleague, always have all too different agendas. I want to travel in comfort, see new lands and new people, and have fun earning the tour money. Joachim, or perhaps it is Henschel, wants to have a concert every day, see nothing, and just make money. So I'd better let it go.⁵⁶

In the end the friends compromised and took what Joachim described as a 'combined concert-pleasure trip' in which they presented seven concerts in two weeks while also enjoying hiking and sightseeing, and banquets and musical performances in their honour.⁵⁷

Repertoire

In most of Joachim's performances on the tour, he appeared as a featured guest artist of an established orchestra, performing a concerto and one or two smaller selections with orchestra, piano, or, in the case of pieces from Bach's solo sonatas and partitas, almost certainly unaccompanied (see, e.g., the programme in Figure 15.9). Performing organizations either negotiated the programme with Wolff, who knew Joachim's repertoire and preferences, or directly with Joachim. The violinist presented self-sponsored concerts (eigene Konzerte) – for which his remuneration equalled the proceeds from ticket sales minus expenses – in La Chaux-de-Fonds, Lausanne, and Darmstadt. The inclusion of these concerts in the tour book indicates that Wolff and his representatives arranged the venues, accompanists, and

---

54 Heinrich Ehrlich, Modernes Musikleben (Berlin: Allgemeiner Verein für deutsche Litteratur, 1895): 5; cited in Hatano, '"Wohlgemuth ziehe zur Schweiz"', 39.
55 Unpublished letter in English to Ellen Joachim, Basel, 5 Feb. [1883], Briefe-Datenbank, D-LÜbi, Joa : B1 : 408.
56 'Nach Siebenbürgen möchte ich wohl mit Joachim. Aber leider sind all dergleichen Konzerttouren doch ein zweifelhaftes Vergnügen. Wir, d. h. immer ich und mein etwaiger Kollege, haben gar zu verschiedene Absichten. Ich will behaglich reisen, neues Land und Leute sehen und mir das Reiseziel lustig verdienen. Joachim aber oder wenn's Henschel wäre, will jeden Tag Konzert haben, nichts sehen und nur verdienen. So lasse ich's besser.' Letter from Brahms to Fritz Simrock; Max Kalbeck, ed., Johannes Brahms Briefe an P.J. Simrock und Fritz Simrock, 4 vols (Berlin: Deutsche Brahms-Gesellschaft, 1917): II:126–7. My translation draws partly on Avins, 'In the Land of Seven Fortresses', 4. Brahms and Joachim had toured in Winterthur, Zurich, Aarau, and Zofingen (near Aarau) in October 1866.
57 'Denke, ich mache vom 12ten ab etwa eine 14tägige Concert-Vergnügungsreise mit Brahms nach Siebenbürgen! Ist das nicht romantisch?' Unpublished letter from Joachim to Philipp Spitta, [Salzburg] 6 Sept. [1879], US-Cn, Joachim Letter Collection 1–24.

other details, leaving Joachim to simply arrive and perform. Joachim substituted an additional concert in Lausanne, possibly also self-sponsored, for the one originally planned for Geneva. Only four or five concerts on the itinerary were without orchestra: the chamber music concert in Basel, Joachim's own concerts in La Chaux-de-Fonds and Lausanne (one or both concerts in the latter city), and a concert in Nuremberg's Hotel Goldener Adler for which Joachim was paid an honorarium, however.[58] In all cases where he is known to have performed a concerto with piano, he chose the Mendelssohn concerto, perhaps either because he found it more successful with piano than others or because he expected his accompanist would know it well. Other pieces intended for violin and piano filled out his part of these programmes.

Joachim's solo concert repertoire was not large, but it is impressive to note how much of it he had ready to offer in a three-week tour. As Table 15.2 shows, he performed five full concertos – by Beethoven (seven or eight times), Mendelssohn (five performances – a work that he had learned under the composer's supervision), and Spohr (one performance each of Nos. 8 and 9), in addition to the single performance of Brahms's concerto, for which Joachim had offered advice and composed the cadenza. He also presented slow movements of concertos by Viotti and Spohr and of his own Hungarian Concerto, Op. 11, either with orchestra or with piano. All of these works were among his signature pieces.[59] Already as a teenager, he had written to his brother Heinrich that he would be willing to appear as a soloist in England, but 'would prefer playing quartets, because they are the only things that I enjoy playing, with the exception of the solo works by Beethoven, Mendelssohn, and Spohr'.[60] He continued to play these concertos throughout his career, along with concertos by Mozart (A major K219), Bach (E major BWV 1042, A minor BWV 1041, and the Double Concerto in D minor BWV 1043), Viotti (A minor, No. 22), five additional concertos by Spohr, Brahms's Double Concerto, and concertos by Max Bruch.[61]

The other pieces Joachim played on the tour were also strongly associated with him: Tartini's 'Devil's Trill' Sonata, Beethoven's F major Romanze, Leclair's Sarabande and Tambourin, Bach's 'Suite' (Partita) in E major (BWV 1006), a Paganini caprice, Robert Schumann's Fantasy Op. 131, the D minor Chaconne from Bach's solo Partita BWV 1004, and selections from books 3 and 4 of Brahms's Hungarian Dances in Joachim's arrangement for violin and piano. His solo concerts featured a consistently similar programme of a concerto and three or four additional selections, along with numbers by assisting artists. In the French areas of Switzerland, Joachim opted for the Beethoven or Mendelssohn concerto, either out of deference to local tastes or perhaps in an effort to project associations

---

58 In the tour book, a pianist is named and the 'director' line either marked out or left blank for the concerts in La Chaux-de-Fonds, Lausanne (16 Feb.), and Nuremberg.
59 See Borchard, Stimme und Geige, 500–21.
60 Unpublished letter to Heinrich Joachim, [spring, before Apr.?] [1847], Briefe-Datenbank, D-LÜbi, Joa : B1 : 5.
61 Borchard, Stimme und Geige, 500–21. Joachim presumably also performed Mozart's D major concerto K218, as he left cadenzas for it.

Valerie Woodring Goertzen

Table 15.2. Joachim's repertory performed on the tour. (Numerals indicate the number of times a work was played)

Concertos, full		Concerto slow movements		Other pieces	
Beethoven Erfurt, St Gallen, Lausanne (rest of program for 14 and 16 Feb. unknown), Neuchâtel, Stuttgart, Wiesbaden, Darmstadt*, Mainz	8	Viotti, Adagio [presumably from the A-minor concerto] Basel, Zurich, Stuttgart, Mainz	4	Brahms, Hungarian Dances (3) Erfurt, Basel (letzte Folge), Zurich (neue Folge), St Gallen, La Chaux-de-Fonds*, Neuchâtel (from La Suisse Liberale 20/39 [15 Feb. 1883]: 4), Darmstadt*	7
Mendelssohn Zurich, Bern, Aarau, La Chaux-de-Fonds*, Nuremberg	5	Joachim, Hungarian Concerto, Romanze La Chaux-de-Fonds*, Nuremberg	2	Bach, Partita in E major, all or part Basel chamber concert, Nuremberg, Stuttgart, Mainz	4
Spohr No. 8 (Gesangsszene) Winterthur	1	Spohr, Adagio from Concerto No. 9 Erfurt, probably also Aarau (tour book: 'Adagio von Spohr')	2	Tartini, 'Devil's Trill' Sonate Bern, La Chaux-de-Fonds*, Neuchâtel, Nuremberg	4
Spohr No. 9 Konstanz	1	Spohr, Andante from Concerto No. 7 Darmstadt*	1	Bach, Chaconne in D minor Winterthur, Aarau; also probably Erfurt (described as 'eine Toccata von S. Bach' in Musikalisches Wochenblatt 14/16 [12 April 1883]: 201)	3
Brahms Basel	1			Beethoven, Romanze in F Major Konstanz, La Chaux-de-Fonds*	2
				Leclair, Sarabande and Tambourin Erfurt, Konstanz	2
				Schumann, Fantasy in A Minor Wiesbaden, Darmstadt*	2
				Paganini, Capriccio in E Major Konstanz	1
				Schumann, Violin Sonata, Op. 105 Basel chamber concert; from Musikalisches Wochenblatt 14/8 (15 February 1883): 98	1

*self-sponsored concert (eigenes Konzert)

that were especially fundamental to his performing identity; in these cities he refrained from presenting works by Bach, Spohr, Leclair, Robert Schumann, or (perhaps incidentally) Paganini.

Under Ferdinand David's guidance, Joachim had studied Bach's Chaconne in Leipzig in his youth. He performed it unaccompanied in Vienna's Musikverein on 11 January 1846, and played it on other occasions with Robert Schumann's accompaniment and presumably also with Mendelssohn's. Performance of this work was seen as a move towards more serious and quintessentially German programming and away from lighter opera-based fare. According to Eshbach, Joachim often introduced himself to new audiences with this musical 'calling card'.[62] Given the number of times that he played the Chaconne and the Beethoven and Mendelssohn concertos during the February 1883 tour, a letter of Franz Liszt from 1868 seems telling. Here Liszt reported that Joachim had 'naïvely confessed to [him] that after he had played the Beethoven and Mendelssohn Concertos and the Bach Chaconne he did not know what to do with himself in a town unless it were to go on playing indefinitely the same two Concertos and the same Chaconne'.[63] The Chaconne, at once a virtuosic tour de force and a complex work in a learned style, allowed Joachim to display his technical abilities and stamina while also creating a revelatory interpretation characterized by a personal, seemingly improvisatory approach featuring expressive flexibility and nuance.[64]

In Joachim's previous visit to Switzerland in January 1867, he had performed selections from his arrangements of Brahms's Hungarian Dances, books 1 and 2.[65] Thus the groundwork was laid for his presentation in 1883 of arrangements from books 3 and 4 that he had published in 1881.[66] He performed a set of three of these crowd-pleasers – whether always the same three or different groupings is unclear – as his final number or as an encore in at least seven concerts on the tour. In addition to capitalizing on Brahms's popularity, the

---

62 Robert Whitehouse Eshbach, 'Joseph Joachim and Bach's Chaconne: Virtuosity and the Musical Work', unpublished typescript.
63 Letter to Jessie Laussot. La Mara [Ida Marie Lipsius], ed., Letters of Franz Liszt, trans. Constance Bache (New York, NY: Charles Scribner's Sons, 1894): II:141.
64 About Clara Schumann's revelatory interpretations, see Alexander Stefaniak, Becoming Clara Schumann: Performance Strategies and Aesthetics in the Culture of the Musical Canon (Bloomington: Indiana University Press, 2021). In 1879 Joachim described his approach to the Chaconne in a letter to Alfred Dorffel, published by Arnold Schering in Bach-Jahrbuch 18 (1921): 98–100; letter transcribed and translated in Robert Whitehouse Eshbach, Joseph Joachim – Biography and Research, https://josephjoachim.com/2021/01/08/a-letter-of-joseph-joachim-on-editing-the-chaconne-of-bach/ (accessed 23 Nov. 2021).
65 See, e.g., Intelligenzblatt für die Stadt Bern 44 (11 Jan. 1877): 1, programme of a subscription concert of the Berner Musikgesellschaft.
66 Published January 1881. See Katharina Uhde, The Music of Joseph Joachim (Woodbridge, Suffolk: Boydell & Brewer, 2018), work list.

dances evoked Joachim's Hungarian heritage and drew a connection between his playing and the fiery virtuosity of Romani fiddlers.[67]

Repetitive programming had obvious practical advantages in the context of a whirlwind tour that left little time for practice and rehearsal. Holding to his core repertoire also shaped, and then continued to reinforce, Joachim's artistic identity, as he presented carefully crafted interpretations of works that underscored elements of his life story and aesthetic orientation and suited his artistic temperament. His audiences in Switzerland, many of whom had not heard him play in at least six years – if ever – naturally wanted to hear the pieces for which he was best known. The championing of those compositions by a great artist, on the tour and across Joachim's career, solidified their place in the musical canon as the public became more familiar with them and as they were reviewed repeatedly in the press.

Honoraria

In July 1883, just a few months after the February tour, Joachim answered an enquiry from Clara Schumann about his performance fees. His letter reveals (1) that he had raised his fees in the previous two years to bring them in line with those of other artists, and (2) that his fees were set based on the ability of a sponsoring organization or city to pay, not on the works he would perform. The amounts he communicated to Schumann match the honoraria specified in the tour book (Table 15.3):

> Where considerations of piety, as for example in Leipzig, don't hold me back, I ask for 1,000 marks in <u>large</u> cities. Smaller ones often cannot give me that even if they want to; here [Coblenz], for example, I received 800 marks at the festival. I received the same amount last winter in Basel and Zurich – that is, 1,000 francs. In Barmen I declined the invitation last year not only because they wrote to me that they could pay only 600 marks but because they wanted me to take part in a dress rehearsal before a <u>paying</u> public, thus actually two concerts. In Wiesbaden one can get the 1,000 marks.[68]

---

67 See Mineo Ota, 'Joachim and Romani Musicians: Their Relationship and Common Features in Performance Practice', in Creative Worlds, 52–66.

68 'Die Honorar-Anfrage beantworte ich dahin, daß ich in den letzten 2 Jahren durch Erfahrungen welche ich in Betreff anderer Künstler machte, denen ich nicht nachstehen möchte, meine Ansprüche gesteigert habe. Wo mich nicht Pietätsrücksichten, wie z. B. in Leipzig, abhalten verlange ich in <u>großen</u> Städten 1000 MK. Kleinere können die oft mit dem besten Willen nicht geben; hier [gemeint ist Koblenz] z. B. erhielt ich 800 MK beim Fest. Dieselbe Summe bekam ich vorigen Winter in Basel u. Zürich d. h. 1000 fcs. In Barmen lehnte ich voriges Jahr ab, weil man mir nicht nur schrieb, daß man nur 600 MK zahlen könne, sondern auch verlangte, daß ich die General-Probe vor <u>bezahlendem</u> Publikum mitmache, also eigentlich 2 Concerte. In Wiesbaden gewährte man die 1000 Mark.' Letter dated 20 July [1883]; Klaus Martin Kopitz, ed., Briefwechsel mit Joseph Joachim und seiner Familie, 2 vols (Cologne: Christoph Dohr, 2019): II:1243. Clara Schumann's letter appears on p. 1242.

From information in the letter and in the tour book, one may draw two further conclusions. First, the concerts in medium-sized to large German cities, for which Joachim's fees were on the high end of the range, were essential to the financial success of the tour. Second, the self-sponsored concerts, given at Joachim's own financial risk, offered an opportunity to make or perhaps even exceed the highest honorarium that he could request.[69] Where Joachim was a featured guest of an established orchestra, Wolff apparently negotiated the honorarium in advance in accordance with Joachim's expectations. Just as the appearance of a star performer could triple box-office receipts at the London Philharmonic Society, according to Ehrlich,[70] Joachim's participation had the potential to significantly increase the earnings of Swiss and German orchestras.

According to Hatano, Wolff's agency provided its clients with an estimate of expected proceeds and expenses in advance of the concert or tour, and before their itinerary book was prepared.[71] After the event he sent an invoice itemizing actual expenses, relating for example to publicity, hall and piano rental and attendants, programmes and tickets, mailing of free tickets, hiring of assisting artists, and security, and figured the artist's profit – or shortfall.[72] Wolff seems to have exacted a fee of around 10 per cent of the net gain.[73]

How much might Joachim have cleared on this three-week tour? Table 15.3 gives his approximate income and a rough estimate of possible expenses, based on the costs of train travel and hotels given in Baedeker's guides for Switzerland in 1881 and southern Germany in 1880.[74] Because Joachim stayed in fine hotels when not lodging with friends, his hotel is almost always listed by name in the guides, often along with room rates and meal prices in the hotel restaurant. The estimate for travel and lodging given in Table 15.3 is intentionally generous. 'Incidental expenses' might include those associated with local transport, maintenance of Joachim's clothing and violins – he normally travelled with two instruments in a double case – tobacco and drinks, barber, personal items, medication, and possibly gifts for his hosts. What Joachim paid for hall rental for his four or five self-sponsored concerts is not known, nor are the numbers of assisting artists or the fee arrangements for

---

69 On the page in the tour book for La Chaux-de-Fonds, he wrote '1310.20 / ab 50' and subtracted an unidentified expense to yield the total 1,260[.20] (presumably reckoning in francs). He did not note his proceeds from the other self-sponsored concerts in the book.
70 Ehrlich, First Philharmonic, 181.
71 Hatano, '"Wohlgemuth ziehe zur Schweiz"', 34–5.
72 Weber, 'From the Self-Managing Musician', 122. One such invoice, for a 'Novitäten-Abend' of Joachim's Berlin quartet in the Singakademie on 19 April 1902, is included in the CD-ROM for Borchard, Stimme und Geige; this concert lost money, and the performers bore responsibility for covering the shortfall.
73 Hatano places the agent's fee at between 5 and 10 per cent of the net proceeds ('"Wohlgemuth ziehe zur Schweiz"', 37–8). Weber estimates somewhat more than 10 per cent for Wolff in the early twentieth century ('From the Self-Managing Musician', 123).
74 Karl Baedeker, Southern Germany and Austria, Including Hungary and Transylvania. Handbook for Travellers (Leipzig: Karl Baedeker, 1880); Karl Baedeker, Switzerland, and the Adjacent Portions of Italy, Savoy, and the Tyrol (Leipzig: Karl Baedeker, 1881).

Table 15.3. Joachim's estimated income on the tour.

Honoraria and proceeds, in marks	City
1000 M	La Chaux-de-Fonds (self-sponsored concert), Stuttgart, Wiesbaden
900	Nuremberg
800	Erfurt, Basel, Zurich, Bern, Neuchâtel
600	St Gallen, Mainz
500	Konstanz
400	Basel chamber concert, Winterthur, Aarau
ca. 3000 total?	Lausanne (2 concerts), Darmstadt [at least two were self-sponsored concerts]
ca. 13800 M	Total gross income
	Estimated expenses
2760 M	800 hotels, meals, and trains 260 incidentals @ 15 M per day 700 assisting artists for self-sponsored concerts @ 100 1000 hall rental for self-sponsored concerts
1104 M	10% of net to Hermann Wolff
9936 M	Estimated net income

those artists. The estimates for these in Table 15.3 are based on an invoice from Wolff for a concert of Joachim's quartet in the Singakademie in 1902, for which the hall rental was 273 marks (presumably more than Joachim's average cost on this tour) and 100 marks were paid to each of two assisting artists.[75]

A comparison with known income from Joachim's other tours suggests that the estimated net income of 9936 marks for the tour may not be far off. Joseph and Amalie, in a three-week joint tour of Sweden in 1875, together cleared about £400 (8,172 marks) after paying travel costs and the percentage due to the tour arranger.[76] Brahms and Joachim earned about £100 (2,043 marks) each for seven concerts during their tour in Siebenbürgen.[77] In a letter to his brother probably written in summer 1879, Joachim projected that a two-month tour of Austria the following spring, consisting mostly of his own concerts, would bring £1,800-2,000 (as much as 40,860 marks), about double what he could

---

75 See Borchard, Stimme und Geige, CD-ROM.
76 Unpublished letter to Heinrich Joachim, [Berlin] 29 Dec. [1875], Briefe-Datenbank, D-LÜbi, Joa : B1 : 291.
77 Unpublished letter to Heinrich Joachim, Aigen, 4 [Sept. 1879], Briefe-Datenbank, D-LÜbi, Joa : B1 : 334.

expect to earn in London.[78] And from Königsberg (now Kaliningrad, Russia) in January 1881 he reported his gross income from a fourteen-day tour as about 9,000 marks.[79] How dramatically Joachim's performance tours enhanced his income becomes clear when one realizes that through his three-week tour of Switzerland and southern Germany in 1883 he earned nearly as much as his annual salary at the Hochschule as of 1874 – 10,800 marks (3600 Thaler).[80]

Although one might assume that Joachim was a wealthy man, given his secure position as director of the Berlin Hochschule, his status as a star performer, and the fact that he and Amalie owned a large villa in Berlin's fashionable Tiergarten, his expenses were considerable. In 1874 the Joachims had purchased a lavish vacation home near Salzburg for 21,000 marks (and proceeded to enlarge it), and Amalie and some of the children frequently stayed there: thus the couple maintained two large households.[81] They had six children, including a daughter, Lisel, born in July 1881, and the eldest sons Johannes and Hermann attended a private boarding school in Thüringen at an annual cost of 1,100 marks each, beginning in September 1879.[82] Since 1874, Amalie's gall-bladder ailment had resulted in medical bills and cancellation of her engagements and lessons.[83] Joseph also had a zeal for purchasing fine instruments. In his letters to Heinrich in the second half of the 1870s, one finds a stream of requests that his brother send money, either from Joachim's own account in London or as loans, coupled with assurances that he was not living extravagantly.[84] But the family were living beyond their means, and Joseph acknowledged to Heinrich in September 1879 that he was in over his head financially.[85] Moreover, by February 1883 Joseph and Amalie's marriage was all but over, and Joseph had agreed to sell his Berlin villa to his banker Franz Mendelssohn under an arrangement that would provide him with an income stream to cover rental of a new residence. In April 1883, shortly after he returned

---

78 Unpublished letter to Heinrich Joachim, [Berlin], 21 July [1879], Briefe-Datenbank, D-LÜbi, Joa : B1 : 331.
79 Unpublished letter to Heinrich Joachim, Königsberg, 28 [Jan. 1881], Briefe-Datenbank, D-LÜbi, Joa : B1 : 352. As noted above, touring in Russia could be especially profitable.
80 Unpublished letter to Heinrich Joachim, [Berlin], 10 [July 1875], Briefe-Datenbank, D-LÜbi, Joa : B1 : 286.
81 See the images posted at Eshbach, Joseph Joachim, Biography and Research, https://josephjoachim.com/2014/09/26/villa-joachim-berlin/ and https://josephjoachim.com/2014/12/10/villa-joachim-aigen-bei-salzburg/ (accessed 20 Jan. 2022).
82 Unpublished letter to Heinrich Joachim, Aigen, 4 [Sept. 1879], Briefe-Datenbank, D-LÜbi, Joa : B1 : 334.
83 Unpublished letter to Heinrich Joachim, [Berlin], 4 [June 1876], Briefe-Datenbank, D-LÜbi, Joa : B1 : 296.
84 See Briefe-Datenbank, D-LÜbi, Joa : B1 : 296 and following, and Robert Riggs's consideration of Joachim's finances in Chapter 13. Concerning Joachim's focus on money, see Styra Avins, 'Joachim's Jewish Dilemma', in Creative Worlds, 36–51.
85 See note 82.

to Berlin from England, he moved into a new dwelling at Friedrich Wilhelm-Straße 5, without Amalie.[86]

Thus there cannot be any doubt that Joachim's tours, besides allowing him to engage in high-level music-making, interact with prestigious artists and dedicated fans, build and maintain his reputation, and perhaps also attract students to the Hochschule, were essential to his livelihood. The fact that honoraria were guaranteed for more than two-thirds of his appearances ensured that the February 1883 tour would be a financial success. The four or five concerts given at his own risk, some of them in cities that had no established orchestra, provided further opportunities to boost that income and broaden his fame.

*

In most of the 16 cities he visited on the tour, Joachim had just a few hours to present himself, his artistry, and music that he loved. A few afficionados may have travelled to hear him more than once during this journey, and some may have known him from an earlier visit or a performance in Britain, Germany, or elsewhere. For other audience members, their impressions at a concert may have been partially prepared by what they had read and been told, and their knowledge of music associated with him – gained through performances by others or, more likely, through playing pieces or arrangements at home – but the concert itself would dominate their knowledge of him and his work. Joachim's challenge was to communicate, in a short span of time, the essence of his artistic identity and authority. His selections on this tour emphasize his status as a supreme interpreter of the grand concerto literature and of a modest selection of pieces for violin and piano from the distant and recent past. In addition, this repertoire signalled his Hungarian roots and his connection, both biographical and philosophical, with the Italian-based violin legacy and with the German tradition of Bach, Beethoven, Mendelssohn, Spohr, Robert Schumann, and Brahms. In this effort, his compact but carefully selected performance repertoire served him well.

As the train pulled into each new city, Joachim had to be on his game, in good health, and, as Wolff had wished for him, in good spirits. He needed to be ready to animate the works he played – to reveal their spirit. Wolff's handling of logistics left Joachim able to focus on music, on his own well-being, and on meaningful artistic interactions that would leave a lasting impression. The tour book highlights the importance of personal interactions to the maintenance of Joachim's international profile and performing identity. He depended on the conductors, fellow musicians, and friends whose stories intertwined with his own – and the plan that Wolff created enabled Joachim to collaborate with some of the best. One new city after another brought Joachim into contact with different personalities and circumstances, letting him present himself again through his repertoire choices, stage deportment, and interpretations of music that were regarded as both personal and definitive.

---

86 Unpublished letters to Heinrich Joachim, dated 16 [no month or year]; and [Berlin], 10 Apr. [1883], Briefe-Datenbank, D-LÜbi, Joa: B1: 390 and 412. The story of the marriage's end, from Joseph's point of view, can be traced in letters to Heinrich beginning in summer 1880.

Joseph Joachim in Prague:[1]
'It was very original and entertaining there, and they had excellent food and drink'

Anja Bunzel

The first edition of the Czech-language general encyclopaedia *Ottův slovník naučný*, published in 1898, acknowledges Joseph Joachim as 'the most famous contemporary violin virtuoso'. The author then summarizes Joachim's musical education with Stanislaw Szerwaczyński (Pest), Joseph Böhm (Vienna) and Moritz Hauptmann (Leipzig), and his connections with Antonio Bazzini, Heinrich Wilhelm Ernst, Ferdinand David, Felix Mendelssohn and Franz Liszt. The article refers to Joachim's professional engagements in Weimar, Hanover and Berlin as well as his performances as both a soloist and as part of his quartet with Karl Halíř, Emanuel Wirth and Robert Hausmann.[2] Furthermore, Joachim's compositional activities and his wife Amalie Joachim's achievements as an alto singer are recognized. As an aside, though an important one within the Czech context of the encyclopaedia itself, the article mentions that it was Joseph Joachim who introduced Antonín Dvořák's compositions to audiences in Germany and England.[3]

The third edition of *Ottův slovník naučný* (published in 1934) does not contain an entry on Joachim; the same is true for the *Československý hudební slovník osob a institucí* ('Czecho-Slovak Musical Dictionary of People and Institutions', published in 1963).[4] Joachim's impact on Czech musical culture more generally has not been researched in depth by modern scholarhip, although Joachim's role in showcasing Dvořák's music has been thematized on some occasions, most notably by John Clapham and Elisabeth Wenzke, Ludmila Šmídová and David Beveridge.[5]

---

1 I thank the Czech Grant Agency for supporting my research on private music-making in Prague, Berlin, and Vienna, some aspects of which fed into this chapter (project number 22–16531S).
2 This constellation of the Joachim Quartet – with Karl Halíř, Emanuel Wirth and Robert Hausmann – existed from 1897, when Halíř joined, until 1907. Roger Thomas Oliver and Beatrix Borchard, 'Joachim Quartet', Grove Music Online (2001) (accessed 4 July 2021).
3 *Ottův slovník naučný: illustrovaná encyklopaedie obecných vědomostí*, 1st edn (Prague: Otto, 1898): 574: 'nejslavnější současný virtuos na housle'.
4 *Ottův slovník naučný nové doby*, 3rd edn (Prague: Otto, 1934); Gracian Černušák, Bohumír Štědroň and Zdenko Nováček, eds, *Československý hudební slovník osob a institucí*, 2 vols (Prague: Státní hudební vydavatelství, 1963): I (A–L).
5 John Clapham and Elisabeth Wenzke, 'Dvořáks Aufstieg zum Komponisten von internationalem Rang: Einige neue Entdeckungen', *Die Musikforschung* 30/1 (Jan.–Mar. 1977): 47–55; Antonín Dvořák, *Tragická ouvertura*, ed. Ludmila Šmídová (Prague: Etnologický ústav Akademie věd České republiky, 2016). I thank David Beveridge for sharing with me his notes on Dvořák and his music in

Anja Bunzel

This chapter is devoted to Joseph Joachim's more direct links with Prague. On the basis of scrutiny of autobiographical documents, private correspondence and meeting notes of the Prague Kammermusikverein (Chamber Music Association), I address three research questions. First, I explore whether Moser's claim that Joachim visited Prague as early as 1846 can be regarded as trustworthy. Second, using as a departure point Jan Branberger's accounts of the Prague Conservatory, I ask what impact Joachim might have had on Prague's musical scene through his (non-)engagement with the Prague Conservatory during the 1860s, 1870s and 1880s. Finally, I shed light on Joachim's link to Prague through Joseph Porges von Portheim's Kammermusikverein. Throughout my analysis and where possible, I illuminate Joachim's public reception in Prague through glimpes at newspaper reviews and announcements, thus exploring both the private and the public layers of Joachim's traces in Prague.

1846: Joachim's First Visit to Prague (?)

The Prague paper Ost und West reported on Joachim as early as 1839, when a short note from Pest states that 'a musical child prodigy, an eight-year-old violinist, Joseph Joachim, a student of Serwaczynski's, causes much furore. (We hear of so many miracles that soon we will no longer wonder).'[6] It is thus plausible that the Prague cultural scene was aware of Joachim well before his first public concerts there in 1873, especially since Andreas Moser suggests that Joachim stayed in Prague as early as 1846, en route from Leipzig to Budapest. Moser writes:

> On his way back, which he undertook as far as Prague in the company of Liszt, Joachim was fully captivated by this lovely human being [Liszt]. [...] In Prague, he briefly got to know

---

Britain, in which Beveridge reconstructs Dvořák's 'missed opportunity' to 'conduct his violin concerto in England with its dedicatee Joseph Joachim as soloist' (the monograph is forthcoming). Dvořák's visit to London on this occasion took place in 1884, but the first performance of a work by Dvořák in England was on 15 February 1879 (see Antonín Dvořák to Rudolf Augenthaler, Feb. 1879, in Milan Kuna et al., eds, Antonín Dvořák: Korespondence a dokumenty, 10 vols (Prague: Supraphon, 1987): I:164–5). Dvořák's correspondence reveals that he was in close contact with Joachim and/or, even more frequently, with Fritz Simrock, about numerous performances of his works by Joachim outside Prague. Interestingly, despite his enthusiasm for Joachim's performances of his music in England, the violinist František Ondříček (1857–1922) wrote to Rudolf Reissig, Director of the Philharmonic in Brno, that he found a sheet from Dvořák in old correspondence in which Dvořák writes that English newspapers reported that Joachim played 'sloppily' ('unsauber') and 'scrapes' ('kratzt') (Národní muzeum – České muzeum hudby, Prague CZ-Pnm, G12264).

6 Ost und West 3/26 (30 Mar. 1839): 108. 'Hier macht ein musikalischer Wunderknabe, ein achtjähriger Violinspieler, Joseph Joachim, Schüler Serwaczynskis, großes Aufsehen. (Wir bekommen so viele Wunder zu hören, daß wir uns bald nicht mehr wundern werden).'

Hektor Berlioz, who performed his dramatic symphony Romeo and Juliet in the Bohemian capital on 17 April 1846, for which Liszt had led the general rehearsal two days earlier.[7]

Berlioz was aware of Joachim as early as 1845, when, during a stay in Vienna, he listed him as one of the emerging violinists, and, in a footnote, as 'now the first violinist in Germany, indeed one might say in Europe, and [...] a finished artist'.[8] Nevertheless, and although Berlioz wrote a relatively detailed account of his 1846 Prague experience in his diary, there is no mention of Joachim in that context.[9]

Liszt mentioned Joachim to Berlioz in a letter on 2 March 1852, to which Berlioz responded that 'you do not need to recommend Joachim to me, I have known and appreciated him for a long time'.[10] This anecdote suggests that it cannot have been Liszt who introduced Joachim to Berlioz during his stay in Prague in 1846. It is possible, however, that Joachim got to know Berlioz 'briefly' while attending one of the latter's Prague concerts or that someone other than Liszt introduced the two to each other, although there is no evidence of such a personal encounter at that time.[11] Perhaps the then 14-year-old Joachim was not famous enough to have his presence recorded somewhere prominently, at least not in comparison to Liszt and Berlioz, both of whom visited Prague at the same time as Joachim.

Encounters with the Conservatory, or Joachim's Real First Visit(s) to Prague

By the 1860s Joachim had become sought-after as a violinist throughout Europe, a fact which is also reflected in Jan Branberger's accounts of the Prague Conservatory. Here he

---

7   Andreas Moser, Joseph Joachim: Ein Lebensbild (Berlin: B. Behr's Verlag, 1898): 63. 'Auf der Rückfahrt, die er bis Prag in Liszts Gesellschaft machte, wurde Joachim von dem liebenswürdigen Menschen [Liszt] vollends gefangen genommen. [...] In Prag machte Joachim die flüchtige Bekanntschaft Hektor Berlioz', der in der böhmischen Hauptstadt am 17. April 1846 seine dramatische Symphonie "Romeo und Julia" zur Aufführung brachte, wofür Liszt zwei Tage vorher die Generalprobe geleitet hatte.'
8   Memoirs of Hector Berlioz: From 1803 to 1865, Comprising his Travels in Germany, Italy, Russia, and England, ed. Ernest Newman (New York, NY: Courier Corporation, 1932): 377.
9   Berlioz devotes several chapters to his impression of Prague, including thoughts on personal encounters with Ambros, on the National Theatre, the Conservatory of Music and the Sophien-Akademie. Ibid., 391–416.
10 Hector Berlioz, Correspondance Générale, ed. by Pierre Citron, Yves Gérard and Hugh J. Macdonald (Paris: Flammarion, 1983): IV, no. 1456 (2 Mar. 1852), cited after http://www.hberlioz.com/Germany/hanover.htm?zoom_highlight=joachim+liszt (accessed 7 June 2021).
11 The correspondence between Brahms and Joachim reveals that Joachim must have seen Berlioz personally in 1853, at which point they seem to have been quite good friends. In mid-November, Joachim writes to Brahms that he will pass on Brahms's regards to Hektor [Berlioz]. Andreas Moser, ed., Johannes Brahms im Briefwechsel mit Joseph Joachim, 3rd edn, 2 vols [V and VI] (Berlin: Verlag der Deutschen Brahms-Gesellschaft, 1908): V:13. The letter is dated 'Mitte November 1853'. The correspondence following on from this also reveals a similar sentiment and suggests that Brahms and Joachim were an integral part of the circle around Liszt and Berlioz (for instance, see ibid., I:16–21).

states that the conservatory's director, Johann Friedrich Kittl (1806–1868; director 1843–65), had planned to invite Joachim to Prague as early as 1858 and again in 1862 and 1864.[12] While there is no record of the 1858 invitation, a letter from Kittl to Joachim dated 5 December 1863 confirms the one of 1862. It reads: 'When you rejected my invitation to participate in our concerts, you held out the prospect of participating in the following year.'[13] Kittl asked Joachim whether the conservatory could count on his participation in the following season; however, it seems that Kittl received a negative response once again, as no visit is recorded for 1863 either.

At about the same time, Bedřich Smetana, too, invited Joachim to Prague. On 23 January 1864, Joachim wrote to Smetana that he was unable to accept his invitation to Prague, explaining that:

> However, I do not lead the life of a virtuoso, which would enable me to travel from city to city, and I mention this as an apology, because I have not performed in Prague even though your conservatory has kindly requested my participation several times. Should I finally be able to fulfil my desire to play in Prague, I would need to prioritize the aforementioned institution [the conservatory], with which I feel musically connected (and which has many excellent violin students).[14]

Joachim's wish was not fulfilled for quite a while. In 1869, Kittl's successor, Josef Krejčí (1822–1881; director 1865–81), sent Joachim the statutes of the Prague Conservatory of Music, closing the letter 'in earnest anticipation of the moment when I may once and hopefully soon be able to welcome you to and greet you in Prague'.[15] This note of anticipation implies that up to 1869 Joachim had not paid a visit to the conservatory.

It seems that another invitation followed for the winter season of 1871–72, which, however, was rejected by Joachim again. On 30 October 1871, Joachim informed Krejčí

---

12 Jan Branberger, Konservatoř hudby v Praze: pamětní spis k stoletému jubileu založení ústavu (Prague: Nakladem konservatoře, 1911): 67, 74 and 76.

13 Staatliches Institut für Musikforschung – Preußischer Kulturbesitz, Bibliothek, Berlin (D-Bim), Doc. orig. Friedrich Kittl 1; 19. 'Als Sie mir auf meine Einladung, in unseren Concerten mitzuwirken, eine abschlägige Antwort gaben, stellten Sie Ihre Mitwirkung für das nächste Jahr in Aussicht.' I thank Carsten Schmidt and the whole team at the Staatliches Institut für Musikforschung for making available scans of the relevant letters free of charge when I was unable to access their institution owing to Covid-19.

14 The editors of Smetana's letters ascertain that Smetana must have invited Joachim to perform with the Artists' Society (Umělecká beseda). Olga Mojžísová, Milan Pospíšil, Jana Vojtěšková and Jiří K. Kroupa, eds, Bedřich Smetana: Korespondence/Correspondence (Prague: Koniasch Latin Press, 2020): II:38. 'Ich führe aber kein eigentliches Virtuosenleben, das mich von Stadt zu Stadt führte, und erwähne das eben zur Entschuldigung wenn ich selbst auf wiederholte schmeichelhafte Aufforderung Ihres Conservatoriums noch nicht in Prag concertirt habe. Sollte ich endlich meinen Wunsch, in Prag zu spielen, erfüllen, so müßte ich aber allerdings dem genannten, mir als Musiker zunächst stehenden Institut (dem namentlich die Violine vortreffliche Schüler dankt) den Vorzug geben.' Underlining in original.

15 D-Bim, Doc. orig. Joseph Krejci 1; 19. 'Mich aufrichtigst auf den Moment freuend, Sie einmal und hoffentlich bald in Prag empfangen und begrüßen zu können.'

that he was unable to come to Prague because of a large number of commitments, although he would love to visit the 'famous old home of music'.[16] By that time Joachim's reputation as a well-regarded violin teacher had already been established in Prague, as is revealed in a letter to Joachim penned by the Prague medical doctor Skalitzky, dated 7 September 1871. In the letter, Skalitzky asked Joachim to teach his son Ernst in Berlin; Ernst Skalitzky then studied with Joachim for a year.[17]

It was not until 1873, however, that Joachim made a physical appearance in Prague. On 30 January 1873, the music journal Hudební listy informed its readership that:

> A while ago we announced the news that the director and professor Joachim, one of the most famous violinists, will still perform in Prauge this season. Soon the news was circulating that the master would not come – however, we can say that this very virtuoso, whom they call the 'king of violinists', will surely perform in the second concert of the Prague Conservatory of Music, scheduled for 2 February.[18]

The private correspondence between Joachim and Krejčí reveals some further details which emerged during the planning stages of this concert. On 10 October 1872, Joachim asked Krejčí whether he could perform in Prague in the week before Christmas or on any Sunday in December.[19] The next surviving piece of correspondence is dated 28 November 1872, when Joachim notified Krejčí that he had chosen 2 and 6 February of the following year for his performances in Prague – one as a conservatory concert, and one additional 'own concert' ('eigenes Konzert'). As can also be seen in Valerie Goertzen's chapter in this volume, this concert planning practice was typical of Joachim, as he often combined an invitation to play a 'main concert' at a guest institution in a foreign city with an 'own concert' in the same place so as to optimize concert activity and revenue. Revenue and marketing were seemingly also important to Joachim beyond concert planning. Not only did Joachim enquire in the letter to Krejčí what sort of music would be best for the Prague audience, suggesting perhaps his own F major Romance for the conservatory concert, should it fit into the programme, but he also requested advice on which Prague music dealer to approach in relation to arrangements of works performed at his concert.[20] Moreover, in this letter Joachim expressed his delight that Krejčí 'will programme my C major march'

---

16 Letter from Joachim to Krejčí of 30 Oct. 1871, Knihovna Pražské konzervatoře, knihovna a archiv, Prague (CZ-Pk), Estate Krejčí, J. K. 229 ('altberühmte Pflegestätte der Musik').
17 Letter from Skalitzky to Joseph Joachim of 7 Sept. 1871, D-Bim, Doc.orig. Dr. Skalitzky 1. For a short biographical overview of Ernst Skalitzky, see https://prague-violinists.zrc-sazu.si/biographical-lexicon.html (accessed 29 June 2021).
18 Hudební listy 4/5 (30 Jan. 1873): 40. 'Přinesli jsme svým časem zprávu, že bude v této ještě sésoně koncertovati v Praze řiditel a profesor Joachim, jeden z nejslovutnějších houslistů. Brzo na to kolovala zpráva, že tento mistr ani nepřjde – avšak můžeme sděliti, že týž virtuos, jehož "králem houslistů" nazývají, již na jisto bude spoluúčinkovati v druhém koncertě pražské hudební konzervatoře, určeném na den 2. února.'
19 Letter from Joachim to Krejčí of 10 Oct. 1872, CZ-Pk, Estate Krejčí, J. K. 266.
20 Letter from Joachim to Krejčí of 28 Nov. 1872, CZ-Pk, Estate Krejčí, J. K. 277.

and mentioned that he 'would fulfil [Krejčí's] friendly request to conduct the small piece if I did not have to <u>play</u> myself'.[21] In a letter dated 20 January 1873 it surfaces that Krejčí must have asked Joachim to include in the conservatory orchestra concert some music by Bach, which Joachim agreed to play without accompaniment.[22] On 25 January, Joachim stated that he did not know Prague at all and even asked for a recommendation for accommodation, which suggests that he was indeed thoroughly unfamiliar with Prague and its audience.[23]

The final programme of the conservatory concert on 2 February (see Figure 16.1) included the following pieces:

1. Johann Sebastian Bach: Prelude (Well-Tempered Clavier, No. 4, C sharp minor) and G minor Organ Fugue for orchestra arranged and enhanced by way of an added new original chorale by J.J. Abert (new). *Herr Hofkapellmeister is a former student of the Prague Conservatory*
2. Ludwig van Beethoven: Concerto (D major) for violin and orchestra, Op. 61. Violin Solo: Hr. Prof. Jos. Joachim.
3. Joseph Joachim: March (C major, No. 1) for large orchestra (for the first time). *With the participation of the composer*
4. Johann Sebastian Bach: Chaconne (D minor) for solo violin. Hr. Prof. Jos. Joachim.
5. Ludwig van Beethoven: 'Eroica' Symphony (E flat major, No. 3) for orchestra, Op. 55[24]

In the same letter dated 25 January, Joachim sent some details regarding his own concert on 6 February, suggesting the following programme:

1. Ouverture (the choice of which he would leave up to Krejčí)
2. Louis Spohr: Concerto (No. 9)
3. Gesang
4. a) Joseph Joachim: Romanze by Joachim
   b) Jean-Marie Leclair: Sarabande (with piano) and Tambourin
5. Max Bruch: Concerto
6. Gesang
7. Giuseppe Tartini: Sonata (Il Trillo del Diavolo) (with piano)[25]

---

21 Ibid.: 'dass Sie meinen C-Dur Marsch bringen'; 'und würde ich Ihrem freundlich ausgesprochenen Wunsche, das kleine Stück zu dirigieren, wenn ich nicht <u>spielen</u> müsste, gerne nachkommen'. Underlining in original.
22 Letter from Joachim to Krejčí of 20 Jan. 1873, CZ-Pk, Estate Krejčí, J. K. 582.
23 Letter from Joachim to Krejčí of 25 Jan. 1873, CZ-Pk, Estate Krejčí, J. K. 292. 'Leider kenne ich ja die Prager Verhaeltnisse zu wenig und bin fuer jeden Rath dankbar.' 'Wo logirt man wohl am besten in Prag'.
24 See review in Hudební listy 4/6 (6 Feb. 1873): 47. See also concert programme, 'Programm zu dem zweiten Concerte des Prager Conservatoriums der Musik', CZ-Pk, 'Program dobroč. koncertu konzervatoře', 2 Feb. 1873, Konvikt, no shelfmark. The words in italics are translated from the original programme; likewise the remark about Abert.
25 Letter from Joachim to Krejčí of 25 Jan. 1873, CZ-Pk, Estate Krejčí, J. K. 292.

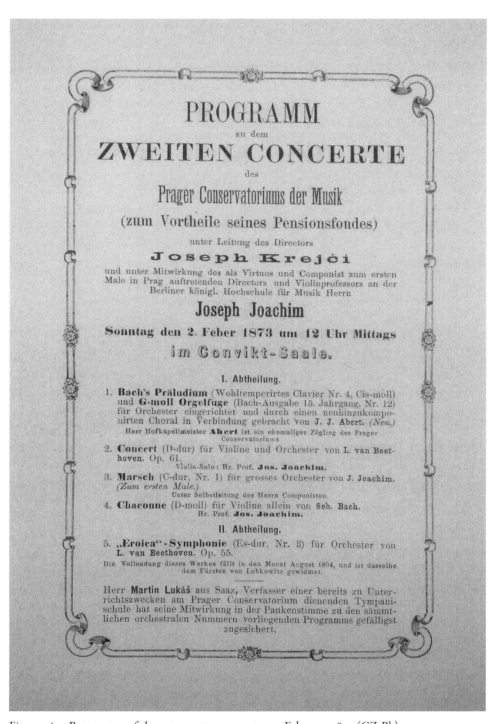

Figure 16.1: Programme of the conservatory concert on 2 February 1873 (CZ-Pk)

Not all of these suggestions were met with enthusiasm, it seems, as the actual performance included the following pieces:

1. Ludwig van Beethoven: Leonore Ouverture (C major, No. 1) – (Orchestra of the Conservatory)
2. Louis Spohr: Concerto (D minor, No. 9) for violin and orchestra – (Der Concertgeber [Joseph Joachim])
3. Carl Reinecke: Prelude to the Fifth Act of the opera König Manfred – (Orchestra of the Conservatory)
4. Giuseppe Tartini: Sonata (Il trillo des diavolo) for violin with piano accompaniment – (Der Concertgeber [Joseph Joachim])
5. Ludwig van Beethoven: Romance for violin and orchestra accompaniment – (Der Concertgeber [Joseph Joachim])
6. Felix Mendelssohn: Scherzo from the Midsummer Night's Dream – (Orchestra of the Conservatory)
7. a) Robert Schumann: Abendlied, for violin and piano accompaniment,[26]
   b) Johannes Brahms / Joseph Joachim: Hungarian Dances, for violin and piano accompaniment (Der Concertgeber).
8. Joseph Joachim: March – (Orchestra of the Conservatory).[27]

It is important to note two things here. First, Joachim relied quite heavily on Krejčí's expertise and advice, which, in the first concert, resulted in a somewhat traditional programme comprising mainly Bach and Beethoven, enhanced by a little bit of 'local colour' through the inclusion of Jan Josef Abert's addition to the Bach piece. The second programme was more mixed in nature, but, again, it seems that Krejčí advised that Beethoven (and two shorter pieces by Schumann and Brahms/Joachim) should be programmed instead of Bruch as suggested by Joachim. Beatrix Borchard has ascertained that, for his solo concerts, Joachim had a very small repertoire of pieces which he performed repeatedly throughout his 60-year career. Among these works are Bach's Chaconne, Beethoven's Violin Concerto Op. 61 and Spohr's Violin Concerto No. 9, alongside pieces by Brahms, Bruch and Mendelssohn.[28] It is remarkable that Joachim's preferences seemed to correspond to a large extent with those of Krejčí, as it was Krejčí who requested Bach and Beethoven. Perhaps Krejčí's request was based

---

[26] This piece was subsequently performed again in Prague by others, for instance by Karel Šrámek in a musical afternoon entertainment organized by Žofie z Herget Dittrichů and Marta Procházková on 10 January 1876. See Jana Vojtěšková and Jiří K. Kroupa, eds, Deníky Ludevíta a Marty Procházkových (1868–1888). Die Tagebücher von Ludevít und Marta Procházka (1868–1888) (Prague: National Museum and KLP, 2018): 106–7.

[27] See review in Hudební listy 4/7 (13 Feb. 1873): 55–6. See also concert programme, 'Convict-Saal. Concert von J. Joachim', CZ-Pk, 'Program koncertu houslisty J. Joachima', 6 Feb.. 1863, Konvikt, no shelfmark. Joachim's own concert in the Konviktsaal was announced in Hudební listy 4/6 (6 Feb. 1873): 47.

[28] Beatrix Borchard, Stimme und Geige: Amalie und Joseph Joachim. Biographie und Interpretationsgeschichte (Vienna: Böhlau, 2005): 500–1.

on reviews Joachim had received for performances of these pieces elsewhere, of which he may have been aware, or on his own knowledge of the Prague audiences. At any rate, Joachim's first public concert in Prague was received positively by the public.[29]

Second, Joachim featured in his Prague concerts both as a famous violinist and as an arranger and composer, most remarkably through the performance of his March, although the announcement that the March was being performed 'for the first time' ('zum ersten Male') is incorrect.[30] This emphasis on Joachim as both a performing and a creative artist ('selbstschaffender Künstler') also surfaces in a letter from the Pensionskomitee (Pension committee) of the Prague Conservatory thanking Joachim for his concert; the letter was sent to him when he was already in London and gives voice to the gratitude and pride of both the students and the higher ranks of the conservatory ('Oberabtheilung') who accompanied him during the concert.[31] A little more than a month later, on 16 March 1873, the Verein zur Beförderung der Tonkunst in Böhmen (Association for the Support of Music in Bohemia) awarded Joachim an honorary membership of the conservatory, thus underlining its official recognition of his musical achievements and his visit to Prague.[32]

During what seems to have been a busy few days of concert giving and official public engagements, Joachim also mingled privately. In a letter to his wife dated 2 February, he wrote: 'After the concert, I ate at the – Capuchin monastery with Pater Barnabas. It was very original and entertaining there, and they had excellent food and drink […]. Among others, a cousin of Julie von Asten's attended, a chemist. We sent a telegraph to Ambros in Vienna.'[33] A handwritten greeting on Barnabas Weiß's score of Beethoven's Septet in E flat major Op. 20 reveals that Joachim must have seen the monk at least once more, unless he sent the score through a mediator. In the note, dated 5 February 1873, Joachim thanks Weiß for 'anregende Stunden' ('inspiring hours': see Figure 16.2).[34]

---

29 See the lengthy positive review including some details on Joachim's biography in Hudební listy 4/6 (6 Feb. 1873): 46–7.
30 See Katharina Uhde, The Music of Joseph Joachim (Woodbridge: Boydell, 2018): 413. The March in C major, according to Uhde, was premiered in 1871 in Cologne.
31 Letter from the Pensionskomitee of the Prague Conservatory to Joseph Joachim, 18 Feb. 1873, Universität der Künste Berlin, Universitätsarchiv, Berlin (D-Budka), Teilnachlass Joseph Joachim, UdK-Archiv 102.Korr.Nr.143.
32 See diploma and accompanying letter from Verein zur Beförderung der Tonkunst in Böhmen to Joseph Joachim, 16 Mar. 1873, D-Budka, 102.Urk.Nr.27.
33 Andreas Moser, ed., Briefe von und an Joseph Joachim, 3 vols (Berlin: Bard, 1911): III:101. 'Nach dem Concert speiste ich im Kapuziner-Kloster beim Pater Barnabas. Da war's sehr originell, lustig und gab treffliche Küche und Keller […]. Unter anderem war ein Vetter von Julie v. Asten da, ein Chemiker. Wir telegraphierten einen Gruß an Ambros nach Wien.'
34 The score is archived at the Národní knihovna České republiky / National Library of the Czech Republic, Prague (CZ-Pu), 59 A 342. I am grateful to my colleague Jana Vozková for drawing my attention to this source and sharing it with me. For further details on Weiss's music collection, see Jana Vozková and Eliška Šedivá, Collectio operum musicalium e possessione p. Barnabae Weiss (Prague: Národní knihovna ČR, 2021): 169.

Figure 16.2: Title page of Barnabas Weiß's score of Beethoven's Op. 20, including Joseph Joachim's personal note (CZ-Pu, 59 A 342)

On the same day, 5 February 1873, the Czech advocate Edmund Schebek (1819–1895) prepared a small gift for Joachim as a symbol of his admiration, accompanied by a slightly tongue-in-cheek note (see Figure 16.3): 'Dr Edmund Schebek dedicates with admiration to Herr Joseph Joachim, the glorifier of the works of Antonio Stradivari, this piece of paper taken out of an Amati violin, signed by the musician himself.'[35] The note is archived at the National Museum – Czech Museum of Music, however, there is no sign of the sheet taken out of the violin and signed by Amati. Perhaps Joachim took the sheet but not the note, or perhaps Schebek never managed to hand over the gift to Joachim and the sheet went missing.

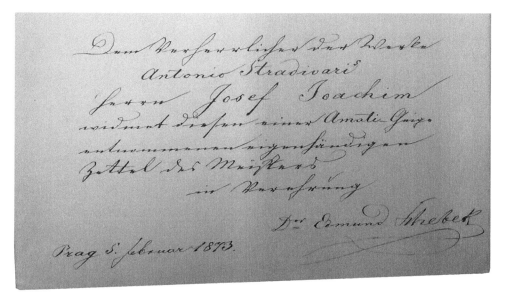

Figure 16.3: Note by Edmund Schebek (The actual sheet taken from the violin is missing; the note was written on a larger page and remains of glue are still visible on the empty bif of the page. This part of the page is not reproduced here.)

This documentation suggests that on 5 February Joachim perhaps socialized with Schebek, or at least that Schebek was hoping to socialize with Joachim. Schebek, who was also a violinist, possessed a large collection of musical instruments and manuscripts.[36] Like Barnabas Weiß and August Wilhelm Ambros, he was a committee member of the Verein der

---

35 CZ-Pnm, G874. 'Dem Verherrlicher der Werke Antonio Stradivaris Herrn Josef Joachim widmet diesen einer Amati-Geige entnommenen eigenhändigen Zettel des Musikers in Verehrung Dr Edmund Schebek, Prag, 5. Februar 1873.'

36 Josef Krejčí dedicated to him his composition 'Graduale Oratio mea' (E-flat major). See Jan Pirner, 'Krejčí, Josef', in Český hudební slovník osob a institucí (online dictionary): https://www.cesky-hudebnislovnik.cz/slovnik/index.php?option=com_mdictionary&task=record.record_detail&id=3817 (accessed 8 June 2021).

Kunstfreunde für Kirchenmusik in Böhmem (Association of Friends of Church Music in Bohemia), which was later merged with the conservatory, thus also linking Schebek and Weiß with Krejčí.[37] It is therefore plausible that Joachim participated that day in a social gathering with Weiß, Krejčí and Schebek.

Another planned visit to Prague, probably in 1876, did not materialize, as Joachim was too busy and his wife was unwell.[38] On 5 November 1875, Joachim announced to Krejčí that he and his wife would travel to Prague to give a concert in the next year.[39] Nonetheless, on 13 January 1876, Joachim voiced his regret that he was unable to come, although he remembered the 'nice days with you people from Prague', probably referring to his first visit of 1873.[40] However, Joachim's links with Krejčí and the conservatory remained positive and lively, as can be seen in two later letters. On 28 September 1878, Krejčí wrote to Joachim, now in the more personal mode of 'Du', that he had met Count Zedwitz, who had mentioned to him that Joachim would not be averse to playing a concert in Prague in the following concert season. He asked Joachim to specify his plans for arriving in Prague, but further correspondence from that time is not recorded.[41]

However, Joachim was again in contact with members of the conservatory after Krejčí's death in 1881. He corresponded with Karel Knittl (1853–1907), who became director of the Prague Conservatory in 1904 but was influential before then as an assistant to Antonín Dvořák (1841–1904, director 1901–04). The correspondence card is not dated and details remain obscure, but the card includes some advice on how to treat the 'concertinos' and some details of the instruments available for a certain concert.[42]

The card is addressed to Knittl at the Rudolfinum; however, a concert that Joachim played in the Rudolfinum in 1889 did not include any 'concertino'. Thus, it is possible that Knittl sought Joachim's advice for a concert in his absence, or that this correspondence was not even about a concert in Prague at all. In 1903 and 1904, respectively, Joachim must have received further invitations to Prague, but was unable to accept them.[43] Mere months before Joachim's own passing, he expressed his condolences on behalf of the Königliche Akademische Hochschule für Musik when Knittl died in 1907. This testifies to the strong

---

37 Rudolf Procházka, Der Kammermusikverein in Prag (Prague: Haase, 1926): 9.
38 The year was ascertained by the Prague Conservatory of Music.
39 Letter from Joachim to Krejčí of 5 Nov. [1875], Cz-Pk, Estate Krejčí, J. K. 673. The year was ascertained by the Prague Conservatory of Music.
40 Letter from Joachim to Krejčí of 13 Jan. [1876], Cz-Pk, Estate Krejčí, J. K. 567: 'schönen Tage bei Euch Pragern'. The year was ascertained by the Prague Conservatory of Music.
41 D-Bim, Doc. orig. Joseph Krejci 2; 19; Krejci, Joseph (1822–1881) [Verfasser], Joachim, Joseph (1831–1907) [Adressat]; Prag, 29.09.1878.
42 Cz-Pk, 2C 179.
43 See letter from Joachim's son, CZ-Pnm, G762, and letter from Joachim to an unknown addressee, CZ-Pnm, G06733.

professional links between Joachim's academy and the Prague Conservatory into the twentieth century.[44]

Concerts at Other Venues

Although there is no record of any private correspondence between Joachim and Krejčí in response to Krejčí's request to make contact after his meeting with Zedwitz, Dalibor and the Prager Tagblatt reveal that Joachim did indeed perform on 3 and 5 January 1879 in Prague – once with the pianist Oscar Raiss and once with the orchestra of the Landestheater under the direction of Ludwig Slansky.[45] Both concerts were received positively.[46] The programme of the concert on 3 January finally included Bruch's concerto as well as one of Joachim's romances, both of which Krejčí seems to have replaced with other pieces when Joachim had proposed them for the 1873 concert. The full programme of 3 January 1879 was as follows:

1. Max Bruch: First Concerto, Op. 26
2. Giovanni Battista Viotti: Adagio from Concerto No. 27
3. Robert Schumann: Sonata Op. 105
4. Johann Sebastian Bach: four movements from Partita No. 3 in E major BWV 1006
5. Joseph Joachim: Romance
6. Johannes Brahms: Hungarian Dances Nos 1, 3, 6
   Encore: Johann Sebastian Bach: Bourrée from Partita No. 1 in B minor BWV 1002
   —
7. Hans von Bülow / Philip Emanuel Bach: Sonata No. 2 (solo piano, Raiss)
8. Frederic Chopin: Nocturne Op. 62, no. 2; Allegro vivace Op. 51; Mazurka Op. 6, no. 1, Impromptu Op. 36 (solo piano, Raiss)

Joachim was especially praised for representing 'virtuosity in its most ideal form, in which we admire not only the exact musical execution, but also, and even more so, the creative

---

44 Letter of 28 Mar. 1907, Cz-Pk, 2C 180. 'Dem Präsidium des Vereins zur Beförderung der Tonkunst in Böhmen und dem Lehrerkollegium des Konservatoriums für Musik in Prag spricht das Direktorium und Lehrerkollegium der Königlichen akademischen Hochschule für Musik ihr Beileid zu dem Verluste aus, welchen beide Vereinigungen durch das Ableben des Herrn Direktors des Konservatoriums Karl Knittl erlitten haben. Der Direktor, Joachim.'

45 For further details on Ludwig Slansky, see Jitka Ludvová's article in: http://encyklopedie.idu.cz/index.php/Slansky,_Ludwig (accessed 2 July 2021).

46 Dalibor 1/1 (1 Jan. 1879); on the performance of 3 January, see Prager Tagblatt 3/5 (5 Jan. 1879, supplement): 6, on the performance of 5 January, see Prager Tagblatt 3/7 (7 Jan. 1879, supplement): 6. The concert of 3 January is also mentioned by Robert Eshbach in his very valuable listing of Joachim performances: https://josephjoachim.com/2019/06/02/joseph-joachims-concerts/ (accessed 7 June 2021).

element, which allows the composition to appear as a majestic creation of the own self'.[47] The second concert, just two days later, featured two violin concertos by Beethoven and Mendelssohn and Robert Schumann's Phantasie Op. 131; as an encore, Joachim played the prelude from Johann Sebastian Bach's Partita No. 3 in E major for solo violin. At the end, Joachim was given a laurel wreath as a symbol of the audience's appreciation.[48] In a letter from Fritz Simrock to Dvořák dated 31 January 1879, it surfaces that Joachim had been betrayed by the company Christoph & Kuhé, who had, according to Joachim, paid him at least 800 florins too little for his concert in Prague. There is no further mention of the concert in that letter, but this experience probably relates to Joachim's concert visit to Prague for his performances at the beginning of January.[49]

Nevertheless, Joachim gave another concert in Prague with Brahms in the following year, on 11 February 1880.[50] The programme included:

1. Louis Spohr: Eighth Violin Concerto (Gesangscene) (Joachim)
2. Johannes Brahms: Two Rhapsodies (Brahms)
3. Johann Sebastian Bach: Chaconne for solo violin (Joachim)
4. Johannes Brahms: Sonata for piano and violin (Brahms and Joachim)
5. a) Ferdinand Hiller: Adagio (Joachim)
   b) Louis Spohr: Barcarolle (Joachim)
   c) Niccolò Paganini: Caprice (Joachim)
   d) Johannes Brahms: Two Hungarian Dances (Joachim)[51]
   Encore: Robert Schumann: Abendlied (Joachim)

The concert was a huge success, and was attended by 'a selected audience, among whom were numerous members of the aristocracy'.[52] Another public concert given by Joachim is

---

47 Prager Tagblatt 3/5 (5 Jan. 1879, supplement): 6. 'Virtuosenthum in seiner idealsten Form, bei dem wir nicht allein die exacte musikalische Ausführung, sondern noch vielmehr das schöpferische Element bewundern, welches die Composition als die herrliche That des eigensten Selbst erscheinen lässt.'
48 Prager Tagblatt 3/7 (7 Jan. 1879, supplement): 6. Borchard explains that Joachim programmed Schumann's Phantasie Op. 131 only occasionally, and when he did so, he often received quite unenthusiastic criticism (Borchard, Stimme und Geige, 501). On this occasion, the reviewer remarked that the melody of Schumann's composition is dark and very difficult ('düster und äußerst schwierig'), but that the piece gained value through Joachim's skillful performance.
49 Letter from Fritz Simrock to Antonín Dvořák of 31 Jan. 1879, in Milan Kuna et al., eds, Antonín Dvořák: Korespondence a dokumenty, 10 vols (Prague: Supraphon, 1987): V:141–2. The letter is actually about Amalie Joachim; Simrock wanted to send her to Prague but asked Dvořák who would take care of her, as he did not want her to be disappointed and he had just heard from Joseph Joachim that he had had such a bad experience.
50 This concert is also mentioned by Robert Eshbach: https://josephjoachim.com/2019/06/02/joseph-joachims-concerts/ (accessed 7 June 2021).
51 Prager Tagblatt 5/42 (11 Feb. 1880, supplement): 8.
52 Prager Tagblatt 5/43 (12 Feb. 1880, supplement): 6; 'ein gewähltes Publikum, darunter zahlreiche Mitglieder der Aristokratie', and, for a more detailed analysis of the musical performance, see Prager Tagblatt 5/44 (13 Feb. 1880, supplement): 5.

recorded for 29 January 1889, when Joachim performed a recital at the Rudolfinum with the pianist Heinrich Barth.[53] The programme included the following pieces:

1. Robert Schumann: Sonata in A minor
2. Johannes Brahms: Sonata Op. 100 in A major
3. Louis Spohr: Adagio from violin concerto [unspecified]
4. Johann Sebastian Bach: Chaconne
   Encore: Niccolò Paganini: 'Perpetuum mobile'
   Encore: Robert Schumann: Gartenmelodie, Am Springbrunn, Abendlied
   —
5. Chopin Phantasie Op. 49 (piano, Barth), Schubert Impromptus Op. 90 (piano, Barth), Mendelssohn Charakterstück No. 7 and Scherzo (piano, Barth)[54]

This performance, too, was received positively, because Barth was a well known and highly esteemed pianist.

Meeting the Kammermusikverein, or How Prague (Almost) Awarded Joachim a Second Laurel Wreath

Another important supporter of the arts in Prague, and also a member of the circle surrounding Weiß, Ambros and Schebek, was Josef Porges von Portheim (1817–1904), who hosted regular musical gatherings at his private residence throughout the second half of the nineteenth century.[55] No evidence can be found that Joachim played at Portheim's home during his first stay in Prague in 1873, or during his seemingly more rushed visits in 1879 and 1880. However, a meeting between the two did take place in 1884. On 16 April 1884, Joachim's name is noted in the internal accounts of the Kammermusikverein in relation to the Gesellschaftsabend on 29 December 1884.[56] Five days later, on 21 April, a 'response from Joachim' ('Antwort von Joachim') is recorded, but we do not know what exactly this response entailed.[57] On 18 November 1884, the agenda records 'no response yet from Joachim' ('von Joachim noch keine Antwort'); thus, there must have been some correspondence in between that I have been unable to locate to date.[58] For 16 Decem-

---

53 This concert is also mentioned by Robert Eshbach: https://josephjoachim.com/2019/06/02/joseph-joachims-concerts/ (accessed 7 June 2021).
54 Prager Tagblatt 8/31 (31 Jan. 1889, supplement): 2.
55 Procházka, Der Kammermusikverein in Prag, 25–6.
56 Agenda of the meeting of the Kammermusikverein, 16 Apr. 1884, Národní technické muzeum, Prague, Estate Joseph Porges von Portheim, collection number 96. The individual items included in this collection do not have shelfmarks. The 'Gesellschaftsabend' was likely a social evening celebrating the achievements of the association.
57 Agenda of the meeting of the Kammermusikverein, 21 Apr. 1884, ibid.
58 Agenda of the meeting of the Kammermusikverein, 18 Nov. 1884, ibid..

ber 1884, the association's council meeting agenda includes two concrete points of action regarding the concert planned with Joachim, both suggesting that Joachim had confirmed his attendance: '[Contact] Mr Kulhanek regarding the poster for the last quartet evening with Prof. Joachim as the first violin, then discuss the letter to Joachim about whether Joachim should be given a laurel wreath, which would need to be written immediately.'[59] This suggests that by then the Kammermusikverein was no longer considering Joachim for a Gesellschaftsabend, but for the last quartet evening. The remark about the laurel wreath, underlined in pencil, was possibly inspired by Joachim having already received one in 1879 (see Figure 16.4). It is unknown who made these pencil additions and when. However, in view of the corrections to the honoraria further down the agenda – also in pencil – one can assume that they are contemporary. Perhaps they were added during the actual meeting, for instance, as there are no minutes included in Portheim's estate and it seems that the agendas served as minutes, with decisions and further points added in pencil. This seems to have been the last council meeting before Joachim's performance, and no further documents can be found in the Kammermusikverein's records regarding this concert.[60]

The letter mentioned in the agenda was written to Joachim on 18 December 1884. Portheim used it to remind Joachim of the programme, venue and date:

> In just a few days we will have the great pleasure of welcoming the most famous interpreter of classical music and hearing him perform Beethoven's chamber music in our association, which fulfils for me, and also certainly for all local friends of music, a long-cherished wish. As chair of the chamber music association, I would therefore take the liberty of requesting that you let me know soon, at your convenience, on what day and at what time you are planning to arrive and in which inn you are planning to stay so that I can arrange everything that is necessary and so I can also talk to everyone about the rehearsals. The concert takes place on the 29th of the month [December] at 5 o'clock in the evening in the Sophieninselsaal and includes, as you know, the following programme: No. 1 Sonata C minor Op. 30 – Beethoven, No. 2 solo performances a) Adagio from Concerto No. 22 – Viotti, b) Caprice E major – Paganini, No. 3 Quartet in F major Op. 59 No. 1 – Beethoven. […] I hope that you will not plan too short a stay and that your friends and enthusiastic admirers will be able to spend some happy hours in your company.[61]

---

59 Agenda of the meeting of the Kammermusikverein, 16 Dec. 1884, ibid. 'Herrn Kulhanek Wegen Ankündigung an den Straßenecken des letzten Quartettabends mit Prof. Joachim als 1. Violine, dann wegen Brief an Joachim zu besprechen, der sofort zu schreiben wäre, ob für Joachim ein Lorbeerkranz zu geben wäre.'

60 On 21 December 1884, the Kammermusikverein had an annual general meeting, the records of which are not included in Portheim's estate. However, the agenda for this meeting was noted in the previous council meeting on 16 December and neither Joachim nor, indeed, any of the concerts feature there.

61 Letter from Portheim to Joachim of 18 Dec. 1884, D-Bim, SM12/32 Jos. von Portheim 1. 'In wenigen Tagen schon sollen wir die große Freude haben, den berühmtesten Interpreten classischer Musik bei uns zu begrüßen, und in unserem Verein Beethovens Kammermusik vortragen zu hören, wodurch mir und gewiß allen hiesigen Musikfreunden ein lange gehegter Wunsch in Erfüllung geht. Ich erlaube mir

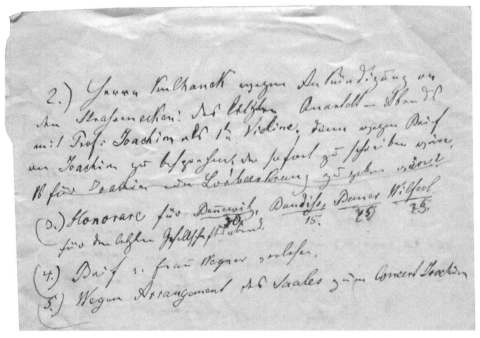

Figure 16.4: Notes of the Kammermusikverein in Prague, second page, 16 December 1884 (Národní technické muzeum, Prague, 96)

According to the review of this concert published in the Prager Tagblatt, the final version of the programme looked slightly different:

1. Ludwig van Beethoven: Sonata in C minor Op. 30 [No. 2]
2. Ludwig van Beethoven: String Quartet in F major Op. 59 [No. 1]
3. Giovanni Battista Viotti, Adagio, Violin Concerto No. 22
4. Johann Sebastian Bach, three movements from the Partita [No. 3] in E major [BWV 1006]
   Encore: Bach Bourrée[62]

---

demnach, als Obmann des Kammermusikvereines, die Bitte, mir gefälligst recht bald mitzuteilen, an welchem Tage und zu welcher Tageszeit E. H. hier einzutreffen gedenken und in welchem Gasthofe Sie einlogiren wollen, um das Nöthige zu veranlassen und sofort auch wegen der Proben Rücksprache zu nehmen. Das Concert findet am 29. d. M. um 5 Uhr Abend im Sophieninselsaal statt, und enhält das Ihnen bereits bekannte Programm: Nr. 1 Sonate c Moll op. 30 – Beethoven, Nr. 2 Solovortraege a) Adagio a. d. 22n Concert – Viotti, b) Caprice Edur – Paganini, Nr. 3 Quartett f Dur op. 59 Nr 1 – Beethoven. [...] Ich hoffe, daß Sie hochgeehrter Herr, Ihren Aufenthalt hier nicht zu kurz nehmen werden, und es Ihren Freunden und begeisterten Verehrern vergönnt sein wird, einige recht vergnügte Stunden in Ihrer liebeswürdigen Gesellschaft zuzubringen.'

62 Prager Tagblatt 8/361 (31 Dec. 1884, second supplement): 9–10.

Anja Bunzel

Figure 16.5: Album leaf from Joseph Joachim to an unknown addressee, 29 December 1884 (CZ-Pnm, G6712)

Thus Beethoven's String Quartet in F major and three movements from Bach's Suite in E major were added to the programme that had initially been planned; as an encore, Joachim played another piece by Bach. It is unclear whether Joachim or Portheim suggested these additions. The review does not mention a laurel wreath, so we do not know whether Joachim was awarded one or not. Nevertheless, the performance must have been successful, as can be surmised from the review, in which Joachim is praised for placing himself at eye level with his performance partners and for choosing solo pieces in the 'dignified old style' ('gediegenen älteren Styls').[63] Moreover, according to Rudolph Procházka, the pianist who accompanied Joachim in this concert, Sophie Herget-Dittrich, remembered this performance much later; it must have left a lasting impression on her.[64]

An album leaf written by Joachim to an anonymous addressee reveals that Portheim's hopes for Joachim to be able to socialize with his friends in Prague must have been fulfilled (see Figure 16.5). The leaf is dated 29 December 1884, the exact day of the concert. It includes the first two bars of the prelude from Bach's Partita No. 3 in E major (BWV 1006) alongside the words 'In memory of Joseph Joachim'.[65] Joachim's performance of this piece that evening had generated much admiration and applause from the audience.[66] It is unknown whether the album leaf was given to Portheim himself as the main organizer of the event, or to someone else who met Joachim personally on the evening of the concert.

*

In this chapter, I have traced Joachim's links with Prague on a number of levels: as a curious newcomer to the 'famous old home of music', a star virtuoso, a hard-to-book artist, a businessman, a sought-after pedagogue, an excellent arranger and a brilliant composer. After

---

63 Ibid., 9.
64 Rudolph Procházka, Das romantische Musik-Prag (Saaz: Erben, 1914): 70. 'Im Kammermusik-Verein spielte ich 1886 mit Joseph Joachim Beethovens C moll-Sonate.' It is likely that this is an error (on either Procházka's or Herget-Dittrich's part) and the correct year is 1884, as Portheim mentions Sophie Herget-Dittrich as one of the performers in his letter to Joachim and the C minor sonata was a part of this concert's programme.
65 CZ-Pnm, G6712. 'Zur Erinnerung an Joseph Joachim'.
66 Prager Tagblatt 8/361 (31 Dec. 1884, second supplement): 9–10.

refusing many invitations, Joachim finally performed in Prague with the conservatory orchestra for the first time in 1873. Whether or not he visited the city as a young man en route from Vienna to Budapest in 1846 is unclear, as Moser's mention of this visit cannot be verified by any other source.

When Joachim did perform in Prague, he relied on the advice of the local organizers, Krejčí and Portheim, and in one instance the firm Christoph & Kuhé, although he also took the initiative in suggesting possible programmes himself. What is remarkable within the context of programming is that the programmes seem rather conservative, with much room taken up by Beethoven and Bach, though this seems to have been a response to requests voiced by Krejčí and Portheim. Nevertheless, the programmes Joachim performed in Prague reflect his preferences and the choices he also made in other places and throughout his entire career. When he performed with Raiss and Slansky (1879), Brahms (1880) and Barth (1889), the programmes were slightly more mixed. Furthermore, Joachim seemed to have had some favourite pieces, which he performed several times in Prague, most notably the Bach Chaconne and Schumann's Abendlied, both of which, as Borchard has shown, were an integral part of his concert repertoire. Therefore Prague was not really in any way special or unusual in terms of programming or in terms of reception. The Prague public was always enthusiastic about Joachim's visits and performances; the newspapers stressed his modesty as a human being and his calm yet brilliant performance style, thus creating an image of Joachim as an empathic person who did not like to be in the spotlight and who executed his virtuosity on a more interior level. Finally, Joachim sometimes also socialized privately. There is only little evidence of such private encounters between Joachim and the Prague musical and cultural scene, but as these kinds of sources often rely on chance finds, it is possible that more such documents exist and that Joachim met a wider array of people during his visits: for instance Dvořák and Smetana (with both of whom he corresponded in writing) and also other, lesser-known Prague protagonists, figures remembered in the same category as Schebek or Weiß. Even the few sources that testify to Joachim's personal contacts in Prague suggest that he liked Prague, and that the people of Prague enjoyed his company. Schebek, for instance, seemed to communicate with him at eye level when writing the little note regarding the piece of paper taken out of the violin; and Joachim's note of thanks to Weiß corresponds with his own private accounts of the get-together as described to his wife.

To conclude, Joachim's impact on the Prague musical scene may not have been as large as that of other frequent visitors and/or locals, as his stays were short and not very numerous. On the other hand, Joachim was sought after all over Europe: he frequently complained that his position as director of the Berlin Musikhochschule did not allow him to lead the life of a travelling virtuoso, so perhaps his five visits between 1873 and 1889 were not altogether so insignificant. Moreover, his occasional engagement with the Prague Conservatory and with other Czech contemporaries – both in person during his visits and in writing – was significant in shaping the Prague cultural landscape beyond his own performances, as some of the pieces he performed were subsequently also performed by other contemporaries during his absence. Despite a certain degree of uncertainty surrounding his visit to Prague as a young man, Joachim was popular in Prague throughout the last quarter of the nineteenth century, not only because he had helped to promote Dvořák's music abroad, but also, and mainly, because he was considered an excellent concert violinist, arranger and composer, and also a sociable and likeable person. It is especially the last aspect which is often unrecognized in early scholarship and encyclopaedia entries, as it is less tangible and/or measurable than, for instance, an impact traced in public reviews, and it is more subtle and reciprocal in nature. The enthusiastic public reception Joachim received in Prague must have certainly encouraged him to return whenever possible, and was also encouraging from a financial perspective. Additionally, however, perhaps it was his memories of 'inspiring hours' and an 'original and entertaining' atmosphere during private get-togethers which played a role in Joachim's decision to return to Prague four more times after his first official visit in 1873.

Joseph Joachim, Herman Grimm, and American Transcendentalism
Encounter with Ralph Waldo Emerson [1]

Styra Avins

Normally, in discussing the cultural currents that crossed the Atlantic in the nineteenth century, one imagines the wind blowing from East to West. In this essay the wind will blow in the opposite direction. Three outstanding figures of the nineteenth century's cultural world will appear. This chapter explores how they were connected to each other: Herman Grimm (1828–1901), the German essayist, literary historian, novelist, poet, philosopher, first professor of art history at the University of Berlin, and founder of that scholarly discipline in Germany; Joseph Joachim (1831–1907), the great and incomparable Austro-Hungarian/German violinist who is the focus of this volume, and Ralph Waldo Emerson (1803–1882), the American essayist, poet, philosopher and lecturer, who was one of the most famous and influential thinkers of nineteenth-century America. A fourth person will appear, but only briefly: Johannes Brahms (1833–1897). The encounter with Emerson's writings, particularly his first set of essays, came at a time of turbulence and uncertainty for the young Joachim and Grimm. Their communal reading of the works profoundly affected the future course of their lives, something I hope this chapter will suggest.

My story starts in 1850, beginning with the young Joseph Joachim's appointment at the court of Weimar as Concertmaster of the Grand Duke's orchestra. He was brought there by Franz Liszt, under whose stimulation Weimar had become a leading centre of culture with a theatre, opera, and concerts of the latest fashion.[2] Members of the intellectual elite of Berlin's society were drawn to Weimar, including Bettina von Arnim and the group around her and her youngest two talented daughters, Gisela and Armgart. Bettina was the

---

[1] This essay is dedicated to the memory of my long-time friend Joel Porte (1933–2006), Frederick J. Whiton Professor of American Literature at Cornell University and eventually Cornell's Director of American Studies and Ernest I. White Professor of American Studies American and Humane Letters. I knew Joel as someone who loved music and the cello in particular, but I also knew that he was an internationally known authority on Ralph Waldo Emerson. My unexpected discovery, many years ago, of the connection between Johannes Brahms and RWE led to fruitful conversations with Joel and inevitably to my appreciation of Emerson's riches; and now, many years later, has resulted in this essay. Joel would surely have enjoyed knowing the effect the great American poet/philosopher had not only on Brahms, but on one of his closest friends.

Here I wish to express my deep thanks to Grant William Cook III, who with great generosity made his detailed information on the life and work of the Beethoven biographer Alexander Wheelock Thayer available to me. See f.n.26.

[2] As he was a Jew, Joachim's appointment to the position would have been most unlikely if not for Liszt's advocacy. See August Göllerich, Franz Liszt (Berlin: Marquardt, 1908): 129. There is no evidence that Joachim knew of the obstacles Liszt had had to overcome.

widow of Achim von Arnim, the co-author of Des Knaben Wunderhorn, that collection of German folk poetry which became a cornerstone of the German Romantic movement. She was herself connected to the most prominent intellectual circles in Berlin: Goethe, Schleiermacher, Tieck, the Grimm brothers of fairy-tale fame, and the Humboldt brothers. While she was not a public figure in the usual sense, her private views carried weight, and along with Alexander von Humboldt, the founder of modern geography (1769–1859), 'their views determined the current of public opinion'.[3] Bettina was as outspoken in politics as in art; by the 1830s she was concerned for the conditions of the working class, the poor, and victims of civil oppression, an involvement in politics 'which strengthened the close alliance of her household with the brothers Grimm'.[4]

So it was not by accident that also drawn to Weimar at this time was Herman Grimm, the son of one Grimm brother and nephew of the other, himself an aspiring poet, novelist, and playwright. This was heady stuff for the 19-year-old Joachim, who was just in the process of developing an enthusiastic admiration for the great range of German culture. Once in Weimar, he was attracted to the von Arnim women; a few years later Brahms himself would be so taken with the mother, Bettina, after encountering her in Düsseldorf in 1853, that he dared to dedicate his Op. 3 songs to her. Joachim, in contrast, was smitten by the daughter Gisela von Arnim. A young author herself, she was the youngest of Bettina's seven children and the constant companion to her mother, 'amounting to almost total identification'.[5] For a time he was in love, and for years he carried on an emotional and intensely personal correspondence with her. Joachim construed the von Arnim circle as an ideal in terms of creating a life which is art, and an art indistinguishable from life itself. In a clear sign of inner dissatisfaction with life as he was experiencing it at the time, he wrote to Gisela in November 1853, 'With you all external life becomes the expression of the soul – grace everywhere – and I feel my weakness and boredom very strongly in the face of such beauty.'[6]

Although Gisela von Arnim would eventually come between them for a time, Joachim and Herman Grimm began what would be a long-lasting friendship. Johannes Brahms, who came into the picture in the summer of 1853, has been portrayed by biographers as Joachim's closest friend, but I believe the correspondence with Grimm from 1852, as well as the events of the next few years, reveal Herman Grimm as Joachim's soul mate, the person to whom he revealed his deepest thoughts and fears at a time of some confusion

---

3 According to Herman Grimm, 'Bettina von Arnim', in his Literature, trans. Sarah H. Adams (Boston: Capples, Uphem & Co., 1886): 144–5.
4 Luther S. Luedtke and Winfried Schleiner, 'New Letters from the Grimm–Emerson Correspondence', Harvard Library Bulletin 25/4 (Oct. 1977): 408.
5 Ibid., 411.
6 'Bei Dir wird so alles äußere Leben zur Mimik der Seele – überall Anmuth – und ich fühle meine Schwäche und Langeweile recht gut solcher Schönheit gegenüber […]'. Letter from Joachim to Gisela von Arnim of [27 Nov. 1853], in Johannes Joachim and Andreas Moser, eds., Briefe von und an Joseph Joachim, 3 vols (Berlin: Bard, 1911–13): I:107.

Joseph Joachim, Herman Grimm, and American Transcendentalism

and even anguish in his life. The developing correspondence between Grimm and Joachim makes the point. On 10 December 1852, Joachim wrote to Herman Grimm from Weimar:

> After reading through your Armin with your friend [Gisela von Arnim], nothing could have delighted me more than the receipt of your letter, which entitles me to enjoy your friendship completely and unreservedly.[7]

After a gap of some two months, Grimm wrote to Joachim from Berlin:

> [...] [Y]our room in Weimar came to mind with the vines outside the window, and I longed to be there on a mild spring day, the sun through the leaves, and a few notes from your violin. It is a pleasure to think about it. [...] Why do you not write to me? I am not reminding you of the promise on the stairs of the inn, because such things are forgotten. But I think we know each other too little to keep silent for so long and too much to break off again. This is not meant to be an admonition, but perhaps (I think it is a possibility) you would have written to me but found no good way to begin [...] Giesel also told me that you would have loved to talk to me about some things while you were here, but you promised Bettina not to do so. I confess that I understand how you could promise this, but not that you kept it.[8]

Although the men had not yet 'drunk Brüderschaft' with one another – i.e. agreed over a glass of eau de vie to address each other with the friendly 'Du' rather than the formal 'Sie' – this letter is a strong indication that an important understanding between them had begun in Weimar, linked in some way by their mutual admiration for the various von Arnims. Later letters support this supposition. By December 1853 at least, the young men were on 'Du' terms and corresponding about personal matters.[9]

When Grimm suffered what he felt was a disaster, the notable lack of interest in his play Rotrudis in January 1855, he poured out his anguish to Joachim in a long letter in which, reporting his despair and black mood, he described himself as an empty hull, no better than a dog. 'Write a few words and console me', he asked of Joachim.[10]

For his part, the years 1853–55 were difficult ones for Joachim. He was struggling with conflicts between his desire to compose, his need to maintain his career as a highly successful violinist, and his new responsibilities as violinist to the King of Hanover and conductor of the Hanover court orchestra. His new post had begun in January of 1853 and seemed a good move. Joachim enjoyed a higher salary than in Weimar. He had free summer

---

7 'Es hätte mir nach dem Durchlesen Ihres Armin mit Ihrer Freundin nichts Freudigeres begegnen können, als der Empfang Ihres Briefes, der mich berechtigt, mich Ihrer Freundschaft ganz, rückhaltlos zu erfreuen.' Letter from Joachim to Herman Grimm of 10 Dec. 1852, ibid., I:36.
8 Letter from Grimm to Joachim of 4 Feb. 1853, ibid., I:37–8.
9 Letter from Joachim to Grimm of [11 Dec. 1853] and letter from Grimm to Joachim of 2 June 1854, Joachim I:122, 195. On the significance of 'Bruderschaft', see 'Auf Brüderschaft trinken', Duden online, https://www.duden.de/node/713429/revisions/1380643/view (accessed 30 July 2021).
10 'Schreib mir ein paar Worte und tröste mich'. Letter from Grimm to Joachim of 29 Jan. 1855, Joachim I:256.

months to tour, travel, study, and compose. Here too he found suitable colleagues to allow the continuation of regular performances of the string quartet repertoire, a practice he had begun in Weimar. But Hanover was not Weimar: Joachim was lonely and isolated. On 4 February 1853 he shared with Woldemar Bargiel, a frequent correspondent at that time: 'I have been living a true hermit life here for the last few months, almost without any contact, and there were really hours when I thought it would have to go on like this forever [...].'[11] Similarly, Joachim confessed to Franz Liszt: 'I feel myself grown abysmally lonely.' He was missing the friends left behind in Weimar: Rémenyi, Cornelius, Cossman 'and all the friends of your house'.[12]

His ill-starred love for Gisela von Arnim, his 'distant Beloved', caused him anguish. Then arrived as if out of the blue the young Johannes Brahms, whose enormous talent as composer and pianist Joachim recognized instantly and 'who it was my good fortune to wrest from obscurity', as he proudly wrote to his brother at that time.[13] But Brahms must have served as an unsettling example to him, someone who was able single-mindedly to compose regardless of any obstacle, financial or otherwise – in stark contrast to Joachim himself, constrained as he was by multiple bonds of convention. His letter to Gisela quoted earlier (see fn. 6) includes a description of Brahms as Joachim's guest in Hanover. Brahms made a stop in Hanover on his way back to Düsseldorf from Leipzig, where he had travelled at Robert Schumann's insistence to introduce his music to the important music publishers there. 'How enviable is a nature such as Brahms, for whom work grants the greatest calming effect. He's asleep on my sofa in the next room, happy with the day's work', Joachim wrote.[14] He had found Brahms 'lying in wait for him' (auf mich lauernd) when he returned home from a walk, a 'green-gold tiger – green with laurels and newly gilded by publishers who were going to publish all his music'. Brahms, he wrote, 'is an egotist, always on the lookout, but honest about himself, and whatever he does is in the service of becoming a better artist'.

One year later Joachim wrote even more explicitly in an oft-cited letter, again to Gisela, describing Brahms as a most inveterate egoist without being aware of it. Writing only a few months before his own anguished letter to her, he described Brahms's extraordinary abilities as both composer and as pianist, even comparing him to Franz Liszt. He particularly noted Brahms's 'truly ingenious way' of warding off all unhealthy sentiments and imaginary pain of others: 'In that he is truly healthy, as beautiful as is his unconcern for the means of existence.'[15] The letter describes Brahms's obliviousness of the needs and sensibilities of others as he focused all his talents and brilliance on one goal, his career as

---

11 Ibid., I:38. Woldemar Bargiel (1828–1897), a composer and the half-brother of Clara Schumann née Wieck, was well known to Joachim from his early days in Leipzig.
12 Letter from Joachim to Franz Liszt, Hanover, 29 Dec. 1853, ibid., I:135.
13 Joseph Joachim from Hanover to his brother Heinrich in London, Nov. 1853, Briefe-Datenbank, D-LÜbi, Joa : B1 : 41 / Inv-Nr.: 1991.2.53.9 / Kasten I.
14 Brahms remained with Joachim until the end of December.
15 Letter from Joachim to Gisela von Arnim, Hanover, 20 Oct. [1854], Joachim I:217–19.

a composer. This was a trait quite foreign to Joachim. At this stage in his life Brahms was already self-individuated; he knew who he was and what he wanted, come what may. In contrast, Joachim had many life issues still to resolve, and far more personal baggage to deal with.

Another letter written at this time is even more explicit about Joachim's frustrations and sense of alienation. From his parents came the information that the Austrian military authorities wanted him in the army. 'That's just what I need, to get myself shot dead for the Habsburgers!' The same letter contained his mother's wish that he marry a favourite niece. 'In all seriousness, is that not highly comical, the government and family disposing of my freedom?' The letter showed him 'how completely distanced [my family feels] from that which alone is of importance to me: the most independent development of my mental abilities, given to me by nature'.[16]

A few months later he wrote Gisela the anguished letter already mentioned, a distraught, rambling outpouring of distress. Desperate to find time to compose, he was torn between visiting Berlin and the von Arnims on the one hand, and taking the Christmas holiday time to compose on the other. He tried to explain his failure to come to the von Arnims for Christmas:

> [...] [E]poch-making events happened to me last week. I had long since brutally sacrificed my [true] nature to conceited moralistic pride, I had lost myself in one-sided ruminations, had [so] neglected the everyday, the obvious, in favour of a seeking what is grand, that it really had to reach a climax; that I myself had to realize how bottomlessly miserable it makes us when we seek fulfilment only in satisfying our own ego, without regard for anything else. I felt myself to be distraught, confused, powerless in my limitless longing for oh, just one loving look – and my fantasy which immediately invokes the most horrendous, tortured me with images that infuriated me – I imagined myself expelled, rejected by others, as no longer belonging to my family, while always remaining a stranger to all of you – I was insensible, was prodded to madness by an inner agitation that could not express itself in rational thoughts, only in the worst dissonances, those were my fantasies. Then I felt ashamed of myself – wanted to get away from Hanover quickly in order to be alone – [...] and by hard work turn the seething agitation to good purpose – but I remained the small, miserable mole blindly burrowing about, a repellent creature to others. Contrariwise [mir gegenüber] I saw Herman, calmly following his beautiful path, favourably favoured, happily following you, a soul mate – [...].[17]

---

16 Letter from Joachim to Gisela von Arnim, Cologne, 20 Dec. 1853, ibid., I:131.
17 '[...] Epoche machendes [ist] in mir vorgegangen in den letzten acht Tagen. Ich hatte so gewaltsam die Natur in mir einem hochmüthigen moralischen Stolz seit lange aufgeopfert, ich hatte mich so verrannt in einseitige Grübeleien, hatte so frevelhaft aus Wunsch nach Großem Kleines, Naheliegendes vernachlässigt, daß es wohl zu einem Klimax kommen mußte, daß ich in mir selbst fühlen mußte, wie bodenlos elend wir werden, wenn wir, rücksichtslos alles andere von uns weisend, nur in unserm eigenen Selbststolze Befriedigung suchen. Verfaselt, zerfahren, machtlos schien ich mir in meiner grenzenlosen Sehnsucht, ach, nach nur einem Blick der Liebe – und meine Fantasie, die immer gleich in's Schreckhafte

Joachim's view of Herman Grimm 'following his beautiful path' was surely exaggerated. Life for Herman, too, was beset with existential difficulties. Grimm's letter to Joachim of 26 December 1854 – i.e. only a few days before Joachim's anguished letter to Gisela, and a week or so after hearing Joachim and Clara Schumann give concerts in Berlin – describes his current mood: 'At the moment I am boring, melancholic, unproductive and after so much beautiful music I feel a bit miserable. Sitting alone again at Schwartz [a tavern] and drowning my wisdom. I have literally not worked at all since your departure [...].' In the same letter Grimm, who was musically literate, displayed great admiration for Joachim, writing that he looked forward with special pleasure to the prospect of a letter from Joachim anytime 'between now and the next 100 years'.[18] For his part, Joachim was making plans to be in Berlin for a performance of Grimm's Demetrius. And he was anticipating seeing Grimm soon: 'I long to speak through a few things with you; your calm and clarity will do me very good.' He goes on to say how proud he is to be worthy of his (Grimm's) hospitality (my emphasis).[19]

So here we have two young friends, both highly proficient and cultured, both struggling within themselves, each congenial to the other and both able to write openly about their anxieties, friends in the intimate German meaning of the word. This is the point at which Ralph Waldo Emerson enters the picture.

At the time Grimm encountered his writing, Emerson was at the height of his fame, perhaps the most celebrated writer in America. Born in 1803, coming from a long line of churchmen and proud of his Puritan heritage, at age 26 he had begun his career in Boston as a Unitarian minister. The year was 1829. The United States had been a nation for 40

überschlägt, folterte mich mit Bildern, die mich rasend machten – verstoßen, verkannt von andern wähnte ich mich; meiner Familie nicht mehr angehörend, Euch doch immer nur ein Fremdling – ich war sinnlos, bis zum Wahnsinn von einer innern Unruhe gestachelt, die sich nicht in Gedanken –höchstens in den ärgsten Dissonanzen Luft machen konnte, die ich zusammenfantasirte. Dann schämte ich mich wieder vor mir selber, – wollte bald aus Hannover fortfahren, um allein zu sein [...] bald mich bezwingen und durch Arbeit den gährenden Stoff zum frommen wenden – ich blieb aber der kleine, elende, Maulwurf, der blind drauf los wühlt, andern ein widerliches Geschöpf. – Mir gegenüber sah ich den Herman, ruhig, sicher seinen schönen Weg folgend beglückend beglückt, Dir nach, ein Seelverbrüderter – [...].' Letter from Joseph Joachim to Gisela von Arnim, Hanover, end of Dec. 1854, ibid., I:137.

18 '[E]instweilen bin ich langweilig, melancholisch, unproductiv und nach soviel schöner musik etwas katzenjammerhaft. sitze wieder einsam bei Schwartz und ersäufe meine weisheit. gearbeitet habe ich buchstäblich nichts seit deiner abreise [...].' '[...] die aussicht zwischen heute und 100 jahren einen brief von dir zu erhalten.' [Note: Grimm affected to omit capital letters to begin sentences at this period of his life. Note also the Anglicized spelling of his name, with one rather than two n's in the end.] Joachim had given three concerts in Berlin with Clara Schumann at the Singakademie, the first one on 10 December. Letter from Grimm to Joachim, [Berlin, 26 Dec. 1854], ibid., I:242–3.

19 During that Berlin visit, from 9 December onwards, Joachim was a guest of the Grimm family. 'Ich sehne mich darnach, mit Dir einige Dinge durchzusprechen; Deine Ruhe und Klarheit werden mir wohl thun.' Letter from Joachim to Herman Grimm of c5 Dec. 1854, ibid., I:234. Also see Thomas Synofzik, Schumann Briefedition. Briefwechsel mit Joseph Joachim und seiner Familie, 2 vols (Bergheim: Dohr, 2020): I:156.

years, so that for many of those living, it was a brand-new country. Emerson had at age 14 entered Harvard College, where he studied Latin, Greek, history, and rhetoric. His journals show a young man keenly aware of the bountiful nature around him, with its fresh air and endless spaces of his new world, and at the same time someone very well aware of the old one. In a youthful journal he contrasted the 'malignant crime [...] widespread wickedness' of an indifferent [English] public with 'the uncontaminated innocence of my own country', its comparative purity 'joined to the energy of a youthful people still free from the complicated difficulties of an old government'.[20] A few years later he would write, 'Who is he that shall controul [sic] me? Why may I not act & speak & write & think with entire freedom? [...] Who hath forged the chains of Wrong and Right, of Opinion and Custom, and must I wear them?'[21] In a very short time, he would publish his Essays (first set), which elaborate on these themes. Within three years of his ordination, he had given up his position as minister of his church, arguing, among other things, that he believed the ministry was an 'antiquated profession'. By 1836 he had published his first book, Nature, a prose poem, as it has been described, a long and sometimes beautifully written ramble which includes Emerson's first mention of his belief in the transcendent relationship of Mankind to Nature – that all of nature and God is present in all of Mankind, and Mankind is present in all of Nature.

> In the woods, we return to reason and faith. There I feel that nothing can befall me in life, – no disgrace, no calamity (leaving me my eyes), which nature cannot repair. Standing on the bare ground, – my head bathed by the blithe air and uplifted into infinite space, – all mean egotism vanishes. I become a transparent eyeball; I am nothing; I see all; the currents of the Universal Being circulate through me; I am part or parcel of God.[22]

The little book came to the attention of English literary elites of the time – Wordsworth, Coleridge, J.S. Mill, and in particular Thomas Carlyle, with whom Emerson later established a life-long friendship. Carlyle was in touch with the German literary world, which may have something to do with the gradual awakening of interest in Emerson there by the time Grimm encountered him.[23] In 1841 Emerson published his first series of Essays, which includes some of his best-known and most influential writings. Interest in his essays had spread not only to England, but to Germany, where they were just beginning to be found. The essays were republished in 1849, and this was the book that Herman Grimm saw. In the foreword to his translations of Emerson's first series of Essays (1874), Grimm explained how it happened:[24]

---

20 Journal entry of '21 October 1821', in Joel Porte, ed., Emerson in his Journals (Cambridge, MA, and London: Harvard University Press, 1982): 10.
21 Journal entry of '21 December 1823', ibid., 38.
22 'Nature', in Brooks Atkinson, ed., The Complete Essays and Other Writings of Ralph Waldo Emerson (New York: Random House, 1940; rpt. 1950): 6.
23 A German edition of some of his works appeared in 1855–56: Thomas Carlyle, Ausgewählte Schriften, trans. A. Kretzschmar, 6 vols (Leipzig: Otto Wigand, 1855–56).
24 Herman Grimm, Fünfzehn Essays, erste Folge (Berlin: Dümmler, 1874): 428.

> At the house of an American friend, some years ago I found Part One of the Essays of Emerson, accidentally lying on the table. I looked into the book and read a page, and was really astonished not to have understood anything, although I felt considerable confidence in my knowledge of English. I asked about the author. I was told that he was the first [leading] writer of America, – very ingenious [geistreich], but sometimes somewhat crazy, and that quite frequently he could not even explain his own sentences. Moreover, that no one was so highly regarded as a character and as a prose writer. [...] I looked into the volume again. Some sentences impressed me as being so suggestive and enlightening that I felt an impulse to take the book along, and to examine it more carefully at home. I find that it is a great thing if a book tempts us to such a degree that we resolve, without compulsion, to look into it – [...]. I took Webster's Dictionary and began to read. The build of the sentences seemed to me very unusual; soon I discovered the secret. There were real thoughts; there was a real language, – a true man whom I had before me, – not a – I need not enlarge upon the opposite, – I bought the book. Since then I have never ceased to read in Emerson's Works, and every time that I take them down anew, it seems to me that I am reading them for the first time [...]. I read the essay entitled Nature, and as I continued, sentence after sentence, I seemed to feel that I had met the simplest and truest man, and that I was listening to him as he was speaking to me. I read one page after another. It is possible that it was all confusion, but it did not seem so to me. I followed his thoughts, word for word, – everything seemed to me to be old and well known, as if I had thought or foreboded it a thousand times, and everything was new as if I was learning it for the first time. Whenever I had had the book in my hands for a time, my sense of personal independence revolted spontaneously. It did not seem possible to me that I had given myself captive in such a manner. It seemed to me that I was deceived and betrayed. I said to myself, this man must be a man like all others, must have their faults and doubtful virtues, is probably vain, open to flattery, and moody, – but when I read his sentences again, the magic breeze seemed to touch my heart anew; the old worked-out machinery of the world seemed to be freshened up, as though I had never felt such pure air.[25]

The year was 1855, and the friend was the American Alexander Wheelock Thayer (1817–1897), in Berlin for his second research expedition to the Royal Library, searching for documents – among them the Beethoven conversation books – for his now-famous Life of Beethoven. In 1854 he had already made the acquaintance of the family Grimm – 'an acquaintance that soon blossomed into a deep and abiding friendship'.[26] The family in-

---

[25] Quoted (in English) in Frederick William Holls, ed., Correspondence between Ralph Waldo Emerson and Herman Grimm (Boston and New York: Houghton, Mifflin and Company, 1903): 6. Holls provides Grimm's letters in their original German, with his own translations. Holls's first version of the letters appeared in English only in 1903: 'Correspondence between Ralph Waldo Emerson and Hermann Grimm', Atlantic Monthly 91 (Apr. 1903): 467–79.

[26] See Grant William Cook III, 'The Final American Residency of Beethoven's Biographer Alexander Wheelock Thayer', part 1: 'April 1856 through June 1857', Beethoven Journal 27/2 (2012): 64–5. In all mentions of Thayer I am indebted to Dr Cook, who has made an extensive study of Thayer's biography and been most generous with his findings, published and unpublished. For details of Thayer's quest for a fully factual biography of Beethoven, and his interaction with European musical and literary figures,

cluded Jacob Grimm (1785–1863), his brother William (1786–1859), Herman (son of William), Mrs Grimm, and Herman's brother Rudolf. As Thayer recalled it, 'In 1854–5, it was […] [my] good fortune to meet […] [Bettina von Arnim] often in two charming family circles – her own and that of the brothers Grimm.'[27] In a further recollection, this time in a letter to a friend dated 1890, Thayer described the pleasures of that friendship:

> November 4th, 1855, is a day marked 'by the white stone', for on that evening I was invited to tea with the family Grimm and there I was introduced to the object of my musical enthusiasm, for the other guests were Clara Schumann and Joachim! […]. What a winter 1855–56 was for me […] I now recall its happiness [of] the circle of great and good and exquisitely cultivated and refined persons which I was so kindly allowed to [meet] at the houses of the Grimms and Bettina […].[28]

From Grimm's account of his first sight of the writings of Ralph Waldo Emerson, a volume of essays lying on a table in Thayer's lodgings, it is evident that the American returned the hospitality of his new friends. A Harvard man from the Boston area and familiar with Emerson's writings, Thayer was just the person to support Grimm in his enthusiasm. It could not have been easy to penetrate the meaning of Emerson's writings without some help. Grimm was fortunate to have as guide to Emerson's thought and unconventional language not only a native English-speaker, but someone who was intimately familiar with the circle of the very American Transcendental philosophers around the Concord–Boston area. The contribution made by Thayer to an understanding of Emerson's ideas by the broad intellectual circle around the von Arnims and Grimms cannot be overestimated. Grimm soon passed his enthusiasm on to Joachim, who was deeply impressed. The violinist's early attempt to interest Gisela, however, was not successful. In 1856 he wrote to her:

> Herman sent me his translation of Emerson's essays [on Goethe and Shakespeare, printed the next year]. I read the originals with renewed pleasure. You don't like Emerson, and I'd like to know why, we have to speak about this when we see each other. I admire the great fantasy which connects so easily all knowledge as a great artist draws upon all means of expression

---

see Lewis Lockwood, Beethoven's Lives: The Biographical Tradition (Woodbridge, UK, and Rochester, NY: The Boydell Press, 2020): 31–41.

27 Alexander Wheelock Thayer, The Life of Ludwig van Beethoven, 2nd edn, 2 vols (New York: Schirmer, 1921): II:201.

28 Cook, 'The Final American Residency of Beethoven's Biographer Alexander Wheelock Thayer', 66, col. 2. On 16 and 20 December 1854, Thayer had attended two of the three concerts presented by Joachim and Clara Schumann at the Berlin Singakademie, the same concerts that Herman Grimm had attended. For Grimm, the aftermath was an attack of melancholy. See his letter to Joachim of 26 Dec. 1854, Joachim I:242–3. Thayer, in contrast, was entranced, reporting on Joachim's extraordinary purity and fullness of tone and most perfect intonation, as well as his 'unrivalled mastery by any living violinist of all and singular, the difficulties of his instrument and a complete understanding of and sympathy with his author [composer]'. Thayer was a regular contributor to Boston's Dwight Journal of Music.

> [...] a man who courageously measures his feelings on the experiences of centuries! [...] At any rate, for me he remains stimulating to the highest degree [...].[29]

Gisela would eventually claim she understood the American better than Herman (although she did not know English). She wrote Emerson an enormously long letter in 1858 – deciphered painfully over many months by Emerson's daughter Ellen – and sent along a few volumes of her imaginative tales and dramatic works.

Brahms was more immediately receptive. That Joachim shared his excitement over Emerson with him is clear from two letters to his friend written over the next two years.

The first one, dated 20 April 1856, refers to an incident which occurred on 17 November 1855, as Clara Schumann, Joachim, and Brahms were journeying from Danzig to Berlin after presenting a few concerts arranged by Clara in the (successful) effort to revive Brahms's performing career.[30] Joachim reminds Brahms of their conversation in a letter of 20 April 1856:

> [Hanover] Sunday evening:
>
> [I'm] sending you a fine essay by Herman Grimm, a translation from Emerson's writings which we spoke about on the journey from Danzig to Berlin; but please send it back after you read it.[31]

It was the same translation Gisela had spurned: Shakespeare; or The Poet, from the volume Representative Men, a collection of seven lectures by Ralph Waldo Emerson published in 1850. Grimm sent this translation to Emerson in May of 1856. It was delivered by hand by Thayer, who went out of his way to visit Emerson in person upon his return to the United States. Grimm's accompanying letter reads in part:

> Honored Sir, – the departure of Mr. Alexander Thayer gives me the opportunity of addressing a few words to you. A year ago I first became acquainted with your writings, which since that time have been read by me repeatedly, with ever recurring admiration. Everywhere I seem to find my own secret thoughts, – even the words in which I would prefer to have

---

29 'Herman hat mir seine Übersetzung des Emerson'schen Aufsatzes geschickt; ich habe die herrliche Wiedergabe des Originals mit erneutem Genuß gelesen. Du liebst Em. nicht, und ich möchte wohl wissen, warum, wir müssen darüber sprechen, wenn wir uns sehen. Ich bewundere die großartige Phantasie, die so frei über alles Wissen schaltet wie ein großer Künstler über alle Ausdrucksmittel. [...] Ein Mensch, der muthig sein Empfinden an den Erfahrungen der Jahrhunderte mißt! [...] Aber anregend in höchstem Grad bleibt es mir [...].' Letter from Joachim to Gisela von Arnim, Hanover, 20 Apr. 1856, Joachim I:336.

30 See Renate and Kurt Hofmann, Johannes Brahms Zeittafel zu Leben und Werk (Hans Schneider: Tutzing, 1983).

31 'Auch einen schönen Aufsatz von Herman Grimm, Übersetzung aus Emersons Schriften, die wir auf der Fahrt von Danzig nach Berlin besprachen, schicke ich Dir; bitte aber nach Lesung ihn wieder zu senden.' Letter from Joachim to Brahms of 20 Apr. 1856, in Andreas Moser ed., Johannes Brahms im Briefwechsel mit Joseph Joachim, 3rd edn, 2 vols (Berlin: Deutsche Brahms-Gesellschaft, 1921): V:131.

expressed them. Of all the writers of our day you seem to me to understand the genius of the time most profoundly [...]. With true veneration and esteem, Yours, Herman Grimm.[32]

One would like to know Brahms's reaction to Shakespeare, because Emerson's view seems pertinent to the composer's own development and native abilities. Emerson writes:

> Great men are more distinguished by range and extent, than by originality. If we require the originality which consists in weaving, like a spider, their web from their own bowels [...] no great men are original. The hero is in [...] the thick of events; and, seeing what men want, and sharing their desire, he adds the needful length of sight and of arm, to come at the desired point. The greatest genius is the most indebted man. A poet is no rattle-brain, saying what comes uppermost [...] A great man does not wake up on some fine morning, and say [sic], 'I am full of life, I will go to sea, and find an Antarctic continent: today, I will square the circle: I will ransack botany, and find a new food for man [...]'. Great genial power, one would almost say, consists in not being original at all; [...] in being altogether receptive; in letting the world do all [...].[33]

Emerson is suggesting that genial power comes to those who recognize the work of those who have come before, rather than trying to create something entirely new.

Then on 7 May 1857, Brahms's birthday, came another letter referring to Emerson:

> In commemoration of the 7th [...] a new work by Herm. Grimm will also follow, the translation of the American writer I spoke to you about in the coach during the Danzig trip, and whose character and fantasy I value so highly.[34]

This time Grimm's translations included the essay on Goethe as well as the one on Shakespeare, and included Grimm's own essay on Emerson's writings. Its appearance in print marked the first large-scale German publication of any of the American's work. *Über Goethe und Shakespeare. Aus dem Englischen nebst einer Kritik der Schriften Emersons von Herman Grimm* (Hanover: Carl Karl Rümpler, 1857) found its way into Brahms's library, but with the inscription 'Johannes Brahms den 24ten Decb. 1859 from Th. A. L. [Theodor Avé-Lallemant, Brahms's long-time friend and supporter]'.

In the meantime, Grimm and Joachim were reading all of Emerson's essays together, as we know once again from a letter, this time from Grimm to Emerson. By 1867 the men had been corresponding occasionally on cordial and relaxed terms and sending each other their writings, although they had not yet met. Emerson, always anxious for Grimm to meet

---

32 Letter from Grimm to Emerson, Berlin, 5 Apr. 1856, in Holls, ed., Correspondence between Ralph Waldo Emerson and Herman Grimm, 16–19.
33 Ralph Waldo Emerson, '[Essay] V. Shakespeare; or, the Poet', in Works of Ralph Waldo Emerson: Essays, First and Second Series (London: George Routledge and Sons; New York: 9, Lafayette Place, 1883): 187–94.
34 'Zur Erinnerung an den 7ten [...] folgt auch [...] ein neues Werkchen von Herm. Grimm, die Übersetzung des amerikanischen Schriftstellers, von dem ich Dir auf der Danziger Reise im Waggon sprach, und dessen Charakter und Phantasie ich so sehr hochstelle.' Joachim–Brahms V:183.

'the best' Americans, had sent the young William James to call on him when James arrived in Berlin to further his studies. William, brother of the novelist Henry James and himself the man who would become the noted American pioneer in the field of psychology, was warmly welcomed by Grimm, as expressed in his letter to Emerson:

> Mr. James has arrived here, and we like him very much. Tomorrow evening at our house he will get to meet Joachim, the celebrated violinist – on the one hand my best friend, and at the same time the man who was among the first in Germany to get to know your thinking in its full significance. Joachim and I read your works at a time in Germany when, apart from us, probably no one knew them. With most cordial regards [...].[35]

For his part, James reported very positive relations with the Grimms, Herman and Gisela, and noted in a letter of 1867 to a friend that Emerson's works had 'gone right to Grimm's heart'.[36]

The attraction of Emerson's thought for Grimm and Joachim is not difficult to understand. Even a cursory reading of 'Self Reliance', 'Nature' or 'The Over-Soul', reveals innumerable passages that must have leapt out at them. Emerson was adamant that each person must find his own way, that to rely on authority was a sign of decadence: 'The faith that stands on authority is not faith. The reliance on authority measures the decline of religion' is a sentiment found in the essay 'The Over-Soul'.[37] To feel himself part of a universal wisdom, in contrast, provided a wonderful sense of freedom, the ultimate liberation. Nature and man could be trusted. 'The noblest ministry of Nature is to stand as the apparition of God', he wrote.[38] Emerson's attack on standard education was not less pronounced: life was not something to be learned, but to be lived. He disparaged digested theories from the past. 'Books are the best of things, well used; abused, among the worst. What is the right use? What is the one end which all means go to effect? They are for nothing but to inspire.'[39] The scholar should become a man of action and learn directly from life. He wrote that it was better not to have read his essays than to become his satellite, out of one's own orbit. 'Live like free men' was a consistent thread in his essays. 'Self Reliance', a long essay which must have been especially meaningful to Grimm and Joachim, as well as to Brahms, exhorts readers to act on their best impulses and make no compromise with duty, even including

---

35 'Mr. James ist hier angekommen und gefällt uns sehr. Morgen Abend wird er bei uns Joachim, den berühmten Violinspieler kennen lernen, zugleich meinen besten Freund, und zugleich Denjenigen, der Ihre Gedanken zuerst mit in Deutschland ihrem ganzen Gewicht nach kennen lernte. Joachim und ich lasen Ihre Werke zu einer Zeit in Deutschland, wo ausser uns Niemand vielleicht sie kannte.' Letter from Grimm to Emerson, Berlin, 19 Oct. 1867, in Holls, ed., Correspondence between Ralph Waldo Emerson and Herman Grimm, 70.
36 Quoted in Luedtke and Schleiner, 'New Letters from the Grimm–Emerson Correspondence', 418.
37 Ralph Waldo Emerson, 'The Over-Soul', in Essays & Lectures (New York: Library of America, 1983): 383–400, at 399.
38 Ralph Waldo Emerson, Nature (Boston and Cambridge: James Munroe & Company, 1849): 60.
39 Emerson, 'The American Scholar', in Essays & Lectures, 57–71, at 57.

duties to one's family. Nothing is sacred but the integrity of your own mind, he would write. Have no regrets, never imitate. Emerson urged that a person should not be urged by the world's opinion to do simply the world's work. He urged that a man should await his call, finding the thing to do which he should really believe in doing. He insisted upon sincerity and independence and spontaneity, and on not conforming or compromising for the sake of being more comfortable.[40]

Emerson's unorthodox and expansive optimism was the product of a young America expanding westwards. Later in life Emerson would moderate the extremism of his views, but his first set of essays are the writings of a young man: Joachim, Grimm and Brahms were young men when they read them. They too were poised for the great steps forward and upward that they desired and that his words inspired.

In person, Emerson was a mild-mannered, gentle-voiced man, a slightly frail ordained minister whose person threatened no one. In his early days, the beauty and obscurity of his writing evoked amusement, puzzlement, scorn, but also occasionally appreciation of his poetic and novel ideas. Those ideas, at times so genuinely radical, inflammatory and subversive of the current political and moral order that at another time in history he would have been imprisoned or worse, were just what Joachim needed to allow himself to follow the Greek creed 'Know Thyself' and take steps to sort out his life. His acquaintance with Emerson came at the same time as his 'turn' to Christianity, and the March 1855 date of his letter to Brahms suggests that it his acquaintance with Emerson's bold ideas that gave him the determination to go through an act in early May 1855, baptism, that would indeed distance him from the traditions of his family's past, traditions which he had not chosen and which apparently had little or no meaning for him. Grimm, the man who introduced him to Emerson, was one of the very few people who knew of Joachim's intention ahead of time[41] – and probably the only person who understood its necessity. For his part, Grimm was also deeply influenced by the substance and style of Emerson's writing, and claimed that he wrote his ground-breaking biography of Michelangelo with the American idealist's precepts in mind.[42] In later days, Grimm wrote to tell Emerson that he never ceased reading the poet philosopher's works, and found refreshment and strength every time. He was entranced yet again by 'the wealth, harmony, and distinctiveness of Emerson's language' [...] and found him the same 'irreplaceable and indispensable star in the firmament of the

---

40 Educated from age 14 in Greek and Latin at Harvard College, did Emerson read and remember Aristotle's words 'It makes much difference what object one has in view in a pursuit or study; if one follow it for the sake of oneself or one's friends, or on moral grounds [...] but the man who follows the same pursuit because of other people would often appear to be acting in a menial or servile manner'? Aristotle, The Politics, trans. H. Rackham, Loeb Classical Library (London: W. Heinemann, 1932), quoted in Oliver Strunck, Source Readings in Music History (New York: W. W. Norton & Co., 1950): 14.
41 As the day approached, Brahms certainly was informed. On 2 May 1855, Joachim wrote to him 'Think of me tomorrow at about 1 o'clock'. Joachim–Brahms V:108.
42 Herman Grimm, Das Leben Michelangelos, 2 vols (Hanover: Carl Rümpler, 1860–63).

universe that had shone for him in 1855 and 1856'.[43] And when Emerson died, Grimm wrote to his daughter Ellen, 'I cannot open his books to any passage whatever without encountering a stream of life and heart's warmth and being carried along with it.' In the long run it may have been this very warmth and vitality of Transcendentalist thought that so attracted Grimm and Joachim in their youth.

---

[43] Quoted in Luedtke und Schleiner, 'New Letters from the Gramm–Emerson Correspondence', 465.

Joachim in Weimar 1850–1851

Robert Whitehouse Eshbach

The Call to Weimar

From January to mid-April 1850, Joseph Joachim made his first concert appearances in Paris, performing with Hector Berlioz, Louis Moreau Gottschalk and the Gewandhaus principal cellist Bernhard Cossmann (1822–1910), and participating in a notable concert given by Louise Farrenc (1804–1875).[1] The Paris reviewer for the Neue Zeitschrift für Musik expressed what was in those days a seemingly universal opinion of the idealistic young virtuoso:

> He must be heard and, where possible, known. Where such integrity and seriousness of disposition are united, in such young years, with such mastery, such unpretentiousness, such talent, so much simplicity and such amiability of mind, one is aware that one is observing

Figure 18.1, Weimar c1850 (Wikimedia Commons)

---

1 19 Mar. 1850: the programme in Erard's salon included the premiere of Farrenc's Nonet. Revue et Gazette Musicale 17/13 (21 Mar. 1850): 108–9. News of Joachim's visit can be found in the Revue et Gazette Musicale 17 (1850), passim. See also Jeffrey Cooper, The Rise of Instrumental Music and Concert Series in Paris 1828–1871 (Ann Arbor: UMI Research, 1983): 247.

something rare; but one does not know what one loves or values the most – the artist or the person. Joachim is among those called, but he is also one of the chosen.[2]

After his triumphs in Austria, Germany, England and now France, Joachim stood at the threshold of a major international career. On 1 May 1850, he assumed the post of assistant concertmaster of the Leipzig Gewandhaus Orchestra, performing alongside his mentor Ferdinand David. His future seemed assured.

Following his return to Leipzig, Joachim made a short stop in Weimar to visit Franz Liszt and to report on his Paris trip. He had first encountered Liszt as a 12-year-old, while participating in one of Fanny Hensel's Sonntags-Morgenmusiken in Berlin.[3] They met again in Vienna in March 1846, when they played Mendelssohn's new violin concerto together at the Stadt London, Liszt's preferred Viennese hotel. Liszt put on a show, sight-reading the piano reduction with a lit Havana held between his fingers, impressing young Joseph with his brilliance touched with charlatanry.[4]

During his April 1850 visit to Weimar, Joachim took part in one of Liszt's soirées, performing Beethoven's String Quartet in A minor, Op. 132, a Bach fugue (doubtless the G minor, BWV 1001, which he had recently played in Paris), a piano trio by Franck that was one of Liszt's favourites and an Andante for string quartet by Joseph Joachim Raff.[5] Those were, he wrote to Cossmann, 'some unforgettable days'. 'I really enjoyed it there', he continued. 'It's an amiably situated little town, and you can certainly live quite well with the people there [...]' About Liszt, he wrote:

> My former antipathy towards him has now, since I have got to know him better, turned into an equally strong preference. Am I perhaps less Philistine now, since Paris? Has he really modified his manner that much? Or maybe both? Enough, I like him so much that I am looking forward to going back to Weimar soon.[6]

---

[2] 'Den muß man hören und wo möglich kennen. Wo in so jungen Jahren solche Gediegenheit und solcher Ernst der Gesinnung, mit solcher Meisterschaft, solcher Anspruchslosigkeit, mit solcher Begabung, so viel Einfachheit und solche Liebenswürdigkeit des Gemüths vereinigt sind, da ist man sich bewußt daß man Seltenes vor sich hat; weiß aber nicht was man am Meisten lieb und werth hält, ob den Künstler, ob den Menschen. Joachim ist der Berufenen einer, aber auch ein Auserwählter.' Neue Zeitschrift für Musik 32/32 (19 Apr. 1850): 168.

[3] Fanny Lewald, Meine Lebensgeschichte, 3 vols (Berlin: Otto Janke, 1871): III:147; Sebastian Hensel, The Mendelssohn Family 1729–1847, 2 vols (New York: Harper, 1881): II:260.

[4] Andreas Moser, Joseph Joachim: Ein Lebensbild (Berlin: Behr, 1904): 63. Liszt once did his cigar trick for Jean-Joseph Bonaventure Laurens (1801–1890), claiming that this was how he would play 'as a charlatan, to amaze and astonish the public'. J. Marcelle Herrmann, 'J.B. Laurens' Beziehungen zu deutschen Musikern', Schweizerische Musikzeitung 105 (1965): 260.

[5] Signale 8/19 (May 1850): 183.

[6] '[...] einige unvergeßliche Tage'. 'Mir hat es dort sehr gefallen; es ist ein freundlich gelegenes Städtchen, und es läßt sich gewiß mit den Leuten dort recht gut leben [...].' About Liszt, he wrote: 'Meine sonstige Antipathie gegen diesen ist jetzt, seitdem ich ihn näher habe kennen gelernt, in eine eben so starke Vorliebe übergegangen. Bin ich vielleicht seit Paris weniger Philister? Hat er seine Art und Weise wirklich

In July, Joachim acquired a new violin, 'a magnificent Stradivari', with the financial help of his wealthy Viennese uncles. 'I am now so truly lucky as to call an instrument mine that is one of the most exquisite in Europe, and that has always represented for me the ideal of a beautiful tone. My joy over it is indescribable', he wrote to his uncles in gratitude; 'it is my true and heartfelt desire to express before the world my deeply felt thanks to you […] for your willingness once again to make my artistic career easier and more beautiful.'[7] The new violin seems to have had an inspiring effect on his playing. Hearing him, Clara Schumann, who had earlier found his playing cold, confided in her diary, 'Joachim played Robert's second quartet gorgeously, with a glorious tone and an extraordinary facility, and today I regretted inwardly what I had recently said of him.'[8]

Joachim returned to Weimar in late August for the Goethe and Herder Festival, at which Liszt conducted the premiere of Wagner's Lohengrin. He was overwhelmed by the opera and its performance,[9] and for a time he became an enthusiastic Wagnerianer. There was more chamber music: Joachim, Liszt and Cossmann played Joachim Raff's Piano Trio – 'to perfection', as Raff said – and Ferdinand David, Joachim, Carl Stöhr and Cossmann performed Raff's string quartet 'to absolute perfection'.[10] Together, Joachim and Raff played a nocturne. 'He's like a younger brother to me here', Raff wrote of Joachim.[11]

Liszt offered Joseph the position of concertmaster of the Weimar Hofkapelle, and twice sent Raff to Leipzig to persuade him to accept.[12] After making the journey himself

---

so sehr modificirt? oder wohl Beides? Genug, er gefällt mir so sehr, daß ich mich schon darauf freue, bald wieder nach Weimar zu fahren.' Johannes Joachim and Andreas Moser, Briefe von und an Joseph Joachim, 3 vols (Berlin: Bard, 1911–13): I:21.

7 '[…] eine herrliche Stradivari […]'. 'Ich bin nun wirklich so glücklich ein Instrument mein zu nennen, welches zu den vorzüglichsten in Europa gehört, und das mir stets als Ideal eines schönen tones vorgeschwebt hat. Meine Freude darüber ist unbeschreiblich; vor allen Augen ist es mir aber wahres und inniges Herzensbedürfniß, Ihnen … für diese Bereitwilligkeit, mir die Künstlerbahn zu verschönern und erleichtern, meinen tiefgefühlten Dank zu sagen.' Letter from Joachim to his uncles [Wilhelm and Nathan Figdor?] of 27 July [1850], Leipzig, letter facsimile, Brahmshaus Baden-Baden. See further Joachim's letter to Heinrich Joachim of 4 Aug. 1850: 'Es ist ein Götterton'. Briefe-Datenbank, D-LÜbi, Signatur: Joa: B1 : 20, p. 3.

8 Diary entry of Clara Schumann of 15 July [1850]: 'Joachim spielte Roberts 2. Quartett wunderschön, mit herrlichem Ton und einer außerordentlichen Leichtigkeit, und heute bereute ich in meinem Innern, was ich neulich über ihn gesagt.' Berthold Litzmann, Clara Schumann. Ein Künstlerleben Nach Tagebüchern und Briefen, 3 vols (Leipzig: Breitkopf & Härtel, 1905): II:112.

9 On Goethe's birthday, 28 Aug. 1850. Joachim did not participate in the premiere (as has sometimes been reported), for which 46 rehearsals (!) had taken place over a period of four months.

10 Unquestionably Raff's String Quartet in C major (1849–50), now lost.

11 Helene Raff, Joachim Raff: Portrait of a Life, trans. Alan Howe (www.raff.org, 2012): 85.

12 Marie von Bülow, ed., Hans von Bülow. Briefe und Schriften, 8 vols. (1841–53) (Leipzig: Breitkopf & Härtel, 1895): I:235. Raff, Raff, 84. By then, Joseph Joachim and Joseph Joachim Raff had struck up a warm friendship. Raff guided Joachim around the town, and they were amused to sign their names in guestbooks: 'Joseph Joachim' and 'Joseph Joachim Raff'. Von Bülow jokingly called them 'Raff und seine Vornamen'. See Helene Raff, 'Franz Liszt und Joachim Raff', Die Musik (Apr. 1902): 1276 fn.

to discuss the matter with Ferdinand David, however, Liszt still had to address with the Weimar court the fraught issue of Joachim's Jewishness.[13]

David may well have been reluctant to let Joachim go. After Mendelssohn's death, David had grown disenchanted with Leipzig, and he often spoke of his desire to leave. He found his obligations at the opera increasingly burdensome and was frequently absent from his post in the Gewandhaus Orchestra. During that time, his stand partner, Moritz Klengel, often relieved him of his concertmaster duties.

Joachim, too, found the city unstimulating without Mendelssohn's enlivening presence.[14] He had performed as an Extrageiger in the Gewandhaus Orchestra since 1 August 1848, but he gave up his substitute position in September 1849. In an effort to retain Joachim for Leipzig, David and Kapellmeister Julius Rietz pressed the orchestra's directorate to grant him a permanent appointment with benefits. On 1 May 1850, Klengel replaced Carl August Lange as leader of the second violins, and Joachim was engaged to stand beside David on the first desk. There, Joachim effectively served as co-concertmaster of the orchestra until the autumn, when he was called away to Weimar. He gave notice of his Weimar appointment on 15 September and resigned from the orchestra shortly thereafter. Raimund Dreyschock was hired to fill the position of second concertmaster.[15]

Despite his recent promotion in Leipzig, Joachim seized the opportunity to work with Liszt in what promised to become a prestigious centre for new music. The proffered job also promised to allow time for private work and opportunity to advance his solo career through travel, perhaps to Russia (Weimar's Grand Duchess was the sister of Tsar Nicholas I). On 30 September, Joachim wrote to his brother Heinrich:

> Es ist auf meines Freundes u. Gönners Liszt Betrieb dort für mich von der Frau Großherzogin eine Concertmeister-Stelle kreirt worden, welche mir zwar augenblicklich in pecuniärer Beziehung nicht mehr biethet als Leipzig, wo ich aber für's Erste einen weit ehrenhafteren Posten habe, für's zweite außerordentlich wenig zu thun (vielleicht einmal wöchentlich unter Liszt's Direktion in der Oper vorzuspielen), für's 3te die Aussicht auf 5 Monate jährlich Urlaub (nächstes Jahr von Ende März bis Ende August) u. s w. Am meisten zieht mich aber das Zusammenwirken u. Leben mit Liszt nach Weimar, denn ich lerne ihn mit jedem Male mehr lieben u. habe auch von ihm die feste Überzeugung, daß er mein wahrer

---

13 Towards the end of his life, Liszt told August Göllerich that Mendelssohn might have wanted to go to Weimar as Hofkapellmeister, but that the Weimar court 'would not have him because he was a Jew. For the same reason I later had to overcome many difficulties because of Joachim.' '[…] wollte ihn aber nicht als Israeliten. Aus demselben Grunde mußte ich später auch wegen Joachim manche Schwierigkeiten besiegen.' August Göllerich, Franz Liszt (Berlin: Marquardt, 1908): 129.

14 Letter from Joachim to his brother-in-law Johann Rechnitz of 18 Nov. 1847, GB-Lbl, family corresp., Add. MS 42718. See alsowww.josephjoachim.com/2013/07/10/mendelssohns-death/#_edn22.

15 Alfred Dörffel, Geschichte der Gewandhausconcerte zu Leipzig (Leipzig: Im Auftrag der Concert-Direction, 1884): 141.

Freund ist, der mir nicht zu der Stellung rathen würde, wenn er nicht meinte, daß es für mich heilsam wäre.[16]

The same day, Joachim wrote to Liszt:

Lieber Herr Doctor!

Wenn Sie wüßten in welchem Musikwirwar: Conservatoriums-Prüfungen, tägliche Aufführung des leidigen Propheten oder der unleidlichen Rosenfan u. s. w. ich in der letzten Woche gesteckt habe, Sie würden es mit bekannter Güte gern entschuldigen, daß ich nicht Nachricht von mir gegeben habe, umso mehr da es mir echt schmeichelte, daß Sie welche erwarteten. Sie scheinen es aber zu wünschen, und das ist mir genug, um Ihnen augenblicklich mitzutheilen, daß ich nach unserer Uebereinkunft dem Leipziger Concertdirectorium angezeigt habe, daß ich Mitte October meine Stelle in Weimar antreten würde. Ich kann demnach am 15ten October bei Ihnen erscheinen, wenn Sie mich wollen. Sollten Sie aber Weimar vor diesem Tag verlaßen, so müßte ich suchen einige Tage früher hier abzukommen, denn ich würd es freilich für ein böses Omen halten, müßte ich meine Stelle in Ihrer Abwesenheit antreten [...].[17]

On 13 October 1850, Weimar's Grand Duke Carl Friedrich approved Joachim's employment for three years at the unusually high annual salary of 500 thaler; as with Liszt, the money was to be paid by Grand Duchess Maria Pavlovna through the court treasury.[18] In artistic matters, the 'excellent young artist' was to be responsible solely to Liszt; he was further granted an annual three-month vacation (but not the five months he had earlier been led to expect), to be arranged in consultation with, and at the pleasure of, the theatre intendant Ferdinand von Ziegesar. He was exempt from performing in theatre and vaudeville productions.[19]

On 14 October, Staatsminister Bernhard von Watzdorf wrote to Joachim informing him of his appointment, effective on the following day. Thus, 'in consideration of his

---

16 Letter from Joachim to Heinrich Joachim of 'Leipzig am letzten September 1850', Joachim I:22–3. Briefe-Datenbank, D-LÜbi, Joa : B1 : 23, p. 2.
17 Letter from Joachim to Liszt of 'Leipzig, am 30. Septbr 1850', Staatsarchiv Weimar, Generalintendanz des Deutschen Nationaltheaters Weimar Nr. 183, 'Die Anstellung des Konzertmeisters Joachim', Nr. 7.
18 Joachim's successor from 1 Jan. 1853 to 1 Nov. 1854, Ferdinand Laub (1832–1875), received an annual 400 Rth. (Reichsthaler), and Laub's successor, Edmund Singer (1831–1912), Joachim's contemporary and friend from Pest, was still paid 400 Rth. from 1856 until his salary was raised to 440 Rth. in 1860. See Wolfram Huschke, Musik im klassischen und nachklassischen Weimar, 1756–1861 (Weimar: Böhlau, 1982):154. Laub and Singer were not made 'Concertmeister', as is usually noted, but were given the title of 'Kammer-Virtuose'. See Richard Pohl, Jahrbuch des Großherzoglich Weimarischen Hof-Theaters und der Hof-Kapelle (Weimar: Hermann Böhlau, 1855): 27. As principal cellist, Bernhard Cossmann was paid 350 thalers annually. See also Alan Walker, Franz Liszt: The Weimar Years, 1848–1861 (Ithaca, NY: Cornell University Press, 1989): 101.
19 Landesarchiv Thüringen – Hauptstaatsarchiv Weimar, Generalintendanz des Deutschen Nationaltheaters und der Staatskapelle Weimar Nr. 183, Document no. 13: 'Carl Friedrich von Sachsen Weimar Eisenach an das Hofmarschallamt', Weimar, 13 Oct. 1850.

significant artistic talent and in expectation that he will render useful service to the Grand Ducal Court Orchestra', the 19-year-old 'vice-concertmaster and first violinist at the Konservatorium zu Leipzig' became the first person to hold the title of Concertmeister in Weimar in forty years.[20]

Joachim's first act in Weimar was to perform Beethoven's Violin Concerto and his own 'Phantasie über ungarische Motive' for an audience of 370 (268 paying) in a benefit concert for the widows and orphans of the grand-ducal Hofkapelle (19 October 1850).[21] As was customary at the time, the concert was arranged at the last minute; on Saturday morning 12 October, Joachim wrote to Liszt from Leipzig:

> Verehrter Hr Doctor!
>
> In aller Eile zeige ich Ihnen, daß ich mit Freude Ihren Wunsch nachkomme, das Beethoven'sche Concert am 19ten zu spielen. Als 2tes Stück würde ich gerne eine noch nicht öffentlich gespielte Phantasie von meiner Wenigkeit über Ungarische Motive wählen; doch wäre es mir lieb, wenn es bei meiner Ankunft in Weimar erst <u>Ihre Census</u> passirte. Ich schlage dafür vor: vorläufig für das 2te Stück blos 'Phantasie für Violine, gespielt von Joachim,' auf das Programm zu setzen. Sollten Sie indeß aus besondere Gründen sich vor meiner Ankunft für ein Stück von Ernst entscheiden wollen, <u>so finden Sie mich auch dazu bereit</u> […].[22]

The 6:30 p.m. concert also featured a 'solo brillant' for cello by Servais, performed by Joachim's Leipzig colleague Bernhard Cossmann, who had also been recently hired in Weimar.[23]

Liszt left Weimar shortly thereafter.

Concertmaster

Joachim's début performance would be the first of only three public solo appearances with orchestra that he would make in Weimar during his years of employment there (from October 1850 to the end of 1852); the others were a performance of Mendelssohn's Violin Concerto on 16 February 1851, in a concert celebrating the Grand Duchess's birthday,[24]

---

20 Ibid. See also Document no. 14: 'Staatsminister von Watzdorf an Joseph Joachim', Weimar, 14 Oct. 1850; Document no. 16: 'Arbeitsvertrag vom 24. Oktober' [1850], signed 'Joseph Joachim'. See furthermore Weimarische Zeitung 86 (26 Oct. 1850): 835.
21 Audience attendance statistics in Huschke, Musik, 202.
22 Letter from Joachim to Liszt of 12 Oct. 1850, D-WRgs, 59/19, 15. Joachim had recently played Ernst's 'Othello Fantasie' in Paris.
23 Weimarische Zeitung 84 (19 Oct. 1850): 826.
24 The concert, which included Wagner's Tannhäuser overture, a Fantasie for cello composed and played by Bernhard Cossmann and a Scene and Finale from the third act of J.J. Raff's King Alfred, was conducted by Liszt. Liszt, who by then rarely played in public, 'stole the show' with a command performance of his own Illustrations du Prophète. Landesarchiv Thüringen–Hauptstaatsarchiv Weimar,

and a performance on the viola of Hector Berlioz's Harold in Italy on 13 April 1851.[25] Thereafter, with the exception of private court concerts, a journey to England and a few rare appearances in Germany, Joachim's burgeoning solo career was largely held in abeyance as he assumed the role of a court opera concertmaster.[26]

Contrary to his sanguine expectations, his opera schedule proved to be full and long: during his first two and a half months, the Weimar Hoftheater staged seventeen performances, comprising ten different operas (see Table 18.1).[27]

Figure 18.2, Weimar Hoftheater, before 1907 (Wikimedia Commons)

Kunst und Wissenschaft–Hofwesen Nr.A 10419/38 Blatt: 81, www.staatsarchive.thulb.uni-jena.de/rsc/viewer/ThHStAW_derivate_00048341/008851.tif (accessed 19 Apr. 2021).

25 Landesarchiv Thüringen–Hauptstaatsarchiv Weimar, Kunst und Wissenschaft–Hofwesen Nr.A 10419/38 Blatt: 114, www.staatsarchive.thulb.uni-jena.de/rsc/viewer/ThHStAW_derivate_00048309/008884.tif (accessed 19 Apr. 2021).

26 Joachim had previously been a regular soloist with the Gewandhaus Orchestra, appearing in the previous two seasons with the Beethoven Concerto, Spohr's Concerto No. 7 in E minor, the Mendelssohn Violin Concerto Op. 64 and some solo Bach. He did not appear with the Gewandhaus Orchestra during his tenure in Weimar, reflecting not only his immersion in his duties there, but perhaps also the state of music-political relations between the two cities at the time. He returned to the Gewandhaus stage again in January 1854. Dörffel, Gewandhauskonzerte, 142.

27 The number of operas given was considerably larger than those accounted for in Adolf Bartels, Chronik des Weimarischen Hoftheaters 1817–1907 (Weimar: Hermann Böhlaus Nachfolger, 1908).

16.10.1850	Donizetti Die Favoritin
22.10.1850	Donizetti Lucia von Lammermoor
27.10.1850	Mozart Die Zauberflöte (Neu einstudirt)
2.11.1850	Flotow Martha
13.11.1850	Donizetti Marie, oder Die Tochter des Regiments
16.11.1850	Meyerbeer Robert der Teufel
20.11.1850	Donizetti Die Favoritin
24.11.1850	Donizetti Marie, oder Die Tochter des Regiments
26.11.1850	Spontini Die Vestalin (Neu einstudirt)
30.11.1850	Flotow Stradella
1.12.1850	Boieldieu Johann von Paris
7.12.1850	Boieldieu Johann von Paris
10.12.1850	Boieldieu Johann von Paris
15.12.1850	Spontini Die Vestalin
22.12.1850	Weber Der Freischütz
26.12.1850	Mozart Die Zauberflöte
29.12.1850	Kauer Die Saalnixe (Neu einstudirt)

Table 18.1, List of opera performances during Joachim's tenure in Weimar, published seriatim in the Weimarische Zeitung. For a complete listing, see: www.josephjoachim.com/2021/06/27/opera-performances-in-weimar-during-joachims-tenure-as-concertmaster/.

The Weimar opera season typically lasted from early or mid-September to mid-June. In the course of Joachim's 26-month service, the Kapelle gave 115 performances of 36 different works (see Table 18.2).

Auber	Die Stumme von Portici (2)
	Fra Diavolo, oder Das Gasthaus in Terracina
Beethoven	Fidelio
Bellini	Die Familien Capuleti und Montecchi (4)
	Die Nachtwandlerin
	Norma (4)
Berlioz	Benvenuto Cellini (5)
Boieldieu	Johann von Paris (4)
Donizetti	Der Liebestrank (2)
	Die Favoritin (7)
	Lucia von Lammermoor
	Lukrezia Borgia (2)
	Marie, oder Die Tochter des Regiments (5)
Flotow	Martha, oder Der Markt von Richmond (5)
	Stradella (4)
Herold	Zampa, oder Die Marmorbraut (3)
Kauer	Die Saalnixe (1) plus 2 × 1. Theil
Lortzing	Czaar und Zimmermann (7)
Mehul	Jacob und seine Söhne (2)
Meyerbeer	Die Hugenotten [4th act]
	Robert der Teufel (2)
Mozart	Die Hochzeit des Figaro
	Don Juan (4)

	Die Zauberflöte (4)
Raff	König Alfred (3)
Rossini	Othello, der Mohr von Venedig (3)
	Der Barbier von Sevilla
Schumann	Manfred (2)
Spohr	Faust (3)
Spontini	Die Vestalin (2)
	Ferdinand Cortez oder Die Eroberung von Mexico (3)
Verdi	Hernani (2)
Wagner	Lohengrin (8)
	Tannhäuser und der Sängerkrieg auf Wartburg (10)
Weber	Der Freischütz (4)
Weigel	Die Schweizerfamilie

Table 18.2. List of operas performed during Joachim's tenure in Weimar, including repeat performances, published seriatim in the Weimarische Zeitung.

The hard-working Weimar Hofkapelle was quite small – barely adequate for the performance of many contemporary works. By October 1851, it consisted merely of five first violins, six second violins, three violas, four cellos, three double basses, double winds, four horns, two trumpets, one trombone (!), one tuba and timpani.[28] Additional players from Leipzig or Meiningen were added for important occasions, as needed. Perhaps because of Joseph's youth, the members of the orchestra were required to sign a declaration stating 'that they will willingly listen to the instructions of the concertmaster Joachim. The eagerness and goodwill with which this is done will best show who knows how to value and appreciate art and talent, and who cares about the prosperity of the whole honourable institute.'[29] In turn, the young concertmaster grew to respect the efforts of his colleagues and formed close friendships with some of them; when he left Weimar at the end of 1852 it was to the members of the Weimar Kapelle, not to the composers and proponents of the 'Weimar School', that he dedicated his overture to Hamlet, Op. 4, conceived during their time together and completed in solitude during his first months in Hanover.

Nevertheless, Joachim's first year in Weimar was in many ways a personal and artistic disappointment. The promise of 'collaboration and life together with Liszt' proved particularly elusive: Liszt was often away for protracted periods in the spa town of Bad Eilsen because of his partner Princess Carolyne Wittgenstein's chronic illness, her grief over her mother's death, her 13-year-old daughter's serious bout of typhoid fever and the tiresome annulment negotiations that the princess was pursuing with her husband. In

---

28 For the names of all ensemble members see Huschke, Musik, 152; see also Walker, Liszt, 100.
29 '[…] daß sie hierin den Anordnungen des Konzertmeisters Joachim willig Gehör schenken werden. Es wird sich in den Eifer und den guten Willen, mit dem dies geschieht, am besten darthun, wer Kunst und Talent zu würdigen und schätzen weiß und wem das Gedeihen des ganzen ehrenwerten Institutes am Herzen liegt.' Landesarchiv Thüringen – Hauptstaatsarchiv Weimar, Generalintendanz des Deutschen Nationaltheaters und der Staatskapelle Weimar Nr. 183, Document no. 21: Nachricht über Joachims Kompetenzen an das Orchester, Weimar, 24 Oct. 1850.

Liszt's absence, most opera performances were conducted by André Hippolyte Chélard (1789–1861), a reputed mediocrity who a decade earlier had succeeded Johann Nepomuk Hummel (1778–1837) as Hofkapellmeister in Weimar and then, to the inevitable detriment of his reputation, had the misfortune of continuing to serve alongside Liszt.[30] Born in Paris and educated at the Paris Conservatoire, the young Chélard had been a well-thought-of composer and violinist. Now in his 60s, he was an embarrassment. His poor command of German, his inadequate conducting technique, his unadventurous programming and his uninspiring leadership became a source of growing discontent within the theatre and led to incessant abuse, both private and in print, from Liszt's worshipful partisans.[31] On 25 November 1850, the actor, singer and regisseur Eduard Genast (1797–1866) wrote to Liszt:

> Die Darstellung von [Meyerbeer's] 'Robert der Teufel' war schauderhaft! Es fehlt mir der Muth und die Lust, alle die Dummheiten Ihnen aufzuzählen, die der Ignorant Chelard stets mit lächelndem Gesicht gemacht hat. Er konnte lachen während ich in meiner Loge fast verzweifelte. Nur soviel sei gesagt, dass fast nicht eine Nummer ohne Fehler vorüber gegangen ist. Morgen soll die 'Vestalin' sein. Zwei Proben haben wir bereits abgehalten, und die zweite ging schlechter als die erste. Der Mann giebt sich rasende Mühe, Orchester und Sänger in Unordnung zu bringen. [...] Der Himmel erhalte Sie und Ihre Lieben und führe Sie bald zu uns zurück.[32]

In early December, Joachim visited his 'dear Kapellmeister' Liszt 'in his seclusion' in Bad Eilsen, and he may have voiced concerns at that time. Three weeks later, on 28 December, Intendant von Ziegesar requested Chélard's resignation.[33] Nevertheless, the next day Raff sent Liszt the following discouraging letter:

> Unser Theater befindet sich fortwährend miserable. So haben wir nacheinander 2 Opern-Vorstellungen gehabt [...] in denen selbst ganz unschuldige unmusikalische Leute es nicht mehr aushalten konnten, weil eben Fehler vorfallen, die selbst den Geduldigsten blessiren müssen. Joachim ist über dies und Ähnliches fortwährend ausser sich. Er geht morgen oder

---

30 For the division of their duties, see Walker, Liszt, 96–7.
31 As early as 1845, Chélard's 'expressionless' and 'boring' conducting had been the object of ridicule. See, for example, the openly sarcastic review in NZfM 23/29 (1845): 117. Joanne Cormac comes to Chélard's defence, suspecting that his poor reputation is largely a result of 'Lisztian partisanship'. Be that as it may, the Lisztian partisans in the early 1850s included Genast, Raff, von Bülow – and Joachim. See Joanne Cormac, Liszt and the Symphonic Poem (Cambridge: Cambridge University Press, 2017): 50.
32 Letter from Eduard Genast to Liszt of 25 Nov. 1850, Liszts Briefe I:151. See also: Arthur Friedheim, Life and Liszt: The Recollections of a Concert Pianist, ed. Theodore L. Bullock (Mineola, New York: Dover Publications, 1961): 106–7. Friedheim, and following him Walker, Liszt, 99, date this letter to 1851. Robert le Diable was performed on 16 November 1850, however, followed by a performance of Spontini's La Vestale on 26 November. I have dated the letter accordingly.
33 Chélard's termination was made final by the grand-ducal decree of 17 April 1851. Huschke, Musik, 108.

übermorgen nach Leipzig, wo er sich besser gefallen wird. Wenn sich Ihre Abwesenheit um ein paar Monate verlängern sollte, so können Sie darauf rechnen, uns samt und sonders nicht mehr hier zu finden, wo wir kanaillöse Musik anhören müssen und sonst lediglich auf uns allein angewiesen sind, weil in diesem verdammten Nest blutwenig Leute sind, mit denen man verkehren kann. Man verliert Glauben und Lust an der Kunst und die Freude, zu arbeiten, wie es dem armen Joachim jetzt wirklich geht.[34]

The same day, Joachim wrote to his brother: '[Liszt] will return on 8 January to Weimar, where I will have a pleasant musical life until my departure [for England] (at the end of April).'[35] Liszt did not return in January as promised, however, and Joachim did not visit England that year. In fulfilment of his contractual obligations, Liszt returned to Weimar for several weeks each in January–February, April and May 1851, but otherwise stayed away until October 1851.

Joachim must have felt that he had made a costly career mistake. At a time when Weimar was the focus of the musical world's attention, the celebrated young virtuoso with burning artistic ambitions had been enchanted by the prospect of daily fellowship with Liszt, building the new 'Athens on the Ilm'. In reality, he had regressed from being a popular, up-and-coming soloist and de facto concertmaster of the prestigious Gewandhaus Orchestra to being a musical retainer, entertaining the Weimar aristocracy playing operas by Flotow, Meyerbeer and Boieldieu under the musical direction of a dispirited and inept routinier. By 1853, Joachim could write to Liszt of being inspired by 'the atmosphere that, through your tireless activity, is filled with new sounds' and of the pleasure of working with the 'phalanx of like-minded friends' in Weimar.[36] At present, however, the circle that Alan Walker has called a 'Gathering of Eagles' – 'the brilliant band of pupils and disciples which formed itself around Liszt during his Weimar years' – had not yet appeared on the horizon, and Liszt was nowhere to be found.[37] Concerned friends began to suggest that Joachim look for other positions. Ten months after beginning his job in Weimar, Joseph wrote to Ferdinand Hiller that he had decided to stay for the time being, but 'you are quite right to

---

34 Hans Joachim Moser, 'Joseph Joachim', in Sechsundneunzigstes Neujahrsblatt der Allgemeinen Musikgesellschaft in Zürich 1908 (Zürich: Art. Institut Orell Füssli, 1908): 21. La Mara [Ida Marie Lipsius], ed., Franz Liszts Briefe, 8 vols (Leipzig: Breitkopf & Härtel, 1893–1905): I:152–3.

35 'Vor ungefähr 3 Wochen habe ich in Bremen mit glücklichem Erfolg gespielt, und auf der Rückreise meinen lieben Kapellmeister Liszt in seiner Zurückgezogenheit aufgesucht. Er kömmt am 8ten Januar wieder nach Weimar, wo ich also bis zu meiner Abreise (Ende April) ein angenehmes musikalisches Leben haben werde.' Letter from Joachim to Heinrich Joachim of 29 Dec. 1850. Briefe-Datenbank, D-LÜbi, Joa : B1 : 25, p. 4. Neither his anticipated concert tour to England nor a hoped-for January return to Paris materialized in 1851, however.

36 '[…] Atmosphäre […] die durch Ihr Wirken rastlos mit neuen Klängen erfüllt wird […]', '[…] der Phalanx gleichgesinnter Freunde in Weimar'. Letter from Joachim to Liszt of 21 Mar. 1853, Joachim I:44.

37 Walker, Liszt, 167. Walker does not mention Joachim among them.

assume that Liszt is the only thing that holds me here; for without him Weimar has very little to offer, both artistically and personally'.[38]

Friendship with Hans von Bülow

In early June 1851, Hans von Bülow arrived in Weimar to begin his piano studies with Liszt. With Liszt away, von Bülow stayed at a Gasthof in town until, encouraged by his long-time friend Raff, he took up lodgings in the back wing of the vacated Altenburg. On 28 June, von Bülow attended a lacklustre performance of Tannhäuser, the final performance of the spring opera season. 'Oh! How we missed your magic wand, the breath of life, the soul of this inanimate body!' he wrote to Liszt the next day.[39]

Von Bülow was intent upon pursuing a virtuoso piano career, and he did his best to seek acceptance into 'die Schule der école de Weimar' (as Liszt had expressed it to Raff, redundantly mixing German and French).[40] 'I have for now relinquished my autonomy, and allow myself to be "Weimarized"; of course I still retain enough of my "ego" to be able to judge the results of the experiments that I allow to be conducted on my person.'[41]

Von Bülow had first met Joachim in Leipzig in June 1845.[42] Now, little more than a week after his arrival in June 1851, he joined Joachim and Cossmann for a private performance on Liszt's good piano of an 'intractably difficult' trio by Raff 'that even Liszt had had to take exceptional pains over'. Among the auditors were the writer and women's rights activist Fanny Lewald (1811–1889) and her future husband, the writer and critic Adolf Stahr (1805–1876). 'I have never yet had such excellent partners to play with', von Bülow remarked in a letter to his father.[43] 'Joachim, who earlier in Leipzig had always behaved somewhat distantly towards me, here treats me quite pleasantly – in short, it does me a lot of good, finally, to be among my peers, who, insofar as I deserve it, also value

---

38 'Sie haben ganz recht anzunehmen, daß Liszt einzig und allein mich hier festhält; denn ohne ihn bietet Weimar sowohl in künstlerischer als in gesellschaftlicher Beziehung nur wenig.' Letter from Joachim to Ferdinand Hiller of 22 Aug. 1851, Joachim I:24.
39 'Hier soir j'ai entendu le Tannhäuser. Oh! que votre baguette magique le souffle vivifiant, l'âme de ce corps inanimé, s'est fait regretter!' Letter from von Bülow to Liszt of 29 June 1851, Bülow Briefe I:341.
40 Letter from von Bülow to his father of 17 June 1851, ibid., I:330.
41 '[…] ich habe mich für jetzt meiner Autonomie begeben und lasse mich verweimaranern; ich behalte natürlich immer noch so viel von meinem "Ego" übrig, um die Resultate der Experimente, die ich mit meiner Person vornehmen lasse, beurtheilen zu können.' Ibid., I:331.
42 Heinrich Reimann, Aus Hans von Bülows Lehrzeit (Berlin: Harmonie, 1908): 120.
43 '[…] mit dem selbst Liszt genöthigt war, sich ganz absonderliche Mühe zu geben'; '[…] ich habe noch nicht zwei so treffliche Mitspieler in meinem Leben gehabt […]'. Letter from von Bülow to his father of 17 June 1851, Bülow Briefe I:330.

me.'⁴⁴ Four days later, von Bülow wrote to his mother: 'I have found a congenial friend in Concertmaster Joachim.'⁴⁵

That summer of 1851, von Bülow, Raff and Joachim became inseparable and constant companions. The three friends would often walk together to work up an appetite for dinner. In the dog days of August, when heat made their regular walk oppressive, Joachim and von Bülow relieved their boredom by learning Spanish. 'After Spanish we want to learn Italian', von Bülow wrote to his mother; 'we give ourselves at most a quarter-year for each'.⁴⁶ To his father, von Bülow commented: 'Other than Raff and Joachim, with whom I often make music, I have no companionship at all.'⁴⁷ 'Here it is rather quiet', Joachim wrote to his brother Heinrich on 13 August 1851. 'Liszt has not yet returned, and Cossmann, [Hans Feodor von] Milde and the majority of my acquaintances are away. I compose and play and keep company with Bülow [...]'.⁴⁸ A week later, he wrote, '[...] here it is as before: still no Liszt to be seen. I am really curious to know how things will change! But it's really just the same to me; I use Weimar in order to study undisturbed.'⁴⁹

The opera season that autumn began inauspiciously with a cancelled performance of Weimar's most-performed opera: Lortzing's Zaar und Zimmermann, which was replaced by a concert given by by the pianist Sophie Dulcken and her concertina-playing sister, Isabella. Thereafter, the season opened with Bellini's The Capulets and the Montagues, followed by Spontini's Ferdinand Cortez and Flotow's Martha.

Liszt finally returned on 12 October 1851. Von Bülow wrote that his 'protector and master' appeared unexpectedly during a performance in the Hoftheater 'as though conjured up from the floor by magic', striking fear into the orchestra, which was sleepwalking its way through a repeat performance of Spontini's Ferdinand Cortez (probably under the

---

44 'Joachim, der mich früher in Leipzig oft etwas zurückgesetzt sah, benimmt sich hier sehr hübsch gegen mich – kurz, es thut mir sehr wohl, einmal unter Leuten meines gleichen zu sein, die mich auch so weit ich es verdiene, werth schätzen.' Ibid., I:333.
45 'An Concertmeister Joachim habe ich auch einen angenehmen Freund gefunden.' Letter from von Bülow to his mother of 21 June 1851, ibid., I:338.
46 '[...] so treibe ich mit Joachim Spanisch [...]. Nach dem Spanischen wollen wir das Italienische treiben; wir geben uns zu jedem höchstens ein Vierteljahr Zeit.' Letter from von Bülow to his father of 4 Aug. 1851, ibid., I:351.
47 'Außer Raff und Joachim, mit denen ich oft musizire, habe ich gar keinen Umgang'. Ibid., I:351–2.
48 'Hier ist's jetzt recht still; [...] Liszt kommt noch immer nicht, u. Cossmann, Milde u. die meisten meiner Bekannten sind verrreist. Ich componiere u. spiele, u. habe in Gemeinschaft mit Bülow die spanische Sprache angefangen ….' Letter from Joachim to Heinrich Joachim of 13 Aug. 1851, Briefe-Datenbank, D-LÜbi, Joa : B1 : 26, pp. 2–3.
49 '[...] Sonst ist's hier immer noch wie sonst: noch immer kein Liszt zu sehen. Ich bin wirklich begierig, wie es sich hier noch wenden wird! Mir kann's übrigens ziemlich einerlei sein; ich benutze Weimar um sorgenfrei für mich studieren zu können'. Letter from Joachim to Heinrich Joachim of 20 Aug. 1851, Briefe-Datenbank, D-LÜbi, Joa : B1 : 27, pp. 3–4.

direction of the elderly music director Carl Eberwein).[50] Von Bülow described how, had decency permitted, Liszt in his anger would gladly have torn the baton out of his lame surrogate's hands.[51] After the performance, Liszt, the princess, von Bülow and Joachim conversed over supper. A month later, Eberwein was replaced as Musikdirektor by the violinist and composer Carl Stöhr, a distinguished musician who played second violin in Joachim's Weimar quartet.[52] Thereafter, Stöhr became the principal substitute conductor in Liszt's absence.[53]

Court Concerts

From the first days of his Weimar employment, Joachim was given various responsibilities in Liszt's absence. On 22 November 1850, he wrote to his brother Heinrich: 'As concertmaster, I have been given sole responsibility for arranging the court concerts in Liszt's absence, of which next week's will be the fourth. It will amuse you to learn that, at the request of the Grand Duchess, I had to play a romance for violin of mine in each of them. I will gladly play it for you too, and without any grand-ducal command, if you should wish to hear it [...].'[54]

Non-operatic musical performances in Weimar were of several kinds: guest recitals, Zwischenaktsmusik (instrumental entr'actes during opera performances), the so-called 'große Concerte', benefit concerts with orchestra that were open to the public and were held either in the Hoftheater or in the large hall of the Stadthaus (there was no purpose-built concert hall in Weimar), and the Hofconcerte, private concerts for the members of the court and their guests which normally took place in the grand-ducal palace.[55] The

---

50 It is not known who was conducting, but the music director Carl Eberwein is the most plausible candidate. It seems unlikely that the performance was led by Chélard, as Walker, Liszt, 171, maintains. Chélard's employment had been terminated on 17 April 1851.
51 '[...] Liszt ärgerte sich und hätte gern seinem lahmen Stellvertreter das Szepter entrissen und der gemüthlichen Philisteranarchie durch den Despotismus seines Dirigentengenies ein Ende gemacht, wenn es der Anstand erlaubt hätte [...].' Letter from von Bülow to his mother of 15 Oct. 1851, Bülow Briefe I:372.
52 Bartels, Chronik, 96.
53 Cormac, Liszt, 49. Weimar had two music directors – subordinate conductors to the two Kapellmeisters.
54 Letter to Heinrich of 22 Nov. 1850: 'Ich habe in Liszt's Abwesenheit als Concertmeister das alleinige Arrangement der Hofconcerte, von denen nächste Woche das 4te sein wird. Es wird Dir Spaß machen zu erfahren, daß ich auf Wunsch der Frau Großherzogin noch in jedem derselben eine Romanze für Violine von mir spielen mußte. Auch Dir werde ich sie gerne und ohne großherzoglichen Befehl vorspielen, wenn Du sie nämlich wirst hören wollen [...].' Joachim I:23.
55 Cormac, Liszt, 43 ff.

'große Concerte', instituted by Hummel, occurred rarely – typically twice a year.[56] The Hofconcerte took place almost every week. Little is known about the private court concerts, since they were not publicly advertised or reviewed, and programmes were apparently not printed.[57] Joanne Cormac details several hand-written programmes from 10 February and 15 April 1850 which suggest that court concerts consisted mainly of vocal items, sporadically interspersed with solo instrumental pieces. Even the instrumental pieces were often opera-inspired: for example, on 10 February Liszt, who by then had largely retired from the public stage, performed his 'Fantasie über Motive aus den Propheten von Meyerbeer' in the otherwise purely vocal concert on 10 February.[58]

The court concerts were among Liszt's core responsibilities, and it is a measure of his regard for Joachim that, in his absence, he delegated them to his young concertmaster. Programming the concerts would have tested Joachim's knowledge of the vocal repertoire while giving him a regular opportunity to perform music of his own choosing. In a letter of 29 December 1850 to his brother, Joachim mentions that on several occasions he had programmed a string quartet in the Hofconcerte – his first mention of quartet playing during his Weimar years, and doubtless an innovation for the court concerts, where the performance of 'absolute music' was unusual.[59]

Joachim continued to perform in the Hofconcerte even after he left Weimar for Hanover. In January 1854, he accepted an invitation to play with Liszt, suggesting two works from the Weimar circle: Raff's duo for violin and piano Aus der Schweiz: Fantastische Ekloge, Op. 57, and Liszt's Rhapsodie hongroise No. 12 in C sharp minor for violin and piano (1853), for which Joachim had provided the violin part.[60] The title pages of both works reveal Joseph Joachim as the dedicatee.

Chamber Music

While he was in Weimar, Joachim's greatest artistic satisfaction came from playing chamber music. Joachim formed a regular partnership with von Bülow, and their memorized performances of Beethoven's 'Kreutzer' Sonata were widely known and acclaimed. When Liszt was in town, Joachim, Liszt and Cossmann played trios at the Altenburg, often in private, but also occasionally for a semi-public audience. Liszt's letters make frequent

---

56 'It had been Johann Nepomuk Hummel […] who introduced two yearly symphonic concerts in Weimar at a period when scarcely anyone outside the musical profession knew the repertoire of instrumental works.' Friedheim, Life, 106.
57 Signale 9/26 (26 June 1851): 236.
58 Cormac, Liszt, 73, based on Ferdinand von Ziegesar, 'Hofconcerte 1850', Generalintendanz des DNT Weimar, 55, Thüringisches Hauptstaatsarchiv, Weimar.
59 Letter from Joachim to Heinrich Joachim of 29 Dec. 1850, Briefe-Datenbank, D-LÜbi, Joa : B1 : 25, p. 4.
60 Joachim I:142–3.

mention of suppers and chamber music, and also simply of keeping company together. On 27 January 1851, Liszt wrote to Princess Carolyne complaining of the burden of rehearsals, correspondence and business, saying, '[I] limit my relations to what is strictly necessary, with the exception of Joachim, for whom I have genuine affection'.[61] Fanny Lewald painted an unforgettable word-picture of the ambience at the Altenburg and of Liszt's fostering care there during his spring visits:

> Er hatte damals Schüler und junge Musiker um sich, die alle Meister geworden sind: den ganz jugendlichen Konzertmeister Joseph Joachim, Hans von Bülow, Coßmann, Singer, Winterberger, Voß und noch manche Andere; und es war, ganz abgesehen von dem großen musikalischen Genuß, den das Zusammenwirken dieser, an Liszt mit Begeisterung hängenden jungen Männer gewährte, eine Freude zu sehen, mit welcher Liebe und Hingebung er sie beobachtete und leitete, wie ihr Können ihn freute, wie warmherzig er es ihnen aussprach, wenn sie es ihm zu Dank gemacht. – Ich meine den Ton seiner Stimme noch zu hören, mit dem er ihnen zurief: 'Bravo, Joachim! Bravo, Hans! je ne pourrais pas faire mieux!' – und wie er, sich dann zu den Hörern wendend, fragte: 'Nicht wahr? das finden Sie nicht überall?'[62]

Joachim's string quartet during his time at Weimar – his first regularly constituted string quartet – consisted of Carl Stöhr, Johann Walbrül and Bernhard Cossmann.[63] In addition to the above-mentioned appearances at the Hofconcerte, the quartet met regularly on Sundays, either at Joachim's residence or at the Altenburg.[64] Liszt's letters already mention the ensemble and its regular Sunday meetings from the time of his visit in January 1851. On several occasions, he writes that the members came to cheer him when he was feeling ill. He also visited them. On Easter Tuesday, 22 April 1851, he wrote to Princess Carolyne: 'On leaving Prokesch I went to Joachim's. By chance they played one of Beethoven's last quartets, the one in A whose Adagio is headed: Canzone di ringraziamento offerta alla Divinità da un guarito. That was my real Easter.'[65]

Under Liszt's patronage, the quartet eventually appeared in public. Beginning in November 1851, Joachim, Stöhr, Walbrül and Cossmann were joined by von Bülow and Alexander Winterberger (1834–1914), and by unnamed colleagues from the Hofkakpelle, for a series of four public chamber music soirées taking place in the small hall

---

61 '[…] et borne mes relations au strict nécessaire, à l'exception de Joachim, que je prends en véritable affection'. Letter from Liszt to Carolyne zu Sayn-Wittgenstein of 27 Jan. 1851, Liszts Briefe IV:56.
62 Fanny Lewald-Stahr, Zwölf Bilder nach dem Leben (Berlin: Otto Janke, 1888): 361–2.
63 The violinist, composer and music director Carl Stöhr (1814–1889), the violist (and violinist) Johann Walbrül (1813–1889) and the cellist and composer Bernhard Cossmann (1822–1910). For a contemporary assessment of the players, see NZfM 35/26 (26 Dec. 1851): 286–7.
64 Liszts Briefe, IV:48–9. The painter Friedrich Preller the elder was also among the listeners. See Adelheid von Schorn, Das nachklassische Weimar, 2 vols (Weimar: Kiepenheuer, 1912): II:40.
65 'En quittant Prokesch, je me rends chez Joachim. On exécuta, par hasard, un des derniers Quatuors de Beethoven en la dont l'Adagio est ainsi désigné: Canzone di ringraziamento alla Divinità d'un guarito. C'était là ma véritable Pâques'. Letter from Liszt to Carolyne zu Sayn-Wittgenstein of 22 Apr. 1851 [Easter Tuesday], Liszts Briefe IV:98.

(Gesellschaftssaal) on the third floor of Weimar's fifteenth-century Stadthaus. Though billed as 'Quartet Soirées', the programmes included pieces for mixed ensembles (see Table 18.3).

---

18 November 1851

Haydn, String Quartet in B flat major

Mozart, String Quintet in G minor, K516

Beethoven, String Quartet in F major, Op. 59 No. 1

9 December 1851

Schubert, String Quartet in D minor, D. 810 'Death and the Maiden'

Schumann, Piano Quintet in E flat major, Op. 44 (Hans von Bülow, piano)

Mendelssohn, Octet in E flat major, Op. 20

16 December 1851

Niels Gade, String Quintet in E minor, Op. 8

Mendelssohn, Piano Trio in C minor, Op. 66 (Alexander Winterberger, piano)

Beethoven, String Quartet in F minor, Op. 95 'Serioso'

30 December 1851

All-Beethoven Programme

String Quartet in A major, Op. 18 No. 5

String Quartet in E flat major, Op. 74 'Harp'

String Quartet in C sharp minor, Op. 131

Table 18.3, Programmes of four public chamber music soirées, Gesellschaftssaal (third floor of Weimar's Stadthaus), NZfM 35/26 (26 December 1851): 287.

On 21 November 1851, von Bülow wrote to his mother with pride:

> On 2 December [sic], I will perform for the first time as an artist pianist (until now it was only as an amateur pianist) in the second of the quartet soirées that Joachim, Cossmann and other musicians have begun to give to the inhabitants of Weimar, at a price unheard of for Weimar, but fixed by Liszt at one Thaler per evening and three for the four subscription concerts. Consequently, only polite society attends, but in quite large numbers; the entire court, including the grand ducal family, attends. I will play the Schumann Quintet, a piece that is not very brilliant, but of sure effect and easy to understand.[66]

---

66 'Le 2 Décembre je me produirai pour la première fois comme pianiste-artiste (jusqu'ici ce n'était que comme pianiste-amateur) dans la seconde soirée des quatuors que Joachim, Cossmann et autres musiciens ont commencé à donner aux Weimarois, à un prix inouï pour Weimar, mais fixé par Liszt à un Thaler par soirée et trois pour les quatre dans l'abonnement. Il n'y assiste, par conséquent, que la bonne société, mais en assez grand nombre; la cour entière, la famille grand-ducale s'y rend également. Je jouerai le Quintuor de Schumann, un morceau pas trop brillant, mais d'un effet sûr et facile à comprendre.' Letter from von Bülow to his mother of 21 Nov. 1851, Bülow Briefe I:384–5.

The incorrect date in von Bülow's letter implies that the concerts may originally have been planned for successive Tuesdays, but that the second was delayed. It may also be that the opera schedule was somewhat lightened to accommodate these performances: familiar works by Flotow, Hérold, Bellini, Donizetti and Mozart were programmed during those weeks. The quartet series already shows Joachim's programming predilections. The final soirée, an all-Beethoven evening, follows Wilhelm von Lenz's periodization into early, middle and late works.

A critic for the Neue Zeitschrift für Musik makes oblique reference to the novelty of such entrepreneurial public events in Weimar at that time, where the only established public was the grand-ducal court:

> Das für die Geschmacksläuterung des Publikums so wohlthätige Werk findet allgemeinen Anklang, ungeachtet der ziemlich hohen aber angemessenen Eintrittspreise. Daß dies der Fall, haben wir dem Kunstsinn des Hofes, d.h. der großherzoglichen Familie zu danken, deren sämmtliche Glieder bis jetzt jedes Mal vom ersten bis letzten Tone mit wahrer Andacht zugehört haben, eine so seltene Erscheinung, daß wir auch keinen Anstand nehmen, – honny soit qui mal y pense – die Achtung auszusprechen, welche uns diese anspruchslose Mäcenasschaft einflößt, in einer Zeit, wo das Gedeihen der Kunst auf naturwüchsigem Wege aus dem Volke heraus, leider zu den Unmöglichkeiten gehört.[67]

The quartet continued to meet throughout the succeeding year, 1852, though the series of public soirées was a one-off.[68] After Joachim left Weimar at the end of 1852, the ensemble continued with Ferdinand Laub as first violinist, and after Laub with Edmund Singer. What Joachim discovered with his Weimar colleagues – his love for the string quartet genre – would, however, continue to inform the remainder of his career. On 2 March 1852 he wrote to his brother Heinrich concerning upcoming London engagements, 'I should most like to accept quartet engagements; for quartet-playing is probably my real métier.'[69]

Envoi

The eventual estrangement between Joachim and Liszt was one of the greatest misfortunes in the history of nineteenth-century musical relations. It is commonly said that Joachim

---

67 NZfM 35/26 (26 Dec. 1851): 286–7. Quotation: p. 287.
68 See, for example, the Albumblatt quotation of Beethoven's Op. 131 quartet to the singer Lidy Steche 'Zur Erinnerung an den Vormittag des 11ten Januar in Weimar, für eine Verehrerin der letzten Musik Beethovens aufgeschrieben von Joseph Joachim Weimar, am 12ten Januar 1852.' 11 January 1852 was a Sunday. Stadtgeschichtliches Museum Leipzig: www.kalliope-verbund.info/search.html?q=lidy+steche+Joachim&lastparam=true (accessed 20 Mar. 2021).
69 'Am liebsten werde ich Quartett=Engagements annehmen; den das Quartett=Spiel ist doch wohl mein eigentliches Fach.' Letter from Joachim to Heinrich Joachim of 2 Mar. 1852, Briefe-Datenbank, D-LÜbi, Joa : B1 : 29, p. 5.

grew disillusioned with Liszt during his Weimar years and that his growing distaste for Liszt's music precipitated his departure from the Weimar circle. Contemporary evidence suggests the opposite: that during that time the two artists enjoyed an extraordinary level of mutual respect and personal devotion, and that Joachim's change of heart came only later. Further, through his close friendships with Raff and von Bülow, Joachim seems to have grown more, not less, committed to the music and aesthetic of the Weimar circle.[70] In early February 1852, von Bülow wrote to Theodor Uhlig:

> Ich danke für die Mittheilung wegen des Tannhäuser-klavierauszuges; die Partitur besitze ich schon, doch ist mir die mit Wagner's eigenhändigen Abänderungen sehr willkommen; ich verschenke dann die alte an Joachim, der ein sehr heißer und tüchtiger Kämpe für die gute Sache zu werden verspricht. Wie hat sich dieser Mensch verweimaranert, oder vielmehr entleipzigert![71]

Joachim's Violin Concerto No. 1 in G minor 'In One Movement', Op. 3 (1851–52), dedicated to Liszt, shows many characteristics of the Weimar 'school'. The concerto was among the representative works featured in the Karlsruhe Musikfest of 1853, under Liszt's direction.[72]

While in Weimar, Joachim had ample reason to be dissatisfied with Liszt, yet in private letters to family and friends he invariably refers to Liszt with affection and real admiration. Liszt's reciprocal regard for Joachim is made explicit in a letter he wrote to an unnamed correspondent:

> In den letzten Tagen hatte ich einen sehr angenehmen Besuch, der nicht wenig dazu beitrug, mich wieder gesund zu machen, nämlich den Joachim's, dessen Sie sich wol [sic] erinnern werden. Sie wissen, daß es mir gelang ihn von Leipzig zu entführen, und nach Weimar zu ziehen, wo er als Konzertmeister fungirt. Es ist ein Künstler vom besten Schrott [sic] und Korn, von kräftiger edler Bogenführung; und ich glaube durchaus nicht zu irren, wenn ich hinzusetze, daß er in vier–fünf Jahren – denn er ist jetzt kaum 20 Jahre alt, alle Violinisten Europas verdunkeln wird. – Um sich eine vollständige Idee des vollendeten Spieles von ihm machen zu können, muß man ihn Bach, Beethoven oder Paganini vortragen hören. Der breite, markige Ton, die Tiefe des Stils, das Zarte in den Einzelnheiten; Feuer, Leben und Seele der Musik – alles findet sich da zu einem Vollendeten im größten Maße vereinigt. Noch mehr, man begegnet in ihm einer wahren, loyalen, und sehr bescheidenen Künstler-natur. Welcher Unterschied gegen unsere jetzigen Virtuosen – wahre Blasen, die sich gerne für Laternen halten, was sage ich! mindestens für Sonnen. Doch ihre eingebildete Berühmtheit ist eben so vergänglich, wie ihr schales Talent.[73]

---

70 In March 1851, Joachim even attempted to write a piece on Raff's opera König Alfred. Liszts Briefe I:160.
71 Letter from von Bülow to Theodor Uhlig of 1 Feb. 1852, Bülow Briefe I:422.
72 Uhde 2018, Chapter 3, 'Between Uncoiled Virtuosity and Lisztian Temptations', 73 ff.
73 Ignaz Reich, Beth-El: Ehrentempel verdienter ungarischer Israeliten, 1 vol., 3 Hefte (Pest: Alois Bucsanszky, 1856), Heft 1:68–9.

On 12 November 1852 Joachim's Viennese friend and fellow student Georg Hellmesberger died of consumption, two months short of his 23rd birthday. Hellmesberger had for several years served as concertmaster to the King of Hanover until illness made his work impossible. When it appeared that Hellmesberger could no longer work, Jean Joseph Bott was approached to fill his post. Bott, the second Kapellmeister to Spohr in Kassel, was nevertheless unable to break his contract, and so consideration turned to the young grand-ducal concertmaster in Weimar. When the Hanover court pianist Heinrich Ehrlich sought Liszt's assistance in obtaining Joachim for Hanover, Liszt, recognizing an opportunity for Joachim to gain a 'large sphere of influence', generously assisted in obtaining his release from Weimar.[74]

It was only after Joachim left Weimar and came under the influence of the Schumanns, Bettina von Arnim and Brahms that his loyalty to Liszt began to waver. Yet for several years, Joachim's continued high regard for Liszt was apparent. Helene Raff's memoir of her father mentions how 'in a letter as lovely as it was serious, dated Hanover, Easter Tuesday [1854], [Joachim] told Raff off for the occasional bitterness in his attitude towards Liszt "who needs his true friends to stand by him at the moment. […] There might be other things responsible for putting you in a bad mood – things which a great man like Liszt wouldn't recognize at all. He himself is certainly doing everything he can to help you become independent."'[75]

Liszt was well aware of the influence of Joachim's new friends, and he wrote a touching letter to Joachim, even as Schumann lay dying:

> Diese paar Worte sollen dir nur meine wahre, innige und verehrungsvolle Freundschaft wieder in's Gedächtniss rufen Liebster Joachim. Sollten auch andere Deiner Dir Näherstehenden bemüht gewesen sein diese Freundschaft dir zu verargwohnen, so laß Ihre Mühe eine vergebene gewesen sein – und bleiben wir uns stets getreu und wahrhaftig wie es so ein paar Kerle unsrer Sorte geziemt! […] Härtel wird dir meine Dinge oder Undinge nach Hannover gesandt haben. Wenn sie Dir auch gar nicht zusagen, soll dies kein Zankapfel in unser Freundschaft sein. 'Ein großer Fehler', sagt Goethe, daß 'man sich mehr dünkt als man ist und sich weniger schätzt als man werth ist'. Diesen Fehler möchte ich vermeiden; daher sehe ich daß Geringe was ich geleistet und noch leisten kann sehr objectiv an. […] Nun Sapperment, wenn du noch nicht weißt daß Du mir lieb bist so hole der Kukuck deine Geige! […] Laß es Dir bestens wohlergehen, liebster Freund, und schreibe bald an Deinen getreuen F. Liszt.[76]

The influence of the Schumann circle was too strong, however, and proved irresistible. In August of the following year, Joachim wrote his famous 'Absagebrief' to Liszt, in which he

---

74 For further details, see Heinrich Ehrlich, Dreißig Jahre Künstlerleben (Berlin: Verlag Hugo Steinitz, 1893): 8–9. See also 'The Call to Hanover': https://josephjoachim.com/2013/07/15/the-call-to-hanover/.
75 Raff, Raff, 124.
76 Letter from Liszt to Joachim, 'Weymar 10. Juli 1856', Joachim I:353–4; holograph: D-WRgs, 59/70, 1.

declared, 'I am completely unresponsive to your music.' Joachim's very harsh letter is hard to defend. It must have come to Liszt as a great defeat. It ended their friendship. Liszt's subsequent behaviour implies, however, that he accepted Joachim's closing avowal:

> [W]hatever you may think of this letter, believe one thing of me: that for all that you were to me, for the often undeserved praise you bestowed on me at Weimar, for all that I often strove to absorb from your divine gifts, I shall never cease to carry in my heart the deep and faithful memory of a grateful pupil.[77]

---

77 'Ich bin Deiner Musik gänzlich unzugänglich'. '[…] wie Du immer von diesen Zeilen denkst, glaube eins von mir: daß ich nie aufhören werde, für Alles, was Du mir warst, für die ganze oft überschätzende Wärme, die Du für mich in Weimar hattest, für all das, was ich von Deinen göttlichen Gaben oft lernend aufzunehmen strebte, von tiefstem Herzen die volle, treue Erinnerung eines dankbaren Schülers in mir zu tragen.' Letter from Joachim to Liszt of 27 Aug. 1857, Joachim I:441, holograph: D-WRgs, 59/70, 1.

Verzeichnis der Abkürzungen / List of Abbreviations

General abbreviations for Joseph Joachim: Identities / Identitäten

Borchard, Stimme und Geige
    Beatrix Borchard, Stimme und Geige: Amalie und Joseph Joachim. Biographie und Interpretationsgeschichte (= Wiener Veröffentlichungen zur Musikgeschichte 5), Wien/Köln/Weimar [2005] ²2007

Brahms in Context
    Brahms in Context, hrsg. von Natasha Loges und Katy Hamilton, Cambridge 2019

Brahms in the Home
    Brahms in the Home and the Concert Hall: Between Private and Public Performance, hrs. von Katy Hamilton und Natasha Loges, Cambridge 2014

Briefe-Datenbank, D-LÜbi
    Lübeck, Brahms Institut: „Bibliothekarische Erschließung und digitale Präsentation des Teilnachlasses von Joseph Joachim in den Beständen des Brahms-Instituts an der Musikhochschule Lübeck", Wolfgang Sandberger, Fabian Bergener und Volker Schmitz

Creative Worlds
    The Creative Worlds of Joseph Joachim, hrsg. von Valerie Woodring Goertzen und Robert Whitehouse Eshbach, Woodbridge 2021

Joachim I, II, III
    Briefe von und an Joseph Joachim, hrsg. von Johannes Joachim und Andreas Moser, 3 Bde, Berlin 1911–1913

Joachim–Brahms V, VI
    Johannes Brahms im Briefwechsel mit Joseph Joachim, hrsg. von Andreas Moser, Berlin ³1908, Reprint Tutzing 1974

Joachim – Clara Schumann
    Schumann Briefedition: Briefwechsel mit Joseph Joachim und seiner Familie, 2 Bde., hrsg. von Klaus Martin Kopitz, Köln 2020

Joachim – Gisela von Arnim
    Joseph Joachims Briefe an Gisela von Arnim 1852–1859, hrsg. von Johannes Joachim, Göttingen 1911

Joachim Lebensbild 1898
    Andreas Moser, Joseph Joachim. Ein Lebensbild, Berlin 1898

Joachim Lebensbild 1908
    Andreas Moser, Joseph Joachim. Ein Lebensbild, 1831–1856, neue, umgearb. und erw. Ausg., Bd. 1, Berlin 1908

Joachim Lebensbild 1910
    Andreas Moser, Joseph Joachim. Ein Lebensbild, 1856–1907, neue, umgearb. und erw. Ausg., Bd. 2, Berlin 1910

Uhde 2018
    Katharina Uhde: The Music of Joseph Joachim, Woodbridge 2018

Verzeichnis der Abkürzungen / List of Abbreviations

A-Ei	Eisenstadt, Landesmuseum Burgenland
A-Wgm	Wien, Archiv der Gesellschaft der Musikfreunde in Wien
ARM-Ymla	Yerevan, Yeghishe Charents Museum of Literature and Art
CH-Bu	Basel, Universitätsbibliothek, Musiksammlung
CZ-Pk	Praha, Knihovna a archiv Pražké konservatoře, specializovana knihovna Valdštejnska
CZ-Pnm	Praha, Národní muzeum – Muzeum České hudby, hudební archiv
CZ-Pu	Praha, Národní knihovna České republiky
D-B	Berlin, Staatsbibliothek zu Berlin – Preußischer Kulturbesitz, Musikabteilung
D-Budka	Berlin, Universität der Künste, Universitätsbibliothek / Universitätsarchiv
D-BHna	Bayreuth, Richard-Wagner-Museum mit Nationalarchiv der Richard-Wagner-Stiftung
D-Bim	Berlin, Staatliches Institut für Musikforschung – Preußischer Kulturbesitz
D-Bla	Berlin, Landesarchiv
D-BNba	Bonn, Beethoven-Haus, Forschungszentrum Beethoven-Archiv
D-BNu	Bonn, Universitäts- und Landesbibliothek
D-Dl	Dresden, Sächsische Landesbibliothek – Staats- und Universitätsbibliothek
D-DTsta	Ostwestfalen-Lippe, Landesarchiv Nordrhein-Westfalen
D-Gms	Göttingen, Musikwissenschaftliches Seminar der Georg-August-Universität
D-Hs	Hamburg, Staats- und Universitätsbibliothek
D-KNa	Köln, Historisches Archiv der Stadt
D-LEb	Leipzig, Bach-Archiv
D-LEmi	Leipzig, Universitätsbibliothek, Bibliothek Musik
D-LÜbi	Lübeck, Brahms Institut
D-Mbs	München, Bayerische Staatsbibliothek, Musikabteilung
D-WRgs	Weimar, Klassik Stiftung Weimar, Goethe- und Schiller-Archiv
D-Zsch	Zwickau, Robert-Schumann-Haus, Bibliothek
F-Pn	Paris, Bibliothèque nationale de France, Département de la Musique
GB-Lbl	London, British Library
I-Rc	Roma, Biblioteca Casanatense
I-Rama	Roma, Bibliomediateca dell'Accademia nazionale di S. Cecilia
NL-SHbhic	's-Hertogenbosch, Brabants Historisch Informatie Centrum
US-CAh	Cambridge, MA, Harvard University, Houghton Library
US-Cn	Chicago, The Newberry Library
US-NYpm	New York, The Morgan Library and Museum
US-Wc	Washington, DC, Library of Congress, Music Division
AmZ	Allgemeine musikalische Zeitung

Verzeichnis der Abkürzungen / List of Abbreviations

MT	Musical Times
MW	Musical World
	Mus. Wochenblatt
	Musikalisches Wochenblatt (1870–1910)
	Neue Berl. Musikzeitung
	Neue Berliner Musikzeitung (1846–96)
	Niederrh. Musik–Zeitung
	Niederrheinische Musik–Zeitung (1853–67)
	NZfM
	Neue Zeitschrift für Musik (1834-)
	Rh. Musik–Zeitung
	Rheinische Musik–Zeitung (1850–9)
	Signale
	Signale für die musikalische Welt (1843–1941)

Verzeichnis der Notenbeispiele / List of Music Examples

4.1   Joseph Joachim, Drei Stücke Op. 5, 'Lindenrauschen' (bars 1–6)
4.2   Joseph Joachim, Drei Stücke Op. 5, 'Abendglocken' (bars 1–8)
4.3   Hector Berlioz, 'Rêveries et passions,' Symphonie fantastique (Liszt's piano transcription) (bars 63–77)
4.4   Joseph Joachim, Drei Stücke Op. 5, 'Abendglocken' (bars 155–160)
5.1   Joseph Joachim, Drei Stücke Op. 2, No. 1 (bars 1–3)
5.2a Joseph Joachim, Drei Stücke Op. 2, No. 3 (bars 1–8)
5.2b Joseph Joachim, Drei Stücke Op. 2, No. 3 (bars 1–8, reduction)
5.3   Hans von Bülow, Sechs Gedichte Op. 1, No. 2 (bars 19–27)
5.4   Joseph Joachim, Drei Stücke Stücke Op. 2, No. 2 (bars 52–57)
5.5   Joseph Joachim, Drei Stücke Op. 2, No. 2 (bar 61)
5.6   Hans von Bülow, Sechs Gedichte Op. 1, No. 2 (bars 14–15)
5.7   Hans von Bülow, Sechs Gedichte Op. 1, No. 3 (bars 5–10)
5.8   Joseph Joachim, Drei Stücke Op. 2, No. 2 (bars 17–20)
8.1   Felix Mendelssohn Bartholdy, Violinkonzert in e-Moll op. 64, 2. Satz, T. 54f. (Joseph Joachim und Andreas Moser, Violinschule in 3 Bänden, Bd. 3, Berlin u. a. 1905, S. 239)
8.2   Ludwig van Beethoven, Violinkonzert, 1. Satz, T. 327ff. („Moll-Teil" ab K). (Joachim / Moser, Violinschule Bd. 3, S. 191)
8.3   Louis Spohr, Violinkonzert Nr. 6, 2. Satz, T. 1ff. (Ausgabe von Henri Petri, Universal Edition, ca. 1901)
8.4   Johannes Brahms, Violinkonzert op. 77, 1. Satz, T. 304ff. bzw. 312ff. (Joachim / Moser, Violinschule Bd. 3, S. 254)
8.5   Johannes Brahms, Violinkonzert op. 77, 1. Satz, T. 348ff. (Joachim / Moser, Violinschule Bd. 3, S. 255)
8.6   Johannes Brahms, Violinkonzert op. 77, 3. Satz, T. 57ff. (Joachim / Moser, Violinschule Bd. 3, S. 264)
8.7   Johannes Brahms, Violinkonzert op. 77, 3. Satz, T. 143ff. (Joachim / Moser, Violinschule Bd. 3, S. 265)
8.8   Johannes Brahms, Violinkonzert op. 77, 3. Satz, T. 267ff. (Joachim / Moser, Violinschule Bd. 3, S. 267)
8.9   Beethoven, Streichquartett op. 18 Nr. 5 in A-Dur, 3. Satz, T. 1–8 (Quatuors für 2 Violinen, Viola und Violoncell von L. van Beethoven, herausgegeben von Joseph Joachim und Andreas Moser, Bd. 1, Leipzig: C. F. Peters, o. J. [1901], Bd. 1, Vl. 1, S. 40)
8.10 Ludwig van Beethoven, Streichquartett op. 18 Nr. 5 in A-Dur, 3. Satz, T. 17ff. (Beethoven, Quatuors, Bd. 1, Vl. 1, S. 40)

Verzeichnis der Notenbeispiele / List of Music Examples

8.11 Ludwig van Beethoven, Streichquartett op. 18 Nr. 5 in A-Dur, 4. Satz, T. 1–5 (Beethoven, Quatuors, Bd. 1, Vl. 1, S. 42)
9.1 Charles Villiers Stanford, String Quartet No. 5, IV (bars 22–23)
9.2 Joseph Joachim, Romance Op. 2 No. 1 (bars 2–10)
9.3 Charles Villiers Stanford, String Quartet No. 5, I (bars 292–300)
11.1 Clara Schumann, Cadenza to Beethoven's Piano Concerto in C minor, Op. 37, I (bars 1–6)
11.2 Clara Schumann, Cadenza to Beethoven's Piano Concerto in C minor, Op. 37, I (bars 60–69)
11.3 Clara Schumann, Cadenza to Beethoven's Piano Concerto in C minor, Op. 37, I (bars 78–89)
11.4a Clara Schumann, Cadenza to Beethoven's Piano Concerto in C minor, Op. 37, I (bars 17–26)
11.4b Clara Schumann, Cadenza to Beethoven's Piano Concerto in C minor, Op. 37, I (bars 27–29)
11.5 Clara Schumann, Cadenza to Beethoven's Piano Concerto in G major, Op. 58, I (bars 1–12)
11.6 Clara Schumann, Cadenza to Beethoven's Piano Concerto in G major, Op. 58, I (bars 49–62)
11.7 Clara Schumann, Cadenza to Beethoven's Piano Concerto in G major, Op. 58, I (bars 63–75)
11.8 Joseph Joachim, Cadenza to Beethoven's Violin Concerto in D major, Op. 61, I, 1853 version (bars 1–13)
11.9a Joseph Joachim, Cadenza to Beethoven's Violin Concerto in D major, Op. 61, I, 1853 version (bars 18–29)
11.9b Joseph Joachim, Cadenza to Beethoven's Violin Concerto in D major, Op. 61, I, 1894 version (bars 18–32)
11.10 Joseph Joachim, Cadenza to Beethoven's Violin Concerto in D major, Op. 61, I, 1894 version (bars 32–48)
11.11a Joseph Joachim, Cadenza to Beethoven's Violin Concerto in D major, Op. 61, II, 1853 version (bars 3–4)
11.11b Joseph Joachim, Cadenza to Beethoven's Violin Concerto in D major, Op. 61, II, 1894 version (bars 6–7)
11.12 Joseph Joachim, Cadenza to Beethoven's Violin Concerto in D major, Op. 61, II, 1894 (bars 1–5)

Verzeichnis der Abbildungen / List of Figures

Cover   Joseph Joachim, ca. 1852. Restoration & Color: Chris Whitehouse. (Original: Privatbesitz)

2.1   Joseph Joachim, Andantino und Allegro scherzoso op. 1, letzte Seite des Manuskripts. (D-Hs, Brahms-Archiv, BRA: Ac13, S. 80)

2.2   Joseph Joachim, Andantino und Allegro scherzoso op. 1, letzte Seite des Manuskripts, Vergrößerung der handschriftlichen Namensnennung. (D-Hs, Brahms-Archiv, BRA: Ac13, S. 80)

2.3   Joseph Joachim, Andantino und Allegro scherzoso op. 1, Eintrag im Album von Gustave Vogt vom 26. Februar 1850. (US-NYpm http://www.themorgan.org/music/manuscript/115865/180, abgerufen im Januar 2023)

2.4   Edmund Singer, Prélude (Impromptu) pour le Violon seul, op. 5, Titelseite. (D-Gms, Notensammlung „Nitzsche", MPr III Sing 01)

2.5   Edmund Singer, Prélude (Impromptu) pour le Violon seul, op. 5, Seite 1. (D-Gms, Notensammlung „Nitzsche", MPr III Sing 01)

3.1   Von Joseph Joachim gestaltete Seite im Stammbuch von Serena Moscheles (verh. Rosen). (Landesarchiv Nordrhein-Westfalen – Abteilung Ostwestfalen-Lippe, D-DTsta, D 72 Rosen-Klingemann Nr. 114, f. 1 r)

3.2   Stammbuchblatt Joseph Joachims im Album von Fanny Schorn (geb. Hauchecorne). (D-BNu, S 2034f, f. 9 r, urn:nbn:de:hbz:5:1–284852, Creative Commons)

3.3a   Joseph Joachims Beitrag zu Ferdinand Hillers Stammbuch. (D-KNa, Bestand 1051, A 1, f. 90)

3.3b   Joseph Joachims Beitrag zu Ferdinand Hillers Stammbuch. (D-KNa, Bestand 1051, A 1, f. 91)

3.4   Eintrag Joseph Joachims im Album von William Batchelder Bradbury. (US-Wc, ML31.B7, f. 3 r, s://www.loc.gov/item/2010561085/, abgerufen im Januar 2023, Bild 9 des Bradbury-Albums)

3.5   Loses Albumblatt von Joseph Joachim mit einer Kanon-Melodie. (Wikimedia Commons)

5.1   Joseph Joachim, Drei Stücke Op. 2, No. 2 (structure)

6.1   Ettore Pinelli ca. 1865 (I-Rc, Fondo Sgambati, A.S.foto 96, by permission of the Biblioteca Casanatense, Rome, MiC)

6.2   Die Brüder von Ettore Pinelli, Oreste (Klavier) und Decio (Violoncello). (I-Rc, Fondo Sgambati, A.S.foto 97, by permission of the Biblioteca Casanatense, Rome, MiC)

6.3   Dieses Bild zeigt Laussot (2. v. r.) als „Hohepriesterin ihres Ordens", mit

	Freunden, unter ihnen Sgambati (2. v. l.). (I-Rc, Fondo Sgambati, A.S.foto 160, by permission of the Biblioteca Casanatense, Rome, MiC)
6.4	El violinista Pinelli (1869) von Eduardo Rosales Gallinas (1836–1873). (Museo del Prado, Número de catálogo P004614).
6.5	Assia Spiro Rombro, Porträt von Carl Max Rebel. (Wikimedia Commons)
6.6	Ettore Pinelli, signierte Fotographie, ca. 1860. (I-Rc, Fondo Sgambati, A.S.foto 95, by permission of the Biblioteca Casanatense, Rome, MiC)
7.1	Ioannes Nalbandyan, Photokarte von ca. 1904. (Nutzung genehmigt von TaminoAutographs.com; Auktionskatalog Tamino Autographs, https://www.taminoautographs.com/products/nalbandian-ovanes-signed-photograph-1904)
7.2	Handschriftliche Karte Joachims an Nalbandyan, Februar 1895 (Nachlass von Nalbandyan, ARM-Ymla)
8.1	Joseph Joachim (ca. 1903). (Porträtpostkarte [Privatbesitz Göttingen])
8.2	Leopold Auer (1925). (Leopold Auer, Graded Course of Violin Playing, Bd. 1, New York 1925, S. 14)
8.3	Joseph Joachim (ca. 1905). (Privatbesitz London)
8.4	Jelly d'Aranyi (ca. 1930). (Joseph Macleod, The Sisters d'Aranyi, London 1969, [zwischen S. 152 und 153, Abb. 8])
9.1	Stanford and Joachim at Leeds Musical Festival, 1901, 'The Leeds Musical Festival: A Concert in the Town Hall', The Illustrated London News 3261/119 (19 October 1901): 575.
10.1a	Joseph Joachim and Andreas Moser, ed., Johann Sebastian Bach: Sonaten und Partiten für Violine allein, 2 vols (Berlin: E. Bote & G. Bock, 1908), Title Page. (University of Saskatchewan, University Archives and Special Collections, Adaskin Fond)
10.1b	Joseph Joachim and Andreas Moser, ed., Johann Sebastian Bach: Sonaten und Partiten für Violine allein, 2 vols (Berlin: E. Bote & G. Bock, 1908), II:8 (Ciaccona from Partita No. 2 in D minor, BWV 1004), with handwritten fingerings and phrasings by Murray Adaskin. (University of Saskatchewan, University Archives and Special Collections, Adaskin Fond)
12.1	Relative Frequency of the Names 'Joachim' and 'Neruda' in the British Press, 1840–1910
12.2	Mentions of Neruda and Joachim in the London Press, 1870–1900
14.1	Anna Koch, Edward and Marie Thring, c1854 © Uppingham School
14.2	Paul David, 1906, by Arthur Nowell © Uppingham School
14.3	Testimonial from Uppingham School to mark Joachim's 60th year as a performing artist (1839–1899) © Universität der Künste Berlin
14.4	Paul David Concert Room (also the Gymnasium) 1904 © Uppingham School
15.1	Hermann Wolff's well wishes on the front flyleaf of the tour book. (US-Cn, VAULT Case MS ML 418 .J62 W856, used by permission)
15.2	Itinerary for Joachim's concert in St Gallen, 8 February 1883, with rail

	connections to Konstanz for the following morning. (US-Cn, VAULT Case MS ML 418 .J62 W856, used by permission)
15.3	Swiss train similar to the ones on which Joachim travelled. (Postcard in the author's collection)
15.4	Basel Stadtkasino, Music Hall. (Postcard in the author's collection)
15.5	Friedrich and Margaretha Riggenbach-Stehlin, photographs by F. Hartmann, Basel, between 1841 and 1871, and between 1850 and 1870? (CH-Bu, Portr BS Riggenbach F 1821, 1; CH-Bu, Portr BS Stehlin M 1829, 1)
15.6	Joachim's route through Basel, Zurich, Winterthur, St Gallen, and Konstanz and to Bern
15.7	Joachim's route in western Switzerland: Bern, Aarau, La Chaux-de-Fonds, Lausanne, Neuchâtel, and back to Lausanne, then an overnight stay in Bern before continuing on to Germany
15.8	Lausanne. (From a postcard in the author's collection)
15.9	Programme for the concert in Neuchâtel. La Suisse liberale 20/39 (15 Feb. 1883): 4.
16.1	Programme of the conservatory concert on 2 February 1873 (CZ-Pk)
16.2	Title page of Barnabas Weiß's score of Beethoven's Op. 20, including Joseph Joachim's personal note (CZ-Pu, 59 A 342)
16.3	Note by Edmund Schebek (The actual sheet taken from the violin is missing; the note was written on a larger page and remains of glue are still visible on the empty bif of the page. This part of the page is not reproduced here.) (CZ-Pnm, G874)
16.4	Notes of the Kammermusikverein in Prague, second page, 16 December 1884 (Národní technické muzeum, Prague, 96)
16.5	Album leaf from Joseph Joachim to an unknown addressee, 29 December 1884 (CZ-Pnm, G6712)
18.1	Weimar c1850 (Wikimedia Commons)
18.2	Weimar Hoftheater, before 1907 (Wikimedia Commons)

Verzeichnis der Tabellen / List of Tables

3.1 Verzeichnis von Stammbuchblättern Joseph Joachims
5.1 Possible chronological scenarios concerning allusions between von Bülow's Op. 1 and Joachim's Op. 2
9.1 lected list of Joseph Joachim's performances in Dublin during the 1850s and 1860s
9.2 Stanford's compositions dedicated to Joachim or the Joachim Quartet
15.1 Joachim's concerts and repertory on the tour
15.2 Joachim's repertory performed on the tour. (Numerals indicate the number of times a work was played)
15.3 Joachim's estimated income on the tour
18.1 List of opera performances during Joachim's tenure in Weimar, published seriatim in the Weimarische Zeitung. For a complete listing, see: www.josephjoachim.com/2021/06/27/opera-performances-in-weimar-during-joachims-tenure-as-concertmaster/
18.2 List of operas performed during Joachim's tenure in Weimar, including repeat performances, published seriatim in the Weimarische Zeitung.
18.3 Programmes of four public chamber music soirées, Gesellschaftssaal (third floor of Weimar's Stadthaus), NZfM 35/26 (26 December 1851): 287.

Danksagung

Wir möchten an dieser Stelle unseren herzlichen Dank an Institutionen, Bibliotheken und Archive sowie an Einzelpersonen richten.

Wir danken herzlich Ulrike Böhmer, Lektorin für Musikwissenschaft, und dem Olms-Verlag für die produktive Zusammenarbeit. Ebenso danken wir der Fritz Thyssen Stiftung für die großzügige Unterstützung durch die Übernahme der Druckkosten.

Wir danken herzlich Prof. Mirjam Boggasch (Hochschule für Musik Karlsruhe), die uns großzügig bei unserem Vorhaben einer Joachim-Tagung unterstützte, die zwar aufgrund der Corona-Pandemie nicht stattfinden konnte, deren Beiträge sich aber in dem vorliegenden Band manifestieren. Ebenso danken wir den folgenden Personen der Hochschule für Musik Karlsruhe, die unser Vorhaben unterstützt haben: Prof. Matthias Wiegandt, Prof. Hartmut Höll und Prof. Thomas Seedorf. Wir bedanken uns bei Dr. Kirsten Santos Rutschman und Prof. Christopher Reynolds für ihre hilfreiche Unterstützung während des Peer-Review-Verfahrens.

Wir danken Prof. Stacy Maugans für die wertvolle finanzielle Unterstützung, die wir von der Valparaiso University, IN (USA) erhalten haben, sowie der American Brahms Society, die unser Projekt großzügig gefördert hat.

Und wir sprechen unseren herzlichen Dank aus für die wertvolle Arbeit unserer Redakteurin Fiona Little.

Wir danken den zahlreichen Bibliotheken und Archiven, die den Autor:innen dieses Bandes Material zu Joseph Joachim zur Verfügung gestellt haben: Dr. Jürgen Neubacher (Staats- und Universitätsbibliothek, Hamburg); Prof. Dr. Wolfgang Sandberger, Dr. Fabian Bergener und Volker Schmitz (Brahms-Institut, Lübeck); dem Archiv und der Bibliothek des Beethoven-Hauses, Bonn; Dr. Bradford Hunt und Jessica Weller (The Newberry Library, Chicago); Dr. Martina Rebmann, Dr. Roland Schmidt-Hensel und Jean Christophe Gero (Musikabteilung Staatsbibliothek zu Berlin – Preußischer Kulturbesitz); Dr. Otto Biba, Mag. Dr. Johannes Prominczel, Mag. Ingrid Leis und Ilse Kosz (Gesellschaft der Musikfreunde, Wien); Mag. David Bindle (University Archives and Special Collections, University of Saskatchewan, Saskatoon, Kanada); sowie Massimiliano Albanese (Biblioteca Casanatense, Rom).

Ein großes Dankeschön gilt den Autor:innen dieses Bandes: Beatrix Borchard, Christine Hoppe, Henrike Rost, Tekla Babyak, R. Larry Todd, Anna Asatryan, Johannes Gebauer, Adèle Commins, Walter Kurt Kreyszig, Joe Davies, Natasha Loges, Robert Riggs, Malcolm Tozer, Valerie Woodring Goertzen, Anja Bunzel, Styra Avins und Robert Eshbach.

Katharina Uhde
Michael Uhde

Abstracts

'Please know that since my 9th year I've always been in foreign places.'
Letters as a Medium of Self-Assurance and Self-Staging.
Beatrix Borchard

During his long life, Joachim wrote 894 letters to his eldest brother Heinrich in London and sister-in-law Ellen, née Smart, and 937 letters to Clara and Robert Schumann, all of which became available to the public in 2019. At the heart of this chapter stands a thematic complex of rootlessness (Heimatlosigkeit) and inner conflict (Zerrissenheit), well documented in the violinist's letters to Heinrich Joachim, Gisela von Arnim, and Clara Schumann. This chapter discusses and contextualizes relevant passages from these letters and argues for the need to consider the Gegenbriefe, the answering letters from the addressees. In short, it is now time to say farewell to the idea 'that Joachim himself said…'. What emerges from this discussion is a sense that Joachim's actual language, in fact, was music. The findings of this chapter are the result of a decade-long investigation of the lives of Joseph Joachim, Amalie Joachim (née Schneeweiss), and Clara Schumann from multiple perspectives.

*

Between Tradition, Homage, and Separation
Joseph Joachim as Virtuoso, Interpreter, and Composer in the Mirror of Early Compositions with Dedications
Christine Hoppe

Two significant personalities who had an early and lasting influence on Joachim's self-image as a violinist, virtuoso, composer, and teacher, were Joseph Böhm (1795–1876) and Heinrich Wilhelm Ernst (1812–1865) – the former as a teacher and mentor in Vienna, the latter as an advocate and fatherly friend. Through their orientations as violinists and composers (and, in Böhm's case, didactic orientation) these two helped Joachim to negotiate identity issues early on in his life. As a student of Böhm, Joachim – like Ernst – was rooted in a pedagogical method drawn from the Paris Conservatoire. Nevertheless, from these two Joachim also derived his projection of the categories 'art music' and 'virtuosity', which he perceived as dichotomies. It was precisely his personal bond with Böhm and Ernst that seems to have generated lifelong tensions. Which sources reveal the 'relationship triangle' of Böhm – Ernst – Joachim? Where do we find continuing traces of continuation, where veneration, and where a separation or demarcation from these two figures? Where and how did these traces become visible in verbal and musical sources? In the search for answers, this chapter consults musical sources and considers their notation as well as their

Abstracts

verbal and iconographic paratexts, which are read as 'relationship-documents', or as 'Beziehungskunst' (Borchard, 2018), as documented in the compositions the three violinists dedicated to each other, among them Ernst's Otello Fantasy Op. 11, Ernst's 6 Polyphonic Studies (No. 3, 'À Joachim'), and Joachim's Andantino and Allegro scherzoso Op. 1.

*

Insights into Joseph Joachim's Stammbuch Practice
Artistic Self-image and Individual Communication
Henrike Rost

On 30 May 1844 and again in August 1871, Joseph Joachim notated a 'cadenza' into the Stammbuch of Serena Anna Rosen (née Moscheles, 1830–1902), daughter of the piano virtuoso and composer Ignaz Moscheles (1794–1870). The 'cadenza' entries of the 12-year-old and 40-year-old Joachim, which appear on the same album page, and their contexts could hardly be more different. At the same time, they represent the musician in a specific environment at different points in his career. In 19th-century European culture there was a great passion for libri amicorum, albums of memories and personalized album leaves and dedicated autographs. Against this background, numerous signed and inscribed musical autographs were fashioned and collected by the artistic elite. A central concern of such libri was to document friendly social contacts as souvenirs. Joseph Joachim seems to have had quite a predilection for this practice and apparently also owned an album himself, currently considered lost. This chapter aims to provide insights into the characteristics of Joseph Joachim's Stammbuch practice by investigating selected album entries from different phases of his life. Of particular interest are occasions of multiple entries to the same person, referred to as 'renovatio', as well as co-written entries with his wife Amalie Joachim and others. Joachim's album entries not only document his individual communications, but also provide insights into his artistic self-image, which significantly influenced his identity.

*

Zwischen Chiffre und Idée Fixe
Joachim, Berlioz und die Verliebte Psyche
Tekla Babyak

Joseph Joachims Drei Stücke für Violine und Klavier op. 5 (1853) stellen zwei motivische Signifikanten ins Zentrum: das Motiv gis-e-a, Symbol für Gisela von Arnim, und Joachims eigenes charakteristisches Motto, f-a-e („frei aber einsam"). Mein Kapitel legt nahe, dass Joachim die Schumann'sche Chiffrierpraxis mit dem Berlioz'schen Impuls zur psychologischen Selbstoffenbarung zusammenführte. Mit diesem Ziel vor Augen untersuche ich, wie Joachims Drei Stücke op. 5 an das Skript der unerwiderten Liebe anknüpfen, das in Berlioz' Symphonie fantastique (1830) vertont wurde. Zu den Ähnlichkeiten zwischen den beiden Werken gehört die ständige Beschwörung des Mottos der Geliebten und die musikalische Verflechtung programmatischer Themen wie das Rauschen der Bäume, das Läuten von Glocken und eine marschartige Bewegung. Meine hermeneutische Analyse beleuchtet Schnittpunkte zwischen der Geschichte der musikalischen Chiffre und der Konzeptionen von Liebe in Deutschland und Frankreich während des 19. Jahrhunderts.

*

„Verstopft, gequält und überreizt"?
Joseph Joachims Drei Stücke op. 2 und die „École de Weymar"
Katharina Uhde und R. Larry Todd

Joseph Joachims Drei Stücke op. 2 (1852) zählen zu den weniger bekannten und kleineren Stücken des Komponisten; bemerkenswerterweise riefen sie schon früh heftige Kritik hervor, wie aus einer anonymen Rezension vom 2. Oktober 1852 hervorgeht, in welcher der Rezensent einen „verstopfte[n], gequälte[n] [und] überreizte[n]" Affekt der Stücke wahrzunehmen meinte. Das Opus entstand zwischen 1849 und 1852 und wurde im Juli 1852 sowohl in London bei Ewer & Co. veröffentlicht als auch in Leipzig bei Breitkopf & Härtel.

Folgt man Andreas Moser, wurde das erste Stück in Leipzig komponiert, während das zweite und dritte Stück in Weimar entstanden. Er sieht darin eine geographische Distanz, die sich auch stilistisch und ideologisch in den Werken wiederfindet. Während die Romanze op. 2 Nr. 1 vom Komponisten selbst oft gespielt wurde und sich auch heute relativer Beliebtheit erfreut, tauchen Opus 2 Nr. 2 und Nr. 3 nur selten auf Konzertprogrammen auf.

Im Blickpunkt dieses Kapitels steht die Rezeptionsgeschichte dieser und verwandter Werke Joachims aus dieser Zeit um 1852, in der seine Zugehörigkeit zur „École de Weymar" öffentlich zur Kenntnis genommen und oft scharf kritisiert wurde, bisweilen mit Bezug auf die revolutionären Wirren von 1848 und die vorherigen kulturellen Entwicklungen, wie etwa die Jungdeutsche Bewegung der 1830er- und 1840er-Jahre mit ihrem Ziel einer vollständig neuen und liberalen Gesellschaft und einer Neudefinition des Autoritätsbegriffs.

Für Joachim, der in dieser turbulenten Zeit das Erwachsenenalter erreichte und sich leidenschaftlich dem Komponieren widmete, erwies sich dies als entscheidend für seine Karriere. Insbesondere die Drei Stücke op. 2 bieten eine praktische Fallstudie, welche die gegenläufigen Spannungen in seinem kreativen Reifungsprozess verdeutlichen. Auch bislang wenig in Betracht gezogene Einflüsse können dies verdeutlichen, wie zum Beispiel Hans von Bülows Weimar-Miniaturen, die Sechs Gedichte op. 1 (Leipzig: Kahnt, Juli 1853), von denen die ersten drei überliefert sind.

*

Abstracts

Ettore Pinelli
A Violinist from Rome and His Maestro, Joseph Joachim
Michael Uhde

Among Joachim's many students was the Italian Ettore Pinelli (1843–1915), who studied with Joachim in Hanover in the 1860s before later becoming an influential violin professor at the 'Liceo Santa Cecilia' (Rome) and founder and director of the 'Società Orchestrale Romana'. Pinelli remained an ardent supporter of Joachim, in effect disseminating, with Jessie Laussot Hillebrand (née Taylor) (1829–1905) and others, the German 'classics' in Italy. The unpublished letters between Jessie Laussot Hillebrand, Ettore Pinelli, and Joseph Joachim (1864–1905), an especially rich though undiscussed trove, are archived in 's-Hertogenbosch, Rome, Chicago, Munich, and Berlin. They reveal how Laussot Hillebrand, a well-connected English piano pedagogue and choir conductor who resided in Florence, systematically matched young Italian talents with well-known German pedagogues. She sent Pinelli to Joachim in 1864. Introducing young Italian musicians to Austro-German culture, as Laussot did in the case of Pinelli and several pianists (Walter Bache, Giuseppe Buonamici, and Giovanni Sgambati), allowed them not only to acquire the skills and mindsets necessary to elevate 'the state of Italian music', but also to develop a broad understanding of European music. As Pinelli informed Joachim in 1864, the state of Italian music at the time was 'completely unsuitable for promoting and developing a striving artist'. Laussot Hillebrand chronicled the success of her protégés and corresponded with their teachers, as evident in newly found letters from Joachim to Laussot Hillebrand. This chapter examines Pinelli's impression of Joachim and the steps he took as he modeled his own career in Italy after Joachim's, thereby revealing issues of German nationalism from an Italian perspective. The notion of an inner-European musical colonialism mirrors Joachim's own path of assimilation from under-developed Hungary to Mendelssohnian Leipzig.

*

An Armenian Student of Joachim: Violinist Ioannes Nalbandyan (1871–1942) – on the Occasion of His 150th Anniversary
Anna Asatryan

The role and importance that German music and culture played in the artistic life of the renowned violinist and pedagogue Ioannes Romanovich Nalbandyan (1871–1942) can hardly be overstated. For Nalbandyan, being admitted to Joseph Joachim's violin class in 1894 turned out to be one of the most important steps in his artistic maturation. Nalbandyan kept close ties to German music; one of his most important concert tours, from 1911 to 1914, took him to Germany, where he performed in virtually all the major music centres and received enthusiastic reviews. This chapter provides a biographical sketch and contextualization of this musician whose documentation about his experiences in Berlin in 1894 are among the most exciting recent discoveries in Joseph Joachim scholarship.

*

Ioannes Nalbandyan's Report about His 1894 Stay in Berlin
A Rediscovered, Unknown Source about Joachim's Violinistic, Interpretive, and Pedagogical Practice
Johannes Gebauer

In 1894, a young violinist of Armenian descent, Ioannes Nalbandyan, travelled to Berlin to study with Joseph Joachim at the Königlich akademische Hochschule für Musik. His teacher at the St. Petersburg Conservatory, Leopold Auer (1845–1930), himself a former student of Joachim, had suggested the journey to Nalbandyan. Auer encouraged Nalbandyan to write a detailed report about his stay. This long-forgotten document, now kept at the Nalbandyan Estate in Yerevan, proves to be an extremely valuable source of information regarding Joachim as violin pedagogue and interpreter. Nalbandyan visited Berlin for several months and attended all of the public lessons and masterclasses during this time. He observed Joachim's lessons and meticulously notated reflections about violinistic, posture-related, pedagogical, musical, and interpretive details. Despite his great admiration for Joachim, Nalbandyan reflected on Joachim through a critical lens. He described in detail Joachim's playing of the great violin concertos, Bach's solo works and Beethoven's string quartets. Though largely unknown today, Nalbandyan emerges as an important 20th-century violin pedagogue and assistant of Leopold Auer whose views present new insights into Joachim and his world.

*

„A Large, True Heart"
Klänge der Freundschaft zwischen Joseph Joachim und Charles Villiers Stanford
Adèle Commins

Während Joachims Freundschaften mit führenden Zeitgenossen der Romantik wie Mendelssohn, Liszt, Clara und Robert Schumann und Brahms gut dokumentiert sind, sind seine Beziehung zu dem in Irland geborenen Komponisten Charles Villiers Stanford (1852–1924) und der Einfluss, den er auf seinen jüngeren Freund und auf dessen Karriere und Kompositionen ausübte, bisher wenig erforscht worden. Als Stanford zum ersten Mal auf Joachim traf, war er ein kleiner Junge von etwa 9 Jahren, der als Teil einer lebendigen Musikszene in Dublin aufwuchs. Joachim signierte im Jahr 1868 das Liber Amicorum des Teenagers; eine enge Freundschaft entwickelte sich zwischen den beiden Musikern. Der über zwanzig Jahre ältere Joachim wurde zu einem wichtigen Mentor, der Stanfords musikalische Ausbildung in Deutschland sowie die Entwicklung seiner Karriere in England aktiv unterstützte. Joachim und Stanford teilten ähnliche Ansichten über Kompositionsstile und Musikästhetik im späten 19. Jahrhundert. Als Reaktion auf Joachims Tod im

Abstracts

Jahr 1907 widmete Stanford ihm sein Streichquartett Nr. 5 mit dem Untertitel „In Memoriam Joseph Joachim". Passenderweise fügte Stanford einen musikalischen Hinweis auf Joachims Romanze op. 2 Nr. 1 für Violine und Klavier in sein Quartett ein, ein hörbares Zeichen seiner Freundschaft und Anerkennung. In einem Artikel, den Stanford 1907 über Joachim schrieb und veröffentlichte, gibt er weitere Einblicke in diese besondere Freundschaft: „Great as was his genius, sincere as was his modesty, and loyal as was his friendship, he had one gift more rare than all, – a large, true heart." Dieser Beitrag widmet sich dieser Freundschaft, der Rolle Joachims als Mentor und dem Streichquartett Nr. 5 von Stanford, samt seinen musikalischen Anspielungen.

*

„[der beste] Dolmetsch dieser Wundermusik"
Johann Sebastian Bachs Ciaconna, Joseph Joachim und sein Beitrag zur Edition (1908) von Bachs Sei solo a Violino senza Basso accompagnato, BWV 1001–1006
Walter Kurt Kreyszig

Zu den wohl bedeutsamsten Beiträgen des international renommierten Geigenvirtuosen und Musikpädagogen Joseph Joachim zählt seine zusammen mit seinem Kollegen und Freund Andreas Moser (1859–1925) — Autor zweier Biographien über Joseph Joachim (Berlin, 1898; Berlin, 1908/10) sowie einer zweibändigen Geschichte des Violinspiels (Berlin, 1923) — vorbereitete aufführungspraktische Ausgabe der Sechs Sonaten und Partiten für Violine solo von Johann Sebastian Bach (D-B, Mus. Ms. Bach 967; datiert 1720). Wenn Moser im Vorwort der bei Bote & Bock 1908 in Berlin erschienenen Ausgabe Joachims Beitrag mit dem Ausspruch „[…] dieser Wundermusik […] [durch ihren] besten Dolmetsch" zusammenfasst, so bezieht er sich einerseits auf Joachims profundes Wissen über Bach, rühmt aber andererseits auch Joachims vorbildliche, lebenslange Hinwendung zum Œuvre Bachs, wobei die Ciaccona der Partita Nr. 2 in d-Moll (BWV 1004) als Joachims Lieblingskomposition galt, die er häufiger in Konzerten zu Gehör brachte als jedes andere Geigenwerk. Der Autor des vorliegenden Beitrages beleuchtet die Bedeutung der Ciaccona im Wirken Joachims auf dem Kontinent und in England, sowie im Nachwirken seiner Mitherausgabe von Bachs Sei solo bis nach Kanada, wo sich die oben erwähnte Ausgabe von 1908 unter den Musikalien in der Privatsammlung des kanadischen Geigers, Komponisten und Musikerziehers Murray Adaskin, OC (1906–2002) befand, dessen Nachlaß heute in den University Archives and Special Collections der University of Saskatchewan aufbewahrt wird.

*

Clara Schumann, Joseph Joachim und die Kadenz im 19. Jahrhundert
Joe Davies

Clara Schumanns und Joseph Joachims Kadenzen zu Beethovens Konzerten, das Thema dieses Kapitels, bieten einen Kontext, in welchem die Beziehung der unterschiedlichen thematischen Stränge zueinander unter Einbezug der Rezeptionsgeschichte neu überdacht werden kann. Hierzu gehören die Fähigkeiten dieser Künstler, die inneren Tiefen des romantischen Repertoires zu kanalisieren (engl.: „to channel"), in Einklang mit Werk- und Texttreue-Idealen und verbunden mit dem Gespür für improvisatorische, quasi spontane Virtuositätsdarbietungen. Die hier untersuchten Beispiele zeigen unzählige Wege auf, wie diese Bereiche ineinanderfließen, wenn Schumanns und Joachims Identitäten mit Beethoven kommunizieren (wenn auch posthum). Diese Referenzen gehen oft über die „Partitur als Text" hinaus. Das Verwischen von Grenzen zwischen dem Improvisatorischen einerseits und dem Kompositorischen andererseits ermöglicht eine Perspektive auf die Kadenz als einen Ort, an dem die Balance zwischen Klang und Text ausgelotet wird und wo neue Einsichten darüber entstehen, wo Spuren musikalischer Bedeutung lokalisiert werden können.

*

Joseph Joachim und Wilma Nerudas Identitäten im viktorianischen London
Natasha Loges

In diesem Beitrag vergleiche ich die Konstruktion der musikalischen Identitäten zweier äußerst erfolgreicher Geiger, Joseph Joachim und Wilma Neruda (Lady Hallé), die beide die blühende und begehrte Konzertszene im viktorianischen London dominierten. Ich beginne mit einer Reflexion über Identität und die Herausforderungen, die sich aus überlieferten Primärquellen ergeben, insbesondere denen von Neruda. Ich fasse die Affinitäten zwischen Joachim und Neruda insofern zusammen, als sie beide aus „Peripherie"-Orten des Habsburger-Reichs stammen, aus Ungarn und Mähren. Ich gehe auf persönliche Ähnlichkeiten ein, wie ihren bescheidenen familiären Hintergrund, ihre turbulenten Ehen und ihre Erfolgsgeschichten. Dann zeige ich, wie Wahrnehmungen von Geschlecht, Nationalität, Klasse und enger Verbindung mit einem berühmten Komponisten (in Joachims Fall seine Verbindung mit Brahms) dieses Bild nuancieren und die Wege dieser beiden Persönlichkeiten trennten. Einer kurzen statistischen Erhebung ihrer Sichtbarkeit in Zeitungen und Zeitschriften folgt ein Vergleich weiterer Faktoren, die ihre Identität beeinflusst haben. Ihre Repertoire-Auswahl überschneidet sich zum Beispiel stark, aber Joachims Doppelrolle als Komponist und Interpret ermöglichte ihm den Zugang zu einigen besonderen Privilegien, einschließlich der detaillierten analytischen Programmhefte, die für seine Konzerte im Crystal Palace angefertigt wurden, während Neruda, die nicht komponierte – möglicherweise wegen der verschiedenen Barrieren, mit denen sie als Frau und Komponistin konfrontiert gewesen wäre –, eine weniger dokumentierte Rezeptionsgeschichte vorweist.

Ich zeige die Bedeutung der großen, sich überschneidenden musikalischen Netzwerke der beiden Musiker auf und gehe dann auf die spezifische Rolle des Geschlechts in Nerudas Rezeption ein sowie auf die Art der Vergleiche, die zwischen den beiden Geigern in der Presse gezogen wurden. Ich schließe mit einer Zusammenfassung der wichtigsten Identitätstransformationen beider Künstler im Laufe ihres Lebens.

*

Abstracts

'Lieber, guter Bruder!' 'My dear Elly!'
Joseph Joachim in Correspondence with Heinrich and Ellen Joachim
Robert Riggs

Im Jahr 2018 wurden als Teil eines enormen Digitalisierungsprojekts des Brahms-Instituts der Musikhochschule Lübeck 554 Briefe von Joachim an seinen Bruder Heinrich sowie 340 Briefe von Joachim an seine Schwägerin Ellen der Öffentlichkeit zugänglich gemacht. Da die kurz nach seinem Tod veröffentlichten Briefeditionen Joachims lediglich 15 Briefe an Heinrich und keinen Brief an Ellen beinhalten, stellt diese online zugängliche Sammlung eine unschätzbare Ressource dar. Wie Beatrix Borchard erkannt hat, ähnelt der Ton dieser Briefe – im Vergleich zu dem intellektuellen, literarischen Ton in Briefen an seine Musikerfreunde oder in Briefen seiner musikalischen Zeitgenossen – eher Gesprächen vor der Erfindung des Telefons. Sie sind formlos und bewegen sich schnell von einem Thema zum anderen, ohne Übergänge. Von all seinen Geschwistern war die Beziehung zum sechs Jahre älteren Heinrich die engste; und von allen Familienbeziehungen ist diese am besten dokumentiert.

Joachims Briefe an Heinrich und Ellen geben offene Urteile und Impressionen über Komponisten, Interpreten, Arbeitgeber, Finanzen, Politik und sein Privatleben, einschließlich seiner Ehe, Kinder, Gesundheit und Religion. Damit eröffnet diese Korrespondenz einen tieferen Einblick in Joachims Identität.

Das Brahms-Institut erwarb diese Briefe im Jahr 1991; zum Teil wurden sie bereits in der Joachim-Forschung diskutiert. Dieser Beitrag konzentriert sich jedoch auf jene Briefe, die neue oder wenig bekannte Facetten und Hintergründe zu einigen wichtigen Bereichen seines Lebens offenbaren: seine Leidenschaft für das Quartettspiel; Heinrichs tragende Rolle bezüglich Joachims Karriere in England; Joachims Ansichten über andere Komponisten und deren Werke, einschließlich der Debatte zwischen Wagnerianern und Brahmsianern; Joachims Transformation vom Geiger-Komponisten zum Geiger-Pädagogen; und seine Qualitäten als Mensch. Die Briefe enthüllen einen Joachim, der – anders als im vergötternden Bild der Moser-Biografien – einen menschlichen Musiker zeigt: eine nuancierte und entmythologisierte Perspektive auf Joseph Joachim.

*

„Die Musik, lieber Freund, die Du mit Deinen Jungen machtest, wird mir noch lange im Innern fortleben"
Joseph Joachims Freundschaft mit Paul David und die Uppingham School
Malcolm Tozer

Musik spielte in der Erziehung britischer Kinder vor 1853, als Edward Thring zum Schulleiter der Uppingham School ernannt wurde, kaum eine Rolle. Indem Edward Thring innovative ganzheitliche Lehrpläne für diese kleine ländliche Schule entwickelte und einen namhaften Musiker anstellte, gelang es ihm, diese Schule erfolgreich zu leiten und wichtige

Impulse für die musikalische Zukunft Englands zu setzen. Zum Zeitpunkt von Thrings Tod im Jahr 1887 und einer Schülerzahl, die inzwischen auf 300 gewachsen war, hatte sich Uppingham School in eine renommierte unabhängige Schule verwandelt, in der sechs Musiker in Vollzeit beschäftigt waren. Fast alle kamen aus Preußen: in der Frühzeit blieben Angestellte oft nur ein bis zwei Jahre, jedoch beeinflussten spätere Anstellungen, einschließlich Paul Davids, die Schule nachhaltig, da viele Musiker Uppingham zu ihrem ständigen Zuhause machten. Im Laufe von vier Jahrzehnten gelang es David – Sohn von Ferdinand David, Mitglied des Mendelssohn- und Schumann-Kreises und Freund von Brahms und William Sterndale Bennett – die Musik auf ein solch hohes künstlerisches Niveau zu heben, dass dadurch ein viel breiteres Engagement der Schüler im Musikleben der Schule als in allen anderen Schulen Großbritanniens geweckt wurde, mit ungeahnten Auswirkungen auf die Kulturszene des Landes. Paul Davids lebenslange Freundschaft mit Joseph Joachim trug dazu bei, die Entwicklung der Musik in dieser Schule zu prägen, und zog viele berühmte Musiker an, die vor den Jungen auftraten und mit ihnen gemeinsam musizierten.
Schlüsselwörter: Edward und Marie Thring, Uppingham School, Bonn, Friedrich Breusing, Leipzig, William Sterndale Bennett, Ferdinand David, Paul David, Joseph Joachim.

*

„Wohlgemuth ziehe zur Schweiz"
Joachims Tournee 1883
Valerie Woodring Goertzen

In der Newberry Library befindet sich ein kleines „Tournée-Buch", das einen Reiseplan für Joseph Joachims dreiwöchige Tournee in die Schweiz im Februar 1883 enthält. Jede Blanko-Seite des Buches, bereitgestellt von der Konzertagentur Hermann Wolff in Berlin, ist einem einzelnen Tag gewidmet, wobei die Lücken in der Vorlage von Wolff von Hand ausgefüllt wurden. Sponsoren und Dirigenten werden für jedes Konzert erwähnt, sowie Probenplan, Honorar, aufzuführende Werke, Zugfahrpläne und Unterkunftsmöglichkeiten. Dieser Beitrag untersucht die Kontexte dieses Tournee-Buchs, darunter Joachims Beziehungen zur Agentur Wolff und zu Musikern und Musikvereinen in den von ihm besuchten Städten, das Repertoire, das er aufführte, sowie seine persönlichen und finanziellen Umstände zum Zeitpunkt der Tournee. Es wird ein Vergleich mit anderen Tourneen gezogen, für die detaillierte Informationen vorliegen, z. B. Joachims Reise mit Brahms nach Siebenbürgen im September 1879. Die Ergebnisse beleuchten Aspekte der Biografie Joachims und, aus einer allgemeineren Perspektive, die Erfahrungen und den veränderten Status von Künstlern im späten 19. Jahrhundert.

*

Abstracts

Joseph Joachim in Prag: „Da war's sehr originell, lustig und gab treffliche Küche und Keller"
Anja Bunzel

Am 31. Januar 1873 traf Joseph Joachim in Prag ein mit der Aussicht, dort erstmals öffentlich aufzutreten. In einem Brief an seine Frau vom 2. Februar schreibt er: „Nach dem Concert speiste ich im Kapuziner-Kloster beim Pater Barnabas. Da war's sehr originell, lustig und gab treffliche Küche und Keller […]. Unter anderem war ein Vetter von Julie v. Asten da, ein Chemiker. Wir telegraphierten einen Gruß an Ambros nach Wien." Eine handschriftliche Notiz auf Pater Barnabas Weiss' Partitur von Beethovens Septett in Es-Dur op. 20 offenbart, dass Joachim drei Tage später nach Berlin zurückkehrte; in der Notiz vom 5. Februar 1873 dankt Joachim dem Mönch für „anregende Stunden". Über Joachims persönliche Beziehungen in Prag und seine möglichen früheren Besuche in der böhmischen Hauptstadt ist wenig bekannt. Die Prager Zeitung Ost und West hatte bereits 1839 auf Joachim aufmerksam gemacht, als eine kurze Notiz aus Pest feststellte: „Hier macht ein musikalischer Wunderknabe, ein achtjähriger Violinspieler, Joseph Joachim, Schüler Serwaczynskis, großes Aufsehen. (Wir bekommen so viele Wunder zu hören, daß wir uns bald nicht mehr wundern werden.)" Prags Erstaunen über Joachim hielt scheinbar an, wie aus Jan Branbergers frühen Berichten über das Prager Konservatorium hervorgeht. Hier erläutert Branberger, dass der Konservatoriumsdirektor Johann Friedrich Kittl geplant hatte, Joachim bereits 1858 und erneut 1862 und 1864 nach Prag einzuladen. Joachim hat sich bekanntlich erst später eingehend mit dem Konservatorium beschäftigt, aber Andreas Moser legt nahe, dass Joachim bereits im Jahr 1846 auf dem Weg von Leipzig nach Budapest in Prag Station gemacht habe. Dieser Aufsatz widmet sich dem Netzwerk Joseph Joachims in und um Prag. Unter Berücksichtigung autobiographischer und privater Quellen rund um Joachim werden Joachims frühere Begegnungen mit Mitgliedern der halb-öffentlichen Prager Musikszene untersucht und somit unbekannte Facetten von Joachims musikalischen Aktivitäten in Prag erstmals näher beleuchtet.

*

Joseph Joachim, Herman Grimm und der Amerikanische Transzendentalismus
Begegnung mit Ralph Waldo Emerson
Styra Avins

Als Joseph Joachim im Dezember 1852 Weimar verließ – nach über zweijähriger, enger Zusammenarbeit mit Franz Liszt und seinem Kreis – erwartete ihn eine Anstellung als Königlicher Konzertmeister und Kammervirtuose am Hofe des Königs Georg V. von Hannover. Das Gehalt war besser, die Konditionen großzügiger: fünf Monate Urlaub im Sommer, Reiseerlaubnis für Konzert-Engagements für den Rest des Jahres und ein Orchester, das ihm jederzeit zur Verfügung stand. Er erhoffte sich mit diesem Ortswechsel ein Aufblühen seiner Karriere. Aber wie sich herausstellte, war Hannover nicht das kulturelle Zentrum, das Weimar für ihn gewesen war. In Weimar hatte er sich mit einigen der größten Musikerpersönlichkeiten verbündet und einige der bedeutendsten jungen Talente seiner Zeit kennengelernt; er hatte tiefe Freundschaften geschlossen; er war Bettina von Arnim und ihren beiden Töchtern begegnet – und war von ihnen geblendet worden –, und er hatte sich als Sologeiger höchsten Ranges profiliert. Dennoch: Während seiner Anfangszeit in Hannover war er einsam, niedergeschlagen und, wie seine Briefe an Gisela von Arnim zeigen, dem Nervenzusammenbruch nahe. Briefe an andere Zeitgenossen bestätigen sein Gefühl der Isolation. Besonders schmerzte ihn die Beschwerlichkeit, nicht nach Belieben komponieren zu können. In Weimar hatte er Freundschaft mit Herman Grimm (1828–1901), dem späteren bedeutenden deutschen Essayisten und Kunstkritiker, geschlossen. Grimm entwickelte eine intensive Wertschätzung für die Essays von Amerikas erstem großen Literaten, Ralph Waldo Emerson, und war Emersons erster deutscher Übersetzer. Während Joachims Freundschaft mit Johannes Brahms schon weithin untersucht worden ist – Brahms erschien im Sommer 1853 in Göttingen, als Joachim seine neu gewonnene Sommerfreiheit nutzte, um dort zu komponieren –, zeigt dieser Beitrag, dass Grimm während der ersten Jahre in Hannover Joachims wahrer Seelenverwandter war. Ihm kündigte er seinen Übertritt zum Christentum im Jahr 1855 an, während er ihn gleichzeitig zur Geheimhaltung verpflichtete. Zu diesem Zeitpunkt hatten Grimm und er bereits die Aufsätze Emersons miteinander geteilt. Mein Beitrag untersucht Emersons Transzendentalphilosophie und ihre Implikationen für Joachim.

*

Joachim in Weimar 1850–1851
Robert Eshbach

Joseph Joachims Zeit in Weimar im Kreise Franz Liszts stellt eine wichtige Etappe seines Erwachsenwerdens und seines Bildungsprozesses dar (Beatrix Borchard, 2005; Gerhard J. Winkler 2008; Andreas Meyer, 2008; Katharina Uhde, 2018; Robert Eshbach, 2020; Robert Eshbach und Valerie Goertzen, 2022). Die Literatur hat bisher jedoch nur lückenhaft dargestellt, wie es zu Joachims Anstellung in Weimar kam, und wie sich Joachims alltägliches Leben im Städtchen an der Ilm gestaltete. Auf diversen neu erschlossenen und wenig bekannten Quellen aufbauend, untersucht dieses Kapitel im Detail prägende musikalische und persönliche Erlebnisse und Erfahrungen Joachims im Jahr 1850/51, beispielsweise, wie die Pariser Tournee im Frühling 1850 Joachims Abwendung vom damals typischen Virtuosenweg verursachte; wie es zur Anstellung in Weimar kam, zum Beispiel die Umstände und Formalitäten, die aufgrund von Joachims jüdischer Abstammung besondere Verhandlungen zwischen Liszt und dem Weimarer Hof notwendig machten; sowie die mehrfachen Überzeugungsversuche Raffs, Joachim nach Weimar zu bringen, die mit zwei Besuchen Raffs in Leipzig bei Joachim verbunden waren. Darüberhinaus wird die Bedeutung seines Quartettspiels in einer erstmals festen Formation in Weimar dargestellt, sowie auch ein Überblick der Instrumental- und Bühnenwerke gegeben, die er während dieser Jahre als

Abstracts

angestellter Konzertmeister des Großherzoglich-Weimar'schen Hoforchesters spielte. Die Erfahrungen des enthusiastischen Wagnerianers, der der Uraufführung des Lohengrin beiwohnte, waren ebenso prägend für Joachim wie seine enge Zusammenarbeit mit, und teils „brüderlicher" Beziehung zu, anderen Mitgliedern der „École de Weymar", einschließlich Cossmann und Raff, dessen kammermusikalische Werke Joachim in Weimar „mit Perfektion" aufführte. Das Bild des Geigers, Komponisten und Menschen, das sich aus diesen Vignetten herauskristallisiert, offenbart einen hoch engagierten, passionierten Musiker, dessen Vorlieben, Ideale und Erfahrungen einen tieferen Blick auf seine Weimarer Identität ermöglichen.

Biografien

Styra Avins was born and educated in New York City. Past Adjunct Professor of Music History at Drew University, she is a professional cellist with an academic degree from the City College of New York. She performed with the NYC Opera orchestra and the American Symphony (under Leopold Stokowski), and coached chamber music at the summer Chamber Music Conference of the East at Bennington College for 20 years. Her involvement with Brahms's music led to authorship of Johannes Brahms: Life and Letters (Oxford, 1997), and chapters in Performing Brahms: Early Evidence of Performing Style (Cambridge, 2003), Brahms and His World (Princeton, 2009), and Brahms in the Home and the Concert Hall (Cambridge, 2014). Recent publications include 'Myth in Brahms Biography, or What I Learned from Quantum Mechanics,' in Fontes Artis Musicae, and 'Joseph Joachim and His Jewish Dilemma,' in The Creative Worlds of Joseph Joachim (Boydell & Brewer, 2021). She serves on the Board of Directors of the American Brahms Society.

Асатрян Анна Григорьевна [Anna Grigorievna Asatryan], Doctor of Arts (2008), Professor (2012), Honoured Artist of the Republic of Armenia (2013), and Deputy Director for Research of the Institute of Arts of the National Academy of Sciences of the Republic of Armenia (since 2005), is an Armenian musicologist. She is the editor-in-chief of the Art History Journal of the Institute of Arts of the National Academy of Sciences of the Republic of Armenia (since 2019). She was born in Yerevan. In 1992 she graduated with honours from the Komitas Yerevan State Conservatory. In 1997–2001 she studied at the graduate school of the Institute of Art of the National Academy of Sciences of the Republic of Armenia. In 2001 she defended her PhD dissertation on the topic 'Operas by Tigran Chukhajyan'. Asatryan is the author of 12 monographs and about 170 scientific articles published in Armenia, Russia, Italy, Israel and Lebanon. She was awarded the 'Gold Medal' of the Ministry of Education and Science of the Republic of Armenia (2008), the Gold Medal of Fridtjof Nansen (2014) and the Gold Medal of the Mayor of Yerevan (2016).

Tekla Babyak is an independent scholar (PhD, Musicology, Cornell University, 2014) currently based in Davis, California. Her research focuses on hermeneutic approaches to nineteenth-century German and French music. She is especially interested in musical temporalities of regeneration as expressed through tonal and formal processes. Her work has appeared in Journal of the Royal Musical Association, Current Musicology, and Historians without Borders: New Studies in Multidisciplinary History (Routledge). She has also published and presented talks on her disability activism. As an activist with multiple sclerosis, she seeks to advocate for the fuller inclusion of independent and disabled scholars in academic networks.

Biografien

Until 2016, Beatrix Borchard was Professor of Musicology at the Hochschule für Musik und Theater Hamburg. Her dissertation was on the conditions of artistic production in the first half of the nineteenth century, published as Clara Wieck und Robert Schumann. Bedingungen künstlerischer Arbeit in der ersten Hälfte des 19. Jahrhunderts (Weinheim and Basel, 1984; 2nd ed. Kassel: Furore 1992). In her habilitation, Dr. Borchard approaches the history of interpretation and canonization in the fields of string quartets and singing, using the example of Amalie and Joseph Joachim (Stimme und Geige: Amalie und Joseph Joachim. Biographie und Interpretationsgeschichte (Vienna: Böhlau, 2005). Her research foci include the history of interpretation, gender studies, biography, the social history of artistic practices, and music as a means of acculturation. She is the founder of "Forschungsplattform Musik(vermittlung)" and "Gender(forschung) im Internet" (MUGI). Her recent publications encompass Pauline Viardot-Garcia. Fülle des Lebens (Cologne, Weimar, Vienna, 2016); Musik(vermittlung) und Genderforschung im Internet. Perspektiven einer anderen Musikgeschichtsschreibung (Hildesheim, 2016, co-edited with R. Back and E. Treydte); Clara Schumann. Musik als Lebensform. Neue Quellen – andere Schreibweisen (Hildesheim, 2019), as well as Pauline Viardot – Julius Rietz. Der Briefwechsel (Hildesheim, 2021, co-edited with M.-A. Wigbers). In 2018 she published "Räume für Fanny und Felix Mendelssohn", as part of the project Komponistenquartier Hamburg; and in 2019 she curated the new permanent exhibition on Clara and Robert Schumann at the Schumann-Haus Leipzig under the perspective "Experiment Künstlerehe". She frequently gives public portraits of women composers and of composer couples.

Anja Bunzel is a musicologist and works at the Institute of Art History of the Czech Academy of Sciences. She gained her BA and MA from Freie Universität Berlin, Germany, and her PhD from Maynooth University, Ireland. Her research interests include cultural transfer through private music-making in Central Europe during the nineteenth century, nineteenth-century song, and salon culture. She is co-editor of Musical Salon Culture in the Long Nineteenth Century (with Natasha Loges, Boydell, 2019) and sole author of The Songs of Johanna Kinkel: Genesis, Reception, Context (Boydell, 2020). Together with Christopher Campo-Bowen, she has prepared the edited volume Women in Nineteenth-Century Czech Musical Culture, which is forthcoming with Routledge in early 2024. She is a member of the editorial boards of Studia Musicologica (AK Journals) and Global Nineteenth-Century Studies (Liverpool University Press) as well as of the advisory board of Irish Musical Studies (Boydell Press).

Dr. Adèle Commins is a musicologist, composer, pianist, piano accordion player and soprano. She has toured internationally and is one of the musical directors of the Oriel Traditional Orchestra. Adèle is a board member of a number of creative and educational organisations including Creative Spark and Louth Music Education Partnership (Music Generation), a member of the Répertoire International de Littérature Musicale (RILM) Ireland committee, and a Trustee of the Charles Villiers Stanford Society. Her main research interests lie in nineteenth and twentieth century English and Irish music, with a particular focus on the solo piano music of Charles Villiers Stanford. Other research interests include music editing and the scholarship of teaching and learning. She has presented her work in Ireland, England, Norway, America and Australia.

Joe Davies is Marie Skłodowska-Curie Global Fellow at Maynooth University and the University of California, Irvine. His research centres on nineteenth-century music, its interaction with other art forms, and its relationship with notions of authorship, gender, and self-fashioning. He is author of The Gothic Imagination in the Music of Franz Schubert (forthcoming), editor of Clara Schumann Studies (2021), guest-editor of the special journal issue 'Clara Schumann: Changing Identities and Legacies' (2023), and co-editor of Drama in the Music of Franz Schubert (2019).

Robert Whitehouse Eshbach is Associate Professor of Music Emeritus at the University of New Hampshire. His publications and invited papers have focused on Joseph Joachim and other nineteenth-century musicians: Brahms, Mendelssohn, Robert and Clara Schumann, Reinecke, and Wilhelmine Norman-Neruda (Lady Hallé). His work has appeared in Die Tonkunst, Musical Quarterly, and Music & Letters, and he has contributed chapters to books from Cambridge University Press, Henle Verlag, and Olms Verlag. Eshbach has presented papers in London, Oxford, Cardiff, Southampton, Meiningen, Leipzig, Weimar, New York, Boston, New Haven, and elsewhere. In June 2016, he and Valerie Goertzen co-hosted the international conference 'Joseph Joachim at 185' at the Goethe Institut Boston. He is co-editor, with Valerie Woodring Goertzen, of the volume The Creative Worlds of Joseph Joachim (Woodbridge: The Boydell Press, 2021)

Johannes Gebauer Johannes Gebauer studied musicology at King's College, Cambridge (UK) and baroque and classical violin with Simon Standage. After graduate studies at the Schola Cantorum Basiliensis, where he focused on chamber music studies with Christophe Coin, he pursued a busy career as a concert violinist. In 2007 he founded the Camesina Quartet, which specializes in Viennese classical and romantic music. The ensemble is a regular guest at international festivals, and has recorded several CDs. As a musicologist Johannes was assistant to Christopher Hogwood for several years and involved in numerous publications. In 2012 he returned to research joining Kai Köpp's team at the Berne University of the Arts, and finished his PhD on Joseph Joachim's Klassikervortrag (Performance of the Classics) in 2017. In April 2020 Johannes joined a major new performance research project at the Berne University of the Arts (funded by the Swiss National Foundation), concentrating on annotated orchestral material. He continues to divide his time between performance and research.

Valerie Woodring Goertzen is Professor of Music History and Mary Freeman Wisdom Professor of Music at Loyola University New Orleans. With Robert W. Eshbach she coedited The Creative Worlds of Joseph Joachim (Boydell, 2021) and cohosted the international conference Joseph Joachim at 185 at the Goethe Institut Boston in 2016. Goertzen has edited two volumes for the Johannes Brahms Gesamtausgabe, containing Brahms's arrangements for four hands and two pianos (including arrangements of Joachim's Overtures to Hamlet, Demetrius, and Henry IV) and for piano solo. She has contributed essays to several collections, including Brahms in the Home and the Concert Hall, Brahms in Context, Brahms am Werk: Konzepte, Texte, Prozesse, Clara and Robert Schumann in Context, and Schumann-Studien 14. She is a past President of the American Brahms Society and coedits the Society's Newsletter with William Horne. Currently she is writing a book on Brahms's piano arrangements.

Christine Hoppe studied German language and literature and musicology at the University of Rostock and the Paris-Sorbonne IV from 1998 to 2003. From 2008 to 2022, she was a research assistant in historical musicology at the Georg-August University Göttingen, where she received her doctorate in 2012 with a dissertation titled Der Schatten Paganinis: Virtuosität in den Kompositionen Heinrich Wilhelm Ernsts (1814-1865) (Göttingen Studies in Musicology/Göttinger Studien zur Musikwissenschaft). In 2016 and 2017 she taught as a W2-professor for Cultural Musicology at the University of Göttingen. She has been a regular lecturer at the Institute of Music at the University of Kassel since 2019. She conceived and organized the international conferences 'Der lange Schatten Paganinis. Heinrich Wilhelm Ernst (1814–1865) und das Phänomen Virtuosität im Spannungsfeld von Produktion – Reproduktion – Rezeption' (2015) and 'Music in the body – body in music: The body at the intersection of musical practice and discourse' (2019), co-organized with Sarah Avischag Müller). In April 2023, Christine Hoppe started a junior professorship for musicology/gender studies at the Berlin University of the Arts.

Walter Kurt Kreyszig (M.A. Western, M.Phil. and Ph.D., Yale) is Professor Emeritus of Musicology at the University of Saskatchewan, Fellow of the American Biographical Center (Raleigh, NC), a Deputy Director General of the International Biographical Centre (Cambridge, UK), and Honorary Member of Dono Delius (Conservatorio di musica, Genoa). His papers on eighteenth- and nineteenth-century music have appeared in Ad Parnassum; Between Identity Preservation and Acculturation: German Music History Overseas; Boccherini Studies; Giuseppe Tartini and the Musical Culture of the Enlightenment; Il Paganini (Genoa); Jahrbuch für Internationale Germanistik; Kulturgeschichte Preußens: Colloquien; Militärmusik im Diskurs; Mozart Conference Reports (Salzburg 1991 and Vienna-Baden 1991); Mozart-Jahrbuch; Musicologica Austriaca; Reihe Wissenschaft und Kunst (Heidelberg); Revista de Musicología; RILM Perspectives; Saarbrücker Studien zur Musikwissenschaft; Schriften des Händel-Hauses; Speculum musicae; Studien zur Musikwissenschaft; Studies in Italian Music History; Studies in Music from the University of Western Ontario; Telemann-Konferenzberichte; Varia Musicologica; Veröffentlichungen des Arbeitsschwerpunktes Salzburger Musikgeschichte; Wiener Veröffentlichungen zur Theorie und Interpretation der Musik; in Festschriften (Gernot Gruber, Christian Speck) and encyclopedias (Die Musik in Geschichte und Gegenwart [1994-2008] and Cambridge Handel Encyclopedia [2009]).

Biografien

Natasha Loges is Professor of Musicology at the Hochschule für Musik Freiburg. Her research concerns vocal-piano repertoire, concert culture, global classical music, gender and performance studies. Her books include Brahms and His Poets (2017) and the edited collections Brahms in the Home and the Concert Hall (2014), Brahms in Context (2019), Musical Salon Culture in the Long Nineteenth Century (2019), and German Song Onstage (2020). She has published chapters and essays in journals such as the Zeitschrift für Musiktheorie, 19th-Century Music, and the Journal of the American Musicological Society. Her research has been supported by the British Academy, the UK Arts and Humanities Research Council, the American Musicological Society, and the Royal Philharmonic Society. Natasha broadcasts for BBC Radio 3, writes for BBC Music Magazine and leads events at the Southbank Centre, Wigmore Hall, Oxford International Song Festival, Leeds Lieder, Heidelberger Frühling, and the Liedfestival Zeist in Holland. She belongs to the UK Network for Equality, Diversity, and Inclusion in Music Studies.

Robert Riggs is Professor of Music Emeritus at the University of Mississippi where he taught music history and violin. He received his PhD in musicology from Harvard University, and his publications include: articles in BACH Journal of the Riemenschneider Bach Institute, Mozart-Jahrbuch, The Musical Quarterly, Journal of Musicology, College Music Society Symposium; two chapters in The Creative Worlds of Joseph Joachim; and two books (Leon Kirchner: Composer, Performer, and Teacher and The Violin) with the University of Rochester Press. His professional performing career includes five years with the orchestra of the Lower Saxon State Opera in Hanover, Germany, eight years with the Handel and Haydn Society and other orchestras in Boston, and thirty years with the Oxford Piano Trio.

Henrike Rost studierte Musikwissenschaft und Italianistik an der Humboldt-Universität zu Berlin und wurde 2019 an der Hochschule für Musik und Tanz Köln promoviert. Von 2015 bis 2019 war sie als wissenschaftliche Mitarbeiterin am Musikwissenschaftlichen Seminar der Universität Paderborn und der Hochschule für Musik Detmold angestellt. Zur Vorbereitung eines Projektantrags, in dessen Zentrum die Digital-Edition der Tagebücher des Musikkritikers Max Kalbeck (1850–1921) steht, hat sie derzeit eine PostDoc Fellowship an der Universität für Musik und darstellende Kunst Wien (mdw) inne. Ihre Dissertation Musik-Stammbücher. Erinnerung, Unterhaltung und Kommunikation im Europa des 19. Jahrhunderts (Böhlau 2020) ist die erste größer angelegte Studie zum Thema, auf Grundlage eines Quellenkorpus von über 60 Alben aus dem Zeitraum zwischen circa 1790 und 1900. Für ihre Publikationen siehe: henrikerost.de

R. Larry Todd is Arts & Sciences Professor at Duke University. His books include Mendelssohn: A Life in Music (Felix Mendelssohn Bartholdy: Sein Leben, seine Musik), 'likely to be the standard biography for a long time to come' (New York Review of Books), and Fanny Hensel: The Other Mendelssohn, which received the Slonimsky Prize. He has published numerous articles on topics ranging from Obrecht, Haydn, and Mozart to the Mendelssohns, the Schumanns, Liszt, Joachim, Brahms, Richard Strauss, and Webern. A fellow of the Guggenheim Foundation, he edits the Master Musician Series (Oxford University Press). He studied piano at the Yale School of Music and with Lilian Kallir, and has issued with Nancy Green the cello works of the Mendelssohns (JRI Recordings). He has recently co-authored with Marc Moskovitz Beethoven's Cello: Five Revolutionary Sonatas and Their World.

Malcolm Tozer taught physics and physical education from 1966 to 1989 at Uppingham School, a co-educational boarding school in the English Midlands for pupils aged 13–18. For the next sixteen years he was headmaster of two smaller schools before retiring in 2005. In retirement, he has led inspections for the Independent Schools Inspectorate, lectured at the University of Buckingham, served as a governor at Repton School and Foremarke Hall, and promoted partnerships in physical education and sport between state and independent schools. His recent publications include: The Ideal of Manliness (Sunnyrest Books, 2015), 'From Prussia with Love: Music at Uppingham School, 1853–1908' (Journal of Historical Research in Music Education, 2018), Education in Manliness (Routledge, 2018), Edward Thring's Theory, Practice and Legacy (Cambridge Scholars Publishing, 2019) – shortlisted for the Lord Aberdare Literary Prize awarded by the British Society of Sports History – and Early Public School Football Codes: Puddings, Bullies and Squashes (Cambridge Scholars Publishing, 2023).

Michael Uhde wurde als Sohn von Musikern geboren. Beim Vater Jürgen Uhde, Pianist und Autor mehrerer Standardwerke über Klavierliteratur, erhielt er ab dem Alter von 5 Jahren ersten Klavierunterricht. Seine Ausbildung erhielt er an der Musikhochschule Freiburg bei Carl Seemann sowie, als Stipendiat der Studienstiftung des Deutschen Volkes, bei Bruno Canino am Conservatorio G. Verdi in Mailand. Michael Uhde trat in zahlreichen Konzerten und Festivals in Europa und Amerika auf, sowohl als Solist wie als Kammermusiker. Er trat als Klavierpartner namhafter Solisten auf, so beispielsweise mit dem Cellisten Antônio Meneses sowie dem Geiger Sergej Kravchenko. Michael Uhde ist Professor für Klavier und Kammermusik an der Musikhochschule Karlsruhe, wo er für 16 Jahre das Amt des Prorektors bekleidete. Er ist Mitglied des Hochschulrats dieser Institution. Er veröffentlichte mehrere musikwissenschaftliche Beiträge über Korrespondenzen der Liszt-Freundin Jessie Laussot.

Katharina Uhde, DMA, PhD, is an Associate Professor at Valparaiso University (USA) and Akademische Oberrätin (auf Zeit) at Ludwig-Maximilians-Universität Munich. She is the author of The Music of Joseph Joachim (Boydell & Brewer, 2018) and has edited for Bärenreiter two compositions by Joseph Joachim (2018). She has written chapters, articles, and encyclopedia entries related to Joachim. As a violinist she has won prizes in competitions, released several CDs, and has recorded virtuoso violin works by Joseph Joachim with the Radio Orchestra Warsaw for the Soundset label. She has received grants from the Fulbright Commission, the Andrew W. Mellon Foundation, the Fritz Thyssen Foundation, and the American Brahms Society.

Selected Bibliography

For an overview of archives from which contributors to this volume accessed documents, see list of library sigla (p. x).

Journals and Newspapers

Allgemeine Musikalische Zeitung (1799–1848)
Allgemeine Musikalische Zeitung, neue Folge (1863–65)
Allgemeine Musikalische Zeitung, Leipzig (1866–68)
Allgemeine Musikalische Zeitung (1869–82)
The Athenaeum (1828–1921)
Bells Weekly Messenger (1796–1896)
Birmingham Daily Post (1857–)
Bohemia – Unterhaltungsblätter für gebildete Stände (1828–1938)
[Börsenanzeiger] Биржевые ведомости (1861–1879)
The Daily News (1919–)
Daily Telegraph (1855–)
Dalibor (1858–1927)
Der Humorist (1880–1926)
Deutsche Allgemeine Zeitung (1861–1945)
Die Musik (1901–1943)
Die Presse (1848–)
Dublin Daily Express (1851–1921)
Dublin Evening Mail (1823–1962)
Dwight's Journal of Music (1852–81)
El Paso Evening Post (1922–1997)
The Era (1838–1939)
The Evening Standard (1827–)
The Examiner (1842–)
L'Express. Feuille d'avis (1738–1988)
Fremdenblatt (1847–1919)
Girl's Own Paper (1880–1956)
The Globe (1803–21)
The Grantham Journal (1854–)
The Graphic (1869–1932)
H. B. König's Adressbuch der Universität-Stadt Bonn (1859/60)
Hudební listy (1870–1875)
The Illustrated London News (1842–2003)

Selected Bibliography

L'Impartial (1880–)
Intelligenzblatt für die Stadt Bern (1834–1919)
The Irish Times (1859–)
Liverpool Mercury (1811–1904)
Liverpool Daily (1855–2013)
Musical News and Herald (1868–1893)
The Musical Gazette (1856-1859;)
The Musical Times (1844–present)
The Musical Times and Singing Class Circular (1844–1903)
The Musical World (1836–91)
Morning Advertiser (1794–)
Musikalisches Wochenblatt (1870–1910)
Musikalisch-literarischer Monatsbericht (Hofmeister, Friedrich) (1829–1900)
Neue Berliner Musikzeitung (Berlin, 1846–96)
Neue Freie Presse (1864–1938)
Neue Musik-Zeitung (1880–1928)
Neue Zeitschrift für Musik (1834–)
[Die Neue Zeit] Новое время (1868–1917)
Newcastle Journal (1832–)
Niederrheinische Musik-Zeitung (1853–67)
North Wales Times and Maryport Advertiser (1895–1910)
Ost und West (1901–1923)
Pall Mall Gazette (1865–1923)
[Petersburger Blatt] Петербургский листок (1864–1918)
[Petersburger Zeitung] Петербургская газета (1867–1917)
Prager Tagblatt (1876–1939)
Revue et Gazette Musicale (1827–1880)
[Sankt Petersburger Anzeiger] Санкт-Петербургские ведомости (1703–1917)
Schweizerische Musikzeitung (1861–)
Shipping and Mercantile Gazette (1838-1884)
Signale für die Musikalische Welt 1843–1941)
The South London Press (1865–)
Spectator (1828–)
Stamford Mercury (1710–)
La Suisse liberale (1898–1994)
The Times (London, 1785–)
Times Educational Supplement (1910–)
Uppingham School Magazine (1863–)
Weimarische Zeitung (1755–)
The Woman's World (1886–1890)

Selected Bibliography

Adreßbuch der Königlichen Residenz-Stadt Hannover für 1868. Mit dem Plane der Stadt. Hanover: Klindworth's Verlag, 1868.

Ambros, A. W. Bunte Blätter. 2 vols. Leipzig: Leuckart, 1896.

Arand, Andreas. "'… von der Wahrheit weit entfernt…': Mendelssohns Bach-Spiel im Urteil Friedrich Konrad Griepenkerls." Ars organi: Internationale Zeitschrift für das Orgelwesen 49/1 (March 2001): 11–18.

Aristotle. The Politics. Translated by H. Rackham. London: W. Heinemann, 1932.

Asatryan, Anna Grigorievna. "Иоаннес Налбандян. Воспоминания О Пабло Де Сарасате" [Ioannes Nalbandyan. Erinnerungen an Pablo de Sarasate]. Искусствоведческого Журнала Институт Искусств НАН РА [Journal of Art Studies of the Institute of Arts NAS RA] 1 (2019): 190–206.

Auer, Leopold, ed. Johann Sebastian Bach: Six Sonatas for Violin Solo. New York, NY: Carl Fisher, 1917.

Aversano, Luca. "Pinelli, Ettore." Dizionario Biografico degli Italiani, Vol. 83. Rome: Istituto dell'Enciclopedia Italiana 2015.

Avins, Styra. Johannes Brahms: Life and Letters. Translated by Josef Eisinger and Styra Avins. Oxford and New York: Oxford University Press, 1997.

– "Joachim and His Jewish Dilemma." In The Creative Worlds of Joseph Joachim, edited by Valerie Woodring Goertzen and Robert Whitehouse Eshbach, 36–51. Woodbridge, Suffolk: The Boydell Press, 2021.

– "In the Land of Seven Fortresses: Johannes Brahms and Joseph Joachim in Transylvania: An Unpublished Letter." The American Brahms Society Newsletter 35/2 (Fall 2017): 4–9.

Babyak, Tekla. "Nietzsche, Debussy, and the Shadow of Wagner." PhD diss., Cornell University, 2014.

– "Joachim's Cadenzas as a Site of Performative and Compositional Virtuosity." Nineteenth-Century Music Review (special issue, "Joseph Joachim: Intersections between Composition and Performance", guest-edited by Katharina Uhde) [accepted for publication].

Bachrich, Sigismund. Aus verklungenen Zeiten. Erinnerungen eines alten Musikers, Wien: Knepler, 1914.

– Switzerland, and the Adjacent Portions of Italy, Savoy, and the Tyrol. Leipzig: Karl Baedeker, 1881.

Baedeker, Karl. Southern Germany and Austria, Including Hungary and Transylvania. Handbook for Travellers (Leipzig: Karl Baedeker, 1880);

Barth, Richard, ed. Johannes Brahms im Briefwechsel mit J.O. Grimm. Berlin: Deutsche Brahms-Gesellschaft, 1908. Rpt, Tutzing: Hans Schneider, 1974.

Bartels, Adolf. Chronik des Weimarischen Hoftheaters 1817–1907. Weimar: Hermann Böhlaus Nachfolger, 1908.

Bär, Ute. "Zur gemeinsamen Konzerttätigkeit Clara Schumanns und Joseph Joachims." In Clara Schumann: Komponistin, Interpretin, Unternehmerin, Ikone (= Musikwissenschaftliche Publikationen, 12), edited by Peter Ackermann and Herbert Schneider, 35–57. Hildesheim: Olms, 2016.

Selected Bibliography

Bashford, Christina. The Pursuit of High Culture: John Ella and Chamber Music in Victorian London. Woodbridge, Suffolk: Boydell & Brewer, 2007.

– "Art, Commerce and Artisanship: Violin Culture in Britain, c. 1880–1920." In The Idea of Art Music in a Commercial World, 1800–1930, edited by Christina Bashford and Roberta Montemorra Marvin, 178–200. Woodbridge, Suffolk: The Boydell Press, 2016.

Battersby, Christine. Gender and Genius: Towards a Feminist Aesthetics. London: Women's Press, 1994.

Beale, Robert. Charles Hallé: A Musical Life. Aldershot: Ashgate, 2007.

Bell, Michael. "Perceptions of Lateness: Goethe, Nietzsche, Thomas Mann, and D. H. Lawrence." In Late Style and its Discontents: Essays in Art, Literature, and Music, edited by Gordon McMullan and Sam Smiles, 131–146. New York, NY: Oxford University Press, 2016.

Berlioz, Hector. Memoirs of Hector Berlioz: From 1803 to 1865, Comprising his Travels in Germany, Italy, Russia, and England. Translated by Rachel (Scott Russell) Holmes and Eleanor Holmes; annotated, and the translation revised, by Ernest Newman. New York, NY: Dover, 1932.

– Correspondance Générale, edited by Pierre Citron, Yves Gérard and Hugh J. Macdonald. Paris: Flammarion, 1983.

Berry, Paul. Brahms among Friends: Listening, Performance, and the Rhetoric of Allusion. Oxford: Oxford University Press, 2014.

Bewes, Diccon. Slow Train to Switzerland: One Tour, Two Trips, 150 Years – and a World of Change Apart. London and Boston: Nicholas Brealey, 2016.

Biba, Otto. "'Ihr Sie hochachtender, dankbarer Schüler Peppi'. Joseph Joachims Jugend im Spiegel unbekannter Briefe an Joseph Böhm." Die Tonkunst 1, no. 3 (2007): 200–204.

Biddle, Ian, ed. Music and Identity Politics. London and New York, NY: Routledge, 2016.

Bonds, Mark Evan. After Beethoven: Imperatives of Originality in the Symphony. Cambridge, MA; London: Harvard University Press, 1996.

– Absolute Music: The History of an Idea. Oxford: Oxford University Press, 2014.

Blackman, Paul. Christian Reimers – A Spirited Performer. Campbelltown, South Australia: Blackman, 2016.

Borchard, Beatrix. "'Als Geiger bin ich Deutscher, als Komponist Ungar': Joseph Joachim – Identitätsfindung über Abspaltung." In Anklänge 2008: Joseph Joachim (1831–1907). Europäischer Bürger, Komponist, Virtuose, edited by Michele Calella and Christian Glanz, 15–46. Vienna: Mille Tre, 2008.

– Clara Schumann: Musik als Lebensform. Hildesheim: Olms, 2019.

– "The Concert Hall as a Gender-Neutral Space: The Case of Amalie Joachim, née Schneeweiss." Translated by Jeremy Coleman. In German Song Onstage: Lieder Performance in the Nineteenth and Early Twentieth Centuries, edited by Natasha Loges and Laura Tunbridge, 132–53. Bloomington: Indiana University Press, 2020.

– Ein später Davidsbund. Zum Scheitern von Joachims Konzept einer psychologischen Musik. In "Neue Bahnen." Robert Schumann und seine musikalischen Zeitgenossen (Schumann-Forschungen 7), Kongressbericht über das 6. internationale Schumann Symposion vom 5. bis 6. Juni 1997 in Düsseldorf, edited by Bernhard R. Appel, 205–218. Mainz: Schott, 2002.

- "Ernst und Joachim—Virtuose Selbstdarstellung vs. sachbezogene Interpretationshaltung?" In Exploring Virtuosities: Heinrich Wilhelm Ernst, Nineteenth-Century Musical Practices and Beyond, edited by Christine Hoppe, Melanie von Goldbeck, and Maiko Kawabata, 53–74. Hildesheim und New York: Olms, 2018.
- "Frauenliebe und Musikleben – Clara Schumann und Amalie Joachim." In Schumanniana nova. Festschrift Gerd Nauhaus zum 60. Geburtstag, edited by Bernhard Appel, Ute Bär and Matthias Wendt, 127–148. Sinzig: Studido Verlag, 2002.
- –, and Heidy Zimmermann, eds. Musikwelten-Lebenswelten: Jüdische Identitätssuche in der deutschen Musikkultur. Cologne: Böhlau, 2009.
- Clara Schumann: Musik als Lebensform. Neue Quellen. Andere Schreibweisen. 2nd ed. Hildesheim: Olms, 2019.
- "Groß – männlich – deutsch? Zur Rolle Joseph Joachims für das deutsche Musikleben der Wilhelminischen Zeit." Die Tonkunst 1, no. 3 (2007): 218–231.
- –, and Miriam Alexandra Wigbers, eds. Pauline Viardot – Julius Rietz: Der Briefwechsel (Viardot-Garcia-Studien 1). Hildesheim: Olms, 2021.
- "Quartettabend bei Bettine." In Töne, Farbe, Formen. Über Musik und die Bildenden Künste, Festschrift Elmar Budde, edited by Elisabeth Schmierer, Susanne Fontaine, Werner Grünzweig, und Mathias Brzoska, 243–56. Laaber: Laaber Verlag, 1995.
- "Quartettspiel und Kulturpolitik im Berlin der Kaiserzeit: Das Joachim-Quartett." In Der "männliche" und der "weibliche" Beethoven, Bericht über den Internationalen musikwissenschaftlichen Kongress vom 31. Otkober bis 4. November an der Universität der Künste Berlin, edited by Cornelia Bartsch, Beatrix Borchard, und Rainer Cadenbach, 369–98. Bonn: Verlag Beethovenhaus, 2003.
- Stimme und Geige: Amalie und Joseph Joachim. Biographie und Interpretationsgeschichte. Vienna: Böhlau Verlag, 2005. 2nd ed. (unchanged), 2007.
- "Von Joseph Joachim zurück zu Moses Mendelssohn: Instrumentalmusik als Zukunftsreligion?" In Musikwelten-Lebenswelten: Jüdische Identitätssuche in der deutschen Musikkultur, edited by Beatrix Borchard and Heidy Zimmermann, 31–57. Cologne: Böhlau, 2009.
- "'Zur Pflege unserer unsäglich herrlichen deutschen Musik'—Joseph Joachim und die Gründung der Berliner Musikhochschule 1869." In Musical Education in Europe (1770–1914): Compositional, Institutional, and Political Challenges, 2 vols. (= Musical Life in Europe, 1600–1900: Circulation, Institutions, Representation, II–III), edited by Michael Fend and Michel Noiray, 2 479–502. Berlin: Berliner Wissenschafts-Verlag, 2005
- "Mit Schere und Klebstoff. Montage als wissenschaftliches Verfahren in der Biographik." In Musik mit Methode. Neue kulturwissenschaftliche Perspektiven, edited by Corinna Herr and Monika Woitas, 47–62. Köln u. a.: Vandenhoeck & Ruprecht, 2006.
- "The Concert Hall as a Gender-Neutral Space." In German Song Onstage: Lieder Performance in the Nineteenth and Early Twentieth Centuries, edited by Natasha Loges and Laura Tunbridge, 132–53. Bloomington: Indiana University Press, 2020.
- "Performers as Authors of Music History: Joseph and Amalie Joachim." In The Creative Worlds of Joseph Joachim, edited by Valerie Woodring Goertzen and Robert Whitehouse Eshbach, 176–190. Woodbridge, Suffolk: The Boydell Press, 2021.

Selected Bibliography

–, and Katharina Uhde. "Joseph Joachim." Grove Music Online. Oxford University Press, 2001 (work list updated 2018).

Brachmann, Jan. "Die Bibel als Grundgesetz aller Deutschen. Johannes Brahms' ambivalenter Liberalismus." In Musikwelten-Lebenswelten: Jüdische Identitätssuche in der deutschen Musikkultur, edited by Beatrix Borchard and Heidy Zimmermann, 213–226. Cologne: Böhlau, 2009.

Brahms-Institut an der Musikhochschule Lübeck, and Zentrum für Kulturwissenschaftliche Forschung Lübeck, eds. BRIEF history. Eine Reise in die Kulturgeschichte des Briefes. Katalog zur Ausstellung am Brahms-Institut an der Musikhochschule Lübeck (13. September – 17. Oktober 2020) in Kooperation mit dem Zentrum für Kulturwissenschaftliche Forschung Lübeck. Munich: Edition Text & Kritik, 2020.

Branberger, Jan. Konservatoř hudby v Praze: pamětní spis k stoletému jubileu založení ústavu. Prague: Nakladem konservatoře, 1911.

Breitburg, Julia Abramowna. Йозеф Иоахим – педагог и исполнитель [Joseph Joachim als Lehrer und Interpret]. Moskau: Музыка [Muzika], 1966.

Brightwell, Giles. "'One Equal Music': The Royal College of Music, Its Inception and the Legacy of Sir George Grove 1883–1895." PhD diss., Durham University, 2007.

Brittan, Francesca. "Berlioz and the Pathological Fantastic: Melancholy, Monomania, and Romantic Autobiography." 19th-Century Music 29/3 (Spring 2006): 211–39.

– "On Microscopic Hearing: Fairy Magic, Natural Science, and the Scherzo Fantastique." Journal of the American Musicological Society 64/3 (Fall 2011): 527–600.

– Music and Fantasy in the Age of Berlioz. Cambridge: Cambridge University Press, 2017.

Brodbeck, David. "The Brahms-Joachim Counterpoint Exchange: Or, Robert, Clara, and 'the Best Harmony between Jos. and Joh." In Brahms Studies 1, edited by David Brodbeck, 30–88. Lincoln, NE: University of Nebraska Press, 1994.

– "Medium and Meaning: New Aspects of the Chamber Music." In The Cambridge Companion to Brahms, edited by Michael Musgrave. Cambridge: Cambridge University Press, 1999.

Bromer, Anne C., and Julian I. Edison. Miniature Books: 4000 Years of Tiny Treasures. New York, NY: Harry N. Abrams, 2007.

Brown, Clive. "Polarities of Virtuosity in the First Half of the Nineteenth Century." In Nicolò Paganini: Diabolus in Musica (= Studies in Italian Music History, 5), edited by Andrea Barizza and Fulvia Morabito, 23–51. Turnhout: Brepols, 2010.

– "Physical parameters of 19th and early 20th-century violin playing." 2016. http://mhm.hud.ac.uk/chase/article/physical-parameters-of-19th-and-early-20th-century-violin-playing-clive-brown/.

– "Joachim's Performance Style as Reflected in His Editions and Other Writings. In Anklänge: Wiener Jahrbuch fur Musikwissenschaft 2008 — Joseph Joachim — Virtuose — Internationale tagung anlässlich des 200. Todesjahres, Kittsee 2007, edited by Michele Calella and Christian Glanz, 205–24. Vienna: Mille Tre, 2008.

– "Ferdinand David's Editions of Beethoven." In Performing Beethoven (= Cambridge Studies in Performance Practice, 4), edited by Robin Stowell, 117–149. Cambridge: Cambridge University Press, 1994.

Bülow, Marie von, ed. Hans von Bülow. Briefe und Schriften. 8 vols (1841–53). Leipzig: Breitkopf & Härtel, 1895.

– Hans von Bülow, Ausgewählte Schriften, 1850–1892. Leipzig: Breitkopf & Härtel, 1896.

Bunzel, Anja. The Songs of Johanna Kinkel: Genesis, Reception, Context. Woodbridge, Suffolk: The Boydell Press, 2020.

–, and Natasha Loges, eds. Musical Salon Culture in the Long Nineteenth Century, edited by Anja Bunzel and Natasha Loges. Woodbridge, Suffolk: The Boydell Press, 2019.

Burgenländische Heimatblätter 69/2 (2007) (Katalog zur Ausstellung "Geigen-Spiel-Kunst – Joseph Joachim und der 'wahre' Fortschritt." https://www.zobodat.at/biografien/Joachim_Joseph_Burgenlaendische-Heimatblaetter_69_0059-0124.pdf.

Burmeister, Klaus. "Alfred Dörffel; Verlagsmitarbeiter und –inhaber, Musikgelehrter und –bibliothekar." In Das Leipziger Musikverlagswesen: Interstädtische Netzwerke und internationale Ausstrahlung (= Studien und Materialien zur Musikwissenschaft, 94), edited by Stefan Keym and Peter Schmitz, 271–90. Hildesheim: Olms, 2016.

Butler, Judith. Giving an Account of Oneself. New York, NY: Fordham University Press, 2005.

Calella, Michele. "Die Domestizierung des Zigeuners: Liszt, Joachim, und das Violinkonzert 'in ungarischer Weise,' Op. 11." In Anklänge 2008: Joseph Joachim (1831–1907). Europäischer Bürger, Komponist, Virtuose, edited by Michele Calella and Christian Glanz, 139–60. Vienna: Mille Tre, 2008.

Caplin, William. "Beyond the Classical Cadence: Thematic Closure in Early Romantic Music." Music Theory Spectrum 40/1 (2018): 1–26.

Carlyle, Thomas. Ausgewählte Schriften. Translated by A. Kretzschmar. 6 vols. Leipzig: Otto Wigand, 1855–56.

Černušák, Gracian, Bohumír Štědroň and Zdenko Nováček, eds. Československý hudební slovník osob a institucí. 2 vols. Prague: státní hudební vydavatelství, 1963.

Chirico, Teresa. "Il Liceo musicale fra la fondazione e la regificazione." In Enrico di San Martino e la cultura musicale europea, edited by Annalisa Bini. Rome: Accademia nazionale di Santa Cecilia, 2012.

Cimino, Paola. "Wie eine Stadt zu ihren Konzerten fand." Neue Zürcher Zeitung (14 Mar. 2008). https://www.nzz.ch/wie_eine_stadt_zu_ihren_konzerten_fand-1.689384?reduced=true.

Clapham, Jahn, and Elisabeth Wenzke. "Dvořáks Aufstieg zum Komponisten von internationalem Rang: Einige neue Entdeckungen." Die Musikforschung 30/1 (Jan.–Mar. 1977): 47–55.

Clive, Peter. Brahms and His World: A Biographical Dictionary. Lanham, MD: Scarecrow Press, 2006.

Collyer, Peter. "'Leipzig School' Editions and Editions of String Music, c. 1840-1930: Violin Playing Style in the Printed Output of Ferdinand David and His Associates." Ph.D. diss., University of Leeds, 2012.

Commins, Adèle. "Charles Villiers Stanford's Preludes for Piano op.163 and op.179: A Musicological Retrospective." 3 vols. PhD diss., National University of Ireland Maynooth, 2012.

– "'Double [D]Amn Those Huns': The Impact of the First World War on Charles Villiers Stanford and His Music." In The Great War (1914–1918) and Music: Proceedings of the

Selected Bibliography

Zagreb Musicological Conference, edited by Stanislav Tuxar and Monika Jurić Janjik, 316–34. Zagreb: Croatian Musicological Society, 2020.

Cook, Grant William III. "The Final American Residency of Beethoven's Biographer Alexander Wheelock Thayer." Beethoven Journal 27/2 (2012): 64–5.

Cook, Thomas. Cook's Tourist's Handbook to Switzerland. London: Thomas Cook and Son, Ludgate Circus and Hodder & Stoughton, Paternoster Row, 1874.

Cooper, John Michael. "Felix Mendelssohn Bartholdy, Ferdinand David and Johann Sebastian Bach: Mendelssohns Bach-Auffasung im Spiegel der Wiederentdeckung der 'Chaconne.'" In Zum 150. Todestag von Felix Mendelssohn Bartholdy und seiner Schwester Fanny Hensel (= Mendelssohn-Studien: Beiträge zur neueren deutschen Kultur- und Wirtschaftsgeschichte, 10), edited by Rudolf Elvers and Hans-Günter Klein, 157–79. Berlin: Duncker & Humblot, 1997.

Cooper, Jeffrey. The Rise of Instrumental Music and Concert Series in Paris 1828–1871. Ann Arbor: UMI Research, 1983.

Corcella, Aldo. Gecità e Musica. Friedrich Spiro (1863–1940) e Assia Rombro (1873–1956). Potenza: Basilicata University Press, 2021.

Cormac, Joanne. Liszt and the Symphonic Poem. Cambridge: Cambridge University Press, 2017.

Cox, Gordon. Sir Arthur Somervell on Music Education: His Writings, Speeches and Letters. Woodbridge, Suffolk: Boydell & Brewer, 2003.

– "From Hullah to Somervell: The Influence of HMI on Music Education in English Schools, 1872–1928." Journal of Educational Administration and History 25/1 (1993): 16–32.

– "'Sensitiveness to Higher Rhythms': Arthur Somervell and his Vision of Music Education." Westminster Studies in Education 14 (1991): 69.

–, and Robin Stevens, eds. The Origins and Foundations of Music Education: Cross-Cultural Historical Studies of Music in Compulsory Schooling. London: Continuum, 2011.

D'Albert, Eugen, Bernhard Dessau, Alfred Wittenberg. "Berühmte Tonkünstler über Joseph Joachim. Eine Umfrage." Berliner Tageblatt 36/415 (21. August 1907): 2.

Dante [Dante Alighieri]. Vita Nuova. Translated by Mark Musa. Oxford: Oxford University Press, 1992.

David, Ferdinand. Violinschule, Zweiter Teil: Der vorgerückte Schüler. Leipzig: Breitkopf & Härtel, 1863.

David, Paul. "Joseph Joachim." A Dictionary of Music and Musicians (A.D. 1450-1889), edited by Sir George Grove, 34-35. London and New York: Macmillan and Co. 1894.

– "Music." In The Public Schools from Within, 88 –95. London: Sampson Low, Marston & Company, 1906.

Davies, Joe. "Clara Schumann and the Nineteenth-Century Piano Concerto." In Clara Schumann Studies, edited by Joe Davies, 95–116. Cambridge: Cambridge University Press, 2021.

–, and Alexander Stefaniak. "Women, Pianos, and Virtuosity in the Nineteenth Century." In The Cambridge Companion to Women Composers, edited by Matthew Head and Susan Wollenberg (Cambridge University Press, forthcoming).

Del Mar, Norman. Conducting Berlioz. New York, NY, and Oxford: Oxford University Press, 1997.

Dibble, Jeremy. Charles Villiers Stanford: Man and Musician. Oxford: Oxford University Press, 2002.
– C. Hubert H. Parry: His Life and Music. Oxford: Oxford University Press, 1992.
Dörffel, Alfred. Geschichte der Gewandhausconcerte zu Leipzig. Leipzig: Im Auftrag der Concert-Direction, 1884.
Dufetel, Nicolas. "Liszt e Roma: bilancio e prospettive di ricerca." In Musikstadt Rom. Geschichte – Forschung – Perspektiven. Beiträge der Tagung „Rom – Die Ewige Stadt im Brennpunkt der aktuellen musikwissenschaftlichen Forschung" am Deutschen Historischen Institut in Rom, 28.–30. September 2004 (= Analecta musicologica 45), edited by Markus Engelhardt, 452–477. Kassel: Bärenreiter, 2011.
Dyson, George. "The Jubilee of the Music Masters' Association." The Musical Times 93/1312 (Jun. 1952): 251-253.
Eatock, Colin. "Crystal Palace Concerts: Canon Formation and the English Musical Renaissance." 19th-Century Music 34/1 (Summer 2010): 87–105.
Ebert, Wolfgang. "Brahms und Joachim in Siebenbürgen." Studien zur Musikwissenschaft 40 (1991): 185–204.
Eckhardt, Mária. Liszt's relations with the Scandinavian composers of his time. http://griegsociety.com/maria-eckhardt-paper-2004.
Edin, Martin. "Cadenza Improvisation in Nineteenth-Century Solo Piano Music according to Czerny, Liszt and their Contemporaries." In Beyond Notes: Improvisation in Western Music of the Eighteenth and Nineteenth Centuries, edited by Rudolph Rasch, 163–83. Turnhout: Brepols, 2011.
Ehrlich, Cyril. First Philharmonic: A History of the Royal Philharmonic Society. Oxford: Clarendon Press, 1995.
Ehrlich, Heinrich. Dreißig Jahre Künstlerleben. Berlin: Verlag Hugo Steinitz, 1893.
– Modernes Musikleben. Berlin: Allgemeiner Verein für deutsche Litteratur, 1895.
Ehrmann, Alfred von. Johannes Brahms. Weg, Werk und Welt. Leipzig: Breitkopf & Härtel, 1933.
Eich, Katrin. "Brahms as Pianist." Translated by Natasha Loges. In Brahms in Context, edited by Natasha Loges and Katy Hamilton, 80–87. Cambridge: Cambridge University Press, 2019.
Elkin, Robert. Royal Philharmonic: The Annals of the Royal Philharmonic Society. London: Rider and Company, 1946.
Ellsworth, Theresa. "Music was poured by perfect Ministrants": Joseph Joachim and the Monday Popular Concerts, London. In The Creative Worlds of Joseph Joachim, edited by Valerie Woodring Goertzen and Robert Whitehouse Eshbach, 129–44. Woodbridge, Suffolk: The Boydell Press, 2021.
Elman, Mischa. Warner Bros. Vitaphone Nr. 275. 1926, https://youtu.be/31uJT2IKsRo.
Emerson, Ralph Waldo. Nature. Boston and Cambridge: James Munroe & Company, 1849.
– Essays & Lectures. New York, NY: Library of America, 1983.
– "The Over-Soul." In Essays & Lectures, 383–400. New York, NY: Library of America, 1983.
– "[Essay] V. Shakespeare; or, the Poet." In Works of Ralph Waldo Emerson: Essays, First and Second Series, 187–94. London: George Routledge and Sons; New York, NY: 9, Lafayette Place, 1883.

Selected Bibliography

Ensor, Robert. England 1870–1914. Oxford, UK: Clarendon Press, 1964.

Eshbach, Robert Whitehouse. Joseph Joachim. Biography and Research. https://josephjoachim.com.

– "Joachim's Youth: Joachim's Jewishness." The Musical Quarterly 94/4 (Jan. 2011): 548–92.

– "The Joachim Quartet Concerts at the Berlin Singakademie: Mendelssohnian Geselligkeit in Wilhelmine Germany." In Brahms in the Home and the Concert Hall: Between Private and Public Performance, edited by Katy Hamilton and Natasha Loges, 22–42. Cambridge: Cambridge University Press, 2014.

– "The Call to Hanover". https://josephjoachim.com/2013/07/15/the-call-to-hanover/.

– "Joseph Joachim and Bach's Chaconne: Virtuosity and the Musical Work." Nineteenth-Century Music Review (special issue, "Joseph Joachim: Intersections between Composition and Performance", guest-edited by Katharina Uhde) [accepted for publication].

Ferraguto, Mark. "Music for a Virtuoso: Opuses 58 and 61." In Beethoven 1806, 47–69. New York, NY: Oxford University Press, 2019.

Fischer, Georg. Musik in Hannover. 2nd edn. Hanover: Georg Fischer, 1903.

Flamm, Christoph. "Den Toten und den Lebenden: Widmungen in der russischen Musik des 19. und 20. Jahrhunderts." Die Tonkunst 14 (2020): S. 46–55.

Flesch, Carl. Erinnerungen eines Geigers. Freiburg i. Br. u. a.: Atlantis, 1960.

Foster, Joseph. Alumni Oxonienses: The Members of the University of Oxford, 1715–1886. Oxford, UK: James Parker & Co, 1891.

Friedheim, Arthur. Life and Liszt: The Recollections of a Concert Pianist, edited by Theodore L. Bullock. Mineola, NY: Dover Publications, 1961.

Friedland, Bea. "Gustave Vogt's Souvenir Album of Music Autographs: A Beguiling Glimpse of Musical Paris in the 1840s." Notes 31/2 (1974): 262–277.

Fuchs, Ingrid. "Die Neue Zeitschrift für Musik unter der Redaktion Robert Schumanns als Dokument romantischer Bachrezeption." In Johann Sebastian Bach: Beiträge zur Wirkungsgeschichte, edited by Ingrid Fuchs, 113–34. Vienna: Verband der Wissenschaftlichen Gesellschaften Österreichs, 1992.

–, ed. Johann Sebastian Bach: Beiträge zur Wirkungsgeschichte. Vienna: Verband der Wissenschaftlichen Gesellschaften Österreichs, 1992.

Fuller Maitland, John Alexander. Joseph Joachim (= Living Masters of Music 6). London u. a.: John Lane, The Bodley Head, 1905.

Gebauer, Johannes. "Zur Entstehung eines Klassikers. Die Aufführung von Beethovens Violinkonzert op. 61 von der Uraufführung bis 1844." In Bonner Beethoven-Studien, Vol. 12, edited by Joanna Cobb Biermann, Julia Ronge, and Christine Siegert, 9–29. Bonn: Verlag Beethovenhaus, 2016.

– Gebauer, Johannes. "Der 'Klassikervortrag': Joseph Joachim und die Interpretationspraxis des 19. Jahrhunderts". Ph.D. Diss., Universität Bern, 2017; also as Johannes Gebauer, Der „Klassikervortrag". Joseph Joachims Bach- und Beethovenvortrag und die Interpretationspraxis des 19. Jahrhunderts (= Beethoven-Interpretationen 1), Bonn: Verlag Beethovenhaus, 2023.

– "Gestaltungskraft. Ausdrucksnuancen der Joachim-Tradition." In Brahms-Studien, edited by Beatrix Borchard and Kerstin Schüssler-Bach. Hildesheim u. a.: Olms, 2021.

Selected Bibliography

Gillett, Paula. Musical Women in England, 1870–1914: "Encroaching on All Man's Privileges." London: Palgrave Macmillan, 2000.

Goertzen, Valerie Woodring. "Clara Wieck Schumann's Improvisations and her 'Mosaics' of Small Forms." In Beyond Notes: Improvisation in Western Music of the Eighteenth and Nineteenth Centuries, edited by Rudolph Rasch, 153–62. Turnhout: Brepols, 2011.

– "Setting the Stage: Clara Schumann's Preludes." In In the Course of Performance: Studies in the World of Musical Improvisation, edited by Bruno Nettl and Melinda Russell, 237–60. Chicago: University of Chicago Press, 1998.

–, and Robert Whitehouse Eshbach. The Creative Worlds of Joseph Joachim, edited by Valerie Woodring Goertzen and Robert Eshbach. Woodbridge, Suffolk: Boydell Press, 2021.

– "Einleitung." In Johannes Brahms: Neue Ausgabe sämtlicher Werke, IX/1: Arrangements of Works by Other Composers for One or Two Pianos Four Hands, edited Valerie Woodring Goertzen. Munich: Henle, 2012.

Goldberg, Halina. "Chopin's Album Leaves and the Aesthetics of Musical Album Inscription." Journal of the American Musicological Society, 73/3 (2020): 467–533.

Göllerich, August. Franz Liszt. Berlin: Marquardt, 1908.

Gooley, Dana. "The Battle against Instrumental Virtuosity in the Early Nineteenth Century." In Liszt and his World, edited by Christopher H. Gibbs and Dana Gooley, 75–111. Princeton: Princeton University Press, 2006.

– Fantasies of Improvisation: Free Playing in Nineteenth-Century Music. New York, NY: Oxford University Press, 2018.

Gotch, Rosamund Brunel, ed. Mendelssohn and his Friends in Kensington. Letters from Fanny and Sophy Horsley written 1833–36. London: Oxford University Press, 1934.

Green, Emily H. "Dedications and the Reception of the Musical Score, 1785–1850." PhD diss., Cornell University, 2009.

Green, Emily H. Dedicating Music 1785–1850. Woodbridge, Suffolk: The Boydell Press, 2019.

Green, W. J. C. "The Development of Musical Education in the Public Schools from 1840 to the Present Day." MA diss., Durham University, 1990.

Greene, Harry Plunket. Charles Villiers Stanford. London: E. Arnold & Co., 1935.

Gregor-Dellin, Martin. Richard Wagner: Mein Leben. Munich: List, 1963.

Grimm, Herman. Das Leben Michelangelos. 2 vols. Hanover: Carl Rümpler, 1860–63.

– Fünfzehn Essays, erste Folge. Berlin: Dümmler, 1874.

– "Bettina von Arnim." In Literature. Translated by Sarah H. Adams, 144–5. Boston: Capples, Uphem & Co., 1886.

Grove, George, and Alexander Fuller-Maitland, eds. "Fantasiestück." In A Dictionary of Music and Musicians. 4 vols. London: Macmillan & Co., 1890).

Gumprecht, Otto. "Joseph Joachim, der König der Geiger." In Unsere Zeit: Deutsche Revue der Gegenwart — Monatsschrift zum Conversations-Lexikon, new series 8/2 (Leipzig, 1872): 312–23.

Gurlitt, Wilibald, and Hans-Olaf Hudemann, eds. Karl Straube: Briefe eines Thomaskantors. Stuttgart: K.F. Koehler, 1952.

Hammes, Andrea. Brahms gewidmet. Ein Beitrag zu Systematik und Funktion der Widmung in der zweiten Hälfte des 19. Jahrhunderts. Göttingen: V & R Unipress, 2015.

Selected Bibliography

– "'Dem das Thema Geist und Herz verwandt ist'. Die Widmung musikalischer Werke als hermeneutischer Schlüssel an der Schwelle zum Notentext." Die Tonkunst 14 (2020): 27–35.

Hartinger, Anselm. "Paul Davids Briefe an Joseph Joachim als Quellen zur Bach-Pflege und zum deutsch-englischen Kulturtransfer im 19. Jahrhundert." Jahrbuch des Staatlichen Instituts für Musikforschung Preußischer Kulturbesitz 43 (2006/2007): 150–83.

Hatano, Sayuri. "'Der intellectuelle Urheber bin doch ich!' Der Konzertagent Hermann Wolff als Wegweiser des Berliner Konzertlebens 1880 bis 1902." PhD diss., Universität der Künste Berlin, 2018.

– "'Wohlgemuth ziehe zur Schweiz, lass' tönen die herrliche Fidel': Arrangement der Konzerttournee von der Konzertdirektion Hermann Wolff." Jahresblätter für japanische und deutsche Forschung in Japan 6 (2012–13): 31–41.

Haweis, Hugh Reginald. Old Violins and Violin Lore. London: Reeves, 1898.

Head, Matthew. "Fantasia and Sensibility." In The Oxford Handbook of Topic Theory, edited by Danuta Mirka, 259–279. New York, NY: Oxford University Press, 2014.

Heermann, Hugo. Meine Lebenserinnerungen. Leipzig: Brockhaus, 1935. Rpt, Heilbronn: Günther Emig, 1994.

Heise, Jutta. Die Geigenvirtuosin Wilma Neruda (1838–1911): Biografie und Repertoire. Hildesheim and New York, NY: Georg Olms Verlag, 2013.

– "Das Leben der Geigerin Wilma Neruda im Kontext Gender – Biographie als Forschungsschwerpunkt der Musikgeschichte." In Wiederherstellen – Unterbrechen – Verändern? Politiken der (Re-)Produktion, edited by Corinna Onnen and Susanne Rode-Breymann, 243–60. Opladen, Berlin and Toronto: Verlag Barbara Budrich, 2018.

Hensel, Sebastian. The Mendelssohn Family 1729–1847. 2 vols. New York, NY: Harper, 1881.

Hepokoski, James. Online Archive. www.jameshepokoski.com.

–, and Warren Darcy, Elements of Sonata Theory: Norms, Types, and Deformations in the Late-Eighteenth-Century Sonata. New York, NY, and Oxford: Oxford University Press, 2006.

Hinrichsen, Hans-Joachim. Musikalische Interpretation: Hans von Bülow. Stuttgart: Franz Steiner, 1999.

Hoffmann-Erbrecht, Lother, and Markus Rathey. "Kellner, Johann Christoph." In Die Musik in Geschichte und Gegenwart: Allgemeine Enzyklopädie der Musik, edited by Ludwig Finscher. 29 vols. Kassel: Bärenreiter and Stuttgart: Metzler, 1994–2008: IX (Personenteil, 2003): cols. 1630–32.

Hofmann, Renate, and Kurt Hofmann. Johannes Brahms: Zeittafel zu Leben und Werk (= Publikationen des Instituts für Österreichische Musikdokumentation, 8). Tutzing: Hans Schneider, 1983.

– Johannes Brahms als Pianist und Dirigent: Chronologie seines Wirkens als Interpret. eTutzing: Hans Schneider, 2006.

Holde, Arthur. "Brahms und das Ehepaar Joachim. Was die Ausgaben des Briefwechsels verschweigen." Die Brücke zur Welt. Sonntagsbeilage der Stuttgarter Zeitung (25.7.1959): 49.

– "Suppressed Passages in the Brahms-Joachim Correspondence published for the first time." The Musical Quarterly 45, no. 3 (1959): 312–324.

Holls, Frederick William, ed. Correspondence between Ralph Waldo Emerson and Herman Grimm. Boston and New York, NY: Houghton, Mifflin and Company, 1903.

– "Correspondence between Ralph Waldo Emerson and Hermann Grimm." Atlantic Monthly 91 (Apr. 1903): 467–79.

Holoman, Kern. Berlioz. Cambridge, MA: Harvard University Press, 1989.

Christine Hoppe, "Das Spezifische im Allgemeinen?: Auf der Suche nach dem Lehrer Joseph Böhm in Techniken, Lehrmethoden, Lehrwerken und Widmungkompositionen seiner Schüler," in Konservatoriumsausbildung von 1795 bis 1945: Beiträge zur Bremer Tagung im Februar 2019, edited by Annkatrin Babbe and Volker Timmermann, 189–208. Schriftenreihe des Sophie Drinker Instituts, 17. Hildesheim: Georg Olms, 2021.

Hoppe, Christine. Der Schatten Paganinis. Virtuosität in den Kompositionen Heinrich Wilhelm Ernsts (1814-1865): Mit einem Werkverzeichnis, Hildesheim u.a.: Olms, 2014.

Horne, William P. "Joseph Joachim and Brahms's Piano Quartet, Op. 26." In The Creative Worlds of Joseph Joachim, edited by Valerie Woodring Goertzen and Robert Eshbach, 191–217. Woodbridge, Suffolk: Boydell Press, 2021.

Horsley, Charles Edward. "Reminiscences of Mendelssohn by His English Pupil." Dwight Journal of Music 32 (1872): 345-7, 353-5, 361-3; rpt. in Mendelssohn and His World (= The Bard Music Festival edited by R. Larry Todd, 237-51. Princeton, NJ: Princeton University Press, 1991.

Howe, Blake. "Music and the Agents of Obsession." Music Theory Spectrum 38/2 (2016): 218–240.

Hunter, Mary. "'To Play as if from the Soul of the Composer': The Idea of the Performer in Early Romantic Aesthetics." Journal of the American Musicological Society 58/2 (2005): 357–98.

Huschke, Wolfram. Musik im klassischen und nachklassischen Weimar, 1756–1861. Weimar: Böhlau, 1982.

Jackson, Stevi. "Even Sociologists Fall in Love: An Exploration in the Sociology of Emotions." Sociology 27/2 (May 1993): 201–220.

Jander, Owen. "Beethoven's 'Orpheus in Hades': The 'Andante con moto' of the Fourth Piano Concerto." 19th-Century Music 8/3 (1985): 195–212.

– "Romantic Form and Content in the Slow Movement of Beethoven's Violin Concerto." Musical Quarterly 69/2 (1983): 159–79, at 172.

Jansen, Friedrich Gustav, ed. Robertt Schumanns Briefe: Neue Folge. Leipzig, Breitkopf & Härtel, 1886. 2nd ed. Leipzig: Breitkopf & Härtel, 1904.

Joachim, Johannes, ed. Joseph Joachims Briefe an Gisela von Arnim 1852–1859. Göttingen: privately published, 1911.

–, and Andreas Moser, eds. Briefe von und an Joseph Joachim. 3 vols. Berlin: Julius Bard, 1911–13.

Joachim, Joseph. Briefe Datenbank, Brahms-Institut an der Musikhochschule Lübeck. https://www.brahmsinstitut.de/index.php?cID=538.

– Briefe Datenbank, Brahms-Institut an der Musikhochschule Lübeck. Projektbericht. Interessante Aspekte der Briefe von Joseph Joachim. https://www.brahmsinstitut.de/index.php?cID=538, accessed January 2023.

–, and Andreas Moser. Violinschule. 3 vols., with English translation by Alfred Moffat. Berlin: N[icholas] Simrock, 1903.

Selected Bibliography

Jung-Kaiser, Ute, and Matthias Kruse, ed. Schumanns Albumblätter (= Wegzeichen Musik 1). Hildesheim: Hildesheim, 2006.

Kalbeck, Max. Johannes Brahms. Rev. ed. 4 vols. Wien and Leipzig: Wiener Verlag, 1907 (2nd ed. vol. 1), Berlin: Deutsche Brahms-Gesellschaft, 1912–21.

–, ed. Johannes Brahms Briefe an P.J. Simrock und Fritz Simrock. 4 vols. Berlin: Deutsche Brahms-Gesellschaft, 1917.

Kampe, Norbert. "Von der 'Gründerkrise' zum 'Berliner Antisemitismusstreit': Die Entstehung des modernen Antisemitismus in Berlin 1875–1881." In Jüdische Geschichte in Berlin. Essays und Studien, edited by Reinhard Rürup, 85–100. Berlin: Hentrich, 1995.

Karandashev, Victor. Cross-Cultural Perspectives on the Experience and Expression of Love. Cham, Switzerland: Springer Nature Switzerland, 2019.

Keefe, Simon P. "Theories of the Concerto from the Eighteenth Century to the Present Day." In The Cambridge Companion to the Concerto, edited by Simon P. Keefe, 5–18. Cambridge: Cambridge University Press, 2005.

Keil, Robert and Richard. Die Deutschen Stammbücher des sechzehnten bis neunzehnten Jahrhunderts. Ernst und Scherz, Weisheit und Schwank in Original-Mittheilungen zur deutschen Kultur-Geschichte. Berlin: Grote, 1893.

Kessler, Klaus. Verspätete Chronik: Die Konzertreise von Brahms und Joachim ins Banat und nach Siebenbürgen 1879. Bucharest: Musikverlag, 1994.

Kijas, Anne. The Life and Music of Teresa Carreño (1853–1917): A Guide to Research. Middleton, WI: A-R Editions, 2019.

Kinsky, Georg. "Ein Brief Joseph Joachims zur Bearbeitungsfrage bei Bach." Bach-Jahrbuch 18 (1921): 98–100.

Kirnberger, Johann Philipp. Die Kunst des reinen Satzes in der Musik aus sicheren Grundsätzen hergeleitet und mit deutlichen Beyspielen erläutert. 2 vols. Berlin and Königsberg: G.J. Decker and G.L. Hartung 1774-1779.

– The Art of Strict Musical Composition, translated by David Beach and Ju.rgen Thym, Music Theory Translation Series, 1. New Haven, CT: Yale University Press, 1982.

Klingler, Karl. "'Dies und Das' – Anmerkungen an Hand der 24 Capricen für Violine allein von Pierre Rode, 1.–8. Caprice." In „Über die Grundlagen des Violin-spiels" und nachgelassene Schriften, edited by Marianne Migault Klingler und Agnes Ritter (= Studien und Materialien zur Musikwissenschaft 6). Hildesheim u. a.: Olms, 1990.

Kopitz, Klaus Martin, ed. Schumann Briefedition, Serie II, Freundes- und Künstlerbriefwechsel. Briefwechsel Robert und Clara Schumann smit Joseph Joachim und seiner Familie. 2 vols. Cologne: Verlag Dohr, 2019.

Köpp, Kai. Handbuch historische Orchesterpraxis. Barock – Klassik – Romantik. Kassel u. a.: Bärenreiter, 2009.

Kramer, Lawrence. "Sacred Sound and Secular Space in Mendelssohn's Instrumental Music." In Rethinking Mendelssohn, edited by Benedict Taylor, 330–345. New York, NY: Oxford University Press, 2020.

Kreisig, Martin, ed. Gesammelte Schriften über Musik und Musiker. 5th edn. 2 vols. Leipzig: Breitkopf & Härtel, 1914.

Kreutzfeldt, Clemens, and Carola Bebermeier. "Musical Crossroads. Europäisch-amerikanischer Kulturaustausch in vorinstitutionellen Räumen Bostons: Die Musikalienhandlung von Nathan Richardson (1827–1859) und der Musiksalon von Clara Kathleen Rogers (1844–1931)." In Klingende Innenräume, GenderPerspektiven auf eine ästhetische und soziale Praxis im Privaten (= Musik – Kultur – Geschichte 12), edited by Sabine Meine und Henrike Rost, 219–231. Würzburg: Königshausen & Neumann, 2020.

Kreyszig, Walter Kurt. "My Initial Encounter with Murray Adaskin and Frances James as Advocates of European Culture in Canada." In The Vision of Murray Adaskin (1907-2002): His Contributions to the Musical Scene of Canada and Beyond, 2 vols., edited by Sheila Kreyszig and Walter Kurt Kreyszig, Vol. 1: Murray Adaskin in Our Memory. Vienna: Hollitzer [in preparation]

— "Eckhardt-Gramatté, Sophie-Carmen." In Die Musik in Geschichte und Gegenwart, edited by Ludwig Finscher. 29 vols. Kassel: Bärenreiter and Stuttgart: Metzler, 1994–2008): VI (Personenteil, 2001): cols. 66–73.

— "Quantz's Adagio in C-Major for Flute and Basso continuo (QV 1:7) in His Versuch (1752): Baroque Ornamentation in the Context of the Mid-18th Century Music Theoretical Discourse and Compositions in the stilus mixtus." Ad Parnassum 10/22 (October 2012): 139–71.

Kühn, Dieter. Clara Schumann, Klavier: Ein Lebensbuch. Düsseldorf: Fischer, 1996.

Kuna, Milan, et al., eds. Antonín Dvořák: Korespondence a dokumenty. 10 vols. Prague: Supraphon, 1987.

Lalonde, Amanda. "The Young Prophetess in Performance." In Clara Schumann Studies, edited by Joe Davies, 187–201. Cambridge: Cambridge University Press, 2021.

La Mara [Ida Marie Lipsius], ed. Franz Liszts Briefe. 8 vols. Leipzig: Breitkopf & Härtel, 1893–1905.

— Letters of Franz Liszt. Translated by Constance Bache. New York, NY: Charles Scribner's Sons, 1894.

— Briefe hervorragender Zeitgenossen an Franz Liszt 1836–1886, Leipzig: Breitkopf & Härtel, 1904.

Lazarevich, Gordana. The Musical World of Frances James and Murray Adaskin. Toronto, ON: University of Toronto Press, 1988.

Leistra-Jones, Karen. "Improvisational Idyll: Joachim's 'Presence' and Brahms's Violin Concerto, op. 77." 19th-Century Music 38 (2015): 243–71.

— "(Re-)Enchanting Performance: Joachim and the Spirit of Beethoven." In The Creative Worlds of Joseph Joachim, edited by Valerie Woodring Goertzen and Robert Eshbach, 86–103. Woodbridge, Suffolk: Boydell Press, 2021.

— "Staging Authenticity: Joachim, Brahms, and the Politics of Werktreue Performance." Journal of the American Musicological Society 66/2 (2013): 397–436.

Leitmeir, Christian T. "The Cadenza as a Multi-Modal Process: Creativity, Performance, and Problems of Authorship in Clara Schumann's Cadenzas for Mozart's D minor Concerto, K.466." In Nineteenth-Century Music Review (special issue, "Clara Schumann: Changing Identities and Legacies") [forthcoming].

Lewald, Fanny. Zwölf Bilder nach dem Leben. Berlin: Otto Janke, 1888.

Selected Bibliography

– Meine Lebensgeschichte. 3 vols. Berlin: Otto Janke, 1871.

Lindeman, Stephen. "Clara Wieck: Piano Concerto in A minor, Op. 7." In Structural Novelty and Tradition in the Early Romantic Piano Concerto, 129–40- Stuyvesant, NY: Pendragon Press, 1999.

Litzmann, Berthold. Clara Schumann: An Artist's Life, Based on Material Found in Diaries and Letters. 3 vols. Leipzig: Breitkopf & Härtel, 1913.

– Clara Schumann: Ein Künstlerleben. 3rd ed. 3 vols. Leipzig: Breitkopf & Härtel, 1907.

– Clara Schumann. Ein Künstlerleben nach Tagebüchern und Briefen. 4th ed. 3 vols. Leipzig: Breitkopf & Härtel, 1910.

– Clara Schumann: Ein Künstlerleben nach Tagebüchern und Briefen. 6th ed. 3 vols. Leipzig: Breitkopf & Härtel, 1920.

–, ed. Clara Schumann and Johannes Brahms: Briefe aus den Jahren 1853-1896. 2 vols. Leipzig: Breitkopf & Härtel, 1927.

Löb, Abraham. Die Rechtsverhältnisse der Juden im ehemaligen Königreiche und jetzigen Provinz Hannover. Frankfurt/Main: J. Kauffmann, 1908.

Lockwood, Lewis. Beethoven's Lives: The Biographical Tradition. Woodbridge, Suffolk: The Boydell Press, 2020.

Lodes, Birgit. "Zur musikalischen Passgenauigkeit von Beethovens Kompositionen mit Widmungen an Adlige. 'An die ferne Geliebte' op. 98 in neuer Deutung." In Widmungen bei Haydn und Beethoven. Personen – Strategien – Praktiken. Bericht über den Internationalen musikwissenschaftlichen Kongress Bonn, 29. September bis 1. Oktober 2011, edited by Bernhard R. Appel and Armin Raab. Bonn: Verlag Beethovenhaus, 2015.

Loges, Natasha. "From Miscellanies to Musical Works: Julius Stockhausen, Clara Schumann, and Dichterliebe." In German Song Onstage: Lieder Performance in the Nineteenth and Early Twentieth Centuries, edited by Natasha Loges and Laura Tunbridge, 70–86. Bloomington: Indiana University Press, 2020.

–, and Katy Hamilton. "Mythmaking." In Brahms in Context, 383–393. Cambridge: Cambridge University Press, 2019.

Ludvová, Jitka. "Ludwig Slansky." http://encyklopedie.idu.cz/index.php/Slansky,_Ludwig.

Luedtke, Luther S., and Winfried Schleiner. "New Letters from the Grimm–Emerson Correspondence." Harvard Library Bulletin 25/4 (Oct. 1977).

M., A. "Édouard Perrochet." Revue suisse de numismatique 21 (1917): 294–5.

Macdonald, Claudia. "Critical Perception and the Woman Composer: The Early Reception of Piano Concertos by Clara Wieck Schumann and Amy Beach." Current Musicology 55 (1993): 24–55.

Macdonald, Hugh. "Idée fixe." In The New Grove Dictionary of Music and Musicians, edited by Stanley Sadie and John Tyrell. 2nd edn (London: Macmillan, 2001), vol. 12, p. 72.

– Music in 1853: The Biography of a Year. Woodbridge, Suffolk: Boydell & Brewer, 2012.

Macchione, Daniela. "Attività Concertistica e Musica Strumentale da Camera a Roma (1856–1870)." Rivista Italiana di Musicologia 37 (2002): 265–319.

Mace, Angela R. "Improvisation, Elaboration, Composition: The Mendelssohns and the Classical Cadenza." In Mendelssohn Perspectives, edited by Nicole Grimes and Angela Mace, 223–48. Aldershot: Ashgate, 2012.

Macfarren, Walter. Memories: An Autobiography. London / New York, NY: Kessinger, 1905.

Macleod, Joseph. The Sisters d'Aranyi. London: Allen & Unwin, 1969.

MacMillan, Sir Ernest. "Problems of Music in Canada." In MacMillan on Music: Essays on Music by Sir Ernest MacMillan, edited by Carl Morey, 77–92. Toronto, ON: Dundurn Press, 1997.

Mahaim, Ivan, and Evi Levin. "The First Complete Beethoven Quartet Cycles, 1845–1851: Historical Notes on the London Quartet Society." The Musical Quarterly 80/3 (1996): 500–24.

Mainwaring, Dunstan H., ed. The Life and Letters of Berlioz. Translated by Daniel Bernard. 2 vols. London: Remington and Co., 1882.

Matthews, Bryan. By God's Grace: A History of Uppingham School. Maidstone: Whitehall Press, 1984.

Maxwell, Ian. "'Thou That Hast Been in England Many a Year': The British Joachim." In The Creative Worlds of Joseph Joachim, edited by Valerie Woodring Goertzen and Robert Eshbach, 104–117. Woodbridge, Suffolk: Boydell Press, 2021.

McClary, Susan. Conventional Wisdom: The Content of Musical Form. Berkeley, Los Angeles and London: University of California Press, 2000.

McClelland, Clive. "Ombra after Mozart." In Ombra: Supernatural Music in the Eighteenth Century. Washington, DC: Rowan & Littlefield, 2013).

McVeigh, Simon. "'As the Sand on the Sea Shore': Women Violinists in London's Concert Life around 1900." In Essays on the History of English Music in Honour of John Caldwell: Sources, Style, Performance, Historiography, edited by Emma Hornby and David Maw, 232–58. Woodbridge, Suffolk: Boydell & Brewer, 2010.

Melchert, Yuki. Gabriele Wietrowitz —ein "weiblicher Joachim": Ein Beitrag zur Kunstlerinnensozialgeschichte zu Beginn des 20. Jahrhunderts (= Studien und Materialien zur Musikwissenschaft, 101). Hildesheim: Georg Olms Verlag, 2018.

Mendelssohn Bartholdy, Felix. Sämtliche Briefe. 12 vols. Kassel: Bärenreiter Verlag, 2008–2017.

– Letters of Felix Mendelssohn to Ignaz and Charlotte Moscheles ; Translated from the Originals in His Possession, and Edited by Felix Moscheles. Boston, MA: Ticknor and Company, 1888.

Mila, Massimo. Lettura della Nona Sinfonia. Torino: Einaudi, 1977.

Milsom, David. Theory and Practice in Late Nineteenth-Century Violin Performance: An Examination of Style in Performance, 1850-1900. Aldershot, UK: Ashgate, 2003.

– "Practice and Principle: Perspectives upon the German 'Classical' School of Violin Playing in the Late Nineteenth Century." Nineteenth-Century Music Review 9/1 (2012): 31–52.

Ministry of Education, Music in Schools. London: Her Majesty's Stationery Office, 1956.

Mojžísová, Olga , Milan Pospíšil, Jana Vojtěšková and Jiří K. Kroupa, eds. Bedřich Smetana: Korespondence / Correspondence. Prague: Koniasch Latin Press, 2020.

Monelle, Raymond. The Musical Topic: Hunt, Military, and Pastoral. Bloomington: Indiana University Press, 2006.

Morris, Andrew, and Bernarr Rainbow, eds. Music in Independent Schools Music in Independent Schools. Woodbridge, Suffolk: The Boydell Press, 2014.

Selected Bibliography

Moscheles, Charlotte (née Embden), ed. Aus Moscheles' Leben: nach Briefen und Tagebüchern. 2 vols. Leipzig: Duncker & Humblot: 1873.

Moser, Andreas. "Bemerkungen zu Dr. F. A. Steinhausen's 'Physiologie der Bogenführung auf den Streichinstrumenten.'" In Zeitschrift der Internationalen Musikgesellschaft 12, 230–237. Leipzig: Breitkopf & Härtel, 1911).

– "Vorwort." In Johann Sebastian Bach, Sonaten und Partiten für Violine allein, edited by Joseph Joachim and Andreas Moser. 2 vols. Berlin: Bote & Bock, 1908.

–, ed. Johannes Brahms im Briefwechsel mit Joseph Joachim. 3rd edn. 2 vols. Johannes Brahms Briefwechsel 5 and 6. Berlin: Deutsche Brahms-Gesellschaft, 1921 (3rd ed. of vol. 5), 1912 (2nd ed. of vol. 6). Rpt, Tutzing: Hans Schneider, 1974.

– Joseph Joachim. A Biography (1831–1899). Translated by Lilla Durham. London: Philip Wellby, 1901.

– Joseph Joachim: Ein Lebensbild. Berlin: B. Behr, 1898. 2nd ed. Berlin: B. Behr [E. Bock], 1900.

– Joseph Joachim: Ein Lebensbild. Rev. ed. 2 vols. Berlin: Verlag der Deutschen Brahms-Gesellschaft, 1908, 1910.

– Geschichte des Violinspiels. Berlin: Hesse, 1923.

–, and Hans-Joachim Nösselt. Geschichte des Violinspiels. Das Violinspiel von 1800 (Deutschland) bis in die erste Hälfte des 20. Jahrhunderts. 2nd enlarged ed. 2 vols. Tutzing: Hans Schneider, 1967.

–, and Joseph Joachim, eds. Johann Sebastian Bach: Sonaten und Partiten für Violine allein. 2 vols. Berlin: E. Bote & G. Bock, 1908.

–, and Joseph Joachim, eds. Ludwig van Beethoven: Sämtliche Streichquartette. 4 vols. Leipzig: Edition Peters, 1895.

Moser, Hans Joachim. "Joseph Joachim." Sechsundneunzigstes Neujahrsblatt der Allgemeinen Musikgesellschaft in Zürich 1908. Zürich: Art. Institut Orell Füssli, 1908.

Moyer, Birgitte. "Ombra and Fantasia in Late Eighteenth-Century Theory and Practice." In Convention in Eighteenth- and Nineteenth-Century Music: Essays in Honor of Leonard G. Ratner, edited by Wye J. Allanbrook, Janet M. Levy and William P. Mahrt, 283–306. Stuyvesant, NY: Pendragon Press, 1992.

Murray, Robert. "The Editions." In The Bach Chaconne for Solo Violin: A Collection of Views, edited by Jon F. Eiche, 24–40. Athens, GA: American String Teachers Association, 1985.

Musgrave, Michael. "Brahms in England." In Brahms 2: Biographical, Documentary and Analytical Studies, edited by Michael Musgrave and Robert Pascall, 1–20. Cambridge: Cambridge University Press, 1987.

– The Musical Life of the Crystal Palace. Cambridge: Cambridge University Press, 1995.

– "Joachim at the Crystal Palace." In The Creative Worlds of Joseph Joachim, edited by Valerie Woodring Goertzen and Robert Whitehouse Eshbach, 118–28. Woodbridge, Suffolk: The Boydell Press, 2021.

Näf, Lukas, and Dominik Sackmann. "Bachs Werke für Violine und Violoncello im 19. Jahrhundert." in Das Bach-Handbuch. V/2, Bachs Orchester- und Kammermusik, edited by Siegbert Rampe. Laaber: Laaber Verlag, 2013.

Nalbandyan, Ioannes. Rezensionen 1907–1914, I. Nalbandyan-Stiftung, Yeghishe Charents Museum für Literatur und Kunst, ARM-Ymla, N 347.

– Автобиография [Autobiographie]. I. Nalbandyan-Stiftung, Yeghishe Charents Museum für Literatur und Kunst, ARM-Ymla, N 1(a). 1913.

– Мемуары о Сарасате [Erinnerungen an Pablo de Sarasate]. I. Nalbandyan-Stiftung, ARM-Ymla, N 2(a). Leningrad, 1941.

– Воспоминания об Иоахиме [Erinnerungen an Joachim]. Nalbandyan-Stiftung, ARM-Ymla, N 107.

Newman, Ernest, ed. Memoirs of Hector Berlioz: From 1803 to 1865, Comprising his Travels in Germany, Italy, Russia, and England. New York, NY: Courier Corporation, 1932.

Nietzsche, Friedrich. The Case of Wagner, in Basic Writings of Nietzsche, edited and translated by Walter Kaufmann. New York, NY, and Toronto: Random House, 1966.

Notley, Margaret. Lateness and Brahms: Music and Culture in the Twilight of Viennese Liberalism. New York, NY: Oxford University Press, 2007.

Nottebohm, Gustav. "Metronomische Bezeichnung der ersten elf Streichquartette." In Zweite Beethoveniana. Nachgelassene Aufsätze, edited by Eusebius Mandyczewski. Leipzig: C. F. Peters, 1887.

O'Neal, Melinda P. Experiencing Berlioz: A Listener's Companion. Lanham and London: Rowman & Littlefield, 2018.

Oliver, Roger Thomas. "Joachim Quartet." In The New Grove Dictionary of Music and Musicians, edited by Stanley Sadie and John Tyrell. 2nd edn (London: Macmillan, 1980), vol. 9, p. 654–55.

Orme, Nicholas. Medieval Schools: From Roman Britain to Renaissance England. New Haven and London: Yale University Press, 2016.

Ota, Mineo. "Joachim and Romani Musicians: Their Relationship and Common Features in Performance Practice." The Creative Worlds of Joseph Joachim, edited by Valerie Woodring Goertzen and Robert Whitehouse Eshbach, 52–66. Woodbridge, Suffolk: The Boydell Press, 2021.

Parisotti, Alessandro. Venticinque anni della Società Orchestrale Romana diretta da E. Pinelli 1874–1898. Rome: Tipografia della Pace di F. Cuggiani, 1899.

Parkin, George. Life and Letters of Edward Thring. London: Macmillan, 1898.

Parnell, Nan. "Sir Charles and Lady Hallé in South Africa." Ars nova 9 (1977): 43–57.

Pederson, Sanna. "The Joachim Quartet: Documentation." https://sannapederson.oucreate.com/blog/?p=8229.

Pedneault-Deslauriers, Julie. "Bass-Line Melodies and Form in Four Piano and Chamber Works by Clara Wieck-Schumann." Music Theory Spectrum 38/2 (2016):133–54.

Peruffo, Mimmo. The Rediscovered Method of Making Strings from Whole Unsplit Lamb Gut. https://aquilacorde.com/wp-content/uploads/2019/11/Unsplit%20Lamb%20Gut%20-%20how%20we%20got%20there.pdf.

Pine, Richard. To Talent Alone: The Royal Irish Academy of Music, 1848–1998. Dublin: Gill & Macmillan, 1998.

Selected Bibliography

Pirner, Jan. "Krejčí, Josef." In Český hudební slovník osob a institucí. https://www.cesky-hudebnislovnik.cz/slovnik/index.php?option=com_mdictionary&task=record.record_detail&id=3817.

Pohl, Richard. Jahrbuch des Großherzoglich Weimarischen Hof-Theaters und der Hof-Kapelle. Weimar: Hermann Böhlau, 1855.

Porte, Joel, ed. Emerson in his Journals. Cambridge, MA, and London: Harvard University Press, 1982.

Prince, April L. "(Re)Considering the Priestess: Clara Schumann, Historiography, and the Visual." Women & Music 21 (2017): 107–40.

Procházka, Rudolph. Das romantische Musik-Prag. Saaz: Erben, 1914.

– Der Kammermusikverein in Prag. Prague: Haase, 1926.

Proust, Marcel. In the Shadow of Young Girls in Flower. Translated by James Grieve. New York, NY: Penguin Books, 2004.

Raaben, Lev N. Леопольд Семенович Ауэр. Очерк жизни и деятельности [Leopold Semenowitsch Auer. Skizze von Leben und Arbeit]. Leningrad: Muzgiz, 1962.

Raff, Helene. "Franz Liszt und Joachim Raff." Die Musik 1 (1901): 36–44, 113–23,. 285–93, 387–404, 499–505, 688–95.

– Joachim Raff: Portrait of a Life. Translated by Alan Howe. www.raff.org.

Ranken, Marion. Some Points of Violin Playing and Music Performance as learnt in the Hochschule für Musik (Joachim School) in Berlin during the Time I was a Student there, 1902–1909, Edinburgh: privately printed, 1939.

Rawnsley, Willingham. Early Days at Uppingham under Edward Thring. London: Macmillan, 1904.

Raz, Carmel. "Hector Berlioz's Neurophysiological Imagination." Journal of the American Musicological Society 75/1 (2022): 1–37.

Reich, Ignaz. Beth-El: Ehrentempel verdienter ungarischer Israeliten, 3 vols. Pest: Alois Bucsanszky, 1856.

Reich, Nancy B. Clara Schumann: The Artist and the Woman. Ithaca, NY: Cornell University Press, 1985; rev. edn. 2001.

Reimann, Heinrich. Aus Hans von Bülows Lehrzeit. Berlin: Harmonie, 1908.

Reisinger, Elisabeth. "Heaven and Hell. Performances of Liszt's Works and their Reception in Rome 1861–1886." Studia Musicologica 60 (2019): 169–185.

Reynolds, Christopher. "Schumann contra Wagner: Beethoven, the F.A.E. Sonata and 'Artwork of the Future.'" Nineteenth-Century Music Review 18/2 (Nov. 2020): 1–27.

– Motives for Allusion: Context and Content in Nineteenth-Century Music. Cambridge, MA: Harvard University Press, 2003.

Richards, Annette. The Free Fantasia and the Musical Picturesque. Cambridge: Cambridge University Press, 2001.

Richardson, Nigel. Thring of Uppingham: Victorian Educator. Buckingham: University of Buckingham Press, 2014.

Rigby, Charles. Sir Charles Halle: A Portrait for Today. Manchester: Dolphin Press, 1952.

Riggs, Robert. "'Das Quartett-Spiel ist doch wohl mein eigentliches Fach': Joseph Joachim and the String Quartet." In The Creative Worlds of Joseph Joachim, edited by Valerie Woodring Goertzen and Robert Whitehouse Eshbach, 145–62. Woodbridge, Suffolk: The Boydell Press, 2021.

– "Tovey's View of Joachim's Hungarian Violin Concerto." In The Creative Worlds of Joseph Joachim, edited by Valerie Woodring Goertzen and Robert Whitehouse Eshbach, 300–322. Woodbridge, Suffolk: The Boydell Press, 2021.

Ritchie, Stanley. The Accompaniment in "Unaccompanied" Bach: Interpreting the Sonatas and Partitas for Violin. Bloomington, IN: Indiana University Press, 2016.

Rode-Breymann, Susanne. Geburtstagslektüre – Beatrix Borchards biographischer Arbeit über Amalie und Joseph Joachim folgend. https://mugi.hfmthamburg-de/Beatrix_Borchard/index.html%3Fp=147.html.

Rodgers, Stephen. Form, Program and Metaphor in the Music of Berlioz. Cambridge: Cambridge University Press, 2009.

Rodmell, Paul. Charles Villiers Stanford. Aldershot: Ashgate, 2002.

– "The Society of Antient Concerts, Dublin 1834–64." In Irish Musical Studies: Music in Nineteenth-Century Ireland, edited by Michael Murphy and Jan Smaczny, 211–33. Dublin: Four Courts Press, 2007.

Rost, Henrike. Musik-Stammbücher. Erinnerung, Unterhaltung und Kommunikation im Europa des 19. Jahrhunderts (Musik – Kultur – Gender 17). Wien/Köln/Weimar: Vandenhoeck & Ruprecht, 2020.

– "'gleichsam aus Noten auch meinen Nahmen in dies Stammbuch ein zu schreiben.' – The Rise of Musical Autograph Albums in Post-Napoleonic Vienna." In Beethoven-Geflechte / Beethoven Networks, edited by Birgit Lodes und Melanie Unseld. Vienna: Verlag der Österreichischen Akademie der Wissenschaften [Druck in Vorb.].

– "Sophie Klingemanns Stammbuch: Innenräume – Erinnerungsräume. (Wieder-)Begegnungen mit Felix Mendelssohn Bartholdy, Joseph Joachim und Ignaz Moscheles." In Klingende Innenräume. GenderPerspektiven auf eine ästhetische und soziale Praxis im Privaten (= Musik – Kultur – Geschichte 12), edited by Sabine Meine und Henrike Rost, 151–166. Würzburg: Königshausen & Neumann, 2020.

– "'Into the circle of illustrious spirits, masters of word and music': Max Kalbeck's Stammbuch (1873–1901)." The American Brahms Society Newsletter 39/2 (2021): 1–8.

Sackmann, Dominik. Triumph des Geistes über die Materie: Mutmaßungen über Johann Sebastian Bachs 'Sei Solo a Violino senza Basso accompagnato' (BWV 1001-1006). Stuttgart: Carus, 2008.

Sams, Eric. "The Tonal Analogue in Schumann's Music." Proceedings of the Royal Musical Association 96/1 (1969–70): 106.

Schloßmacher, Norbert. "'Er gab dem musikalischen Leben in Bonn einen mächtigen Aufschwung …'. Der Bonner Musikmäzen Carl Gottlieb Kyllmann (1803–1878)." In Johannes Brahms und Bonn, edited by Martella Gutiérrez-Denhoff, 44–61. Bonn: Verlag Beethovenhaus, 1997.

Schmalfeldt, Janet. In the Process of Becoming: Analytical and Philosophical Perspectives on Form in Early Nineteenth-Century Music. New York, NY: Oxford University Press, 2011.

– "Beethoven's 'Violation': His Cadenza for the First Movement of Mozart's Concerto in D minor, K. 466." Music Theory Spectrum 39/1 (2017): 1–17.

Selected Bibliography

Schorn, Adelheid von. Das nachklassische Weimar. 2 vols. Weimar: Kiepenheuer, 1912.

Schulze, Hans-Joachim, ed. Dokumente zum Nachwirken Johann Sebastian Bachs 1750–1800, Bach Dokumente, III. Kassel: Bärenreiter, and Leipzig: VEB Deutscher Verlag für Musik, 1972.

Schumann, Robert. "'From the Life of an Artist': Fantastic Symphony in Five Movements by Hector Berlioz." In Music Analysis in the Nineteenth Century, II: Hermeneutic Approaches, edited and translated by Ian Bent. Cambridge: Cambridge University Press, 1994.

Seebaß, Tilman. 100 Jahre AMG: Die Allgemeine Musikgesellschaft Basel 1876–1976. Basel: Birkhäuser AG, 1976.

Selden-Goth, G[iselle]. Felix Mendelssohn: Letters. New York, NY: Pantheon Books, 1945.

Shaw, Bernard. Shaw's Music. The Complete Musical Criticism in Three Volumes, edited by Dan H. Laurence, Vol. 2: 1890–1893. London: The Bodley Head, 1981.

Sholes, Jacquelyn. "Joseph Joachim's Overture to 'Hamlet' in Relation to Liszt and Shakespeare." Ad Parnassum 14/28 (2016): 37–76.

Shore, Bernard. The Orchestra Speaks. London: Longman Green & Co., 1946.

Singer, Edmund. "Aus meiner Künstlerlaufbahn. Biographisches – Anekdotisches – Aphoristisches." Neue Musik-Zeitung 13 (1911): 8–10.

Singer, Edmund. Nachruf. "Singer als Geigenkomponist." Neue Musik-Zeitung 13 (1912): 203–205.

Soloviev, Nicolai [Russian: Никола й Феопе мптович Соловьёв]. „Шестое симфоническое собрание императорского музыкального общества [Sechstes Sinfonie-Treffen der Russischen Musikgesellschaft]." Börsenanzeiger [Биржевые ведомости] 37/6 (6. Januar 1897)

Spitta, Philipp. Johann Sebastian Bach. 2 vols. Leipzig: Breitkopf & Härtel, 1873–80; also in English translation by Clara Bell and J.A. Fuller-Maitland as Johann Sebastian Bach: His Work and Influence on the Music of Germany, 1685–1750. New York, NY: Dover, 1873–80. Page 458.

Stanford, Charles Villiers. Pages from an Unwritten Diary. London: Edward Arnold, 1914.

– Studies and Memories. London: Constable & Co. Ltd., 1908.

– Interludes, Records and Reflections. London: J. Murray, 1922.

–, and Cecil Forsyth. A History of Music. New York, NY: The Macmillan Company, 1916.

Stargardt-Wolff, Edith. Pathfinder of Great Musicians, translated by Edmund Sallis. New York, NY: Page Publishing, Inc., 2017.

Stefaniak, Alexander. Becoming Clara Schumann: Performance Strategies and Aesthetics in the Culture of the Musical Canon. Bloomington: Indiana University Press, 2021.

Stephenson, Patrick J. 'The Antient Concert Rooms', Dublin Historical Record 5/1 (1942): 1–14.

– "Clara Schumann and the Imagined Revelation of Musical Works." Music & Letters 99/2 (2018): 194–223.

Steinberg, Michael. The Symphony: A Listener's Guide. New York and Oxford: Oxford University Press, 1995.

Sterndale Bennett, J[ames] R. The Life of William Sterndale Bennett. Cambridge: Cambridge University Press, 1907.

Stinson, Russell. "Johann Peter Kellner's Copy of Bach's Sonatas and Partitas for Violin Solo." Early Music 13/2 (May 1985): 199–211.

Strunck, Oliver. Source Readings in Music History. New York, NY: W. W. Norton & Co., 1950.

Suchet, John. Beethoven: The Man Revealed. London: Elliott & Thompson, 2012.

Taylor, Benedict. "Clara Wieck's A Minor Piano Concerto: Formal Innovation and the Problem of Parametric Disconnect in Early Romantic Music." Music Theory and Analysis 8/2 (2021): 215–243.

Teagle, Warren, and Alison Kidd, eds. Culture and Identity. 2nd edn. Basingstoke: Palgrave Macmillan, 2012.

Thayer, Alexander Wheelock. The Life of Ludwig van Beethoven. 2nd edn. 2 vols. New York, NY: Schirmer, 1921.

Thring, Edward. School Songs. Cambridge: Macmillan, 1858.

Todd, R. Larry. "'Of the highest Good': Joachim's Relationship to Mendelssohn." In The Creative Worlds of Joseph Joachim, edited by Valerie Woodring Goertzen and Robert Whitehouse Eshbach, 15–35. Woodbridge, Suffolk: The Boydell Press, 2021.

– "Franz Liszt, Carl Friedrich Weitzmann, and the Augmented Triad." In The Second Practice of Nineteenth-Century Tonality, edited by William Kinderman and Harald Krebs, 153–77. Lincoln: University of Nebraska Press, 1996.

– Mendelssohn: A Life in Music. Oxford: Oxford University Press, 2005.

Tovey, Donald Francis. "Joseph Joachim: Maker of Music." The Monthly Review 20 (1902): 80–93.

– [Tamino]. "Performance and Personality." The Musical Gazette (July 1900): 33–37.

– The Classics of Music — Talks, Essays, and Other Writings Previously Uncollected, edited by Michael Tilmouth, edition completed by David Kimbell and Roger Savage, 293–96. Oxford: Oxford University Press, 2001.

Tozer, Malcolm. "Josef Joachim at Uppingham School." https://josephjoachim.com/2017/03/11/malcolm-tozer-josef-joachim-at-uppingham-school/.

– Physical Education at Thring's Uppingham. Uppingham, UK: Uppingham School, 1976.

– The Ideal of Manliness: The Legacy of Thring's Uppingham. Truro, UK: Sunnyrest Books, 2015.

Turner, David. The Old Boys: The Decline and Rise of the Public School. New Haven and London: Yale University Press, 2015.

Tusa, Michael. "Beethoven's 'C-minor Mood': Some Thoughts on the Structural Implications of Key Choice." Beethoven Forum 2 (1993): 1–27.

Uhde, Katharina. "Of 'Psychological Music', Ciphers and Daguerreotypes: Joseph Joachim's Abendglocken Op. 5 No. 2 (1853)." Nineteenth-Century Music Review 12 (2015): 227–252.

– The Music of Joseph Joachim. Woodbridge, Suffolk: Boydell & Brewer, 2018.

– "Rediscovering Joseph Joachim's 'Hungarian' and 'Irish' fantasias." The Musical Times 158 (2017): 75–99.

– "An Unknown Beethoven Cadenza by Joseph Joachim: 'Dublin 1852.'" The Musical Quarterly 103/3–4 (2020): 394–424.

Selected Bibliography

- "Joseph Joachim and the Violin Romance: Reforming the Playground of Virtuosos." Nineteenth-Century Music Review (special issue, "Joseph Joachim: Intersections between Composition and Performance", guest-edited by Katharina Uhde) [accepted for publication].
- "Psychologische Musik, Joseph Joachim, and the Search for a New Music Aesthetic in the 1850s." PhD diss., Duke University, 2014.
- "Reconsidering the Young Composer-Performer Joseph Joachim." In The Creative Worlds of Joseph Joachim, edited by Valerie Woodring Goertzen and Robert Whitehouse Eshbach, 221–241. Woodbridge, Suffolk: The Boydell Press, 2021.
- –, and R. Larry Todd. "Joseph Joachim and Musical Solitude." In Nineteenth-Century Programme Music: Creation, Negotiations, Reception, edited by Jonathan Kregor. Turnhout: Brepols, 2018.
- –, and R. Larry Todd. "Salon Culture in the Circle of Joseph Joachim, or, Composing Inwardness: C.J. Arnold's Quartettabend bei Bettina von Arnim Reconsidered." In Musical Salon Culture in the Long Nineteenth Century, edited by Anja Bunzel and Natasha Loges. Woodbridge, Suffolk: The Boydell Press, 2019.

Uhde, Michael. "Jessie Hillebrand and Musical Life in 1870s Florence." In Musical Salon Culture in the Long Nineteenth Century, edited by Anja Bunzel and Natasha Loges. Woodbridge, Suffolk: The Boydell Press, 2019.
- "Jessie Laussot und Richard Wagner." Wagnerspectrum 14/2 (2018): 161–200.

Valletta, Ippolito. I Quartetti di Beethoven, Rome: Tip. D. Squarci, 1905.

Vaughan, W.E., Theodore William Moodey and Francis John Byrne, eds. A New History of Ireland: Ireland under the Union, II: 1870–1921. 9 vols. Oxford: Oxford University Press, 2012.

Vojtěšková, Jana, and Jiří K. Kroupa, eds. Deníky Ludevíta a Marty Procházkových (1868-1888). Die Tagebücher von Ludevít und Marta Procházka (1868–1888). Prague: National Museum and KLP, 2018.

Vozková, Jana, and Eliška Šedivá. Collectio operum musicalium e possessione p. Barnabae Weiss. Prague: Národní knihovna ČR, 2021.

Wald, Uta, ed. Felix Mendelssohn Bartholdy: Sämtliche Briefe, Bd. 10. Kassel: Bärenreiter Verlag, 2016.

Waldoff, Jessica. "Does Haydn Have a 'C-minor Mood'?." In Engaging Haydn: Culture, Context, and Criticism, edited by Mary Hunter and Richard Will, 158–86. Cambridge: Cambridge University Press, 2012.

Walker, Alan. Franz Liszt: The Weimar Years, 1848–1861. Ithaca, NY: Cornell University Press, 1989.

Weaver, Phyllis. "Musical Diplomacy and Mary Gladstone's Diary." In Music and Institutions in Nineteenth-Century Britain, edited by Paul Rodmell, 121–42. New York, NY: Routledge, 2016.

Weber, Brigitta. "Im Dienste der echten, wahren Kunst": Joseph Joachim, Königlicher Konzertdirektor in Hannover (1852–1866). Hanover: Niedersächsisches Staatstheater, 2012.

Weber, William. "From the Self-Managing Musician to the Independent Concert Agent." In The Musician as Entrepreneur, 1700–1914: Managers, Charlatans, and Idealists, edited by William Weber, 105–29. Bloomington and Indianapolis: Indiana University Press, 2004.

Webster, James. "The Rhetoric of Improvisation in Haydn's Keyboard Music." In *Haydn and the Performance of Rhetoric*, edited by Tom Beghin and Sander M. Goldberg, 172–212. Chicago: University of Chicago Press, 2007.

Wehner, Ralf. *Felix Mendelssohn Bartholdy. Thematisch-systematisches Verzeichnis der musikalischen Werke (MWV). Studien-Ausgabe.* Wiesbaden u. a.: Breitkopf & Härtel, 2009.

Welcker, Wilhelm. *Kleine Schriften über einzelne Familienmitglieder Backofen.* [location unknown]: privately published, 1930.

Wilson Kimber, Marian. "From the Concert Hall to the Salon: The Piano Music of Clara Wieck Schumann and Fanny Mendelssohn Hensel." In *Nineteenth-Century Piano Music*, edited b R. Larry Todd, 316–55. 2nd edn. New York and London: Routledge, 2003.

Wolff, Christoph. *Bach's Musical Universe. The Composer and His Work.* New York, NY: W.W. Norton, 2020.

Woodhouse, Edward. "The Music of Johannes Brahms in Late Nineteenth and Early Twentieth Century England and an Assessment of His Reception and Influence on the Chamber and Orchestral Works of Charles Hubert Hastings Parry and Charles Villiers Stanford." PhD diss., Durham University, 2012.

Index

Bold: detailed discussions
Italics: examples / Illustrations

Aarau 333, 339, 341, 344fn56
Adaskin, OC Murray 205fn1, 213fn38, 234, 235
Adaskin, Harry 235
aesthetics, Romantic 84, 93, 96, 102, 187, 221, 239, 247
Ahna, Heinrich de 284
Akhron, Joseph 153
D'Albert, Eugen 178fn127, 326
Albert, Prince of Saxe-Coburg and Gotha 299, 302, 310fn82
Albumblatt 47, 48, 58, 59, 60, 61, 62, 63, 65, 66, 67fn43, 68, 71, 72, 405fn68, 370; also see Stammbuch
Alexandra of Denmark, Queen of the United Kingdom and the British Dominions, and Empress of India 269
Ambros, August Wilhelm 355fn9, 361, 363, 367, 428
Amsterdam 161, 292
Antwerp 293
D'Aranyi, Jelly 171
Arnim, Achim von 374
– Des Knaben Wunderhorn (with Clemens Brentano) 373
Arnim, Armgart von 373
Arnim, Bettina von 24, 373, 374, 375, 381, 406
– close friend of Joachim 19, 24
Arnim, Gisela von 19, 23, 25, 31, 35, 36, 40, 77, 80, 84, 86, 90, 92, 93, 373, 374, 375, 376, 377, 378, 381, 382, 384
– letter to R. W. Emerson 382
Art-religion see Kunstreligion
Asten, Julie von 32, 361, 428
Auer, Leopold 118, 151, 152, 153, 154, 157, 159, 161, 164, 170, 178, 235
– Rêverie, Op. 3 154

B
Bach, Anna Magdalena 215
Bach, Carl Philipp Emanuel (CPE) 231, 247, 274, 365

Bach, Johann Sebastian 34, 73, 75, 121, 123, 124, 155, 190, 206, 208, 221, 222, 227, 228, 230, 360, 371
– Chromatic Fantasy and Fugue in D Minor BWV 903 138
– Double Concerto in D Minor BWV 1043 275, 313, 315, 316, 345
– Die Kunst der Fuge BWV 1080 224
Fugue in G Minor for Organ BWV 578 358
– 'Herr Gott, Beherrscher aller Dinge' Cantata BWV 120a 209
– Mass in B Minor BWV 232 314
– Partita in D Minor, BWV 1004
  –· Chaconne 63, 73, 75, 121, 124, 138, 173, 205–238, 225, 332, 346, 347, 358, 360, 366, 367, 371
– Partita in E Major BWV 1006 332, 333, 334, 335, 345, 346, 365, 366, 369, 370
– Prelude and Fugue for Organ in D Minor BWV 565 212
– Six Sonatas and Partitas BWV 1001–1006 68, 123, 172, 190, 206, 207, 209, 211, 212, 213, 214, 216, 220, 232, 234, 314, 334, 335, 337, 341, 344, 358, 365, 366
– Sonata in G Minor, BWV 1001 173, 189, 220, 388
  –· Adagio and Fugue 220
– Sonata in C Major, BWV 1005 216, 220
– Violin Concerto in A Minor, BWV 1041 138
– Violin Concerto in E Major, BWV 1042 345
– Well-Tempered Clavier BWV 846–893, 207, 358
– 'Wir danken dir Gott, wir danken dir' Cantata BWV 29 209, 212
Bache, Walter 117
Backofen, Wilhelmine von 134
Bargheer, Gustav Adolph 118fn15
Bargiel, Woldemar 376
Barnabas Weiß, Pater 361, 362, 367, 371
Barns, Ethel 265
Barrot, Odillon 91

Index

Barth, Karl Heinrich 182, 367, 371
Basel 285, 331, 343, 344, 345
– Allgemeine Musikgesellschaft 336
– Basler Gesangsverein 336
– Stadtcasino 336, 337
Bayreuth 285, 286, 314fn115, 343
Beethoven, Ludwig van 123, 137, 139, 155, 182, 250, 268, 273, 281, 289, 295, 298, 309, 331, 333, 345, 360
Beethoven's spirit 229, 253
– cadenzas to Beethoven's concertos 75, 76, 240, 242, 245
– works
  – Adelaide, Op. 46 131
  – Coriolan, Op. 62 131
  – Die Weihe des Hauses, Op. 124 227
  – Grosse Fuge, Op. 133
  – Leonore Overture No. 1 360
  – Piano Concerto No. 1 in C Major, Op. 15 239
  – Piano Concerto No. 3 in C Minor, Op. 37 242–251
  – Piano Concerto No. 4 in G Major, Op. 58 246
  – Piano Trio in C Minor, Op. 1 No. 3 183
  – Piano Trio in B-flat Major, Op. 97 138, 183
  – Romance No. 1 in G Major, Op. 40 316
  – Romance No. 2 in F Major, Op. 50 316, 332, 333, 345, 346, 357, 360, 365
  – Septet in E-flat Major, Op. 20 317, 361, 362
  – Sonata for Violin and Piano No. 7 in C Minor, Op. 30,2 368, 369
  – Sonata for Violin and Piano No. 8 in G Major, Op. 30,3 225
  – Sonata for Violin and Piano No. 9 in A Major, Op. 47, 'Kreutzer' 189, 190, 207, 208, 228, 270, 317, 401
  – Sonata for Violin and Piano No. 10 in G Major, Op. 96 138, 228
  – Sonata for Piano No. 8 in C Minor, Op. 13, 'Pathétique' 242
  – Sonata for Piano No. 26 in E-flat Major, Op. 81a, 'Les adieux' 259
  – String Quartet No. 1 in F Major, Op. 18,1 183, 316
  – String Quartet No. 4 in C Minor, Op. 18,4 316
  – String Quartet No. 5 in A Major, Op. 18,5 170, 403
  – String Quartet No. 7 in F Major, Op. 59,1 183, 368, 369, 370, 403
  – String Quartet No. 8 in E Minor, Op. 59,2 138
  – String Quartet No. 9 in C Major, Op. 59,3 138, 314, 317
  – String Quartet No. 10 in E-flat Major, Op. 74 138, 403
  – String Quartet No. 11 in F Minor, Op. 95 123, 332, 403
  – String Quartet No. 14 in C-sharp Minor, Op. 131 127, 403
  – String Quartet No. 15 in A Minor, Op. 132 388
  – String Quartet cycle 282
  – String Quintet in C Major, Op. 29 314
  – Symphony No. 1 in C Major, Op. 21 315
  – Symphony No. 3 in E-flat Major, Op. 55 'Eroica' 358
  – Symphony No. 4 in B-flat Major, Op. 60 332
  – Symphony No. 8 in F Major, Op. 93 317
  – Symphony No. 9 in D Minor, Op. 125, 'Choral' 130, 131, 132, 136, 140
  – Symphonic cycle of all nine 140, 141, 144
  – Triple Concerto in C Major, Op. 56 272
  – Violin sonatas (unspecified) 269
  – Violin Concerto in D major, Op. 61 58, 65, 71, 72, 73, 74, 76, 131, 155, 175, 247, 272, 333, 334, 335, 342, 343, 346, 358, 360, 366, 392
    … cadenza 75, 76
    … second movement 258
Benedict, Julius 60
Benguerel, Gerold (Bonn) 304, 307
Bennett, William Sterndale 192, 218, 232, 303, 305, 306, 308, 309, 310, 311, 312, 320
Berg, Alban 79
Berger, Francesco 275
Bériot, Charles-Auguste de 36fn6, 218
Berlin 76, 123, 124, 155, 161, 193, 195, 214, 294, 234, 265, 267, 319, 327, 339
– Beethoven-Saal at the 'Alte Philharmonie' in Berlin 265
– Berlin Philharmonic 146, 223, 265
Königlich Akademische Hochschule für ausübende Tonkunst 20, 33, 49, 124, 152, 157, 158, 161, 162, 172, 174, 182, 196, 214, 223, 266, 283, 284, 285, 290, 315fn115, 328, 337, 351, 364, 365fn44, 366fn44, 371, 423
– Königliche Oper 182
Singakademie 159fn9, 181, 193, 267fn18, 283, 284, 287, 332, 349, 350, 378, 381fn28
Sonntagsmusiken (Leipziger Straße 3) 388
Berlioz, Hector 91, 92fn64, 93, 141, 355, 355fn7, 387, 393

Index

– works
  – Harold en Italie, Op. 16 91, 92, 93, 393
  – Romeo and Juliet, Op. 17
    ⋯ Symphonie fantastique, Op. 14 77–93
Biber, Heinrich Ignaz Franz 206
Bildung (edification) 302
Billroth, Theodor 338
Birmingham
– Harrison's Subscription Concerts 274
Bismarck, Otto von 33, 290
Bizet, Georges 91, 286
– Carmen 286
Blagrove, Henry 282
Böhm, Joseph (teacher) 19, 35, 37, 38, 43, 45, 46, 220, 222, 281, 353
Bonn 76, 297, 298, 302, 303, 309
– Beethoven-Fest 57 (1871), 299 (1845)
Bottesini, Giovanni 142
Bradbury, William Batchelder 70, 74
Braga, Gaetano 142
Brahms, Johannes 26, 27, 32, 62, 62fn20, 65, 73, 97, 142, 155, 182, 194, 195, 197, 205, 212, 216, 223, 224, 225, 233, 264, 267, 270, 274, 284, 286, 288, 295, 303, 304, 336, 337, 338, 339, 344, 347, 366, 373, 374, 377, 382
– appreciation of Joachim's music 27
– arrangement of Bach's Chaconne 216, 225, 226
– characterization of Joachim 376
– cipher music 93
– conductor 337
– dedicatee 40
– imbalance between Brahms and Joachim 270
– Joachim's friendship, respect, and advocacy for 17, 50, 194, 287
– liber amicorum, 11, 47, 57–75, 274, 420, 423
– playing style 133
– reading R. W. Emerson 385
– works 73
  – 6 Songs Op. 3 374
  – Augmentation Canon, Op. 29 No. 2 224
  – Hungarian Dances 332, 333, 334, 342
  – No. 3 in F Major 65, 76
  – Clarinet Trio in A Minor, Op. 114 287
  – Double Concerto in A Minor, Op. 102 187, 337
  – FAE Sonata (Mvt. 3 by Brahms) 79
  – Geistliches Lied für vierstimmigen gemischten Chor mit Begleitung der Orgel oder des Pianoforte, Op. 30 17fn3
  – Gesang der Parzen 337
  – Hymne zur Verherrlichung des großen Joachim 200
  – Nänie 337
  – Paganini Variations, Op. 35 337
  – Piano Concerto No. 2 in B-flat Major, Op. 83 337
  – Piano Trio in B Major, Op. 8 305fn47
  – Piano Trio in C Minor, Op. 87 274
  – Piano Quartet in G Minor, Op. 25 337
  – Piano Quartet in A Major, Op. 26 336
  – Piano Quintet in F Minor, Op. 34 337
  – String Quartet in A Minor, Op. 51 No. 2 310
  – String Quartet in B-flat Major, Op. 67 295
  – String Sextet No. 2 in G Major, Op. 36 93fn65
  – String Sextet No. 1 in B-flat Major, Op. 18 17fn3
  – Symphony No. 1 in C Minor, Op. 68 224, 336
  – Symphony No. 2 in D Major, Op. 73 333, 337
  – Tragic Overture, Op. 81 337
  – Triumphlied, Op. 55 336
  – Two Motets, Op. 29 17fn3
  – Two Rhapsodies, Op. 79 366
  – Violin Concerto in D Major, Op. 77 178, 222, 253, 332, 336, 337, 345, 346
  – Violin Sonata in A Major, Op. 100 367
Branberger, Jan 354, 355
Breidenstein, Carl 299
Bremen 228
Brendel, Franz 26
Breusing, Friedrich 302, 303, 310
Bridgetower, George Polgreen 207
British Isles 23, 26, 37, 62, 95, 187, 188, 191, 193, 194, 195, 199, 211, 228, 232, 265, 266, 280, 287, 288, 289, 304, 311, 313, 319, 325fn1, 345, 352, 354fn5, 379, 388, 393, 397, 424.
– Joachim's role in promoting music 187, 325
Broadwood 295fn67
Brodsky, Adolph 182
Bronsart, Ingeborg von 270
Bruch, Max 155, 193, 199, 345, 358, 360
– Violin Concerto No. 1 in G Minor, Op. 26 365
– Violin Concerto No. 3 in D Minor, Op. 58 316, 345
Brussels 152
– Conservatory 152
Budapest see Pest
Bülow, Hans von 34, 102, 103, 105, 108, 109, 110, 115, 116, 195, 275, 326, 365, 398, 399, 404
– friendship with Joachim 399, 402
– Sechs Gedichte, Op. 1 101–110

Index

Buonamici, Giuseppe 117, 142
Busoni, Ferruccio 216
Buxtehude, Dieterich 216
Buxton, Edward 282
Byron, Lord George Gordon 91

C
cadenza 57, 58, 74, 75, 76, 239, 240fn6, 246, 239–262
in the 19th century 239–262
– as 'multi-modal process' 240
between composition, performance, and improvisation 239, 240fn6, 246
Caffarelli, Francesco 144
Cambridge University 194, 200, 296, 301, 319
Carl Friedrich, Grand Duke of Saxe-Weimar-Eisenach 391
Carlsbad 327
Cartier, Jean Baptiste 216
Catholic 265
Chappell & Co. 64
Chappell, Samuel Arthur 64, 282
– manager of Clara Schumann's engagements in England 327
La Chaux-de-Fonds 334, 340, 345, 345fn58
Chemnitz 66, 76
Cherubini, Luigi 141, 284, 335
– Mass 141
Chopin, Frédéric 365, 367
ciphers and encoded meanings 77–94, 259
Claire de Duras, Duchess 92
Cologne 68, 76, 132, 133, 136, 161, 287, 306
colonial 269, 422
concert hall, see also Berlin, Dublin, Leipzig, Pest, Prague, Rome, Vienna, Weimar, Zurich
– gender-neutral 265
Conus, Julius 155
Cook, Thomas 331
Corelli, Arcangelo 126, 274
Cornelius, Peter 376
Cossmann, Bernhard 103, 376, 392, 398, 399, 401, 402, 403

D
Dancla, Charles 314
Darmstadt 343, 344
David, Ferdinand 36fn6, 124, 132, 137, 208, 210, 213, 214, 231, 233, 304, 305, 306, 308, 311, 347, 353, 390

David, Paul 233, 296, 308, 309, 310, 312, 313, 317, 319, 320
Davies, Fanny 315
Davison, James William 282
Dedicated compositions 35–56, 199, 200, 201
Deecke, Heinrich 118
Detmold 75
Dickens, Charles 97
Dietrich, Albert 19
Donizetti, Gaetano 304, 404
Draper, Charles 317
Dresden 72, 75, 136, 137, 155, 306
Dreyschock, Raimund 390
Dublin 187, 188, 189, 190
– Ancient Concert Rooms 190
– Ancient Concert Society 189
– Mrs. Robinson's Soirées Musicales 190
Düsseldorf 65, 66fn35, 74, 75, 155, 194fn40, 286, 295fn67, 304, 374, 376
Dvořák, Antonín 199, 274, 284, 353, 366, 371, 372
– Joachim's advocacy for 353
– Serenade for Winds, Cello, and Double Bass 332
– String Quartet No. 8 in E Major, Op. 80 274
Dyson, George 317

E
Eckhardt-Gramatté, Sophie-Carmen 234
– String Quartet E 149 No. 3 234
– Symphony No. 2 E 158 'Manitoba' 234
Ehlert, Louis 119
Eisenach 313
Ella, John 282
Elman, Mischa 153
Elsner, William 190
Emerson, Ralph Waldo 373–386
– essays 379, 380, 383, 384, 385
Endenich 303, 304
England see British Isles
Erfurt 331
Ernst, Heinrich Wilhelm 36fn6, 37, 38, 45fn35, 46, 49, 50, 51, 53, 181, 190, 191, 282, 289, 353, 392
– role model 37
– works
 –· Elegie, Op. 10 190, 191
 –· Fantaisie Brillante sur la Marche et la Romance d'Otello, Op. 11 38
 –· Six Polyphonic Etudes 38
 –· Trois Rondinos Brillants, Op. 5 46

Euro-centrism 115–148, 269

Ewen, Elizabeth Mary 72fn65, 76

F
FAE see Frei aber einsam
FAE Violin Sonata (Schumann, Dietrich, and Brahms) 77fn3
Fachiri, Adila d'Arányi Hunyadvár 181
Farrenc, Louise 387
female string quartets 265
Figdor, Bernhard (uncle) 31
Figdor, Fanny, see Wittgenstein, Fanny
Figdor, Wilhelm 21
Flesch, Carl 159, 166, 168, 169fn77, 170, 182, 186, 264
Florence 116, 119, 130
– Società Cherubini 116, 130
Forkel, Johann Nikolaus 206
Franchi-Verney della Valetta, Alessandro 147
Franco-Belgian school of violin playing 221
François-René, vicomte de Chateaubriand 92
Frankfurt 331
– Hoch Conservatory 182fn139, 315fn124
Frei aber einsam (Joachim's motto), FAE cipher 77, 92
Fuchs, Johanna 117, 118, 119, 120, 122, 123, 126, 127, 130, 133

G
Gade, Niels (Nils) 332, 403
Galkin, Nikolaj 150, 152
Gelehrsamkeit 228
Genast, Eduard 396
gender
– gendered lens on women 266
– no legacy or memory after death 266
– women and the violin 267, 268
Geneva 234, 334, 341, 345
Georg V, King of Hanover 24, 117, 221, 294, 302, 375, 406
German nationalism 33, 35, 130, 140, 266
Gewandhaus Konzerte 68, 97fn7; see also
– Leipzig
Gewandhaus orchestra 304, 387, 388, 390, 394fn26, 397; see also
– Leipzig
Giovacchino, Giovacchini 118
'Gipsy violinists', see Hungary
GisELa (cipher) 77, 80, 81, 84, 90, 92, 93; see also Frei aber einsam
Glasunov, Alexander 155
Gluck, Christoph Willibald 333, 335, 337
Gmunden 294

Index

Goethe, Johann Wolfgang von 140, 374
Goldmark, Karl 141, 274
– Suite for Violin and Piano in E Major 274
Goldschmidt, Otto 190, 282
Gordigiani, Giulietta 147
Gottschalk, Louis Moreau 387
Gould, Glenn 236
Grädener, Carl 333
Grieg, Edvard 141, 142fn69
Griepenkerl, Friedrich Konrad 211
Grimm brothers 120, 221, 381
Grimm, Gisela see Arnim, Gisela von
Grimm, Herman 19, 31, 40, 98, 220, 373, 374, 378, 379, 380, 382, 384, 385
– friendship with Joachim 374–375, 383
– works
  – Rotrudis 376
  – Demetrius 378
  ⋯ Michelangelo 385
  ⋯ translation into German of selected works by R. W. Emerson 382, 383
Grimm, Julius Otto 19, 225
Grove, Sir George 99, 195, 196, 196fn55, 272, 273
Grün, Jakob Moritz 131
Gumprecht, Otto 228
Gutmann, Albert 328

H

Halir, Karl (Karel Halíř), 182, 353
Hall, Marie 265
Hallé, Sir Charles 190, 263, 264, 265, 274
Hallé, Lady see Norman-Neruda, Wilma
Händel, Georg Friedrich 141, 155, 312
– Judas Maccabeus 295
– Messiah 141, 306fn57
Handloser, Constantin 333, 338
Hanover 18, 24, 75, 115, 117, 120, 122, 127, 130, 131, 132, 133, 137, 220, 235, 267, 274, 281, 292, 377; see also positions under Joachim, Joseph
Härtel, Hermann 132, 211, 406
Hauptmann, Moritz 40, 44, 96, 219, 353
Hausmann, Robert 182, 284, 287, 295, 337, 353
Haweis, Hugh Reginald 268
Haydn, Franz Joseph 123, 139, 141, 284, 315, 331, 332, 333, 403
– String Quartet No. 53 in D Major, Op. 64,5 Hob. III:63 314
– String Quartet in G Major, Op. 76,1 Hob. III:75 316
– Symphony No. 4 in D Major Hob. I/4 317
– Symphony No. 5 in A Major Hob. I:5 315
– Symphony No. 7 in C Major Hob. I:7 315
– Symphony No. 13 in D Major Hob. I:13 317
– The Creation Hob. XXI:2 139, 314
Heermann, Hugo 182
Hegar, Friedrich 332, 338
Heifetz, Jascha 154
Heine, Heinrich 25, 97
Hellmesberger, Georg (the elder) 51, 406
Henschel, Georg 344
Hensel, Fanny (née Mendelssohn Bartholdy) 239, 266, 270
– cadenza for Beethoven's Piano Concerto in C Major, Op. 15 239
– Sonntagsmusiken 388
Herder, Johann Gottfried 389
Herzogenberg, Heinrich von 193
Hildebrand, Adolf von 132
Hildebrand, Irene (née Schäuffelen) 132
Hillebrand, Jessie Laussot (née Taylor) 115, 116, 117, 118, 119, 121, 127, 128, 132, 134, 135, 136, 422
– Società Cherubini 116
Hiller, Ferdinand 68, 69, 70, 76, 366
Hoffmann, Ernst Theodor Amadeus 92, 99
Hogarth, George 272
Holst, Imogen 270
Homer 140
Horsley, Charles Edward 60, 61, 219
Horsley, Sophy 62, 73, 75
Huber, Hans 333
Huberman, Bronislaw 234
Humboldt, Wilhelm von, 374
Humboldt brothers (Wilhelm and Alexander) 374
Hungary 218, 265, 273, 289
– Hungarian 'Gypsy violinists' 273, 348
Hungarian national identity 29, 30, 67fn41, 263, 273, 348
Style hongrois 60, 273

I

Improvisation / improvisatory 219, 22fn83, 239, 240, 241, 247, 250, 259
Ireland 188, 189, 190
Italy 115, 119, 133, 142
– German music in 142
– Instrumental music in the nineteenth century 143

Index

J
Jacobs, Eduard 152
James, William 384
Jews 24, 25, 26, 28, 29, 34, 131, 263, 265, 290
– culture and education 26
– expulsion of 131
– conversion of 265
– Jewish identity 24–25, 26, 28, 29, 34
Joachim, Amalie Schneeweiss (Weiss) 31, 32, 33, 57, 62, 67, 73, 75, 287, 304, 327, 350, 351, 352, 353
– Brahms 33, 287
– divorce 33, 266, 287, 351
– marriage and family 31, 32
– professional management 327
– Russian tour 327
Joachim, Elisabeth Anna Marie Charlotte ('Lisel') 20, 325fn1
Joachim, Ellen Margaret (Smart) (sister-in-law) 20, 21–23, 31, 279–294, 337, 342
Joachim, Fanny (mother) 21, 28, 29, 30, 31, 32
Joachim, Gertrude (Heinrich's daughter) 342
Joachim, Harold Henry ('Hal') (nephew) 20
Joachim, Heinrich (Henry) (brother) 20–22, 30, 34, 279–294, 345, 351, 400, 404
Joachim, Hermann (son) 351
Joachim, Johannes (son) 22, 32, 351
Joachim, Joseph
– Absagebrief to Liszt 97, 407
– as an accompanist for his students 160, 172
– attitude toward his Jewish upbringing 24–25, 29, 32
– Berlin Joachim Quartet 159fn9, 181, 182, 199, 283, 295fn2, 317, 353
– biographies 267
– compositional technique
  – allusion 200, 202, 260
  – bariolage 217
  – bowing techniques (detaché, ricochet, sautillé, spiccato, staccato) 53, 170, 171, 184
  – double-function 96
  – fantasy 100
  – modal elements 255
  – national melodies 36, 100, 189, 204
  – 'psychological music' 98
  – single-movement symphonic concerto 96, 241, 253, 405
  – thematic or motivic transformation 98
  – trill 221, 259
– composer-performer 71, 197, 199, 204, 223, 229, 239, 253, 270, 272, 273,
– concert tours 326, 356fn14
  – eigenes Konzert 333, 340, 344, 347, 357
  – Swiss tour 1883 327ff., 346
    ⋯ – repertoire 332, 346
    ⋯ Standard schedule on tour 330
  – concerts with Clara Schumann 30, 65
  – conflict with Liszt 27, 127, 128, 405
  – conversion to Christianity 24, 28, 32, 289, 385
  – counterpoint study with Brahms 224
  – divorce 33, 266, 287, 351
  – doctorate (honorary)
    ⋯ University of Cambridge 188, 194, 195
  – editor 213, 214, 215
  – and Emerson 381, 382, 383, 384
  – Geigerkönig 228, 357
  – German 263, 289
  – Hanover Joachim Quartet 281
  – honoraria 348, 349, 350
  – Hungarian 18, 67fn41, 273, 283, 289, 290, 348
  – Hungarian style 273 see also
    ⋯ Hungary
  – Hungarian elements see Hungarian
  – Identities 71, 263
  – interpretive artist 133, 157–186, 173, 178, 186, 214, 229–230,
  – Jew 24, 25, 32, 33, 289
  – Leipzig 19fn11, 35, 75, 96, 97, 347, 354, 392
  – London 19, 23, 43, 57, 60, 65, 74, 95, 97, 132, 194, 196, 220, 228, 233, 404
  – London début 57, 60, 68, 194, 218, 281, 319, 325
  – London Joachim Quartet 282, 283
  – management (professional) 326, 344
  – marriage 19, 31, 32
  – national identity 33, 140, 263, 266, 273
  – nicknames 191, 192
  – opera repertoire during his Weimar period 394
  – pedagogue 157–186, 159, 161, 162, 163, 166, 172, 174, 186
    ⋯ intonation 163
    ⋯ posture 162, 163, 164
    ⋯ rhythm 163
  – performance style 36
    ⋯ bow hold and technique 168, 170, 171, 184, 186, 221
    ⋯ cantabile 221, 222
    ⋯ cantilenas 164, 168
    ⋯ dynamics 178, 179, 180, 183, 231

469

Index

··· double stops 166, 179, 180
··· 'Freispielen' 176, 184
··· metronome 175, 176, 181, 183
··· performing persona 172, 181, 182, 267
··· portamento 170, 184, 221, 267
··· posture 162, 163, 164, 166, 170
··· rhythm 163, 176, 179
··· rhythmic energy or fire 133, 177, 180, 181, 183
··· rubato 176, 184
··· sound 153, 166, 169, 174, 177, 183, 222
··· tempo 173, 174, 176, 178, 181, 183, 185, 186
··· tremolo 166
··· trills 166, 221
··· vibrato 167, 174, 175, 221, 267
··· virtuosic devices 36fn7
– performances of the Beethoven violin
  ··· concerto Op. 61 57, 58, 65, 71, 72, 73, 74, 76, 119, 131, 175, 176, 253, 255, 281, 319, 332, 341, 342, 343, 346, 358, 360, 366, 392
– performing works of contemporaries upon request 193, 194, 354fn5
– physical appearance 160
– physical display 254–255
–· positions
  ··· Berlin see Berlin, Königlich Akademische Hochschule für Musik
  ··· Hanover 19, 23–24, 75, 117, 130, 131, 283, 292, 406
  ··· Weimar 95, 96, 283, 353, 373, 375, 387, 389, 391, 392, 396, 406, 393–408
– publishers
  ··· Bote & Bock 214
  ··· Breitkopf & Härtel 95, 132, 211, 212, 230
  ··· Chappell & Co. 64
  ··· Ewer & Co 95
  ··· Haslinger 253
  ··· Kahnt 103
  ··· Kistner 61fn16, 208
  ··· Schlesinger 254
  ··· Stainer & Bell 200
–· pupils
  ··· Jelly d'Aranyi 171
  ··· Leopold Auer 118, 151, 152, 153, 157, 159, 160, 161, 164, 170, 178, 235
  ··· Gustav Adolph Bargheer 118fn15
  ··· Heinrich Deecke 118
  ··· Adila d'Arányi Hunyadvár Fachiri 181
  ··· Karl (Karel) Halíř 182, 353
  ··· Karl Klingler 159fn11, 163fn37, 166fn55, 169, 200fn78
  ··· Johann Kruse 295
  ··· Emil Mahr 314
  ··· Ioannes Nalbandyan 12, 124, 149–169
  ··· Ettore Pinelli 12, 115–148
  ··· Powell, Maud 223
  ··· Ernst Schiever 118fn15
  ··· Fritz Struß 118fn15
  ··· Gabriele von Wendheim 40
  ··· Gabriele Wietrowetz 223, 328
– recordings 169, 231fn136, 267
– relationship with family 19, 22, 24, 25
– Rome Joachim Quartet 146, 296, 297
– sixtieth Jubilee (Berlin, 1899; London 1904) 146, 147, 319
– upbringing 19, 21, 29
– Violinschule 160fn17, 164fn43, 167, 169, 175, 176, 177fn125, 179, 180, 181, 221, 222
– Weimar Joachim Quartet 400, 401, 402, 403
  ··· repertoire 403
–· works
  ··· Albumblatt for William Batchelder Bradbury 70
  ··· Albumblatt mit einer Kanon-Melodie 72
  ··· Albumblatt [Bach Partita in E Major, Prelude] 370
  ··· Andante and Allegro scherzoso, Op. 1 see
  ··· Andantino and Allegro scherzoso in A Minor, Op. 1
  ··· Andantino and Allegro scherzoso in A minor, Op. 1 38, 41, 45, 61, 66, 73, 74
  ··· Arrangement of Paganini, Caprice Op. 1, No. 24 for violin and orchestra 65
  ··· Brahms/Joachim Hungarian Dances 181, 332, 333, 334, 335, 342, 345, 346, 347, 360, 366
  ··· Brahms/Joachim Hungarian Dance No. 1 in G Minor 365
  ··· Brahms/Joachim Hungarian Dance No. 3 in F Major 65, 76, 365
  ··· Brahms/Joachim Hungarian Dance No. 6 in D Major, 365
  ··· cadenzas for Beethoven Violin Concerto, Op. 61 75, 253, 254, 255, 256, 258, 259, 345
  ··· canons on Bach's Die Kunst der Fuge BWV 1080 225
  ··· Capriccio in A Minor (for Ferdinand Hiller) 68, 69, 70, 73, 76
  ··· Drei Stücke, Op. 2 95–110

··· Romance in B-flat major 41, 44, 74, 96, 98, 99, 200, 202, 274
··· Fantasiestück 99, 105, 108
··· Eine Frühlingsfantasie 95, 100, 101, 105, 110, 111
··· Drei Stücke, Op. 5 77–93
··· Lindenrauschen 77, 82, 84, 86, 92
··· Abendglocken 77–93, 80, 81, 90, 93
··· Ballade 75, 77, 86
··· Elegiac Overture in Memoriam Heinrich von Kleist, Op. 13 272, 273, 332, 337
··· Fantasie über irische [schottische] Motive (Irish Fantasy) 35, 100, 104, 189
··· Fantasie über ungarische Motive (Hungarian Fantasy) 100, 253, 392
··· Fantasy on Irish Melodies in collaboration with Otto Goldschmidt 189, 190
··· Fugue studies on BACH for string quartet 225
··· Haideröslein arrangement for piano 70
··· Hebräische Melodien, Op. 9 27, 75
··· Kanon (Andantino F Major) 76
··· March in C Major 357, 358
··· Notturno in A Major, Op. 12 272
··· Overture to Demetrius, Op. 6 27, 98
··· Overture to Hamlet, Op. 4 27, 98, 111, 395
··· Overture to Henry IV, Op. 7 27, 28
··· Liszt/Joachim Rhapsodie Hongroise No. 12 (Hungarian Rhapsody) 401
··· Romance in C 98
··· Scene of Marfa, Op. 14 272
··· Sonata in F Major [fragment] 70, 74
··· Scherzo Presto 74
··· Variations on an Original Theme, Op. 10 27, 75, 272
··· Violin Concerto No. 1 in G Minor, Op. 3 71, 76, 96, 98, 102, 104, 241, 253, 405
··· cadenza 241
··· Violin Concerto No. 2 in D Minor, 'in the Hungarian Manner', Op. 11 29, 40, 62, 67, 73, 75, 118, 126, 138, 181, 242fn14, 272, 345
··· Romance (Mvt. 2) 62fn20, 67, 71, 75, 76, 119, 138, 333, 334, 346, 358
··· Violin Concerto No. 3 in G Major, WoO 68, 68fn51, 75, 289
··· Overture for the Birthday of Kaiser Wilhelm II (1896) 40
Joachim, Joseph Harold ('Jo') (grandson) 326
Joachim, Josephine (sister) 29, 30,
Joachim, Julius (father) 18, 20, 28, 31, 32

Joachim, Nina (granddaughter) 22
Johannesburg 270
Joseph (Josef) II, Holy Roman emperor 299
Judaism 289
Julien, Louis Antoine (French conductor) 21

K
Kalbeck, Max 66, 66fn36, 76
Karlsruhe Musik Festival 1853 102, 285, 310, 405
Kellner, Johann Christoph 215
Kellner, Johann Peter 215, 216
Kiel, Friedrich (Frédéric) 192
Kinkel, Johanna (née Mockel) 299
Kirchner, Theodor 337, 338
Kirnberger, Johann Philipp 205, 224
Kistner, Friedrich 43fn31, 208
Kittl, Johann Friedrich 356
Kittsee 29
Klengel family
Klengel, Julius 390
Klindworth, Karl 34
Klingemann, Carl 17, 61, 62, 74
Klingemann, Sophie (née Rosen) 61, 67, 74, 75
Klingler, Karl 159fn11, 163fn37, 166fn55, 169, 200fn78
Knittl, Karel 364
Koch, Anna 298
Koch, August 334, 342
Koch, Marie see Marie Thring
Kosleck, Julius 315
Kreisler, Fritz 175, 176
Krejčí, Josef 356, 357, 360, 364, 365, 371
Kruse, Johann 295
Kugel, Ignaz 328
Kunstreligion 21, 36fn7, 128, 131
– views growing up 20, 23, 29, 35
Kurth, Ernst 216
Kyiv 155
Kyllmann, Carl Gottlieb 57

L
Laub, Ferdinand 404
Lausanne 334, 340, 341, 342, 343, 344, 345, 345fn58, 346, 350
Laussot, Jessie see Hillebrand, Jessie Laussot (née Taylor)
Leclair, Jean-Marie 332, 333, 345, 346, 347, 358
Leeds 198
Leipzig 35, 70, 74, 97, 102, 104, 132, 134, 135, 136, 208, 209, 232, 304, 306, 309, 311, 319

Index

- Conservatory 26, 208, 209, 306, 321, 335, 347, 354, 376, 389, 391, 392
- Gewandhaus 68, 220, 319, 387

liber amicorum 57–76
Lind, Jenny 190
Lipiński, Karol (Karl) 207
Liszt, Franz 23, 64, 67, 93fn70, 100, 101, 102, 103, 105, 111, 115, 117, 124, 125, 127, 285, 290, 304, 310, 353, 354, 355, 376, 388, 389, 392, 395, 399, 400, 401, 402, 405, 406
- absence from Weimar 1850 396
- conflict with Joachim 100, 404
- mentorship of Joachim 23, 405, 406
- works
  -· Hamlet, S. 104, Symphonic Poem 111
  -· Liszt/Joachim Rhapsodie Hongroise No. 12 (Hungarian Rhapsody) 401

Loeffler, Charles Martin 214
London 63, 64, 65, 74, 75, 268, 270, 274, 281, 310
- Beethoven Quartet Society 281
- Covent Garden 293
- Crystal Palace 272, 277
- Hanover Square Rooms 310
- King's College 296
- London Musical Society 282
- Monday Popular Concerts 63, 64, 283
- Philharmonic Society of London 57, 67, 68fn49, 195, 223, 264, 265, 272, 275, 303, 310, 319, 349
- Popular Concerts 202, 265, 275, 283
- Royal Academy of Music 310, 314fn115
- Royal Albert Hall 314
- Royal College of Music 195, 314, 315, 317, 320
- St. James Hall 63, 64, 268, 272
- Surrey Garden Company 21
- Willis's Rooms 282

Lucae, Richard 290
Ludwig, Josef 313, 314, 317
Ludwig, Paul 315, 317
Lührss, Karl (Lürß, Carl) 140
Lully, Jean-Baptiste 216
Lüstner, Louis 335
Lyapunov, Sergei Mikhailovich 155

M

Macfarren, George Alexander 58, 60, 64, 68, 74
Macfarren, Walter 74, 75
Mahr, Emil 314
Maffei, Andrea 140
Mahler, Alma 270
Mainz 343

management (professional) 195, 326, 328
Manchester 76
- Gentleman's Society Orchestra 306

'Manifesto' (Erklärung) of 1860
Manns, August 272
Marija Pawlowna Romanowa, Grand Duchess 98, 390, 391, 392, 400
Marpurg, Friedrich Wilhelm 24
Martucci, Giuseppe 142
Mattheson, Johann 224
Mazzini, Giuseppe 116
Méhul, Étienne 315
Melba, Nellie 293
Mendelssohn family 118
Mendelssohn, Franz von 20, 146, 234
Mendelssohn Bartholdy, Fanny see Hensel, Fanny
Mendelssohn Bartholdy, Felix 36, 45, 57, 60, 61, 62, 97, 138, 40, 141, 155, 205, 210, 216, 218, 219, 225, 232, 253, 268, 272, 281, 284, 289, 308, 310, 311, 313, 345, 353, 367
- death of 390
- mentorship of Joachim 17, 19, 20, 23
- works
  -· accompaniment of Bach's Chaconne 209, 210, 211, 347
  -· accompaniment of Bach's Prelude in E Major BWV 1006 209, 233
  -· Capriccio for piano, Op. 5 138
  -· Elijah, Op. 70 315
  -· Etude für eine Violine, oder Canon für 2 Violinen 60
  -· Fingal's Cave, Op. 26 315
  -· A Midsummer Night's Dream, incidental music, Op. 61, Scherzo 360
  -· Octet in E-flat Major, Op. 20 313, 316, 403
  -· Piano Trio in C Minor, Op. 66, 403
  -· Sonata in F Minor, Op. 4 225
  -· Sonntagslied, Op. 34 No. 5 62, 75
  -· Spinnerlied, Op. 67 No. 4 334
  -· String Quintet in B-flat Major, Op. 87 316
  -· St. Paul, Op. 36 141
  -· Symphony No. 3 in A Minor 'Scottish', Op. 56 332
  -· Symphony No. 4 in A Major 'Italian', Op. 90 334
  -· Violin Concerto in E Minor, Op. 64 154, 167, 177–179, 222, 314, 316, 332, 333, 334, 335, 345, 346, 347, 366, 392

Mendelssohn, Robert von (the Elder) 19, 147
Menuhin, Yehudi 213

Index

Mertel, Georg 332
Meyer, Albert 333, 338
Meyerbeer, Giacomo 397
Meysenbug, Laura von 75
Molique, Bernhard 228
Monachesi, Tito 14
Moscheles, Ignaz 57, 61, 66, 67, 68, 75, 219
Moscheles, Serena (married Rosen) 57, 58, 61, 68, 73, 74, 76, 219
Moser, Andreas 20, 22, 164, 167, 170, 172, 174, 175, 178, 186, 213, 214, 235, 264, 354
Mozart, Wolfgang Amadeus 139, 141, 155, 174, 231, 268, 273, 284, 289, 341
- Fantasy in C Minor K. 475 242
- Idomeneo, Overture to K. 366 319
- Magic Flute K. 620 132, 334
- Piano Sonata in C Minor K. 457 242
- String Quartet in C Major K 516 146, 403
- Symphony No. 41 in C Major K. 551 'Jupiter' 317
- La Clemenza di Tito, Overture to K. 621 315, 333
- Quintet (unspecified) 127
- Violin Concerto in A Major K. 219 258, 314, 317, 345
- Violin Concerto (unspecified) 272
Munich 228, 285, 286, 334
music education
- at Hanover private violin lessons with Joachim 116–124
- at Königlich Akademische Hochschule für Musik Berlin with Joachim 152, 157–186
- at Uppingham School 296, 317, 320

N
Nalbandyan, Ioannes 12, 124, 149–169
- Etude in A Major 154
- Fantasie 155
- Le Tourment 155
- Mélancolie Orientale 155
- Nocturne 155
- Märchen 155
Romance in G Major 154
Nazis (National Socialist Party members) 142, 263
Neruda, Franz Xavier 274
Neuchâtel 334, 342
Neudeutsche Schule (New German School, École de Weymar) 95–99, 102, 103, 105, 127, 128, 398, 405
Neumann, Angelo 285

New York 143, 334
Nikolayev, Leonid 155
Norman, Fredrik Vilhelm 265
Norman-Neruda, Wilma (Wilhelmine), Lady Hallé 263, 263–278
- fulfilling the primary female role of decorativeness 264, 276
- genius 277
- network 274
- performance style 274
- reception 264, 275, 276
- repertoire
  - Bach, Violin Concerto for two violins in D Minor 275
  - Beethoven, Sonata for Violin and Piano No. 9 in A Major, Op. 47, 'Kreutzer' 270
  - Beethoven, Concerto in D Major, Op. 61, 277
  - Beethoven, Triple Concerto in C Major, Op. 56 275
  - Mendelssohn, Violin Concerto in E Minor, Op. 64, 277
  - Saint-Saëns, Introduzione e rondo capriccioso, Op. 28 270
  - Vieuxtemps, Adagio and Rondo, Op. 29 272
  - Vieuxtemps, Fantaisie caprice Op. 11 272
  - Vieuxtemps, Violin Concerto No. 2 in F-sharp Minor, Op. 19
  - Veuxtemps, Violin Concerto No. 6 in G Major, Op. 47
  - Spohr, Three Duets, Op. 67 275, 316
- validated by being masculinized 276
Nottebohm, Gustav 184
Nuremberg 334, 342, 343, 345, 345fn58, 346, 350

O
Ochs, Siegfried 195
overture (genre) 98
Oxford 319fn140, 308

P
Paderewski, Ignacy Jan 142
Paersch, Franz 317
Paganini, Niccolò 65, 73, 75, 155, 219, 220, 333, 345, 346, 347, 366, 367, 368
Paris 19, 35, 66, 74, 97, 286, 388
- Conservatoire 396
Parisotti, Alessandro 141
Parlow, Kathleen 154
Parry, Hubert 193, 193fn36, 194fn44
partisanship 396

Index

patronage 115, 116, 118, 119, 134, 337
Pest 18, 19, 24–25, 28, 29, 30, 32, 52, 218, 353, 354, 371, 391fn18, 428
– Museumssaal 29
– Hôtel de l'Europe 29
Philharmonic Society of London see London, Philharmonic Society
Piatti, Alfredo 274, 275, 282, 284, 315
Pinelli, Decio 126, 127
Pinelli, Ettore 12, 115–148
Pinelli, Oreste 126, 127
Pisendel, Johann Georg 206, 218
Powell, Maud 223, 265
Prague 353–372
– Conservatory 354, 355, 356, 357, 359, 360, 364, 365
– Joachim's presence in 354ff.
– Joachim's performances 357
– Kammermusikverein 354, 369
– Rudolfinum 364, 366
– Sophieninselsaal 369fn61
Pretoria 270
Prussia 33, 234, 290, 292, 294, 296, 297, 301fn27, 302, 305fn58, 307, 308, 310fn82, 312, 321
– Preußische Akademie der Künste (Prussian Academy of Arts)
– Anglo-Prussian cultural links 302

Q
Quantz, Johann Joachim 218, 231

R
Raff, Helene 406
Raff, Joachim 102, 124, 155, 388, 389, 398, 399
– Aus der Schweiz: Fantastische Ekloge, Op. 57 401
– Cavatina 274
– Six morceaux, Op. 8
– 'Winter' Symphony No. 11 (posth) in A Minor 335
railway 22, 301, 327, 330, 331, 332fn18, 339, 343, 349, 352
Ramaciotti, Tullio 116, 126
Ranken, Marion Bruce 124, 159fn9, 167fn66, 168, 174, 182fn142, 186
Rauchenecker, Georg Wilhelm 332
– Symphonisches Tonwerk in Form einer Ouverture 333
Ravnkilde, Niels 138
– String Quartet 138

Reichardt, Johann Friedrich 216, 247
Reichel, Adolf (pseudonym Henri Ern) 333, 339
Reimers, Christian 304, 305, 306, 307, 308
Reinecke, Carl 192, 360
– König Manfred 360
Reményi, Eduard 122, 124, 125, 376
revolution of 1848 96
Riccius, Heinrich 306, 307, 308
Richardson, Nathan 66, 66fn37, 66fn38, 68, 74
Ries, Franz 299
Ries, Louis 275, 282
Rietz, Julius 60, 334, 390, 401
– Concert Overture 334
Riggenbach-Stehlin, Friedrich and Margaretha 337, 338
Ritter, Alexander 117
Ritter, Franziska 117
Robinson, Fanny 190
Robinson, Joseph 189
Romani musicians 273, 348; see also Hungary
Rombro, Assia Spiro 142, 144
Rome 116, 119, 121, 130, 134, 136, 137, 139, 140, 142, 143, 144, 299
– Accademia Santa Cecilia 144, 146
– Palazzo Farnese 146
– Sala Dante 143
– Società Orchestrale Romana 116, 130, 132, 141, 142, 146
Rossini, Gioachino 140, 333
Rotterdam 127
Rubinstein, Anton 151, 154, 155, 187, 274, 326
Russel, Fanny 70, 74
Russia 155, 327, 329, 329, 351, 390
Rust, Wilhelm 206, 212, 213

S
Saint Petersburg 143, 150, 151 152, 153, 154, 155, 157, 161fn23, 170
– Conservatory 151, 153, 154
Saint-Saëns, Camille 141
Sainton, Prosper 51
Salaman, Charles Kensington 282
Salomon, Johann Peter 207
Salzburg 291
Sarasate, Pablo de 35fn7, 40, 142, 152, 153, 157, 176, 178, 274
– Zigeunerweisen 154
Saskatoon 235
Sayn-Wittgenstein, Carolyne zu 67, 395, 402
Sayn-Wittgenstein, Marie zu 67, 75

Index

Sbolci, Jefte 118
Schebek, Edmund 363, 364, 367, 371
Scheinpolyphonie 217
Schiever, Ernst 118fn15
Schiller, Friedrich 131
Schlegel, Karl Wilhelm Friedrich 299fn11
Scholz Bernhard 19, 116fn3, 130–131, 133, 136, 285
Schorn, Fanny 65, 74, 75
Schroeder, Jaap 212
Schubert, Franz 68, 82, 123, 124, 125, 155, 182, 367
- 'Der Lindenbaum', D.911, No. 5 68
- Piano Trio in E-flat Major, Op. 100, D. 929 183
- Piano Trio in B-flat Major, Op. 99, D. 898 183
- Octet in F Major D. 803 123
- String Quartet in D Minor, D. 810 183, 295, 403
- String Quartet in A Minor, D. 804 183
Schumann, Clara (née Wieck) 17, 19, 26, 27, 28, 32, 33, 61, 65, 73, 75, 76, 199, 205, 223, 225, 240, 247, 259, 260, 303, 304, 310, 315, 337, 348, 378, 381, 382, 388
- cadenza to Beethoven's Concerto in C Minor, Op. 37 242, 243, 244, 245, 246, 247, 249, 250, 251, 253, 259, 260, 270, 274, 286
- concerts with Joachim 26fn33, 65, 75, 303
- Joachim's support of Clara Schumann 18
- mentorship of Joachim 18, 26, 27, 29
- works
  - · Piano Concerto in A Minor, Op. 7 240, 242
    ··· Eingang 241
    ··· formal innovations 241
    ··· Romanze (Mvt. 2) 240
  - · Romance variée, Op. 3 241
Schumann, Ferdinand 303
Schumann, Ludwig 303
Schumann, Marie 267, 327,
Schumann, Robert 19, 26, 32, 27, 61, 66, 73, 91, 96, 100, 138, 141, 155, 182, 197, 205, 210, 216, 223, 225, 274, 284, 286, 303, 308, 337, 347, 367, 406
- accompaniment of Bach's Chaconne 211, 212, 347
- cipher music 93
- promotion of Joachim 23
- works
  - ··· Abendlied 366, 367, 371
  - ··· Carnaval, Op. 9
  - ··· FAE Sonata (Mvts. 2 and 4 by Schumann) 77
  - ··· Fantasy in A Minor [with orchestra] 335
  - ··· Fantasy in C Major for violin and orchestra, Op. 131 66, 66fn35, 76, 227, 272, 345, 346, 366
  - ··· Fantasiestücke, Op. 12 100
  - ··· Fantasiestücke, Op. 73 100
  - ··· Fantasiestücke [orig. Phantasiestücke], Op. 88 100
  - ··· 3 Fantasiestücke, Op. 111 100
  - ··· Fünf Stücke im Volkston, Op. 102 63, 75
  - ··· Genoveva, Op. 81 99, 332
  - ··· Manfred, Op. 115 99
  - ··· Piano Quintet in E-flat Major, Op. 44 138, 317, 403
  - ··· Sonata No. 1 for violin and piano in A Minor, Op. 105 138, 274, 331, 332, 346, 365, 367
  - ··· Sonata No. 2 for violin and piano in D Minor, Op. 121 61, 183
  - ··· String Quartet in A Minor, Op. 41 No. 1 138
  - ··· Symphony No. 4 in D Minor, Op. 120 196
Sechter, Simon 224
Selwyn, Edward 317
Serwaczyński, Stanisław 354, 428
Sgambati, Giovanni 115, 116, 126, 128, 134, 138, 140, 142, 146
Shakespeare, William 98
Shaw, George Bernard 233
Shinner, Emily 265
Siebenbürgen (Transylvania) 325, 329, 344, 344fn56
Sighişoara (Romania) 328
Simferopol (Crimea) 149
Simrock, Fritz 329fn15, 344fn56, 354fn5, 366
Singer, Edmund 37, 45, 220, 404
- Prélude (Impromptu) pour le violon seul, Op. 5 38
Slansky, Ludwig 365, 371
Smetana, Bedřich 356, 371
Soldat, Marie-Roeger 72, 76, 265
sonata da camera 216, 228
Spitta, Philipp 227, 294fn63, 343
Spohr, Ludwig (Louis) 95, 96, 123, 140, 155, 164, 170, 177, 218, 221, 269, 270, 272, 275, 281, 335, 345, 347, 366, 367, 406
- 'Spohr-Staccato' 170
- works
  - · Double Quartet in E Minor Op. 87 316
  - · String Quartet No. 18 in B Minor, Op. 61 220
  - · Violin Concerto No. 6 in G Minor, Op. 28 272

Index

– · Violin Concerto No. 7 in E Minor, Op. 38 272, 332, 335, 346
– · Violin Concerto No. 8 Op. 47 'Gesangsszene' 160, 314, 316, 332, 346, 366
– · Violin Concerto No. 9 in D Minor, Op. 55 272, 332, 333, 346, 358, 360
– · Violin Concerto No. 12 in A Major, Op. 79 272
– Stammbuch 11, 47, 57–75, 274, 370, 420, 423
– Stanford, Charles Villiers 96, 187, 284
– · friendship with Joachim 187–204
– · works
   ··· Irish Rhapsody No. 5 Op. 147 200
   ··· Piano Quintet in D Minor, Op. 25 199
   ··· Prelude for piano Op. 163 No. 22 200
   ··· Revenge 195
   ··· Savonarola 195
   ··· Shamus O'Brien 195
   ··· String Quartet No. 2 in A Minor, Op. 45 192
   ··· String Quartet No. 3 in D Minor, Op. 64 192
   ··· String Quartet No. 5 in B-flat Major, Op. 104 'In Memoriam Joseph Joachim' 199, 202, 204
   ··· String Quintet No. 2 in C Minor, Op. 86 199
   ··· Suite for Violin and Orchestra, Op. 32 195, 199
   ··· Symphony No. 3 'The Irish', Op. 28 195
   ··· Symphony No. 6, Op. 94 200
   ··· The Canterbury Pilgrims 195
   ··· Violin Concerto No. 1 in D Major, Op. 74 192, 295
   ··· Violin Concerto WoO 192
Stanford, Lady Jane (née Wetton) 196
Steinbach, Fritz 343
Sterling, Antoinette 64
Stockhausen, Julius 62, 62fn19, 75, 337
Stockholm 265
Stöhr, Carl 400, 402
Straube, Karl 221
Stravinsky, Soulima 213
– string quartet
  –· all-female quartet 265
  –· Joachim Quartet see Berlin Joachim Quartet; Hanover Joachim Quartet; London Joachim Quartet; Rome Joachim Quartet and Weimar Joachim Quartet.
Struß, Fritz 118fn15

Stuttgart 228, 334, 342, 343, 346, 350
– Liederhalle 343
Sullivan, Arthur 64
Switzerland 292, 325–352

T
Tartini, Giuseppe 121, 232, 333, 358
– Violin Sonata in G Minor, 'Devil's Trill' 121, 126, 137, 153, 222, 333, 334, 342, 345, 346, 360
Tashkent 155
Taylor, Edgar 120
Tchaikovsky, Pyotr Ilyich 141, 151, 155, 193
– Mélodie 154
Thayer, Alexander Wheelock 380, 381, 382
Thring, Edward 296, 299, 300, 301, 302, 304, 311, 312, 315, 320, 321
Thring, Gale 296
Thring, Godfrey 296
Thring, Marie (née Koch) 297, 298, 299, 300, 302, 305, 306, 307, 309, 310
Thring, Margaret 303fn30, 305
Tieck, Ludwig 374
Tiflis 155
Toronto 235
topos
– C minor 242, 245
– D minor 255
– fantasia 247fn22
– military 85
– nocturne 247
– ombra 254, 255
– rustling of trees 78, 82
– spring 100
Tovey, Donald Francis 175, 187, 193, 228, 229, 287, 288
Transcendentalism 379, 381, 386
Türk, Daniel Gottlob 232

U
Uhlig, Theodor 405
Umberto I, King of Italy 118
University of Cambridge see Cambridge University
Uppingham School 295–324, 233, 310
– concerts 295, 314
– David Concert Room 319, 320
– musicians who performed along with Joachim 315
– transformation of musical activity during four decades of Paul David's leadership 311–319

Index

V

Verdi, Giuseppe 141
Verzhbilovich, Aleksandr 150
Victoria, Queen of Great Britain and Ireland, Empress of India 299fn13, 302, 310fn82
Victorian 263, 264, 273, 278, 305
Vienna 30, 35, 66, 75, 220, 222, 226, 228, 281, 284, 287, 347, 353, 355, 371, 388, 419
– Conservatory 35, 45, 46, 220
– Musikverein 66, 228, 347
Vierling, Johann Gottfried 332
Vieuxtemps, Henri 36fn6, 154, 218, 272, 275
– Adagio and Rondo 272
– Fantaisie caprice 272
– Violin Concerto No. 2 in F-sharp Minor, Op. 19 272
– Violin Concerto No. 6 in G Major, Op. 47 272
Violins
– Stradivarius 152, 223, 234, 269, 291, 389
Viotti, Giovanni Battista 272, 332, 334, 345, 346
– Violin Concerto No. 22 in A Minor 222, 314, 346, 368, 369
Violin Concerto No. 27 in C Major, 365
virtuosity 36, 36fn6, 37, 50, 97, 100, 201, 204, 207, 230, 239, 239fn2, 241, 245, 246, 253, 254, 258, 259, 260, 289, 347, 348, 371
– among Hungarian violinists 273, 348
Vītols, Jāzeps 155
Vogl, Heinrich 286
Vogt, Gustave 66, 66fn39, 67, 68, 73, 74
Volkland, Alfred 331

W

Wagner, Richard 26, 27, 33, 34, 115, 116, 117, 124, 127, 128, 141, 142, 200, 285, 286, 343
– Lohengrin 389, 395, 430
– Meistersinger von Nürnberg, Die 200, 285, 286
– Parsifal 286
– Ring des Nibelungen, Der 285, 286, 343
– 'Siegfried's Tod' and 'Trauermarsch' from Götterdämmerung
– Tannhäuser 392, 395, 398, 405
– Tristan und Isolde 88, 285
– 'Ueber das Judenthum in der Musik' 26
Walbrül, Johann 402
Wallerstein, Anton 24
Wartel, Thérèse 70, 71fn54, 74
Weber, Carl Maria von 332
– Freischütz, overture to 332
– Oberon, overture to 332
Weimar 67, 75, 95, 97, 99, 281, 285, 353, 387, 388, 390, 403; see also positions under Joachim, Joseph
– Altenburg 67, 398, 401, 402
– Große Concerte 400
– Stadthaus, Gesellschaftssaal 403
– Weimarer Hof 67
– Weimarer Hofconcerte 400, 401, 402
– Weimarer Hofkapelle (Grand Ducal Court Orchestra) 389, 392, 395, 402
– Weimarer Hoftheater 393
Weiss, Amalie see Joachim, Amalie Schneeweiss
Weitzmann, Carl Friedrich
– Der verminderte Septimenakkord 100
– Mehrdeutigkeit of the augmented triad 100, 101
Wendheim, Gabriele von 40
Werktreue 185, 208fn15, 223, 259
Wesley, Eliza 62, 63, 64, 73, 75
Wesley, Samuel 62
Westhoff, Johann Paul von 206
White, Henry 64
Wichmann, Hermann 140, 141, 142
Windsor
– Royal Albert Institute 228
Wieck, Friedrich 327
Wieniawski, Henri (Henryk) 50, 149, 155, 170, 178, 275, 289
– 'Wieniawski-Staccato' 170
Wietrowetz, Gabriele 223, 328
– professional management 328
Winterberger, Alexander 402
Wirth, Emanuel 182, 284, 295, 353
Wittgenstein, Fanny (Figdor) 19fn11, 30
Wittgenstein, Herrmann Christian 19fn11
Wolff, Hermann 326, 344, 348, 352
– Konzertdirektion Wolff 326, 327, 344
– . clients 195, 326, 327

Y

Ysaÿe, Eugène 221

Z

Zerbini, John Baptiste 275
Zimbalist, Efraim 153
Zukunftsmusik 27, 285
Zurich 344, 344fn56, 348fn68
– Tonhalle 338